U0056375

應用行為分析導論

（第二版）

鳳　華、鍾儀潔、蔡馨惠、羅雅瑜、王慧婷

洪雅惠、吳雅萍、吳佩芳、羅雅芬、陳佩玉、田凱倩

作者簡介

鳳　華　（第 1、3、5、6、7、12、13、16、17、18、21 章）

學歷：美國俄亥俄州州立大學哲學博士

現職：國立彰化師範大學復健諮商研究所教授

博士級國際行為分析師（BCBA-D）

鍾儀潔　（第 2、4、10 章）

學歷：美國俄亥俄州州立大學博士

現職：國立屏東大學特殊教育學系助理教授

博士級國際行為分析師（BCBA-D）

蔡馨惠（Gabrielle T. Lee）　（第 9、22 章）

學歷：美國哥倫比亞大學應用行為分析博士

現職：加拿大西安大略大學應用心理學系助理教授

博士級國際行為分析師（BCBA-D）

羅雅瑜　（第 14、15 章）

學歷：美國俄亥俄州州立大學特殊教育／應用行為分析博士

現職：美國北卡羅萊納大學夏洛特分校特殊教育學系教授

王慧婷　（第 1 章）

學歷：美國華盛頓大學特殊教育哲學博士

現職：國立臺灣師範大學特殊教育學系副教授

博士級國際行為分析師（BCBA-D）

洪雅惠　（第 7、8 章）

學歷：美國威斯康辛大學麥迪遜校區復健心理與特殊教育博士

現職：國立彰化師範大學特殊教育學系副教授

吳雅萍　（第 19 章）

學歷：國立臺灣師範大學特殊教育博士

現職：國立嘉義大學特殊教育學系副教授

吳佩芳　（第 11 章）

學歷：美國奧克拉荷馬大學學前特殊教育博士

現職：國立臺中教育大學早期療育碩士班助理教授

羅雅芬　（第 14、15 章）

學歷：美國俄亥俄州州立大學教學與學習學院博士

現職：美國加州州立大學洛杉磯分校兒童與家庭學系教授

陳佩玉　（第 20 章）

學歷：美國華盛頓大學特殊教育系哲學博士

現職：國立臺北教育大學特殊教育學系副教授
博士級國際行為分析師（BCBA-D）

田凱倩　（第 6 章）

學歷：美國堪薩斯大學特殊教育哲學博士

現職：國立彰化師範大學特殊教育學系助理教授

二版序

「應用行為分析」（applied behavior analysis，簡稱 ABA）一詞於 1976 年首次由毛連塭教授引進臺灣，相較於美國的發展，應用行為分析的歷史在臺灣開始的不算晚，後續也有許多學者不遺餘力的推動，例如：陳榮華教授的著作《行為改變技術》、許天威教授的著作《單一個案實驗法》等，對於應用行為分析的實務技術及實驗研究均有深入的剖析。

從歷史的發展而論，應用行為分析是在行為主義、行為的實驗分析之後所發展應用於人類行為的一門科學。因此，應用行為分析是以學理為出發點，建立在深厚的理論與實驗分析的實證基礎上。應用行為分析以行為作為首要關注的重點，該學門強調行為是個體與環境互動的結果，是動態的彼此影響，而藉由兩者間互動關係的洞悉，找出個體行為背後的原因與功能，並進而規劃可以改變的策略與方向；其中，改變的重點首先是強調環境的調整，外加功能等同的替代行為之教導等，都是目前行為介入的重點。此外，必須強調的重點是，應用行為分析是以關懷為核心，最終目標是改善個體的行為到有意義的階段，亦即希望能提供正向支持的環境，有效增進個體的適應能力，以促進生活品質的提升。因此，其出發點與人本主義的精神——完成個體有尊嚴的生活，是有著異曲同工之處，而應用行為分析則提供實證本位的具體方案與介入策略，其努力方向正是讓個體開發其潛能、裝備更多的能量與技能，以有效適應多變的環境，達到有尊嚴、高品質的生活。

應用行為分析採用科學的理念了解行為，累積實證資料，驗證其理論架構，開展出各種類型的研究範疇。在最近十幾二十年的理論及實證研究之蓬勃發展中，也開展出更多新的課題，讓理論的基礎更加完整紮實，例如：語言行為是最近非常受到重視的議題，Skinner 的語言行為引領許多有效教學的產出，對許多面臨治療困難或無法於教育中受益的個體有突破性的發現，並累積相當多的研究成果，至今還在持續發展中。目前研究的方向也開始著重動機操作、行為功能分析與正向介入、前事策略（如非後效增強、功能溝通訓練、行為動能等），以及倫理等主題，這些都是近年來陸續發展出的重要研究課題，本書也順應潮流，在相關章節中加入這些重要的發展課題。

因應時代趨勢，第二版除了大幅度修訂大多數章節的內文外，也因應近年來ABA新課題的發展，增加以下新的內容：在刺激控制章節中精簡說明關聯框架理論（RFT），該理論對近年來相當受到重視的「接納與承諾治療」來說，是一重要基石；針對模仿的概念，詳細介紹延伸的議題——影像示範教學及行為分析取向的觀察學習；在增加行為策略章節中增列行為技能訓練；在教學策略章節中增加社會故事的介紹；此外，因應時代需求，增加了全校性正向行為支持的章節。同時，為加強反應型制約的概念與實務應用，亦增列此主題的章節。

應用行為分析是以科學為基礎、社會關懷為核心，強調以系統分析資料為方法，提升教育服務品質為依歸，為各種需要的學習者提供高效能的教育服務，故第二版的內容增列科學、實證與應用行為分析實務的章節，試圖從科學的精神出發，詳加介紹應用行為分析的實證觀點、搭配行為觀察技術、實驗設計類型，將應用行為分析所著重的實證精神以具體方式展現給讀者。

本書期待能以簡明易懂的方式傳遞上述理念，期望能讓初學者不會望而生怯，而是能享受學習的樂趣。也期待本書能讓讀者發現，原來應用行為分析就在每個人每天的生活中，且能從生活中去品味、體悟並身體力行的去加以實踐。

本書的完成首先要感謝所有作者的共同努力，本書結合臺灣北、中、南部的優秀教師群，例如：儀潔、慧婷、雅惠、雅萍及佩芳老師，以及國外的幾位專業夥伴，例如：馨惠、雅瑜、雅芬老師，此外第二版還加入兩位新血——佩玉及凱倩老師。他們各自在其所屬的服務學校奉獻心力，並非常努力的持續推動應用行為分析的理念，每個章節的內容也充分結合其實務教學的豐富經驗及反思。同時，也要感謝國內許多推動此理念的學者們，因著他們無私的努力，奠立了國內對應用行為分析的基礎，並逐步發揚光大。第二版的出版也要十分感謝心理出版社林敬堯總編輯，他的睿智與執行力使本書能有機會成形，而李晶編輯及郭佳玲編輯的耐心及細心協助，讓本書的文字與內容能更加細緻。

愛是無所不在的，但也是抽象不容易的功課，應用行為分析則提供愛的實踐方向，讓我們更知道如何給予身邊的人更多關懷、提供更多支持、營造更美好的生活。期盼本書第二版的問世，能結合年輕世代的力量，為今天更為美好、明天更有希望攜手共進，並為每一位需要的個體開創出美麗、豐富而亮眼的生命。

鳳 華

謹誌於白沙山莊

2020 年 12 月

目次 CONTENTS

本書各章之重要專有名詞與參考文獻
請於心理出版社網站下載閱讀
網址：https://reurl.cc/rgLYo4
解壓縮密碼：9789860744187

CHAPTER 1

應用行為分析的定義、發展歷史與基本概念

王慧婷、鳳　華

本章學習目標

1. 能釐清並說明科學的定義。
2. 能釐清並說明應用行為分析的定義。
3. 能說明應用行為分析的發展歷史。
4. 能定義並說明行為與反應的異同。
5. 能定義並說明環境和刺激的異同。
6. 能定義並說明反應型行為和操作型行為的異同。
7. 能定義並說明反應制約和操作制約的異同。
8. 能說出並運用應用行為分析的兩大行為公式。
9. 能說出至少四種應用行為分析基本行為準則。
10. 能說出行為公式、基本行為準則和實證教學作法之間的關係。

你是否曾經聽過或了解過應用行為分析？建議你先簡短寫下自己所了解的應用行為分析為何，讀完本章及讀完本書後，可以比對應用行為分析的學理與你原本的了解是否有異同？本章目標便是讓你了解應用行為分析的定義、發展歷史和基本概念。而本書旨在協助你能進一步清楚分析其中的應用行為分析原理及應用為何，以及在特殊教育上的應用。

首先，應用行為分析是一門科學。所以，我們先關心：科學是什麼？

第一節　科學和應用行為分析

一、科學的定義與特徵

科學源自拉丁字 scientia，意指知識，更具體的說，是經過系統化的客觀準則所累積的知識體系，特別著重複製的特性（Ledford & Gast, 2018）。科學或系統化知識體的形成過程必須經過：客觀觀察並記錄現象，再歸納其中的規則或因（自變項）果（依變項）關係而形成假說，透過不斷驗證而後能預測並複製結果，進而能積極運用其歸納的規則或控制導致結果之因，以達到增進人類福祉的目的。此外，科學所建立的知識體並不等同真理，因此不斷修正精進亦是其主要的特性之一。普遍而言，物理和醫藥學是大家較無疑義的科學學門。科學之父物理學家伽利略（Galileo Galilei）在比薩斜塔上丟下兩個不同重量的物品，卻觀察到同時落地的現象，進而發展出重力加速度公式 $X=\frac{1}{2}gt^2$。另一位重要物理科學家牛頓（Isaac Newton），在蘋果樹下觀察到蘋果掉落的方向都只有往「下」一個方向。依此，他發現萬有引力，並能以 $F=G\frac{m_1m_2}{r^2}$ 的公式計算。以上現象不論幾經嘗試都能用公式來預測並複製結果，因此我們稱之為「科學」，而後代物理科學家無不延伸運用或藉以控制因果關係，成為現代社會進步的重要因素。醫藥學也是科學。今天醫生與藥師能準確告訴病患，服了藥之後會有什麼副作用、要服幾顆藥、藥效能維持多久等，無不是因為能預測結果之下，積極控制之故。那什麼不是科學呢？例如：文學，雖目的也是增進人類福祉，但是以每個人主觀的角度去創作與解釋，透過文字及語言，讓人們互相欣賞彼此的思維、情感與想像。這過程不需涉及量化、標準化流程、複製結果或積極控制，可以沒有答案，也可以有很多答案。

綜合而論，科學主要有幾個特徵（鳳華等人譯，2012；Bronowski, 1978; Diederich, 1967; Whaley & Surratt, 1967），茲簡要說明如下。

（一）決定論（determinism）

科學相信世界是有規則可循的（lawful），凡事發生總是有原因，並不是隨機不明原因的發生。科學最終目的是要找出事情發生的因果關係，以達到改善人類福祉的目的。

（二）實證論（empiricism）

以實證為基礎，「證據」是指客觀的資料蒐集。可能是透過觀察（視、聽、嗅、味、觸），也可能是透過儀器的測量，重點是能量化並精準（precision；亦是科學的特徵之一）描述現象的發生與否，或發生的細節。

（三）簡約原則（parsimony）

科學主張先用單一簡單又符合邏輯的解釋原則，再考慮其他複雜或合併的方式。舉例來說，當我們問：「麥哲倫為什麼往西航行能回到原點，而不是到世界的盡頭呢？」我們一般會回答：「因為地球是圓的。」當特定情形，比如精算航行距離和大、小圓航線時，我們才會回答地球是扁球體。

（四）科學化操作（scientific manipulation）

科學可以透過操作與控制，以排除 A 導致 B 的因果關係是出自偶然機率，或者其他原因。

（五）懷疑論（skepticism）

真相是愈辯愈明的，科學鼓勵永遠保有存疑的態度，來不斷挑戰已知。就像當初科學家以為地球是一地平面以及地球為宇宙的中心，而這存疑的態度才能讓後代的我們了解其實地球是圓的、太陽才是宇宙的中心。當然，科學的懷疑論使得現在任何的已知也有可能持續在未來被推翻。

科學下分有很多學門，用不同的角度看世界，共同探究未知。應用行為分析具有以上科學的定義與特徵，故亦被歸納為科學的一門。應用行為分析之所以成為獨創學門，是因為使用的方法、情境、目的和焦點的不同。以下茲就應用行為分析呼應科學的特徵與其獨有的特徵做詳細說明。

二、應用行為分析的科學特徵與界定

（一）應用行為分析的科學特徵

如同物理學是研究物與物之間或物與環境之間的關係，應用行為分析是在研究行為與環境之間的互動關係，建立系統化的行為準則（behavior principles），進而使用行為準則分析，以有效改善人類重要行為的科學。對物理學及其他科學學門來說，實驗可以在控制嚴謹的實驗室完成，但對於強調社會意義的應用行為分析來說，目標行為的選擇需是社會認定的重要行為，並不是每一種人類行為都是應用行為分析的關注焦點。而且，行為改變的情境是較難控制但卻是最真實的自然情境。應用行為分析不僅看重變項間因果關係的建立與否或介入前後是否有顯著差異，且是以個體的行為是否達到社會重要意義的有效行為改變為其終極目標。簡言之，應用行為分析學門不僅重視要能建立符合科學為本的有效介入及達成行為正向改變，對於介入沒有成效的行為，應用行為分析更是秉持著擇善固執的原則——持續修正或改變介入方法，至個體行為有臨床上的具體改變為止。而應用行為分析相較於其他科學，最大的差異在於，應用行為分析強調行為改變的社會重要性及重要他人觀點的社會效度。

上述科學的特徵亦能用來進一步說明應用行為分析這一學門，說明如下。

1. 決定論

應用行為分析主張人類行為是有規則可循的，其使用行為準則即歸納為可循的基本規則，就如同物理公式一樣恆常不變，可以用來觀察、分析、預測及積極控制與操作人類行為的因果關係〔或應用行為分析領域稱之為「功能關係」（functional relationship）〕，此為科學的決定論。

2. 實證論

應用行為分析只針對可以客觀觀察及測量的行為進行資料蒐集，以實證為基礎。特別著重於不受個人主觀價值判斷的意見或想法，強調可量化（直接觀察或由儀器測量）並精準描述行為，以及能重複測量之。然而，這並不意味著應用行為分析不適用於解釋內在歷程，僅是因為唯有自己才能分析及操作他人無法觀察及測量的內在向度。

3. 簡約原則

依照科學簡約原則，應用行為分析主要探討可觀察、可測量的外在行為，又訴諸簡單並符合邏輯的行為準則如二期後效關聯（two-term contingency）之正增強等，來達到了解、操作、分析並改善人類行為的目的。

4. 科學化操作

應用行為分析透過其發展的單一受試實驗研究法為操作和控制因果關係（功能關係）的利器，諸多研究發表於《應用行為分析期刊》（*Journal of Applied Behavior Analysis*）、《行為的實驗分析期刊》（*Journal of the Experimental Analysis of Behavior*）、《早期與強化行為介入期刊》（*Journal of Early and Intensive Behavior Intervention*）、《行為分析》（*Behavior Analysts*）等，以及其他心理與特殊教育相關學術期刊。在實務操作面上，例如有行為功能分析（functional behavior analysis；請參閱本書第十八章）。另外，應用行為分析定義中的「有效」，強調的是不斷觀察並記錄的具體臨床成效，而非「算出來或統計結果」的成效；著重團體中每個個體的成效，非團體整體成效。

（二）應用行為分析的界定

上述是以科學的特徵闡明應用行為分析，而 Baer、Wolf 與 Risley（1968）的一篇經典著作載明了應用行為分析的七大特徵，再次界定說明如下。

1. 應用的

第一個特徵是「應用的」（applied），意指針對特定重要的人（如學習者本身或家人）或團體（如實施融合教育的學校）等社會認為重要的行為來進行分析與改變，而改變的目標是以個人的最佳福祉為首要考量，舉凡生活自理能力，例如：「是否能獨立完成如廁行為？」到社會溝通，例如：「是否具有溝通技能能和同班同學進行社會互動？」最終能促進社會福祉；其中，應用的涵蓋面向多元，包含學業技能、遊戲技巧、家事技能、語言學習、自我保護技能、運動休閒等，均為應用行為分析「應用」的範疇。

2. 行為的

第二個特徵是「行為的」（behavioral），行為分析學門理當以行為為主軸，但 Baer 等人特別強調，行為必須符合社會重要意義，所關注的行為應發生在自然情境中，是具體、可觀察、可測量的，且是針對目標個體的行為，而非研究者個人觀點中的行為。

3. 可分析的

第三個特徵是當能建立功能關係（functional relationship）時，表示執行者可以操作並控制行為的發生與否，也就符合「可分析的」（analytic）的特徵。該篇研究特別指出，應用行為分析經由「倒返」及「多基線」的實驗設計證明功能關係的建立，也同時確立了應用行為分析的研究方法。

4. 具技術性的

第四個特徵為「具技術性的」（technological），也就是介入過程，其中包含整個執行程序、指導語、提示系統、使用的材料等，皆需有詳盡的描述，且是可以被第三者複製的。

5. 概念系統化

第五個特徵是「概念系統化」（conceptually systematic），行為分析及改變的程序均須符合行為準則，且清楚說明這些步驟如何系統性的逐漸達成目標。尤其是對發展遲緩或身心障礙孩子來說，學習更不是一夕之間的改變。因此，若能依照個體需求，在介入初期可設計安排在一對一之教學環境，再逐步安排類化到自然情境（如普通班級），如此的安排實則是系統性的考量。

6. 有效的

第六個特徵是運用一個「有效的」（effective）行為策略，必須達到臨床上具有社會意義的顯著（例如：個體本身、同儕、老師或家長認為他的目標行為重要且改變的程度有意義），而非理論上或統計上的顯著。

7. 可類化的

第七個特徵是行為改變是「可類化的」（generality），舉凡跨時間、跨情境與跨行為，均為類化的範疇，但對有身心障礙的學生來說，類化一般不會自然發生，需要系統性的納入計畫。

以下提供一個實例，讓讀者能了解應用行為分析處理行為問題的方式與角度，以及和其他學門的差異：

某生患有拒學症，主訴的外在行為就是出缺勤紀錄的變化。依照應用行為分析的專業而言，則需回到行為與環境的互動關係，因此會回到情境脈絡中觀察並記錄環境發生的事件及行為後果，以推測並檢驗拒學的原因，並依學生的需求積極調整該環境所發生的事件，或調整課程、增加環境支持（如同儕支持、教師的讚美與鼓勵）及安排行為後果。若到校次數有增加，或每天留在輔導室的次數減少，而進教室的次數及時間長度增加，則具體展現拒學行為有明顯改善。應用行為分析即是以行為與環境的功能關係來詮釋拒學行為，而不以其心理特徵作為觀察或介入的重點。當可觀察、可積極操作的外在行為與環境有具體改善的事實時，同時也能回應個體的心理需求，則不可觀察、不易測量的心理因素自然也就能隨之改善。其他的心理學門則選擇採用個人諮商或心理分析的方式，來解決拒學的問題。部分有內省認知能力的人將可能受益於這些方式，然而行為分析則著重以個體與環境互動的關聯來理解並解決問題。

接著，我們以發展歷史來了解應用行為分析發展的前後背景。

教學資訊箱

各學門之間並無優越之分，只有專業人員、被服務的個體（學生、病患）與學門之間適配性的問題。若專業人員對某學門的理念採懷疑不信任態度，則該專業人員自然無法淋漓盡致的發揮該學門的要領與技術。唯有專業人員接受並純熟運用某一學門，且該學門的方式適用於個體的時候，才是最佳方式。當專業人員的專業學門不適用或無助於學生或病患的需求，則可轉介至專業團隊的其他專業人員，切莫自行使用不純熟的學門技術進行介入，這將延緩學生或病患改善行為且有礙於看清並解決問題。專業人員若發現問題已非自己專業領域能解決的時候，轉介至其他專業人員，才是專業及恪守專業倫理的表現（請參閱本書第二十二章）。是否適用或是否有助於服務的個體，需要訴諸科學化具體的成效評量，而非倚賴「感覺」。一般常見專業人員較重視「怎麼做、怎麼教」，而輕忽了「做得如何、教得如何」，成效評量和教學介入設計同等重要，若資料顯示介入步驟正確無誤但無具體的成效或改變，則服務的個體傳達給我們的訊息即是教學介入需要調整，若調整後長時間資料仍顯示無具體成效或改變，則該求助於其他專業人員的協助，選擇系統化、實證本位的教學介入（應用行為分析的教學介入請參閱本書第二至十三章；成效評量請參閱本書第十四、十五章）。

第二節　應用行為分析的發展歷史

應用行為分析最初是由心理學發展而來，1879 年心理學正式從漫長的哲學中獨立成為一門科學，代表人物為心理學之父德國人 Wilhelm Maximilian Wundt。Wundt 開始用內省實驗法探討知覺、情感和意識。1913 年，美國心理學家 John Broadus Watson 發表經典著作，公開表示當時心理學是主觀式的科學，倚賴自我觀點詮釋資料，意即不符合科學特徵之一——客觀的實證論。於是，Wundt 實踐科學的存疑態度，主張研究刺激和反應之間〔刺激（S）—反應（R）心理學〕的關係，才是唯一客觀方式來分析人類行為和反應，進而預測和控制人類行為。此時，心理學進行了第一次革命、第一次的典範移轉（paradigm shift），影響了科學看世界的角度（楊國樞，1995）。接著，Edward Lee Thorndike 進行的著名動物迷籠實驗，持續為行為學派奠基，1938 年美國心理學家 Burrhus Frederic Skinner 發表《有機體的行為》（*Behavior of Organisms*）一書集大成，成為行為學派最具影響力的人物。自此，行為學派成為當時的主流。

行為學派的發展分三方面來說明（Cooper, Heron, & Heward, 2020）：(1)行為主義（behaviorism）探討行為科學的哲學觀；(2)行為的實驗分析（experimental analysis of behavior）探討基礎行為科學，使用系統性操作環境與計畫行為前後的刺激，發展行為準則；(3)應用行為分析（applied behavior analysis，簡稱 ABA）探討應用和延伸行為準則，發展各種實證教學作法，以改善社會重要行為。因此，探討應用行為分析，不能不先從行為主義及行為的實驗分析開始說起。Skinner 從 1930 至 1950 年代進行無數次實驗，發現並驗證基本的行為準則，成為行為的實驗分析的鼻祖。自 1940 年代開始，有一群學者相繼使用行為準則進行應用行為分析研究（當時還稱為行為治療或行為改變技術），此時的應用行為分析實驗均在實驗室裡完成。在 1960 至 1970 年代，相當著名的是加州大學洛杉磯分校 Ole Ivar Lovaas 博士所創辦的 Lovaas 自閉症機構（The Lovaas Institute），依照行為準則發展單一嘗試訓練教學（discrete trial training，簡稱 DTT）。1968 年 Baer、Wolf 和 Risley 在《應用行為分析期刊》的創刊卷期中發表了〈當前應用行為分析的面向〉（Some Current Dimensions of Applied Behavior Analysis）一文，第一次正式針對「應用行為分析」做一明確定義。自此，應用行為分析即廣泛應用於各種領域，包括心理、教育、社工、醫療、語言、組織行為管理等。1971年，美國語言認知學家 Avram Noam Chomsky 公開反對 Skinner 對內在歷程存而不論，然而Skinner對內在事件的解讀是有其獨到的見解〔在Skinner的語言行為論著中，即針對內在事件（如情緒、記憶、問題解決等）有相關的探究，提到內在歷程只有個體本身才能深入探討，外人只能透過外在行為進而推測內在歷程〕。另外，Chomsky又撰文評論Skinner（1957）發表的《語言行為》（*Verbal Behavior*）（請參閱本書第九章）一書忽略語言的創造力（Skinner 提供具體方法建立個體的創造力，並認為語言的創造力是由後天學習來的）。自彼時至今，雖仍有認知學派與行為學派之間論點角度的辯論，也有集大成之認知行為學派的興起，但彼此在不同的情境需求下，以不同的角度來分析，均對人類福祉有相當大的貢獻。

第三節　應用行為分析的基本概念

應用行為分析這門科學所研究的是「行為」（behavior）與「環境」（environment）之間的功能（因果）關係，並強調行為及環境必須是客觀、可測量、可觀察的。首先，行為是首要關注的重點，因此要分辨行為和反應兩者之間的異同；而環境亦是另一關注重點，故要理解環境和刺激兩者之間的異同。以下將依序說明：經由「行為」與「環境」兩者之間產生的關聯，便可以探討行為的形成方式並建立行為準則。隨之，將介紹行為與環境間的連結關係，叫做後效關聯（contingency），以及其發展出的各式行為準則及教學作法。

以下將分別簡單介紹以上這些分析行為的基本概念，這些概念都將重複在本書出現，並在不同章節中進行深入探討。

一、行為

行為是有機體（organism）的移動，或者有機體的某部分遭到有機體本身或受到外在各種物體和環境驅使而移動。（Skinner,

1938, p. 6）

行為是指有機體的某部分和所處環境的互動行為，隨著時間可以偵測到環境中至少一度空間中的位移，且是可測量的改變。（Johnston & Pennypacker, 1980, p. 48）

根據上述中譯的引文可得知一個小結：「行為是可量化的具體動詞」，且「行為必定發生在有機體身上和環境中」。然而，並非產生位移現象就是有機體的行為，例如：「被風吹著走」不一定是行為，因為有可能被風吹著走的是物品。另外，舉正反比較的例子來說，「哭泣 vs.難過」、「離開座位vs.上課不專心」、「借同學課本vs. 友愛同學」，依照上述定義，前者都可被視為行為（看得見的外在行為、是具體動詞），後者則不是（可能是看不見的內在歷程，或根本沒有行為的發生，亦或是統稱性形容詞或動詞），通常人們會用前者的客觀具體行為主觀推測後者，例如：透過觀察到哭泣的行為可以推測這個人的心情是難過的，但「難過」並非是看得到的具體行為，而是我們看一個人的表情、行為、肢體動作等，綜合推測而成。再者，「不專心」或「沒有坐好」都表示虛無狀態，而不是行為無法操作，所以這種情形需先轉換為行為，例如：「分心」的具體行為有「眼睛看著與上課無關的人事物，或減少沒有坐好」的行為，改為提高「坐好」的行為。我們也有可能看到的線索不多，而綜合推測成「感動」。使用統稱性的概念，通常是許多具體行為的發生，才稱之。或是宣稱一個人「很誠懇」也是，如果再追問什麼叫做「誠懇的」，有些人會說「那是種感覺」，那這就無法使用應用行為分析的方法來觀察、記錄和分析該描述。但有些善於觀察的人會告訴你「因為他總是雙手合十、下巴後縮，講話的時候都會看著對方的眼睛」，如此一來有具體行為來定義「誠懇的樣子」，便能繼續使用應用行為分析的方法來觀察、記錄和分析了。這樣把內在歷程或統稱性概念具體行為化，就是下了操作型定義。行為若無法進行測量，就不能稱為操作型定義，如果行為無法測量，會使用操作型定義的方式，將行為具體化，以利更精準的觀察、測量與記錄。舉例來說，老師要改善學生上課行為，他觀察的是「坐在椅子上的時間長短」之行為，但當學生坐在椅子上並把腳翹在桌子上或坐的是相反方向，又或者坐在倒在地上的椅子，團隊間每個人是否都會將之算在改善學生上課行為之「坐在椅子上的時間長短」，就不得而知了。操作型定義沒有標準答案，重要的是在整個團隊中大家是否同意、觀察與測量是否能一致，以及能否完善涵蓋團隊要測量的目標概念或行為（詳細行為測量與記錄的介紹與方法，請參閱本書第十四章；詳細行為資料圖示與分析，請參閱本書第十五章）。

也有學者用簡單易懂又詼諧的「死人測驗」（Dead Man's Test），用來判斷「行為」：

> 如果一位死者能做的，那就不是行為；如果一位死者不能做的，那就是行為。（Malott & Shane, 2013, p. 6）

例如：上述「被風吹著走」的例子，這不是行為，就可以使用「死人測驗」來協助判斷，因為死人也可以被風吹著走，所以沒有通過「死人測驗」，那就不是行為。透過這個簡約原則下的方式，可用來幫助我們釐清什麼是行為。當然，也要提醒的是，不要太鑽牛角尖，例如：討論死者能不能做出躺的動作或是躺著的狀態，來判斷「躺」是否是行為，便會失去「死人測驗」真正的用意。重點是該測驗可以協助我們釐清有興趣的目標概念或行為，以便於下操作型定義後，開始測量、記錄、分析、複製、操作等後續更重要的任務。

行為的描述大致分兩個向度（鳳華等人譯，2012），一個是形式（topography），一個是功能（function）。行為的形式即我們看到行為的樣子，例如：哭泣、大笑、打頭。而功能則是這些行為背後看不見的發生原因和目的，例如：為了「獲得」或「逃避」什麼人、事、物。有可能以上不同形式的行為各有不同的功能，但也有可能是出自同一個功能。舉例來說，嬰兒會用哭的一種行為形式，來表達要喝奶（「獲得」的功能）、要抱抱（「獲得」的功能）、尿布濕了（「逃避」的功能）等多種行為功能；對學業沒有興趣或成就的青少年，可能用上課打同學、罵老師、不交作業等多種行為形式，讓老師請他去罰站〔此例看似但並非懲罰（punishment）原理，懲罰原理請參閱本書第三章〕，而達到不上課的目的（「逃避」的功能）的單一行為功能。當然，也可能一種行為形式只對應一種行為功能。但是，應用行為分析不是只討論「看得見的行為」嗎？沒錯，所以是用看得見的行為前事（antecedent，發生於行為前的事件）和行為後果（consequence，發生於行為後的事件）來推測行為的功能。前提是，該行為的發生有著同樣且重複不斷的前事和後果的規律，也就是回到科學的決定論，若行為的發生有規則可循、可複製、可預測，這時便能精準推測行為功能了。舉例而言，媽媽會看嬰兒哭泣的時間及看尿布是否有濕（前事），或幫他換尿布、抱他起來看看哭泣會不會停止（後果）等，來推測嬰兒哭泣的原因和目的，也就是推測行為功能。老師也可以觀察青少年的行為是否在上某種科目的時候特別明顯，罵或打的人是否同一位（前事），或罰站是否有讓這些行為未來出現頻率的減少（後果）等，來判斷青少年行為問題發生的原因和目的（行為功能）。久而久之，我們就能在前事發生的時候，預測行為的發生，給予適當的行為後果，進而能控制行為前事，以避免行為的發生（詳細行為功能評量與分析，請參閱本書第十八章；詳細行為介入，請參閱本書第十九章）。

二、反應

反應（response，簡稱 R）就是一種行為，是一種對環境中特定的刺激（刺激的說明請參閱下文）才發生的行為，就叫做是對該刺激的反應（鳳華等人譯，2012）。換句話說，對於環境中某些刺激的存在或發生而產生行為，即為反應。因此，「刺激」有控制「反應」的關係，該「反應」是受控於某個環境「刺激」，行為和反應之間則沒有這樣的關係，例如：單純尖叫，是一種行為，但如果是看到某歌手而尖叫，即是對刺激（歌手的出現）的反應，歌手的出現（刺激）控制了尖叫（反應）；又例如：曾有新聞報導臺灣某城鎮因為換了垃圾車音樂，而導致民眾忘了倒垃圾。原因是垃圾車的音樂長久以來控制了倒垃圾的反應，當換了音樂（刺激），新音樂尚未控制倒垃圾的反應，所以有些民眾一時之間可能會忘了倒垃圾。反應是我們研究行為所觀察和測量的基本單位，以找出相對應環境中之刺激。

三、刺激

環境由很多刺激（stimulus）所組成，我們可以透過一個或數個刺激來描述環境的特性，以區分環境與環境之間的差異。刺激是我們聽得到、聞得到、摸得到、看得到或嚐得到環境中的自然現象、地點、人、事、物，以及聲音、氣味、觸感、光線、味道等感官覺。刺激還可以包含很多面向，比如大小、顏色、重量、方向、密度、溫度等。刺激可以存在於任何空間和時間；有的刺激和反應有很強烈的連結關係，有的則無。舉例而言，一個人的微笑、一股菸草味、一張照片、一則笑話、一只超重的皮箱、下雨、天氣很熱、看到太陽西下時的背影、黑色唇印、某種特定觸感的毛巾、4 毫克的味精、布滿斑紋的動物、長得像我媽媽的老師、英文課文、清晨的公園、有人叫我們的名字等，有人對以上刺激有不同程度的反應，也有很多人遇到以上刺激均無任何反應。如果一個刺激的存在與否和一個反應的存在與否有絕對的連結關係，這種刺激我們稱為區辨刺激（discriminative stimulus，簡稱 S^D），例如：有人看到紅色絲襪（刺激）便會向前觸摸（反應）；有人聞到酒精氣味（刺激）便會打噴嚏（反應）；有人叫我的乳名（刺激），我就會看著他（反應）。區辨刺激可以非常特定，有可能看到不同面向的刺激會影響反應的與否，承上例，有可能改為白色絲襪、香水裡的酒精、叫我的姓氏，就沒有反應的產生。

四、反應型行為與反應制約

人或動物等有機體，打從娘胎出生，就會對環境中的刺激產生自然反應，例如：痛覺（刺激）使人把身體往痛源的反方向收縮（反應）；洋蔥（刺激）使人流淚（反應）；胡椒粉末（刺激）使人打噴嚏（反應）。不同發展階段，也會對刺激有不同的反應，例如：嬰幼兒時期對物品（刺激）的抓握反應（反應）；成年時期對性（刺激）的反應（反應）。但以上這些全都是為適應環境所擁有的先天本能，不需後天學習。當刺激出現的同時，反應無條件隨之自然發生，這些行為就叫做反應型行為（respondent behavior），或反射行為。

如果為使新的中性刺激出現，而透過新舊刺激配對出現，進而讓新刺激也能產生與舊刺激相同的反應，這種有條件、需學習的過程就叫做反應制約（respondent conditioning），或稱為古典制約、經典制約。俄國生理學家 Ivan Pavlov 在研究狗的消化實驗中無意發現，一般的狗對鈴聲沒有反應，但是這隻實驗室的狗竟然每次對鈴聲都出現流口水的反應，原因是緊接著鈴聲（刺激一）後狗食（刺激二）會出現，一而再、再而三，當兩種刺激總是配對出現，原本只對狗食流口水的反應，也因此對鈴聲有了相同的反應。原本就有反應的刺激（狗食），稱為非制約刺激（unconditioned stimulus，簡稱 US），對其產生的反應稱為非制約反應（unconditioned response，簡稱 UR）。經配對制約後，對原本沒有反應的中性刺激（neutral stimulus，簡稱 NS）（鈴聲）有了反應，原本的中性刺激於此時就稱為制約刺激（conditioned stimulus，簡稱 CS），對其產生的反應稱為制約反應（conditioned response，簡稱 CR），制約過程請參閱圖 1-1。制約的刺激與反應的連結，可以經由刺激一和刺激二不再配對出現（例如：鈴聲獨立出現），以達到消弱的目的，進而去制約化（註：反應制約於本書第二十一章有詳細的解說）。

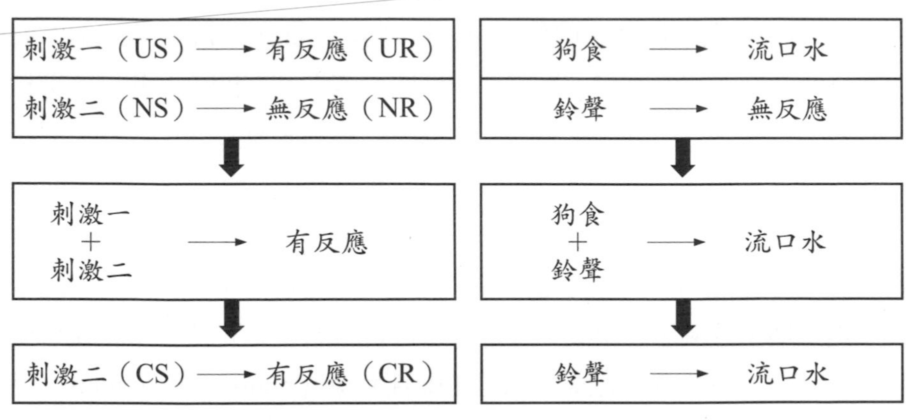

圖 1-1　行為公式一：反應制約

五、操作型行為與操作制約

其實是 Skinner 將行為的形成方式分成反應型行為（respondent behavior）和操作型行為（operant behavior），且 Skinner 認為大部分的行為並非是反應型行為，而是操作型行為。因為大部分行為並非與生俱來，而是後天由環境習得。行為公式一之反應制約讓學習者或反應者成為被動角色，需倚賴老師或環境其他外力在學生行為前先行設計好兩個刺激的配對，才能達到行為改變的目的。Skinner 認為此一公式忽略人有主動學習和探索的能力。在延續 Thorndike 之貓的迷籠實驗後，Skinner 發展了老鼠壓槓桿的實驗，完成操作制約的公式。

一隻飢餓的老鼠被放在一只箱子（這個箱子就是後世著名的史金納箱）裡，箱子裡有一支槓桿、一顆燈泡和一個槽。飢餓的老鼠四處找尋出口或生存之道，不小心第一次壓到了槓桿，並無什麼後果發生。老鼠繼續牠的探索，無意中在燈泡亮時又壓到了槓桿，這時候食物出現在槽中。接著，老鼠狂壓槓桿，有時候槽中出現食物，有時候沒有。從反覆探索一而再、再而三的過程中，牠發現，只有在燈泡亮的時候壓槓桿，槽中才會出現食物。這個過程使得老鼠在飢餓時，只在燈泡亮時才不斷壓槓桿，燈泡不亮時就不壓。

老鼠從主動嘗試錯誤、重複不斷發生的經驗法則及行為後果中習得規則，「當燈泡亮時〔區辨刺激（S^D）〕壓槓桿〔行為反應（R）〕，食物會出現，此例為未來行為會增加的增強性刺激（reinforcing stimulus，簡稱 S^R）」，且能區辨行為後果與壓槓桿時燈泡是否有亮有關係。此例的壓槓桿便是操作型行為，最主要受到壓槓桿後食物的出現，讓老鼠決定未來要繼續壓槓桿（行為頻率增加）。操作型行為的產生過程就叫做操作制約（operant conditioning），除了行為發生前區辨刺激的存在，最主要是被行為後的刺激變化所影響。若行為後刺激變化使得未來在類似的情境下，該行為發生頻率增加，則是增強性刺激（S^R）；反之，若行為後刺激變化使得未來在類似的情境下，該行為發生頻率減少，則是懲罰性刺激（punishing stimulus，簡稱 S^P）。這緊密連結關係就叫做「後效關聯」，而因為牽涉到公式的三部分（S^D

—R—S^R），所以稱三期後效關聯（three-term contingency）。若壓槓桿和燈泡亮不亮沒關係，就形成二期後效關聯（R—S^R）；本書第五章更延伸探討四期後效關聯（four-term contingency）。如果後效關聯不再需要，則仍可仿行為公式之一反應制約所述，用消弱（extinction）原理（請參閱本書第八章）在公式跑到 S^D—R 的時候（老鼠壓槓桿後），不給予 S^R（食物不出現），意即截斷後效關聯（S^D—R　S^R），久而久之，區辨刺激（燈泡）與行為（壓槓桿）彼此之間將不產生連結關係，也對老鼠能不能獲得食物毫無影響了。公式可以依照發生的前後順序，簡化成前事（A）、行為（B）、後果（C），請參閱圖 1-2。至於刺激與行為的定義，前面已介紹過了就不再贅述。

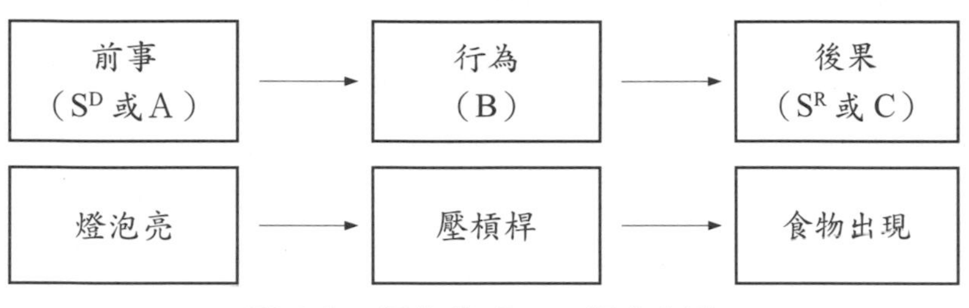

圖 1-2　行為公式二：操作制約

Skinner箱在應用的時候，是趁老鼠在自然飢餓情境的時候進行教學，而非刻意不給老鼠吃食物再進行教學。應用在人的自然飢餓情境，即為三餐進食或吃點心時間進行教學。這裡是常見迷思之一，應用行為分析是須符合專業倫理的，故在此釐清。

（一）操作制約在教學上的應用

丹丹六個月大，有一次在爸爸看著他的時候，他剛好嘴唇一開一合之際，發出狀似「ㄅㄅ」的聲音，爸爸以為丹丹在叫「爸爸」，便抱著丹丹又親又跳。爸爸給的行為後果讓丹丹下次看到爸爸時，又會開始嘴唇開合發出「ㄅㄅ」的聲音，發現爸爸還是又親又跳，這便增加了丹丹繼續發出「爸爸」狀聲詞的次數，且愈來愈清楚。另外，丹丹發現，只有爸爸會這麼欣喜若狂，如果對媽媽、爺爺、奶奶等其他人發出同樣的聲音「ㄅㄅ」，就相對得不到一樣的反應（學會區辨刺激的過程）。

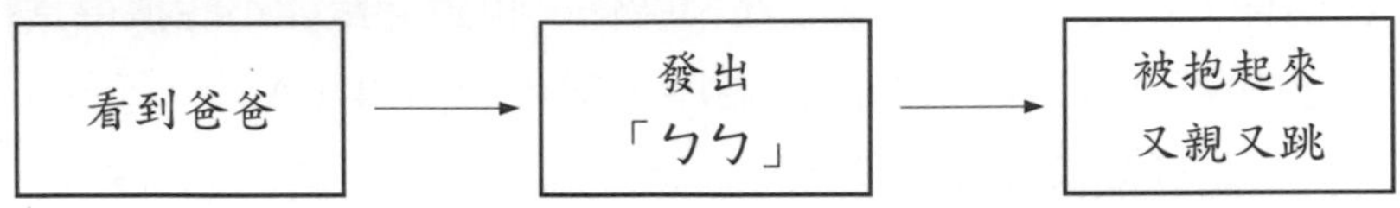

（二）操作制約在日常生活上的應用

小九和阿柯是半生不熟的朋友，在社團迎新才見過一次面。有一次小九看到阿柯迎面走來，並不確定阿柯是否還記得社團迎新的一面之緣，但小九決定舉起手對阿柯揮手打招呼，這時阿柯揮手回禮。阿柯的揮手回禮更讓小九相信阿柯認得他，於是接下來幾次走在路上遇到阿柯，小九都會和阿柯打招呼（見以下例一）。反之，如果小九在看到阿柯且打招呼後，阿柯沒有回禮，反覆幾次之後，阿柯還是沒有回禮，這樣的結果將降低小九以後看到阿柯且打招呼的次數。久而久之，小九看到阿柯就形同陌生人，也不會打招呼了（見以下例二）。

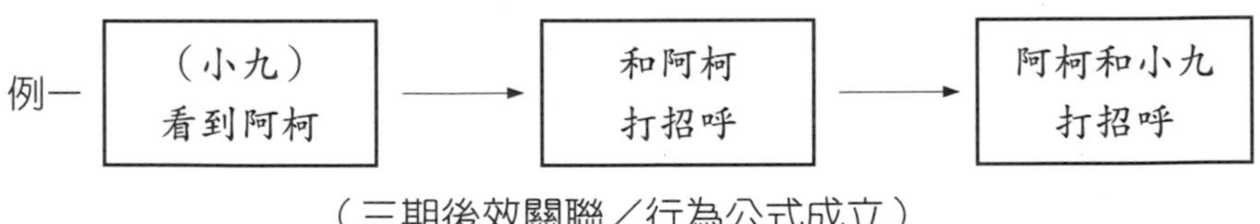

（三期後效關聯／行為公式成立）

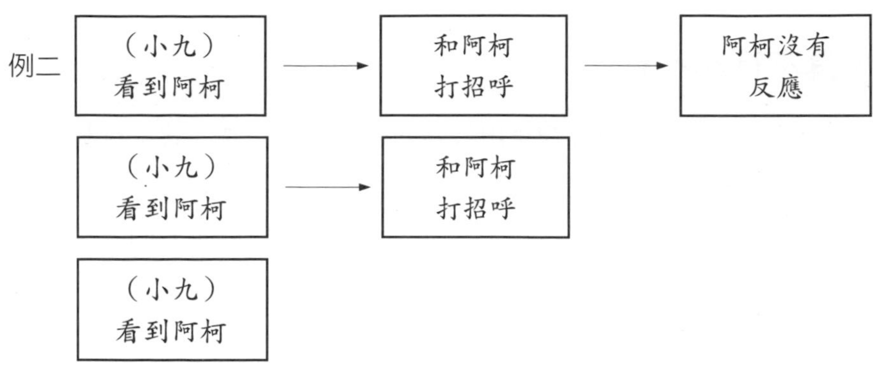

（三期後效關聯／行為公式不成立）

教學資訊箱

練習題：依照上述，你是否會使用行為公式二：1. 教「看到紅燈停下來」；2. 分析並解釋「小名學會看到糖果大哭就會獲得糖果」的這個連結與歷程；3. 承 2.，那又如何停止這個行為問題呢？（進一步行為處理方法，請參閱本書第十八、十九章）

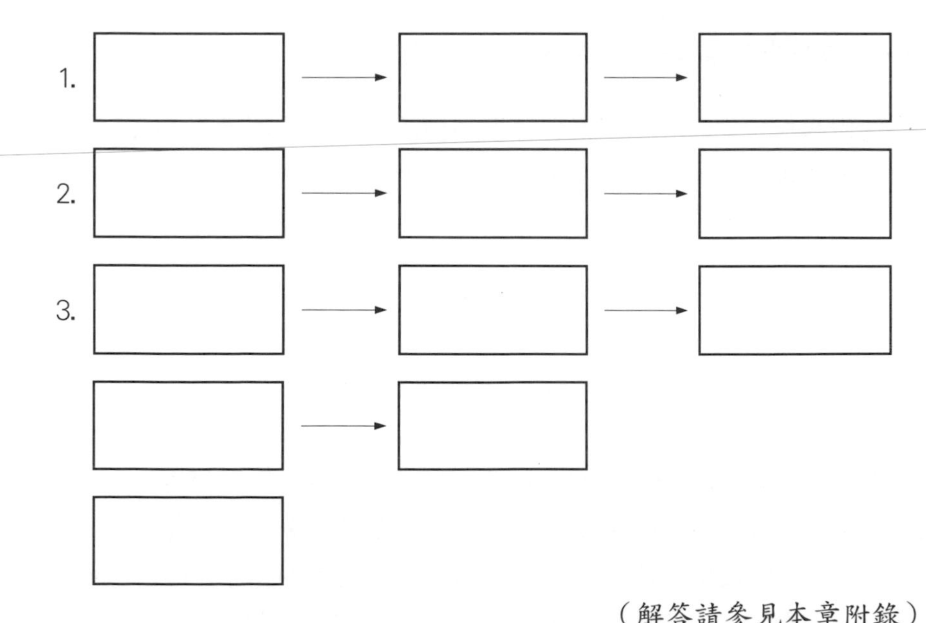

（解答請參見本章附錄）

六、基本行為準則

我們前面已經為各位介紹應用行為分析的兩個行為公式：行為公式一之反應制約是由著名巴夫洛夫的狗實驗所導出來；行為公式二之操作制約是由史金納的鼠實驗所導出來，行為公式最初均由觀察環境刺激的改變（環境增加或提供刺激，或是環境減少或移除刺激）而導出來，才進而延伸應用於積極操作。這兩種行為公式幾乎可以涵蓋所有行為的形成，至今恆不變，尚無法被推翻。許多學者在不同人、物種、條件下驗證後，發展各式基本行為準則（basic behavior principles），也就是大眾所熟悉的舊稱「行為改變技術」（參見本書第二至八章）。基本行為準則能遵守行為公式，用來描述行為和其前後刺激之間的功能關係，以及操作行為增加或減少的過程。大部分的基本行為準則均為行為公式二之操作制約發展出來的，例如：正負增強（reinforcement）、正負懲罰（punishment）、區辨增強（differentical reinforcement）、消弱、行為塑造／逐步養成（shaping）、行為連鎖（behavior chaining）等等。兩種行為公式可以分開使用，亦可以合併使用。

（一）操作制約發展出來的基本行為準則

透過幾個史金納箱的設計，觀察環境的刺激變化所產生的行為效果，若環境增加或提供刺激，老鼠未來壓槓桿的次數增加，便是「正增強」；老鼠未來壓槓桿的次數減少，便是「正懲罰」。若環境減少或移除刺激，老鼠未來同樣壓槓桿的次數增加，便是「負增強」；老鼠未來壓槓桿的次數減少，便是「負懲罰」。茲簡單說明並舉例如下（其他基本行為準則，如區辨增強、消弱、行為塑造／逐步養成、行為連鎖等，均為增強原理的延伸應用）。

而以下舉例主要為解釋操作制約行為公式 ABC 如何發展出基本行為準則，但不全然屬於三期後效關聯。基本上增強和懲罰均為二期後效關聯，只需行為（B）和後果（C）之間關聯連結，不一定需與前事刺激（antecedent stimuli, A）有連結。但有時候若要完整解釋，如負增強，除前事之外，還需考慮動機操作，此為四期後效關聯。另外，若還牽涉到嫌惡（aversive）刺激，就另有使用上的倫理議題，須特別留意。

1. 正增強（positive reinforcement）

在壓槓桿後，環境增加或提供刺激，我們觀察到增加了老鼠未來壓槓桿的次數。故得知，此增加或提供的刺激（食物）為正增強物（positive reinforcer）。

二期後效

2. 負增強（negative reinforcement）

在壓槓桿後，環境減少或移除刺激，我們觀察到增加了老鼠未來壓槓桿的次數。故得知，此減少或移除的刺激（高溫氣體）是負增強物（negative reinforcer）。

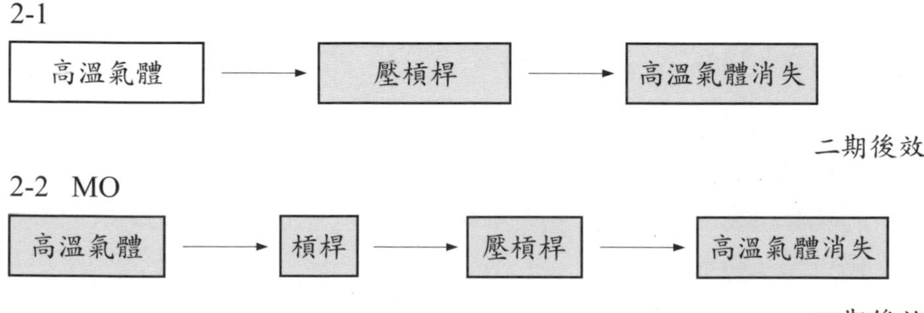

四期後效

3. 正懲罰（positive punishment）

在壓槓桿後，環境增加或提供刺激，我們觀察到減少了老鼠未來壓槓桿的次數。故得知，此增加或提供的刺激（重槌）是正懲罰物（positive punisher）。

二期後效

4. 負懲罰（negative punishment）

在壓槓桿後，環境減少或移除刺激，我們觀察到減少了老鼠未來壓槓桿的次數。故得知，此減少或移除的刺激（食物）是負懲罰物（negative punisher）。

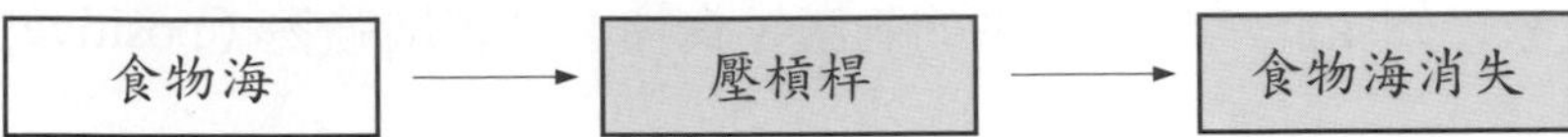

二期後效

這裡我們發現，行為發生後透過兩種環境刺激的變化——環境增加或提供刺激（加法＋）或者減少或移除刺激（減法－），以及兩種行為改變的效果——未來行為增加（增強）或者未來行為減少（懲罰），同樣是針對壓槓桿的行為，有四種排列組合的可能性：

1. 行為發生後，環境增加或提供刺激（＋），而未來行為增加（增強），所以是正增強。
2. 行為發生後，環境減少或移除刺激（－），而未來行為增加（增強），所以是負增強。
3. 行為發生後，環境增加或提供刺激（＋），而未來行為減少（懲罰），所以是正懲罰。
4. 行為發生後，環境減少或移除刺激（－），而未來行為減少（懲罰），所以是負懲罰。

		環境刺激的變化	
		增加或提供（＋）	減少或移除（－）
未來行為效果	行為增加	正增強 R^+	負增強 R^-
	行為減少	正懲罰 P^+	負懲罰 P^-

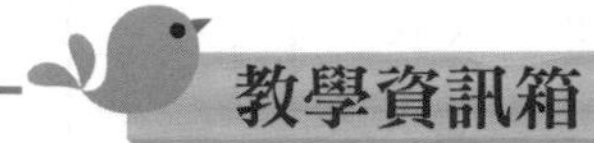

正負增強或正負懲罰容易誤解之處

這裡的正、負，請勿解讀成正向、負向，請解讀成加法、減法，也就是環境刺激的增加、環境刺激的減少。請記得應用行為分析只有客觀分析，沒有主觀判斷成分。是否正向或負向，已經有主觀判斷的要素在。再者，我們也無法主觀判斷增加或減少的刺激是接受者喜歡或不喜歡的，因為喜歡或不喜歡是由接受者主觀感受的決定。因此，我們只能從觀察的環境刺激的增加或減少和未來行為的增加或減少，來判定該刺激對此人是什麼作用。這也是為什麼學生行為資料記錄（行為增減）對老師教學介入成效（環境的刺激）評量和下教育決策時扮演著不可或缺的要角。

（二）反應制約與操作制約合併使用

日文老師教學生聽到什麼動物名稱，就要把那個動物的圖卡給老師。但是初期，學生聽不懂動物名稱的日文，於是老師便在說動物名稱的日文的同時，指著該動物給學生看。學生自然知道要拿哪張圖卡給老師，拿到正確圖卡後，老師給學生一張他自己選的貼紙（有反應增強物），同時對他說「你好棒」（尚未有反應社會性增強）。一而再、再而三的重複練習這個過程，久而久之，老師說動物名稱的時候不再指著該動物，學生拿到正確圖卡後，老師也只說「你好棒」（有反應社會性增強），而不再給貼紙。最後，老師延伸成具體社會性增強「你好棒，把狗的圖卡給了老師！」

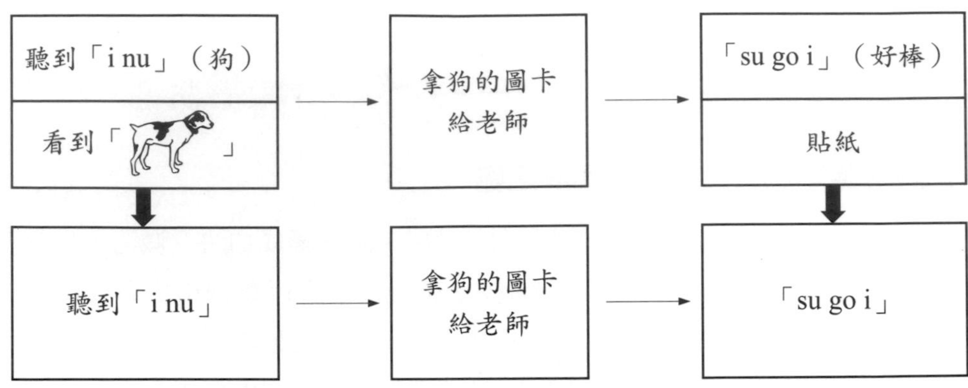

這個例子就是合併使用操作制約和反應制約的例子。同時在前事刺激和後果刺激都各有兩個刺激，一個是學生已習得、有反應的（看到該動物、自己選的貼紙），另一個是學生未習得、沒有反應的（「i nu」、「su go i」）。透過反應制約，成功讓原先沒有反應的刺激有反應〔相關理論文獻回顧與分析請參考 Weiss（1972）〕。

第四節　實證本位教學法

由基本行為準則發展出實證本位教學法（evidence-based practices）（參見本書第八、九、十六、十七章）的概念，就如同中文造字有六大準則，能發展出成千上萬字一樣。反之，亦可用基本行為準則分析人類行為，用造字準則來解字。不同的是，這些基本行為準則本身就是實證教學作法；而造字準則本身不是字。

舉自閉症的實證本位教學法為例，目前依照美國國家自閉症專業發展中心（National Professional Development Center on Autism Spectrum Disorder，簡稱 NPDC）和民間組織國家自閉症中心（National Autism Center，簡稱 NAC）所整理的實證教學作法，經交叉比對後，有以下實證教學作法：(1)前事介入策略；(2)區辨增強；(3)單一嘗試訓練；(4)消弱；(5)示範；(6)提示；(7)增強；(8)反應中斷／重新引導；(9)文字腳本；(10)工作分析；(11)影片示範；(12)時間延宕；(13)認知行為介入；(14)自然介入；(15)家長介入；(16)同儕介入；(17)核心反應訓練；(18)自我管理；(19)社會敘事；(20)社會技巧訓練；(21)視覺支持；(22)運動；(23)行為功能評量；(24)功能性溝通訓練；(25)圖片兌換溝通系統；(26)結構化；(27)科技輔助教學介入。以上的實證教學作法本書均有詳盡介紹與說明。

應用行為分析的錯誤迷思與概念釐清

一般要能清楚理解一個概念，除了直接能說出「什麼是○○」，還要能說明「什麼不是○○」。筆者期待讀者讀到這裡，已能釐清學派間和坊間很多對應用行為分析的迷思。以下迷思都**不是**應用行為分析正確的描述。

（一）學派間的迷思

- 迷思一：不討論內在歷程和忽略語言的創造性

☞應用行為分析並不是否定內隱的情緒、想法等內在歷程，而是透過科學化分析外在行為，以實證為基礎解釋情緒與想法之內在歷程。雖然這些科學的原理原則自己分析內在歷程也適用，然而 Skinner 也相信內在歷程會訴諸於外在行為中（例如：生氣的時候，會出現皺眉頭、講話較大聲等可觀察的行為）（Skinner, 1953, p. 35）。行為學派是由外在環境和行為之間的關係去客觀定義並推測內在世界，並認為外在能觀察並測量的行為才有討論或操作的可能性。不是不討論，而是用不同的角度「討論」。行為學派只是不採用認知發展的角度看語言創造性，行為學派認為語言的創造也是能操作（教學）的。

- 迷思二：解決表面問題，不能解決深層內部問題

☞這是學派間對「表面」和「深層內部」定義的不同。行為學派發展出來的應用行為分析視所有的表面和深層內部問題均由外在行為所呈現，

若外在行為獲得改善，相對應其他學派所謂的內在問題自然隨之改善。其他外在行為不能呈現的部分，外人無法給予操作，要由本人「解決」「說明」「分析」。

- 迷思三：剝奪人的自由意志與民主

☞行為學派強調的是操作能觀察並測量客觀環境中的刺激，而非操作只有學習者本身主觀才能探討的內在歷程、想法、意志等。行為學派透過有利行為正向改變的環境操作，讓學習者自行決定是否要改變。

（二）坊間的迷思

- 迷思一：應用行為分析只能一對一，不適用於班級

☞應用行為分析是科學，適用於一對一、一對多，或團隊對團隊，皆有可能，所以當然適用於班級。在班級裡實施個別化教學更是特殊教育的理念。

- 迷思二：應用行為分析是一種教學法

☞應用行為分析是一門科學，其基本行為準則就像造字原則一樣造出成千上萬的字，可以發展出很多類型的教學法。所以應用行為分析並不等同於只是一種教學法，其基本行為準則可以用來教學，也可以用來分析所見所聞。

- 迷思三：應用行為分析用食物教學

☞應用行為分析是系統化的，當學生基本需求或偏好只限於原級增強物（primary reinforcer）時，確實會使用食物搭配社會性增強（古典制約原理），來增加他的行為。這需要時間和系統性的教學，讓該學生開始對次級增強物（secondary reinforcer，如休閒活動），甚至社會性增強（如讚美）有反應。但增強和賄賂是很不同的概念。增強是以學生利益為出發點，以正向行為為目的，是學生選擇他要的增強物（reinforcer），可以是有形的（如人、事、物），也可能是無形的（如陪伴、獲得注意）。給予增強的時機永遠都是正確行為發生之後，且人為預設增強物最終是需撤除的。反觀賄賂，是為達成給予者利益，通常以負向行

為為目的，且是賄賂者選擇給予有形的物質為主，接收者一般並無選擇權。賄賂時常發生在行為之前，且並無撤除的目的。

- 迷思四：應用行為分析忽視學生的學習動機

☞應用行為分析非常重視學生的學習動機，有專門技術能提升動機（請參閱本書第五章動機操作）。掌握學生的需求、動機及其選擇的增強物，是應用行為分析的重點議題之一。

- 迷思五：應用行為分析只適合認知功能較弱的個體

☞應用行為分析適用於任何人、任何行為，也不論是個體抑或是團體。之所以應用行為分析看似在認知功能較弱及身心障礙的族群上凸顯其應用，只是因為應用行為分析為少數也可以應用於這些族群的科學。

- 迷思六：應用行為分析沒有效

☞應用行為分析是一門科學，其特徵之一便是「有效的」，是長年累月實證證明有效的結果。再者，應用行為分析不是單一種教學法，它是運用各種基本行為準則發展出的很多實務作法（practice），包含各式實證教學作法。一般沒有收到果效的最大原因都是技術不純熟或基本行為準則掌握不佳，導致教學程序忠實度（fidelity）不足，也就是沒有做正確。

- 迷思七：應用行為分析很貴

☞應用行為分析需要進階專業訓練，各行各業的專業人員都將因為付出專業服務而獲得合理報酬，以維持生計。什麼為合理報酬，應透過合法管道取得共識。應用行為分析專業人員亦須謹記專業倫理，是專業領導教學，而非報酬領導教學。

第五節　結語

本章的目標是為介紹應用行為分析的定義、發展歷史和基本概念，而本書也只是應用行為分析的入門。雖然人的行為很複雜，造成人行為改變的環境變因有很多，但應用行為分析訴諸客觀外在的好處，提供專業人員一個環境設計的思維，讓孩子在我們設計的環境中正向發展。其實，若以環境為討論中心，每個人的行為也只是環境中的變因罷了。我們說孟母為華人歷史上行為學派的代表，她意識到環境對孩子的重要性而三遷，而環境也是靠每個人的行為而改變。科學能解釋的有限，但讀完本書後，希望能協助讀者在教學介入、行為分析上有很多的發揮，也能針對自己的學生或服務對象設計最適當且符合個體需要的教學模式。現今的已知，遠比 Skinner 的發現還更多，應用行為分析學者仍對未知持續不斷的學習研究。美國已故特殊教育學者 Edward Carr 說：「科學告訴我們如何改變，而價值觀告訴我們什麼值得改變。」所以科學對你的教學或服務方式具有什麼價值呢？筆者認為，應用行為分析此科學的迷人是一扇開了就關不了的門，邀請讀者與我們一同品嚐。

附錄

操作制約練習題參考答案

請記得如果某行為需要教學，則一定要有增強的過程，否則未來該行為不會增加。而增強物可以是有形（食物、玩具），也可以是無形（讚美、微笑、注視、活動、特權……），重要的是若要符合增強定義，則該增強物是個別化的、能使行為增加的。

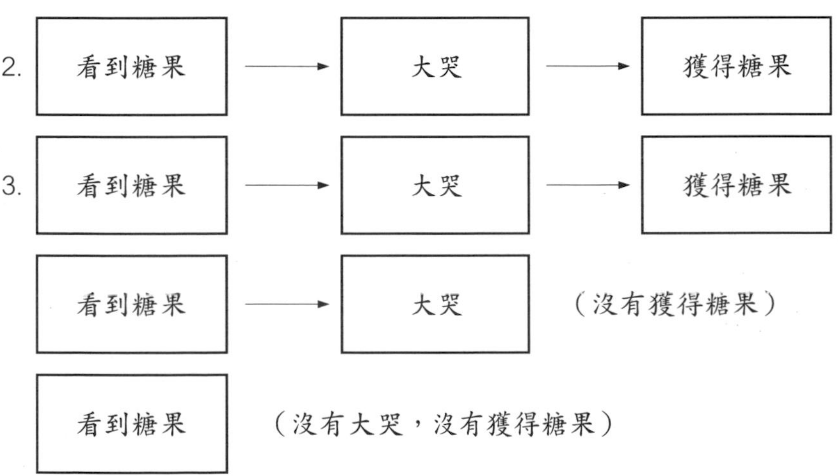

當操作制約行為公式三期後效關聯成立的時候，想要讓未來大哭的行為減少，其中一個方法就是不讓行為後果（獲得糖果）再發生。因此，如果大人能在孩子大哭的時候溫柔的堅持不讓他獲得糖果，雖然因有錯誤增強歷史而會有短暫更為嚴重之大哭行為，但長久下來，孩子再看到糖果的時候，也不會再發生大哭的行為（此為消弱原理，詳請參閱本書第八章）。同時，需教導孩子有適當表達需求的溝通方式（詳請參閱本書第十九章）。

CHAPTER 2

增強

鍾儀潔

本章學習目標

1. 能說出正、負增強的定義並各舉出一個生活中的實例。
2. 能描述正、負增強的異同。
3. 能描述增強物的種類，並針對每個類別分別舉出兩個實例。
4. 能分析比較逃脫後效和避免後效的異同。
5. 能說明正負增強在現實生活中的應用情況。
6. 能說出增強計畫表的定義、類型和各類型的特性。
7. 能說明增強計畫表在現實生活中的應用情形。

第一節　緒論

增強（reinforce/reinforcement）有分正增強（positive reinforcement）和負增強（negative reinforcement），正增強和負增強的相同點是它們同樣是增強，而不同點在於一個是正的，而另一個是負的。

增強是一種行為與環境互動的現象，不論是正還是負，因為同為增強，所以就行為而言，如果類似行為在未來相似之情境中的發生率有提高，就表示這個行為曾在某個情境中，被某個後果增強了。

先舉一個正增強的例子：王老師很喜歡吃水果，他通常都習慣到傳統市場買他喜歡的水果，今天剛好冰箱裡的水果只剩蘋果一顆，又加上外面下大雨，於是他想到住家附近的超市看看，雖然這是他第一次到廣東路上的 814 生鮮超市，但很幸運的，他買到很多便宜又新鮮的水果；之後，若有缺水果且下大雨的情況，而他「到廣東路上的 814 生鮮超市買水果」的行為發生率確實有提高，就表示「到廣東路上的 814 生鮮超市買水果」這個行為被「曾買到很多便宜又新鮮的水果」的後果增強了。

再舉一個負增強的例子：二手菸是大家很不喜歡的，如果有一次你在某個餐廳用餐，鄰近餐桌有個還算知書達禮的癮君子在抽菸，你很刻意的在他面前用手摀住口鼻，並露出很厭惡的表情，結果他很不好意思的起身到餐廳外繼續吞雲吐霧，而你很開心不用再聞到刺鼻的菸味；之後，如果再有類似的人在你身旁抽菸，而你「很刻意的在他面前用手摀住口鼻」的行為發生率又有提高，就表示你「很刻意的在抽菸的人面前用手摀住口鼻」這種行為，被「曾免於再聞到刺鼻的菸味」的後果所增強了。

簡而言之，想想以上的例子，所謂的「正」增強，就是在行為發生後，「加入」個體「喜愛」的刺激。但如果是「負」增強，則是在行為發生後，「去除」個體「嫌惡」的刺激。而這樣（不論是加入還是去除）的後果，都會增加未來行為的發生率。

由上述的兩個例子，我們可以發現「增強」這個字有兩種詞性，有時可當名詞，有時可當動詞；當名詞時，指的是一種現象或過程，例如：我們在說正「增強」與負「增強」時，這時的增強，就是名詞。當動詞時，它是個及物動詞，其後面直接加一個受詞，而這個受詞就是個體的行為，例如：某個明星每次變換髮型都會引領流行趨勢並炒熱時尚話題，流行的趨勢與時尚話題就「增強」了這位明星之後常變換髮型的這個行為。

本章除了介紹正增強和負增強外，第四節會提到增強計畫表（schedule of reinforcement），這個專有名詞有時也譯成「增強時間表」或「增強時制」，其主要在描述增強的施予方式。以下會更深入來探討這些主題的內涵，以及它們在實務上的應用情況及執行原則。

第二節　正增強

關於正增強的內涵，以下分別針對正增強的定義、特性、增強物的類型、潛在增強物的確認方式和增強的實施原則加以論述。

一、正增強的定義

在說明正增強的定義前，先來介紹一個名詞：後效關聯，在應用行為分析的領域，目前最少分析到「二期」後效關聯，通常會分析「三期」後效關聯，最多分析到「四期」後效關聯，而這四期的後效關聯指的是：(1)動機操作（MO）；(2)前事（A）；(3)行為（B）；(4)後果（C）。「後果」廣義的定義可以說是：環境刺激的改變。其中，因為三期後效關聯（three-term contingency）是最常被分析的，以下就先從三期後效關聯開始談起，接著會介紹四期後效關聯，最後再回到二期後效關聯，以 Cooper、Heron 與 Heward（2007）的說法，正增強可以用二期後效關聯來闡述。

（一）三期後效關聯

所謂三期後效關聯，是指前事、行為和後果間的關聯，若以它們的英文縮寫表示則可稱之為「A-B-C 後效關聯」，所謂「前事」是指一個出現在行為之前的刺激或事件，當個體接受到這個刺激（或遇到這個事件）時，個體在當下會有相當大的把握：如果他此時表現出某種行為，就非常有可能會得到他所想要的後果。以下舉幾個三期後效關聯的例子，其中包括本章第一節「緒論」中提到的正增強案例，將它們一起整理如表 2-1 所示。

表 2-1　三期後效關聯的例子

例子	前事（A）	行為（B）	後果（C）
例子一	廣東路上的814生鮮超市	到廣東路上的814生鮮超市買水果	買到很多便宜又新鮮的水果
例子二	眼前的販賣機有我想喝的可樂	投錢進去並按下可樂的按鍵	可樂從下方洞口掉出
例子三	百貨公司有人在發送心形的氣球給小朋友	一位很喜歡心形的小女孩快步向前走去	小女孩開心的拿到想要的氣球

（二）四期後效關聯

介紹完三期後效關聯後，接著說明何謂四期後效關聯，也就是指動機操作、前事、行為和後果間的關聯，以它們的英文縮寫也可稱之為「MO-A-B-C 後效關聯」。其中，「動機操作」會在本書的第五章有更詳細的說明，在此僅做一些簡單的描述，讓讀者能對四期後效關聯有一個初步的了解，因為在下一節的負增強中，也會討論到四期後效關聯。

以時間先後順序來說，動機操作（MO）發生的時間點，比前事（A）更早，因此「動機操作」又相當於某些書籍中所提到的「遙遠前事」，雖然這些書籍對動機操作的定義沒有那麼精準，但因為用語較為白話，以下就暫時以這個名詞來稱呼它；相對的發生較晚、但卻是離行為最近的前事（A），也相當於某些書中所提到的「立即前事」。

「動機操作」代表的是一種臨時的情況，這個情況會暫時造成兩種改變（Laraway, Snycerski, Michael, & Poling, 2003; Michael, 1982），第一種改變是：改變（增加或減少）後果的增強價值；而第二種改變是：改變（增加或減少）曾受該後果增強過之所有行為的出現率。如果改變是增加的，則稱之為建立操作（establishing operation，簡稱 EO），如果改變是減少的，則稱之為消除操作（abolishing operation，簡稱 AO）。這樣的解釋可能有些抽象，現在就讓我們延續表 2-1 的例子。

先來看第一個例子，在第一個例子中，雖然到廣東路上的 814 生鮮超市，常常可以買到很多便宜又新鮮的水果，王老師在「冰箱沒水果且外頭下雨」的情況下，去買水果的行為的出現率會明顯提高，「冰箱沒水果且外頭下雨」是個臨時的情況，這個情況會暫時造成兩種改變：(1)增加後果（即：在 814 生鮮超市買到很多便宜又新鮮的水果）的增強價值，因為買到很多自己喜歡且便宜又新鮮的水果，雖然很增強，但如果是在「冰箱沒水果且外頭下雨」的情況下，便宜又新鮮的水果的增強價值（或效果）就會提高；(2)「冰箱沒水果且外頭下雨」的情況，也增加了曾受該後果（即：在 814 生鮮超市買到很多便宜又新鮮的水果）增強過之所有行為（例如：走路到、騎車到或開車到廣東路上的 814 生鮮超市去買水果）的出現率，因此在這個例子中，「冰箱沒水果且外頭下雨」的情況所扮演的角色就是建立操作（EO）。

同樣的，在第二個例子中，喜歡喝可樂的人在「想喝」的情況下，可樂的增強價值會更提升，買可樂之行為的出現率會明顯提高，故在第二個例子中「想喝」情況所扮演的角色，也是建立操作（EO），這種突然「想喝」的情況很多，例如：很久沒喝，想念那種幸福的感覺；看到別人在喝，自己也想買來喝；剛好看到可樂在特價，不買可惜；點了漢堡，也就順道加點可樂來喝等。

至於第三個例子，小女孩可能因為在「最近家裡心形氣球已經很多」的情況下，心形氣球的增強價值減少了，想去拿氣球之行為的出現率自然也會降低；因此，在這個例子中，「最近家裡心形氣球已經很多」在四期後效關聯中所扮演的角色就是消除操作（AO）。有關四期後效關聯的例子整理如表 2-2 所示，在動機操作部分，亦加入更多實例。

表 2-2 四期後效關聯的例子

動機操作（MO）		前事（A）	行為的出現率（B）	後果的價值（C）
建立操作（EO）	1. 冰箱沒水果且外頭下雨 2. 女兒吵著要吃的水果，家裡剛好沒了 3. 最近食安問題嚴重，想打新鮮的果汁	廣東路上的 814 生鮮超市	「到廣東路上的 814 生鮮超市買水果」，此行為的出現率**增加**	「買到很多便宜又新鮮的水果」，此後果的增強價值**提高**
	1. 很久沒喝可樂了 2. 看到別人在喝 3. 販賣機中的可樂在特價	眼前的販賣機有我想喝的可樂	「投錢進去並按下可樂的按鍵」，此行為的出現率**增加**	「可口可樂從下方洞口掉出」，此後果的增強價值**提高**
消除操作（AO）	1. 已經有很多心形氣球了 2. 最近聽說心形氣球的塑化劑超標 3. 目前心形氣球的顏色只剩下女孩不喜歡的黑色	百貨公司有人在發送心形的氣球給小朋友	一位很喜歡心形的小女孩「快步向前走去」，此行為的出現率**減少**	小女孩開心的「拿到想要的氣球」，此後果的增強價值**降低**

（三）二期後效關聯

以 Cooper 等人（2007）的說法，正增強可以用二期後效關聯來加以解釋，我們現在就回到二期後效關聯。所謂二期後效關聯指的是行為和後果（環境刺激改變）間的關聯，也可用「B-C 後效關聯」來稱呼它；如果某個行為的發生，得到了某個後果（環境刺激改變），而這個後果又能使得該行為在未來之發生率提高，就表示這個後果對該行為而言，有正增強的效果；因此，正增強可以說是一種現象，此現象的產生是在某個行為之後加入一個後果，而這個後果使該行為未來的發生率提高。舉例來說，小玲主動向古校長問好（行為），也得到古校長善意的回應（後果），如果「小玲主動向古校長問好」此行為在未來的發生率有提高，就表示古校長善意的回應對「小玲主動向古校長問好」之行為有正增強的效果。以下將二期後效關聯的例子整理如表 2-3 所示。

表 2-3 二期後效關聯的例子

例子	行為（B）	後果（C）	未來相似行為的發生率
例子一	主動向古校長問好	古校長善意的回應	主動向古校長問好（點頭微笑、招手、起立致意）的可能性提高
例子二	早上在 8：30 之後進研究室	有冷氣可吹的涼爽感	增加 8：30 之後進研究室之行為的發生率
例子三	到茶水間的洗手臺洗手	水的流量正常故可以將手快速的洗乾淨	之後到茶水間的洗手臺洗手的頻率變高

二、正增強的特性

鳳華、孫文菊、周婉琪、蔡馨惠（2019）參考 Cooper 等人（2007）描述以及相關文獻的內容，將正增強特性整理如下，筆者再針對這些特性加以舉例說明。

（一）被增強行為選擇的任意性

增強具任意性特質，增強作用的發生並沒有所謂的符合邏輯或適應的觀點，重點為增強作用是強化任何在其之前的行為，許多不適應行為或迷信行為都可以用此種增強特性來解釋，例如：在擲骰子前吹氣，若得到想要的點數，下次擲骰子之前常會有吹氣的動作。

（二）增強的個別化

增強是個別化的學習歷史，行為主義強調個別差異，認為每個個體所有的學習行為都有其個別化的增強經驗與歷史，也因此而成為獨一無二的個體，因此要能確保教學有效，就要先了解該個體的增強歷史，以及他對於刺激物的偏好情形。承上所述，有人在擲骰子前吹氣常有好結果，但對另一個人而言可能完全沒有作用，增強歷史本來就因人而異。

（三）增強的動機性

增強受動機影響，在任何時間裡，要讓刺激的改變有增強的效果，必須依據學習者是否真正有想要（want）的動機而定；動機操作會影響一些刺激物或事件的增強效力，同時影響與該增強物有關行為的發生頻率，例如：臺灣的珍珠奶茶可能是很多人某些行為的增強物，但如果某人今天肚子痛、沒有胃口，便不會有想喝珍珠奶茶的動機。

（四）自動增強

一些行為能自發性產生自身所需的增強。Rincover（1981，引自 Cooper et al., 2007）認為，自動增強（automatic reinforcement）常以自然的感官感覺後果（如視、聽、觸、嗅、味）為其表現的形式。自動增強可能是一個非制約增強物，或是一個原本是中性刺激但已完成配對而成為一種制約增強物。這種刺激配對的概念對後續的教學產生很大的啟示。嬰幼兒在牙牙學語的過程，常會出現玩自己發出之聲音的現象，從自動增強的解釋來看，認為是媽媽的聲音（中性刺激）和媽媽的呵護及餵食的溫暖（非制約增強物）配對，使聲音本身即產生增強效力，因此在獨處時，幼兒會以發出聲音替代或等同媽媽在旁的感覺，這種玩聲音的行為，也是促進口語發展的重要關鍵。這樣的概念促使行為分析對口語的發展有新的洞察，後續的研究陸續運用此種刺激配對的概念，使無口語或口語侷限的自閉症兒童的口語發展產生新的契機（Sundberg, Michael, Partington, & Sundberg, 1996）。

三、增強物的類型

了解了正增強的定義、原理和相關例子後，我們進一步來說明增強物的類型。增強物是指任何對行為有增強作用的後果，以表 2-3 的「向人問好」例子一來說，當小玲啟動向古校長問好的行為，當然希望對方也回應，而且是善意的回應，在此，「古校長善意的回應」這個後果，具有增強小玲「向人問好」此行為的功用，因此這個後果就是小玲向人問好之行為的增強物。

以此類推，在第二個例子中，有冷氣可吹的「涼爽感」，就是 8：30 之後進研究室此行為的增強物；而水的流量正常故可以「將手快速的洗乾淨」，就是到茶水間的洗手臺洗手這個行為的增強物。

對於增強物的分類方式，雖在目前出版的書籍中各有不同，但都脫離不了兩種分法：一種是以制約的過程來分；另一種是以表現的型態來分。前者通常可分成三類（Cooper et al., 2007）：非制約增強物（unconditioned reinforcer）、制約增強物（conditioned reinforcer）和類化制約增強物（generalized conditioned reinforcer）；後者的分類方式就比較分歧，但通常都會包括實物、活動和社會性的增強物。以下先說明制約過程的分類方式。

（一）以制約的過程來分

增強物若以制約的過程來分，可分成三類：非制約增強物、制約增強物和類化制約增強物。對所有個體而言，非制約增強物多多少少都會產生增強作用，因為這類的增強物不需個體的學習史或學習經驗，故又稱為原級增強物，或是非習得增強物（unlearned reinforcer）。非制約增強物大致來說都與個體的生存有關，如空氣、水、食物，比較特別的是，對於呱呱墜地的嬰兒來說，非制約增強物還可能有照顧者的臉部表情和身體觸摸（Gewirtz & Pelaez-Nogueras, 2000; Rodriguez, 2013）。

制約增強物涉及個體的學習史或學習經驗，故又稱為次級增強物，或是習得增強物（learned reinforcer），此增強物本來是一個中性的刺激，但經由：(1)直接與增強物進行配對；或(2)間接口語類比制約（verbal analog conditioning），而有了增強的作用（Alessi, 1992; Schlinger, 2008），例如：SPA 這個字（本來是中性的刺激）和紓壓精油按摩（增強物）直接進行配對，直到 SPA 這個字也有如同紓壓精油按摩的增強作用，那麼 SPA 這個字就成為一種制約增強物。間接口語類比制約是個較新的術語，指的是一個中性的刺激，不用與增強物進行直接的配對，而只經由口語的描述就具備制約增強物的功能，例如：不同顏色的腰帶（本來是中性的刺激），在跆拳道老師的口語描述下，成了不同段數（增強物）的代表，不同顏色的腰帶就屬於「口語類比制約」後的制約增強物。

類化制約增強物也是一種制約增強物，但它和制約增強物不同之處有二：(1)它是一個本來中性之刺激，透過與各式各樣的非制約增強物和制約增強物配對後，有了增強的作用；(2)它較不受動機操作（MO）的影響。

類化制約增強物最典型的例子就是錢（或是任何形式的代幣），錢通常可換取非常多種的非制約增強物及制約增強物，錢可以換取美食、衣物、房子、車子、SPA服務、大學生上課要用的原文書、出國旅遊的飛機票等。因為類化制約增強物所配對過的非制約增強物和制約增強物相對多樣，因此它具備了很多元的增強作用，這也就是為何它較不受動機操作的影響。以前面小女孩與心形氣球的例子來說，其中一個動機操作就是小女孩已有很多心形氣球了，我們也可稱為這是對心形氣球產生了飽足（satiation）現象，所以在看到百貨公司有人發送心形氣球時，小女孩並不會過去拿，因為心形氣球的增強價值，已在飽足的情況下受到影響。但如果今天百貨公司有人在發送「紅包」，那小女孩就比較不會有飽足的情況發生，因為紅包中的硬幣除了可以買到小女孩一直想要的其他東西〔如《冰雪奇緣》（*Frozen*）的貼紙〕，也可以存起來，讓小豬撲滿又多了一些進帳。

另一個值得一提的類化制約增強物是社會性的關注，因為它常和許多增強物一同出現，如微笑、拍肩、讚美，就常和很多增強物同時出現。如在生日的當天，你的某位好友手捧一個蛋糕，面帶微笑的為你唱生日快樂歌，這個微笑（社會性的關注的一種形式），因為和蛋糕、生日快樂歌、要好的朋友一同出現，對你而言，好友的微笑便是一種類化制約增強物。

筆者就非制約增強物、制約增強物和類化制約增強物的內涵、制約過程和其相對應的例子，整理如表 2-4 所示。

表 2-4 依制約的過程來區分的增強物類型和實例

增強物	別稱	制約過程	例子
非制約增強物	1. 原級增強物 2. 非習得增強物	增強物本身具有增強作用	1. 食物 2. 空氣 3. 溫度
制約增強物	1. 次級增強物 2. 習得增強物	本來是一個中性的刺激，但經由：(1)直接與增強物進行配對；或(2)間接口語類比制約，而有了增強的作用	1. 「SPA」這個字 2. 代表不同段數的跆拳道腰帶 3. 象徵和平的鴿子 4. 有美食天堂美名的臺灣
類化制約增強物	有些出版書籍只以「類化增強物」稱之	一個本來中性之刺激，透過與各式各樣的非制約增強物和制約增強物配對後，有了增強的作用	1. 錢 2. 禮券 3. 悠遊卡／一卡通的儲值金額 4. 信用卡的額度

（二）以型態來分

增強物若以型態來分，其分類方式就比較分歧，但通常都會包括實物、活動和社會性的增強物，實物的部分包括可食用的增強物（通常屬於非制約性的，如餅乾、水果、飲料等）和不可食用的增強物（如玩具、手環、皮包、手機等）；活動性的增強物，如慢跑、打球、下棋、騎車、旅遊等；而社會性的增強物就比較多元，因為它很有可能同時包含非制約增強物、制約增強物（Vollmer & Hackenberg, 2001），以及特定形式的類化制約增強物（意即社會性的關注），因此社會性的增強物的例子有：身體的接觸、身體的接近、注意、讚美等。

由上述增強物的分類方式中，我們不難看出，在很多時候，要說某個增強物是屬於哪一類並不容易，因為這些分類方式，只是提醒我們在界定增強物時，能多方考量；再者，增強物也可能會因人而異，就以「身體的接觸」來說，它對一般嬰兒來說，是一種非制約增強物，但對成人來說它可能是一種類化制約增強物。

了解了增強物的分類後，接著我們看看如何發現潛在的增強物，以及如何確認它們對行為的增強效果。

四、潛在增強物的確認方式——偏好評量

增強物是指能使某個行為未來發生率提高的事物，因此個體的偏好物並不等於增強物，但透過評量可以發現有可能作為增強物的偏好項目（潛在的增強物）。舉例來說，美琪喜歡喝珍珠奶茶，我們只能說珍珠奶茶是美琪的偏好（或稱為偏好物，文言一點還可稱為刺激偏好）之一，但是如果有人在美琪提早完成回家作業後，請她喝珍珠奶茶，能提高美琪未來「提早完成回家作業」之行為的發生率，這時，珍珠奶茶就成了美琪「提早完成回家作業」之行為的增強物。

但我們都知道個體不會只有一種偏好，而這些偏好的強弱也有程度上的不同，故在實際運用時，我們通常用一些評量方式來確認這些資訊，這些評量方式又稱為刺激偏好評量（stimulus preference assessment）。刺激偏好評量可分為三種方式，包含：(1)詢問法：詢問本人或其重要他人；(2)自由操作（free operant）法：可以事先設計情境或是在自然情境中執行，觀察個體接觸各項刺激物的時間長短，以時間長短作為判斷刺激喜好的程度；(3)嘗試本位（trial-based）法：採用實驗操作模式為基礎，以刺激呈現的數量來分，還可以分成單一刺激、配對刺激、多重刺激（Cooper et al., 2007）。

在詢問本人或其重要他人時也可以設計一個調查表，讓評量者和被評量者能比較有效率的界定出個體的偏好，以下提供讀者一個已完成的調查表例子，如表 2-5 所示。

「自由操作法」是透過觀察個體接觸各項刺激物的總時間，來判斷個體的偏好項目和偏好程度，個體接觸總時間愈長的就視為愈偏好的，因為教學者只在一旁觀察與記錄，個體可以自由活動，故稱為自由操作法。

「嘗試本位法」以刺激呈現的數量來分，又可分成單一刺激、配對刺激和多重刺激（偏好）評量，說明如下。

表 2-5 刺激偏好調查表

類型	項目	備註
食物（如水果、餅乾）	義美草莓夾心酥〔9〕	1. 如果有特定的品牌和口味，請說明 2. 如果可能，考慮全部偏好（不管類型），依喜愛之程度加以排序，以 1 表示最喜愛，2 表示次喜愛，以此類推，並填在偏好名稱之後的括弧內
	旗山香蕉〔14〕	
	關廟鳳梨〔7〕	
飲料（如可樂、果汁）	光泉鮮乳〔8〕	
	可口可樂〔6〕	
	統一菊花茶〔13〕	
物品（如鉛筆、玩具車）	湯瑪士小火車〔4〕	
	Hello Kitty 印章〔6〕	
活動（如跳舞、整理家務）	畫畫〔11〕	
	遛狗〔12〕	
	打電動〔3〕	
	上臉書與同學聊天〔15〕	
社會性（如讚美、擁抱）	「了不起！」〔2〕	
	「完美極了！」〔1〕	
	以手勢比讚〔5〕	
	擊掌〔10〕	

（一）單一刺激偏好評量

評量時評量者每次呈現一個刺激偏好，如果學生有選擇該偏好，記錄為有選擇，並記錄操作的時間。每個刺激偏好是以隨機的方式呈現，且每個刺激偏好的呈現總次數相同，評量者以選擇的次數與操作的時間綜合判斷偏好的項目和喜好程度，通常以操作時間愈久的刺激為愈偏好的刺激（Hagopian, Rush, Lewin, & Long, 2001; Logan et al., 2001; Pace, Ivancic, Edwards, Iwata, & Page, 1985）。

（二）配對刺激偏好評量

配對刺激偏好評量又稱為強迫選擇偏好評量，評量時評量者每次呈現兩個刺激偏好。筆者參考 Fisher 等人（1992）的配對刺激偏好評量的執行程序，將配對刺激偏好評量分成以下十個步驟（鍾儀潔、鳳華，2014）：

1. 教師和學生面對面就坐，中間隔一張桌子。
2. 在桌面上標記要呈現刺激物的位置。
3. 將所有刺激偏好物先放置在教學者左方的小桌子上。
4. 準備紀錄紙記錄學生選取的偏好項目。
5. 讓學生先嘗試每樣偏好物約 5 秒鐘。
6. 將偏好物正對著學生放置在標記的位置上。
7. 使用一致的指導語來提示選擇的行為，例如：「選一個你喜歡的」。
8. 等待學生反應：
   (1) 如果學生選取其中一樣偏好物，立即移走未被選取的偏好物。
   (2) 如果學生同時碰觸兩樣物品，則立刻用手壓住偏好物，以阻擋學生拿取的動作，再給一次指導語。
   (3) 如果學生在 5 秒鐘後都沒有碰觸任何一樣偏好物，則請學生再次接觸這兩樣偏好物 5 秒鐘，之後再給指導語提示他做出選擇。
   (4) 每次的評量嘗試，學生最多可以有兩次選擇的機會，如果學生在兩次機會中都沒有做出選擇，則劃記無反應，並進入下一個評量嘗試。
9. 記錄每次選擇的偏好項目。
10. 持續此評量程序直到所有配對物都評量完成。

（三）多重刺激偏好評量

多重刺激偏好評量，評量時評量者將所有刺激偏好一次呈現。多重刺激偏好評量依刺激偏好會不會因為個體選擇後再替補，又可分為：多刺激呈現替補刺激物，以及多刺激呈現「不」替補刺激物，因為多刺激呈現不替補刺激物相對較常使用，筆者參考DeLeon與Iwata（1996）的多刺激呈現不替補刺激物的執行程序，亦將此評量分成十個步驟（鍾儀潔、鳳華，2014）：

1. 教師和學生面對面就坐，中間隔一張桌子。
2. 在桌上大約標記要呈現刺激物的位置。
3. 將所有刺激偏好物先放置在教學者左方的小桌子上。
4. 準備紀錄紙記錄學生選取的偏好項目。
5. 讓學生先嘗試每樣偏好物約 5 秒鐘。
6. 將所有偏好物一字排開正對著學生放置在標記的位置上。
7. 使用一致的指導語來提示選擇的行為，例如：「選一個你喜歡的」。
8. 等待學生反應：
   (1) 若學生在 5 秒內沒有選取任一偏好物，再次提供指導語，並再等 5 秒鐘。
   (2) 若學生依舊沒有做出選擇，等待總秒數達 30 秒後，則結束評量。
9. 呈現物品方式為從左到右一字排開，每個偏好物的間隔距離約有 3 至 5 公分，且學生每選完一個偏好物，此偏好物就不再放回或替補，評量者接著將最左方的刺激物移至最右方，並將剩下的偏好物重新排好。
10. 持續此評量程序直到所有的物品都被選完。

教學過程中，掌握學生動機是教學有效之第一要務。而刺激偏好評量可提供教師系統化的方式，使教師能有效掌握學生當下動機，找出潛在增強物以提高教學效果（Ringdahl, Vollmer, Marcus, & Sloane, 1997）。運用刺激偏好評量常是有效執行教學及促進行為習得的首要條件（Roscoe & Fisher, 2008）。不同個體有其個別化的增強物，而且可能會隨時間的變化而改變，因此具備系統化刺激偏好評量的技能是教學者必備的能力之一（Ciccone, Graff, & Ahearn, 2007; Hanley, Iwata, & Roscoe, 2006）。

國外學者已發展出各種針對重度障礙者的偏好評量方式，其中兩種最常使用之系統化程序分別為配對刺激偏好評量，以及多刺激呈現不替補刺激物偏好評量。雖然研究顯示，實務工作者可以透過訓練有效執行這兩種方式的偏好評量（如 Lavie & Sturmey, 2002; Roscoe, Fisher, Glover, & Volkert,

2006），然而國內對系統化之偏好評量的執行程序較缺乏相關研究，早期亦未建置任何實證資料驗證其效果。

實證本位教學是有效教學的重要趨勢，國內目前至少有一篇研究（鍾儀潔、鳳華，2014）已嘗試建置配對刺激偏好評量的實證方案，可提供實務工作者一個系統化、本土化之教學指引，有興趣的讀者可再進行更深入閱讀。

五、應用與實施增強時的原則

前面討論過正增強的定義、增強物的類型和潛在增強物的確認方式，現在將提供一些在實施增強時應注意的原則，並將這些原則分成準備階段、執行階段和維持階段，整理如表 2-6 所示。

表 2-6 增強的實施原則

準備階段	執行階段	維持階段
1. 評估起點行為 2. 決定增強物類型與清單 3. 了解增強物的強度	1. 注意增強物的強度與行為標準間的關係 2. 給予立即而連續的增強 3. 使用後效增強（contingent reinforcement） 4. 結合社會性增強	1. 延宕且間歇的增強 2. 自然增強

（一）準備階段

1. 評估起點行為

要實施增強之前的首要步驟，是先確定個體目前的能力在哪裡（起點行為）、需要改善的行為為何，接著設定欲增強的行為，並決定增強的標準。舉一個模仿的例子，若大牛的起點行為是注意示範者 1 秒鐘，教學者應可發現，大牛需要改善的行為是注意力的持續時間，接著就先將大牛注意力的持續時間目標設定在 2 至 3 秒間，若一開始就設定在 5 秒，或能看示範者完成示範（可能需 10 秒），就表示教學者對起點行為評估是有問題的。

2. 決定增強物類型與清單

增強物當然要是個體偏好的，可以之前提過的偏好評量方式找出各類型的增強物，並列出一個清單。舉例而言，大牛的增強物包含：牛奶糖、蠻牛飲品、牛舌餅、牽牛花、牛爾洗顏乳、與大牛的母親（牛媽）逛夜市、喜歡人家讚美他「真牛」。

3. 了解增強物的強度

了解增強物類型並能列出一個清單後，當然也要了解它們的增強強度。承續以上的例子，教學者發現，大牛之各類增強物的強度由強到弱分別為：蠻牛飲品、牛奶糖、人家讚美他「真牛」、牛爾洗顏乳、牽牛花、與大牛的母親（牛媽）逛夜市、牛舌餅。

（二）執行階段

1. 注意增強物的強度與行為標準間的關係

在給予增強時，教學者要注意增強物的強度與行為標準間的關係，增強物強度最強的，可以用在最難達成的行為標準，或者在完成所有作業或任務時。以大牛而言，如果大牛能持續注意示範者 2 秒，並練習五次，那每一次完成後，就給一小塊（約 1 立方公分）的牛奶糖，完成五次的練習後，給一小杯（試喝杯的三分之一左右）的蠻牛飲料；因為蠻牛飲品是增強強度最強的，因此在大牛完成了一系列的任務後，如在十種不同的行為練習後，給一小杯蠻牛。

2. 給予立即而連續的增強

行為在建立之初，增強物的給予要立即而連續。以牛奶糖而言，教學者可以先將牛奶糖切成很多約 1 立方公分的小塊，才不會在給增強物時發生手忙腳亂或和學生互相拉扯增強物的情況。

3. 使用後效增強

所謂後效增強是指「針對行為」給予增強，如果大牛的行為目標是：在沒有提示下持續注意示範者 2 秒，那麼如果大牛只持續注意示範者 1 秒，就不能給增強物，但可以用口語具體描述他的嘗試企圖，教學者可以說：

「好，我有看到你很努力的在嘗試。」

4. 結合社會性增強

社會性增強最常用的方式就是口頭讚美，每次行為達到目標在給予增強物之前，可配合使用行為的具體描述和口頭讚美，例如：如果大牛在沒有提示下持續注意示範者 2 秒，教學者說「真牛！你有注意影片中牛仔哥哥的示範 2 秒鐘」之後，馬上給一小塊的牛奶糖。

（三）維持階段

1. 延宕且間歇的增強

等到行為已建立之後，就要延長反應和增強物給予之間的時間，例如：當大牛已能連續三次在沒有提示下注意示範者 10 秒，第四次練習時可以在說完「真牛！你有注意影片中牛仔哥哥的示範 2 秒鐘」之後 3 至 5 秒（延宕），再給一小塊的牛奶糖。也可以不要每次都給（間歇的給）增強物，可以是每三次有正確的反應再給一、兩塊的牛奶糖。

2. 自然增強

等到行為已建立之後，本來用心設計的增強方式要慢慢褪除，讓環境中自然會發生的增強取代人為的增強方式，例如：當大牛已能在沒有提示下注意示範者 10 秒，並能分毫不差的做出影片中牛仔哥哥甩繩索的動作，則「模仿得很像」本身就是一種自然增強。再者如果大牛能模仿得很像，其他人看到時，也自然會讚美他，因此老師不用再給大牛食物的增強，口頭的讚美也是偶爾使用即可。

第三節　負增強

關於負增強的內涵，以下將分別就其定義、類型、對教學現場的影響和倫理考量加以描述。

一、負增強的定義

負增強要用四期後效關聯來解釋（Cooper et al., 2007）。首先，先要有個讓個體嫌惡的刺激，以發生的時間點來說，屬於動機操作（或稱為遙遠前事）中的建立操作；再者，有個區辨刺激（簡稱 S^D），又稱為前事，或立即前事；接著，個體因此表現出某個行為；最後，此行為能將嫌惡的刺激暫停、移除或終止。在上面描述中，有個重要的名詞，即「區辨刺激」（S^D），也就是我們之前提過的前事（A），或立即前事。之前解釋過，前事是指一個出現在行為之前的刺激或事件，當個體接受到這個刺激（或遇到這個事件）時，個體在當下會有相當大的把握：如果他此時表現出某種行為，就非常有可能會得到他所想要的後果；因為個體要能區辨這個刺激，以做出相對應的行為或反應，因此這個前事又稱為區辨刺激。關於區辨刺激，在本書第四章會有更深入的探討，在此僅先簡單說明。

現在，讓我們回到如何以四期後效關聯來定義負增強，回顧表 2-2 的其中一個例子，「很久沒喝可樂了」的匱乏（deprivation）狀態，是一種嫌惡的刺激，眼前的「販售可樂的販賣機」即為區辨刺激，只要個體有「投錢進去並按下可樂的按鍵」的行為，可樂會從下方洞口掉出，個體就能終止匱乏可樂的嫌惡刺激。再舉幾個日常生活中非常常見的例子，如表 2-7 所示。

表 2-7　負增強的生活實例

動機操作（嫌惡刺激）	區辨刺激（S^D）／前事（A）	行為（B）	後果（C）	未來相似行為的發生率
蟑螂	拖鞋	打蟑螂	移除蟑螂	增加
酒駕又遇到前方有警察臨檢	剛好有小巷可以右轉	右轉	逃避警察臨檢	
媽媽開始訓話	有客人來	趕快招呼客人，並趁媽媽和客人聊天時拿一堆書本準備出門，並對媽媽說要去圖書館讀書	不必繼續聽媽媽訓話	

由以上的例子，我們再複習一下正、負增強的概念，之前提過，所謂的「正」增強，就是在行為發生後，「加入」個體「喜愛」的刺激。但如果是「負」增強，則是在行為發生後，「去除」個體「嫌惡」的刺激；因此負增強要成立，這個嫌惡刺激的出現就是很大的關鍵，因為如果沒有嫌惡刺激，就不可能有「去除或移除」的行為。

二、負增強的類型

筆者認為「逃得了一時，逃不了一世」這句話，有時還滿適合用來解釋負增強的概念。回顧表 2-7 的例子，有些嫌惡刺激（如長輩的訓話）在生命中一再出現；人們為了暫停、移除或終止這些刺激，會學會辨識很多環境中的區辨刺激（S^D），並在當下做出相對應的反應。雖然有些嫌惡刺激不會消失，但最少會暫時減緩或終止。

Cooper 等人（2007）將負增強分為兩類：逃脫後效（escape contingency）與避免後效（avoidance contingency）；其中避免後效又分為自由操作避免（free operant avoidance），以及可區辨的避免（discriminated avoidance）。以下先用舉例的方式（如表 2-8 所示）來說明和解釋這些專有名詞，再說明它們之間的異同，可能會讓讀者更容易了解。

「逃脫後效」發生的情境是：當個體被警告「限期改善」目前行為，個體無法在時效內表現出被期待的行為，因此警告中的嫌惡刺激在時效過後，立即呈現，迫使個體表現出期待的行為。如表 2-8，當個體酒駕遇到警察臨檢，警察要求進行呼氣酒精濃度測試，並警告若不配合，將強制抽血鑑定，個體因為一直不配合，故在一定的時間過後（限期改善的時間已過），警察就呈現警告過要呈現的嫌惡刺激（抽血器），迫使個體「配合臨檢」，個體配合臨檢後就能逃脫了警察的糾纏。再舉一個生活中常見的例子，老闆警告員工，如果企劃案無法在下班前，也就是下午 5：00 前完成（限期改善），就要加班（嫌惡刺激）到完成企劃案（期待的行為）為止，然而這員工很努力的想完成，但還是無法在下午 5：00 完成（限期未改善），於是只好被迫加班（警告中的嫌惡刺激在時效過後，立即呈現），這時他拚了命的趕工，

表 2-8 負增強的類型和實例

<table>
<tr><th>類型</th><th>次類別</th><th>動機操作（嫌惡刺激）</th><th>區辨刺激（S^D）／前事（A）</th><th>行為（B）</th><th>後果（C）</th><th>區辨刺激（S^D）</th><th>行為（B）</th><th>後果（C）</th></tr>
<tr><td>逃脫後效</td><td></td><td rowspan="2">酒駕遇到警察臨檢，警察要求進行呼氣酒精濃度測試，並警告若不配合，將強制抽血鑑定</td><td>呼氣酒精濃度測試器</td><td>不配合臨檢（呼氣測試）</td><td>強制抽血鑑定（也相當是另一個嫌惡刺激）</td><td>抽血器</td><td>無奈配合臨檢（抽血鑑定）</td><td>逃脫了警察的糾纏</td></tr>
<tr><td rowspan="2">避免後效</td><td>可區辨的避免</td><td>呼氣酒精濃度測試器</td><td>配合呼氣測試</td><td>避免強制抽血鑑定</td><td colspan="3" rowspan="2"></td></tr>
<tr><td>自由操作避免</td><td>從不酒駕，但遇到警察臨檢</td><td colspan="2"></td><td>通常能避免警方酒測</td></tr>
</table>

終於他在 7：00 完成了，逃脫了加班這個嫌惡刺激。

「可區辨的避免」發生的情境是：當個體被警告「限期改善」目前行為，個體在時效內表現出被期待的行為，因此避免了警告中嫌惡刺激的呈現。如上述的例子，酒駕遇到警察臨檢，警察要求進行呼氣酒精濃度測試，並警告若不配合，將強制抽血鑑定，個體配合呼氣酒精濃度測試，因此避免了強制抽血鑑定。再舉一個生活中常見的例子，某黑心工廠被警告在一個月內，要改善其工廠的環境衛生情況，不然就會被強制停業，黑心工廠在兩週內完成了衛生的改善，因此避免了被強制停業的命運。

至於「自由操作避免」的情境是：個體了解他的行為都要時時保持最佳狀況，就可以避免無謂的警告和嫌惡刺激。如上述的例子，因為個體從不酒駕，就算遇到警察臨檢，警察通常也不會要求個體進行任何酒精濃度測試。再舉一個生活中常見的例子，大學生了解自己上課時，要專心聽講，不打瞌睡，更不要滑手機，教授就不會警告這位學生，也不會故意點學生起來，問這名學生不太可能會回答的問題。

因此，這三者相同之處在於它們都是負增強的一種，不同之處除了上述較為詳盡的說明外，可以用比喻的方式來加以描述「逃脫後效」。最後，要補充說明一個重要的概念，這是一般讀者比較容易混淆的概念，應用行為分析的初學者，常無法區別負增強與懲罰（或處罰）的異同；其實它們相同之處在於，負增強與懲罰都涉及「嫌惡刺激」；但是，在負增強中，這個嫌惡刺激的角色是動機操作（或稱為遙遠前事）中的建立操作，但在懲罰過程中，嫌惡刺激的角色是後果。若以表 2-8 中斜體字的那一欄來做說明，就「強制抽血鑑定」而言，它是負增強之逃脫後效中「無奈配合抽血鑑定」此行為的建立操作，但如果就「不配合呼氣測試」這個行為而言，是具有處罰的效果；因此負增強與懲罰都涉及嫌惡刺激，但嫌惡刺激呈現的時間點不同，針對的行為也可能不同。那麼負增強與懲罰最大的不同是什麼？當然可以望文生義，一個是增強，一個是懲罰，在本章的第一節「緒論」中有提過，只要是增強，不論是正還是負，就行為而言，如果類似行為在未來相似之情境中的發生率有「提高」，就表示這個行為曾在某個情境中，被某個後果增強了；相反的，只要是懲罰，不論是正還是負，就行為而言，如果類似行為在未來相似之情境中的發生率有「降低」，就表示這個行為曾在某個情境中，被某個後果懲罰了。關於懲罰，將在本書第三章有專章的論述。

三、教學現場的負增強與倫理考量

（一）教學現場的負增強

在教學現場有個很典型的負增強實例：我們常聽到教學者抱怨有些學生上課很不認真，不但如此還干擾同學，或影響老師課堂教學的進行，因此老師預設了一個「反省區」，請同學到反省區自我檢討數分鐘，再回到座位上。無奈有些學生不但沒有反省，還嬉皮笑臉，一旦回到座位又重蹈覆轍，繼續干擾課堂教學，因此又被請回反省區，這樣來來回回數次，一節課就過去了，老師今天的心情也因此大受影響。上述整個過程可以表 2-9 來說明。

由此可知，該名學生的問題（干擾）行為是受負增強（逃脫）功能所維

表 2-9 學生與教師行為間負增強的交互作用

負增強的作用	動機操作（嫌惡刺激）	區辨刺激（S^D）／前事（A）	行為（B）	後果（C）	未來行為
就學生而言	上數學課時，就算很認真還是聽不懂	會將學生帶到反省區的數學老師	干擾同學或影響教學	被請到「反省區」，可名正言順的休息一下，還能暫時逃避聽不懂的嫌惡感，或趁機放空一下	一旦再回到座位，會如法炮製，干擾同學或影響教學
就老師而言	有學生上課不認真，還干擾同學	預設的反省區	請學生到反省區	暫時不用理會學生不認真和干擾的行為	一旦再看到有學生有不認真和干擾的行為，老師請學生到反省區的的可能性提高

持的（關於行為功能的內涵在本書第十八章會有更詳盡的說明），到反省區其實是學生想得到的後果，而老師「將學生帶到反省區」的行為，其實也同時受負增強影響，因為老師也想好好上課，不受該學生的干擾，因此對老師和學生而言，這個現象便成了一種「各取所需」的循環。先暫且不論這種循環是良性的還是惡性的，但在負增強的交互作用下，常使得教學現場有很多類似的循環發生。

（二）負增強的倫理考量

由於負增強涉及嫌惡刺激，此嫌惡刺激扮演動機操作中的建立操作，迫使個體展現出某種行為，因此在施予嫌惡刺激時，通常會有倫理的問題。以上述的例子而言，如果老師要求學生在反省區，只要能答對一個問題就可以回座位，學生為了移除當下難堪的情況，就會強迫自己更認真聽課，並努力回答老師的問題。但如果學生再努力聽，還是沒辦法回答老師的問題，而老師持續使用反省區這種剝奪和限制，就會有侵犯人權的疑慮，這是在使用負增強時老師們需要特別注意的。

第四節　增強計畫表

很多有關應用行為分析的著作，在談論後效增強時，通常強調增強計畫表，鮮少探討處罰（懲罰）計畫表（schedule of punishment），筆者認為會產生這種現象，至少有兩個原因：第一，在應用行為分析的實施原則中，能用增強處理的行為，就不會用懲罰來因應，換句話說，除非在努力嘗試各種增強方式，仍無法改善行為的情況下，才會考慮在增強為主的介入策略中加入懲罰的元素；第二，目前關於處罰（懲罰）的實證研究的文獻量，似乎還不足以將處罰（懲罰）計畫表獨立於增強計畫表的概念之外來探討。雖然我們可能不自覺，但處罰（懲罰）計畫表無所不在，大到一個國家的法令，小到一個日常的嘮叨，因此期望在應用行為分析未來的研究和實務上，能對處罰計畫表有更多的探討。另外，筆者認為既然有增強以及處罰兩種計畫表，就應該用「後效計畫表」（schedule of contingency）來統稱我們提供行為後果的方式。然因為本章以增強為題，故僅針對增強計畫表的內涵論述。

一、定義

增強計畫表有時也稱為「增強時間表」，或是「增強時制」，其主要在描述增強的施予方式。增強的方式大略分成連續（continuous）增強和間歇（intermittent）增強，連續增強是指每個目標行為都會受到增強，是一比一的後效增強方式，而間歇增強就不是如此。以下詳細介紹間歇增強計畫表的類型。

二、類型

間歇增強計畫表可分成四個次類型：固定比率（fixed ratio，簡稱 FR）、不固定／變動比率（variable ratio，簡稱 VR）、固定時距（fixed interval，簡稱 FI）、不固定／變動時距（variable interval，簡稱 VI），以下將這四個次類型的定義、特性和實例整理如表 2-10 所示。

筆者發現，每次在介紹完間歇增強計畫表的四個類型後，應用行為分析的初學者，會對這些類型在各方面異同有更多的疑問，如果讀者也有同感，請別擔心，你不是第一個。所以要是你發現看到這裡已經受不了了，不管明天是不是要小考這個章節，建議你不妨休息一下，不然你會讓這本書（本來中性的刺激）成為一種嫌惡刺激；如果你讀到這裡還樂在其中，恭喜你，這本書至少「有機會」成為一種制約增強物。

以下將四種間歇增強計畫表類型的異同，以文字方式整理成表 2-11，讀者參見表 2-11 時，可同時配合圖 2-1 的行為累計曲線圖，進一步了解這四個類型的間歇增強計畫表對行為產生的影響。圖 2-1 為筆者參考 Cooper 等人（2007）及 Kazdin（2013）的內容繪製而成。

三、應用

（一）增強物因人而異

就如同之前所提過的，每個人所喜愛的增強物各有不同，但在學習上，你是否有發現能讓自己學習最有效率的增強物呢？就很多人來說，一杯好茶或香濃的咖啡可能就能提高工作效率，有人可能喜歡放個背景音樂。Leaf 等人（2014）曾比較四種不同類型的增強物對三位 4 歲到 5 歲間之自閉症兒童，在技能習得速度上的影響，這四種類型的增強物分別為：食物、社會性讚美、玩具、回饋（對於學生的答案，只回應「對」與「錯」）。研究的結果顯示，這四類增強物對技能習得都有效果，但當食物為增強物時，技能的習得速度最快，而當社會性讚美為增強物時，技能的習得速度最慢。然而要注意的是，以這個研究的結果，我們不能說，對自閉症者而言，食物是最有效的增強。希望讀者能了解到，找到對行為有效的增強物，確實可以達到事半功倍的效果。

另一個研究也說明了增強物會因人而異，Cohen、Chelland 與 Ball

表 2-10　間歇增強計畫表的類型、定義、特性與實例

類型	定義	特性	實例
固定比率（FR）	每發生 n 個行為，就給增強（n≧2）；可用「FRn」表示之	1.「論件計酬」的工作 2.「積點」活動	1. **FR300**：每發 300 份傳單能得到 60 元 2. **FR5**：每集 5 點就可以免費得到 1 杯咖啡。
不固定／變動比率（VR）	平均每發生 n 個行為，就給增強（n≧2）；可用「VRn」表示之	1. 與「機率」有關的事件 2. 與「運氣」有關的事件	1. **VR30**：「平均」每刮 30 張刮刮樂就有 1 張中獎。因此，「刮」這個行為的次數不等，有時可能只刮 3 次，但有時可能要 85 次才中獎，但平均是 30 次 2. **VR10**：「平均」每交 10 個朋友就會遇到 1 個比較談得來的
固定時距（FI）	在一段固定的時間後，針對第一個目標行為給予增強；可用「FI 單位時間」表示之	與「定期」會發生的事件有關，當然雖說是定期，還是會有時間差，如果時間差不太大，則可視為定期。因此，嚴格說起來，要找到標準之固定時距的例子並不容易	1. **FI 一年**：在還沒有經濟能力的時候，每到過年都可以領到（行為）長輩給的紅包（增強） 2. **FI 一天**：除了週末，通常上課日的中午，排隊領到（行為）營養午餐後，就能享受美好的午餐時光（增強）
不固定／變動時距（VI）	在一段非固定的時間後，針對第一個目標行為給予增強；可用「VI 單位時間」表示之	與「不定期」會發生的事件有關	**VI 三十六天**：日常生活中，為何常常要留意不定期的促銷活動，因為我們不知道我們想要的商品何時會特價。但小潔只要 S 牌衛生紙有特價就會去買，她也很認真的算了一下，以她最常去的藥妝店而言，平均每三十六天就會有 S 牌衛生紙特價（當然有些人並不認為省個幾十元有什麼意義，但對某些人來說這也是種生活的小幸福）

表 2-11 四種間歇增強計畫表類型的異同

	固定比率（FR）	不固定／變動比率（VR）	固定時距（FI）	不固定／變動時距（VI）
相同點	1. 皆為後效（針對行為）增強 2. 皆屬於間歇增強			
相異處	增強與否取決於「行為發生的（平均）次數」		增強與否取決於「一段時間後」出現的第一個行為	
	屬於行為本位（behavior-based）		屬於時間本位（time-based）	
	FR1 就等於連續增強	運氣的成分很重，最能引發行為	很難找到標準的生活實例	和現實情況較接近
	行為在增強的施予後會有趨緩甚至暫停的情況（如圖 2-1 左圖）	行為持續發生（如圖 2-1 右圖）	行為在增強的施予後會有趨緩甚至暫停的情況（如圖 2-1 左圖）	行為持續發生（如圖 2-1 右圖）
	行為的發生率相對穩定	行為維持在高發生率，以圖 2-1 來看，VR 的斜率最大	行為的發生率相對穩定	行為的發生率相對穩定

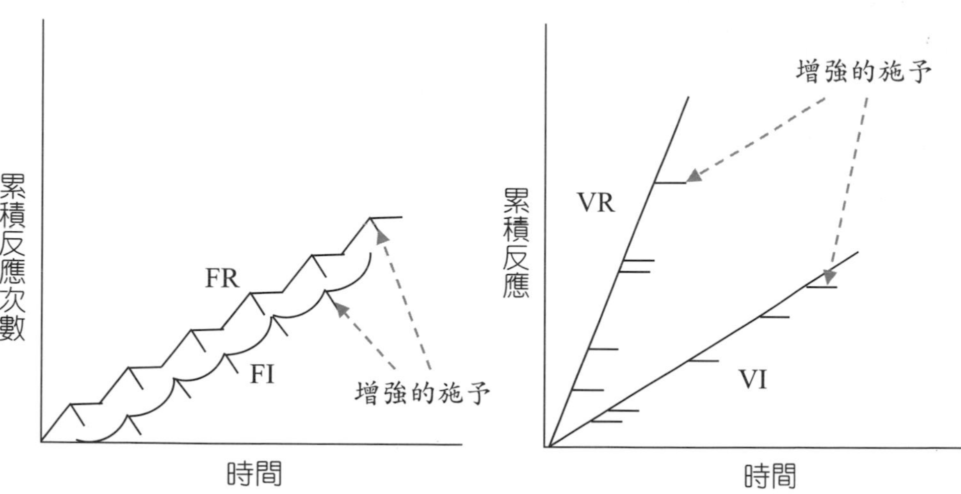

圖 2-1 四種間歇增強計畫表的行為累計曲線圖

（2002）以固定比率（包括FR20、FR40、FR80計畫表）的方式，提供女大學生短片或金錢，作為「騎健身房固定式腳踏車」行為的增強物，結果發現不論何種固定比率增強計畫表，放短片沒有任何的增強效果，而對其中一位女大學生而言，金錢的獎勵增加了她騎腳踏車的時間。

（二）增強計畫表的應用

增強計畫表使用得當，能增加好的行為，降低不適當的行為，Worsdell、Iwata與Hanley（2000）想了解連續及間歇增強計畫表，對五位有自傷和攻擊行為的個體，是否能增加他們適當的溝通行為。一開始不論是問題行為或替代行為都以FR1的連續增強方式，但隨著功能性溝通訓練開始後，問題行為的增強計畫表就漸漸變得沒那麼密集（如FR2、FR3、FR5等），結果發現有一位參與者在問題行為及替代行為都在FR1的增強計畫表下時，就有問題行為降低、替代行為增強的情況，其餘四位參與者的問題行為也有減少，且是依照增強比例來決定行為表現。問題行為因為愈來愈無法得到增強，於是漸漸減少，而替代行為就維持在高的發生率。

除了固定比率增強，固定時距的增強也能應用在適當的行為上。Saville（2009）探討固定時距增強（FI20秒），對12位大學生在獨自工作和競爭性工作行為上的增強效果，結果顯示競爭性的方式，比獨自工作，產生更高比率的反應，而且比較容易出現休息後再衝刺的情況。此研究的結果可鼓勵教學者在使用固定式增強計畫表時加入競爭的元素，或許能加快行為的反應速率。

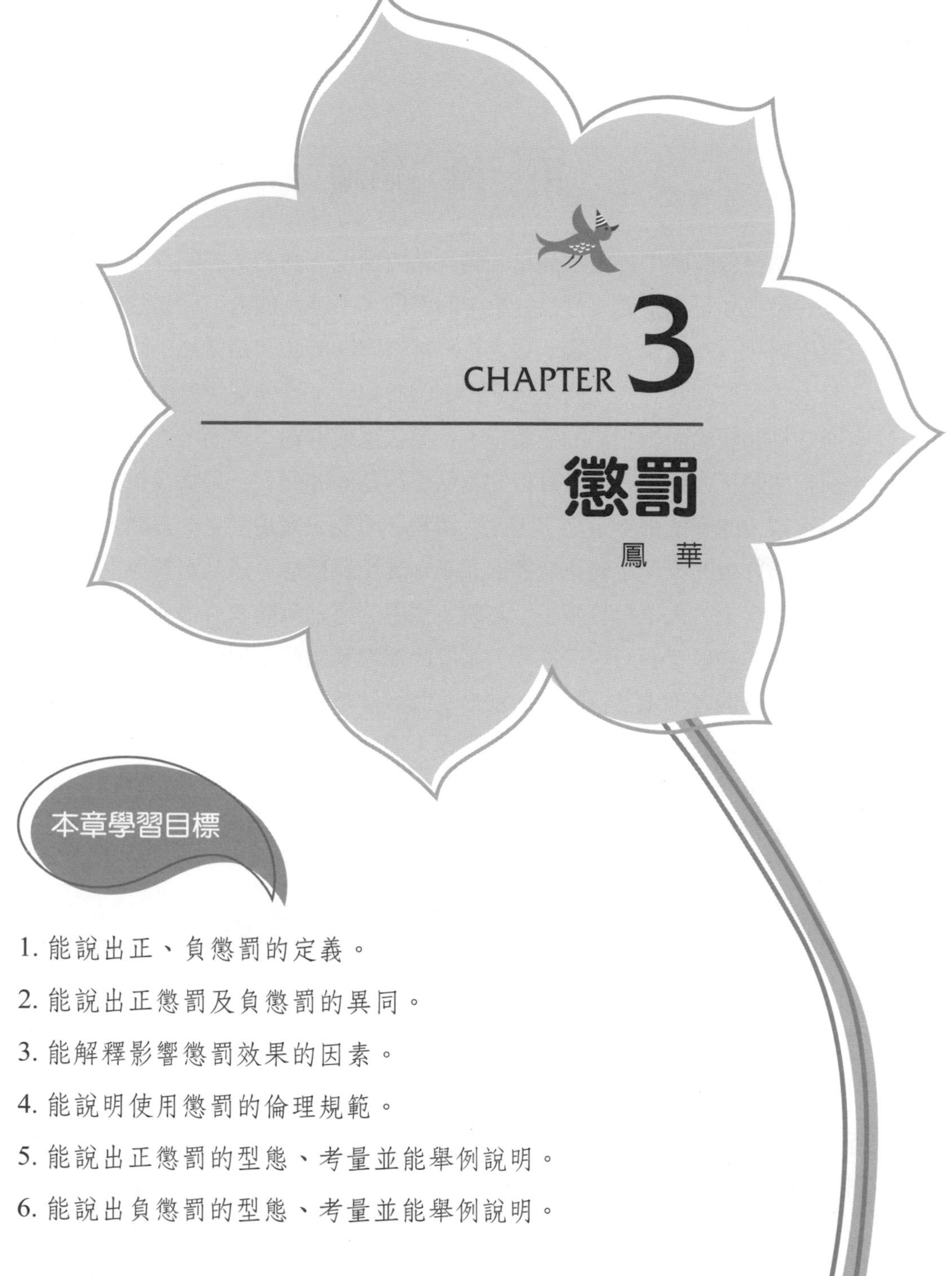

CHAPTER 3

懲罰

鳳　華

本章學習目標

1. 能說出正、負懲罰的定義。
2. 能說出正懲罰及負懲罰的異同。
3. 能解釋影響懲罰效果的因素。
4. 能說明使用懲罰的倫理規範。
5. 能說出正懲罰的型態、考量並能舉例說明。
6. 能說出負懲罰的型態、考量並能舉例說明。

第一節　緒論

二期後效關聯中界定懲罰是強調行為與環境互動的功能關係，並從行為未來的發生頻率來定義。行為分析中的懲罰，不涉及個人，而是強調行為之後環境對該行為的後效影響，與大眾平常對懲罰的認知是截然不同的概念。一般大眾對懲罰的認知，通常是先設定個體犯了不合倫理道德的行為，或沒有遵守相關規範而對犯錯的個體施予各種法規或罰則；然而，行為分析中的懲罰對個體不會預設立場，分析的重點是行為而非個人，只從後果對未來行為出現頻率的降低來界定之。因此，讀者必須要先釐清兩者的差異。本章將先從行為分析的原理定義正負懲罰並簡介其相關概念，以及影響懲罰效果的因素。近年來，大眾對於減少行為時所採用的懲罰策略有許多省思，特別是在執行上的倫理議題有許多探究。基於此種專業規範，對無法從正向行為介入的程序改善之不適當行為，特別是具危險性行為，而選擇懲罰策略以減少其發生頻率，則是不得已、最後的選擇；據此本章針對執行上需遵守的倫理規範進行說明。於本章後面兩節分別介紹實施正懲罰與負懲罰在實務上的考量，讓大眾對於懲罰的概念能有一清楚的輪廓，並減少誤用可能。

第二節　懲罰的基本概念

一、懲罰的定義

二期後效關聯闡述了行為的後果定律，並清楚定義行為與環境的互動關係，包含環境刺激的變化（刺激的增加或減少），以及對未來行為效果的影響（增加或減少未來出現的頻率），其概念可參見圖 3-1。懲罰的概念依舊以行為與環境這兩種變項為基礎，其定義是指在行為之後隨即產生環境的變化，對行為的效果是減少未來行為的出現頻率（Cooper, Heron, & Heward, 2020）。如果行為之後，隨之產生的環境刺激變化（增加或減少環境刺

對未來行為的影響	環境刺激的變化：增加或提供刺激	環境刺激的變化：移除或減少刺激
增加	正增強 ↑	負增強 ↑
減少	正懲罰 ↓	負懲罰 ↓

圖 3-1 二期後效關聯：行為與環境關係圖示

資料來源：鳳華等人譯（2012）

激），並沒有產生對未來類似行為發生頻率下降的效果，那就不是懲罰；必須強調的是，懲罰既不是由某人實施後果來定義，也不是由這些後果的本質來定義，而是從環境對行為的效果來界定（鳳華等人譯，2012），例如：小明上課做出敲桌子的干擾行為，老師就用手阻止他拍打的行為，但是老師一離開，小明又會繼續拍打。很明顯的，「阻止」並沒有造成拍打行為的減少，因此老師雖然宣稱這是懲罰，但卻不符合懲罰的定義。若以行為的效果來解讀此現象，發現小明的拍打行為在環境刺激（老師的阻擋或制止）之後持續增加，表示該行為並未產生懲罰的效果，反倒是產生增強的效果。從這個例子中可以看到，明確的定義可以幫助我們區辨行為與環境之間的互動關係及影響效果，讓我們能洞悉環境對行為的影響，並能適時做因應調整。懲罰後效又分為正、負懲罰，以下分別說明。

（一）正懲罰

正懲罰（positive punishment）的定義為：行為之後，環境增加或提供刺激，造成未來類似行為出現頻率的降低，亦屬於二期後效關聯。茲以簡圖的方式，希望能更清楚的呈現這個概念：

行為之後 → 環境呈現一刺激
後效影響：減少未來類似行為的發生頻率

二期後效關聯強調的重點是行為之後環境刺激的變化，以及該刺激對後續行為的影響效果，所以稱之為後效。此處的行為沒有好壞之分，正懲罰中的「正」是指環境中的「刺激增加」的現象，所以是一種客觀描述行為和環境互動的關係，以及環境對行為所產生的影響效果。生活中不乏會出現類似自然懲罰的效果，例如：小朋友伸手指頭到插座內被電到，以後就不敢再把手伸進插座了。當中，「伸手到插座」是行為，「被電到」是環境刺激的變化，亦即環境提供刺激，結果因為被電到，很痛，所以減少未來類似行為的出現；或是被熱鍋燙到手之後，就會減少用手直接去碰觸滾燙鍋子的行為；或是當學生上課時發出喃喃自語的聲音，老師用手比安靜的手勢，學生後續喃喃自語的行為就減少了。這些都可以是後效懲罰的例子。

（二）負懲罰

負懲罰（negative punishment）則定義為：行為之後，環境移除或減少刺激，造成未來類似行為出現頻率的降低，亦屬於二期後效關聯。茲以簡圖的方式，希望能更清楚的呈現這個概念：

行為之後 → 環境移除一刺激
後效影響：減少未來類似行為的發生頻率

負懲罰與正懲罰在二期後效關聯的重點同樣是強調：行為之後環境刺激的變化，以及該刺激變化對後續行為的影響效果，不同之處是負懲罰是移除刺激，正懲罰則是增加刺激。此處的行為沒有好壞之分，負懲罰中的「負」是指環境中的刺激減少的現象，是一種客觀描述行為和環境互動的關係以及環境對行為所產生的影響之現象。生活中常會看到類似負懲罰的例子，例如：小朋友因為上課吵鬧，被扣除 3 分鐘的下課時間，以後上課吵鬧的行為就減少了，當中的「吵鬧」是行為，「減少休息時間」是環境刺激的變化，亦即環境減少刺激，結果因為休息時間少了，所以減少未來類似行為的出現。

簡言之，不論是正、負懲罰，都須包含三個成分：第一個是某個特定行為；第二個是行為之後產生環境的變化（增加或減少環境刺激）；第三個是對未來行為產生減少或降低的效果。

二、懲罰的相關概念

依據正懲罰的概念，其中一向度是對行為的影響，另一個向度環境變項是增加或提供刺激。當中的環境刺激，正是所謂的懲罰物，懲罰物是否有效，會與動機操作有關；此外，懲罰的過程也會產生類似刺激控制的概念，個體會從後效經驗中區辨哪一個前事刺激出現時，環境刺激的變化（增加刺激或移除刺激）比較容易伴隨出現。另外，懲罰與負增強之間的關係也容易產生混淆，也在此一併說明。最後需要特別討論的議題與「行為減少」有關，以下分別說明。

（一）非制約懲罰物及制約懲罰物

懲罰物是從它對行為的功能來界定，只有當它能減少未來行為的發生頻率時才可稱為懲罰物。懲罰物可以分為非制約懲罰物及制約懲罰物。前述的例子中，被電到產生痛的感覺，就是一種非制約懲罰物，該懲罰物的效果是不需要經過學習歷程的，也是保護人類生存的一種自然機制。許多的非制約懲罰物都與感官知覺有關，例如：刺耳的聲音是與聽覺有關、太冷或太熱是與觸覺有關、刺眼的燈光則與視覺有關等。

制約懲罰物是經由個體的學習歷史，可能是和非制約懲罰物或其他制約懲罰物配對而成的，例如：開快車被開罰單就是一種制約懲罰物，是經過學習而產生。當中開罰單可能會與害怕的感覺、不舒服的感覺及被罰錢等多種非制約和制約懲罰物配對，而產生具懲罰的效力。

（二）區辨刺激與正懲罰

圖 3-2 是懲罰區辨刺激的一個範例，從該圖可以清楚看到因為後效的影響，B 師和滑手機產生連結關係，B 師成了懲罰的區辨刺激（discriminative stimulus for punishment，簡稱 S^{DP}）（O'Donnell, 2001），而 A 師則成為非區辨刺激，亦即在懲罰的區辨刺激（B師在場時）出現下，滑手機的行為頻率會下降，因為個體會預期到行為之後的懲罰。個體經由前事區辨刺激的訓練之後，比較會在懲罰的區辨刺激下減少行為出現的頻率。此種現象可以解釋小孩在某些人在場時表現出較多好的行為，而在其他人的面前則表現出較多不適當的行為，這正是區辨學習後的結果。

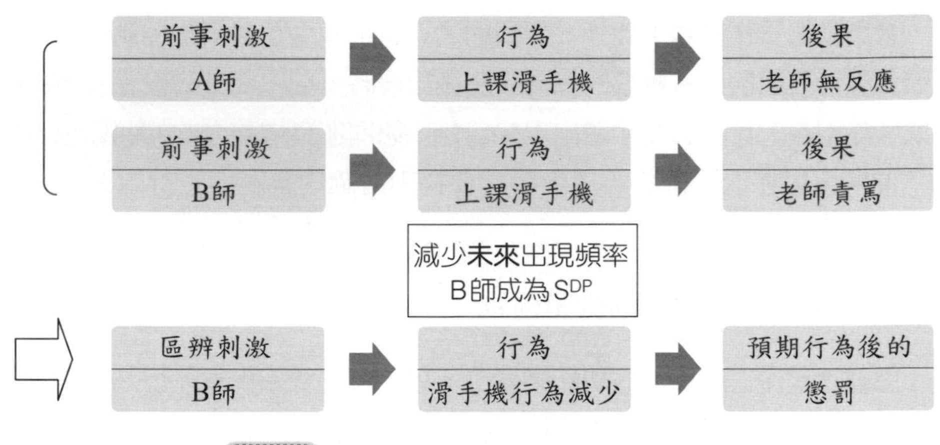

圖 3-2 三期後效關聯：區辨刺激圖示

（三）懲罰與負增強

初學者常會將懲罰與負增強的概念混淆，主要原因在於兩者都涉及嫌惡刺激。最簡單的方式就是從後效對行為的影響來區辨兩者的差異。表 3-1 則呈現正、負懲罰與負增強的差異。在正懲罰中，行為之後的環境變化主要是呈現嫌惡刺激，而負懲罰則是移除個體偏好的刺激。負增強與負懲罰的不同之處，是負增強的行為功能是移除嫌惡刺激或避免嫌惡刺激的出現。

表 3-1 正負懲罰與負增強

後效關聯	環境變化	刺激特性	對行為效果
正懲罰	呈現刺激	個體嫌惡的刺激	減少未來出現率
負懲罰	移除刺激	個體偏好的刺激	減少未來出現率
逃脫型負增強	移除刺激	個體嫌惡的刺激	增加未來出現率
避免型負增強	避免刺激出現	個體嫌惡的刺激	增加未來出現率

在實務上，個體會產生避免型的負增強，通常都是個體曾有懲罰歷史，該懲罰歷史主要是涉及嫌惡刺激的呈現（正懲罰），或是被移除個體喜愛的刺激物（負懲罰）。舉例來說，小名不想寫作業而亂丟東西發脾氣，照顧者罰他五個代幣，或是給予言語斥責，小名之後丟東西的行為減少了。然而，被罰五個代幣或斥責經驗都是嫌惡的經驗，因而在需要寫作業的情境下，小名寫作業的行為雖然增加了，但這是為了避免被罰代幣或避免被罵（避免型負增強）。由此可見，避免型負增強會與正、負懲罰經驗有關。再舉一個生活中的例子，開車在高速公路超速被罰款的經驗，會讓個體在開高速公路時遵守時速規定而避免受罰。

（四）未來行為的減少 vs. 當下行為停止

懲罰定義中的另一個重點是減少行為未來的出現頻率。這個定義必須強調的重點是行為的後效不是從行為當下做判斷，而需要從「未來」的行為減少與否來判斷。因為針對一個行為呈現一個嫌惡的刺激，當下的行為大多會立即停止，或是嫌惡刺激會引發與該行為不相容的行為（Michael, 2004），通常也就會看到該行為消失了，而正因為當下行為出現停止的現象，常會讓大眾誤以為這就是達到行為減少的效果，也正是讓使用者會繼續誤用策略的原因。舉例來說，小孩隨意拍打玻璃，照顧者以打手心的方式處罰小孩，小孩當下拍玻璃的行為停止了，因此會讓照顧者以為這樣就是產生行為減少的效果，其實正確的判斷應該是要觀察後續類似情境下拍打玻璃的行為是否有減少，如果行為還是持續發生，則需要重新思考該行為其實是獲得某種增強，所以才會持續發生。此外，這個例子中拍打玻璃和照顧者打孩子的手心正好是不能相容的行為，所以拍打玻璃的行為是因為和照顧者正在執行與之不能相容的行為，而降低行為的出現率，不是因為懲罰所造成的結果，這也是很容易混淆之處，也必須要特別提醒讀者能謹慎區辨。

此處要特別澄清，使用嚴厲的嫌惡刺激常會看到立即制止行為的效果，但如果該行為在未來的出現率並沒有下降時，則沒有真正達到懲罰的效果，因此應該要再回歸到該行為問題的功能與需求，才不至於誤用懲罰的概念。針對照顧者而言，也可透過功能的角度來理解為什麼照顧者會持續使用該策略？因為當照顧者打小孩手心後，拍打玻璃的嫌惡刺激確實停止了，照顧者打孩子手心的行為之後，環境隨即移除了嫌惡刺激，使該行為獲得負增強，因而強化了照顧者在類似情境下該行為（打手心）未來的發生頻率。

三、影響懲罰效果的因素

懲罰的效果取決於多種因素，本文挑選最具有影響性的幾種因素，其中包含立即性、強度、動機操作、其他考量（如個別差異或結合其他策略等）。以下分別說明。

（一）立即性

正如增強的效果一般，行為之後立即性的刺激變化是影響懲罰效果的首要因素。常聽到媽媽對孩子說：「等你老爸回家你就好看。」這就是非常無效的作法，因為爸爸回家會在行為之後延宕至少幾個鐘頭以上，行為後果與行為之間的連結明顯無法產生任何影響作用。

（二）強度

研究顯示懲罰刺激的強度與反應抑制之間有正相關，懲罰刺激的強度愈大，愈可以直接且徹底的抑制行為的出現（Azrin & Holz, 1966），然而如何拿捏適當的強度而不至於讓個體受到傷害，則是重要課題。且不同個體對各種刺激的反應強度與耐受程度常有很大的個別差異，因此實施者必須事先做好評量以確認適當的刺激量，不宜過多，以免過度使用；也不能太少，以免無效或甚至可能引發其他行為議題。不當的強度也容易引發倫理議題，特別如果是針對弱勢族群或易受傷害族群，則應盡量使用區別性增強（differential reinforcement）減少行為的策略。與強度可能的例子，例如：在制定酒駕違法的法條時，酒駕者對自己或他人都可能會造成生命的危險性，當下被抓到時，必須要有明顯強度的後果，如果是罰款，則罰款金額應該要能讓個體有痛感，才能發揮遏止的效果。這個例子是從保護他人免受傷害的立場而定，不一定適用其他狀況。

（三）動機操作

Michael（1982）指出，動機操作對刺激具有價值改變效果，亦即增加（或減少）刺激作為增強物或懲罰物的效果。增加刺激作為懲罰物的效果稱之為建立操作；減少刺激物作為懲罰物的效果稱之為消除操作。移除正增強物是負懲罰的一種形式，負懲罰要產生效果，必須先確認個體的動機狀態，如果被移除的刺激物對個體而言已不具有增強動機，那移除該刺激物就不會產生負懲罰的效果（Michael, 1984），例如：小明在下課時間已經吃了半包軟糖，呈現飽足現象，如果小明這時出現打人行為，老師想採用負懲罰，即移走小明剩下的軟糖，這樣的刺激移除對減少小明打人行為的效果是很低的，因為小明已經對軟糖飽足，移除該刺激物並不會造成不舒服的感覺，因此也不會對降低行為產生效果。

（四）其他考量

每位個體對不同刺激物的反應有很大的個別差異，舉例來說，個人的天生氣質（temperament）中的反應閾，是指引發個體特定反應的刺激量；反應閾愈低，需要的刺激量就愈少，例如：不同個體對產生痛覺的刺激強度差異很大，有些人只要些微的刺激就會產生痛覺，有些個體則需要有大量的刺激才會產生痛覺；或對於關門的聲響，反應閾低的個體對輕微的關門聲就會產生很大的反應，也因此緣由，作為處罰物的刺激或事件會因人而異（Fisher, Piazza, Bowman, Hagopian, & Langdon, 1994）。所謂海畔有逐臭之夫，對 A 個體是臭味的嗅覺刺激，對 B 個體卻可能是其偏好的嗅覺刺激；對 A 是嫌惡刺激的刺激物，對 B 可能正好是相反的狀態。

研究也顯示，懲罰若搭配其他增強策略會有較好的介入成效，因此若要處理個體的行為問題，應先了解該行為背後的功能，並依該功能增強替代行為，例如：對於長期出現自傷行為的二名身障成人，研究者採用增強替代行為的策略，而出現原來的自傷行為時才實施懲罰，藉由包裹式的介入，對降低問題行為產生了較佳的成效（Thompson, Iwata, Conners, & Roscoe, 1999）。此外，Hanley、Piazza、Fisher 與 Maglieri（2005）的研究結果發現，在功能溝通訓練（FCT）中加入輕微的懲罰，例如：當某位學生出現行為問題時，其懲罰策略是研究者從受試者的後方協助受試者將手放在兩旁 30 秒，另一名受試者則是加上遮住眼睛的視覺遮蔽方式。該研究採用多重處理倒返設計，比較不同組合的介入策略之成效，結果發現 FCT 加上懲罰對減少問題行為有較好的效果。增強策略在上述兩篇研究中都是必要的介入元素，但少許的懲罰可以讓增強的效果增加，並有效減少問題行為。

四、實施懲罰的副作用

雖然懲罰可以讓不適當的行為出現率下降，也讓實施者得到不當行為減少的效果，然而懲罰物（或嫌惡刺激）對個體所產生的弊端卻不容忽視，因此實務工作者必須在選擇前謹慎思考使用的必要性及其可能產生的副作用。

（一）懲罰可能引發受罰者的負面反應

當受罰者面臨被實施限制性或侵入性較高的介入時，一般常會出現反擊的攻擊行為，或是逃避退縮的反應，這些反應都可以看成是一種自身防衛的本能反應。強烈的反擊可能會讓服務對象及實施者都有受傷之虞，必須謹慎以對。此外，懲罰也可能會引發逃避行為，有時出現逃避行為相較於原本的問題行為可能會更難以處理，例如：為了避免受罰而不願吐實情，或者產生拒學、逃課的行為，都會讓問題行為更為複雜或更難有效處理。

（二）懲罰的配對效果

懲罰的過程常會搭配有反應制約的配對效果。實施者或實施地點和嫌惡刺激配對，原本是中性刺激的實施者或實施地點，在和嫌惡刺激配對後，也具備了等同於嫌惡刺激的特性，會引發不舒服的感覺，即使實施者沒有執行懲罰時，服務對象看到實施者也可能好似看到嫌惡刺激一般。若實施者是教師，則學生可能會因此而對該名教師心生害怕，進而影響其學習意願，因此間接剝奪了學生的學習權益。

（三）懲罰的模仿效果

成人的所言所行，都可以是受罰者或其他在場人員的模仿目標。使用懲罰對其他人員示範了較不恰當的處理方式，讓受罰者或在場的人員可能經由模仿而學到懲罰的方式，這也是在執行懲罰中可能不願看到的後果，例如：許多攻擊者年幼時期的經驗就是自己是受到攻擊的對象，長大後，從被攻擊的角色轉變為攻擊的角色或是出現反社會行為（Patterson, 1982），這也是模仿學習的結果。

第三節　使用懲罰的倫理守則

懲罰在應用行為分析中強調的是描述行為與環境互動的現象，並不建議對於特定行為使用懲罰。自然懲罰是維持人類生存的法則之一，但其他類型的懲罰並非是減少不適當行為的主要方式。本書中於第八章介紹了非懲罰式的減少行為方式，包含消弱及區別性增強的方式。此外，本書第十八章及十九章也完整說明行為功能評量與正向行為支持的方式來了解行為的功能，並依此進行前事介入與替代行為的教導。當中特別強調應先從個體的動機著手，與動機有關的介入策略首推非後效增強，而非後效增強的使用，已經被證實可以有效減少不適當行為的出現頻率，亦即對個體的建立操作進行了解，並能系統化的滿足個體想要的增強物，行為問題則相對產生消除操作而達到行為減少的目的（可參見本書第五章動機操作）。

然而，坊間還是有介紹不同類型的懲罰策略，研究報告中亦不乏使用懲罰的實證報告。主要原因是對於某些可能會造成個體個人生命危險或他人生命危險的行為，或是長期累積的不當行為嚴重影響或阻礙個體學習及適應者，在使用正向策略之後依舊無法改善到有意義的階段時，才會考慮使用懲罰策略。因此，本章必須要先開宗明義將使用懲罰的倫理守則條列說明，期能保障服務對象的最高權益及最高福祉。

一、以維護個人安全及福祉為主要考量

服務人群的首要考量，即保護服務對象不受到任何形式的傷害，必須維護其尊嚴。應用行為分析的主要目的乃幫助個體能充分參與社會，適應社會各種情境，任何會減少參與社會的介入都必須嚴加控管。

二、以最少限制為優先選擇

國際行為分析師認證委員會（The Behavior Analyst Certification Board，簡稱 BACB）於 2020 年所修訂頒布的《行為分析師之倫理準則》之「倫理標準第二部分：實踐工作之責任」中，第 2.15 條明定規範如下：行為分析師在選擇、設計及執行行為改變介入方案時，首要重點應放在減少對個案及權益相關人可能造成的傷害風險。如果介入方案中需要使用高限制的程序，或是基於懲罰原理的程序，則必須要有紀錄顯示其他較不侵入式的程序已經使用過，但卻不能達到預期的效果。該條例意涵行為分析師應優先使用非懲罰的策略，以降低個案受傷害之風險。Horner 等人（1990）也指出，必須要優先使用最少侵入性的策略，而這些最少侵入性的策略必須是實務驗證有效的。大眾認為是具有侵犯性的策略，就必須抱持高度謹慎的態度。任何技術的介入都必須持續受到監督與倫理判斷。Horner 等人（1990）對於最少限制提供幾個建議，首先是選擇介入策略時，必須要經過專業人員及社會公正人士的檢驗，確認最少限制的介入是最適當的選擇；其次為若選擇較多限制或

侵入的介入方法時，受到公眾監督的需求相對也要提高，公正人士也應該要參與持續的觀察與資料蒐集的過程，以確保服務對象的權益受到保障；此外，愈多限制的介入，就必須要有愈多的規範與要求。

三、執行懲罰的程序考量

實務工作者常面臨的挑戰是面對具有高度危險性及嚴重自傷行為的服務對象。如果實務工作者已經嘗試過所有可能的正向策略，盡了最大的努力，但都無法產生行為減緩的效果時，懲罰可能是唯一及最後的選擇，而實證研究也確認使用該策略能使個體減少嚴重傷害的行為，此時懲罰還是可以看成是一個合法的介入技術（Baer, 1971; Iwata, 1988）。

BACB 於 2020 年所修訂頒布的《行為分析師之倫理準則》中之第 2.15 條例亦強調，行為分析師建議若要使用懲罰策略，必須遵從所需的審核程序，例如：人權審查委員會。此外，行為分析師必須持續記錄及評鑑懲罰程序的實施效果，如果結果顯示此程序無效，必須及時修改或停止此程序。相較於之前的倫理規範，此條例則明確要求使用懲罰前必須要經過正式嚴格的審查，以確保個案的免受傷害權及個人福祉。在第 2.14 條例中，亦強調行為分析師在選擇、設計及執行行為改變介入方案，必須應以行為原理為基礎，依據評估結果，以科學證據為本，優先使用正增強的介入程序，同時也需考慮相關風險及副作用等因素，並強調介入前須先確認個案之偏好，才能以個案為主體的進行相關行為改變方案。

四、執行過程的保護程序

Cooper、Heron 與 Heward（2007；引自鳳華等人譯，2012）整理相關文獻後指出，在做出必須採用懲罰策略的決定後，就要遵行執行程序的安全條款，並強調在介入開始前，所有相關人員必須完成以下要點：(1)接受訓練以適當執行懲罰程序，特別是技術性細節的操作；(2)必須確保個案和相關人員的身體安全，並熟練對個案人道介入的程序；(3)執行者必須要學會如果發生負向副作用反應（如情緒爆發、為獲得逃離和躲避的攻擊、不服從）時該怎麼做。此外，正式執行懲罰程序時，持續的評量是絕對必要的，其中應包含記錄該行為出現頻率和每次使用懲罰時服務對象的反應，以及邀請重要關係人或社會公正人士共同參與並隨時聽取其意見。最後，督導的監督及即時的回饋也是保護程序中的必備元素，如此始能確保執行程序的適當性，於必要時也能及時修正調整策略。

第四節　正懲罰

懲罰又依呈現刺激或移除刺激分為正懲罰及負懲罰，本節先介紹幾種正懲罰的類型及其在實務上的考量。最常見的幾種正懲罰為口語斥責、反應阻擋、過度矯正及其他策略，以下分別說明。

一、口語斥責及實務考量

口語斥責是在教學情境中最普遍使用的，屬於呈現刺激的懲罰形式。口語斥責在自然情境中的有效程度需要更多的實務研究，然而目前的研究發現，影響斥責的有效因子可以從幾點因素探究：(1)口語加上嚴肅堅定的表情，以及堅定的肢體協助，相對於單獨出現口語斥責，前者更為有效；(2)距離是個考量，近距離斥責可以讓學生聚焦於指令，隔空喊話通常效果不佳；(3)一次堅定的語氣相較於溫和重複的要求，前者效果較佳；溫和重複的要求容易產生習慣化的反應，失去原本應該有的阻止效果；(4)大的斥責音量其成效不必然會優於平常的音量，以原本的音量而且是只有該生本人才聽得到的，反而會比較有效（鳳華等人譯，2012；O'Leary, Kaufman, Kass, & Drabman, 1970; Van Houten, Nau, Mackenzie-Keating, Sameoto, & Colavecchia, 1982）。斥責是實務上最常用的形式，主要是因為使用方便，然而必須要考量到上述使用懲罰時可能產生的副作用，以及掌握有效斥責的因素。也必須再次提醒實務工作者，應盡量避免在公眾的情形下使用斥責，在公眾或團體中使用口語斥責常會引發反彈，特別是中學階段的學生，學生被當眾責罵會覺得沒面子，若因而想要扳回一城時，就容易引發不當的回擊反應，而造成後續更難處理的局面。替代的考量策略可以使用無聲教學（quiet teaching）的方式，根據 Jordan、Singh 與 Repp（1989）的研究顯示，無聲教學法可以有效降低一名 21 歲精神障礙成人的自我刺激行為。該名精障者常會出現無意義的搖頭晃腦、吸聞自己的手等刻板行為，也阻礙其參與職業訓練與安置的機會。研究者先採用標準行為訓練策略（包含肢體提示、增強好的行為、消弱不適當的行為），接著加入無聲教學技術、視覺遮蔽及反應阻擋，結果顯示綜合型包裹技術能有效降低自我刺激的行為，並有效提升專注於工作的行為。Malott 與 Shane（2013）則指出，使用無聲教學讓學生只有在提供社會增強時聽到老師的聲音，因此強化了社會增強的強度。在此種對比原則下，確實能讓教學者的聲音成為難得的刺激源（增加其作為增強物的效力）。這個研究除了看到有效的介入策略外，也可以看到無聲勝有聲的教學法，並學習如何讓教學者的口語刺激成為好的增強刺激，亦能有效降低不適當的行為反應。因此，不一定得以斥責的形式呈現。

二、反應阻擋及實務考量

反應阻擋（response blocking）是指當個體開始出現問題行為時，立刻給予肢體的介入，以中斷或阻擋反應的完成（鳳華等人譯，2012）；該策略已經被證實能有效減少某些刻板行為的問題行為。反應阻擋不同於傳統的作法，如使用束縛或身體限制（restraint），反應阻擋只是讓行為無法完成，LeBlanc、Piazza 與 Krug（1997）發現相較於束縛或限制的策略，反應阻擋對於異食症患者效果更為明顯，該研究發現，束縛或限制的使用會同時降低個體社會互動的頻率並產生負面的生活品質，而反應阻擋只是中斷個體問題行為的完成。因此建議反應阻擋加上後效增強適當行為，就可以有效減少異食症的不當行為。反應阻擋在正懲罰中是屬於比較少侵入性的策略，但也必須要預防可能產生的反擊行為。上述 Jordan 等人（1989）的研究也使用了類似反應阻擋的方式。該研究是採用視覺遮蔽加上反應阻擋（握住手的方式），讓該名精障者無法從事刻板行為，每次持續 5 秒鐘。要特別提醒的是，該策略的使用是在標準行為訓練加上無聲教學之外，額外加入的後果策略，因此並非是單獨使用該策略。該研究也提供了正向教導策略結合後果策略的介入範例。

三、過度矯正及實務考量

過度矯正（overcorrection）是一種減少行為的策略，意指在問題行為發生時要求個體重複練習與問題行為有直接關聯且具功能性的費力行為。Kazdin（1972）最早指出要減少行為發生率，個體在行為之後的後效必須要包含「體能的消耗與努力」，此正是定義過度矯正中「費力」的最早文獻，雖然該說法最早是放在反應代價下，但是Kazdin於1975年時即將該概念連結到過度矯正（引自 Luce, Christian, Lipsker, & Vance Hall, 1981）。過度矯正最初由Foxx與Azrin（1972）所發展，是一種簡單矯正法的延伸，主要目的是將不當的行為矯正成為正確的行為，並藉由此矯正的過程讓個體學會承擔其不當行為所產生的後果，並學習對自己的行為負責；而重複練習的要求，則具有正向練習的教育效果。過度矯正可分為兩種不同的型態：復原的過度矯正及正向練習過度矯正。

（一）復原的過度矯正

復原的過度矯正（restitutional overcorrection）是指在問題行為發生後，除了要求個體修復問題行為所造成的損害之外，必須將環境復原變得比之前更好，例如：小明將口香糖黏在桌底下，老師除了會要求小明將他黏的口香糖清乾淨（簡單矯正）之外，也要將附近桌子底下的口香糖清理乾淨，這就是一個復原的過度矯正。其他如偷東西除了要歸還該物品之外，還要再多還一項物品給對方；或是嚇唬某位同學後，不是只對該名同學道歉，還要對所有在場的人道歉。對個體而言，在行為發生之後，必須將環境復原的比先前更好或要做更多的補償行為，此正是費力的表現，正如Kazdin（1972）所提到的，個體必須要從事體能的消耗或努力，即對其行為作出高於原本的代價，此種代價或費力的後果進而促使未來行為發生頻率的下降。

（二）正向練習過度矯正（positive practice overcorrection）

Foxx 與 Azrin（1973）最早將正向練習定義為由治療師在肢體引導下所產生的大肢體移動，並將此種在肢體提示下的移動程序稱為「功能性的肢體移動訓練」（functional movements training），此處的功能性是指可以讓個體接觸到自然存在的後效，也就是被社會所接受的行為。Miltenberger 與 Fuqua（1981）則重新界定為強迫式的肢體移動程序，意指治療師指導個體做出身體部位的移動，並在逐步引導、最少提示的協助下確認個體在既定時間內重複練習這些動作。研究中的肢體動作移動有些和目標行為是相似的，也有些是不相似的，例如：手部自我刺激的行為是要求手部舉高或移動的反應練習（型態相似）；針對在地上不當爬行的行為，其正向練習為訓練正確坐在座位上；嘔吐的正向練習是清潔地板；針對不專心的正向練習是持續拼拼圖；丟東西的正向練習為道歉和收拾玩具等（Miltenberger & Fuqua, 1981）。

正向練習執行時間的長度也不一，會依據不同行為的特性而有差異，大部分研究都是 2 至 10 分鐘的練習時間，也有 1 分鐘以內或超過 30 分鐘以上的案例（Miltenberger & Fuqua, 1981）。Foxx（1977）的研究顯示 5 分鐘的成效比 2 分鐘的成效要好，Carey 與 Bucher（1983）也建議較少的練習時間比較不會引發副作用的發生（如攻擊行為），因此後續研究大都採用 5 分鐘以內的正向練習時間。一些研究裡的正向練習項目是選擇較具功能性的行為，例如：練習「取得同意」、練習「擦地板」，或是「輪椅移動」練習等，但因為沒有資料顯示出，這些行為是否因為正向練習而使出現頻率增加，因此正向練習的教育意義還需要更多的研究來證實，目前只能確認的是，正向練習確實可以有效減少不當的行為。

（三）執行考量

必須要提醒的是，進行過度矯正時，不能讓個體在執行中獲得增強，特別是在執行正向練習時是沒有提供增強後效的，否則可能會引發不當的連結。一般執行的程序建議如下（Azrin & Besalel, 1999; Miltenberger & Fuqua, 1981）：(1)以平靜的口吻告知學生其行為是不適當的，可簡單說明不適當的原因；(2)終止學生正在進行的活動；(3)立即對學生口頭說明執行過度矯正的程序，必須清楚詳盡的說明執行步驟；(4)必要時提供肢體協助，盡量減少口語的提示，以免口語成為另一種形式的增強；(5)全程監督並記錄其行為表現；(6)避免不必要的口語互動、非語言注意或口語讚美。

在運用過度矯正之前，實務工作者必須體認下列幾種可能的挑戰，例如：執行過度矯正需要全程的監控，所以需要有足夠人力支持；此外，由於會需要使用肢體協助，並伴隨著半強迫的要求，可能會有拒絕、逃避或攻擊的副作用產生，因此必須要事先做好預防措施。Azrin 與 Besalel（1999）建議在問題行為發生之前，應該要和學生討論過度矯正的必要性，以及何種不適當行為會執行過度矯正，事前的約定與討論通常可以有效減少抗拒的問題。

四、其他策略

另外有幾種策略在文獻中提及，在此也一併說明。其一是反應中斷重新引導，該策略目前被歸類為正懲罰後效，其原本是在討論連鎖的概念時被提及，Cooper 等人（2020）則將之歸於正懲罰，並指出該策略的使用程序是中斷該連鎖行為的啟動階段，同時引導個體從事高機率的行為反應。不過，如果依據正懲罰的概念是在行為發生之後呈現刺激，反應中斷的程序如果是在行為發生中執行，那理應符合正懲罰，但如果是在行為啟動階段，則阻擋及重新引導並未出現在行為之後，那就不應該稱為正懲罰，而是偏向前事介入策略。

另一種被廣為提及的策略是後效操練（contingent exercise），其定義是指在個體的行為之後，要求個體從事與該問題行為態度不同的操練反應，後效影響是降低未來該問題行為的出現頻率。該策略最早出現於 Luce、Delquadri 與 Hall（1980）的研究報告中，該研究的受試對象是一名伴隨有嚴重行為障礙的 10 歲兒童，他每天在校六小時的時間裡會出現高達 60 次以上的攻擊行為，包含踢人、打人、拉人、推人等不當行為。該研究的實施策略是當該名學生出現攻擊行為時，就會要求他做一體能操練（坐地上再起身，共 10 次），會選擇該體能活動是因為該活動是受試者平時在遊戲區時會做的活動，不過因為每一次都被要求重複做 10 次，可能會因費力感因而衍伸出嫌惡感。此外，這個體能活動是諮詢過體育教練之後，認為該活動對受試者是有健身效果，綜合考量後才決定使用該活動，可見其選擇操練的活動是相當謹慎的；該研究結果顯示，受試者從基線期平均出現 63 次問題行為，到介入期平均每天降為 10 次左右，效果十分顯著。這個例子顯示，在選擇後效操練的活動時，必須要選擇個體平常會做且不排除做的活動，也不能太耗費時間或過度費力；同時，也需要確認該活動是對個體有健身效果的。如果是罰跑操場這樣的活動，必須考量個體是否喜歡該活動以及其耐受力如何，也需要考量是否會因該活動的耗時而剝奪其正常學習機會，亦即選擇操練的活動必須慎重，並以個案的利益為出發點。

第五節　負懲罰

負懲罰依定義是行為之後環境移除刺激，減少行為未來的出現頻率。本節將介紹兩種最常見的負懲罰類型：隔離（從正增強環境隔離）和反應代價，以及其在實務上的考量，以下分別說明。

一、隔離正增強及實務考量

（一）隔離的定義與基本概念

隔離或更完整的說法為「從正增強環境隔離」（time-out from positive reinforcement），定義為行為發生之後，讓個體失去接觸正增強物的機會一小段時間，以減少目標行為未來的發生頻率（鳳華等人譯，2012；Morawska & Sanders, 2011），執行程序可能會將個體帶到特定的位置，這不是定義的重點，但常會讓人誤以為是主要的定義內涵。Wolf、Risley 與 Mees（1964）

是最早提出使用隔離的方式以有效減少自閉症兒童發脾氣之實證研究的學者，其策略是如果該名兒童出現不當行為，就會將他獨自安置在房間內，直到他發脾氣的行為停止才會將他帶離房間。該研究對隔離提供基本的執行模式，後續研究都以此研究作為參照基礎。

MacDonough與Forehand（1973）則提出執行隔離時必須考量的八種因素，後續研究發現「說明理由」或「提出警告」兩項對隔離效果的影響不大，而「執行程序」建議是以最小侵入的方式為優，「地點的選擇」是建議以非抽離式的環境為佳，「時間的長度」則是短時間優於長時間；另外，「離開隔離環境的條件」，研究建議最好是等學生沒有再出現問題行為之後才能離開（Morawska & Sanders, 2011）。

Shriver與Allen（1996）對於隔離前、後的環境刺激提出精闢的看法，也補充MacDonough與Forehand（1973）對環境刺激說明的不足。Shriver與Allen 強調隔離前的環境和隔離時的環境所提供的增強必須要有強烈對比，才能讓隔離確實產生效果。他們以圖示的方式展現其主要的意涵，圖3-3顯示只有當個體原來的環境（time-in）具有高度的增強機會，而隔離的環境則是處於低度增強的機會時，行為問題才會獲得改善。B或C則是原來的環境

		隔離的環境	
		低增強	高增強
原來的環境	高增強	A 行為改善 介入疑慮：無	B 行為沒有改善 介入疑慮：對比太少 解決方式：降低隔離情境的增強
	低增強	C 行為沒有改善 介入疑慮：對比太少 解決方式：增加原來環境的增強	D 行為惡化 介入疑慮：隔離情境增強太大 解決方式：調換獲得增強的情境

圖3-3 隔離前之環境與隔離環境中高低增強對問題行為效果圖

資料來源：Shriver與Allen（1996, p. 69）

與隔離的環境其增強的機會是相當的（同樣都是低增強機會或高增強機會），行為問題都沒有獲得改善；最糟的情形是原來的環境增強機會低，而隔離的環境則提供高度增強的機會，這樣則會惡化行為問題。

其中，D是在真實的教學現場常見的挑戰，學生在教室如果常受到老師的責罵，或是覺得學習枯燥或是學習有困難，這都是低度增強的環境特徵，而如果出現行為問題，如丟東西、和老師頂嘴，或其他嚴重干擾課堂的行為，可能的後果就是被帶離教室，帶離教室可能是到輔導室、校長室或其他辦公室，有可能輔導老師會給予關注或是與該生會談，校長會提供食物或茶飲，如此正是D格中所顯示的情形。結果當然是增強了學生的問題行為，可能還會惡化其問題的程度，因為該生會為了要到隔離的環境而使問題行為變本加厲，如此才能如願以償的離開教室到其他處室獲得他想要的增強。改變的方式就是讓原來的教室可以大量提供該生所想要的注意力，而在隔離的環境中則不給予任何的關注，如此才能讓隔離真正產生效果。

此外，依據Laraway、Snycerski、Michael與Poling（2003）的看法，實施隔離策略可以讓主要照顧者或家長有一緩衝的時間與空間，讓互動關係不致惡化，例如：家長比較不會因受挫情緒的影響，而脫口說出不當的言語或使用體罰，同時也讓兒童有時間學習自我恢復。因此，在隔離的程序中，不宜有任何互動，需要讓兒童學習獨自運用自身的力量找到自我恢復的方式，此也是自我調控發展的可能。當然，要使用該策略前，必須要經過嚴謹的訓練，而如何先營造一溫暖、支持、積極正向的環境，讓原環境（time-in）充滿高度增強，還是首要考量。

（二）隔離的類型與倫理考量

隔離又分為非抽離式（non-exclusion）及抽離式（exclusion）隔離。實務工作者若選擇抽離式隔離時，則必須要審慎評估其適切性，並須符合倫理及法律議題，以下分別說明。

1. 非抽離式隔離

非抽離式隔離的特點是個體仍留在原環境中，但實務工作者以操弄情境變項的方式讓個體暫時去接觸增強的機會。舉例來說，學校中最常用的方式為：當一個不適當的行為發生後，教師會短暫移除社會性增強（包含眼神注視、口語互動，或是其他形式的互動等）或維持安靜一小段時間（Kee, Hill, & Weist, 1999）；另一種方式為短暫移除特定的正增強物，例如：學生在校車上，但是當有學生出現不當離開座位的行為時，司機就關掉車上的音樂（Ritschl, Mongrella, & Presbie, 1972）。此兩種方式的優點為快速、便於執行、是一種環境的改變，無須抽離學生，是屬於非侵入性的隔離程序。

還有一種非抽離式隔離為後效觀察（contingent observation），其涉及將個體從原情境中改變位置，使學生能繼續觀看其他學生進行的活動，並能觀察到其他學生表現出適當行為時被增強的事實，但個體本身卻喪失獲得增強的機會，以增加學生想要回到活動中的動機。使用後效觀察的程序是，當一個不適當行為發生時，教師需要引導出現問題行為的學生離開原本的位置一小段距離，到一個預先設定好的位子「坐著看」，並預設好一段時間，如 3 分鐘左右之後，學生則可重新加入團體，其適當行為則能夠再度獲得增強的機會（White & Bailey, 1990）。研究顯示確實可以有效減少不當行為的出現頻率。

2. 抽離式隔離

抽離式隔離是指將學生從一個團體中抽離，可能是離開原來的情境到另一個空間，也可以是留在原環境，但是在一個有設計過的隔離空間。其中隔板式的隔離執行方式是當不適當的行為發生後，教師將引導學生從原座位移到教室中一小隔間內達一段時間。雖然隔板式隔離有將學生留在原增強情境中的優點，或取名為中性的安靜區，但社會接受度依舊是受到挑戰的。

另一種抽離式隔離為隔離室。隔離室的執行方式則是在學生出現行為問題之後，會被抽離到一完全沒有增強物的特定空間，個體可以安全且暫時安置於此。隔離室建議要位於原增強情境附近，且應放置少量家具（如桌、椅）。隔離室應有足夠的光線、溫度、通風，並盡量減少不必要的物品（如牆上有畫、電話等）；隔離室必須是安全的，但不應上鎖（鳳華等人譯，2012）。隔離室主要面臨的執行困難包含有：將學生從原空間移至隔離室時，學生會因為抗拒離開原空間而產生攻擊行為；或是隔離室完全脫離學習環境造成學生學習權益受損的議題；此外，學生也可能在隔離室產生其他自我傷害或自我刺激之不當行為等，這些都需要事先考慮周詳，否則隔離室有可能被不當使用。因此，隔離室應該是作為備用選項，除非萬不得已，應優先選擇較少侵入性的介入策略。

3. 使用隔離的倫理與法律議題

隔離是學校或機構常使用的減少行為策略，然而也常是備受爭議的處置方式。為謹守倫理分際，筆者參閱Powell與Powell（1982）、Yell（1994），以及筆者的實務經驗和國內民情，提出以下實施要點供實務工作者參考。

(1) 要先定義問題，執行行為功能評量，並完成正向行為支持計畫。支持計畫中必須載明前事策略、替代行為教導、非懲罰性的後果策略，並詳細記錄其介入成效。

(2) 必須詳細記錄執行正向行為支持計畫之後，問題行為之變化情形，並說明需要使用隔離的理由。

(3) 必須詳細計畫執行的程序，其中應包含：決定欲使用的隔離程序、確認隔離區域、制定隔離時使用的指令、決定隔離時間長度、可以離開隔離區的條件，並訂出終止隔離的標準。

(4) 制定的過程必須要符合相關法規與教育政策。

(5) 必須要向家長說明，並取得家長同意書，執行過程中家長若有疑慮，可以有權提出重新審議此策略的適當性。

(6) 執行過程必須要詳實記錄資料，並依照所制定的程序確實執行，應詳細記載下列資料：日期、時間、使用原因、問題行為、使用隔離的形式、學生被隔離的時間長度、隔離後學生的行為反應，以及執行者和督導者。

(7) 各級學校的特殊教育推行委員會應該負起審查、監督及後續評鑑的責任，以確保實施前的計畫周詳、執行過程適切，並評鑑其效益。

（三）有效的使用隔離

1. 確定行為的功能

如果問題行為的功能是逃避，通常使用隔離是無效的，因為正好隔離就是如學生所願——逃避困難課程、逃避長時間的工作或逃避要求等，因此執行隔離前的行為功能評量必須要確認其問題行為的功能，才能真正對症下藥。如果確認行為問題的功能是逃避要求，介入的首要策略為教導學生功能替代行為（如表達要休息或要協助），並設法讓原環境具增強性。

2. 豐富原環境的增強機會

要使隔離有效，一定要先確認該生在原環境是可以獲得高增強機會的，如此才能讓學生容易區辨出隔離的環境和原環境的差異，隔離的效果才能真正產生，即達到問題行為減少的目的（Luiselli, 1988; Shriver & Allen, 1996）。有些研究發現豐富原環境的增強機會，可以使用負增強方式，例如：讓學生能短暫休息或逃避要求（獲得負增強），也可以讓學生感覺原環境是具增強性的，此種增強方式同時也可以用來強化其他好的行為（Allen, Loiben, Allen, & Stanley, 1992）。

3. 隔離的時間要盡量簡短

研究顯示隔離時間的長度最好是 30 秒到 4 分鐘左右，長時間的隔離不一定會比較有效，並可能會引發自我刺激的發生，而長時間的隔離也會有剝奪學生學習權益的倫理議題，也會有遭遇執行困難的疑慮（Hobbs, Forehand, & Murray, 1978）。因此，短暫時間的隔離比較可以被大眾接受且被證實是較為有效果的。

4. 搭配其他正增強策略

隔離可與其他增強程序結合，以擴展其於應用場所中的使用。研究證實隔離與區別性增強結合，適當的行為會增加而不適當的行為會減少（Byrd, Richards, Hove, & Friman, 2002），如此較符合正向支持的概念，也能減少副作用的產生。

5. 清楚規範隔離的重要變項

執行隔離除了要先詳細定義問題行為並明確描述執行程序外，定義離開隔離環境的條件也是一大考驗。研究建議最好是等學生沒有再出現問題行為之後才能離開（Morawska & Sanders, 2011）。若實務工作者預期導致隔離的不當行為可能會在預定終止隔離的時間點出現，實務工作者可嘗試兩種策略：首先，實務工作者可以告知個體預定的隔離時間（如5分鐘），在不當行為停止前將不會開始計時。第二種策略是直接延長隔離時間，直到干擾行為停止（鳳華等人譯，2012）。

二、反應代價及實務考量

反應代價（response cost）是一種減少行為的策略，意指個體行為發生之後，將喪失特定的增強物數量，對行為的效果是減少行為未來出現的頻率；文獻中最早使用反應代價的是Weiner（1962）的研究報告，該研究中的反應代價是指個體的行為之後，產生原累計點數的倒退後果，換句話說，就是減少原來累計的點數（引自Luce et al., 1981）。Luce等人（1981）的研究也對反應代價的說法做了系統化的文獻回顧，以問卷方式統整大眾的看法，並確立反應代價的操作型定義。被移除的增強物可以是類化制約增強物（如代幣或錢）、時間或活動（Musser, Bray, Kehle, & Jenson, 2001）。生活中最常見的反應代價就是罰鍰，例如：不當吐痰亂丟垃圾要罰錢、開車超速被罰錢或逾期未繳帳單要罰錢等，許多抑制不當行為的法律正是以反應代價為基礎。不過，正如Azrin與Holz（1966）指出，要執行反應代價，前提是應該要先有正增強制度的實施，如此才能有移除增強的機會與可能。對於沒有賺錢的流浪漢，這些罰緩的制度等同虛設，因為他們沒有錢可以去繳罰鍰，也就是說這種設計對他們而言是沒有效果的。

在學校或機構中常見的使用方式是將代幣制度加上反應代價，此種作法即符合Azrin與Holz的建議，環境中必須要先提供增強的機會，才有基礎使用反應代價。舉例來說，針對適當的行為給予代幣（例如：按時繳交功課給兩枚代幣、有舉手等老師允許再發言給兩枚代幣、給予同學讚美的語言給一枚代幣等），對於不適當的行為則制定移除代幣的規定，例如：沒有完成作業要繳回代幣兩枚、上課發出怪聲要罰一枚代幣等。反應代價因為使用方便，已經證實可以運用在許多不同類型的問題行為上，並獲得令人滿意的改善；也可以有效運用在學校、家庭或機構中（Musser et al., 2001）。然而McLaughlin 與 Malaby（1972）也提醒實務工作者，反應代價因為讓學生失去辛苦獲得的代幣，有可能會引發副作用，如情緒反應或攻擊行為等。研究證實，反應代價如果能結合非後效增強的方式，可以有效減少行為問題外，也能降低副作用的發生，甚至伴隨有正向行為的發生。茲舉以下兩個實證範例作為佐證。

Salend 與 Henry（1981）在普通班級執行一個改良版的反應代價及代幣系統，以改善一名特殊生過度依賴要求老師協助的行為。該策略的執行方式為：事先提供給學生若干紙條放置於學生桌面上，該紙條就等同於點券的概念，其數量則代表學生可以請求老師協助的次數，如果學生尋求協助後，老師的回應是「你可以自己解決」時，學生就要還給老師一張點券；如果課程結束，學生桌上還剩餘有點券的話，學生可以兌換點券上的增強物。本研究中的學生其增強物正是老師的關注，各種可兌換的增強物包含各種形式，例如：幫忙老師整理教材、和老師一起用餐、和老師分享食物等。研究結果顯示，此策略可以在普通班級實施並有效減少學生過度尋求協助的行為，研究者認為該點券的安排等同於刺激控制的概念，點券是一前事刺激，可以作為提醒學生要減少不當行為的一種線索。此外，該研究顯示運用此種方式，學生不但沒有產生所謂的反應代價副作用的問題（McLaughlin & Malaby, 1972），相反的，本研究發現反應代價搭配代幣系統（如果有剩下點券，則可以兌換增強物），可以有效增進作業完成率及同儕互動關係。此研究顯示改良版的反應代價，可以讓老師無負擔的執行此策略，也促使學生能順利融合於自然環境。

Nolan 與 Filter（2012）結合非後效增強與反應代價的方式，有效減少一名過動症兒童的問題行為（包含重複性的不當口語及不當的肢體動作）。研究者先針對該問題行為進行功能分析，確認該行為的主要功能為自動增強，經過個案及家長訪談之後，決定以音樂作為非後效增強的刺激物，用以替代不當口語及肢體動作的自我刺激，因為音樂可以等同口語刺激的增強，而非後效增強的使用是希望能產生消除操作（可參考本書第五章「動機操作」）的效果，進而達到減少問題行為的出現頻率；音樂是以隨身聽的佩戴方式執行，學生可以自由操作隨身聽；後果策略則採用反應代價，即一旦出現問題行為，會移除音樂 15 秒，重新告知規定，再重新將耳機戴上。研究顯示該名學生的不當行為確實達到改善，也再次證實結合正增強策略加上反應代價可以達到不錯的成果。

綜合相關研究，在執行反應代價之前，應該要結合各種策略，包含事前環境調整策略、行為教導，之後才能執行反應代價。以下則提出執行反應代價的程序及注意事項。

（一）執行程序

懲罰策略都是在正向策略無法見效時，才會考慮使用，使用反應代價時也必須要謹守程序。茲結合實務經驗及相關文獻整理，提出以下執行程序供實務工作者參考（Musser et al., 2001; Nolan & Filter, 2012; Proctor & Morgan, 1991）：

1. 明確定義問題行為。
2. 執行行為問題的功能評量或功能分析，了解行為問題發生的前因後果，並確認問題行為的功能。
3. 必須先從環境調整及前事策略為主，或是採用非後效增強方式讓學生可以在事發前先飽足其原來的需求或功能，以減少不適當的行為，同時教導替代行為與環境適應行為（各種社會技巧、因應策略或問題解決等課程）。
4. 針對好的行為、替代行為及環境適應行為安排增強代幣制度。
5. 問題行為如果還是持續發生，才考慮加入反應代價的方式。
6. 優先選擇紅利或類似優惠券的方式，讓學生事先擁有特定數量的代幣，以減少副作用問題的產生。

7. 以文字或圖示的方式對學生說明執行反應代價的理由及執行的方式，並事先要取得家長及學生的同意。
8. 一旦開始實施，就要依照執行程序確實執行，只要有問題行為發生，反應代價必須立刻實施，老師要用平靜溫和的方式告知學生做了何種行為導致代幣的移除，並以同理的方式表達必須要依法執行。
9. 執行過程需要持續記錄問題行為的出現頻率是否下降獲得改善，如果有不預期的副作用產生，也需要記錄當下學生的情緒及行為反應。
10. 逐步褪除反應代價的使用，使能回歸到自我管理的自然狀態。

（二）執行反應代價的注意事項

反應代價的主要目標是減少問題行為，因此如何在執行過程中同時考量教導正向行為，是重要倫理議題。建議實務工作者應該要同時教導替代行為使個體原本問題行為的功能依舊能獲得滿足，或是示範教導正向的適應行為。此外，根據Weiner（1962）最早針對反應代價提出的建言，提醒實務工作者在設定移除增強物的量或強度時必須要能拿捏適當，假如增強物的損失太大或太迅速，對減少問題行為可能會產生反效果；且其強度太大時，個體會很快耗盡其所有的增強物，而產生負債的情形。Cooper、Heron與Heward（2007；引自鳳華等人譯，2012）則建議，一般使用反應代價的法則是懲罰的強度應該要足夠到能抑制未來問題行為的發生，但是不能大到讓個體覺得破產或使整個系統失去有效性。

另一個需要提醒實務工作者的議題是，在實施反應代價時，因為是在問題行為之後移除增強物，成人的注意力也可能無意中增強了該問題行為，因此如果發現反應代價並未如預期的達到減少問題行為的目標，則需要再重新檢討使用此策略的適當性，或重新評量問題行為與環境的功能關係，以設計更適當的介入策略。

無論如何，移除個體所努力賺取的增強物，這種作法本身就有可議之處及倫理議題，因此建議使用反應代價前務必要先實施代幣制度，也應該要優先考慮使用紅利反應代價或點券的形式，除了可以避免被指稱是剝奪他人所有物的倫理疑慮之外，也可以有效減少抗拒或不合作行為的出現。

第六節　結語

懲罰在二期後效關聯中是一種描述行為和環境互動的功能關係。自然懲罰對避免危險的行為產生自然減少的學習效果，也對人類的生存有其重要意義。然而後續學者陸續所發展出來的懲罰策略，主要是在實務工作的現場，確實要面對相當多元的具挑戰性的行為。行為分析在初期發展階段強調需要能發展出快速、有效的減少不適當行為的策略，同時也增加個體對環境的適應能力。近年來愈來愈多減少不適當行為的正向行為介入策略蓬勃發展（如區別性增強、非後效增強等），因此實務工作者必須要能與時俱進，不斷更新資訊，才能保障服務對象的受教權與接受有效介入的權利。

也要再次重申，執行懲罰策略前，行為功能評量與正向支持策略都必須要優先使用；如果實務工作者已經嘗試過所有可能的正向策略，盡了最大的努力，但都無法產生行為減緩的效果時，懲罰則可能是唯一及最後的選擇。期待藉此呼籲，能打破一般人對應用行為分析的迷思，誤以為應用行為分析對問題行為都是採負向後效的方式處理；相反的，應用行為分析是十分重視並強調個人的動機狀態，從了解其需求開始，並優先採用正向策略及替代教導的理念，所有的執行策略都是以服務對象的最大福祉為優先考量。

CHAPTER 4

刺激控制

鍾儀潔

本章學習目標

1. 能定義何謂刺激控制，並舉出一個生活上的實例。
2. 能說明區辨刺激與干擾刺激的異同，並各舉出一個生活上的實例。
3. 能解釋概念形成的過程，並舉出一個生活上的實例。
4. 能定義刺激等同，並舉出一個生活上的實例。
5. 能說明刺激提示為何，並舉出一個實例。
6. 能說出反應提示的類型，並各舉出一個生活上的實例。
7. 能解釋刺激控制轉移的過程，並舉出兩個生活上的實例。

第一節　緒論

刺激控制（stimulus control）在我們的生活中無所不在，當我們進到圖書館，知道要保持安靜；看到「內有惡犬」警告標誌，知道不要靠近；我們會「見機行事」，能「入境隨俗」，知道要「趨吉避凶」，了解「識時務者為俊傑」的重要，更懂得「見人說人話」的道理，這些社會化的過程，都和刺激控制息息相關。

第二節　刺激控制

一、刺激控制的內涵

刺激控制可以用三期後效關聯來解釋，在本書的第二章曾說明，所謂三期後效關聯，是指前事（或稱為立即前事）、行為和後果間的關聯，（立即）前事是指一個出現在行為之前的刺激或事件，當個體接受到這個刺激（或遇到這個事件）時，個體在當下會有相當大的把握：如果他此時表現出某種行為，就非常有可能會出現他所想要的後果。

有很多行為和刺激控制有關，個體因為之前的經驗（後果）而學習到，在某個前事下，應該表現某種行為，例如：在日本，屋子的門口通常會有一小處玄關，讓欲入內的人可以將脫下來的鞋放置在外，如果有一次，你到日本友人家，很有禮貌的脫鞋，並得到友人家長的讚美（經驗或後果），之後你再到友人家中，見到屋子門口前的那一處玄關（立即前事），如果脫鞋的可能性有提高（未來行為的發生率），就表示脫鞋的行為受到那一小塊玄關的控制。

由上可知，如果一個行為在某個立即前事出現的情況下，比該立即前事（又稱前事刺激）沒有出現的情況下，還常產生增強，就可以說這個立即前事已取得對該行為的控制（Cooper, Heron, & Heward, 2007）；上述的「某個立即前事出現的情況」亦可稱為區辨刺激（discriminative stimulus，簡稱 S^D），而「立即前事沒有出現的情況」亦可稱為干擾刺激（stimulus delta，簡稱 S^Δ）。表 4-1 提供更多區辨刺激與干擾刺激的例子。

表 4-1 區辨刺激與干擾刺激的例子

立即前事		行為	後果
區辨刺激（S^D）	閩南人	說臺語	好溝通
干擾刺激（S^Δ）	外省人		
區辨刺激（S^D）	運動場	運動服裝	方便動作
干擾刺激（S^Δ）	會議室		
區辨刺激（S^D）	祖父母	要求買想要的東西	可以如願
干擾刺激（S^Δ）	父母		

由表 4-1 可知，說臺語的行為，在遇到閩南人的情況下（S^D），會比遇到外省人的情況下（S^Δ），更容易得到溝通的目的（增強）；在運動場（S^D）會比在會議室（S^Δ），更能引發穿運動服裝的行為，因為比較能活動自如（增強）；小朋友在爺爺奶奶（或外公外婆）面前（S^D），總是比在父母（S^Δ）面前來得任性，因為通常小小的堅持都能有求必應（增強）。

二、區辨刺激、制約刺激與動機操作

值得注意的是，區辨刺激很容易和另外兩個概念混淆，一個是制約刺激，另一個是動機操作。區辨刺激、制約刺激與動機操作有相同和不同之處，了解它們之間的異同，在應用行為分析的領域中非常重要，但在說明這三者的異同之前，我們先來了解「刺激」與「刺激的改變」這兩個名詞。

（一）刺激與刺激的改變

在四期後效關聯中，也就是「動機操作—區辨刺激—行為—後果」關聯中，除了行為之外，動機操作、區辨刺激和後果都可以稱為是一種刺激，更嚴謹的來說，應該稱為「刺激的改變」，不過因為在溝通上較為方便，通常就只以「刺激」稱之。

若就「刺激的改變」的時間順序而言，「動機操作」發生得最早，是一種「暫時性」之環境刺激的改變，例如：突然下起雨來。「區辨刺激」發生的時間點在動機操作之後，也是一種環境刺激的改變，區辨刺激提示個體行為將會被增強的可能性，又稱為增強的「可及性」（availability of reinforcement），例如：找到有騎樓處可以躲雨；行為自然是趕快到騎樓下去躲雨；而後果發生在行為之後，也是一種環境刺激的改變，這個改變使個體從淋雨到不用再淋雨。

（二）區辨刺激、制約刺激與動機操作三者間的異同

由上述的說明，可以了解區辨刺激和動機操作間一些相似與不同之處，但應用行為分析的初學者，可能還會將區辨刺激與制約刺激混為一談，以下就先用表 4-2 來整理這三者間的異同。

表 4-2　區辨刺激、制約刺激與動機操作的異同

項目	區辨刺激	制約刺激	動機操作
刺激類型	前事刺激		
別稱	立即前事		遙遠前事
縮寫	S^D（discriminative stimulus）	CS（conditioned stimulus）	MO（motivating operation）
發生時間	在行為之前	在行為之前	在區辨刺激之前（最早，也離行為最遠）
影響的行為類型	操作型行為，意即透過經驗後果學習而來的行為	反應型行為，意即與生俱有的行為	可能影響反應型或操作型行為
後效關聯	屬於三期後效關聯	「不」屬於後效關聯，是刺激—反應的反射	屬於四期後效關聯
影響增強的方式	影響增強的可及性	與增強後果無關	影響增強物的價值

1. 別稱與縮寫

由表 4-2 的整理可知，區辨刺激（S^D）、制約刺激（CS）與動機操作（MO），因為都是發生在行為之前的刺激，故都可稱為前事，或是前事刺激。

2. 發生時間

但就時間發生的順序而言，在第二章曾提過，因為動機操作發生在區辨刺激之前，亦有些出版的書籍稱之為遙遠前事，不過在專業間的溝通上，動機操作還是一個比較精準的用語。而區辨刺激因為發生的時間點最接近行為，因此有些出版的書籍又以立即前事稱之。至於制約刺激，在目前出版的書籍中，並沒有出現特定的別稱。

3. 影響的行為類型

在所影響的行為類型上，區辨刺激受制於增強的經驗，換句話說，區辨刺激取得對行為的控制，是基於個體的增強史（或稱為增強的歷史），例如：某特教系的大學生，在上應用行為分析該門課時，舉手回答該門授課教師（區辨刺激）的問題，得到授課老師加分的後果（增強的歷史），之後在應用行為分析課堂中，該大學生在這位老師問問題時，舉手回答的行為發生率有提高，這位應用行為分析的授課老師（原本中性的刺激），相對於其他不太會加分的老師（干擾刺激，S^Δ），就取得對該大學生舉手回答之行為的控制，成為一個區辨刺激（S^D）。因此區辨刺激所影響的行為，是個體透過經驗（增強的歷史）學習而來的行為，此行為又可稱為操作型行為。

至於制約刺激，其所誘發的是與生俱有的、屬於反射性的行為，又稱為反應型行為，例如：有沙子進入眼睛會不自主的流淚、寒冷的時候會發抖、炎熱的時候會冒汗、有巨大聲響時會摀著耳朵、有強光時會避開視線、踩到異物時腳會本能性的縮回等。

在 Pavlov 古典制約的研究中，本來食物（非制約刺激），是誘發狗流口水的行為的前事，但之後單單只有鈴聲（制約刺激，CS），就足以誘發狗流口水的行為，這種「刺激—反應」間的關係，與個體增強的歷史無關。制約刺激也沒有一定的形式，重點在，一個本來中性的刺激（在此實驗中是鈴聲）和非制約刺激配對出現，直到該中性刺激，能單獨誘發流口水的反應型行為，此中性刺激就能成為一個制約刺激。

再舉一個生活上的例子，人們通常到了視野遼闊並有微風吹拂之處（非制約刺激），自然會感到心曠神怡（反應型行為），有些建築常能營造視野遼闊之感，久而久之，這些建築會從本來一個中性的刺激，成為一個能誘發心曠神怡的制約刺激，因為這些建築常與開放式的視覺空間配對出現，之後單單只要想到或看到這類的建築（CS），就會感到心曠神怡（反應型行為）。

當然，這種刺激—反應間的關係，也能解釋個體一些莫名的恐懼和害怕。以震驚各界的八仙水上樂園彩色派對事件為例，人在遇到爆炸所產生的高溫及巨大的聲響（非制約刺激）時，自然較會心生恐懼並本能性的逃開（反應型行為），事件中的彩色粉末（粉塵）原本是中性的刺激，但在此意外事件中，不斷與接連的爆炸及巨大的聲響配對出現，漸漸就成為這些人心生恐懼（反應型行為）的制約刺激（CS）；也就是說，之後只有彩色的粉末，不需有爆炸的巨大聲響，就足以讓這些人心生恐懼或本能性的逃開。

最後，就動機操作（MO）而言，目前出版的書籍中僅說明它對操作型行為的影響，因為文獻對動機操作的界定在它會產生兩種影響：一是它會影響增強物（處罰物）當下的價值，二是它會影響受制於 S^D 之行為當下的發生率；但筆者認為，動機操作也可能會影響反應型行為。就以上述的彩色派對事件為例，即便心生恐懼的人都知道要跑開，但突然看見比自己更危急且急需幫忙的人在你面前求助（MO），就算因粉塵或爆炸的巨大聲響而心生恐懼想立刻脫身（反應型行為）的人，也會停下來對傷者伸出援手。

4. 後效關聯

區辨刺激是A-B-C（前事—行為—後果）關聯中的A，屬於三期後效關聯；動機操作是 MO-A-B-C（動機操作—前事—行為—後果）關聯中的MO，屬於四期後效關聯；而制約刺激因為與個體的歷史經驗無關，故不屬於任何一種後效關聯。

5. 影響增強的方式

區辨刺激影響的是增強的可及性，換句話說，區辨刺激提供個體一個訊息：增強目前可取得的可能性很高，只要個體表現出之前受制於該區辨刺激的行為，就非常有可能取得增強。延續之前上課加分的例子，會對學生舉手回答問題加分之授課老師（區辨刺激）在問問題時，提供學生（個體）一個訊息：加分（增強）目前可取得的可能性很高，只要學生表現出回答問題的行為（受制於該區辨刺激的行為），就非常有可能取得加分（增強）的機會。

至於動機操作的出現，它影響增強的方式，是透過直接影響增強物的價值，間接影響受制於區辨刺激之行為的發生率，例如：看到有手搖飲料店（區辨刺激），常會去買（行為）一杯冰涼的飲料（增強物），就能好好的享受（增強）一下。但如果早上剛喝了兩大杯水、今天很冷或肚子不舒服（動機操作中的消除操作，AO），冰涼飲料的增強價值就會降低，也就是說，增強物在此時此刻的增強效果，受到動機操作中的消除操作（AO）的影響而變得不再那麼強，因此買飲料行為的發生率自然降低；相對的，如果很久沒有喝喜愛的冰涼手搖飲料，或是天氣又熱到讓人覺得很渴（動機操作中的建立操作，EO），冰涼飲料的增強價值就會提高，也就是說增強物在此時此刻的增強效果，受到動機操作中的建立操作（EO）的影響，而變得更為增強，因此買飲料行為的發生率自然提高許多。

最後，制約刺激因為與個體的歷史經驗無關，亦不屬於任何一種後效關聯，故也不影響增強。

第三節　刺激區辨與刺激類化

「不同」的刺激，引發「不同」的反應，即是所謂的刺激區辨（stimulus discrimination）；而「相似」的刺激，引發「相同」的反應，則是刺激類化（stimulus generalization）的結果。

中國有句成語：「指鹿為馬」，或許可以用來說明刺激區辨、刺激類化

（含一般刺激類化及過度刺激類化），當然，這個成語本在比喻公然歪曲事實及顛倒是非，但請讀者先依照其字面上的意思來看待。

所謂刺激區辨是指：「不同」的刺激，引發「不同」的反應。對於不會指鹿為馬的個體而言，鹿與馬是不同的刺激，所以個體在鹿與馬出現時有不同的反應，在鹿出現時（刺激），會指鹿為鹿（反應），在馬出現時（刺激），能指馬為馬（反應），就表示個體能區辨鹿與馬為不同的刺激，因此做出不同的反應；換句話說，個體具備刺激區辨馬與鹿的能力。

所謂刺激類化是指：「相似」的刺激，引發「相同」的反應。然而刺激類化其實有程度上的區別，也因此可分成：一般刺激類化，以及過度刺激類化。若相似度極高的各種刺激，引發相同的行為，是一般刺激類化；但相似度不高的各種刺激，卻引發相同的反應，就是一種過度刺激類化的現象。通常，我們期望的是一般刺激類化，如果有過度刺激類化的現象，那就表示個體還需要額外的教導。

我們期望個體有一般性的刺激類化能力，因為我們期望相似度極高的刺激能引發個體「相同」的反應。就鹿而言，不論是馴鹿、白尾鹿、騾鹿、加拿大馬鹿、麋鹿、駝鹿、紅鹿、梅花鹿、小鹿、大鹿、公鹿、母鹿、照片中的鹿，或是圖畫中化成卡通造型的鹿，都是鹿，都能引發個體相同的反應，意即指著鹿說：「鹿」；以馬而言，不論是哪種品種、型態、大小、性別或體色的馬，都是馬，都能引發個體相同的反應，意即指著馬說：「馬」，若個體能在相似度極高的刺激下，有相同的反應，就表示個體有一般刺激類化的能力。

至於過度類化的情況，則出現在指鹿為馬的個體。很顯然，個體是混淆了「鹿」與「馬」的概念，將相似度不高的刺激視為相同，因此不論出現的是鹿還是馬，反應都是指著說：「馬」，做出的是相同的反應，這種現象就是過度類化的情況。雖然在一般成人的眼裡，通常不會認為鹿與馬相似，然而對於只有學過馬這個概念的幼童，不論是鹿與馬，對其而言都是馬，這也就是我們所不期望之過度類化的現象。上述例子整理如表 4-3。

以下針對刺激區辨與刺激類化做更詳盡的說明。

表 4-3 刺激區辨與刺激類化的內涵及實例

	刺激控制程度	次類別	定義	刺激	行為
刺激區辨	高	無	不同的刺激，引發「不同」的反應	鹿與馬為不同的刺激	能指鹿說：「鹿」；指馬說：「馬」
刺激類化	低	一般	相似度極高的刺激，引發相同的反應	大馬、小馬、黑馬、白馬都是相似度極高的刺激	指著這些不同型態的馬，都能說：「馬」
		過度	相似度不高的刺激，卻引發相同的反應	視鹿為與馬相似的刺激	不論是指鹿或指馬，都說：「馬」

一、刺激區辨

在描述「刺激區辨」之前，要先了解這個名詞和「區辨刺激」不同但是關係密切，很多應用行為分析的初學者，會將這兩個名詞混為一談。區辨刺激（S^D）是我們稍早提到的概念，它提示個體增強的可及性；而我們要介紹的刺激區辨，是指個體能針對「不同」的刺激（例如：鹿與馬為不同的刺激），做出「不同」的反應的過程。此過程，也可以定義為：個體對 S^D 與 S^Δ 這兩種不同的刺激，做出不同的反應，因此刺激區辨代表著較「高」程度的刺激控制（Cooper et al., 2007）。

如果將刺激區辨定義為：個體對 S^D 與 S^Δ 這兩種不同的刺激，做出不同的反應，以前述的例子來分析，針對能說出「馬」這個行為的 S^D 就是馬的出現，而 S^Δ 就是馬沒有出現的情況，意即出現鹿或者也可能是其他事物的出現。

二、刺激類化

在描述「刺激類化」之前，要先了解「類化」（generalization）這個名詞，再者需了解「刺激類化」和「反應類化」（response generalization）的異同。類化是指：個體在非教導（或極少量的教導）及非增強的情況下，還能表現出：(1)已受過教導的行為；或(2)與原習得行為之功能相同的新行為（Stokes & Baer, 1977）。這個概念很基本也很重要，早期有些研究因為沒有很精準的考量這個定義，有時會在探討類化的現象時，還提供反應增強。

再者，關於「刺激類化」和「反應類化」的異同，有些坊間出版的書籍將刺激類化視為類化之行為改變的形式之一，但 Stokes 與 Baer（1977）以及 Guttman 與 Kalish（1956）認為，刺激類化不是類化之行為改變的形式之一，類化之行為改變的形式，僅包括三個方面：維持（maintenance）、情境類化（setting/situation generalization）、反應類化；而筆者則認為，對應用行為分析的初學者而言，只要以它們最基本的定義，來區分它們的異同會比較明確。刺激類化與反應類化的共同點之一，正如 Williams 與 Williams（2010）提到的：刺激類化和反應類化能使教學者不需在所有可能的情境中，一一教導個體所有應表現之反應，個體便能自行表現出來。不同之處若就最基本定義來說明，刺激類化指的是：個體對相似的刺激，做出相同的反應；而反應類化則是指：個體發展出具有和原目標行為相同功能的新行為。

最後，回到刺激類化本身，所謂刺激類化是指：個體能針對「相似」的刺激，做出相同的反應，在此定義下，通常有兩種可能，第一，個體有可能將相似度極高的各種 S^D（例如：大馬、小馬、黑馬、白馬都是相似度極高的刺激）視為是相似的刺激，因此做出相同的反應；當然，第二，個體亦有可能將 S^D 與 S^Δ 這兩種不同的刺激（如鹿與馬），視為是相似的刺激，因此做出相同的反應。由上可知，刺激類化代表著較「低」程度的刺激控制（Cooper et al., 2007）。

第四節　發展刺激控制

發展刺激控制的方式很多，通常包括：刺激區辨訓練、概念形成的教導、提示的運用，以下將一一說明。

一、刺激區辨訓練

刺激區辨訓練（stimulus discrimination training）主要是透過「區別性增強」來達成，其概念在本書第七章會有更詳盡的說明，在此僅針對刺激區辨訓練所運用方式進行說明。在刺激區辨訓練中，區別性增強包括兩個部分：(1)在 S^D 出現的情況下，教學者給予目標行為（或反應）數量較多或品質較佳的增強；(2)在 S^Δ 出現的情況下，教學者給予目標行為（或反應）數量較少或品質較低的增強（Cooper et al., 2007）。

在此利用表 4-4 來說明兩個教學上的實例——透過區別性增強達成刺激區辨訓練的方式。

表 4-4　透過區別性增強達成刺激區辨訓練的實例

<table>
<tr><th>前事</th><th>目標行為</th><th>後果</th></tr>
<tr><td>S^D：
老師詢問「有沒有問題」時</td><td rowspan="2">上課發問</td><td>數量較多或品質較佳的增強：
1. 老師請學生發問外，口頭鼓勵發問的行為
2. 老師口頭鼓勵發問的行為外，給予代幣</td></tr>
<tr><td>S^Δ：
1. 老師還在講課
2. 老師正在回應其他同學的問題</td><td>1. 老師請學生在老師詢問「有沒有問題」時提問
2. 老師請學生等老師回應完其他同學的問題，並叫到其名字時再發問</td></tr>
<tr><td>S^D：
1. 貼有自己姓名的物品
2.取得他人同意</td><td rowspan="2">1. 在未取得他人同意時，只拿屬於自己的東西
2. 在取得他人同意時，可使用借來的物品，並在指定時間內歸還</td><td>1. 老師口頭鼓勵學生在未取得他人同意時，只拿屬於自己的東西
2. 若學生能在取得他人同意時，使用借來的物品，並在指定時間內歸還，老師請全班給他一個愛的鼓勵</td></tr>
<tr><td>S^Δ：
1. 未貼有自己姓名的物品
2. 未取得他人同意</td><td>學生在未取得他人同意時，拿了未貼有自己姓名的物品，老師請他馬上歸還</td></tr>
</table>

第一個例子是假設學生能分辨 S^D（老師詢問「有沒有問題」時）與 S^Δ（老師還在講課或老師正在回應其他同學的問題）的不同，但對於較年幼或認知能力較有限的個體，可能就要透過較明確的事物來輔助教學。Cammilleri、Tiger 與 Hanley（2008）曾訓練三位私立小學中三個班級的老師，運用兩種顏色的花圈，來控制學生問問題的時機。S^D 是老師戴著綠色的花圈，而 S^Δ 是老師戴著紅色的花圈，老師會告訴學生如果老師戴著綠色的花圈時，表示老師目前可以回答學生的問題，但如果戴著紅色的花圈，則無法回答學生的問題，結果三個班級的學生都能成功的區辨何時是問問題的好時機。

二、概念的形成

概念形成（Cooper et al., 2007）涉及刺激群組「間」的刺激區辨，與刺激群組「內」的刺激類化，刺激群組〔stimulus class，或稱為前事刺激群組（antecedent stimulus class）〕是一群享有共同關係的刺激；若以概念發展的方式來分，又可分為特徵刺激群組（feature stimulus class）和非特定刺激群組（arbitrary stimulus class）。特徵刺激群組和非特定刺激群組至少有三點不同之處（如表 4-5 所示）：(1)前者是一群享有共同的物理特徵或外觀形式的刺激，後者是一群「不」享有共同的物理特徵或外觀形式的刺激；(2)前者相當依賴個體刺激類化的能力，刺激類化並非後者所強調的特性；(3)前者通常使用區別性增強來達成，而後者則是透過刺激等同來發展，刺激等同將在本章第五節有詳細的說明。

表 4-5　特徵刺激群組和非特定刺激群組的比較

	特徵刺激群組	非特定刺激群組
定義	享有共同的物理特徵的刺激群組	不享有共同的物理特徵的刺激群組
刺激類化的角色	很重視	非特性之一
使用的教學方式	區別性增強	刺激等同

在此分別以圖 4-1 和圖 4-2 來代表特徵刺激群組和非特定刺激群組的內涵。如圖 4-1，個體要具備「車」和「鞋」的概念，除要能區辨「車」和「鞋」的不同（刺激區辨）之外，也要能了解「車」的各種物理特徵和「鞋」的各種物理特徵（刺激類化）。車和鞋最大的不同應該在輪子（刺激區辨）的有無，而個體為何知道不論何種車（汽車、卡車、公車）都是車，不論何種鞋（雨鞋、涼鞋、高跟鞋）都是鞋，就是刺激類化的結果。因為不同樣式的車分享屬於「車」的各種物理特徵（例如：四個輪子、有車窗、有排氣孔、有車牌等）；而不同樣式的鞋亦分享屬於「鞋」的各種物理特徵（例如：船型、有鞋底、上方有開口等）。

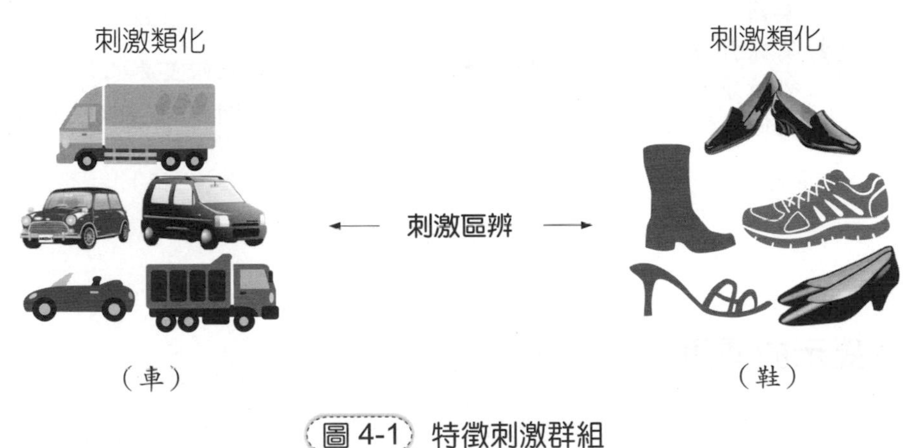

圖 4-1 特徵刺激群組

就圖 4-2 而言，在圖的上半部，個體要具備「交通工具」和「文具」的概念，除要能區辨「交通工具」和「文具」的不同（刺激區辨）之外，也要能了解各式各樣的運輸工具都是「交通工具」，以及各式各樣的文書處理的用品都是「文具」。在圖的下半部，個體要具備「牛頓」和「海頓」的概念，除要能區辨「牛頓」和「海頓」的不同（刺激區辨）之外，也要能了解各式各樣與「牛頓」有關的事物，以及各式各樣與「海頓」有關的事物。

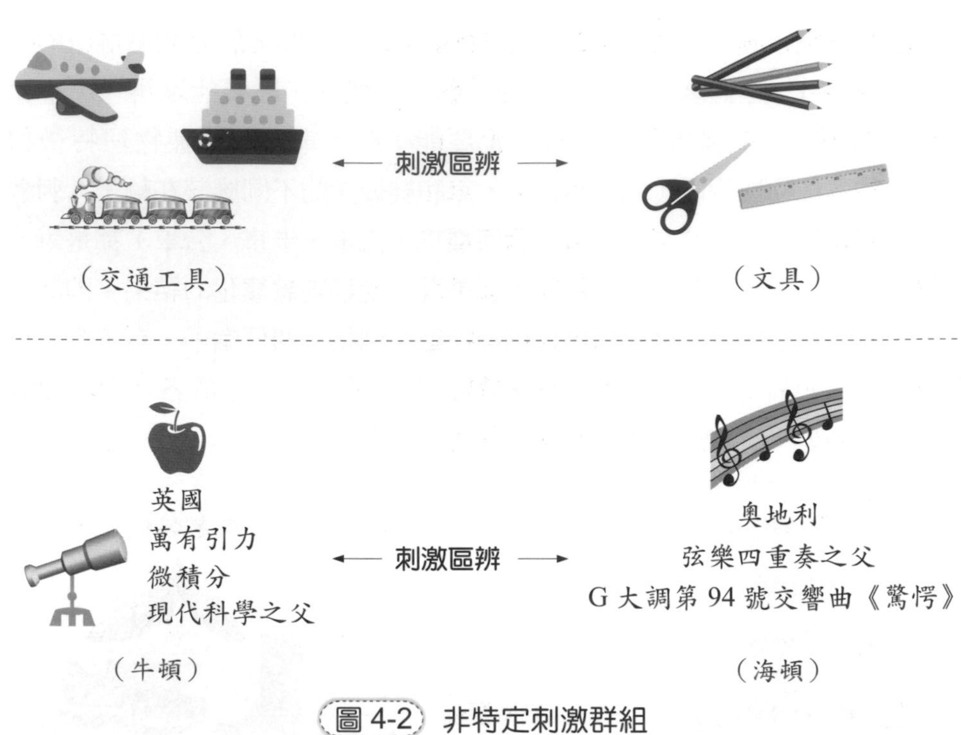

圖 4-2 非特定刺激群組

三、提示的運用

除了刺激區辨訓練以及概念形成的教導，提示的運用也是發展刺激控制常見且實用的方式之一；提示通常可分成刺激提示與反應提示，它們的共同點至少有二：第一，它們都屬於輔助的（supplementary，或譯為附屬的）前事刺激（Cooper et al., 2007）；換句話說，它們都扮演輔助性質的角色。行為若因為種種因素而無法受制於自然線索，刺激提示和反應提示就能先訓練行為，使其能受制於事先設計好的提示，之後再經由「刺激控制轉移」的方式，讓行為能受制於自然線索，刺激控制轉移會在本章的第六節再進行更詳盡的描述。刺激提示和反應提示的第二個共同點在於：它們的形式多元，且同一種形式（如口語提示、視覺提示、手勢提示等）可能同時是刺激提示，也是反應提示。目前坊間出版的書籍，大多會說明刺激提示和反應提示之常見形式，但很容易使讀者混淆，因為有可能在某本書籍中手勢提示是刺激提示，在另一本書又歸類為反應提示；其實，要判斷是刺激提示還是反應提示，不在於它的形式，而是它們最基本的定義。在此先用表 4-6 大致整理一下刺激提示和反應提示的異同，再分別就它們的定義和可能的類型做進一步的描述。

表 4-6 刺激提示和反應提示的異同

	刺激提示	反應提示
刺激類型	皆屬於輔助的前事刺激	
形式	形式多元	
定義	作用於前事刺激的提示，通常透過調整前事刺激呈現的方式來進行	作用於反應的提示，並不改變前事刺激的呈現方式
常見的形式	動作、位置、重複	口語、手勢、視覺、示範、肢體

（一）刺激提示

刺激提示（stimulus prompts）是作用於前事刺激的提示，主要是透過調整 S^D 和 S^Δ 的呈現方式來達成；常用的有動作（movement）提示、位置（position）提示，以及重複（redundancy）前事刺激（Cooper et al., 2007）。舉例來說，桌上有兩張字卡，分別印有「待」與「持」兩個字，老師問：「哪一個字是待人處事的待？」目標行為是學生選擇「待」的字卡，於是老師在問的同時就快速的用食指在「待」的字卡上點兩下，或直接指著「待」的字卡，引發學生選擇正確的字卡行為。

位置提示是將正確的刺激放在靠近個體的地方，自然比較容易引發個體正確的反應，以上述選字卡的教學為例，「待」的字卡離學生比較近，老師問：「哪一個字是待人處事的待？」時，學生比較容易指出正確的字。

重複前事刺激（Bellovin, 2011; Hersen et al., 2005）是透過將刺激誇大或加入額外刺激向度的方式來達成，若再以上述選字卡的教學為例，可以將「待」字放大、加粗，甚至改成有顏色的字，使刺激本身更能引發正確的行為。重複前事刺激的方式，也有一個頗具代表性的例子，即觸覺式數學（Innovative Learning Concepts Inc., 2012）。觸覺式數學方案是一位名為 J. Bullock 的小學老師在 1975 年發展出來的，它是一種多重感官的教學法，雖然它的成效還有爭議，但在 Aydemir（2015）回顧 27 篇相關的文獻後發現，觸覺式數學如不到實證本位的等級，至少也有可能是具有前瞻性的教學法。

雖然文獻並未說明它有運用到重複前事刺激的提示法，但筆者認為，它可以歸類為重複前事刺激的提示法。觸覺式數學主要是用點數的方式來了解數的概念，只要有點數的能力，學生也能進行四則運算，因為要能點數，所以在阿拉伯數字上方要畫出額外的點（額外刺激），在觸覺式數學中阿拉伯數字 1 加入一個點，點在 1 的最頂端；阿拉伯數字 2 有兩個外加的點，加在寫 2 這個字時之筆順的開始和結束的地方，之後阿拉伯數字 3、4、5，就是分別外加三、四、五個點，這些數字分別都各自固定加點的位置；因為太多的點非常擁擠，所以從阿拉伯數字 6 到 9，會用點外加一圈的方式代表要點數兩次。要了解阿拉伯數字 1 到 9 點出現的位置，可參考以下網址：https://reurl.cc/R6rAMZ。當然，之後這些點會漸漸褪除，刺激褪除的方式會在本章的第六節有更詳盡的說明。

另一個很生活化的刺激提示方式，是明志科技大學視覺傳達設計研究所賴冠傑先生所設計的「箭頭斑馬線」（如圖 4-3 所示，其設計構想在 2010 年完成）。這個設計理念來自於，他發現傳統的斑馬線都是無方向性的「枕木紋」，若同時有很多行人在上方行走時，因為沒有視覺的提示，大家總是要互相閃躲、穿越縫隙，甚至走到斑馬線外，如果斑馬線有方向性就可以將人潮分流。在此例子中，有方向性的箭頭斑馬線，就是一種刺激提示，能提示行人分兩邊行走的行為。

（二）反應提示

反應提示（response prompts）是在不改變前事刺激的呈現方式下，作用於反應的提示，提示是針對目標行為，常用的有五種（Meadan, Ostrosky, Santos, & Snodgrass, 2013），如表 4-7 所示。表中的定義部分是修改自 Me-

圖 4-3 箭頭斑馬線

資料來源：賴冠傑先生授權

adan 等人（2013, p. 34 table 2），但在例子的部分，筆者會用同一個例子（將三輪車停在停車格內）來說明，並會注意它與刺激提示不同之處，期能避免讀者對反應提示與刺激提示的概念產生混淆。

由上所述，讀者應該可以很清楚的看出刺激提示和反應提示在定義上的不同之處。除了在定義上的不同，刺激提示和反應提示在常見的提示形式上也有不同，但讀者應該不難發現，在刺激提示中的動作提示，和反應提示中的手勢提示非常相似，前者是用手指著字卡，後者是手指著前方停車格，要分辨這兩者的不同，正如之前強調的，要看前事刺激是否有所調整與改變。在刺激提示的例子中，兩張圖卡的呈現加上教師的手同時指著正確的答案，在刺激的呈現上已有調整，因此為刺激提示，由於目標行為是學生能「選」出「待」的字卡即可，不論學生是用碰觸字卡、拿起字卡、用手指字卡都能接受。在反應提示的例子中，本來的前事刺激是前方以白線劃好的停車格，老師的手指著停車格的方向，針對學生要走的方向進行反應提示，並沒有將停車格的呈現方式改變，因此比較傾向反應提示。這樣的區分有時還是有其模糊的地帶，因此 Cooper 等人（2007）僅將反應提示分成三種：口語、示範和肢體。

表 4-7 五種反應提示的形式

形式	次類別	定義	自然線索（S^D）	目標行為	例子
口語	直接口語提示	直接告知學生應表現出的目標行為為何	以白線劃好的停車格	牽著三輪車走向停車格，並將三輪車停在停車格內	老師看到學生想要將騎完的三輪車歸還，但不知要放在哪裡，老師會說：「請放在前面的停車格內。」
	間接口語提示	間接提示學生應表現出的目標行為為何			老師看到學生想要將騎完的三輪車歸還，但不知要放在哪裡，老師會說：「你要還車，但不知要放哪裡是嗎？」
手勢／非口語		用手勢的方式提示目標行為			老師看到學生想要將騎完的三輪車歸還，但不知要往哪裡走，老師便指向前方的停車格
視覺		以實物、圖片或符號來提示			老師看到學生想要將騎完的三輪車歸還，但不知要放在哪裡，老師拿一張照片給學生看，這張照片是一臺已停好在停車格內的三輪車
示範	完全示範	教學者示範達成目標行為的整個過程			老師看到學生想要將騎完的三輪車歸還，但不知要往哪裡走、放哪裡，老師接過三輪車，並示範如何將三輪車停入停車格
	部分示範	教學者示範達成目標行為的部分過程			老師看到學生想要將騎完的三輪車歸還，但不知要往哪裡走、放哪裡，老師接過三輪車，但只將三輪車牽到停車格旁邊，之後讓學生自行將車子放好

表 4-7 五種反應提示的形式（續）

形式	次類別	定義	自然線索（S^D）	目標行為	例子
肢體	完全肢體提示	教學者輕輕抓著學生的手完成整個過程			老師看到學生想要將騎完的三輪車歸還，但不知要往哪裡走、放哪裡，老師輕輕抓著學生的雙手，兩個人一起將三輪車牽到停放的位置（停車格內）停好
	部分肢體提示	教學者只接觸學生身體的一部分，來幫忙學生完成整個過程			老師看到學生想要將騎完的三輪車歸還，但不知要往哪裡走、放哪裡，老師輕輕扶著學生的手肘，引導學生將車停好

資料來源：定義部分修改自 Meadan 等人（2013, p. 34）

第五節　刺激等同與等同本位的教學

刺激等同（stimulus equivalence）指的是，在增強某些刺激—刺激關聯後，對未經訓練和增強的「刺激—刺激關聯」，出現正確的反應；應用行為分析師，用測試「刺激—刺激關聯」間的：反射（reflexivity）、對稱（symmetry）和轉移（transitivity）的方法，來定義刺激等同；而用「與樣本配對」（match-to-sample）來發展和測試刺激等同。以下分別介紹刺激等同的定義和與樣本配對的實施過程（Cooper et al., 2007）。

一、刺激等同的定義

在此就用圖 4-4 配合表 4-8 來解釋反射、對稱和轉移。先看圖 4-4 正上方臺灣的圖以 A 表示，左下方「臺灣」的國字以 B 表示，右下方臺灣的注音符號以 C 表示，則反射、對稱和轉移的定義就整理成表 4-8。

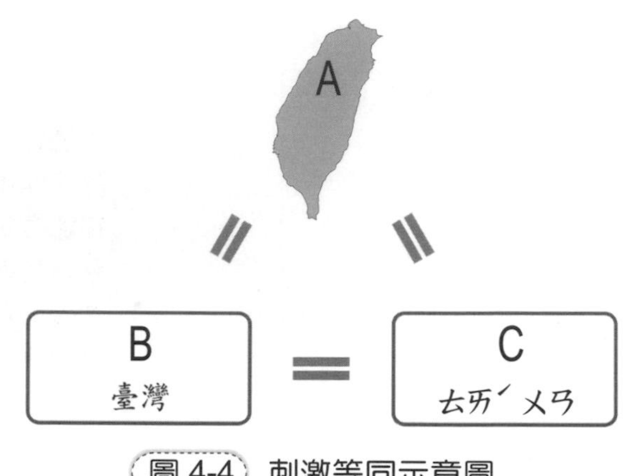

圖 4-4 刺激等同示意圖

表 4-8 反射、對稱和轉移的定義

	定義	代碼關係舉例
反射	在沒有訓練和增強下，一反應選取一個和自己相同的刺激，則表示有反射發生	學生在沒有訓練和增強下，獨立選取 A=A、B=B 和 C=C
對稱	對稱發生的情況，是在樣本刺激和比對刺激具有可逆性時	1. 老師教了 A=B，學生在沒有訓練和增強下，自然衍生出 B=A 的關聯 2. 老師教了 B=C，學生在沒有訓練和增強下，自然衍生出 C=B 的關聯 3. 老師教了 C=A，學生自然衍生出 A=C
轉移	轉移是刺激等同測試中，最後也最關鍵的測試，它是衍生出來的（即未經訓練的）刺激一刺激關聯（如 A＝C，C＝A），是訓練其他兩個刺激一刺激關聯（如A＝B和B＝C）的產物	老師教了 A=B 和 B=C，學生在沒有訓練和增強下，自然衍生出 A=C 和 C=A 的關聯

請注意圖中的每個等式，這裡的每個等號都是有方向性的，在等號的左邊代表的是：樣本刺激（sample stimulus），而等號的右邊表示：比對刺激（comparison stimulus），因此可以用「樣本刺激＝比對刺激中的區辨刺激，

而非其他比對刺激」，或簡化為「樣本刺激＝區辨刺激，而非其他比對刺激」來表示。值得注意的是，樣本刺激通常是個單數名詞，也就是說樣本刺激通常只有一個，而比對刺激則是個複數名詞，比對刺激通常包括一個區辨刺激（S^D）與數個干擾刺激（S^Δ），當要用「與樣本配對」來發展「樣本刺激＝區辨刺激，而非其他比對刺激」這個概念時，若將這個等式文字化，則可描述成一個問句：樣本刺激和比對刺激中的哪一個刺激可以用「樣本刺激＝比對刺激」來表示？換句話說，以 X ＝ Y 而言，X 是樣本刺激，而 Y 是比對刺激，當要用「與樣本配對」來發展 X ＝ Y 這個概念時，學生要能回答「X這個樣本刺激和比對刺激Y中的哪一個刺激可以劃上等號（意即有等同關係）」這個問題。

由於比對刺激通常不會只有一個，常見的情況是三個以上，但為了簡化說明，除了在解釋「反射」時，筆者會用三個比對刺激來舉例外，在描述「對稱」（圖 4-6）和「轉移」（圖 4-7）的意義時，則會假設比對刺激是兩個的情況下來進行說明。

此處將用圖 4-5、圖 4-6 和圖 4-7 分別來解釋反射、對稱和轉移的意義。圖 4-5 呈現反射的其中一個例子，即 A＝A，也就是臺灣的「圖」＝臺灣的

圖 4-5 反射的其中一個例子（A=A）

比對刺激
臺灣 美國
樣本刺激
比對刺激
臺灣
樣本刺激

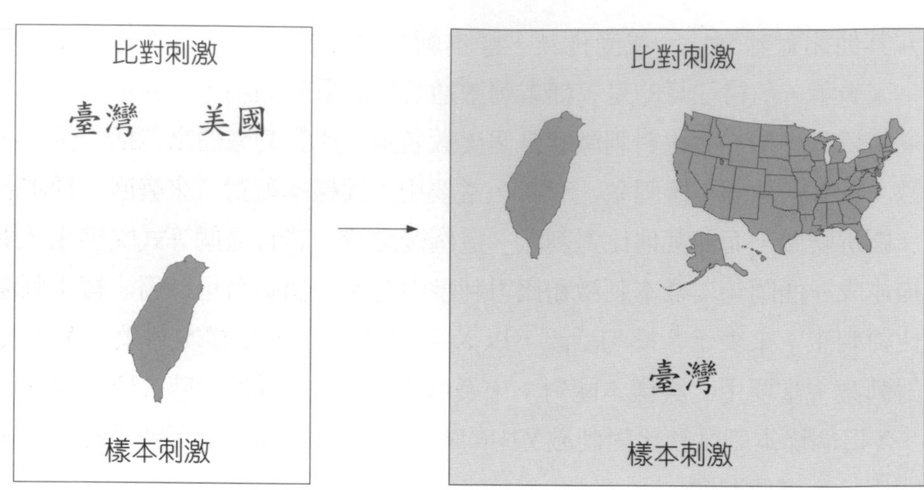

圖 4-6 對稱的其中一個例子（若 A=B，則 B=A）

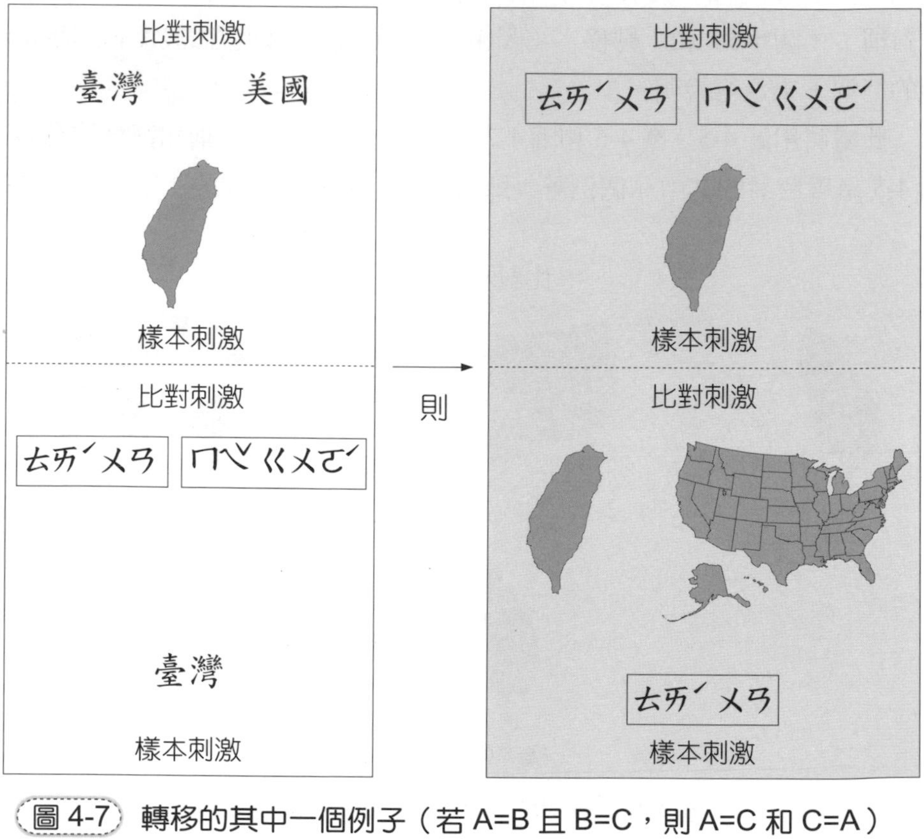

比對刺激
臺灣 美國
樣本刺激
比對刺激
ㄊㄞˊ ㄨㄢ
ㄇㄟˇ ㄍㄨㄛˊ
臺灣
樣本刺激
則
比對刺激
ㄊㄞˊ ㄨㄢ
ㄇㄟˇ ㄍㄨㄛˊ
樣本刺激
比對刺激
ㄊㄞˊ ㄨㄢ
樣本刺激

圖 4-7 轉移的其中一個例子（若 A=B 且 B=C，則 A=C 和 C=A）

「圖」，換句話說，學生要能了解：臺灣的「圖」這個樣本刺激，只能和所有比對刺激（臺灣、美國和全球的「圖」）中臺灣的「圖」（區辨刺激，S^D）劃上等號，而不能和美國的圖或全球的圖（其他的比對刺激，干擾刺激，S^Δ）劃上等號。

圖 4-6 表示如果老師教會了 A ＝ B（箭頭的左半部），學生自然會 B ＝ A（箭頭的右半部），也就是老師教會了：臺灣的「圖」＝臺灣的「國字」，而不是美國的「國字」，則學生就會：臺灣的「國字」＝臺灣的「圖」，而不是美國的「圖」。而圖 4-7 表示如果老師教會了 A ＝ B 且 B ＝ C（箭頭的左半部），學生自然會 A ＝ C，以及 C ＝ A（箭頭的右半部），也就是老師教會了：(1)臺灣的「圖」＝臺灣的「國字」而不是美國的「國字」，(2)臺灣的「國字」＝臺灣的「注音」而不是美國的「注音」；那學生自然會：(1) 臺灣的「圖」＝臺灣的「注音」而不是其他的注音，(2) 臺灣的「注音」＝臺灣的「圖」而不是其他的圖。

二、與樣本配對

為了發展和測試刺激等同，可用「與樣本配對」的過程來達成（Cooper et al., 2007），這個過程可分成下列四步驟：(1)等待觀察反應；(2)觀察反應使樣本刺激（或稱為制約樣本）出現；(3)區辨事件（即比對刺激）出現；(4)進行配對以完成整個「與樣本配對」的過程。圖 4-8 說明了這個過程。

三、等同本位的教學

2020 年，素有「應用行為分析聖經」或「白書」之稱的《應用行為分析》（*Applied Behavior Analysis*）（Cooper, Heron, & Heward, 2020）一書更新至第三版，該版新增第十九章及第二十章兩個全新的章節，讓原本共 29 章的第二版，在第三版時，總章節數來到了 31 章，這兩個新增章節的主題分別以「等同本位的教學」（equivalence-based instruction）及「非等同關聯」（nonequivalence relations）學習為論述焦點，且在理論概念上，與模仿、塑造、連鎖等，同歸屬在該著作的第八部分（PART 8）：發展新的行

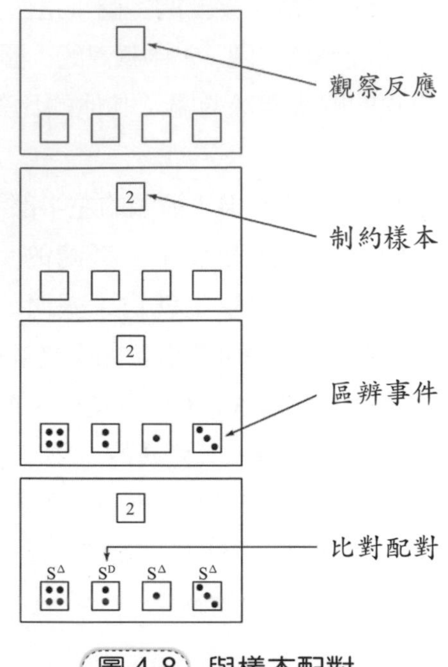

圖 4-8 與樣本配對

資料來源：引自鳳華等人譯（2012，頁 601）

為。換句話說，在本書論及「等同本位的教學」及「非等同關聯」的內容時，如果要深入探討，置於第六章較能符合理論概念的歸類；然而，由於這些概念較為進階，很多專有名詞於本章說明較好理解，加上本書為導論性質，為了能提供應用行為分析研究領域新興趨勢的資訊，又不讓讀者因這些相對艱澀的理論和概念而卻步，本章將在此以簡述基本概念和實例的方式，介紹這些新興的理論和概念。

回顧本節所提到的刺激等同，它的定義是：在增強某些「刺激—刺激關聯」後，對未經訓練和增強的「刺激—刺激關聯」出現正確的反應，因此之前用 A、B、C 來代表三種不同的刺激，並用來說明這三者之間是如何「等同」；但 A、B、C 之間的關聯，除了等同以外，當然也可以「不」等同，因此有「『非』等同關聯」這個專有名詞，這也是《應用行為分析》原著第三版（Cooper et al., 2020）第二十章主要論述的內容；而這些「非等同」可能包括比較（comparison）、相反（opposition），以及單純就只是不同（difference）。

舉例而言，之前等同的例子有三個刺激：臺灣的圖以刺激A表示，「臺灣」的國字以刺激 B 表示，臺灣的注音符號以刺激 C 表示，三者之間可以等同；但是如果 A 換成老師唸出語詞「快」，而 B 換成老師唸出語詞「慢」，而C換成老師唸出語詞「蝸牛」，那麼A、B、C之間還是有關聯，A和B「相反」（非等同之其中一種情況），B和C可以是「等同」，而C和A也是「相反」。

因此在等同的情況下，反射、對稱和轉移三個名詞，於「非等同關聯」中，需用更能包括多種關聯情況的語詞，所以除了反射之外，對稱就由「相互推衍性」（mutual entailment）取代，而轉移就由「組合推衍性」（combinational entailment）取代。以上述的例子而言，「相互推衍性」可能的情況是：老師教會了「蝸牛」走路很「慢」，而學生在沒有訓練和增強下，聽到「慢」這個字時，可以選出「蝸牛」這個詞的語音；而「組合推衍性」可能的情況是：老師教會了「快」和「慢」相反，且「蝸牛」走路很「慢」，則學生在沒有訓練和增強下，會自然衍生出「快」和「蝸牛」兩者是相反的關聯。

上述「刺激等同」的概念，主要源自於 Sidman（2000）所提出的「等同關聯」，這些內容在《應用行為分析》原著第三版（Cooper et al., 2020）的第十九章有詳細介紹。該章節以「等同本位的教學」為章節名稱，並與第二十章「非等同關聯學習」分列，會做如此的新增和詳述之原因，除了上述提及它們是應用行為分析研究領域相對新興的趨勢外，主要是在實務領域中，以「關聯框架理論」（relational frame theory，簡稱 RFT）為基礎的教學模式日漸增多。關聯框架理論由Hayes等人所提出（Hayes, Barnes-Holmes, & Roche, 2001），當時他們還以「後史金納時代」（post-Skinnerian）來形容這個理論與其應用；然而，就如同第二十章「非等同關聯學習」的章節作者 Critchfield 與 Rehfeldt（2020）所言，介紹「關聯框架理論」的重點，不在於比較所有相關的理論哪個較優於哪個，而是關聯框架理論確實對目前大量與「衍生刺激關聯」（derived stimulus relation）有關的研究具有一定的影響力。以下簡短介紹「關聯框架理論」，也順道會再解釋「衍生刺激關聯」這個名詞。

Critchfield與Rehfeldt（2020）整理出關聯框架理論的兩大假設：第一，此理論假設「關聯框架理論」與「衍生刺激關聯」密不可分；第二，此理論假設若以多重範例（multiple examples）的方式提供足夠的增強經驗，人們會發展出在一群刺激間衍生關聯的高層能力（high-order ability），此能力在未來沒有增強經驗時，也能維持。

看完這兩個假設，如果到目前為止這些專有名詞已經超過你的負荷，就請你再次提醒自己，本章介紹這些內容的用意，且由於「關聯框架理論」本身是個理論，需先用其假設來解釋它最基本的定義會最清楚；建議你可以倒杯茶，再繼續看下去，或是索性就闔上本書去休息一下吧！若你選擇繼續看下去，馬上會發現，為了解釋「關聯框架理論」，在看完最大的兩個假設之描述的當下，又出現了兩個新的專有名詞：「多重範例」與「高層能力」，再加上「衍生刺激關聯」共有三個，以下先一一介紹這三個名詞，之後再回頭整理並簡述「關聯框架理論」。

簡單的說，「衍生刺激關聯」就是之前在等同關聯中提過的未經訓練和增強之「刺激—刺激關聯」的自動產生或自然浮現（emergent），所以「衍生刺激關聯」也可稱為「浮現刺激關聯」（Pilgrim, 2020）。但最大的差別是：在 Sidman（2000）的等同關聯中，主張「衍生刺激關聯」是增強後得到的直接結果，而在Hayes等人（2001）的「關聯框架理論」中，主張「衍生刺激關聯」是特定學習歷史（specific learning history）導致的習得行為；因此，「關聯框架理論」強調特定學習歷史的訓練，並產生高層能力（Critchfield & Rehfeldt, 2020），這裡所謂的「高層能力」，比較白話的說法是，可以視它為一種較普遍性的類化能力。Critchfield 與 Rehfeldt（2020）也舉了類化模仿（generalized imitation）能力為例，這個能力是指學習者能在示範者呈現不曾給予過的新穎示範時，模仿之，而不是學習者就只模仿示範者示範過的動作，而這些教導的過程，是透過提供足夠多的例子來達成，也就是上述提到的「多重範例」。

如果以教學實例再說明「多重範例」在「高層能力」中很典型的「類化模仿」所扮演之角色，讀者可以試想，若教學者想教學習者發出各種動物的聲音，教學者可能先發出狗、小鳥、馬、豬等很多種聲音，讓學習者模仿，這些例子要足夠多到學習者能在教學者發出「從未發出過」的「大象」聲音時，發出一樣的聲音，這就表示「類化模仿」已經產生，也就是教會了學習者較高層的、有點通則式的能力。

最後，再回到「關聯框架理論」本身，總括來說，它是一個新興的理論，它強調的「衍生刺激關聯」之產生方式，是以教導足夠的例子，來讓人們發展出具類化性的高層能力。

本章暫時就提到這些觀念，如果讀者對這方面很有興趣，可以再參考其他進階的書籍。

第六節　刺激控制轉移

在之前曾提過提示的運用是發展刺激控制常見且實用的方式之一；提示通常可分成刺激提示及反應提示，它們的共同點之一在於它們都屬於輔助的前事刺激。行為若因為種種因素而無法受制於自然線索，刺激提示和反應提示就能先訓練行為，使其能先受制於事先設計好的提示之下，之後再經由刺激控制轉移，讓行為能受制於自然線索，因此簡單的說，刺激控制轉移（transfer of stimulus control）就是：將引發行為的前事刺激由提示轉移到自然線索的過程。

一、由刺激提示轉移到自然線索

將引發行為的前事刺激由刺激提示轉移到自然線索的方式有兩種（Cooper et al., 2007）：刺激褪除（stimulus fading）、刺激外形轉變（stimulus shape transformations）。分別用圖 4-9 和圖 4-10 來表示。

圖 4-9 呈現國字筆順之刺激提示的褪除過程，由圖的左到右，一開始

「大」這個字的所有筆順，都用阿拉伯數字標記出來，接下來，只有第一和第二個筆順有標記，再來只有第一個筆順有標記，而最後標記已完全褪除。圖 4-10 是我們在年幼學習國字時常看到的方式——刺激外形轉變，是由最左方本來是人或物的實體，漸漸抽象化成為右方的國字符號，這也是刺激提示轉移到自然線索的方式之一。

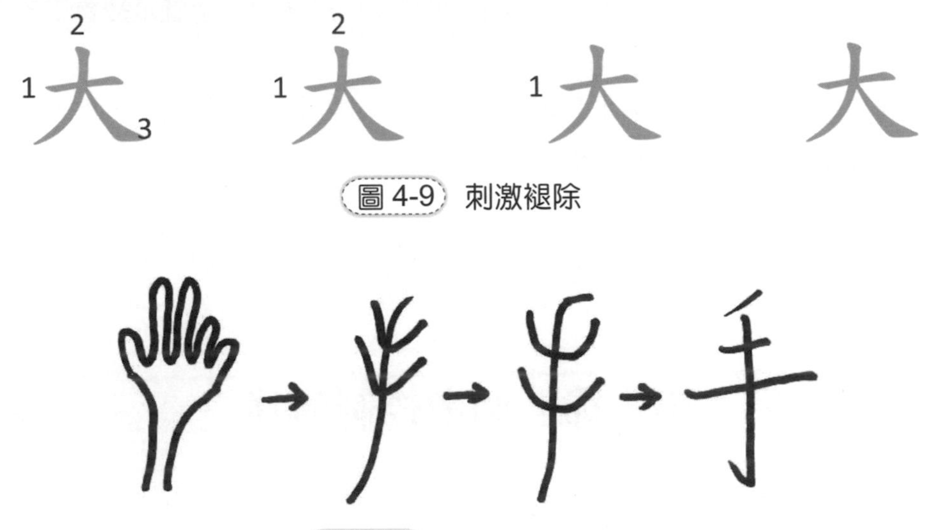

圖 4-9 刺激褪除

圖 4-10 刺激外形轉變

二、由反應提示轉移到自然線索

將刺激控制由反應提示轉移到自然線索的方式有五種（Schuster, Griffen, & Wolery, 1992; Wolery & Gast, 1984）：(1)最少到最多的提示（least-to-most prompts）；(2)最多到最少的提示（most-to-least prompts）；(3)時間延宕（time delay）；(4)同時提示（simultaneous prompting）；(5)漸進式引導（graduated guidance）。其中(1)和(2)的提示形式不只一種，且有階層系統，通常包含口語、示範和肢體三個層級，故有時最少到最多的提示或最多到最少的提示系統又稱為三階段提示系統（three-step prompting system）；(3)至(5)皆只有一種提示形式，其中漸進式引導的提示是固定採用肢體提示。

（一）最少到最多的提示

在自然線索出現後一段固定的時間內（通常是 3 至 5 秒鐘），個體如做出正確的反應則不需要提示，如果個體在特定的時間內沒有做出正確的反應，教師會再次呈現自然線索，以及最少到最多協助的反應提示。由少到多的階層系統通常為：口語→示範→肢體，其中箭頭的部分表示：如果個體在特定的時間內沒有做出正確的反應，教師會進入下一個提示形式。

（二）最多到最少的提示

在自然線索出現後一段固定的時間內（通常是 3 至 5 秒鐘），個體如做出正確的反應則不需要提示，如果個體在特定的時間內沒有做出正確的反應，教師會再次呈現自然線索，以及最多到最少協助的反應提示。由多到少的階層系統通常為：肢體→示範→口語，其中箭頭的部分表示同前一項：如果個體在特定的時間內沒有做出正確的反應，教師會進入下一個提示形式。

（三）時間延宕

時間延宕又可分成：固定式時間延宕（constant time delay）與漸進式時間延宕（progressive time delay），也就是在自然線索和反應提示兩者間的時間拉長，固定式時間延宕拉長的時間每次相同（例如：都是 5 秒鐘）；而漸進式時間延宕拉長的時間每次有增加（例如：1 秒、5 秒、之後 10 秒）。而且不論是固定式時間延宕與漸進式時間延宕，都是用同一種形式的提示。

（四）同時提示

同時提示是沒有時間延宕，也可以稱為 0 秒延宕提示，也就是自然線索和反應提示兩者間沒有時間差，但訓練情境和探測情境會交替，也是以訓練—探測—訓練—探測—訓練—探測……的順序進行，直到在探測期行為達到預設的目標為止，訓練情境會給提示，探測情境則沒有提示。此提示如時間延宕提示，所用的提示形式都是只有一種。

（五）漸進式引導

當有需要時，教學者可能會使用肢體引導，但會立即褪除肢體的協助，以轉移刺激控制。漸進式引導一開始是以雙手緊跟著個體的動作，但不碰觸個體，接著以改變對個體身體的接觸的位置，漸漸增加雙手和個體身體間的距離，例如：提示由手移動到手腕、手肘、肩膀，之後到沒有任何身體接觸。

第七節　其他教學及實務的應用

之前在介紹各種刺激控制的概念時，已陸陸續續提到一些相關的應用，在此提供一些研究的實例，期能滿足更多不同領域讀者的需求。

一、刺激控制訓練

Mcgowan 與 Behar（2013）探討刺激控制訓練對時時處於過度擔心的個體，在焦慮、情緒低落和失眠症狀上的改善情形。Mcgowan 與 Behar 提到，對於有廣泛性焦慮症的個體，生活中有太多事件會引發擔心，可能是特定的刺激、時間或環境等種種因素；換句話說，個體這些與擔心有關的行為，受制於生活中各式各樣的刺激，生活中只要有一些事情發生，不論是什麼事，都會引發個體的擔心，以學術上的說法來說，就是在區辨刺激控制上出了問題，更精準的說，個體的刺激區辨能力是不佳的，個體無法區辨何時（S^D）應該擔心，何時（S^Δ）擔心也無用。研究者針對 53 位有過度擔心特質的個體，採隨機分派將之分成兩組，分別接受兩週的處理，其中一組為實驗組，接受刺激控制訓練，訓練的方式是限制個體一天之中，只有在某個固定 30 分鐘內和某個地點，可以有擔心的表現；至於對照組的個體，則被告知就讓擔心自然發生。研究結果發現，刺激控制訓練之後，實驗組各種與擔心有關的負向症狀，皆有顯著的改善。

二、刺激等同

關於刺激等同的研究，很多時候用於學科技能的教導。LeBlanc、Miguel、Cummings、Goldsmith 與 Carr（2003）教導學生關於：州名、州的地理外觀圖形、州的首都間的等同關係；Keintz、Miguel、Kao 與 Finn（2011）教導學生關於：錢幣、面額與其相對應名稱間的等同關係；Walker 與 Rehfeldt（2012）教導學生關於：單一受試研究法的名稱、定義、圖形間的等同關係。

另一個較不同的研究方向是，心理學界透過刺激等同的方式，了解情緒對學習的影響。Adcock 等人（2010）以能引發情緒的字眼來強化刺激等同的建立，此研究的研究對象為 59 位大學生，根據他們的在校平均成績（GPA），又可將他們分成高 GPA 組和低 GPA 組，他們都接受刺激等同訓練，並在訓練後完成學習效果測試。研究者一共使用三組刺激等同的組合，每一組都包括三個刺激（分別以 A、B 和 C 表示），其中 A 和 C 兩個刺激是隨機的刺激，B 是非隨機的刺激，也是該研究所稱的「與情緒有關」的刺激。與情緒有關的刺激又可分成兩種，一種是與學科失敗有關的字，如愚笨、不及格，另一種是中性的字，這些中性情緒的字分別是與顏色和形狀有關的字；研究結果發現，低 GPA 組學生的學習情況，在會引發情緒（意即與學科失敗有關）的刺激出現時，比高 GPA 組學生的表現還要來得好，但在中性情緒刺激出現時的學習情況，卻比不上高 GPA 組的學生。這樣的發現和之前很多的研究發現有類似的結果，因為過去的經驗，有高焦慮特質、身心障礙以及自尊低落情況的個體，在刺激等同的測試中，都對負向的字眼有較佳的反應。

三、刺激控制轉移

（一）由刺激提示轉移到自然線索

Greene（2015）以作文組織圖（graphic organizers）教導 45 位有寫作困

難或有智能障礙的學生學會獨立寫作。組織圖運用了刺激褪除的原理，先讓學生在組織圖的輔助下完成一篇作文，之後學生要在沒有組織圖的輔助下自行完成寫作。組織圖一開始完整呈現所有提示，這些提示共有 25 個方框，代表文章至少要有五個段落，且每個段落至少各要有五個句子。這五個段落分別為：第一段的引言、第二到四段的主體，以及第五段的結論，在這些段落中還有一些慣用的句型提示；接著，將各段落的名稱和句型提示移除；之後，只要是文字的提示都移除，只留下段落的數字（例如：第一段只留下阿拉伯數字 1），最後，將所有的提示移除。研究結果發現，這樣的教學法使 43 位學生通過賓州學校系統評量的標準化測驗。

（二）由反應提示轉移到自然線索

1. 時間延宕提示與同時提示

Britton、Collins、Ault 與 Bausch（2017）讓班級老師使用固定式時間延宕的方式，訓練一位半專業人員及一位同儕小老師能使用同時提示的策略，教導有中度智能障礙的高中生：(1)認得與自然科學課程有關的字彙；(2)認得與社會科課程有關的字彙；(3)學會製作 Kool-Aid（一種知名的人工水果口味飲料）；(4)將姓氏（last names）依開頭的英文字母順序排列。研究結果發現，班級老師能正確使用固定式時間延宕的提示方式，成功訓練半專業人員及一位同儕小老師使用同時提示的策略，以教會中度智能障礙的高中生各種與學科或職業相關的技能。

2. 最少到最多的提示與最多到最少的提示

前文中提過這兩種反應提示通常包括三個（口語、示範與肢體）階層系統，因此有時也可稱它們為三階段提示系統，這兩種反應提示在教學上使用情況相當普遍，它們也可以用來訓練各種的行為，例如：休閒技能（Chan, Lambdin, Van Laarhoven, & Johnson, 2013）、家事技巧（Cannella-Malone, Brooks, & Tullis, 2013）、遊戲技巧（Barton & Wolery, 2010）。

Hudson 與 Browder（2014）則將提示化成四個階層，由最少到最多分別為：(1)再唸一次；(2)只唸有答案的那一句；(3)直接說出答案；(4)說出並指出在答案卷上的正確選項。他們以這樣的提示階層，有效的提升了三位有中度智能障礙小學生的聽理解能力。

第八節　結語

刺激控制在國內有關行為改變技術的書中很少提及，但這理論在國外相關書籍中較常出現，且它在應用行為分析的領域早已奠定很深厚的基礎。可惜的是，在早期除了與提示有關的研究累積了足夠的實證性研究外，其餘的研究是有不足的現象。可喜的是，在筆者回顧晚近的文獻發現，刺激控制的相關研究正如雨後春筍般湧現出來，甚至在心理學界或普通教育領域都開始注意到：人類概念形成的過程，與刺激控制的原理其實有密不可分的關係。這個領域是發展中的領域，也是相當具有前瞻性的領域，期待本章所回顧的許多文獻，能有拋磚引玉的效果，讓對刺激控制有興趣的研究者或實務工作者，能有更多延伸和發揮的空間。

CHAPTER 5

四期後效關聯：動機操作

鳳　華

本章學習目標

1. 能說出四期後效關聯的定義。
2. 能分辨三期後效關聯與四期後效關聯的差異。
3. 能分析動機操作和區辨刺激的差異。
4. 能說出非制約型動機操作的定義並舉實例說明。
5. 能說出制約型動機操作的三種類型之定義並舉例說明。
6. 能講述動機操作對教學的影響與實務運用。

第一節　緒論

「我好餓」、「我想要買書」、「我要去百貨公司」等，這些都是生活中常見的現象，普通心理學會以動機的概念來描述這些行為背後的影響力；換言之，動機就是行為的驅動力。然而，何謂行為的驅動力？驅動力相較於動機這個詞又是另一個抽象名詞，很難具體化闡述其操作型定義。應用行為分析學門對動機操作的解釋一樣回歸到行為的基本概念：個體與環境互動的關係，並依此進行探究，讓我們能對生活中的行為與動機有具體的認識。本章將簡述動機操作或四期後效關聯的發展、基本概念，說明動機與區辨刺激的差異，並介紹非制約型動機操作及制約型動機操作，最後則探討近年來動機操作運用於教學的實務。

第二節　動機操作的基本概念

一、動機操作的定義

二期後效關聯闡述了行為的後果定律，並清楚定義行為與環境的互動關係，包含環境的刺激變化（刺激的增加或減少）以及對未來行為效果的影響（增加或減少未來行為出現的頻率）。動機操作（motivating operation，簡稱 MO）的概念依舊以行為與環境這兩個變項為基礎，Keller 與 Schoenfeld（1950）並於其書中闡明匱乏（deprivation）／飽足（satiation）和反應強度的關係，此概念也被後來的學者運用在解讀動機操作，並成為其定義的主要內涵。Malott 與 Shane（2013）也強調，要理解動機，必須從增強物的概念著眼，而匱乏經驗與飽足感會影響個體對增強物的需求與否，也就是影響動機的強度，例如：小名一哭鬧，就有甜食吃，但小名不會時時刻刻都出現哭鬧的行為，哭的行為出現與否和匱乏或飽足經驗有關；如果小名已經一個星期沒有機會吃到甜食了，當他看到區辨刺激（阿嬤）出現，就會開始哭鬧，因為他已經匱乏許久，因此會促進哭鬧行為的發生。所以哭鬧行為的出現，需要有前提，也就是匱乏。相對而言，當個體呈現飽足的狀態時，例如：小名在學校的生日聚會中已經享用了許多甜食，下課後即使阿嬤就在身邊，他也不會出現哭鬧的行為，因為他對甜食已經有飽足感。另外，百貨公司週年慶亦是採用此種操作原理，例如：曉明的保養品已經幾乎用完，也有近半年未到百貨公司採購，正逢週年慶，購買保養品會搭配許多贈品，還有回饋禮金等，此時正當曉明對化妝品有所匱乏，外加額外增強物的吸引力，讓曉明大肆採購。因此，百貨公司業績最好的時段幾乎都是在週年慶，這正是抓緊人類的匱乏需求及大放送之增強原理。此外，Keller 與 Schoenfeld（1950）在書中提出了嫌惡刺激可以用來作為有效的動機操作之變項，這對後續以逃脫為主的動機操作提供重要的基礎。

Michael（1982, 1993）則將建立操作（established operation，簡稱 EO）定義為環境變項（environmental variables），並闡明對刺激及行為的影響效果。Michael 指出動機操作對刺激及行為的影響為：(1)改變一些特殊刺激、物體或事件作為增強物的效果（價值改變效果）；(2)改變所有與該增強物有關行為當下的發生頻率（行為改變效果）。然而，有建立操作的狀態，就相對應會有消除操作（abolishing operation，簡稱 AO）的對應關係。因此，Laraway、Snycerski、Michael 與 Poling（2003）等學者建議以動機操作（MO）取代建立操作（EO），並以價值改變效果與行為改變效果兩個專業術語作為定義的基礎。本文參考 Laraway 等人（2003）以及 Michael（2007），對動機操作做了如下的闡釋。

（一）價值改變效果

環境中的刺激對個體當下有無價值性，或是否會影響個體對該刺激物的需求強度，取決於個體對該刺激物的匱乏經驗及增強歷史。個體對環境的刺激有匱乏經驗，則會增加該刺激物作為增強物的效力，是為建立操作。若是個體對該刺激物已經飽足，此時該刺激物作為增強物的效力降低，則為消除操作（如圖 5-1 所示）。

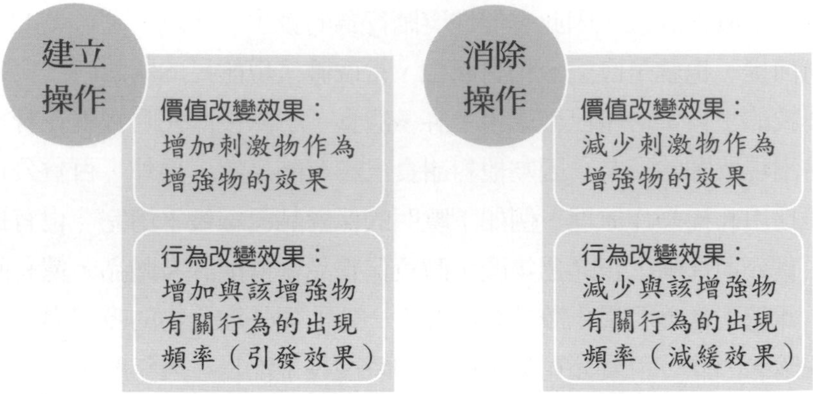

建立操作

價值改變效果：
增加刺激物作為
增強物的效果

行為改變效果：
增加與該增強物
有關行為的出現
頻率（引發效果）

消除操作

價值改變效果：
減少刺激物作為
增強物的效果

行為改變效果：
減少與該增強物
有關行為的出現
頻率（減緩效果）

圖 5-1 建立操作與消除操作圖示

（二）行為改變效果

動機操作也會影響行為當下出現頻率的多寡。若刺激物作為增強物的價值提高，曾被該刺激、物體或事件所增強的行為當下的發生率也有增加的現象，稱為引發效果（evocative effect）；或是當刺激物作為增強物的效力降低，曾被某刺激、物體或事件所增強的行為當下的發生率下降，則稱為減緩效果（abative effect）。圖 5-1 簡要陳述此概念。

生活中許多行為現象都可以依據此理念而有更清楚的理解，舉例來說，水對一般個體而言是一般的環境刺激，但是在特定的情境下，例如：跑步兩小時之後、吃了大量鹹的食物，或是在乾旱的環境下無法喝水一段時間等，此時水對於個體的意義就會產生重大變化。從行為動機操作的觀點而言，「水」對該個體作為增強物的效力提升了，與取得水的相關行為的發生率也會相對增加，此時就可以解釋個體對水有高度的動機需求，也是符合動機操作下的建立操作。相對的情形，如果個體喝完一大瓶水之後，「水」對該個體作為增強物的效力下降了，與取得水的相關行為的發生率也會相對減少，此時就可以解釋個體對水的動機需求已經消除，則是屬於動機操作下的消除操作，圖 5-2 呈現此範例圖示。其他例子像是小華喜歡一特定的布偶玩具，媽媽將它放置在儲藏室一段時間後（如三個月）再拿出來給小華，因為小華

建立操作：跑步兩小時	• 價值改變效果：「水」作為增強物的效力提升 • 行為改變效果：引發與水有關的行為出現率增加
消除操作：喝了一大瓶水	• 價值改變效果：「水」作為增強物的效力降低 • 行為改變效果：引發與水有關的行為出現率減少

圖 5-2 建立操作與消除操作範例圖示

很長一段時間沒有看到該布偶（匱乏經驗），此時該布偶作為增強物的強度增加了，與取得該增強物有關的行為出現頻率也會增加，這也是另一個建立操作的範例。

這樣的概念亦可以運用在親子教養上。現代環境物質豐富，但是給多不如給少，太多的玩具會產生類似消除操作（AO）的概念，減少學生對物品的探索動機並降低兒童對事物深度學習的機會。如何讓小孩學會珍惜並提供合理的玩具量以維持兒童的學習動機，善用建立操作（EO）可以有效達到此目標。建立操作的使用原則必須要讓兒童有匱乏的經驗，該刺激物（玩具）的增強效力才會提升，探索玩具的行為發生率也才會增加。善用建立操作可以讓家長不需要花費太多玩具的費用，依舊能讓兒童常常可以有高度的興趣與學習動機。

（三）同時適用於懲罰動機

正如動機操作對於增強的影響效果，對懲罰也有等同效果，例如：在本書第三章提到隔離正增強的概念時，特別強調原環境的增強性，若原環境不夠有增強性，實施隔離正增強的效果也會降低，因為若原環境沒有獲得增強的機會，實施隔離，個體也就不會有失去被增強機會的痛楚感受，亦即不會產生懲罰效果。反應代價亦是根據此種概念，若代幣所能換取的物品對個體沒有吸引力，那剝奪／移除代幣策略就不會產生懲罰效果（Laraway et al., 2003）。負懲罰或類似罰鍰的概念，要先確認個體對該刺激物暫時無法得到或是被扣除是會在意的，則懲罰才會產生抑制行為出現的效果。此種類型的動機，也會與增強物的強度及需求，或稱為動機有關。此回應了上述對動機概念的闡述，匱乏經驗還是重點，也適用於解釋負懲罰是否有效果的概念。

二、動機操作與區辨刺激

刺激控制中，反應型制約與三期後效關聯是學習原理的代表性概念，兩者都有環境中的前事變項，並會改變行為的出現頻率。動機操作也是環境中的變項，同樣會影響行為的發生率。動機操作要如何與這兩種刺激控制原理清楚區辨，是目前相當受到重視的課題。以下將區分動機操作與反應型制約的差異，再區分動機操作與三期後效關聯區辨刺激控制的差異。

（一）動機操作與反應型制約刺激

反應型制約中新的刺激反應之連結關係是建立在個體與生俱來的反射反應，當中反射反應就是非制約刺激自動引發非制約反應，但如果原本中性刺激與非制約刺激配對後，亦能引發非制約反應，而產生新的連結關係，此時中性刺激成為制約刺激，而原本的非制約反應則更名為制約反應，這代表一個新的刺激反應學習的結果。這樣的學習結果並沒有受到環境後效的影響，而是單純與非制約刺激配對的結果，動機操作則強調與環境後效有關，動機操作會影響刺激對個體的增強效力，也因著該增強效力而影響行為的發生頻率。反應型制約在後續章節還會有詳細的說明，在此先簡單舉個例子說明兩者的差異，例如：觸電的反射反應是痛覺及立刻收手，其中的非制約刺激是強烈電流，而反應則是痛覺及收手，反應純粹是由前事刺激之刺激所誘發；而動機主要是影響環境刺激物的增強效力，例如：吃了太鹹的東西，產生對「水」的需求，因而「水」對個體而言的價值提升了，因而引發相關可以取得「水」的行為反應——該反應的出現是為了獲取「水」這個增強物。很明顯的，動機狀態並沒有直接誘發反應的發生，而是讓刺激物的增強效力提升之後，引發行為去獲取想要的增強物。

（二）動機操作與三期後效關聯區辨刺激

動機操作與區辨刺激的分辨相對而言就較為困難，原因是兩者都是與增強後效有關。但是要如何區分兩者的差異，主要關鍵點是增強物的「可及性」。三期後效關聯學習歷程中，在區辨刺激（S^D）下行為可得到後效增強，但在另一個刺激（S^Δ）下該行為出現則不會獲得後效增強。因此，區辨刺激發展出控制某行為的刺激控制關係，其控制的關係是因為該刺激與增強物的區別可及性（differential availability）已經建立了關聯性（Michael, 2007）。動機操作主要功能是對環境的刺激物作為增強弱的強度產生影響，但是與可及性無關，可能常會出現的狀態是該增強物的效力在此動機狀態下增加了，但環境卻無法提供該增強物，例如：激烈的運動完畢後，當下十分口渴，但飲水機不一定會在運動場附近，或是呈現飢餓狀態想吃炸雞，但炸雞店不會出現在運動場中；換句話說，有動機即表示個體對增強物的需求增加，但該增強物不必然會出現在當下情境。但是區辨刺激的存在，則意味著增強物也將會存在。另一個重點則是動機操作雖然和增強物的可及性無關，但卻和區辨增強的效果有關，也就是說區辨刺激與行為的連結關係，取決於個體對後效增強的動機強度，如圖 5-3 所示。

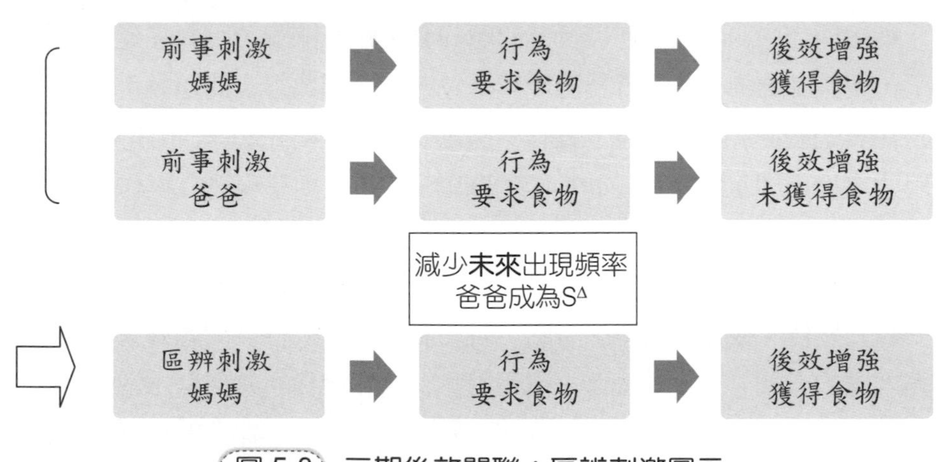

圖 5-3　三期後效關聯：區辨刺激圖示

圖 5-3 是區辨刺激的一個範例，可以清楚看到因為後效的獲得，媽媽和要求食物會產生連結關係，媽媽成了區辨刺激，而爸爸則成為非區辨刺激，不會和要求產生連結。媽媽與要求食物的連結關係則會因當下動機的狀態而影響食物的增強效力與行為（要求食物）發生的頻率。如果當下個體沒有想要吃東西的動機，即便是媽媽出現在個體周圍，個體不盡然會出現要求食物的行為，因為如果個體是飽足的狀態，食物作為增強物的效力就會降低，而要求食物的行為也會下降；反之，若個體是處於匱乏狀態，食物作為增強物的強度就會增加，對媽媽（區辨刺激）要求食物的行為出現頻率也會增加，因為個體從先前的經驗得知只要向媽媽表達要求，就會獲得食物，圖 5-4 就是很好的說明。再次重申重點，區辨刺激與增強物的可及性有關，而動機操作則是影響增強物的價值與行為的出現頻率。

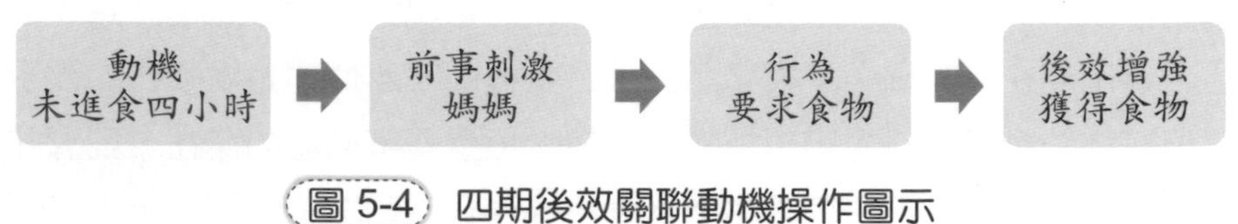

圖 5-4 四期後效關聯動機操作圖示

三、動機操作與行為功能

動機操作中的建立操作與行為問題的發生較有關聯，因為在建立操作的當下，與該增強物有關的行為出現頻率會增加，因此行為問題發生的當下，通常都與個體處於某一種建立操作下有關（Cipani & Schock, 2011）。表 5-1 呈現建立操作與正增強及行為功能的關聯。表 5-2 則呈現建立操作與負增強及行為功能的關聯。依據表 5-1 及表 5-2 的描述，可以看到行為問題的功能與建立操作息息相關，若能讓實務工作者覺察此種行為問題的功能背後與個體的建立操作（或需求狀態）有關，對於個體當下的行為問題會有更多的同理與因應的方式。有建立操作，也相對會有消除操作，如何藉由消除操作的概念讓行為問題降低，表列中亦有清楚說明。因此，環境要如何適切的安排，讓個體原本處於建立操作的情形下，能轉換到消除操作的狀態，而自然

表 5-1 動機（建立操作、消除操作）與正增強及行為功能的關聯

建立操作（需求狀態）	一般說法	可能的問題行為	增強物	功能	消除操作
四小時未進食	飢餓	哭鬧，直接拿取他人的食物	食物	獲得食物（正增強）	獲得食物後，不再飢餓
兩小時的課堂沒人注意	吵鬧	大聲叫	注意	獲得注意（正增強）	需求滿足，不再需要注意
一整天都在家未出門	吵鬧	哭	出門	獲得出門機會	出門需求滿足，不再吵著出門
半天沒有抽菸	菸癮	翻箱倒櫃	香菸	獲得香菸（正增強）	菸癮解除

表 5-2 動機（建立操作、消除操作）與負增強及行為功能的關聯

建立操作（需求狀態）	一般說法	可能的問題行為	增強物	功能	消除操作
困難的作業	發呆／懶惰	躲起來、離開座位	移開作業	逃脫困難的作業	先提供休息（逃避）
受傷（處於疼痛狀態）	疼痛	哭、大叫	移除疼痛	逃脫疼痛	移除疼痛
被要求完成冗長的工作	沒動機	離座、拿故事書閱讀	縮短工作或是移除工作	逃脫冗長的工作	作業分段（不再是冗長的工作）

減少行為問題，非後效增強策略正是從動機操作的概念因應而生。非後效增強（NCR）是讓個體依固定時距或不固定時距獲得他想要的增強，讓個體飽足其需求從建立操作的狀態而進入消除操作的狀態，行為問題自然下降。此外，因增強的實施是獨立於問題行為之外的，同時也會消除行為問題與後效增強的連結關係。

Piazza、Contrucci、Hanley 與 Fisher（1997）的研究顯示，間接提示加上非後效增強（NCR）的策略可以有效漸少破壞行為，增進學習表現。該研究的受試者是一名輕度智能障礙伴隨對立反抗疾患的 8 歲女童，她在進行盥

洗訓練時，常會出現破壞物品的逃避行為。原本的介入策略是採用直接提示、區別性增強服從的行為，以及消弱不適當的行為等包裹策略，然其效果並不明顯；之後，策略修改為間接提示加上非後效增強和消弱策略，間接提示是給予口語提醒、提供線索或移動物品等（請參閱表 5-3）。當受試者無法完成某項步驟時，研究者會依序提供兩次線索，若受試者依舊無法完成該步驟時，研究者會幫其完成該步驟。在盥洗訓練過程中並搭配非後效增強（獲得社會增強及實物），結果顯示改變介入策略後，受試者在盥洗訓練時的破壞行為降低為零，學習行為也同步增加，結果請參閱圖 5-5。Piazza 等人指出，先前介入策略中的直接提示應該是引發問題行為的「建立操作」，將介入策略修改成非直接提示後，能有效降低引發問題行為的動機狀態，而非後效增強的策略則將例行的盥洗要求轉換成為愉快的（獲得社會增強）情境，原本的區別性增強策略大約是 10 個反應能獲得一次增強，而 NCR 則提供受試者更高頻率的正增強機會，兩種策略也將原本要求較高的情境（直接提示）轉換成類似遊戲的情境。該篇研究亦顯示，處理逃避行為的重點是要將學習情境由原本的嫌惡狀態（逃避任務的建立操作）轉換成愉悅的情境，則自然就不會出現逃避行為。

表 5-3　直接口語提示及間接口語提示範例舉偶

直接口語提示	間接口語提示
梳頭髮	刷牙
穿上鞋子	梳完頭髮後，你會看起來很美喔！
我在想這牙刷是怎麼使用的呢？	咦，這鞋子是誰的呢？

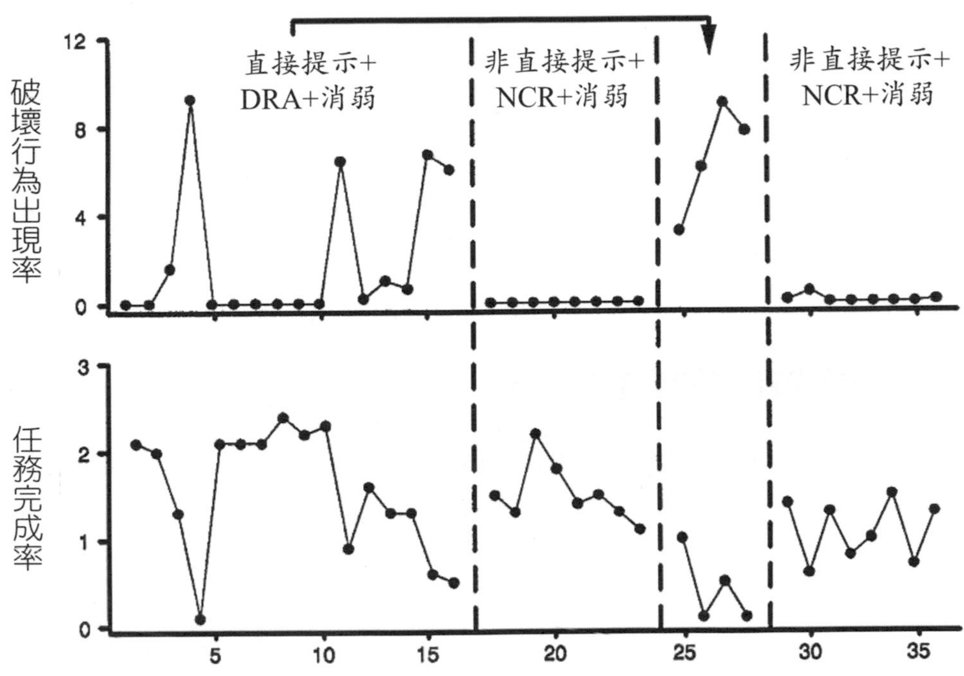

註：DRA 即區別性增強替代行為（differential reinforcement of alternative behavion）的簡稱。

圖 5-5　受試者每分鐘出現破壞行為的頻率（上圖），以及每分鐘完成任務的頻率（下圖）

資料來源：Piazza 等人（1997, p. 707）

第三節　非制約型動機操作

一、非制約型動機操作基本特性

非制約在行為分析領域是指未經學習的。有機體（包含人類）的行為有很多是未經學習而自然就存在的，如反射反應。而增強物亦依據物種演化過程，有些是不需經學習而自然產生的增強物，就稱之為非制約增強物。經由個別學習史而對某些特定刺激物產生增強性，則屬於制約增強物。非制約增強物是物種演化歷史（種族發展史）的產物，所有的生物物種都或多或少受此非制約增強物相同的增強，例如：食物、水、氧氣和溫度等，都是在沒有學習歷史背景下，便成為了具有功能的增強物。動機操作也具有同樣的特性。某些動機是不需要學習，本身就具有價值改變的效果，是種族演化的結果，稱之為非制約型動機操作（unconditioned motivating operation，簡稱UMO），例如：因食物的缺乏而讓食物作為增強物的效果變得更有影響力，此種食物缺乏的刺激即稱為非制約型動機操作（Michael, 2007）。

二、人類的非制約型動機操作

Michael（2007）指出，人類有九種非制約型動機操作。某些是與生理需求或生存必需有關，如食物、水、氧氣、睡眠及性需求；還有與環境適應有關的，如對冷、熱、痛感及活動。與生理需求或生存有關的動機操作常與匱乏經驗有直接關係，例如：沒有進食或喝水一段時間、缺乏氧氣或沒有睡眠一段時間，這些基本生存的刺激物其作為增強物的價值性就會提高，而飽足之後該刺激的價值性自然就會下降。表 5-4 舉例說明非制約型動機操作中建立操作與消除操作的基本特性。

需要提醒的是，非制約型動機操作中的匱乏與飽足，都是暫時性的（Malott & Shane, 2013），匱乏的狀態會引發相關行為以獲取想要的增強物，而當個體獲得足夠的增強物，也就是飽足後，其行為自然會下降，但飽足感隨時間的流逝，也會再度成為匱乏狀態，因此兩者的狀態都是暫時性的，例如：好幾天沒吃到雞腿了（匱乏），所以想吃雞腿便當（刺激物作為增強物的價值提升），因此去買了雞腿便當。吃完之後，呈現飽足狀態，若此時有朋友想要分享炸雞，可能就沒有胃口了。但是，若隔二、三天之後，朋友又想要分享炸雞，那雞腿作為增強物的效力就又會增加，因為過了二、三天對雞腿的飽足感已經消退了，相對而言就是產生匱乏的狀態，雞腿作為增強物的效力又會提升了。

表 5-4　非制約型動機操作刺激物種類的建立操作與消除操作

非制約型動機操作	建立操作	消除操作
食物	前提：匱乏食物 價值改變效果：食物作為增強物的效果提升 行為改變效果：曾被攝取食物增強的有關行為頻率增加	前提：飽足食物 價值改變效果：食物作為增強物的效果下降 行為改變效果：曾被攝取食物增強的有關行為頻率減少
水	前提：水缺乏 價值改變效果：水作為增強物的效果提升 行為改變效果：曾被水增強的有關行為頻率增加	前提：水喝足 價值改變效果：水作為增強物的效果下降 行為改變效果：曾被水增強的有關行為頻率減少
氧氣	前提：匱乏氧氣 價值改變效果：氧氣作為增強物的效果提升 行為改變效果：曾被氧氣增強的有關行為頻率增加	前提：氧氣供應正常 價值改變效果：氧氣作為增強物的效果下降 行為改變效果：曾被氧氣增強的有關行為頻率減少

三、非制約型動機操作與行為介入

動機操作可以改變刺激物的增強效力及行為出現的頻率，對於建立新行為以及降低不適當的問題行為，是近年來實務關注的重點，以下分別說明。

（一）教學介入的運用

身心障礙者常面臨學習的挑戰，因此如何善用非制約型動機操作增加各種適應行為，特別是運用在溝通表達的能力訓練，已經有很多的發展。Skinner的語言行為就強調要求（mand）的語言行為是四期後效關聯的概念，亦即在動機下，說者對聽者表達要求，後效則是獲得說者想要的物品。此概念讓研究者及實務工作者發展出各種表達需求的訓練方案，例如：Sundberg（2007）提出「要求」的訓練程序，就是結合動機操作加上複誦（echoic）

提示引發口語溝通的技能。教學階段如表 5-5 所示，在此必須強調，表達需求最後的終點目標是受控於動機及聽者，不過 Sundberg（2007）在所撰寫章節中的訓練程序並沒有包含聽者。但是 Skinner 在其語言行為的書中，則是明確指出 mand（要求）是屬於四期後效關聯，該行為是受控於個體當下的動機及聽者。表 5-5 則清楚標註 mand 是有聽者的。其中，動機的部分若是與原級增強物或非制約增強物有關，其所採用的動機操作類型就屬於非制約型動機操作，教學前則需要讓個體有匱乏的經驗，例如：圖片兌換溝通系統的手冊亦強調必須善用動機操作的方式，建議教學者在進行課程前必須先進行增強物的選樣，以確認個體當下想要的物品（Frost & Bondy, 2002），以便於無口語的說者學習以替代溝通的方式（圖片）表達對該物的需求，此種作法通常都能讓無口語的學習者能快速習得溝通技能，並獲得很大的進展。

表 5-5　語言行為取向之「要求」教學程序

階段	前事	行為	後果
提示階段	動機下（想要餅乾） 餅乾 複誦提示 聽者	說出「餅乾」	得到餅乾
褪除覆誦提示	動機下（想要餅乾） 餅乾 聽者	說出「餅乾」	得到餅乾
移除刺激物	動機下（想要餅乾） 聽者	說出「餅乾」	得到餅乾

（二）行為問題介入

近年來行為問題處理的前事策略，首選之一就是非後效增強（NCR）策略的使用。非後效增強需要先確認該行為問題的功能或動機，問題行為持續發生表示該生對該增強物有強烈的需求動機，因此個體會傾向使用以往有效的行為模式獲取該增強刺激物，此種狀態是屬於「建立操作」的匱乏狀態，如果讓個體出現行為問題之前能得到滿足／飽足，進入「消除操作」的狀態，該增強物的效力就會下降，而與該增強物有關的行為發生頻率也會減少。因此不需要特殊的行為介入訓練，先從個體的動機著手，亦即在行為問題發生之前，就安排讓個體可以密集先滿足其需求，將個體原本建立操作的狀態改變成消除操作的狀態，行為問題自然就會下降（Lanthorne & McGill, 2009; McGill, 1999），例如：Berg等人（2000）的研究是針對兩名發展障礙兒童採用密集社會注意的非後效增強策略，來有效改善兩名兒童的問題行為，該問題行為的主要功能是要獲取成人的社會注意力，介入方式就是讓兩名兒童可以大量獲得社會注意，產生消除操作，因而有效減少問題行為。然而，要完全撤除原先問題行為和增強後效的連結關係，還需要加上替代行為的教導及消弱策略的使用，才能完全改善個體的不當行為問題（Iwata & Dozier, 2008）。事實上，採用非後效增強增加個體獲得他想要的增強物是相當符合人道主義的關懷措施，從需求出發，改變就會開始。

第四節　制約型動機操作

一、制約型動機操作基本概念

制約型動機操作（conditioned motivating operation，簡稱 CMO）對刺激物的價值改變效果是經由學習歷史而產生的。類似於制約增強物的概念，原本的中性刺激物與非制約增強物配對之後，產生增強效果稱之為制約增強物。制約型動機操作也是經過與非制約型動機操作或其他增強物的配對過程而成，共有三種類型，分別為：代理制約型動機操作（surrogate CMO，簡稱CMO-S）、反身制約型動機操作（reflexive CMO，簡稱CMO-R）、轉移制約型動機操作（transitive CMO，簡稱 CMO-T）（Lanthorne & McGill, 2009; Michael, 2007）。

二、制約型動機操作類型

（一）代理制約型動機操作（CMO-S）

當某個刺激與一非制約型動機操作（UMO）曾經有過配對的經驗，並因而產生具有與 UMO 相同的價值改變效果與行為改變效果，這樣的刺激就稱為代理制約型動機操作（CMO-S）（Michael, 2007），例如：正午 12：00 與個體對食物匱乏的狀態配對，一段時日之後，正午 12：00 就可能會產生與該非制約型動機操作相似的價值改變效果及行為改變效果，代理制約型動機操作就因應而生（Lanthorne & McGill, 2009）。不過，Michael（2007）也指出這樣的情形究竟是否真正有發生，還有待更多實證研究的證據支持。

（二）反身制約型動機操作（CMO-R）

依據 Michael（2007）的看法，反身制約型動機操作是具有警告或承諾特質的動機操作，而移除該警告本身就是增加移除作為增強物的效力。可以從負增強的概念來理解這個概念。負增強的作用是要逃避一嫌惡刺激或避免一嫌惡刺激的出現，其中警告刺激就應該是歸屬於反身制約型動機操作，而不是區辨刺激，例如：老鼠避免電擊的過程，如果出現警告刺激，如閃燈號，就是警告個體若不做任何反應，則會產生惡化的現象或是嫌惡刺激就會出現，但這部分和可及性並無直接關係，這警告訊號若能被移除，本身就是一種增強，也會強化任何與移除該刺激有關行為的發生頻率，符合動機操作的概念。這也可以有效解決負增強作用中，分析者常無法明確區分區辨刺激的存在與否。如果加上反身制約型動機操作，其實很多負增強的前事只有動機操作而不一定會有明確的區辨刺激，例如：聽到上樓梯的腳步聲，這是一個警告刺激，此警告刺激曾經與責罵或體罰有關，如果兒童不做任何反應，情況可能就會惡化，兒童從學習歷史會做出任何曾經避免情境惡化的行為反應，而移除這種警告刺激本身就是負增強的作用。生活中比如孩子看到媽媽皺眉，也是一種警告刺激，為避免情況繼續惡化，會促使與移除媽媽皺眉的任何行為的出現頻率增加，而移除本身的增強價值提高，移除則是一種負增強作用。

（三）轉移制約型動機操作（CMO-T）

轉移的概念簡單而言，就是將價值改變的特性移轉到另一個與該增強物有關的刺激物時稱之。Michael（2007）認為所有具有非制約型動機操作（UMO）功能的變項，都可作為制約增強物的CMO-T，因為它們和相關的非制約增強物有關。在實際生活中，食物匱乏不只讓食物成為增強物的效力提高，也可以將此價值改變的效力轉移到其他和獲得食物有關的刺激建立為增強物，如餐廳的服務生、菜單、將食物送入口中的餐具等。

實務操作上最常使用在中斷連鎖（chaining）的程序（Albert, Carbone, Murray, Hagerty, & Sweeney-Kerwin, 2013），例如：要買飲料是一連鎖的反應，獲得飲料是主要的增強物，此時如果連鎖的程序受到阻擋，原本飲料的增強效力就會轉移到與中斷有關的相關刺激或反應上，此時對第二種刺激所建立的價值改變效果就是轉移制約型動機操作。又例如：想喝巧克力熱飲，如果只有巧力粉末包，但沒有杯子，此時杯子就會變成具增強效力的增強物，這種增強效力不是直接因為個體的匱乏而產生，而是因為原本對巧克力的增強效力轉移到杯子，並同時增加了與取得杯子有關的行為出現頻率，此時產生的第二層級的動機操作，就是轉移制約型動機操作（如圖5-6所示）。或是想吃水果，沒有叉子，此時叉子對個體而言，作為增強物的效力提高了。生活中如果善用此種動機操作，就可以引發各種教學情境，是隨機教學最好用的方式。

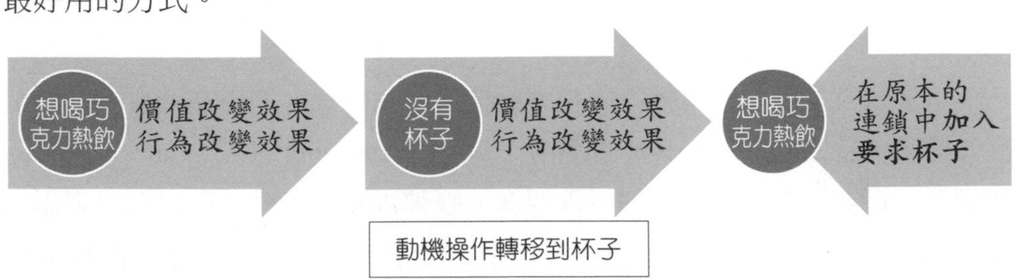

圖 5-6 與想喝巧克力熱飲有關的轉移制約型動機操作圖示

三、教學啟示與應用

（一）社會互動教學的實例

眼神注視及分享式注意力是社會互動的基礎。眼神接觸要如何訓練也是近十多年來學者們持續研究的主題。然而，早期的研究會受限於眼神接觸都僅受控於外在的增強（如獲得實物、社會增強或食物），因此類化的效果就明顯受限（Carbone, O'Brien, Sweeney-Kerwin, & Albert, 2013; Whalen & Schreibman, 2003）。為解決上述研究中訓練眼神接觸或分享式注意力以外控作為後效增強的問題，Isaksen 與 Holth（2009）則以制約增強的方式將非語言社會讚許（如微笑及點頭）制約為增強物，再讓這增強物成為分享式注意力的後效增強。該研究中，學生和老師面對面坐在桌子的兩側，制約非語言社會讚許的程序為：在學生面前安排一些他喜歡的偏好物品，只有當老師點頭微笑時，學生才能拿取他喜歡的偏好物，如果學生在沒有得到老師的非語言社會讚許下想拿取偏好物，就會被阻擋。透過此訓練，研究者宣稱成人的點頭及微笑成為學生眼神注意形式的制約增強物。Carbone 等人（2013）延續這個研究，在表達要求的課程中增加眼神注視的要求，實施程序為：如果表達需求前學生有出現眼神注視，則讓學生獲得他想要的物品；然而如果沒有出現眼神接觸只有表達要求，表達要求的行為就會被消弱，消弱之後，若學生出現眼神及表達需求，則會給予較少量的增強物。研究顯示這個程序可以有效增加學生眼神接觸的頻率。兩項研究中都充分運用了 CMO-T 的策略，透過中斷或消弱的方式，讓動機轉移到其他行為，並引發其他行為的出現。

許多研究及課程亦將轉移制約型動機操作的概念，運用在社會互動的引發（鳳華、孫文菊、周婉琪、蔡馨惠，2019；Carbone, 2013; Carbone et al., 2013），例如：在語言訓練的過程要增加眼神接觸的機會，可以在兒童需要某物品時，遞給該生，但是在兒童接手的當下，教學者不要立刻將物品鬆手，當兒童無法立刻獲得該物品時，就會自然引發第二個建立操作——學生會因為疑惑而與教學者產生眼神接觸，此時教學者可以先增強兒童的眼神注視行為，再鬆手將物品給兒童。圖 5-7 為簡單的圖示顯示訓練過程。

圖 5-7　透過要求轉移到眼神接觸的訓練範例

（二）語言行為教學的實例

Hall 與 Sundberg（1987）的研究成功示範使用中斷串連的程序引發轉移制約型動機操作（CMO-T），來教導兩名重度聽障學生表達遺失的必要物件以完成原先要完成的連鎖程序。其教學程序為：先讓學生建立連鎖行為，如煮食速食麵、開水果罐頭等，之後藉由移走連鎖中的必要物件，用以中斷行為連鎖；被移走的物件產生轉移制約型動機操作，亦即作為增強物的價值提升了，如果學生沒有出現表達需要被移走物件的手語，就會進行表達要求的教學，此研究有效增進聽障生表達物品需求的能力。

自閉症兒童主要的核心缺陷之一是缺乏主動性，因此阻礙了與人互動的重要技能項目。Sundberg、Loeb、Hail 與 Eigenheer（2002）的研究則證實可藉由實施轉移制約型動機操作（CMO-T），教導自閉症兒童有關位置（where）和特定人物（who）的資訊要求，以增加自閉症兒童的主動提問能力。研究設計先安排情境，要求學生去特定的地方（如書架上的袋子）拿取他偏好的物品，當他去拿取時，卻沒有物品在裡面，想要找到該物品成為轉移制約型動機操作，此時就會讓學生學習提問「在哪裡」；接著第二個實驗則是當學生已經精熟「在哪裡」的提問之後，設計情境讓學生提問「是誰」而產生串連式的提問能力。其情境安排是當學生問在哪裡時，老師會回答說「我拿給一位老師了」，此時學生必須要能詢問「是哪一位老師或是誰」才能拿到他要的偏好物，該研究顯示透過轉移制約型動機操作可以有效增加自閉症兒童主動提問及連續提問的能力。後續 Endicott 與 Higbee（2007）也運用類似的教學教導四名自閉症學齡兒童習得「在哪裡」及「誰有那樣物品」的主動提問能力。

鳳華等人（2019）彙整其實務及研究，將轉移制約型動機操作運用在引發「wh- 問題」的主動提問上，其中包含與物品事件有關的提問「是什麼」（what）、與地點有關的提問「在哪裡」（where）、與時間有關的提問「什麼時候」（when）、與人物有關的提問「是誰」（who）、與如何有關的提問「如何做」（how），以及與原因有關的提問「為什麼」（why）。教學程序明確清楚，表 5-6 茲舉其中教學生提問「是什麼」的教學範例簡要說明。其中的動機操作可利用學生喜歡或新奇小物品引發想要知道該物品名稱的動機，或是於結構教學情境中營造物品命名的情境，讓學生針對不認識的物品做出提問。善加利用 CMO-T 可以有效引發學生語言能力的發展。

表 5-6　教學生主動提問「是什麼」範例

	情境操弄與前事刺激	學生反應	後效
情境一	教學者將新奇物品置於不透明的袋子裡，並說：「哇！好好玩喔！」	學生說：「是什麼？／這是什麼？」（字卡提示／複誦提示）	教學者說出物品名稱，並給該物品
情境二	教學者呈現至少三種物品（含精熟的物品與學生不認識的目標物），並說：「告訴我桌子上有什麼。」並指向未知的項目	學生不知道該物品為何，詢問說：「是什麼呢？」（字卡提示／複誦提示）	老師命名該項目，並給予學生增強

第五節　結語

動機是行為的驅動力，然而，如果無法以操作型的方式界定其概念，對實務工作者而言就只能停留在抽象的概念，無法於實務中適當運用。應用行為分析學者將動機操作的概念進行操作型定義，讓實務工作者可以依其定義發展出後續多元而有效的研究與介入策略，確實是行為介入近年來另一個新的里程碑。在強調學生為主體，必須引發學生動機的教學聲浪中，應用行為分析也不缺席的積極研發適當的理論架構，讓實務工作者在教學中，以學生需求為主要依歸，依其動機當下進行課程活動。同時也打破一般人對應用行為分析的迷思，誤以為應用行為分析都是以外在增強為主的行為訓練，而事實上，應用行為分析是十分重視並強調個人的動機狀態，且是尊重個體需求的人性化學習理論。

CHAPTER 6

增加行為策略 I：模仿、影像示範及行為分析取向的觀察學習

田凱倩、鳳 華

本章學習目標

1. 能說出模仿的定義。
2. 能說出模仿訓練的程序。
3. 能說出模仿訓練的指導原則。
4. 能說出影像示範教學的原理與類型。
5. 能說出影像示範教學的指導原則。
6. 能描述觀察學習的定義元素。
7. 能舉例說明何謂觀察學習。
8. 能說出後效區辨的概念以及教學實務考量。

第一節　緒論

本章介紹增加行為的基本策略：模仿、影像示範教學及觀察學習。這幾種策略都是個體學習的重要管道。學習者在學習的過程中，許多行為是透過模仿而來的，對於不具備模仿能力的個體，可藉由模仿訓練來幫助學習者學會模仿能力，以作為後續學習其他技能的基礎；而影像示範教學則是模仿的延伸策略，實務工作者可以採用更為省力的方式進行有效教學；觀察學習則是模仿概念的擴展，本章節將以行為分析的角度解析觀察學習，並據以發展教學模式，以增進個體的學習能力。以下各節分別定義和詳述模仿、影像示範教學及觀察學習的內涵和執行方式。

第二節　模仿

一、模仿的定義

人類從嬰兒時期就會模仿（imitation），即「複製」他人的行為，從對人類行為的隨機觀察中可發現無數模仿的實例，例如：嬰幼兒模仿父母的姿勢、臉部表情、使用工具、發聲、行為舉止和風俗。模仿行為是靈活且多變的，我們可能會用手、身體、臉部表情和發聲來模仿；模仿時可能會以高或低的精準度模仿新穎或熟悉的動作；可能與示範者同時做出動作或在稍晚一點的時間才延宕做出動作；某些模仿動作可能會導致與示範者相同的結果，但其他模仿動作可能會失敗或導致不同的結果；某些模仿行為受到意識控制，而有些行為似乎是在沒有意識的情況下自然而然發生。模仿是人類學習新行為最重要的方式之一，Meltzoff與Williamson（2017）指出，模仿比Piaget強調的獨立發現學習（independent discovery learning）更有效率，也比嘗試錯誤學習（trial-and-error learning）的方式更快速。

模仿一詞可以廣泛的界定為：觀察一個動作，然後重複做出該動作，也就是，觀察者「複製」他人的動作。然而，從行為主義的觀點來說，模仿不僅僅是做出一樣的動作，Cooper、Heron與Heward（2020）提到，模仿除在行為表現型態上相似於示範行為外，行為出現的時間點亦需接近於示範行為，此外要有後效增強的經驗史才符合行為分析的模仿定義；而 Heyes（2016）則進一步說明，模仿為示範者的動作「引起」觀察者與示範者相對應的身體部位進行相同的運動，也就是說，對示範行為的知覺立即引起觀察者的反應。由此，我們可以將模仿視為「行為一環境」的互動關係，即立即前事事件與行為的關係。除此之外，Skinner 在他的鴿子實驗中發現，如果他在鴿子p2 看到鴿子p1 啄按鍵時做出啄的動作（不一定是啄按鍵）就給予食物，久而久之，每當鴿子p2 看到鴿子p1 啄按鍵就會跟著出現啄的動作，他認為鴿子 p2 不是為了與鴿子 p1 一樣而做出啄的動作，而是鴿子 p1 的動作逐漸成為引起鴿子 p2 表現出制約反應的區辨刺激（S^D）。因此，Holth（2003）統整出示範與模仿之間具有控制關係，而這控制關係指的是一個新的示範在沒有增強歷史的情況下引發一個相似行為，此行為可得到後效增強，而這後效增強接著成為可區辨操作的控制變項，意即示範對模仿具有控制的功能關係。綜合言之，模仿的操作型定義必須滿足三個條件：(1)觀察者產生的行為與示範行為具有型態相似性；(2)示範是引起模仿行為的立即前事事件；(3)示範為模仿行為的控制變項（Cooper et al., 2020; Holth, 2003）。舉例來說，大提琴老師教小明拉一首新的曲子，老師拉完一個小節（示範），小明立即無誤的拉出該小節的每個音（模仿），老師讚美小明（後效增強），之後每當老師拉完一小節後，小明馬上跟著拉出該小節（區辨操作），這個例子符合模仿定義的所有條件，老師在每個新小節的示範引起小明立即出現相似行為（即模仿），模仿行為是在「新」的前事事件之後立即發生的新行為，因此老師的示範對小明的行為具有控制的功能關係。

二、模仿訓練

模仿是兒童早期發展的一個重要核心技巧，它是許多複雜技能的先備技巧。一般正常發展的兒童可以在自然情境中，藉由觀察模仿他人的所言所行而習得新行為、強化既有行為，或改進已習得行為的發生，進而具備生活、語言、社會溝通等生存必備技能。父母或其他照顧者通常不需要使用特殊的方式來促進兒童模仿技巧的發展，然而，對於某些有發展障礙（如自閉症類群障礙）的兒童來說，模仿能力並無法自然而然的水到渠成，而這些沒有模仿能力的兒童將很難在基本技能範圍以外發展其他的技能，因此必須藉由模仿訓練（imitation training）來教導他們如何模仿，以協助他們發展模仿技巧。

模仿訓練著重於將技能分解為小步驟、提供學習者目標行為的示範、在學習者有於示範後立即表現出反應時給予增強，當學習者發展出簡單模仿技巧的基礎後，再將這些技巧組合成更複雜的技巧。模仿訓練的主要目標是教導學習者做出示範者的所有行為，以最早進行模仿訓練的 Baer、Peterson 與 Sherman（1967）之例來說，訓練程序包含教學者先給予口語指令（如「做這個」），然後提供示範（如舉起手臂），最後增強學習者做出相似於示範的反應。Baer 等人在模仿訓練的初始階段，亦提供學習者肢體提示（教學者用肢體引導幫助學生舉起手臂），然後在接下來的教學嘗試中逐漸減少肢體提示；他們同時使用行為塑造原則，以區別性增強策略增強愈來愈接近示範行為的反應。而這個訓練程序成為後續模仿訓練的典範模式。

（一）模仿訓練的優缺點

1. 優點

進行模仿訓練有幾個顯而易見的好處：

(1) 有助於為新技巧的學習奠定基礎。如同前面所述，模仿訓練是使用建構的方法，首先教導模仿的簡單技巧，接著將這些技巧組合起來以教導更複雜、更進階的技巧。模仿訓練著重在以學習者既有的技巧為基礎進行正向訓練，而不是只一味強調缺陷。

(2) 模仿使學習更快速且有效率。模仿訓練不需要冗長的解釋，不需要大量的書面指引，也不需要讓學習者決定何時表現技巧；相反的，模仿訓練將學習者的學習分解為更有效的互動。教學者示範具體行為，如果學習者做出示範行為，則教學者對其正確表現給予增強；如果學習者未能表現出示範行為，則教學者提供提示以協助學習者表現出該行為，而不是「等」著學習者表現出行為。

(3) 各個年齡層的學習者都能受惠於模仿。模仿的價值並不會隨著生命週期的進展而減少。擁有精實的模仿技巧，可以讓剛開始一份新工作的成人學會新工作場域的潛在規則，如同模仿技巧幫助學齡階段的兒童學會新班級的常規一樣。花時間訓練沒有模仿行為的兒童基本的模仿技巧，意味著為他們奠定終身都會使用到的行為基礎。

模仿訓練可以讓學習者觀察、練習並演練他們所看到的行為，一旦習得模仿技巧，將協助未來無數新技巧的習得。Baer等人（1967）發現他們的研究參與者在模仿訓練的過程中逐漸進步，他們習得一個與示範相似的新反應所需要的訓練次數愈來愈少。而 Cooper 等人（2020）也提出，一個學會模仿示範者的學習者，在許多情境下，就算沒有增強的安排，也比較可能會模仿，而不需要再經過特定的訓練。簡言之，模仿訓練不僅僅是訓練模仿這個技巧，它更是在教導學習者「如何」學習。

2. 缺點

雖然模仿訓練對沒有模仿技巧的兒童來說，具有絕對的效益，但可惜的是，並不是每個學習者都能接受模仿訓練。有些孩子欠缺成功進行模仿訓練的先備技能，因此需要先教導這些先備技能。模仿的先備技能包括：(1)注意到並專注觀看教學者所呈現的示範；(2)基本的動作協調與肌力，學習者若無法注意並專注觀察示範的呈現，則無法產生模仿，而若學習者沒有基本的肌肉協調能力與肌力，則就算專注觀察示範也無法做出行為反應。在大多數情況下，這些先備技能可以在模仿訓練之前教導，也可以與模仿訓練同時進行。

（二）模仿訓練的程序

Striefel（1974）建議使用五個步驟來規劃模仿訓練：(1)評估先備能力；(2)選擇訓練用的示範；(3)前測選定訓練的示範；(4)排序訓練的示範；(5)執

行模仿訓練。以下針對這五個步驟分別說明之。

1. 評估先備能力

如前所述，模仿訓練須先具備專注力與肌肉協調能力。Cooper 等人（2020）建議，在進行模仿訓練前，針對學習者的專注力至少要評估三次，若評估結果顯示學生具有足夠的專注力，方能開始進行模仿訓練。Striefel（1974）建議，可透過以下流程來進行專注力評估：

(1) 坐在位子上。要求學習者坐下，並記錄其坐在位子上的時間。

(2) 看著教學者。以穩定的口氣叫學習者的名字，並記錄學習者是否能在被喚名後，出現眼神注視教學者的行為。

(3) 雙手放在膝上。要求學習者把雙手放在膝蓋或大腿上，並記錄學生雙手保持在膝上的時間。

(4) 注視物體。將幾個物品放於桌上，發出口語指令：「看這裡」，然後馬上將手指從學習者眼前移到其中一個物品上，觀察並記錄學習者的眼神是否能隨著教學者的手指移至該物品。

2. 選擇訓練用的示範

Cooper 等人（2020）建議模仿訓練的初期可能需要選擇並使用大約 25 種行為作為示範。示範行為可以包括粗大動作（如摸鼻子）、精細動作（如握筆）、物品操作、發聲或語音；複雜度可以涵蓋單一個動作或二個以上的連續動作。訓練初期可以選擇單腳跳、拍手、舉手等身體部位動作的示範，可以選擇傳球、將外套拉鍊拉上、拿起水杯等實物操作的示範，也可以選擇發出「啊」或「咿」等聲音的示範。記得，在訓練初期只選擇一個動作的示範，待學習者能精熟模仿一個動作後，再選擇二個連續動作的行為作為更複雜的示範。

3. 前測選定訓練的示範

初步選擇好訓練用的示範行為後，應針對學生進行示範行為起點評估，以了解學習者在沒有經過訓練的情況下，已經會模仿哪些示範行為。教學者可以先喚起學習者的專注力（可採用前述專注力評估的一至三步驟指令），待學習者有眼神接觸時，說「做這個」，然後呈現示範（即叫名字—暫停—

「做這個」—摸鼻子）並等待學生反應，在這過程中，教學者不提供任何提示，僅觀察並詳細記錄學生的反應，例如：正確模仿、錯誤（沒有反應或跟示範不相關的反應），或相近於示範。學習者若做出正確反應，則立即稱讚每個與示範行為具有形式相似的反應，也可以再搭配其他增強物。Striefel（1974）建議在前測階段，每個示範至少測驗三次，若學習者在前測時未能對所選擇的示範正確回應達預設標準（三次前測中三次正確反應），則可確定選用該示範來進行模仿訓練；反之，若能達預設標準，則不選用。

4. 排序訓練的示範

選定的訓練示範的排序建議以由易而難、由簡而雜為原則。前測的結果為教學者安排選定示範呈現順序的依據。學習者在前測階段，有時候但並非全部都能正確模仿的示範應排於優先的順序，再來是學習者做不正確但有相近反應的示範，最後才是學習者做錯誤的示範。

5. 執行模仿訓練

每一次的模仿訓練，應包含四個階段：教學前評量、訓練、教學後評量、探測（Striefel, 1974）。

(1) 教學前評量

教學前評量為在每次訓練前進行的簡短測試，Striefel（1974）建議每次訓練先對排序為前三名的選定訓練示範進行教學前評量。採用前測的程序進行評量，即叫名字—暫停—「做這個」—示範，並等待學生反應。在教學前評量時，隨機呈現這三個示範三次，目的是要了解學習者對這些示範行為的表現現況，以確認學習者學習示範反應的進展，若學習者在教學前評量達到預設標準（例如：學習者在某個示範的三次測試機會中三次皆表現出正確模仿），則將這個示範從訓練中移除。

(2) 訓練

完成教學前評量後，從這些學習者有時但非全部時間均能做出正確反應的示範中，選擇反應正確率最高的優先進行模仿訓練。但是，若學習者都只能做出相近於這三個示範的反應，則優先選擇相似度最高的示範作為第一個訓練示範。在訓練時，教學者反覆呈現示範，直到學習者在連續五個教學嘗試中皆對示範做出正確的反應（以及連續五次正確模仿示範行為）後，才停止訓練。

基本的單一動作模仿訓練的教學程序同評量時所採用的程序（叫名字—暫停—「做這個」—示範，並等待學生反應），並在學生做出正確反應時提供立即增強（如口頭讚美或原級增強），若學做出錯誤的反應（沒反應或與示範不相關），則可使用肢體提示來引導學生做出完整的反應，之後再逐步撤除肢體提示，直到學生可以在沒有協助下獨立完成。

模仿訓練建議，一天內安排至少一次以上 10 至 15 分鐘快速且活潑的簡短教學訓練（Cooper et al., 2020），在訓練過程中，對於學習者每一次的正確反應（不論有提示與否）都要立即給予增強，增強物的選用以社會性增強物（如口頭讚美或其他社會關注行為）為主，若需採用其他形式的增強物，則應注意避免增強物飽足的現象發生（例如：可將餅乾切成小塊），且應將社會性增強物與這些其他形式的增強物配對。再者，若學習者的表現逐漸變差，則倒退到之前表現成功的階段再緩慢前進。最後，教學者應於模仿訓練中直接測量及記錄學習者的表現，並在每次教學訓練後檢核數據資料，以作為模仿訓練計畫成效評估的依據。

(3) **教學後評量**

當學習者在沒有提示下能在五個連續的教學嘗試中對示範做出正確反應，此示範就可以被放到教學後評量中。教學後評量主要是評量學習者在先前及最近習得的行為，Cooper 等人（2020）建議教學後評量的進行可以包含五個先前已習得的示範和五個最近習得的示範，每個示範各隨機出現三次，在三個連續的教學後評量中，學習者最近習得的示範若能在沒有提示下，15 次機會中有 14 次能正確對示範做出反應，則可終止這五個最近習得的示範的模仿訓練，若沒有達到標準，則繼續訓練。

(4) **探測**

模仿能力是指能對未經訓練的示範做出模仿的行為，因此在訓練結束後，教學者可以選擇未經訓練、新的示範去探測學習者是否有自主的模仿行為發生。探測的程序與教學前評量不同，探測過程中不採用叫名字—暫停—

「做這個」等口語反應提示，而是直接示範，亦不提供肢體引導。後測的目的是確認學習者模仿技能是否已經真正產生。

第三節　模仿訓練的延伸：影像示範

引發模仿的前事事件，可分為非計畫性的示範（unplanned model）與計畫性的示範（planned model）。前者多發生於每天社會互動中，例如：第一次騎 YouBike 的學生，可藉由模仿他人感應悠遊卡取車的行為而學會如何租借 YouBike；而後者多發生在特定的教育訓練情境中，藉由預先安排好的前事事件，協助學習者習得新技巧或改進既有技巧的部分型態，例如：老師利用影片呈現微波爐的操作方式，讓學生去模仿影片主角所示範的操作動作。計畫性示範已被廣泛應用於教育情境中，其中以影像示範的運用最廣，此教學法已被美國國家自閉症專業發展中心（NPDC）認證為實證教學法。

一、影像示範的定義

影像示範（video modeling）指讓學習者透過觀看示範者獨立表現目標行為的影像後，給予學習者機會以表現出影像所呈現的目標技能的過程（王慧婷，2013；Sigafoos, O'Reilly, & de la Cruz, 2007）。Sigafoos 等人（2007）指出影像示範有三個關鍵特徵：(1)影像內容為示範者依腳本或工作分析後的步驟而呈現的目標行為（例如：揮手打招呼、製作鬆餅）；(2)學習者在每次教學前觀看影像，部分學習者可能需要提示（例如：教學者給予口語指令、教學者手指螢幕、教學者將學習者的臉轉向螢幕等方式），有的則需搭配增強策略以確保學習者能從頭到尾觀看完整個影像內容；(3)觀看完影像後提供學習者表現目標行為的機會。

二、影像示範的優點

（一）確保教學的一致性且省時省力

相較於其他教學法，影像示範能確保教學的一致性且具省時省力低成本之優點。影像示範的內容錄製完成後，在教學中只要重複播放示範影片並提供學習者表現目標行為，可以確保教學內容與程序的一致性及其成效，減少教學中需要示範目標技能的人力。再者，雖然影像示範需要教學者具備某種程度的影像製作與播放技能，但相較於其他教學法，影像示範並不需要那麼多的教育專業知識就能讓教學者簡易上手運用，雖一開始使用影像示範需添購設備並製作影像，但教師可藉由逐步創建影像庫，而減少投入影像製作的時間（Sigafoos et al., 2007）。

（二）增加學習者的注意力及動機

影像示範提供了不同於傳統的教學模式，對於學生來說可能更具吸引力（王慧婷，2013），再者，由於科技的進步，Goodwyn、Hatton、Vannest與Ganz（2013）發現，透過結合平板電腦、筆記型電腦等可提升學生學習動機。Charlop-Christy、Le與Freeman（2000）在比較直接示範和影像示範介入自閉症學生與人打招呼技巧的研究中發現，影像示範更能增加學生學習動機，同時提升學生專注力，並有效促進學習成效的提升。再者，許多文獻顯示（如Buggey, Hoomes, Sherberger, & Williams, 2011; McCoy & Hermansen, 2007），使用學習者本人為示範者，透過剪輯，將學習者不同片段的行為組合成其成功表現行為或完成任務的樣貌，即影像自我示範（video self-modeling），可以有效提升學習者的自我效能，對於缺乏自信心的學生可說是教學上的一大突破。

（三）保有個別化的設計並促進目標技能的維持及類化

影像的內容是預先計畫好的，因此可以依據學習者的個別需求或能力進行彈性調整，影像拍攝時可以透過鏡頭的調整排除不必要的干擾刺激，只聚焦呈現學習者需要注意看到的重點。除此之外，亦可透過影像編輯於影像內容中針對學生的學習狀況提供重點提示（例如：於畫面中增加箭頭或圓圈標示臉部表情線索、調整動作速度），讓學習者可以依據明顯的視覺影像與線索產生模仿反應（Van Laarhoven, Van Laarhoven-Myers, & Zurita, 2007）。除此之外，影像示範中的示範者與情境可安排並設計成與目標技能欲表現的實際狀況相同，以減少學習者類化的困難；可在影像中加入目標技能相關的各種教材或互動的同儕等，藉由將自然環境中的刺激納入影像中，以促進技能的維持與類化（Bellini, Peters, Benner, & Hopf, 2007; Clinton, Galletta, & Zanton, 2016）。

三、影像示範的程序

影像示範是一種藉由學習者觀察影像中的示範，進而模仿以建立新技巧或調整改善既有行為的方式，可適用於不同領域及情境中，以下建議影像示範的六個實施步驟。

（一）選擇和確定目標技能

影像示範適用的領域包含生活自理、社會技巧、學科學習及職業技能等（Sigafoos et al., 2007）。因此在選擇目標技能時，可優先選擇需要學習的新技能或目前需改善的技能，同時需具有社會重要性，並透過操作性定義使其成為清楚、可觀察且可測量的目標技巧（Cooper et al., 2020）。

（二）介入前評量

影像示範的使用，不受學習者的口語能力或心智能力影響，就算缺乏口語能力或心智年齡低於 2 歲的學習者，仍可藉由影像示範學習目標技能（Sigafoos et al., 2007）。然而，影像示範的使用，確實需要學習者具備一些先備技能，這些先備技能包括：(1)至少能持續觀看影像 1 分鐘；(2)具有基本的動作或語言模仿能力；(3)視覺和聽覺敏銳度在正常值或校正後接近正常；

(4)視覺訊息處理與理解能力符合影像的長度及複雜度（Clinton et al., 2016）。其中，學習者的模仿能力是使用影像示範的先決條件（Sigafoos et al., 2007），若學習者尚未具備則可先進行前文提到的模仿訓練。

（三）製作影像

錄製影像前須確定示範者，影像中的示範者可為學習者本人、學習者之同儕或成人（Clinton et al., 2016），可依目標技能在真實情境中展現的狀況選擇示範者（例如：選擇同儕示範拍攝正確與同儕互動方式的影像）。示範者若具有以下這些特質將更能促進學習者的模仿行為：(1)友善且樂於助人（這特別重要）；(2)與學習者的性別、年齡和社會地位相同；(3)看起來似乎對技巧很精熟或者就是專家；(4)地位較學習者高（學習者崇拜或偏好的人）；而控制學習者想要的獎賞及因行為而得到獎賞，也是影響影像示範效果的重要因子。

在進行影像拍攝前需先設計影像錄製的腳本，將目標技能依據學習者需求及能力進行工作分析，其中每個步驟需針對預計拍攝的內容對示範者進行說明。當示範是以：(1)清晰且詳細的方式呈現；(2)由簡而難的順序呈現；(3)反覆呈現；(4)無不相關的刺激細節；(5)由不同的示範者呈現時，將會提升影像示範的成效。

另外，亦須事先決定影像拍攝的視角，可以從觀眾的角度（即第三人稱視角）拍攝，也可以從示範者的角度（即第一人稱視角或稱為主觀視角）拍攝。前者指影像拍攝過程中站在示範者的對面，以現場觀眾的角度進行拍攝，學習者將以觀察者的角度觀看示範，就像觀看電視的主角一樣；後者指影像拍攝的過程中站在示範者同樣的方向模擬示範者的視覺角度，影像只會出現示範者的手部，以呈現模擬學習者正在進行目標技能的畫面。運用這兩種視角拍攝的影像示範（不論是採用其中一種或是混合使用）都曾被成功的用於教導學習者目標行為，目前文獻尚未確定哪種視角的拍攝具有較大的優勢，也未確定哪種視角較適合或較不適合哪些行為或學習者。

（四）拍攝場地和設備之準備

接著需準備拍攝場地和設備，場地需有足夠的亮度以確保影像的清晰度，錄製影像時應盡量減少環境中多餘的視覺刺激（如壁報、顏色亮麗的物品）或聽覺刺激（如垃圾車的音樂聲），以減少干擾刺激並確保學習者接收到環境中自然發生的重要刺激（如學習者熟悉的教材）。

最後，將拍攝好的影像進行編輯製作。運用編輯軟體將影像分割為較短的影格，逐一檢視影格的內容，將拍攝時無法避免的多餘刺激移除，並可透過編輯軟體中翻頁或重疊等工具讓影像看起來更精緻，也可以依學習者的需求加上片頭字幕、結尾的增強（如掌聲），亦可加入聽覺提示或視覺提示，例如：透過單擊標題格式製作標題，然後將其拖動到希望它出現在影像中的位置，音效也以相同的方式添加，但要注意不要添加過多而變成干擾刺激或無法清楚觀看示範，尤其是Sigafoos等人（2007）特別指出，對於注意力有過度選擇問題的學習者不適合添加聽覺提示。影像剪輯完需確認影像的播放速度及長度是否適中，Shukla-Mehta、Miller與Callahan（2009）建議影像的長度以 3 至 5 分鐘最適宜。

（五）執行介入

介入前需先設計教學環境，透過結構化的環境能促進影像示範的成效。設計教學環境時需考量以下幾點：(1)特定的教學時間，可視目標技能選擇固定教學時間或在自然情境中有機會從事目標技能前進行教學；(2)在特定的地點進行教學，在模擬的情境中進行影像示範有利教學者播放影像並減低受外在刺激干擾的機會，然應給予學習者在真實情境中練習目標技能的機會；(3)影像中使用的教材應與目標技能在真實情境中使用的教材相同（Sigafoos et al., 2007）。另外，亦需移除環境中過多的干擾刺激，並預防任何可能導致影像播放中斷的因素，可以在影像播放前提示學習者專注觀看影像，在影像播放過程中隨時觀察學習者的注意力是否在影像上，必要時給予提示重新引導其專注力；觀看完影像後也可以增強其專注觀看影像的行為。一般而言，一次的介入僅需完整播放一次影像，然而對於專注力不佳者可再次播放影像以提升學習成效（Sigafoos et al., 2007）。

（六）評量成效

透過蒐集介入的數據並繪製成圖表，以了解目標技能的習得、維持及類化成效。若目標技能的學習沒有成效，則可進行以下檢核與調整：(1)檢視是否過多的視覺或聽覺刺激造成學習者訊息處理困難，可透過靜音或合併影像減少訊息量；(2)檢視影像長度與速度的適切性，必要時重新錄製或編輯影像；(3)檢視影像中呈現的步驟數量是否適宜，若過多可再將步驟進行合併，若步驟過少則可進一步細分成更多步驟；(4)重新評估學習者的先備技能，以確定是否須先進行其他先備技能訓練；(5)重新評估增強物，以確定學習者達成目標技能後是否缺乏增強。

第四節　行為分析取向的觀察學習

模仿被認為是促進人類學習的重要管道，也被視為是重要的學習機制。而「觀察學習」（observational learning）最早由 Bandura 等學者所發展建置，強調以社會認知的概念解釋學習，其中強調認知符號的運用及替代增強的概念，據以區分模仿與觀察學習。不同於 Bandura（1977）的理論，行為學派的觀點則再次回應行為的基本理念，認為觀察學習是與環境互動下的產物，強調個體模仿行為的制約增強經驗、刺激類化及後效區辨（discrimination of contingency）等（Masia & Chase, 1997; Taylor & DeQuinzio, 2012），該學理將觀察學習認定是一種類化模仿（generalized imitation）、制約增強（conditioned reinforcement）下的產物，或是一種受規則管理的（rule-governed）行為（Fryling, Johnston, & Hayes, 2011）。Bandura 對觀察學習所建構的概念，確實對人類的學習內涵做了細膩的分析，然而對實務工作者而言，除了增加人類學習脈絡的認知外，另一個課題是對於沒有觀察學習的個體，要如何協助他發展出觀察學習的能力，針對此課題，應用行為分析的學理則提供了務實的解析，並據此建立實證研究成果，本節次將依序介紹。

一、觀察學習的定義要素：行為分析取向

觀察學習既是由Bandura所發展，行為分析的定義也應該要符合其重要架構。首先是 Baer 等人（1967）對模仿的經典研究中即指出模仿能力的檢核指標即是「類化模仿」，亦即個體對沒有出現在學習過程中的示範也能產生模仿行為。此種類化模仿即是觀察學習的元素之一（MacDanold & Ahearn, 2015），亦即在沒有過去增強歷史的經驗下，在觀察一個示範後，可以產生模仿行為。

本文的前一個段落有提及，Bandura 強調觀察學習中認知符號運作是一重要元素，並以此區隔模仿的概念，Bandura 與 Jeffrey（1973）在該篇研究中指出觀察學習有四個階段，亦即注意（attentional）、保留（retention）、動作再現（motor reproduction）、動機（motivational），而該研究結果則顯示有使用符號編碼並以口語重述示範者的行為的觀察者，有較好的模仿表現，因此他們強調觀察學習的主要影響因子是認知符號與口語複誦的保留階段。而行為分析領域則提出觀察學習可以看成是「受規則管理的行為」，來呼應 Bandura 的認知符號運作，或亦可以採用 Skinner（1957）語言行為中的命名（tact）的概念來解讀，也就是說個體學會命名環境中的關聯，個體則依此種關聯控制其自身的行為（Fryling et al., 2011）。

舉個生活中的實例來解讀行為分析取向的觀察學習。小名原本不具備英文字卡（rose）與玫瑰花圖片配對的能力，在課堂中，小花被要求配對並做出正確的反應，老師隨即給予社會讚美加上描述正確的反應，小名正好在課堂中觀察到此歷程，隔天被老師叫起來詢問時，小名也表現出正確的配對反應。這當中就可包含下列元素：類化模仿的元素（對新的刺激產生模仿）、制約增強的元素（模仿與過往學習經驗類似，等同獲得增強），也可能包含有受規則管理的元素。不過，行為分析學者對於觀察學習中個體是否必須要具備有以語言描述規則或關係的能力（亦即受規則管理的行為），則認為並非是必要的項目，然而如果要回應 Bandura 觀察學習的認知符號運作，則就

是個重要的元素。

Bandura 的觀察學習中第四個動機元素包含外部增強、自我增強及替代增強。當中的替代增強，是指兒童觀察示範者的行為之後若是得到獎勵，則會產生等同兒童自身得到獎賞進而模仿該行為，稱之為替代學習（vicarious learning），此種概念就延伸出所謂的楷模學習，例如：學校常用上臺領獎以鼓勵成績優良的學生，希望能激勵其他學生努力向學；或是頒獎給好人好事學生等，都是希望能藉由獎勵好行為，進而影響其他學生也能仿效出現這些善人義舉的好行為。而對應於此動機策略的則是制約增強，然而行為分析取向認為會被個體所模仿的行為，應該是與過往受到增強的模仿行為有相似之處，因此當個體模仿該行為的同時，也會自動產生制約增強，即等同於之前被增強的經驗（Fryling et al., 2011），據此觀點，與觀察學習中的自我增強較為一致；針對替代增強的部分則輔以後效區辨的方式作為解析，下個段落將針對後效區辨詳加描述。

二、觀察學習的要素及實證研究

研究指出嬰幼兒經由觀察而產生學習的此種能力是緩慢發展的過程，當中嬰幼兒必須要先發展出注意環境及持續觀察他人的能力，進而了解他人動作的意涵，並能區辨該行為可產生的效果，且在日後須能選擇適當的時機表現出該行為（Esseily, Nadel, & Fagard, 2010; Herbert, Gross, & Hayne, 2006）。其中，注意行為是觀察學習的首要技能項目，特別是持續注意的能力，持續注意力是指在呈現相關刺激一段時間下，兒童能維持專注在相關刺激的時間長度。觀察學習中涉及觀察者須持續觀察示範者的行為反應、環境對該行為的反應，因此持續注意力是觀察學習的先備要素之一。

從上述的定義要素中，可以窺見觀察學習的歷程中需要個體執行幾種反應，其中包含注意示範者、類化模仿同儕的口語及動作反應、區辨後效的能力。其中類化模仿的能力中，可涵蓋模仿動作、團體中的模仿（進到教室內看到大家都坐著在看書，就會去書櫃拿書到位子坐好看書）、模仿導致好的結果（模仿他人拼裝玩具，跟著他人下注或選取物品等）複雜模仿（看著他人用棍子拿取放在高處的物品，之後會跟著做）（Taylor, 2014），須強調的是，此處的模仿行為並未涉及區辨後果的部分，雖然模仿導致好的結果這個部分有涉及好的結果，然而此處示範者的行為並未伴隨明顯的環境後效。行為分析取向的觀察學習，其第三個重要的元素就是後效區辨。行為分析取向將 Bandura 觀察學習中替代增強的概念採用後效區辨方式解構，再次回應行為的基本原理，亦即行為與環境的互動關係。依據行為分析的觀點，個體展現出觀察學習的重點之一，是指個體會依據他人行為之後是獲得增強或懲罰而做出區別反應（MacDanold & Ahearn, 2015; Taylor & DeQuinzio, 2012）。也因著後效區辨概念的出現，開啟了後續教導觀察學習能力的契機。

早期的觀察學習的介入研究是以觀察學習作為自變項，是驗證觀察學習對觀察者的學習效益。舉例來說，Schoen 與 Ogden（1995）比較直接教學與觀察學習對三名特殊兒童（一名中度智障，二名高風險兒童）學習單字的成效，該研究以一般同儕為示範者，於觀察學習的介入階段主要是提示兒童注意同儕反應，結果顯示兩種教學介入都能提升三名受試對象的學習成效。此外，將觀察學習運用於連鎖反應的學習成效，亦有多篇研究成果顯示觀察學習的介入效果，其中包含中度智能障礙學生（10 至 13 歲）的準備食物（奶昔、炒蛋等）的表現（Griffen, Wolery, & Schuster, 1992）；輕中度智能障礙者的摺衣服、整理天花板等行為的表現（Wolery, Ault, Gast, Doyle, & Griffen, 1991）；低年級發展障礙者的數字排序、使用削鉛筆機、錄音機，以及使用計算機進行加減運算等（Werts, Caldwell, & Wolery, 1996）。這些研究證實障礙學生可經由觀察學習的方式有效的學習單一技能或連鎖的複雜技能，然而如果仔細檢視，這些研究所採用的策略比較屬於類化模仿的概念，當中並沒有涉及到後效區辨的能力。後續的研究亦針對此議題，將觀察學習作為依變項進行探究，為了要能充分展現觀察學習的三大要素，情境的安排會加上「後效區辨」的元素，亦即在示範者的行為之後會搭配兩種回饋：獲得讚許或獲得負向回饋，並觀察學生是否會依據示範者的行為後果產生區別反應，簡單而言，就是評估觀察者是否會選擇模仿獲得讚許的行為，而不去模仿獲得負向回饋的行為。以下分別介紹相關研究。

首先介紹的第一篇研究是 Pereira-Delgado 與 Greer（2009）對兩名 5 歲的自閉症兒童進行後效區辨訓練，而該研究具有特色之處是研究者採用同儕監控的方式，讓觀察的兒童能依據老師對示範者的正、負向回饋進行區辨正確反應及不正確反應，同時也評量經由這樣的區辨後的學習效果。監控同儕反應共分為三階段進行訓練，表 6-1 顯示其材料及訓練重點，階段一的安排大致如下：選擇受試者已經精熟但同儕尚未精熟的材料，老師給予同儕後效之後，由受試者依據老師的後效選擇積木；階段二的刺激材料選擇標準與階段一相同，是挑選受試者具備但示範者尚未習得的技能項目，本階段的重點是讓受試者在示範者出現反應後就選擇代表示範者表現所相對應顏色的積木，之後老師再針對示範者的反應給予回饋，也會對受試者給積木的區辨正確與否給予增強或糾正；階段三的程序與階段二相同，但是刺激材料則是受試者與示範者都未習得的。

表 6-1 同儕監控的訓練程序

訓練階段	刺激材料	目標	程序
階段一	受試者精熟、示範者尚未習得	依據老師給的後果選擇相對應的積木	老師呈現刺激給受試者與示範者 示範者反應 老師給示範者回饋 受試者依據老師給的後果選擇積木 老師給受試者回饋
階段二	同上	依據示範者的反應，選擇相對應的積木	老師呈現刺激給受試者與示範者 示範者反應 受試者依據示範者的反應選擇積木 老師給示範者回饋 老師給受試者回饋
階段三	受試者與示範者都尚未習得	同階段二	同階段二

該研究的依變項資料分為兩種，一種是實驗前與實驗後的刺激材料的探測，其探測安排是受試者觀察示範者 20 次的學習嘗試後（共五個受試者不認識的刺激材料，每個刺激呈現四次），立即對受試者進行探測，用以確認受試者在觀察學習後的習得成效；另一個依變項則是監控反應的正確比率。研究結果顯示二種依變項都有良好的進展成果，不過研究者也特別指出，只有當受試者完成三階段的監控反應訓練後，探測資料點才展現穩定的觀察學習成果。此研究的主要貢獻是對於觀察學習中的區辨元素做了初步的探究，其中並結合同儕監控的策略，並顯示監控策略對於觀察學習確實有正向影響效果。

第二篇備受關注的是 Taylor、DeQuinzio 與 Stine（2012）之研究。該研究的實驗設計採用兩種情境，第一種情境是受試者與示範者相鄰而坐，老師則坐在對面，老師會呈現字卡後請示範者讀出該字卡，正確反應後老師會給示範者代幣及社會增強，之後老師再詢問受試者剛剛說了什麼，受試者正確反應後，則讓受試者配對字卡，受試者正確模仿口說反應及正確配對之後，老師會給予代幣與社會增強；如果受試者未能正確模仿示範者的口說反應，則會請示範者再說一次，再請受試者模仿，如果反應依舊不正確，則不需要進行配對，結束教學嘗試，如果是配對出現錯誤，則採用從最少到最多的提示引發正確反應。第二種對照情境是讓受試者暴露在示範者接受教學的情境中，與第一種情境不同之處是同儕回應之後，老師沒有詢問受試者示範者說了什麼以及要求配對反應，也就是說沒有進行同儕反應監控。結果顯示，相較於第二種暴露的情境，受試者在第一種的監控反應情境下的單字學習速度較快，維持效果也較佳。然而，該研究者也提出其研究限制為因為是包裹式介入，因此無法確認單獨的監控反應與學習新單字間的功能關係。

後續 DeQuinzio 與 Taylor（2015）則修改上述的研究，針對四名自閉症兒童進行後效區辨訓練，介入程序是安排成人示範者在認讀字卡時會出現正確及錯誤反應，並搭配正確反應獲得增強，錯誤反應則沒有獲得增強，本研究與之前研究不同的作法是教導受試者在觀察示範者做出錯誤反應後，當被要求回答問題時要能回答不知道，結果顯示四名受試者皆能習得後效區辨力

（對於示範者做出錯誤反應並獲得負向回饋時，能回答不知道），並在字卡的學習上表現出穩定成長，但在刺激類化的反應上則出現受試者間的變異。因此，該研究指出可能由於教學刺激材料較少（只有三張是被增強及三張沒有被增強的刺激材料）、過於單一的教學刺激、沒有進行實驗前的偏好物評量等因素所致，另外，在學習評量的時程上，也是需要再加以確認的。

蔡侑恩、鳳華（2017）則參考上述文獻，針對二名自閉症兒童進行後效區辨訓練並檢視觀察學習的學習成效，研究程序類似 DeQuinzio 與 Taylor（2015）的研究，但不同於前述研究之處是本研究加入字卡提示與口語提示兩種不同提示策略對後效區辨的比較效果，並於每次教學後，探測受試者在觀察學習後對字卡的習得效果，後續並進行示範者類化、材料類化等探測，結果顯示口語提示對後效區辨力可以產生實質的學習效果（見圖 6-1）。圖 6-1 顯示字卡提示幫助受試者 A 在初學階段展現快速的進展，然而很快的卻又回到與基線水準一致的狀態，後續改用口語提示之後，則展現穩定的進展及良好的維持效果。研究過程中，研究者觀察到使用字卡提示時，並未提醒受試者要聚焦的情境脈絡為何，因此受試者會將焦點放置在他自身說錯的部分與字卡間的連結，然而口語提示則可以讓受試者觀察到整體的脈絡，換句話說，口語提示會提醒受試者觀察整體脈絡，包含示範者的反應以及老師給的回饋，而且需要判讀情境，如果老師對示範者說「不對喔」，那就要回答不知道，研究結果顯示，口語提示確實能讓受試者聚焦在觀察學習的整個脈絡。另外，本研究的另一個特色是， 每次教學情境中教學者會準備 10 張刺激材料，每次進行 10 次教學嘗試，每個教學時段前會進行刺激材料的探測，確認所有的刺激材料都是受試者不認得的才會放入教學情境中，如果該刺激已經通過教學後的探測，也不再放入教學的刺激材料中，因此受試者 A 在後效區辨訓練的同時，透過觀察學習所習得的累計命名標誌數量為 33 組，且展現出良好的維持效果。此種方式也回應 DeQuinzio 與 Taylor（2015）之前所提到的研究限制及建議，蔡侑恩、鳳華（2017）的研究證實，可以依據兒童的學習進展增加刺激材料，以促進刺激類化的展現。

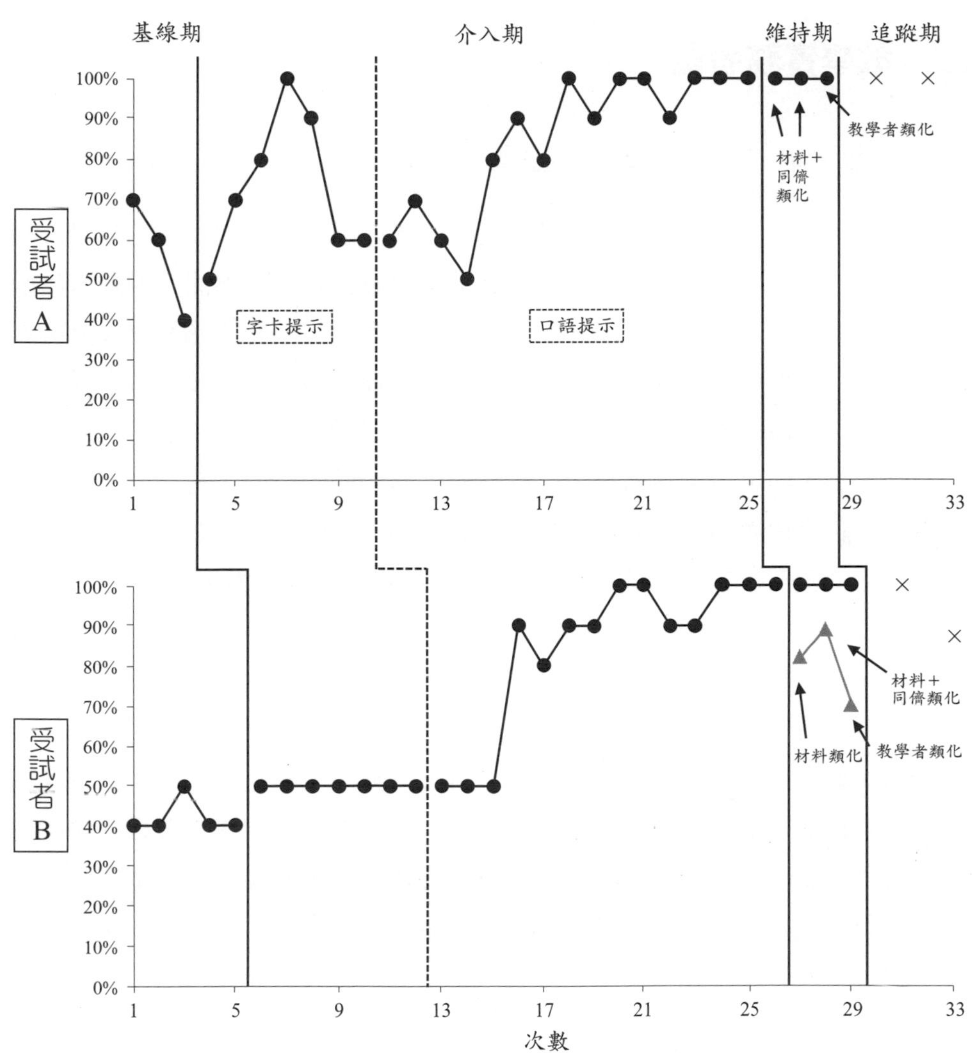

圖 6-1　兩名受試者後效區辨的學習成果

資料來源：蔡侑恩、鳳華（2017，頁 42）

三、教學實務考量

（一）觀察學習是自變項或依變項

正如示範提示可以促進眾多學習的產出，觀察學習通常也被認為是一種學習管道，在實證教學的研究中自然會被定位為自變項。然而，針對未具備模仿能力的障礙者，則必須將此能力定位為依變項，期待經過教學後能發展出模仿能力。本章的第二節中已詳細說明促進模仿能力的系統化教學模式，兒童必須具備模仿能力後，後續的學習才能採用示範作為提示，此時若是作為示範提示，則可以視為自變項。觀察學習亦如模仿一般，有些發展障礙的兒童並未隨年齡而自動發展出觀察學習的能力，因此就須需要進行介入，如果是要促進觀察學習能力的發展，觀察學習就須視為依變項。

觀察學習若被視為自變項，則應該要涵蓋其重要元素，在情境的安排上，首先是示範者的考量，示範者必須要能引發觀察者的注意，因此需要事先確認觀察者的偏好，並做適切的安排；第二，是否需要經由口語複誦的方式來加深觀察者對示範者行為的印象；第三，動機策略是使用外部增強或替代增強等，都需要加以考量，不過以往的研究多數都將觀察學習等同類化模仿的概念，並未細分其重要元素，未來研究亦可以依據其定義再做細分，或個別檢視各個元素對學習成效的影響。

觀察學習若被視為依變項，則必須要明確定義其內涵，目前回顧相關文獻顯示，其主要被定義的核心元素是後效區辨的能力，而持續注意力及類化模仿的能力則應該是先備能力，若個體欠缺這兩種基礎能力，則需要分別教導，爾後再進入觀察學習的核元素——後效區辨的教導。

（二）後效區辨的教學考量

後效區辨是觀察學習的核心元素，教學考量可分為幾個重點：第一，善加選擇提示方式，研究證實口語提示是較為適當的教學策略，觀察學習是一個複雜的過程，其中涵蓋觀察示範者的行為及行為的後果，並依據所得的後果來決定後續的反應。因此，研究發現口語提示相較於字卡提示，確實較能協助兒童觀察完整的脈絡，請參酌圖 6-2；第二，亦可以考慮讓觀察者能監控示範者反應的正確與否，不過可以先進行提示策略的介入，如果經由提示策略還無法產出後效區辨的能力，再考慮加上監控反應的訓練（Greer & Ross, 2008）；第三，如果觀察者有模仿示範者被鼓勵的反應，教學者應該要安排增強後效，使這適當的模仿行為在未來能持續發生；第四，目前的教學材料以學業學習為主，讓學生在接受訓練後效區辨訓練的過程中也能適切表達對未知事物的態度（如說「不知道」），以促進問題解決的開展，亦是值得推動的面向。然而，目前觀察學習的訓練材料僅以學業相關的材料為主，尚未拓展到其他生活的各種行為，未來研究則可以考量訓練材料的多元拓展。

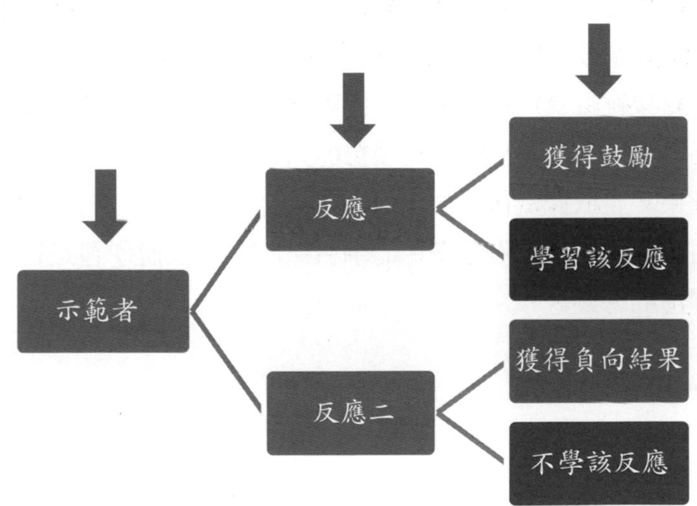

圖 6-2　觀察學習後效區辨觀察脈絡圖示

（三）觀察學習的成效評量

觀察學習的成效評量，亦應該區分為自變項或依變項。若觀察學習是作為自變項，是要驗證該策略對變項的學習成效，目前單一受試實驗強調自變項都需要交代教學程序忠實度，因此需要能清楚說明執行程序並進行程序忠實度的檢核，以確保執行者有依照程序確實執行。若觀察學習是被視為依變項，則需要確認主要的測量向度，可以是後效區辨力的展現，亦可以是學習材料的學習進展，何者為主，何者為輔，皆應標註明確。

第五節　結語

本章節中的三個學習能力——模仿、影像示範及觀察學習，都是學習者基礎且重要的學習機制。人類從嬰兒時期就會模仿他人的行為，從對人的表情、動作、行為舉止到各種生活面向的適應技能等，大都是透過隨機觀察的過程而習得該技能的，對於未能於發展過中順利發展模仿能力的個體，須要盡早建立其模仿能力，以促進後續的各項學習。而影帶示範則是結合影像科技並拓展模仿的重要技術，善加使用影帶示範，可以有效促進模仿學習，並能增進個體對複雜行為的動作計畫及完整樣貌，對於後續複雜能力的拓展，亦展現重要影響。而觀察學習則是模仿能力的再進化，亦即個體須要學習區辨行為的後果，並依據其後果決定模仿該行為與否，若沒有加上後效區辨的判讀力，則會讓模仿變成過度使用的學習機制，對個體學習是否有益得宜，則是需要關注的課題。

CHAPTER 7

增加行為策略 II：行為塑造、行為連鎖及行為技能訓練

鳳　華、洪雅惠

本章學習目標

1. 能說出行為塑造的定義。
2. 能說出行為塑造的指導原則。
3. 能說出行為連鎖的定義。
4. 能說出行為連鎖訓練的方式。
5. 能說出影響連鎖有效性的因素。
6. 能說出行為技能訓練的內涵／元素。
7. 能說出行為技能訓練的運用層面及考量因子。

第一節　緒論

本章再介紹增加行為的三個策略：行為塑造、行為連鎖及行為技能訓練，此三者是行為分析領域最具代表性的行為訓練策略，教師及其他專業人員可以應用其教導學習者學習較複雜的行為。以下各節分別定義和詳述行為塑造、行為連鎖及行為技能訓練的內涵和執行方式。

第二節　行為塑造

一、行為塑造的定義

操作制約創始者 Skinner（1953）指出：「操作制約塑造行為，正如雕刻家塑造一團黏土……是一連串行為塑造歷程的結果」（p. 91）。相似於雕刻家塑造一團黏土，實務工作者可以運用區別性增強、逐步接近目標行為，以塑造不同向度的行為，達到預定的目標行為。塑造的定義要素須包含下列幾個重點：(1)終點目標行為（terminal behavior）；(2)起始行為（initial behavior）；(3)中間目標行為（intermediate behavior）；(4)區別性增強逐步接近終點目標的行為（Malott & Shane, 2013）。以下就行為塑造（shaping）的重要概念（鳳華等人譯，2012；Malott & Shane, 2013），分別說明。

（一）目標行為的設定

要執行行為塑造，必須先設定要達到的最終目標，並能先找出起始行為。終點行為是個體在環境中從未出現的行為，但起始行為則必須是個體在環境中有出現的低頻行為。對起始行為的重點是以增強方式增加其發生率（Malott & Shane, 2013），並期待在高頻出現的過程中，會出現更為接近終點目標的中間行為。

舉例來說，為因應新冠肺炎的疫情擴散，戴口罩可以有效抑制擴散或傳染力。不過，對有些觸覺敏感的兒童來說，可能就會排斥戴口罩的行為。而為了符合規範，治療師採用塑造的方式來建立兒童戴口罩的行為。在這個例子中，終點目標就是兒童戴口罩的行為，起始目標則需要觀察兒童平時對口罩的反應。如果平常是偶爾可以碰觸口罩的，那起始行為就可以設定為碰觸口罩；如果兒童平常對口罩是排斥的，起始行為的設定就可以考慮放置在他可以接受的範圍，例如：口罩出現在距離兒童 50 公分的地方。

介於起始行為及終點行為的各種反應就可稱之為中間行為。下列呈現兩種情況。

情況一
終點行為：戴口罩
起始行為：以食指碰觸口罩
中間行為：食指及拇指都碰觸到口罩、用兩手指抓握口罩、用兩隻手都抓握到口罩、兩手拿起口罩等

情況二
終點行為：戴口罩
起始行為：將口罩放置在距離 50 公分處
中間行為：將口罩放置在距離 40 公分處、將口罩放置在距離 25 公分處、以食指輕碰口罩、食指及拇指都碰觸到口罩、用兩手指抓握口罩、用兩隻手都抓握到口罩、兩手拿起口罩等

上述例子清楚展現雖然兩種情況的終點目標都是一樣的，但是起始行為不同，因而會出現的中間行為也不盡相同，可能需要耗費的時間亦會有明顯差異，此顯示塑造是依據個別化的需求所客製化的一套介入程序。

（二）區別性增強

區別性增強涉及增強一反應群組中的某個反應組，而對其他反應組則不給予增強（Malott & Shane, 2013）。簡單而言，是指增強所希望的行為面向，對於不希望的行為面向則不予增強。在執行塑造時，也會使用區別性增

強，重點都在於增加某個反應組的發生率。但是，要如何更精準的將區別性增強及塑造做一區別呢？使用增強來塑造行為，涉及一系列的區別性增強，當被增強的反應組已經明顯與其他行為組產生區辨力，接著就會提高標準，也就是接受增強的目標必須是更為接近目標行為的反應組，更重要的是，塑造是形塑一個全新的行為；然而，單純的區別性增強並不具有此種特性（Malott & Shane, 2013），例如：某生舉手等待教師許可才發言的行為，會獲得教師的增強，沒有舉手就直接說出答案的行為，教師則不給予增強。在這個範例中，區別性增強的目標行為（舉手）是個體本來就具備的行為，教師採用區別性增強是強化在特定狀況下（獲得許可）的出現頻率，其結果是讓被增強的行為頻率增加，而不被增強的相似行為頻率減少。區別性增強的結果是讓學生形成反應區別（response differentiation），例如：學生因為教師區別性增強的結果，舉手時會等待教師點到名時才發言，此即為反應區別。然而，塑造中的增強過程涉及一系列的區別性增強不同型態的反應組，因此兩者的差異就需要再加以澄清。

再舉上述戴口罩的例子來說明，要塑造終點目標——戴口罩，首先要再次強調，戴口罩的行為是零出現率，區別性增強的程序是從起始行為開始（如食指碰觸到口罩），並依個案的行為變化逐步區別性增強愈來愈接近終點目標的「中間行為」，而中間行為的數量是因人而異的，而且最終的目標行為是戴上口罩，此終點目標與起始目標行為是不同的，終點目標行為是一全新的行為。下面要說明的「逐步接近目標行為」之概念，則可以更清楚的協助區分行為塑造與單純的區別性增強之差異。

（三）逐步接近目標行為（successive approximations）

行為塑造是用來建立一個新行為的程序，既然個體還沒有具備這個行為，就不可能等行為自然出現，然後再增強行為，所以教師或實務工作者可以從與最終目標行為相當不同的起始行為開始，逐漸增強愈來愈接近目標的行為，以塑造出最後的目標行為。因此，行為塑造亦被稱為逐步接近目標法，亦即選擇被增強的反應群組，與前一個或被取代的反應相較之下都更為接近目標行為。行為塑造可以定義為透過增強接近最後目標行為的反應，逐步塑造出最後的目標行為。

為了讓讀者容易理解上述的兩個概念，茲舉一個大家可能熟知的遊戲活動用以解釋。「熱熱熱、冷冷冷」遊戲說明（Morgan, 1974）：

1. 預先設定目標行為，例如：將禮物藏在沙發底下。
2. 增強任何一個接近沙發底下的行為。
3. 兒童在沒有任何提示下，進入塑造遊戲現場。
4. 兒童每靠近沙發一步，就大喊「熱熱熱」，愈靠近，聲音可以愈大。
5. 只要兒童遠離沙發，就發出「冷冷冷」的聲音，這屬於沒有給增強的回應。

遊戲中教師可以和學生先設定一目標，每一個漸進目標物的移動就等同於「逐步接近目標行為」，「熱和冷」的語言回饋就類似於區別性增強的概念，接近目標行為的移動就得到正增強，遠離目標行為的移動受到忽略，兒童可以學會區辨不同聲音的意涵，並逐步往會得到正回饋的方向移動，最終獲得禮物。圖 7-1 則將行為塑造的概念以簡圖的方式表現，當中愈來愈接近目標行為的移動獲得增強，遠離目標行為的移動則受到忽略，或是當新的行為更接近終點目標時，取代前一個行為獲得增強時，前一個行為就不再給增強（例如：進入行為二，原先被增強的行為一就不再受到增強），讓個體能依據區別性增強的原理逐步塑造成終點目標的行為。

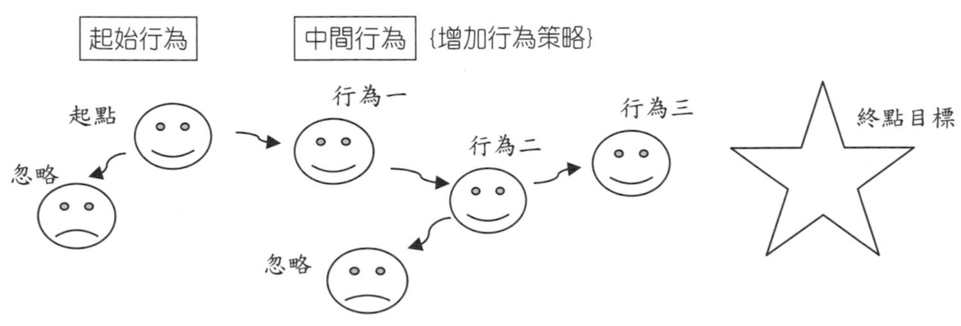

圖 7-1 行為塑造概念圖（行為塑造遊戲圖示）

二、行為塑造的兩種形式

行為塑造依其特性又分為跨反應型態（across response topographies）及反應型態內（within response topography）的行為塑造（鳳華等人譯，2012）。以下分別說明。

（一）跨反應型態的行為塑造

跨反應型態的行為塑造，指的是逐步增強某個較為接近終點目標的反應型態，其他反應則不被增強。最常見的跨反應型態的行為塑造就是口語的塑造，從完全無法發音，到發出聲音、發出類似的音，到發出正確的音，例如：要教幼兒發「ㄅ」的音，剛開始只要有發出聲音就給增強，之後若能發出接近ㄅ的聲音就給增強，於此時只發出聲音但不是類似ㄅ的音則忽略，最後則是兒童發出正確的ㄅ音時才給增強，圖 7-2 呈現區別性增強逐步接近目標行為的塑音程序。各種運動的動作訓練也是一種跨反應型態的行為塑造，例如：要教小朋友跳繩，起始行為是可以正確握住跳繩的兩個把手，第二個目標則可以定為兒童能將繩子由後甩到身體前面，第三個目標行為則是甩過身體並且跳躍過去，之後則是增強更流暢的甩跳動作。教學者必須謹記，當學生可以達成下一個目標（如甩繩子到身體面前）時，前一階段的目標則不再給增強，以此類推，直到兒童能流暢的甩動繩索並跳躍。另外，肢體動作型小朋友表達生氣是直接出手打人，改成口說「我生氣了」亦是跨反應型

階段	行為	增強	沒有增強
一	1-1 發出任何聲音	V	
二	發出類似ㄅ的音	V	
	發出階段一的聲音		V
三	3-1 發出正確ㄅ的音	V	
	發出階段一或階段二的音		V

圖 7-2 區別性增強逐步接近目標行為的塑音程序（跨反應型態）

態，此過程可以從階段一：將雙手交疊，階段二：轉身不看對方，階段三：說「我生氣了」，塑造的過程先從階段一開始，只要做出階段一的反應，就給增強，再逐步進展到階段二及階段三，當進入高階段的部分時，前一階段的行為就不再提供增強。

（二）反應型態內的行為塑造

反應型態內的行為塑造是指該行為的型態不變，但是其頻率（frequency）、時間長度（duration）、延宕時間（latency）及強度（intensity）等，因區別性增強而逐步往最終目標行為的程序，詳述如下。

1. 頻率

頻率指的是在特定單位時間內行為出現的次數，例如：120 秒限時投籃，由投中 10 個三分球提升到 22 個三分球；或是提高工作生產量，組裝零件從一天 20 組、30 組、40 組到 100 組；或是拼字的錯誤率逐漸下降等。

2. 時間長度

時間長度是指行為從開始到結束所持續的時間，例如：專注閱讀的時間由 20 分鐘，提高到 30 分鐘，再提高到 40 分鐘；坐在位子上的時間從 1 分鐘、3 分鐘、5 分鐘、10 分鐘到 20 分鐘等。

3. 延宕時間

延宕時間是指前事刺激出現到反應行為產生的時間，又稱延宕反應時間，例如：跑百米選手，從聽到鳴槍，到起跑，當中所流逝的時間就是延宕時間。

4. 強度

強度是指反應的力道或強度，例如：拳擊手一次出拳的力道能將沙包移動多少距離。強度的行為塑造可以運用在對內向、講話音量太小的兒童提高其講話音量的分貝。

5. 其他行為面向

其他面向如距離也是常見的反應型態內的行為塑造。常見的例子就是協助不願意進教室的幼兒可以順利進入教室，塑造的程序為：初始階段先增強逐步接近教室的行為，再增強進入教室的行為，再到進入教室並坐在座位的行為，運用行為塑造的區別性增強可以讓幼兒不需要以哭鬧的方式進入教室，而能在正增強的環境下愉快的進入教室。或是要訓練兒童願意練琴，家長不需要用強迫的方式，也能逐步養成兒童練琴的好習慣；如果最終目標是每週練琴三天，每次 30 分鐘，則初始目標可以先設定在每週一天，每次 15 分鐘，逐步增加到 20 分鐘、30 分鐘，之後再增加為每週兩天，每次 30 分鐘，最後再進入到每週三天，每次 30 分鐘的最終目標（鳳華等人譯，2012）。養成跑步或定期運動的習慣都可以比照該程序，漸近養成好習慣。

有些行為塑造是結合跨型態及型態內兩種形式。舉例而言，對於拒絕寫生字的學生，可以結合兩種型態的塑造來讓學生完成寫生字的行為。剛開始階段只要完成寫出名字就好，之後再增強寫一個生字、寫三個生字、寫單數號碼的生字，到能將全部生字寫完。當中除了增加寫生字的數量及寫作業的時間之外，也同時塑造了寫字的行為。

三、行為塑造的特性

行為塑造是藉由增強每個更接近目標行為的行為，來逐步塑造出目標行為，換句話說，在此過程中，非更接近目標行為的行為不會被增強。因此，行為塑造是以正增強的形式來形塑新的目標行為。行為塑造依定義來看，是透過區別性增強後效的方式，教學者必須要耐心等待下一個更接近目標行為的行為出現。有時個體的進展會很快速，很快往目標行為前進；但也有些個體出現更為接近目標行為的速度很慢，通常個體能出現更接近目標行為的時機不是由教學者所掌控，因此有時其進展是迂迴緩慢的。所以，後續有學者就建議行為塑造可以結合其他行為改變策略（如口語提示、肢體引導、示範、模仿、連鎖訓練），讓教學能更有系統並能循序漸進的逐步往前行。比如上述的跳繩訓練，剛開始階段教學者可以結合部分肢體或示範的提示方式，讓兒童知道如何將繩索甩到自己面前，而不是在一旁觀察等待兒童自然出現甩繩子的行為，如此可以有效縮短行為塑造的訓練時程。

四、行為塑造的指導原則

（一）確定目標行為

行為塑造的第一步就是確定終點目標行為，並且精準的定義，有了精準的定義，才能增強接近目標行為的行為，或是採用反應型態內的塑造，對目標行為則應明確指出其特定向度（形式、頻率、時間長度、延宕時間、強度及距離等）欲達到的目標。

（二）選擇起始行為

確定目標行為後，同時評估目前的起始行為是很重要的，行為塑造的目的就是藉由增強起始行為，再逐步增強更接近目標行為的每一個行為，來逐步達成終點目標行為的發生。

（三）計畫行為塑造的步驟

分析達到目標行為所需要的每個行為或能力，分步驟加以訓練，例如：目標行為是跑馬拉松，現在規定的長度是 42.195 公里，個案起始行為是跑 5 公里，訓練教練設計一個 16 週訓練方案，每週包含三項速度訓練，方案如下。

階段一：第一至六週——增加體能與力量

第一階段訓練的重點，是要為真正的馬拉松訓練建立基礎，提升力量以應付逐漸增加的路跑距離。

1. 長距離跑：把重點放在速度的「鍛鍊」，其次才是「距離」。
2. 節奏跑：以半程馬拉松配速做 60 至 90 分鐘的間歇跑訓練，著重的是姿勢與跑步韻律。
3. 速度跑：加入衝刺練習，主要是提升技巧。

階段二：第七至十二週——基礎轉換

這個階段培養跑步品質的長距離跑，和建立穩固基礎的速度訓練同時並進，所以也必須安排不少休息與恢復時間。

1. 長距離跑：首重「距離」，「速度」第二。
2. 節奏跑：以半程馬拉松配速進行間歇跑訓練。
3. 速度跑：每一趟建立速度，最後一趟應為其中最快的。

階段三：第十三至十六週——最終衝刺與休息

著重在休息與最後的長距離跑，在訓練階段還不要急著達到比賽目標速度。

1. 長距離跑：上一階段增加了速度，但此時更重要的是恢復，在比賽之前逐漸減少訓練距離和強度。減弱到你跑完之後還有力氣加速跑另一趟。
2. 節奏跑：長距離跑減弱，但強調節奏跑。
3. 速度跑：恢復衝刺跑練習，但因為比賽將近，讓身體機能恢復非常重要，所以最好兩週或一週進行一次。

資料來源：http://www.active.com

（四）以合適速度前進

在增強逐步接近目標行為的行為時有一些原則：

1. 從前一個步驟到下一個步驟的進展不要太快，有可能會發生前個步驟要訓練的能力尚未穩固就進到下個步驟，將影響建立新步驟的能力。以訓練跑馬拉松為例，第一階段體能與力量尚未建立穩固，就無法負荷第二階段長距離跑。
2. 依個別化特性判斷合宜的前進速度，合宜的進展速度有賴教學者或訓練者對個別的個人進行研判。
3. 達到目標行為仍須持續給予增強。當目標行為達到且被增強，仍須繼續給予增強直到目標行為精熟或穩固，否則無法維持目標行為，而退回前一步驟的行為。以訓練跑馬拉松為例，能持續跑 42.195 公里不等於速度夠快，仍需要一段時間進行速度訓練，且體能與力量提升都需一段時間的持續訓練才能維持穩定。

行為塑造可能很快，也可能曠日費時，端賴所要塑造的目標行為簡單或困難而定。很多運動領域的行為塑造都相當辛苦，而朝目標行為的進展並非都是直線往前，可能會停留在某步驟或階段較久的時間，這些都是行為塑造可能會遇到的真實樣貌，但行為塑造依然是建立行為可採用的絕佳方式。

第三節　行為技能訓練

行為技能訓練（behavior skills training，簡稱 BST）是一種包裹式的行為訓練模式，包含指導、示範、演練及回饋，也是應用行為分析領域中增加行為的重要教學策略。此模式其中的一些訓練元素早在 1970 年代就已經出現在文獻中，但並不完整，比較完整涵蓋這四大元素的研究是出現在 Poche、Brouwer 與 Swearingen（1981）教導兒童自我保護的研究。該研究指出，其所使用的策略是結合教導、示範、演練及社會增強的包裹式訓練模式，但當時他們並未針對該教學程序定名。Sarokoff 與 Sturmey（2004）則正式將此包裹式訓練模式定名為行為技能訓練（BST）。BST 是具實證本位的教學模式，已經被廣為運用到教導各種不同年齡層的多樣族群，教導的技能也十分多元廣泛。目前，BST 已被認可是訓練服務人群相關的專業人員之實證本位訓練取向（Parsons, Rollyson, & Reid, 2012），已有許多研究運用該策略系統化培訓專業人員及家長，使他們能有效的運用相關之教學技巧或行為處理的介入技巧，並確保受教者的最佳權益。

一、行為技能訓練的元素

行為技能訓練主要包含四大元素，即指導、示範、演練及回饋，其中每個元素又細分為幾個重要項目（如圖 7-3 所示）。以下參酌相關文獻說明主要元素（Parsons et al., 2012; Sarokoff & Sturmey, 2004），以及行為技能四大元素與行為分析四期後效關聯之關聯。

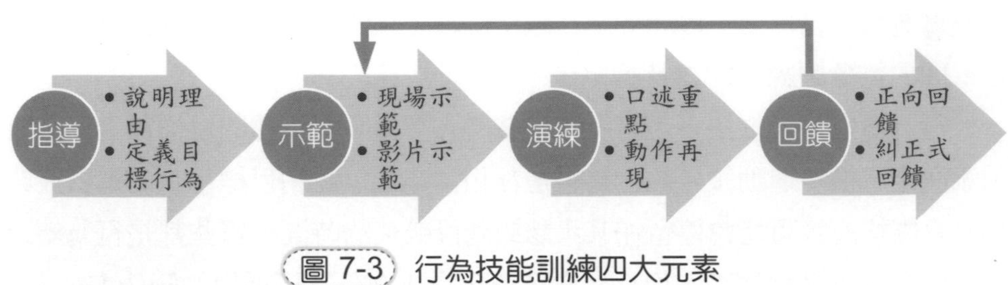

圖 7-3 行為技能訓練四大元素

（一）指導

指導階段分為二大部分，第一部分必須要對學習者說明該目標技能的重要性並提供足夠的理由，以引起學習動機。在此階段中，還必須以行為化的方式明確定義目標行為，並以書面加上口頭方式說明目標行為需要表現出來的行為表現（Lattimore, Stephens, Favell, & Risley, 1984）。表現技能（performance skills）是行為技能訓練的重點，不同於「知識技能」只要口述出學習者所認知的知識即可，「表現技能」必須是學習者要能完整做出需要的技能步驟，以忽略他人的嘲弄為例，該目標技能須包含不看嘲弄者、不和嘲弄者對話、心裡想其他高興或正向的事（Cartledge & Milburn, 1995）。很明顯的，此技能如果只是口述，應該很容易背誦並重述，但如果在被嘲弄的情境下無法確實表現出這些技能反應，那等於是無效的學習。因此，指導階段除了要解釋教學的理由外，還必須要清楚陳述學習者必須要做出的行為反應，亦即「表現技能」，才能真正達到行為技能訓練的目的。

（二）示範

示範是指，教學者應示範如何表現出正確的目標技能，讓學習者觀摩，一般可採用角色扮演方式來完成。示範可以是現場示範或是以影片的方式呈現。現場示範通常會有二名訓練者，一名擔任示範者、一名擔任互動者，如果教學者只有一名，則可以邀請學習者擔任互動者。在進行示範之前，需要有清楚的示範程序腳本，並確認示範者可以流暢示範正確的技能反應。另一種示範的形式是以影片、聲音、卡通或動畫等方式示範出正確的反應。舉例來說，Poche、Yoder 與 Miltenberger（1988）具代表性的研究，即是播放由兒童演員所演出的如何防止被誘拐之影片，影片中呈現出陌生人接近兒童並出現誘拐行為，而兒童演員則展現出面對該誘拐情況時應有的正確反應。因此，在提供示範（特別是影片示範）時，根據 Bandura（1977）所揭示觀察學習的提醒，應注意下列幾項議題：(1)示範者必須要選擇可以引起學習者注意的人選，並且盡可能與學習者的年齡相仿，例如：許宜楨（2017）在其教導自閉症類群障礙兒童反霸凌的研究中，就是邀請與自閉症類群障礙兒童年齡相仿的同儕做示範者，除了增加真實感外，也能增加受試者觀看影片的動機；或者也可以採用學習者崇拜或偏好的人物，可以是公眾人物或卡通人物，例如：政府在宣導戒菸時，會找有名的藝人或公眾人物進行代言或示範好的行為，以有效促進戒菸行為的推動；(2)在示範者做出正確反應之後，應立即增強該行為，可以是社會增強或實物增強，以增加學習者模仿的動機；(3)示範時可以強調要觀看的重點，可以用旁白或現場提示的方式，讓學習者能聚焦到要模仿行為的重要面向，包含口語反應及肢體反應。

（三）演練

在教學者示範之後，緊接著就是由學習者演練該技能，演練讓學習者有機會將示範階段所觀察到的示範行為表現出來，Bandura（1977）稱之為動作再現。在演練中，所有在場的學習者都應該要有機會演練示範行為，這是讓學習者能正確學習「表現技能」的重要關鍵元素。在進行正式演練之前，也可以讓學習者有機會先以口述方式默唸剛剛觀察的示範行為，經過學習者自身消化該學習經驗或透過學習者自身的符號編碼後，再進行演練，對較為害羞或需要時間消化沉澱的學習者，則可表現出較好的學習成果（Cartledge & Milburn, 1995），再以上述忽略他人嘲弄為例，可以讓學習者先口頭熟練這些技能項目，在正式演練時，口述就可以類似於自我教導的概念，並做出相對應的技能反應。對較為複雜的行為，一次演練通常是不夠的，故需持續評量學習者的表現，若未達標準，則可再次提供示範及演練機會，並參酌圖 7-3 的循環機制，讓學習者能有充分學習的機會，以確保正確的行為表現。

（四）回饋

演練之後，訓練者應立即提供回饋。回饋包含兩種形式：第一是陳述正確的反應，並增強某些特定的好表現（正向回饋）；第二是對於不正確的反應提供糾正式回饋（Parsons et al., 2012）。在提供糾正式回饋時，應先給予同理式的支持，先讚賞學習者的努力與投入，再針對不正確的反應提供指導；指導的程序建議以口語描述應修正及改善的地方，並提供示範，再請學習者演練一次。這個階段應確保學習者能充分掌握行為應表現的重點，並能正確的表現出該目標行為。

（五）其他元素

行為技能訓練可以搭配多重範例教學或遊戲活動，以增加學習者對該技能項目的熟練度。也可以安排回家作業單，讓教學情境的學習可以有機會類化到自然情境中。如果技能較為複雜，也可以設計如記憶小卡，讓學習者可以隨身攜帶，以便在需要時隨時能參閱應表現的技能項目。

（六）與行為分析中四期後效關聯之關聯

行為技能訓練與四期後效關聯呈現的關聯，可以解析如下：第一，指導或解釋階段可以視為動機策略（EO），讓學習者理解該技能對學習者的重要性；第二，示範的部分是屬於提示策略，協助行為的出現並連結區辨刺激與表現反應；第三，演練階段主要是屬於行為表現，但是必須要協助學習者建立適當的刺激控制。再舉忽略他人的嘲弄為例，該行為表現是受控於嘲弄的語言刺激，因此如何區辨何謂嘲弄的語言是必要的先備知能，如果學習者尚未建立清楚的分辨力，則須加上區辨訓練。最後，回饋可以視為四期後效關聯的後果；該後果可以是增強，用以增加未來適當反應的發生；或是糾正，用以減少未來不適當反應的出現。

二、行為技能訓練之運用層面

BST 被廣泛運用在不同年齡層，並涵蓋各種重要技能，以下針對文獻中最常被提及的三種主要技能，依序分項說明。

（一）安全技能

安全技能是生活中的因應技能，對於個體自身安全的維護有其重要影響。Poche 等人（1981）的研究發現，使用示範、演練及社會增強能有效的教導學前兒童以口語及行動拒絕陌生人之誘拐行為，並通過類化探測，顯示示範及演練對技能學習的成效。他們的研究也為後續訓練安全技能的系列研究提供一優良範例。而後續研究則再加入現場教學與評量，例如：Pan-Skadden 等人（2009）使用 BST 訓練兒童當與親人走散時適當尋求協助的行為，結果顯示 BST 於現場教學能有效協助學前兒童在確認自己和家人走散後，可向適當人員尋求協助。Miltenberger（2015）指出，行為技能訓練運用於安全技能的還包含有教導一般兒童或認知障礙成人，預防被綁架、被性侵或是面對槍枝的適當反應，以及面對緊急消防的應變技能等。

（二）社交技巧

一般社交技巧中的直接教學法重要步驟，就是依照社會學習理論所發展出的具體教學法則，共分為指導階段、鑑別技能的分項目、呈現模仿對象、練習階段（技能呈現）、回饋，以及類化學習的安排（Cartledge & Milburn, 1995），其中亦包含了 BST 的四大重要元素。社交技巧的範疇非常多元，其中 Stephens（1992）將社會技巧分為四大類別，每個類別又分有多元的社交項目，例如：(1)自我相關行為（接受結果、倫理行為、表達感覺、對自我的正向態度、負責的行為、自我照顧）；(2)與任務有關的行為（詢問及回答問題、專注行為、教室討論、完成任務、遵循指導、團體活動、獨立工作、執行任務行為、先他人而行、工作品質）；(3)與環境相關行為（照顧環境、因應危急、環境中行動）；(4)人際互動行為（接受權威、因應衝突、獲得注意、打招呼、助人、主動交談、規則的遊戲、對他人正向態度、非正式的遊戲、所有物的借與還）（引自 Cartledge & Milburn, 1995）。其教學模式都以 BST 為基調，讓目標技能在充分的解釋教學理由、目標技能的分析與說明、示範、演練及回饋下，使學習者能有效學習。此外，BST 也可運用在模擬面談技巧，讓求職者在正式接受面談前，能先有一充分練習的機會。

（三）專業人員實務培訓

應用行為分析的主要目的是要改善人類的行為，增進其環境適應力並促進生活品質，因此正確的執行行為改變技術是重要關鍵。舉凡與直接服務人群有關的專業領域，都設定有實習的基本門檻，以確保實務工作者能正確執行相關服務策略。在實習階段中，督導是協助專業人員習得表現技能的關鍵人物，BST 已被證實是培訓專業人員的有效教學及督導策略。自國際行為分析師認證委員會（BACB）於 1998 年成立之後，對實習亦制定高的標準，除了要完成基本行為分析知識的學習外，要報考行為分析師的基本要求是必須完成 1,500 小時的實習時數，並同時接受至少 75 小時的督導時數。而為有效建立訓練準則，建立具實證的訓練方式是必要的，而行為技能訓練則被證實是訓練實務工作者執行行為改變技術的有效策略。以下將回顧幾篇具代表性的文獻，其中包含訓練人員執行功能分析（Iwata et al., 2000）、刺激偏好評量（鍾儀潔、鳳華，2014；Lavie & Sturmey, 2002）、教導區辨教學執行程序（Sarokoff & Sturmey 2004），以及執行語言行為實務教學（Nigro-Bruzzi & Sturmey, 2010）之實證研究成果。

Iwata 等人（2000）的研究對象為 11 名修習應用行為分析課程的學生，基線期階段研究者提供學生功能分析的文獻，閱讀後則進行類比功能分析的探測；正式的培訓則包含閱讀額外的文獻資料、觀看正確操作功能分析程序的影片、小考，並於練習時段給予回饋。研究顯示，基線期階段學生在模擬測試的正確反應率平均值為 70%，介入期之後，所有學生皆能達到 95%的正確反應率，此顯示透過適當的 BST 訓練，可以讓實務經驗弱的學生也能正確執行複雜的功能分析。鍾儀潔、鳳華（2014）的研究則延續國外的研究，針對南部特殊學校特教教師進行兩種偏好評量的訓練，訓練程序包含指導解釋、角色扮演，並配合回饋等行為技能訓練方式。研究者在指導解釋階段輔以評量程序表，清楚說明執行偏好評量的詳細步驟；在角色扮演的部分，訓練階段由研究助理假扮學生，正式測試階段則採用該校特殊生，結果顯示四名特教教師在接受訓練後皆能正確執行兩種偏好評量，正確率達 85%至 100%，社會效度亦顯示四名特教教師對此訓練有高的滿意度。該研究是本土研究的重要實證成果，顯示 BST 對專業人員訓練具正向成效。

Sarokoff 與 Sturmey（2004）則是訓練三名教師正確的執行單一嘗試教學法（discrete trial teaching，簡稱 DTT）。訓練方式亦是採用行為技能訓練的包裹介入，包含指導（提供書面描述教學程序的詳細步驟）、對教師在基線期的表現提供圖表回饋，並口頭說明正確與不正確的反應，接著讓教師執行三次 DDT，由研究者提供立即正向及糾正式回饋，隨即提供現場示範教學，之後再請教師演練該教學程序，如此示範、演練、回饋，每次約持續 10 分鐘。結果顯示，三名教師的進展從低於 50%正確率進展到 95%以上正確率，顯示訓練後的教師都能正確執行 DDT。Nigro-Bruzzi 與 Sturmey（2010）則訓練六名機構人員正確執行語言行為中「要求」（mand）的教學程序，該教學程序依工作分析分為八個步驟，訓練方式亦是採用行為技能訓練的包裹介入，包含指導、示範、演練及回饋。結果顯示，當機構人員能正確執行「要求」的訓練後，學生自主表達要求的頻率也隨之提升，顯示 BST 能有效訓練機構人員正確執行語言的「要求」課程，並能於自然情境中正確執行。

三、實施行為技能訓練的考量

（一）分析並確認目標技能

BST 的目標技能可能是單一反應，例如：對誘拐的陌生人說「不」；也可能是複雜的行為目標，例如：上述文獻範例中，走失時尋求協助的步驟、偏好評量的步驟、功能分析的執行步驟，或是 DTT 的教學步驟等，都是步驟繁多的複雜行為。若是複雜的目標行為，在指導說明階段，教學者應提供詳盡的步驟說明，若能搭配文字陳述，方能有效促進學習者的學習效益。

（二）掌握真實環境中的各種刺激因子

在正式教學前，教學者應觀察真實情境，並能界定所有可能的刺激變項。舉例來說，教學生主動與人打招呼的禮貌行為，教學者必須要先能界定打招呼的各種可能情境，例如：學習者必須能判斷對方是否適合打招呼，因此教學者須事先盡可能的列出所有適合打招呼和不適合打招呼的情境，並在演練時讓學習者充分經驗各種不同的情境，也需要教導學習者在不適合打招呼的情境時應如何適當反應等。

（三）演練與回饋同等重要

行為技能訓練的重點是要協助學習者能正確學習表現技能的重要關鍵元素，教學者透過演練可直接觀察學習者的表現，評量學習者是否已確實掌握需要表現的技能項目。回饋則扮演維持行為或修正行為的關鍵元素，透過正向回饋與支持，學習者能確認剛剛的行為表現哪些反應是正確的，後效增強亦可促進未來適當反應的發生頻率；透過糾正回饋，可修正不適當反應，讓被期待的技能可以正確表現。部分研究也顯示，在回饋之後，教學者若再次提供示範，對學習者的反應糾正或表現正確的反應可以有更好的效果。

（四）設計適當的類化訓練

行為技能訓練所教導的目標行為是個體在日常生活中的重要技能，如自我保護、安全技能或社交技巧。若能在自然情境中進行教學，學習者自然能立即使用；然而如果是複雜的技巧（如社交技巧，一般是較為複雜的技能），則可以先在模擬的情境下進行教學及演練，模擬情境則要盡量與自然情境相仿，安排與環境相似的共同刺激，以促進未來類化的發生。此外，訓練過程中可搭配家庭作業，讓學習者可以將所學逐步運用在自然情境中。為確保學習者的表現動機，學習者在自然情境中練習目標行為之後，應給予增強，始能強化學習者適當的行為表現。

第四節　行為連鎖

一、行為連鎖的定義

本章重點是要協助個體建立新行為，第二節介紹塑造新行為的原理與方法，而這節要介紹建立多重步驟複雜行為的技術。行為連鎖（behavior chain）是指將包含多重步驟的行為（如做三明治、彈一首曲目、騎腳踏車、游泳等），經由工作分析成依序的步驟，學習者經由學習將多重刺激與反應連結成一個行為連鎖的歷程。經由連鎖化之後，連續動作會自動出現，前者引出後者，即使不經意識，行為也不會中斷。因此，行為連鎖就是一種習慣性或自動性的複雜行為，將多重反應串連起來，像連鎖一樣，第一個動作結束後，立刻引起第二個動作，這種環環相扣的現象就稱為行為連鎖。此種增加行為的技術適用於各種適應行為，如生活自理、刷牙、洗臉、洗手清潔等，或是家事相關行為，如洗衣服、掃地、清潔衛浴設備、煮飯、燒菜等，或是職業技能的訓練等，其適用範圍相當多元。應用行為分析同樣是以環境與個體互動的關係，來解析連鎖的概念。從圖 7-4 和圖 7-5 中的解析可看到連鎖背後的學理，此正是回應行為分析的主軸——區辨刺激與後效增強。

從該圖中可以看到，除了第一個引發後續連鎖反應的刺激外，所有個別的連鎖反應都具有雙重功能，第一種功能為引發下一個反應的區辨刺激，最後一個反應除外（如圖 7-4 所示）；第二種功能則是作為前一個反應的後效增強物，連鎖的每一個反應產生一個刺激改變，此刺激改變即成為該反應的制約增強（鳳華等人譯，2012；Reynolds, 1975; Skinner, 1953），如圖 7-5 所示。從圖 7-4 及圖 7-5 可以明顯看出 S_2^D 是引發 R_2 的區辨刺激，同時也是前一個反應 R_1 的制約增強；最後一個刺激—反應（$S_9^D \rightarrow R_9$）完成後，出現正增強 S^+。建立行為連鎖的方法就是藉由有效的訓練程序，強化每一個刺激—反應連結。表 7-1 是一位 4 歲幼兒在家，母親要他自行操作錄放影機看影片行為連鎖的例子。

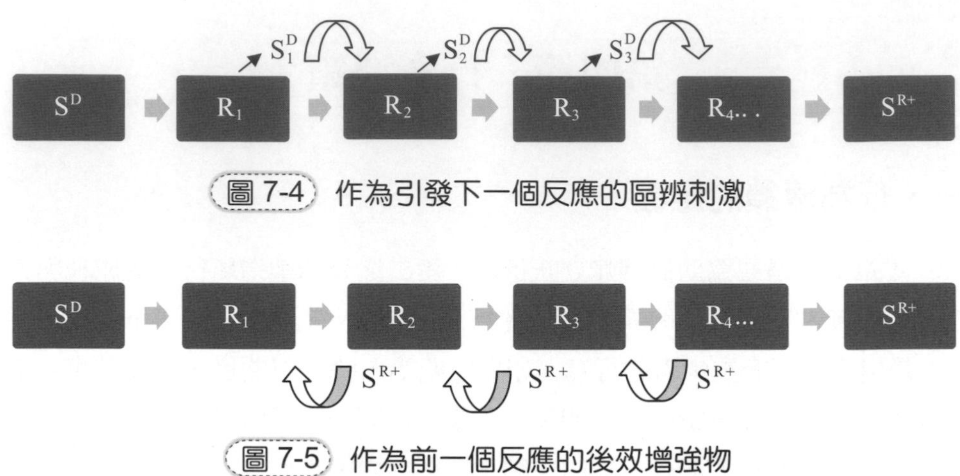

圖 7-4 作為引發下一個反應的區辨刺激

圖 7-5 作為前一個反應的後效增強物

表 7-1 行為連鎖範例中每個區辨刺激、反應以及增強之間關係的描述

區辨刺激	反應	制約增強
S_1 看到 DVD 影片	R_1 拿自己喜歡的卡通 DVD	手中的 DVD
S_2 手中的 DVD	R_2 錄放影機按 on/off 按鍵	錄放影機 on/off 按鍵燈亮
S_3 錄放影機 on/off 按鍵燈亮	R_3 錄放影機按 open/close 按鍵	錄放影機光碟匣打開
S_4 錄放影機光碟匣打開	R_4 將 DVD 放入光碟匣	DVD 在光碟匣
S_5 DVD 在光碟匣	R_5 錄放影機按 open/close 按鍵	錄放影機光碟匣收回
S_6 錄放影機光碟匣收回	R_6 按電視電源	電視螢幕顯示
S_7 電視螢幕顯示	R_7 錄放影機按 play 按鍵	電視螢幕開始播放影片

二、建立連鎖訓練

連鎖訓練的適用範圍是多步驟且複雜的行為，因此在進行連鎖訓練之前，需要先進行：(1)建構與驗證工作分析；(2)評量學習者工作分析步驟的精熟程度，以決定後續如何進行連鎖訓練，此兩項事前預備，分述如下。

（一）建構與驗證工作分析

將複雜技能分解成較小的、依序的、可個別單獨執行的單位，便是工作分析（task analysis）。建構和驗證工作分析是決定完成行為所必須的依序步驟為何。專家和生手所需的步驟可能不同，所以一個複雜行為的工作分析沒有標準答案，它是個別化考量，因人而進行步驟調整。Snell 與 Brown（2011）提出可以諮詢精熟執行這項工作的專家，例如：燙衣服技能，可以諮詢洗衣店老闆；另外，也可以自己親自做一遍。形成初步的工作分析之後， 可以讓學習者執行一遍，再依其表現省略步驟或再細分步驟。

在臺灣，使用手機透過 LINE 傳遞訊息已是重要的社交技巧，教導輕或中度智能障礙學生用手機傳 LINE，也有助於其與人溝通的便利性與時效性，以下將其步驟分析如表 7-2 所示。分析步驟的確認可以由教學者依據所分析的步驟親自操作，或是讓未使用過 LINE 的學生依據所列出的步驟操作一次，作為教學前的探測，並依據其學習的過程再做步驟的增減。

表 7-2 用手機傳 LINE 的工作分析

步驟
1. 滑開手機至使用界面
2. 辨識 LINE 符號
3. 點入 LINE
4. 分辨 LINE 的功能
5. 選擇欲傳訊息的朋友並點入
6. 點選貼圖或輸入文字
7. 點送訊息

（二）評量學習者工作分析步驟的精熟程度

Snell 與 Brown（2006）指出單一機會法（single-opportunity method）和多重機會法（multi-opportunity method）可以用來評估個體工作分析個別步驟的精熟程度，分述如下。

1. 單一機會法

此法是評量學習者以正確的序列完成工作分析中每一個步驟的情形。圖7-6以操作洗衣機為例，以「＋」標記正確行為，以「－」標記不正確行為。不論是家長在家訓練幼兒、教師在學校宿舍教導重度智能障礙學生，一開始先說：「小英，把衣服拿去洗衣機清洗。」接著記錄小英在工作分析每個步驟的反應，有步驟不會就停止。

操作洗衣機的工作分析評量

行為提示：「用洗衣機洗衣服」
教師：洪老師
評量方式：單一機會法
學生：小英

	日期			
步驟行為	6/1	6/2	6/3	6/4
1. 打開洗衣機蓋	＋	＋	＋	＋
2. 把衣服放進洗衣槽	－	＋	＋	＋
3. 倒洗衣精／洗衣粉	－	－	－	－
4. 按開／關按鈕	－	－	－	－
5. 按水位	－	－	－	－
6. 按啟動按鈕	－	－	－	－
步驟正確率	17%	33%	33%	33%

材料：洗衣機、洗衣精／洗衣粉
記錄方式：＋（正確）；－（不正確）
標準：連續三天 100%正確表現

圖 7-6　操作洗衣機的單一機會工作分析評量

2. 多重機會法

此法是評量個體在工作分析中所有行為的精熟程度。如果某項步驟表現錯誤、順序不對或是超過完成步驟的時間限制，家長、教師或行為分析師便為學習者完成此步驟，然後讓學習者進行下一步驟。個別步驟是個別評估，以「＋」標記正確行為，以「－」標記不正確行為。

圖 7-7 顯示阿鴻在接受行為提示後，6 月 1 日可以打開洗衣機蓋，所以記錄「＋」號，尚不會正確將衣物放進洗衣槽，記錄「－」號，由老師將衣服放進洗衣槽，阿鴻也不會倒合適的洗衣精在適當位置，記錄「－」號，由老師倒洗衣精，其餘步驟也由老師完成，所以都記錄「－」號；6 月 2 日阿鴻可以自己打開洗衣機蓋，記錄「＋」號，尚不會正確將衣物放進洗衣槽，記錄「－」號，由老師將衣服放進洗衣槽，阿鴻不會倒合適的洗衣精在適當位置，記錄「－」號，由老師倒洗衣精，但是他可以按開／關按鈕，所以記錄「＋」號，不會按水位至合宜位置，記錄「－」號，由老師按操作，之後

操作洗衣機的工作分析評量

行為提示：「用洗衣機洗衣服」
教師：洪老師
評量方式：多重機會法
學生：阿鴻

	日期			
步驟行為	6/1	6/2	6/3	6/4
1. 打開洗衣機蓋	＋	＋	＋	＋
2. 把衣服放進洗衣槽	－	－	－	－
3. 倒洗衣精／洗衣粉	－	－	－	－
4. 按開／關按鈕	－	＋	＋	＋
5. 按水位	－	－	－	＋
6. 按啟動按鈕	－	＋	＋	＋
步驟正確率	17%	50%	50%	67%

材料：洗衣機、洗衣精／洗衣粉
記錄方式：＋（正確）；－（不正確）
標準：連續三天 100%正確表現

圖 7-7 操作洗衣機的多重機會工作分析評量

阿鴻可以按啟動按鈕，記錄「＋」號。每一項步驟是個別評估。值得注意的是，評量過程中老師沒有提供任何提示或介入。

單一機會法和多重機會法在評量精熟度上皆可採用，兩者各有優缺點。單一機會法較為快速，評量在有步驟無法執行就停止，也較不會在評量過程中有學習發生（Snell & Brown, 2006），此外也提供老師較少的資訊。多重機會法需要較長時間，可以提供老師較多關於學習者能力訊息，此外，可能有觀察學習發生。

三、教導行為連鎖的方式

確定教學目標，以及工作分析成合適的學習步驟後，實務工作者須決定要用哪一種方式進行教學或訓練較為合適，有四種選擇：順向連鎖（forward chaining）、全工作連鎖（total task presentation）、逆向連鎖（backward chaining）和跳躍式逆向連鎖（backward chaining with leap aheads），分述如下。

（一）順向連鎖

順向連鎖是從第一個步驟開始教，精熟第一個步驟後，下階段教學從第一個步驟開始，導入第二步驟，待學習者精熟第一步驟及第二步驟後，次一階段教學從第一步驟連接到第二步驟，然後導入第三步驟……重複此程序，直到教完所有的步驟，例如：以教導認知障礙學生用手機傳 LINE 為例，首先，從第一個步驟開始教導，能正確且用合宜力道與手法滑開手機至使用界面，等學生能正確達成目標反應，給予增強；之後，必須能滑開手機界面至使用界面與正確辨識 LINE 符號才給增強；之後，則從滑開手機界面至使用界面、正確辨識 LINE 符號、點入 LINE 連續完成才增強……以順向次序教導，最終，從第一個步驟連續執行至將訊息寄出。然而，在任一訓練步驟會提供必要的指導以引發正確反應。

（二）全工作連鎖

全工作連鎖是從第一個步驟執行到最後一個步驟，持續練習直到精熟所有的步驟，於必要時提供提示協助。以教導使用手機傳 LINE 為例，則是認知障礙學生從頭連續執行七個步驟（參見表 7-2），之後呈現增強物，反覆練習直到精熟整個流程。

（三）逆向連鎖

逆向連鎖是從最後一個步驟開始建立，再教倒數第二個步驟並與最後一個步驟連結；然後再教倒數第三個步驟並與倒數第二個步驟及最後一個步驟連結，以此類推，直到從第一個步驟教導，並且學習者可以從第一個步驟連續執行到最後一個步驟；須謹記，所有訓練階段都必須在完成最後一個步驟時才提供增強。以教導使用手機傳 LINE 為例（參見表 7-2），教學者完成步驟一到六，由認知障礙學生點送訊息；再來，由教學者完成步驟一到五，由認知障礙學生點選貼圖或輸入文字，並且點送訊息出去；然後，由教學者完成步驟一到四，由認知障礙學生選擇欲傳訊息的朋友並點入、點選貼圖或輸入文字，並且點送訊息出去……，直到輕或中度智能障礙學生能自行完成從第一步驟到傳送訊息給朋友的最後一個步驟。

（四）跳躍式逆向連鎖

跳躍式逆向連鎖是由 Spooner、Spooner 與 Ulicny（1986）所提出，因為學習者可能已精熟連鎖中的部分步驟，所以雖然跟逆向連鎖訓練程序一樣，此方式可以跳躍步驟以減少全部訓練的時間，但是學習者仍需執行每個步驟才能獲得增強。

應如何研判使用順向連鎖、全工作連鎖或逆向連鎖進行教學呢？對於認知障礙學生而言，若該連鎖行為的步驟不多，使用全工作連鎖較為適合，且有些行為將步驟切割，按照順向連鎖或逆向連鎖進行教學時，可能不如在合宜情境中以全工作連鎖進行教學來得有意義，例如：Mahoney、Van Wagenen

與 Meyerson（1971）運用順向連鎖教導一般孩子和心智障礙孩子小便，步驟分成：走到廁所、把褲子拉低、坐著或面向馬桶站著、尿尿、穿好褲子。從第一步驟開始訓練，精熟第一步驟後，每一次訓練都從第一步驟開始，亦即每次都要走回教室，從教室走到廁所，除了所花費的時間，另外，把褲子拉低後，訓練停止，這動作也頗讓人覺得適切性需要再評估。如果在學生有需要上廁所時，以全工作連鎖進行教學，不僅對學生而言更容易了解整體意義，也免去個別動作引發的爭議性，以及耗費時間在已會的技能上。Bellamy、Horner與Inman（1979）亦指出，全工作連鎖讓實務工作者避免花太多時間在某個部分的訓練或是每個部分的單獨訓練，而將焦點放在教導完成全部任務的步驟，因此可以讓學習者更快學會。相關研究亦支持全工作連鎖比順向連鎖或逆向連鎖更合適智能障礙者（Martin, Koop, Turner, & Hanel, 1981; Spooner, 1984; Yu, Martin, Suthons, Koop, & Pallotta-Cornick, 1980）。

對於一般學生或是工作步驟繁複時，順向連鎖或逆向連鎖會更有效。空軍基地訓練駕駛員俯衝轟炸時，逆向連鎖比全工作連鎖更為有效（Bailey, Hughes, & Jones, 1980）。在準備鋼琴獨奏複雜曲目時，如《月光奏鳴曲》或《匈牙利狂想曲第二號》，往往需要順向連鎖，分段精熟再串連起來，此時採用全工作連鎖則難達到個別樂章之精熟，也超出工作記憶的記憶容量。因此，對於選擇哪一種方式，需要視學習者及工作繁複程度綜合考量而定。

四、影響連鎖有效因素

（一）工作分析之適切性

工作分析應該是個別化的，因個人認知能力、先備技能不同，因應個別需求所分解的步驟也不同，即便事先已考慮相關因素進行工作分析，實際進行教學或訓練時仍可彈性修正，減少步驟或增加步驟。以刷牙為例，教導一般學前兒童刷牙，分成四步驟：擠牙膏、刷前面、刷後面、漱口，全工作連鎖教導可達到目標，但是教重度智能障礙學前兒童，要以順向連鎖方式教導，因為他們可以學會擠牙膏、刷前面牙齒，可是不會刷後面牙齒或刷不乾淨，漱口時把水含在嘴裡不知道怎樣做叫做漱口，或把水吞下去，因此刷後面牙齒和漱口皆需拆解成更細的步驟教導才行。

（二）是否有合適的提示或策略

圖片提示，例如：將上廁所步驟圖貼在廁所內，有助於引導學生按此學習衛生技能。Thierman與Martin（1989）用圖片提示教導重度智能障礙成人在做清潔工作時先看圖片，再做該步驟，完成後給自己貼一個貼紙（自我增強與自我監控），有良好成效。訓練重度智能障礙學生自行用杯子至飲水機倒水，如果工作分析成「杯子放在飲水機出水口下方、按溫水、七分滿停」，重度智能障礙學生可能無法理解七分滿的意思，教學者可以在杯子七分滿處做記號，教導重度智能障礙學生水滿至這個記號，手就要放開按鈕。

（三）事前示範

實務工作者進行訓練前，宜先示範整個程序，並口語描述每一步驟應有的表現。以上述教導重度智能障礙學生漱口為例，要先用飲用水訓練，因為重度智能障礙學生可能會把水喝進去，且教學者要先示範：含一口水在嘴巴（不能說「喝一口水」，學習者會混淆意思，把水喝下去）、漱口（動作誇張的漱口）、把水吐出來。再讓重度智能障礙學生逐步練習，學會「漱口」這個行為。

（四）訓練行為連鎖時的矯正性回饋

訓練時提供必要的口頭引導或提示，例如：「刷完前面牙齒之後呢？」「漱口水要不要吐出來？」如果學習者做錯或沒有反應，應重新教導或提供需要的協助（如肢體協助）或拉回注意力，以幫助學習者正確習得該技能，亦即給予即時矯正性回饋。

（五）正增強之提供與減少

在訓練初期提供大量的社會性增強，如果可以，學習者完成行為連鎖的最後一個步驟應得到額外的增強物（如擊掌慶賀、食物、口語肯定等），當學習者愈來愈精熟這些步驟，正增強可以逐漸減少，如果可以由完成行為所得到的自然增強物取代就更棒了。

（六）個別步驟之訓練

連鎖的步驟中難易不一，單一困難步驟宜花費較多心力訓練，提供額外的教導及需要的提示和策略，學習者學會後隨即撤除協助，繼續依連鎖方式進行連鎖訓練。

（七）結合其他有效策略

行為連鎖結合影帶示範教學，可有效增進學習者之學習成效。影帶示範教學的主要特點是將多重步驟或複雜的流程一次完整呈現，讓學習者對複雜行為的組織架構或計畫流程先有一概略的輪廓，在實際執行時會較容易掌握繁複步驟的先後順序，也能有效縮減學習時程。

第五節　結語

行為塑造、行為連鎖和行為技能訓練都是增加行為的策略。行為塑造是透過區別性增強逐步接近最後目標行為的反應，逐步塑造出學習者原本未展現的目標行為。行為連鎖除了全工作連鎖是從頭教到尾，順向連鎖或逆向連鎖都是訓練與增強愈來愈多的「刺激—反應」連結。行為技能訓練則是一種包裹式的增加行為之訓練模式，其中包含指導、示範、演練及回饋，其應用面向除了可以有效增加個體新行為之外，也被證實很適用於訓練實務人員的專業技能。實務工作者可以視行為性質、學習者本身特質、時間多寡等因素，選擇適合方式以增加合宜的行為教導。

CHAPTER 8

減少行為策略

洪雅惠

本章學習目標

1. 能說出消弱的定義。
2. 能說出消弱的程序。
3. 能說出影響消弱有效性的因子。
4. 能說出有效運用消弱的方針。
5. 能說出各種區別性增強的定義。
6. 能說出區別性增強低頻率行為的使用準則。

第一節　緒論

本章介紹減少行為的兩個策略：消弱和區別性增強。消弱是指保留不當行為的增強物，如忽略（如果注意力是增強物的話），然而忽略容易引發負面情緒反應，因此因應而生區別性增強策略，藉由增強可接受的行為：不管是不相容行為或頻率要降低至可接受程度等不同方式，免除了因消弱引發的副作用。然而，每一種策略各有其適用情境與特定的執行方式，熟知之後能靈活運用，以維護學生或個案的最大益處，是筆者所衷心期盼的。

第二節　消弱

一、消弱的定義

消弱（extinction）是指某一個行為在某特定情境下，之前曾被增強，目前則是行為之後沒有呈現增強物，那麼就降低未來反應頻率的行為過程。所以使用消弱時，需要確認增強行為的增強物為何，只有當不提供維持行為的增強物時，行為減少，才是消弱。Skinner（1953）認為：「當增強物不再隨時可得，反應頻率愈來愈少，就是『操作消弱』」（p. 69）。舉例來說，國中生阿勇每天花大量時間使用臉書（Facebook），很多好友都會對他的貼文按讚和留言，阿勇所得到的注意力增強此使用臉書的行為，如果當他貼文時沒有朋友按讚和留言，逐漸的他就降低貼文的意願，花在臉書的時間也減少了，因為沒有人按讚或留言等同撤除了增強物——注意力，因此使用臉書的行為出現頻率下降，也就是說他使用臉書的行為被消弱了。

值得留意的是，並不是所有行為的增強物都是注意力，所以容易混淆的概念是：以為忽略（不提供注意力），即是進行消弱，事實上，唯有當增強物是注意力時，撤除注意力，且後果確實導致行為的頻率下降，才是應用行為分析中的「消弱」。另外，處罰（如責罵、反應代價）或遺忘都可能讓行為減少，然而這並不是消弱。

二、消弱的程序

行為是由正增強、負增強及自動增強所維持，所要採取的消弱程序不同，分述如下。

（一）行為是由正增強所維持的消弱

當一個行為由正增強維持時，在個體行為之後，正增強物沒有出現，即是進行消弱，例如：阿仁常在上課喊出答案，老師會告誡他「要舉手發言」，但是阿仁喊出答案的狀況持續發生，所以老師意識到他的注意力（對阿仁說「要舉手發言」）對阿仁是種增強，所以下次當阿仁喊出答案時，老師忽略，亦即撤除阿仁得到的注意力，並且老師肯定稱讚舉手的同學。三次後，阿仁不再喊出答案，而且會舉手等待老師點他，成功消弱阿仁上課喊出答案的行為。

（二）行為是由負增強所維持的消弱

行為是由負增強所維持的消弱，又名逃脫消弱（escape extinction），亦即原本行為之後能逃脫不喜歡的事物（嫌惡刺激），現在則無法逃脫，例如：佳儀在數學課經常講話干擾別人，老師請她至後面學習角，避免干擾別人，但是佳儀經常講話的行為並沒有減少反而增加，可能的解釋是佳儀並不喜歡上數學課。講話之後被老師移到學習角，她覺得在學習角看書很不錯，亦即她逃脫不喜歡的數學課。執行消弱即讓她仍要繼續上數學課，老師可以提供必要的協助，例如：調整座位，往前面坐靠近老師，讓她更容易專心及不好意思跟同學講話；獨立練習時間，老師可以個別指導佳儀，幫助她理解。總之，佳儀無法逃脫數學課，幾天之後，佳儀上課講話行為減少。

（三）行為是由自動增強所維持的消弱

藉由自動增強所維持行為的消弱，又名感官消弱（sensory extinction），亦即改變行為的感官感覺，以至於行為減少（Rincover, 1978）。有些幼兒喜歡吸吮手指，父母或爺爺奶奶為了改掉其吸吮手指的習慣，在幼兒手指上塗辣椒醬或綠油精，改變吸吮手指的味覺，以戒掉吸吮手指習慣，即是此策略的運用。

下列例子也是藉由改變感官感覺，消弱自動增強的行為（Rincover, 1981; Rincover, Cook, Peoples, & Packard, 1979）：

1. 有位小朋友一直開關燈，經由關掉電源，消除視覺感官後果，亦即開燈燈不會亮。
2. 有位小朋友一直抓癢抓到皮破血流，讓他戴上薄的橡膠手套，改變觸覺感官結果，再逐步剪掉部分手套以褪除使用手套。
3. 有位小朋友一直轉動桌上物品（如盤子），製造聽覺刺激。在桌上鋪層毯子改變轉盤子的聽覺刺激，覺得無趣後就不轉盤子了。

三、影響消弱有效性的因子

（一）是否完全撤除增強物

當運用消弱時，其他人或環境或刺激本身所提供的增強物是否被控制不提供，否則可能達不到預期成效，例如：媽媽對小孩哭鬧要糖果餅乾的行為進行忽略，但是爺爺奶奶卻因疼愛孫子，拿出糖果餅乾，那麼此時媽媽的忽略無法達到消弱效果。高中生小越在課堂上和英文老師槓上，當全班的面嗆老師，老師訓斥告誡，教官記警告，然而並沒有減少小越嗆老師的行為。因為增強物是同學的注意力，雖然上課被訓斥，下課時，班上同學和隔壁班同學對他豎起大拇指，他得到注意力和同學的肯定，增強了他的行為。所以處理反抗權威的行為，當眾訓斥學生或師生對槓可能只是增強學生行為，老師若表示同學很有自己想法，下課有較充裕的時間來進行了解，如此也比較不會影響上課進度，私下找同學了解其想法，也就減少師生因衝突而造成關係的緊張，而老師的接納友善行為，也調整學生對權威的負面觀感，因此減少反抗權威行為。

（二）是否同時正增強替代行為

Lerman 與 Iwata（1996）指出，消弱搭配正增強其他替代行為是最有效的。上述小越的反抗權威行為，老師首先避免小越因和老師對嗆而得到同儕注意力，同時和小越私底下溝通，老師表達感謝小越對老師的尊重，肯定他很有想法，鼓勵其具建設性或禮貌性表達的部分，那麼很快的，課堂上「嗆老師」行為會消失，合宜的替代行為則被增強建立起來。

（三）執行消弱的環境是否適宜

需要考慮執行消弱的環境，因為如果有其他人無法保留增強物，則消弱成效會大打折扣。另外，需要客觀評估執行消弱帶來的影響，是不是會妨礙他人權益，例如：在百貨公司或安靜用餐的餐廳，可能因父母執行消弱引發孩子的哭鬧，干擾其他顧客權益，則不是使用消弱的合適環境。父母應把孩子帶開處理，更好的處理方式是：事先說明規則，例如：「明天你生日，可以挑一個 500 元以下的玩具，作為生日禮物」，那麼孩子學會評估價錢、衡量哪一個玩具是自己最想要的，做出選擇，不僅不會哭鬧，反而是自我管理很好的學習機會。如果孩子不是這麼理性講理，有好的自制力和判斷力，那麼父母親讓孩子暴露在極大誘惑下，造成孩子哭鬧要玩具，則是父母親的失責。

（四）是否提供合適的規則

有時提供規則，幫助學習者了解訓練者想要的合宜行為，可以加速不合宜行為的減少和合宜行為的展現，例如：小孩哭鬧要糖吃，若此時給糖，小孩雖然不哭鬧了，哭鬧行為卻被增強，如果提供規則：「哭，沒有糖吃；不哭，才有糖吃」，小孩清楚父母的行為準則，知道如何依循，停止哭鬧以得到糖果，則消弱哭的行為，增強不哭的行為。

（五）行為之前被增強的歷史

當行為是被間歇性增強所維持，因為原先出現行為時就有行為之後沒有得到增強物的經驗，也從過往的學習／增強歷史知道再多做幾次該反應就可得到增強，因此當撤除增強物時，消弱的效果會較慢產生，行為仍會繼續持續一段時間；相較之下，持續性增強的行為進行消弱後，行為會比較快減少。

四、消弱可能的結果

（一）頻率或強度的逐漸減少

當之前被增強的行為開始停止增強，行為的頻率或強度應該會逐漸減少至增強前的水準或完全停止。

（二）消弱暴增

執行消弱後，可能出現行為不減反增的副作用，此現象稱為消弱暴增（extinction burst）（Lerman & Iwata, 1995; Lerman, Iwata, & Wallace, 1999），Lerman 等人（1999）定義消弱暴增如下：「處理期前三次的反應高於基線期最後五次或高於全部的基線期」（p. 3）（基線期之定義可參見本書第十七章）。Goh 與 Iwata（1994）的研究顯示了消弱導致個案撞頭、打頭的自傷行為在介入初期激增，但是隨即頻率減少。Richman、Wacker、Asmus、Casey 與 Anderson（1999）也在應用情境觀察到消弱激增情形，所以實務工作者應預期在消弱初期，行為會出現不減反增的情形，這通常也表示確實已找到維持問題行為的增強物，持續撤除增強就可以有效消弱行為。

（三）初期可能引發情緒性行為

消弱初期可能個案反應強度會增加，甚至有攻擊行為。Skinner（1953）指出，消弱有時會產生情緒性行為，包含攻擊行為，舉例來說，母親忽略幼兒哭鬧行為，一開始幼兒可能會提高聲量，一旦發現沒用後，哭鬧才逐漸止息；有些青少年的上癮行為，如果立即撤除增強物，可能引發攻擊行為，例如：報載一位國二學生沉迷於線上遊戲，常常打到凌晨三、四點還不睡，媽媽屢勸不聽，動手拔掉網路線，孩子竟作勢動手打人。這可能是因為立即撤除他的增強物：打線上遊戲所帶來的感官刺激和成就感，引發攻擊行為意圖。隨著 3C 產品益發平價可得，電腦、智慧型手機或平板電腦造就了「滑世代」，對於重度網路成癮者，一開始完全撤除增強物，讓個案完全不接觸電腦，可能引發焦慮或攻擊行為，因此可以優先考慮採用區別性增強，增強希望增加的好行為，以逐步降低使用網路時間，以避免類似的攻擊行為。

（四）自發性恢復

在執行消弱時，雖然可能產生消弱暴增情形，但基本上行為應持續減少到增強前的情形或最後停止。然而行為可能會再次出現，此現象稱為自發性恢復（spontaneous recovery），目前尚無自發性恢復的特性和普遍性之相關研究（Lerman & Iwata, 1996）。如果行為自動回復，再繼續執行消弱至行為達到預定日標或消失即可。

五、有效運用消弱的方針

（一）選擇要消弱的行為

1. 一次選擇一個特定行為。此行為是可觀察、可測量，以及目前對個案有深遠影響的行為，亦即處理了此行為，對個案有很大的幫助，而不是一次處理所有不當行為，例如：每一次要求有自閉症的小強去做他不願意的事時，他就會出現哭、尖叫、手打自己、在地上打滾等行為，甚至一天出現高達 10 次。影響生活甚巨，因此優先處理此問題行為。
2. 執行消弱可能會出現消弱暴增或攻擊行為，因此要考量執行消弱的相關後果，例如：夫妻間對處理小強行為的看法不同造成的影響；執行消弱環境中的相關他人反應，如其他家人或手足的反應，如果綜合考量結果不宜執行消弱，可以考慮其他減少行為的方式；或者更多的事前溝通，取得共識及支持後再進行。

3. 原先增強行為的增強物要能夠控制。小強行為的增強物是媽媽的注意力，每次不如他意，他就開始哭鬧，媽媽的眼神透露不忍心和對他的愧疚感（是我把你生成這樣的），就是提供增強。小強知道他再哭鬧下去，媽媽就會讓步，而確實媽媽每次都讓步，所以小強行為一再得到增強。此個案成功執行消弱的關鍵是媽媽要能夠放下心，不去看小強，事實上小強打自己，自己痛了就會停了，哭鬧累了、無趣了，自己就會停了，所以不用過度擔心和心疼，其他家人也要能控制自己不去注意小強。建議父母、師長可以參考《好爸媽的高效生氣法》一書，內容有更多的覺察情緒背後的原因，並加以處理，才會有更健康的親子關係。

（二）事前考慮

1. 基線期觀察行為的出現率或強度，以及反應需做的努力（response effort），例如：小強哭鬧行為一天出現 10 次，且沒有得逞，強度變強：聲音拉高，音量變大，加上打自己行為及在地上打滾。
2. 辨識增強計畫表，例如：判斷行為是受到連續增強或間歇增強，以及增強的數目、強度和品質，如此才能介入時不提供增強物，並且預估抗拒消弱（resistance to extinction）的強度，抗拒消弱是指行為達到一事先決定的標準所需的時間（Lerman, Iwata, Shore, & Kahng, 1996）。另外有研究者定義抗拒消弱為以反應頻率的下降率和反應在達到最終的低水準或完全停止前的次數總數（Reynolds, 1968），例如：小強的增強物是媽媽的注意力，以及得到他要的東西或成功逃脫他不想做的事，他一哭鬧，媽媽就會到他身邊關注他，如果他要的得不到，他加強哭鬧強度，最終媽媽讓步，他就能得到他要的。
3. 考慮相對於要減少行為的替代行為是什麼？如何增加好的替代行為？替代行為的有效增強物為何？能否提供？在小強的例子中，替代行為是不哭鬧，使用自我監控表讓小強自己記錄：每次哭鬧就貼一個哭臉貼圖，沒有哭鬧就貼笑臉貼圖，集滿三個笑臉貼圖，可以看最愛的車子影片。逐步提高增強的標準。

4. 考量執行消弱的環境是否適宜。由於小強媽媽是在家中執行方案，是個安全合宜的環境，因此適合。
5. 消弱方案開始前，先跟所有相關人員討論溝通，取得共識，避免有人提供增強物增強要消弱的行為，以及替代行為出現時，相關人員可以增強。小強媽媽事先和爸爸及家中手足解釋過要忽略小強的哭鬧行為、小強可能的行為反應、大家如何因應、行為紀錄表如何記錄，全家一起配合執行此方案。

（三）方案執行

1. 在方案開始前，和個案討論為什麼需要減少他某個特定行為的原因、此行為帶給他和他人的影響、此行為減少帶給他或整體的益處，個案如果認同則增加成功機率。所以小強母親和小強討論他這種「不如意就哭鬧」的行為是不可以的，因為他已經是大孩子了，需要學習用說的來表達他的想法，如果他哭鬧，媽媽會離開不看他，只有他停止哭鬧，媽媽才會看他，跟他談他的想法。
2. 同時，如有好的替代行為要增強，亦應向個案說明，且遵守正增強原則。小強媽媽向小強說明紀錄表使用方式，每一次哭鬧就自己貼一張哭臉的貼圖，事情不合他意時，不哭鬧並用說的表示想法，則貼一張笑臉貼圖，集滿三張笑臉貼圖可以看最愛的車子影片。
3. 方案開始後，要確實撤除要減少行為的增強物，並且增強合宜的替代行為。若方案開始後，小強又開始哭鬧，此時小強媽媽需要處理自己的不放心和不忍心，以及覺得對不起小孩的愧疚感，放下心不注意小強。小強變本加厲哭鬧更嚴重，又尖叫、又在地上打滾、又打自己……，過了一會兒，他發現沒人理他，便停止哭鬧，自己跑到大家面前揮手微笑，但還是沒人理他，後來他就坐在旁邊椅子上，等到小強真的安靜下來，媽媽平靜的問：「你現在要去寫功課了嗎？」小強點頭表示好。 媽媽讓小強在紀錄表上自己貼一個哭臉的貼圖，因為他剛才哭鬧；每一次小強哭鬧，媽媽都是這樣處理。如果小強沒有哭鬧，則自己貼一個笑臉貼圖，集滿三個笑臉貼圖，可以看最愛的車子影片。小強的哭鬧行為次數開始減少，強度也開始降低。

4. 可能會有消弱暴增情況出現。出現消弱暴增時，繼續執行方案，平靜冷靜處理，音調不用提高。

（四）方案結束

1. 可能會有自發性恢復情況出現，因應之道是再次執行消弱，直到行為減少或完全不出現。
2. 消弱方案若沒有達到預期成效，可以檢視三個面向：
   (1) 撤除的並不是維持不當行為的增強物。
   (2) 不當行為可能從其他來源得到增強或間歇性增強。
   (3) 增強替代行為未能與減少不當行為抗衡，以至於好的替代行為未建立起來。
3. 不當行為已減少或不再出現，替代行為已建立，則結束方案。小強知道他哭鬧不但得不到想要的，同時也得不到大家的注意力，就不再用哭鬧的方式了。

第三節　區別性增強

使用消弱介入方案可能會導致非正向的反應，例如：更哭鬧、要更多注意力，甚至攻擊行為，同時消弱並沒有為個體建立起好的行為，以得到原先個體藉由問題行為得到的增強物。另外，執行消弱也引發道德和法律的考量（Repp & Singh, 1990），例如：因為撤除注意力，小孩更加哭鬧，干擾鄰居，鄰居也可能報警。

基於這些考量，「以增強為基礎 」的區別性增強因應而生，常見用來減少問題行為的策略有：區別性增強不相容行為（differential reinforcement of incompatible behavior，簡稱 DRI）、區別性增強替代行為（differential reinforcement of alternative behavior，簡稱 DRA）、區別性增強零反應（differential reinforcement of zero responding，簡稱 DRO）、區別性增強低頻率行為（differential reinforcement of low rates，簡稱 DRL）。以下將針對這四種策略的定義、應用和指導方針加以說明。

一、區別性增強不相容行為

不相容行為指的是無法與目標行為同時並存的行為，例如：遲到與準時在教室上課，滑手機傳 LINE 與手寫筆記。如果我們決定藉由增強一個無法與問題行為同時發生的行為，來減少或消除某一個特定行為，這樣就稱為區別性增強不相容行為（DRI）（Martin & Pear, 2014）（如表 8-1 所示），例如：Friman（1990）增強一名學前有過動症學生坐在位子上的行為，而顯著減少其離開座位的行為。

教師如果希望學生減少說不適當的言語，例如：貶損、批評、藐視、攻擊性話語（「你好白痴」、「你很爛」、「廢物」），可以多增強合適的言語，例如：鼓勵、肯定、支持、建設性話語（「加油」、「盡力就好」、「發揮優勢能力就好」）。Dixon、Benedict 與 Larson（2001）的研究結果顯示，增強適當的言語，同時忽略不適當的言語行為，可以有效減少不適當言語，並增加適當的語言行為。

表 8-1　目標行為及希望增加的不相容行為

希望減少的目標行為	希望增加的不相容行為
離開座位	坐在座位上
上課傳 LINE	上課手畫課本重點
眼看窗外	眼看授課老師
打線上遊戲	玩桌遊
酒駕	酒後不開車（坐計程車或請朋友開車）

二、區別性增強替代行為

區別性增強替代行為（DRA）是指增強一個適當的行為以減少目標行為，但此行為不一定要與目標行為不相容（Vollmer & Iwata, 1992; Vollmer, Roane, Ringdahl, & Marcus, 1999），例如：Lerman、Kelley、Vorndran、Kuhn 與 LaRue（2002）為了讓個案減少亂丟教材和攻擊等行為，讓個案製作溝通圖卡，並且增強此替代行為，結果降低丟教材和攻擊行為頻率。

另外，也可以使用區別性負增強替代行為（differential negative reinforcement of alternative behavior，簡稱 DNRA）或區別性負增強不相容反應（differential negative reinforcement of incompatible responding，簡稱 DNRI）（Vollmer & Iwata, 1992），亦即使用「逃離任務或逃離要求情境」作為負增強，提供短暫逃離任務並減少問題行為作為替代行為，對替代／不相容行為也同時實施正增強，例如：個案給治療師一張印有「休息」的字卡，或說「不要」之後，可以停下任務 30 秒，以代替他們的異常行為，並且得到讚美。研究結果顯示，區別性負增強替代行為可以提升個案使用培訓的語言頻率，同時減少了問題行為（Lalli, Casey, & Kates, 1995）。

在處理問題行為時，DRI 和 DRA 廣受實務工作者採用，下列是幾點使用 DRI 和 DRA 的準則（鳳華等人譯，2012）。

（一）選擇不相容／替代行為

在選擇不相容／替代行為時，需要考慮下列幾點：(1)是學習者已經會的行為；(2)不相容或替代行為要比問題行為不費力，最多是花費等同心力；(3)DRI/DRA 介入期，有合宜並充分的增強；(4)在停止介入之後，不相容／替代行為仍有可能被自然增強。符合上述幾點，能增加 DRI/DRA 的成效，以及有助於不相容／替代行為的維持。如果沒有符合上述原則的行為，實務工作者可以考慮使用區別性增強零反應（DRO）。

（二）選擇具吸引力且能持續提供的增強物

可以使用增強物評量表或行為功能分析，篩選對個案而言具吸引力且方便實務工作者持續提供的增強物。如果不同個案的問題行為是由不同增強物所增強，則使用 DRI/DRA 時，針對不同個案選擇不同的增強物，可以增進問題行為處理成效（Durand, Crimmins, Caufield, & Taylor, 1989）。

（三）不相容／替代行為之後立即增強

介入初期在不相容／替代行為之後提供立即增強，且持續提供直到行為建立起來，再轉成間歇性增強。

（四）不增強問題行為

最理想的情況是不相容／替代行為得到立即持續的增強，且問題行為完全沒有被增強，然而實際執行時，可能有些不相容／替代行為沒有得到立即的增強，而問題行為卻得到增強（如得到注意力），研究者指出這樣可能會減低介入效果（Vollmer et al., 1999）。

（五）將 DRI/DRA 與其他方法結合

當問題行為具破壞性、危險性時，只採用 DRI/DRA，而沒有針對問題行為處理，就不適宜，因此實務工作者會將 DRI/DRA 與其他方法（如反應中斷、隔離、教學指令……）結合，同時處理問題行為和不相容／替代行為（如 Patel, Piazza, Kelly, Ochsner, & Santana, 2001; Ringdahl et al., 2002）。

三、區別性增強零反應

區別性增強零反應（DRO）是指在特定時間內沒有出現特定行為才獲得增強（Reynolds, 1961），所以也稱為目標行為零出現的訓練（Weiher & Harman, 1975）。

DRO 執行的程序依照零反應獲得增強的方式：時距或瞬間時間零反應

和計畫表固定或不固定，而有四種 DRO 的執行方式。

（一）固定時距區別性增強零反應（fixed-interval DRO，簡稱 FI-DRO）

問題行為在固定時距都沒有出現，則給予增強，如果特定反應在時間尚未結束就出現，那就要重新開始一個間距。Cowdery、Iwata與Pace（1990）曾運用區別性增強零反應處理一個抓皮膚自傷的個案，先以 2 分鐘為間距（FI-DRO 2 分鐘），如果 2 分鐘內沒有抓皮膚（零反應），給予代幣，個案可以用代幣兌換看電視、餅乾、玩電動及其他遊戲，如果 2 分鐘內出現抓皮膚行為，那麼間距就從頭開始計算。個案可以達成後，間距逐漸拉長，從 FI-DRO 4 分鐘、FI-DRO 8 分鐘、FI-DRO 15 分鐘，到 FI-DRO 30 分鐘。最後個案可以出院，改善嚴重抓皮膚自傷行為。就技術層面，個案 30 分鐘內不抓皮膚就可以得到增強，亦即他可以做抓皮膚以外的任何事情，所以區別性增強零反應也稱為區別性增強其他反應（differential reinforcement to other responding）。此技術已被證實可以減少不當行為，例如：兒童吸大拇指行為、自傷行為（Knight & McKenzie, 1974; Mazaleski, Iwata, Vollmer, Zarcone, & Smith, 1993）。

（二）不固定時距區別性增強零反應（variable-interval DRO，簡稱 VI-DRO）

每次增強的間距並不固定，問題行為在不固定時距都沒有出現，則給予增強，會以平均時距表示。VI-DRO 曾被運用來處理自閉症學生的攻擊行為，只要個案每完成三樣任務，並在 VI-DRO 148 秒中未出現攻擊行為，就可以得到食物作為增強；如果完成三樣任務前出現攻擊行為，則重新開始，結果攻擊行為大幅減少（Progar et al., 2001）。

（三）固定瞬間區別性增強零反應（fixed-momentary DRO，簡稱 FM-DRO）

在固定時距結束的時間點沒有出現問題行為即可獲得增強，例如：母親在廚房準備晚餐，小孩們在客廳，母親說：「我每15分鐘過來看你們一下，只要你們沒有吵架，和平共處玩玩具，你們就可以吃巧克力、餅乾和喝飲料。」小朋友們很喜歡吃這些食物，所以都和平共處，母親每15分鐘確認一下小朋友的情形，其他時間可以放心在廚房準備晚餐，此即 FM-DRO 15分鐘之應用。

（四）不固定瞬間區別性增強零反應（variable-momentary DRO，簡稱 VM-DRO）

問題行為在不固定的瞬間時距當下沒有出現，則給予增強。Lindberg、Iwata、Kahng與DeLeon（1996）運用VM-DRO降低個案自傷行為，在介入期間忽略個案的自傷行為，但是如果個案在不固定瞬間沒有出現自傷行為，可以得到治療師 3 至 5 秒的關注。研究者由 VM-DRO 11 秒，逐步增加到 VM-DRO 22 秒，最後增加到 VM-DRO 300 秒，個案自傷行為幾乎完全降到零。

如何設定 DRO 增強的時距？有以下幾點原則（鳳華等人譯，2012）。

（一）初始設定 DRO 時距，是個案能力所及

DRO 介入初期的成功關鍵是讓個案目前的行為表現和增強產生連結，而非訓練行為，因此初始 DRO 的時距必須等於或小於基線期的反應間時間（interresponse time，簡稱IRT），所以實務工作者可以採用IRT平均值作為初始 DRO 時距。IRT 平均值計算公式如下：

$$\text{IRT 平均值} = \frac{\text{基線期的總時間}}{\text{反應總數}}$$

舉例來說，一節課 45 分鐘，小明離開座位 9 次，45÷9 = 5，故老師可以將初始 DRO 時距設為 5 分鐘，只要小明坐在位子上 5 分鐘，即可得到增強。

（二）逐步延長 DRO 時距

當初期DRO時距能有效控制問題行為之後，即是開始逐步延長DRO時距的時機。Poling 與 Ryan（1982）針對 DRO 時距的延長，提出以下四點：

1. 以固定長度的時間延長 DRO 時距，例如：每次固定延長 5 分鐘，如母親在廚房準備晚餐，FM-DRO 15 分鐘可逐步調整為 FM-DRO 20 分鐘、FM-DRO 25 分鐘。
2. 以比例方式延長時距，例如：每次提高兩倍或約兩倍，Cowdery 等人（1990）所做研究從初始 FI-DRO 2 分鐘開始，逐步調整為 FI-DRO 4 分鐘、FI-DRO 8 分鐘、FI-DRO 15 分鐘，到 FI-DRO 30 分鐘，即是依比例調整。
3. 依學習者的表現調整每階段的 DRO 時距，例如：採用上一階段的 IRT 平均值作為下一階段的 DRO 時距。
4. 當執行較長的 DRO 時距時，若讓原本上一階段穩定的行為問題惡化，則宜退回上一階段，待問題行為穩定後，再以較小的時距逐步延長。

四、區別性增強低頻率行為

區別性增強低頻率行為（DRL）是指行為在一定低的頻率以下才增強。有時，問題行為並不是因為行為的形式，而是行為發生的頻率太高，例如：學生舉手發問是好事，但是一節課一直舉手發問便會造成干擾。有一位很喜歡捷運的高功能自閉症學生，地理課時會一直發問捷運相關問題，教師覺得完全禁止學生發言，對學生而言太困難，但容許他一直問，不僅干擾上課，也延誤進度，故決定應用 DRL 而不是 DRO 來處理此情形。老師先於下課時間和此高功能自閉症學生談：「老師很欣賞你，你很有想法，也很會問問題。但因為老師上課有進度壓力，不能回答你太多問題。一節課，你可以問三個問題，老師會在黑板劃記，提醒你已經問了幾個問題。所以你每次問問題之前，都要仔細考慮清楚，這個問題真的是你想要問的，才問。」之後，每次上課，此生發問，老師就在黑板劃記，也提醒學生還有兩次機會，還有一次機會……如果學生發問三次以下，老師會給予肯定，該生很快就每節課不會問超過三個問題了。老師為了肯定他，期末特別安排他做 20 分鐘捷運專題報告，讓他有機會在同學面前發揮優勢能力，也贏得同學的肯定。

Deitz（1977）提出三種 DRL：全時距區別性增強低頻率行為（full-session DRL，簡稱全時距 DRL）、時距區別性增強低頻率行為（interval DRL，簡稱時距 DRL）、特定間隔反應區別性增強低頻率行為（spaced-responding DRL，簡稱特定間隔反應 DRL）。

（一）全時距區別性增強低頻率行為

意指在整個介入時段中，目標行為發生次數等於或少於事先預定的標準，則在該時段結束後增強；若目標行為超過預定標準，則不予增強。如上述教師處理對捷運有高度興趣、上課常發問捷運相關問題的高功能自閉症學生，即屬於全時距 DRL，這是一種在教育單位或治療單位中便於採用的方式，也是有成效的方式（Deitz & Repp, 1973）。

（二）時距區別性增強低頻率行為

意指將介入時段分成幾個相同的時距，在每個較小的時距裡，若目標行為出現的頻率在預定標準之下，在每次時距結束時給予增強；若目標行為出現的頻率超出預定標準，則不給予增強，並重新開始新的時距。若教師處理高功能自閉症學生發問頻率過高問題是採用時距 DRL 的話，如一節課是 45 分鐘，可以問不超過三個問題，則將一節課分成三個 15 分鐘間距，一個間距問不超過一個問題，老師就要增強；如果 15 分鐘間距內該生問了二個問題，則老師不給予增強，並立即重新設定 15 分鐘間距。教師在大班或小組上課要採用時距 DRL 可能會有困難，一對一教學或進行治療使用時距 DRL 則較為可行。

（三）特定間隔反應區別性增強低頻率行為

意指目標行為與先前目標行為的間隔達到最小的時間量時給予增強。若教師處理高功能自閉症學生發問頻率過高問題是採用特定間隔反應 DRL，首先教師先觀察記錄此生問問題之間最長的間隔為何，例如：平常一節課問 10 到 12 個問題，最長間隔是 8 分鐘，那麼老師向該生說明：「老師需要趕進度，而且希望每位同學都有發問機會，所以你只要發問間隔超過 8 分鐘，老師就會回答你，8 分鐘之內問二個以上問題，則老師需要上課或把機會給其他同學。」再逐漸把間隔拉長至 10 分鐘、15 分鐘。此適用在一對一或一對少數個案目標行為頻率高的行為。

五、DRL 的使用準則

（一）了解 DRL 適用的範圍

當需要緊急介入、快速處理，或自傷者、暴力或潛在危險的行為，並不建議使用DRL，因為DRL的原理是藉由區別性增強，逐漸的減少問題行為。

（二）選擇最適當的 DRL 減少行為

如果目標行為形式不是問題，但是少一點會更好，可以採用區別性增強低頻率行為（DRL）；如果希望目標行為不要出現，就可以使用區別性增強零反應（DRO）；如果使用區別性增強零反應可能強化其他不當的行為，則要採用區別性增強替代行為（DRA）或區別性增強不相容行為（DRI）。針對高頻率的嚴重問題，特定間隔反應 DRL 和時距 DRL 因為比全時距 DRL 有較高頻率的增強，如果是一對一情境，個案需要較頻繁的增強後效，可以考慮採用；一對大班的教學情境，則是全時距 DRL 實務上較為可行。

（三）依據基線期資料設初始標準或反應間時間

基線期資料的平均數或稍微低於平均數作為全時距 DRL 的初始標準是

適當的，例如：基線期一堂課發問次數是7、5、5、5和6，平均反應是5.6，因此全時距 DRL 的初始標準設為 5 或 6 個發問次數以下，是合理的，個案可以達到後，再將標準定為 3 個發問次數或以下。如果採用時距 DRL 或特定間隔反應DRL，那麼每 50 分鐘 5 個反應，故每 10 分鐘 1 個反應的標準，作為時距DRL初期目標是合宜的，再逐漸調整。如果是特定間隔反應DRL，這個反應必須和上個反應間隔 10 分鐘以上才獲得增強。

（四）逐步淡化 DRL 的程序

1. 全時距 DRL

當達到初始標準時，以略低於初始標準當作新的標準。

2. 時距 DRL

如果是每個時距超過一個反應的情形，則逐漸減少每個時距內反應的數量；如果目前的標準是每個時距一個反應，則逐步拉長時距。

3. 特定間隔反應 DRL

依據目前階段的IRT平均值或略低於平均值來調整IRT的標準，一個反應跟一個反應間有合理的間隔即可。

什麼時候該調整 DRL 的標準呢？有兩點可以參考：(1)每當學習者連續三次符合或超過標準時；(2)每當學習者連續三次得到至少 90%的增強機會時。

（五）提供回饋給學習者

1. 全時距 DRL

由於在整個介入時段中，目標行為發生次數等於或少於事先預定的標準，則在該時段結束後增強，若目標行為超過預定標準，則不予增強，因此可能發生個案目標行為已超過預定標準，索性就放任自己出現問題行為，反正也得不到增強了。所以對嚴重問題行為的成效可能低於時距 DRL 和特定間隔反應 DRL（Deitz, 1977）。

2. 時距 DRL

時距 DRL 提供個案兩種回饋：(1)問題行為不會得到回饋；(2)問題行為出現重設時距，所以延後得到增強的時間。這兩種回饋，在個案想得到增強的情況下，願意不表現問題行為，而使時距 DRL 有成效（Deitz et al., 1978）。

3. 特定間隔反應 DRL

特定間隔反應 DRL 提供個案明確行為後果的回饋，當目標行為與先前的目標行為之間隔達到最小的時間量時立即給予增強，如果沒有，間隔立刻重新開始計算，亦即個案得到明確立即的行為後果回饋。

第四節　結語

減少行為有不同的策略，須綜合考量行為的嚴重程度、需要處理的緊急性及危險性；個案本身的認知能力、自我掌控程度；實施策略的場所、情境及個案數，教師、應用行為分析師再加以選擇最適合的。消弱和各種區別性增強的策略並非孰優孰劣，而是哪一種適合某特定個案、特定情境及特定行為。

CHAPTER 9

語言行為

蔡馨惠

本章學習目標

1. 能說出語言行為的特點和傳統語言學的不同之處。
2. 能定義六種基本語言操作 ，並舉例說明。
3. 能區辨各個基本語言操作之相同與不同之處。
4. 能定義次級語言操作，並舉例說明。
5. 能定義多重控制，並舉例說明。
6. 能陳述語言行為在早期療育的實際運用。

第一節　緒論

本章主要的目的是介紹 Skinner（1957）語言行為（verbal behavior）的特點，以及語言分析的方法、基本概念和基本學術名詞。Skinner 的語言行為分析，內容涵蓋所有人類所使用的語言，在當時屬於純理論分析的階段，目的是要運用行為科學的原理原則，來解釋複雜的人類語言，其可運用的範圍十分廣泛，包括幼兒及學齡階段學生的語言學習及發展、外國語言的習得、人與人之間的社會互動等。在臨床方面，其運用則包括因腦部損傷或腦神經認知異常而喪失語言能力者的語言能力復健，多數患者是成人或老年人；在特殊教育方面，語言行為最常被運用在智能或學習障礙的學生，以及在早期療育的語言訓練中的基礎課程。本章介紹語言行為的應用部分，主要是以特殊教育及早期療育的貢獻為主。

Skinner 的語言行為對人類語言的分析有許多創新的觀點，和當代的傳統語言學所強調的結構分析是大相逕庭的。傳統的語言學以結構分析為主，人類語言的結構分為以下幾個基本單位：音素（phoneme）、字素（morpheme）、語法（syntax）、語意（semantics）、語用（pragmatics）等（張春興，1994）。語言被細分為發音及文字組成，從單音、單字、詞彙、簡單句到複雜句等，配合語言使用者的發展階段及當時情境或文化而形成不同的表達方式。此種結構分析強調語言的構成單位，將人類的語言歸納成不同的組織結構，配合情境和文化來詮釋語言的意涵。人類語言的發展結合認知心理學，較為著重內在心智發展的結構分析，將兒童認知發展階段和其語言結構做相對應的比照、分類，而歸納出一些兒童語言發展的理論（如 Piaget, 1952）。此派學者強調個體內部心智發展及其對語言結構歸納組織的能力，而對於語言的運用、目的或功能以及對說者環境所造成的影響，並沒有十分重視。有鑑於此，Skinner 創新的運用了行為科學的方法，特別是操作制約的學習原理，來分析人類的語言，強調環境對語言的影響及其語言的功能而非語言結構的分析。雖然 Skinner 對語言強調的重點和傳統語言學不同，但是他的觀點和傳統語言學，與其說是互相衝突或對峙，倒不如說是相輔相成。因為許多語言行為的觀點和分析方式，補充了傳統語言學所忽略或不足之處。

Skinner 個人認為《語言行為》一書是他個人最重要的著作。當時這本書於 1957 年出版時，並沒有受到學術界的重視，甚至被當時著名的語言學家所強烈抵制（如 Chomsky, 1959）。Skinner 語言行為是以理論分析為主，當時也沒有任何實驗證明支持他的說法。一直到近幾十年來，語言行為的理論才漸漸被實驗證明，例如：Moerk（1986, 1990, 1992）運用操作制約的原理去分析幼兒學習語言的脈絡，發現幼兒語言的發展和三期後效關聯，也就是和其母親或保母的互動，有直接的關係，並非完全是幼兒內在心智或語言結構及組織能力的發展而成。另一方面，由於近年來被診斷患有自閉症的兒童日益增多，以語言行為分析為主的早期語言訓練，也有愈來愈多的研究證實其卓越的成效（鳳華，2005；Sundberg & Michael, 2001），除了學者專家以外，許多實務工作者也對它產生很大的興趣。

第二節　語言行為的特點

究竟 Skinner 的語言行為在講什麼？有何特殊獨到之處？以下分為幾點討論。

一、語言行為必須有聽者作為媒介

Skinner（1957）對語言行為的定義是：「說者說話的行為，其增強或消弱，是透過聽者作為媒介而達成的」（p. 2）。這個定義是由操作制約延伸而來，一般的制約學習，個體行為的增強或消弱，是和環境互動所產生的後果所選擇的，並不一定需要透過另一個人作為媒介，例如：門是關著的，我出不去，我伸手將門把轉開，門就開了，我就可以走出去了。之後，我便學會，要出房間，就必須要做伸手轉開門把這個動作。這個開門的行為，並非語言行為。

語言行為的發生，一定要有一個聽者才行。比方說，我出不了房門，我跟家人（聽者）說：「幫我開門！」然後家人聽到了，就幫我開門，讓我出去。這個「幫我開門」就是屬於語言行為的一種。說者運用他的語言行為（「幫我開門」），透過聽者的反應（開門的動作），而獲得他的增強物（門開了），並同時控制了他的環境。值得注意的是，雖然語言行為有說者和聽者兩種角色，說者和聽者卻並非一定要有兩個人，同一個人可以同時是說者和聽者，並且角色可以互換。比如說，孩童在玩扮家家酒時常會用一些玩偶，假裝不同角色，彼此互相對話，或自導自演，也就是說者亦為自我聽者（speaker as own listener）的現象（Lodhi & Greer, 1989），或是我們常常自言自語或在思考的時候，也都是一個人同時扮演說者和聽者兩種角色。

二、語言行為強調說者和聽者的行為互動，而非認知的過程

Skinner 所說的語言行為，大部分是以說者的立場為主，並依據說者的語言行為對聽者所產生的反應和互動，作為分析的主軸。說者和聽者兩種角色，具體的描述兩者之間的行為互動和語言行為的實際功能。這和一般認知心理學所慣用的「表達性」（expressive）或「接受性」（receptive）的語言有明顯不同。因為表達性或接受性語言，似乎在指個體內在認知或心智訊息處理的抽象過程，無法捉摸及觀察。此種用法不僅和語言的功能或目的沒有相關，也和聽者及說者之間可觀察到的行為互動沒有關聯。這點說明了 Skinner 的語言行為強調說者和聽者的行為互動，重視語言溝通的目的，但是對大腦內部或心智內在處理的過程並不強調。原因是訊息或心智內在處理的方式，多半是透過推論衍生而來，並非直接觀察得到，很難獲得證實的支持。

三、語言行為運用操作制約進行語言功能分析

操作制約的學習原理，主軸之一就是三期後效關聯。語言行為和操作制約學習一樣，是由「後果」增強或消弱，其增強的過程會讓行為與前事刺激或事件產生關聯，進而產生三期後效關聯。所以，語言行為是操作制約學習

原理的延伸，同樣屬於應用行為分析的範疇。語言行為的分析，以基本「三期後效關聯」加上「動機」而成為「四期後效關聯」來進行分析。語言分析的基本單位也就是動機、前事刺激、說者行為、後果（透過聽者）。後面提到的表 9-1，則列出初級語言操作和其三期後效關聯的組成要素。

四、語言行為較強調語言的「功能」屬性，而非「形式、結構」屬性

所謂的「功能」指的是「原因」，也就是為什麼語言行為會發生。至於「形式」或「結構」則是指語言的外在形式（如組成單字的部首、發音的音素），或句子的結構（如文法、句型、詞性等）。傳統語言學十分強調語言的形式和結構的分析，分析單位也是以形式和結構為基礎（例如：音素是指最小的音韻單位，字素則是最小的字義單位）。語言行為的分析雖然兼具形式與功能的分析，但是語言的功能則是其強調的重點，此點是與傳統語言學最大的不同之處。

五、語言行為包括口語和非口語的溝通方式

所有人類溝通的行為，都屬於語言行為分析的範疇，溝通行為的形式可以是口語、肢體動作，甚至是眼神或臉部表情。比方說，小嬰兒肚子餓是用哭聲來傳達訊息，大一點的嬰兒用手指或眼睛看著食物，再來可能會說「飯飯」、「吃」，後來進展到句子「我餓了，我想吃飯」。這些溝通雖然都屬於不同的形式，但都是同一個目的。在語言行為的分析裡，根據功能，都將以上口語及非口語的溝通方式，歸類成「要求」的語言行為。

第三節　初級語言操作的定義及實例

Skinner 將語言行為的功能分成六個初級語言操作：複誦、要求、命名、互動式語言、逐字讀、轉錄。本節將逐一介紹。此外，Skinner 亦提出次級語言的分析，本節將挑選幾個生活中常見的與初級語言息息相關的自動附加

加以論述，並介紹語言行為的多重控制，包含語意和形式多重控制、聚斂式和擴散式多重控制、多重聽眾（multiple audience）。

一、初級（基本）語言操作

（一）要求

簡單來說，要求（mand）就是向人說出自己想傳達的訊息或是想要的東西，包括建議、警告、祈禱及祝福等。「要求」語言操作的定義是說者在匱乏或嫌惡的情況下所做出的語言行為，其後果就是獲得其語言行為所指定的東西或移除不想要的。也就是說，「要求」所導致的後果，就是達到說者想要的目的。這是「要求」語言操作最特別的地方，它和其他語言操作所導致的後果——類化制約增強物——完全不同，「要求」語言操作的後效是說者想要的刺激物。

至於匱乏或嫌惡的情況，則是促成說者的要求行為的「動機」。匱乏的狀況是指長時間處在基本需求被剝奪或不滿足的狀態之下（例如：很久沒有吃東西，肚子很餓，或睡眠不足等）。因為基本需求的不足，這些基本需求在當下就顯得特別吸引人，於是形成強烈的動機，促使個體想要去滿足其需求，進而產生了「要求」的語言行為。嫌惡的情況則是環境中的一些因素，讓人感到身體不舒服或心理不滿意的狀態。因此在這當下，個人有了強烈的動機去解除不舒服的狀態。而最有效率的方法之一，就是提出要求，透過聽者的協助，而移除嫌惡的情況。和匱乏相反的狀態是飽足，如果個人是處在飽足的狀態下，那麼此時此刻這個增強物的效力較弱，因此個人要求此物的動機就不強了。

舉一些生活的實例。小明剛從學校回來，肚子很餓（匱乏狀態），這時媽媽剛下班回家，小明一看到媽媽就說：「媽媽我好餓，你可不可以煮飯給我吃。」（要求）然後，媽媽今天因為做菜太趕，不小心鹽巴多放了，小明吃了之後，感到口渴（匱乏狀態），就要求媽媽：「我想喝果汁。」吃飽喝足後，小明一直流汗，覺得很熱（嫌惡狀況），只好再請求媽媽：「可不可以開冷氣？」於是媽媽就幫他開了冷氣。這個時候，媽媽看到盤子裡還有小明最喜歡的炸雞塊，就再夾給他，但現在小明飽了（飽足狀態），他搖搖頭表示不想吃了。

一般來說，幼兒在學習語言的初期，通常都優先學會使用「要求」。至於要求的方式，可以是哭聲、用手指、用口語講關鍵字或字詞句子，或是以手語或圖片的方式等，主要是要能達成其目的——獲得想要的或移除不想要的。

（二）命名

簡單來說，命名（tact）就是說出人、事、時、地、物的名稱，是「看一說」的刺激和反應。命名語言操作的定義是指由非語言刺激物所產生的語言行為，其後果是類化制約增強。比方說，阿德看到一盒彩色筆，指著每一支筆，說：「這支是紅色、這支是綠色……」媽媽說：「你真聰明，所有顏色都知道。」阿德看到色筆是非語言的刺激物，他說出不同的顏色則是「命名」的語言行為，媽媽的稱讚則是後果。

命名是重要的基本學習技能，孩童在學校學習各種的學科，都需要有命名的基礎，才能有進一步的學習。此處筆者想要澄清一點，如果上述說出顏色的情境，前事刺激是媽媽詢問阿德：「哪一支筆是紅色？」讓阿德指出正確的顏色，這並不是命名的行為。其原因是，首先，前事刺激除了非語言刺激物（色筆），還有口語刺激（媽媽問：哪一支筆是紅色），然後反應行為是選擇出或是指出正確的顏色，而不是說出來。雖然有人稱此種反應行為是「接受式命名」，但是嚴格來說這是不精確的，因為此種反應行為是辨識聽覺與視覺的刺激，而做出選擇的反應，和命名行為雖然有某種程度的相關，但卻是不同的刺激與反應，因此此種行為是屬於一種聽者反應行為。

（三）複誦

顧名思義，複誦（echoic）就是重複說出所聽到的聲音或話語，也就是「聽一說」的反應行為。仔細說來，複誦的定義是前事語言刺激和此語言行為有「定點對應」（point-to-point correspondence）和「形式相似」（formal similarity）兩種特徵，其後果是社會性或類化制約增強（如社會性讚美）。所謂「定點對應」，指的是語言行為的整個流程從開始到結束完全 1：1 符合，就像一個蘿蔔有一個相對應的坑。而「形式相似」則是指此反應行為和前事刺激所運用的感官體驗方式相同或是型態相同。複誦最常見的例子是在學講語言的時候。老師說：「這個字唸『ㄇ』『ㄚ』『媽』，請跟我重複一次。」同學說：「ㄇ、ㄚ、媽。」老師稱讚同學：「你說對了！」定點對應是「ㄇ」對「ㄇ」，「ㄚ」對「ㄚ」，和「媽」對 「媽」。形式相似則是刺激和反應都是以「聽覺」的感官體驗而且發音也相同。老師的稱讚則是後果。

雖然複誦的行為有人認為是口語的模仿，但這個界定並不是非常精確。一般來說，模仿是指學習者透過視覺觀察，然後做出相似的行為（例如：老師寫 1，同學跟著寫 1）。但是口語發音，除了嘴型可以觀察得到，其他像口腔裡的肌肉運動、吹氣或發聲的震動卻無法觀察而模仿，所以很有可能學習者可以模仿說者的嘴型，但卻發不出同樣的聲音。

複誦的定義除了刺激和反應有定點對應和形式相似的特徵，還必須符合其後果是社會或類化增強。如果這點不符，就不算是複誦行為。像是鸚鵡會自動重複別人說的話，其後效是因為鸚鵡的本能反應或自動增強，並非由他人的類化增強所造成，所以這種情形並非複誦。一般嬰兒在牙牙學語的階段會重複別人所發出的音，或者有些特殊的孩童會重複別人所說的話，雖然這些都有定點對應，形式也相同，但是因為其後果是受控於自動增強而非類化制約增強，因此都不屬於複誦。

（四）互動式語言

互動式語言（intraverbal）行為包括接續兒歌、繞口令、回答問題、背誦，還有對話。是「聽—說」的刺激反應。其定義是說者根據語言前事刺激所產生不同的語言反應行為，刺激和反應之間沒有 1：1 定點對應的特徵，其後果是類化制約增強（如社會性讚美）。最簡單的例子就是回答問題。老師問：「5×3 等於多少？」學生回答：「15。」老師說：「答對了。」

背誦或連鎖的反應，也符合此語言行為的定義。比方說，數數 1、2、3、4……，這是一個連鎖反應，後面的語言反應是根據前面的語言刺激而決定，語言前、後相關但沒有對應，後果也是類化制約增強。對話也屬於此項語言行為。兩個人在對話，A：「你最近好嗎？」B：「我很好啊，你呢？」A：「我也不錯啊！謝謝你的關心。」B：「不客氣。」以上對話對 B 而言第一句話是前事刺激，第二句話是反應行為，同時對A而言也是第三句的前事刺激，第三句是受控於第二句話的反應，也是第四句的前事刺激……。在這段對話中，說者和聽者的角色是輪流互換的，聽者的回應某種程度上也具有增強作用。這類的互動式語言，說者和聽者的刺激、反應和增強是互相連鎖關係——彼此相關連鎖的三期後效關聯。

（五）逐字讀

逐字讀（textual）行為跟閱讀很接近，是屬於「看—說」的刺激和反應。不過閱讀通常包含理解這個層面，而逐字讀則是指讀出所看到的文字，讀者是否理解不含在其定義內。比方說，在讀古文或文言文時，初學者每個字都能正確的唸出來，但是卻不見得了解其中的涵義。不管讀者是否理解，都屬於逐字讀行為。逐字讀行為的定義為，其前事刺激是文字，刺激和反應行為之間有定點對應，但沒有形式相似。定點對應是看到的文字（刺激）和唸出來的字（反應）有 1：1 對應關係，但其感官體驗是視覺和聽覺，形體是書寫和口語，所以形式並不相似。逐字讀的後果同樣是一般性的增強。

（六）轉錄

轉錄（transcription）行為就是聽寫，也就是將聽到的聲音正確的寫或打字出來。其前事刺激是語言刺激（聽覺），反應行為是寫或打字（視覺），後果則是類化制約增強。

表 9-1 則將 Skinner 的語言行為中，初級語言操作之類型依據行為分析三期後效關聯的組成要素整理而成。每個初級語言操作類型的 ABC 都清楚

表 9-1 初級語言操作和其三期後效關聯的組成要素

基本語言操作類別	前事刺激（A）	行為反應（B）	後效（C）
要求	聽者	以「口語／圖片兌換／手勢／手語」表達需求	獲得想要的物品
	範例： 聽者	範例： 說者：「我要餅乾。」	範例： 聽者將餅乾給說者
命名	環境中所有的非語言刺激或個體發生的事件或表現之動作	說出名稱	獲得一般正增強
	範例： 老師拿著一顆蘋果	範例： 生：「蘋果。」	範例： 師：「對，這是蘋果。」
複誦	語言刺激	和 A 相同的語言刺激	獲得一般正增強
	範例： 師：「娃娃在哭。」	範例： 生：「娃娃在哭。」	範例： 師：「說得很正確。」
互動式語言	聽覺語言刺激	回應 A 的語言	獲得一般正增強
	範例： 1. 師：「你叫什麼名字？」 2. 師：「床前明月光。」	範例： 1. 生：「我叫×××。」 2. 生：「疑是地上霜。」	範例： 1. 師：「喔，你叫×××。」 2. 師：「舉頭……」
逐字讀	書寫文字刺激	看到文字唸出聲音	獲得一般正增強
轉錄	聽覺語言刺激	寫出聽到的語言刺激	獲得一般正增強

資料來源：改編自鳳華（2005）

呈現。當中只有「要求」的後效是獲得想要的物品，其他語言類型的後效都是類化制約增強。

（七）基本語言操作之間的關係

基本語言操作之間的關係，包括功能獨立（functional independence）和衍生關係（derived relations）。功能獨立是指，各個基本語言操作之間互不相通的現象，也就是同一個反應可學會一種語言操作，但其他沒學過的語言操作，仍然是不會的。比較明顯的例子是在孩子學會了命名，仍未學習到逐字讀，因為命名功能和逐字讀功能是互相獨立的。比方說，小孩會命名貓、狗等物品，但並不會因此也會讀貓、狗等字，這是因為貓、狗的命名功能，和貓、狗的逐字讀功能，是兩種獨立的語言操作，彼此是獨立的功能。有研究也證實了 Skinner 提出的語言操作中，命名和要求之間是呈現功能獨立的關係（如 Hall & Sundberg, 1987; Twyman, 1996），這些研究針對同樣的物品，先教命名的功能，然後測試同樣物品的要求功能，或是先教要求，再測命名，結果孩子都沒有通過測試，證明了要求和命名這兩種語言操作功能獨立的現象。上述研究的對象，包括一般孩子，也包括發展遲緩的孩子。

另一方面，也有愈來愈多的研究沒有證明功能獨立，相反的，卻證明了兩種語言操作之間的衍生關係。也就是說，同一個反應，孩子學會一種語言操作的功能（如要求），另一種語言操作的功能（如命名）不需要教就會了。比如說，教孩子要求棒棒糖，學會要求之後，當孩子不想要棒棒糖時，將棒棒糖的圖片給孩子看，不用透過教學，孩子也能夠命名棒棒糖。同樣的，研究對象也包括了一般孩子和發展遲緩的孩子。詳細的研究文獻，可以參考 Gamba、Goyos 與 Petursdottir（2014）。

以上研究顯示，基本語言操作之間，存在著功能獨立及衍生關係這兩種現象。在孩子剛開始學習語言的時候，功能獨立的現象是很普遍的，隨著相關語言行為的習得，技能不斷累積，同一個反應的不同語言操作之功能，就愈能不用透過直接教學而衍生出來，加速了語言學習的效率。但是如果孩子無法經由在自然環境和與人互動中，發展出衍生關係的能力，就必須透過教學方式，將此種能力引發出來。

（八）隨機命名

Horne 與 Lowe（1996）根據 Skinner 的語言行為分析，但不像 Skinner 是著重在說者部分，而是較著重聽者的部分來分析，針對早期兒童語言快速發展的現象，也就是語言操作間衍生關係的現象，提出了隨機命名（Bi-directional Naming，簡稱 BiN）的概念。隨機命名是指，孩子可以不用經過直接教學，只要透過聽到物品的名稱，就能夠衍生出針對此物品的聽者（如指認）和說者（如命名）的相關能力。隨機命名能力是孩子語言能力快速發展的關鍵能力，因為只需要接觸命名的相關訊息，不需要經過直接教學，就能夠迅速衍生相關的技能。

根據 Horne 與 Lowe（1996）的分析，孩子在自然和父母的互動中，能透過多重範例（multiple examples）的學習經驗，而習得隨機命名的能力。比方說，媽媽在家時，可能會拿著柳橙汁問孩子：「你要喝柳橙汁嗎？」若孩子點頭，媽媽就倒一杯柳橙汁給他喝。到目前為止，孩子看到了柳橙汁，聽到了「柳橙汁」這個名詞，並有喝柳橙汁的經驗。這是屬於多重範例的經驗，包括柳橙汁的視覺刺激、聽覺刺激和味覺刺激。之後，孩子和媽媽去超市，逛到飲料區的時候，孩子用手指著架子上的柳橙汁（聽者的指認，辨別柳橙汁和其他非柳橙汁），並說：「要柳橙汁。」（說者的要求功能），媽媽說：「你要喝我們就買回家吧！」付完帳之後，孩子看到超市牆上貼著柳橙汁的照片，用手指並跟媽媽說：「是柳橙汁耶！」（說者的命名功能）。這些柳橙汁的相關能力，都是因為之前在家和媽媽互動時的多重範例之經驗而衍生出來，並非透過直接教學（例如：指認、命名、要求柳橙汁）才學會。隨機命名的能力，Horne 與 Lowe 認為是語言學習的基礎。

二、次級語言操作——自動附加

Skinner 的語言行為，除了上述六種初級語言操作，還包括次級語言操作，也就是自動附加（autoclitic）。自動附加和以上六種基本語言操作有高度相關，它是附加在基本語言操作上的，所以它的功能是根據它所附加的基本語言操作而決定。自動附加有修飾或強化基本語言操作的作用，進而導致聽者不同的行為反應。換言之，自動附加就是更精確及詳細的描述初級語言操作的語言行為。而聽者不同的反應則是自動附加的增強。

Skinner 用了以下這個例子來說明自動附加如何修正命名這個語言操作。

「我看到」外面在下雨，「我聽說」外面在下雨，以及「我覺得」外面在下雨，這三個句子裡，外面在下雨是命名，「我看到、我聽說、我覺得」則是自動附加，更詳細清楚的說明了「外面在下雨」這個命名行為的資訊來源，描述了此訊息的正確程度。「看到」相對而言，比「聽到」或「覺得」提供了更為正確的資訊。

此外，像是否定句裡的「不」將整個肯定句變成否定句，意思完全改變，這個「不」字也是自動附加。還有描述數量多寡的量化詞也屬於自動附加，比方說，「所有」的人都走了、「大部分」的人都走了、「有些」人走了、「少數」人走了。我們常常用來說明兩者之間相互關係的「反之亦然」也屬於自動附加，因為它描述一種反方向的對等關係。總而言之，自動附加修飾初級語言操作，因而改變聽者的反應；改變聽者反應同時也是自動附加的增強。

三、多重控制

人類的語言其實大部分都是錯綜複雜的，以上介紹六種初級語言操作，是語言分析的基礎。雖然初級語言操作在人與人的互動中存在，但完全純粹的單一初級語言操作卻不多見。多數時候，我們所使用的語言都包含了不同種類的多重控制（multiple control）。針對語言的複雜性，Skinner 運用了多重控制的概念來分析。其中重要的幾個多重控制包括：語意多重控制、形式多重控制、聚斂式多重控制、擴散式多重控制、多重聽眾。

（一）語意和形式多重控制

語意是指語言的涵義、意義；而形式則是語言的組成格式或結構。以上六種初級語言操作中，屬於語意控制的有要求、命名和互動式語言，這些語言操作可以多種方式來表達，不用特定的形式，重點是語言本身所傳達的訊息是什麼意涵。屬於形式控制的有複誦、逐字讀和轉錄，這些語言操作比較不強調字句的涵義，而是重視其字句的定點對應。語意和形式都是多重控制的來源，也和語言行為發生當下的情境有關，兩者也會交互影響。

以下舉幾個例子來說明語意多重控制（semantic multiple control）。比方說，在寒冷的冬天，小英說：「夏天天氣很熱，可以去室外游泳池，還可以吃冰，真棒！」媽媽說：「再過幾個月夏天就來了。」從以上這段互動式語言的對話中，夏天很熱、游泳和吃冰，是屬於語意的控制，因為這些活動都和夏天有關。然而，小英這句話的動機是因為現在很冷，不能游泳和吃冰（嫌惡、匱乏狀況），所以引發了這段對話，表面上看是命名和互動式語言，但其實是屬於要求，因為有匱乏狀況的影響，所以是非純粹命名和要求（impure mand/tact）；媽媽的回答也有包含語意的控制，她說夏天快到了，其實是非純粹的命名，真正的意思是要告訴小英，現在不能游泳也不能吃冰。實際的語意是要求，而非命名。

形式多重控制（formal multiple control）最常見的就是繞口令和押韻的字句。像是「四十四隻石獅子」、你要去「立法院」還是「理髮院」？這些都是形式多重控制。因為「四十四」和「石獅子」聽起來的形式很相似，但語意卻完全不相同；同樣的，「立法院」和「理髮院」也是形式上的多重控制。另外，形式和語意也會因為情境不同，有時候會互相影響。比方說，在早餐店前有招牌寫著「早點」兩個字，小琪早上經過看到這招牌（逐字讀），就走進去買了饅頭和豆漿來吃。看到招牌「早點」這個逐字讀行為是形式的控制，進去買早餐是語意的控制，因為這招牌提醒她去買早點。在另外一個情境，小琪今天一大早要去公司開會，所以必須比平常時間更早到，這時她看到「早點」這個招牌——逐字讀也是形式控制，提醒了她今天要早點上班，於是她加快速度趕到辦公室（語意控制）。在此例中，「早點」是同一個形式，但卻因情境不同而賦予不同的涵義：一個是指「早餐」，而另一個是指時間上「早一點」的意思。

（二）聚斂式和擴散式多重控制

Skinner 在語言行為中提到另外兩種類型的多重控制：一種是多重因素共同導出單一的語言行為；另一種則是單一因素引發出多重不同的反應。Michael、Palmer 與 Sundberg（2011）稱這兩種不同的控制為聚斂式和擴散式多重控制。

聚斂式多重控制（convergent multiple control）在一般的語言互動中很常見，比方像前面小英的例子，因為天氣很冷導致一種嫌惡和匱乏的狀態，不能游泳、不能吃冰，引發了非純粹命名和要求的語言行為；也就是說，這些種種不同的因素導致小英說了這句話，所以這句話的控制來源是聚斂式的。其他的例子像是猜謎語、寫報告或學科智力測驗等，大部分都需要運用聚斂式多重控制。擴散式多重控制（divergent multiple control）最常見的像是腦力激盪，也就是針對一個主題做聯想，或是針對某個問題，提出各種不同的答案或解決的方法。這些問題或主題，也就是前事刺激，可以是語言或非語言的刺激物。

（三）多重聽眾

聽眾也是影響語言行為的重要因素之一。Skinner 將聽眾分成正向和負向兩種類型。正向聽眾（positive audience）有增強語言的效果；負向聽眾（negative audience）則是有消弱的作用。一般來說，當正向和負向聽眾同時出現的時候，負向聽眾的影響通常會比較大。比方說，小學老師在家長會和家長溝通時，會用和一般成人的談話方式，但是如果有小孩同時在場，老師可能會傾向用小孩也能聽懂的方式來講。又比如說在一場專業演講中，同時有資深專業人員和一般社會人士出席，演講者通常會用一般人聽得懂的語言來說，並且減少或避免使用專業術語。換句話說，專業人員是專業術語的正向聽眾；一般人士則是專業術語的負向聽眾。要注意的是，這裡所說的正向和負向是指增強和減少某些語言行為，純粹是科學定義，並非指好或壞的意思，請不要和一般平常慣用的口語混淆了。

第四節　語言行為在特殊教育的運用

近幾十年來，Skinner 的語言行為漸漸受到學術界的重視，有許多實證研究證明了 Skinner 對語言行為的理論分析是正確且相當具有前瞻性。研究也證實語言行為的分析方式對教育，尤其是特殊教育方面，有相當大的貢獻。本節主要是針對語言行為在特殊教育方面的實際運用與貢獻來做討論。

一、語言能力的評量

語言行為的分類方式，也就是基本語言操作，以及對說者和聽者的分析，已經被運用來編列評估學習者基本語言能力的評量表。尤其是在早期療育方面，語言行為評量的結果，可以用於設計個別化的教育或治療訓練方案。這些評量工具是以測試技能為主，主要是要評估孩童具備了什麼語言技能，並非是要測試智商或診斷用的。評量表上通常從簡單到複雜的順序，列出一般孩童在各個時期或年紀所具備的技能。評估結果可以看出各個孩童在基本語言操作各項的能力，以及聽者和說者兩種角色的語言程度為何。測試結果除了用於編列個別化教學方案之外，也可以當作孩童轉介時的參考和依據，不但可以幫助決定孩童是否可以轉換到合適的新學校或訓練課程，而且還可以給未來接手的單位做對孩童合適的建議，以幫助孩童順利銜接課程及盡早適應新環境。

二、個別化教學方案設計

個別化教學方案的設計，主要是根據測驗評估的結果而決定的。目前為止，語言行為的評估像是基礎語言及學習技能評量表（修訂版）（Assessment of Basic Langnage & Learning Skills, Revised ed., ABLLS-R）（Partington, 2006）、Early Learner Curriculum and Achievement Record (ELCAR): A CABAS® Developmental Inventory (ELCAR)（Greer et al., 2020）、語言行為里程碑評量及安置方案（Verbal Bohavior Milestones Assessment and Placement Program, VB-MAPP）（Sundberg, 2008），大多是針對學齡前的兒童而設計，目的是提供早期療育，讓這些孩子可以在入小學前準備妥當，以適應未來學齡階段學校的學習環境。因此，這幾種評估工具針對初級語言操作和相關先備技能的評估項目相當詳盡清楚，但是不包含複雜的語言技能（像是推論、寫作能力）。初級語言操作的先備技能，像是眼神注視、複誦、手指指出想要的人、事、物等，都屬於要求的先備技能。視覺上區辨物品異同的配對能力（選和○○一樣的）和聽覺加視覺區辨的選擇行為（哪一個是蘋果？選出紅色）都屬於命名的先備技能。因此測量結果對於早期語言訓練課程設計特別有幫助。

早期療育的課程開始時，通常是在各方面的語言評估項目中，選擇這孩童目前已經會的技能的下一個技能，來作為課程目標，或者是選擇這孩童特別弱的某個基本語言操作來特別加強訓練。比方說，評估測量顯示此孩童已經會辨識並配對立體的刺激物，但是卻對平面的刺激物（圖片）沒有辨別和配對的能力。根據此項評估結果，此孩童的個別化課程就必須包含平面圖片和立體物品的辨識配對課程，學會之後，就進行下一步的平面圖片和平面圖片的配對。舉一個口語表達能力較強的孩子為例，他的要求（會主動問問題）和命名（區辨不同抽象概念像是冷和熱等）都沒有困難，但是在互動式語言方面，顯示他無法和他人有超過兩句以上的對話，也就是他和別人的對話只限於一問一答就結束的階段。這個孩子的課程，則必須教他延伸和他人問答而成為主題式對話。

另外，有些孩子會展現較複雜的語言能力，但是在相對較簡單的能力上卻有學習困難。比方說，這小孩有聽者的反應能力，可以正確指出目標物，可是當別人喊他的名字，他雖有反應，眼睛卻沒有看人，或是有的小孩就是對自己的名字沒有反應。這時，他的個別教學方案就必須暫緩較複雜的課程，或穿插在複雜的課程中，教孩子可以聽自己的名字而有反應或者是互動時會有眼神注視。訓練孩子將基礎能力建立起來，除了補足早期發展的缺憾外，也可以免除日後學習可能會遇到瓶頸和挑戰。

三、系統化的教學課程

Greer 與 Ross（2008）以語言行為的分析為基本架構，將孩童語言能力發展分成以下幾個階段：聽者前期（pre-listener）、聽者（listener）、早期說者（early speaker）、說者亦為自我聽者、早期讀者（early reader）、讀者（reader）、寫作者（writer）、自我編輯者（self-editor）等。每個語言發展的階段，都有其相關的各項技能和重要的里程碑必須達成，如果前面階段的技能沒有發展好，就會影響到後來的發展。Greer 與 Speckman（2009）提出語言行為發展理論，根據上述語言行為的發展階段，設計了一系列相關的教學課程和評量。個別化的教學設計可以根據孩童的發展階段來做整體的評估，補充其發展不足之處，或是強調促使里程碑技能發展的課程，不僅增進孩童學習效果，更促進其學習效率。

舉個簡單的例子，在聽者前期這個階段的孩子，不懂得聽話，也就是他不會聽指令並執行動作，聽到人叫他的名字也沒有反應，眼睛也不看人，行為可能是跑來跑去不會坐好。也就是說，他尚未發展出上課的概念，或以行為分析的說法是尚未在教學控制之下。此時，如果直接進行一般教學，這孩子還是可以學習，但是效果和效率都會事倍功半。因為他眼睛不看，耳朵不聽，就會有很多錯誤的反應，也會需要很多提示和糾正，教學進展就會很緩慢。這時，就必須先教會他此階段的重點或里程碑技能，也就是教學控制，方能增進學習的效果及效率。根據 Greer 與 Ross（2008）的建議，教學控制的課程包括眼神注視、坐下、喚名會有反應或到老師這裡、大肢體動作模仿等。

再舉一個早期說者的例子，這階段的孩子可能會基本要求和命名，但在互動式語言方面，可能尚未起步，這時可以教他基礎的互動式語言，可以先用填充的方式（例如：「一閃一閃……」讓孩子接下去說「亮晶晶」），然後再進展到問問題的形式讓孩子回答（例如：「小狗怎麼叫？」或社會性問題：「你幾歲？」）。又比如說另一個在早期讀者階段的孩子，他可能會讀一些簡單的單字但沒有拼音的技能，也不一定有理解單字的能力。這時，除了教他認更多基本字彙以外，還必須教他理解語意——可安排配對的課程（文字「貓」和圖片「貓」的配對），當理解能力增加了，則可以再進行拼音的教學，以循序漸進的方式，引導孩童進入讀者的階段。

四、學習問題的診斷與解決方法

語言行為對語言的分析方式是，以說者和聽者兩種角色，加上動機操作和基本的三期後效關聯。以說者來說，就可以分成四個基本單位，再加上聽者部分的四個基本單位，便形成了兩者環環相扣的交互關係。所以當資料數據顯示，孩童產生學習問題的時候，可以資料為依據，系統化的進行觀察和分析，找出學習問題或學習困難所在或問題癥結點，然後針對問題所在，進行教學介入，進而解決學習問題，改善學習效果。舉個例子來說，一個孩子具備了聽者的能力，也就是說他聽得懂基本的指令，也會去執行這些基本指令，可是他說話的能力仍然在初期發展的階段，總是重複講出他所聽到的話，因此每當別人問他問題，他並沒有互動式語言，而是複誦。所以這個問題是出現在說者的反應，介入的重點則是要將複誦的功能轉換成互動式語言的功能。複誦和互動式語言的後效關聯都是社會增強，前事刺激則是口語刺激，因此在選擇干預策略時，則可分成前事刺激和後效關聯兩部分來對症下藥。前事刺激的部分，則可以在原本語言刺激之後，加上要這孩子講的話，利用他複誦的能力，讓他重複他該講的部分，因為大部分孩子在學講話時，會傾向重複後段的口語刺激。至於後效的部分，就必須區別性增強互動式語言行為，而非複誦行為，藉此將互動式行為選擇出來，如此一來，前事語言刺激的改變加上後效的增強，就可以將原本錯誤的複誦功能轉成互動式語言。比如說，教這孩子回答「你叫什麼名字？」的問題時，要教他回答：「我叫林小華。」假設他每次都只是重複你的問題，在學生出現複誦的語言之前教學者就要先說：「你叫什麼名字？我叫林小華。」如果這孩子重複「我叫林小華」，就馬上給增強物和社會性讚美；如果他重複問題和答案就不給予增強。這個針對有複誦傾向問題的教學方式也是實驗證實有效的方法之一。

有的時候，學生一直學不會某個技能，或者是一個技能要學很久且需要很多輔助才能達標。在檢查聽者和說者的四期後效關聯後，也確定沒有問題。這時候，就要檢查學生是否具備相關的先備技能。比如說，一個具有早期讀者能力的學生，沒有閱讀的障礙，也能夠理解所讀文字的意思，但讀字時卻時常東張西望不專心，以至於需要很多輔助，並需要時常提醒他要專心讀書。一般人可能會認為這個學生不專心、粗心，並不會認為是教學的問題。這個時候，就要檢視其是否有閱讀的先備技能，例如：書本對他是增強物嗎？他能夠注視並追蹤非偏好的刺激物嗎？如果學生沒有這些閱讀的先備技能，就必須進行刺激配對教學，使書本成為增強物，以及視覺追視的訓練，讓學生能夠注視並追蹤非偏好刺激物。先備技能建立好了，閱讀技能也會學的比較快。關於語言行為學習問題及診斷方法，可以參考 Greer 與 Ross（2008）。

五、早期療育的基礎語言訓練課程

基礎語言訓練是早期療育的重點課程，也是預防問題行為產生的最佳方法之一。若是孩童有了語言表達的能力，他就比較會用說的方式來讓人知道他的想法，比較不會用哭鬧或傷害自己的方式來表達或引起別人的注意。以下列出幾點基本和進階的語言訓練課程以供參考。

（一）複誦訓練

複誦能力是語言學習的基礎，有些孩童有基本的口語模仿，但是卻沒有很準確或是可以說得讓其他人都可以聽懂的地步。這時，則可以進行複誦訓練，將正確的聲音塑造出來。

（二）要求訓練

要求訓練通常是早期療育優先的訓練課程。Drash、High 與 Tudor（1999）證明了有些發展遲緩及自閉症兒童，在尚未具備複誦能力時，就先學會要求，所以要求訓練可以先進行，不需要等有複誦能力才進行。只是剛開始時，孩童若無法完全精準正確的發出聲音，可以先接受他所發的音，再慢慢增強和目標相近的聲音，漸漸將精準的聲音選擇出來。

對於特教孩童來說，要求訓練是最重要的，因為若是有了口語表達能力，孩子就能夠說出他想要的東西，表達他的需求，而不必用哭鬧、自傷等問題行為來引起注意及達到目的。所以若是孩童尚未有要求的能力，要求訓練必須列為優先的課程。如果孩童實在無法發出聲音，則必須考慮教他用手指出想要的東西，或用圖片兌換溝通系統進行要求訓練。此外，要求訓練一個最重要的部分是動機操作（MO）。一般來說，特教的孩童在接受要求訓練時，是需要教學者刻意安排動機操作，使孩童處在匱乏或嫌惡的狀態，以增加目標物當下的增強效果。動機操作的詳細內容，請參閱本書第五章動機操作的章節。

（三）命名訓練

命名訓練強調的是說者的能力，也就是孩童能夠說出人、事、物的名稱。此項能力是孩童在學校學習學科的基礎，因為幾乎所有的學科都必須有命名的基礎。一般來說，若是孩童有命名的困難，其教學方法通常是使用多重範例教學法（multiple exemplar instruction，簡稱 MEI）（Greer & Ross, 2008）。這裡所指稱的多重範例，意指每個目標刺激物都必須要有三到五個不同的例子之外，更重要的是在教同一個目標物時，須穿插聽者和說者的課程，例如：配對訓練（找和____一樣的）、區辨訓練（選出或指出物品）、互動式語言（這是什麼？）、純粹命名（pure tact，看到刺激物，然後說出名稱）。比方說，在教學生認「貓」這個目標行為，除了提供三到五種不同的貓的照片外，多重範例教學法還包含穿插多種不同語言行為的訓練課程，例如：配對訓練（找貓對貓）、區辨訓練（哪一個是貓？）、互動式語言（這是什麼？）、命名（把貓的圖片給學生看），運用不同形式的語言教學，其目標行為都是認出「貓」。

使用多重範例教學法的理由是要同時訓練孩童聽者和說者的能力。一般來說，大多數的孩童都是先學會聽者反應（配對、接受性命名），然後才會表達性命名，但是在實際教學上，有許多孩童雖然有表達性命名的能力，但卻沒有聽者反應或接受性命名的能力。也就是說，他說的出物品名稱，但是卻無法辨識或選擇此物。當然，這些孩子並沒有聽力或視力的問題。因此在教學上，沒有固定的先後順序，可以直接用多重範例進行教學，除非這對孩子太難，才會只先教聽者反應部分，而先不教說的部分。

（四）互動式語言訓練

在早期療育的互動式語言訓練裡，若是孩童還在早期說者的階段（已經會要求及表達性命名），則是先從連鎖反應的方式開始，而非直接和人對話。所謂連鎖反應是指孩童會正確的接續沒有完成的句子，比方說，「剪刀、石頭、________」，孩子會接下去說「布」，或者是聽到別人唱「一閃一閃亮晶晶，滿天都是________」，孩子會接下去唱「小星星」。會接續未完成的句子之後，則進行答話訓練，像是回答基本的社會性問題或是「wh-」的問題等，之後則可以學習如何能夠和人進行對話。鳳華（2006）根據互動式語言操作的原理，針對自閉症患者常見的社會互動的問題，設計了基本和進階式社會互動式語言的訓練，詳細課程可參考其資料及相關文獻。

（五）刺激配對

刺激配對是引發口語發音的自動增強訓練。幼兒在牙牙學語時期，會發出一些聲音，根據語言行為的分析，認為幼兒獨自一人時喜歡發聲，是受控於自動增強的原理。根據此原理，Sundberg、Michael、Partington 與 Sundberg（1996）設計出了刺激配對的教學方法，來引發並增加口語的發音，也就是運用聲音（如「癢癢」）和感官刺激（如實際給小孩搔癢）連結在一起。此教學法特別適用於尚未使用口語表達、無法模仿口語發音甚至連發音都很少的孩子。有些孩子經過此方法，口語發音可以被引發出來，漸漸也學會一些基本口語表達。

（六）多重控制互動式語言訓練

Feng、Chou與Lee（2017）運用語言行為中聚斂式和擴散式多重控制的原理，教導自閉症兒童回答分類的問題並學習提供多重解答。因為有些孩子會很刻板的認為一個問題只能有一個答案；或者有的小孩即便學會提供多重答案，但每次回答的答案和順序都是一樣的，也沒有創新的答案。雖然一般孩童在學習的過程中也都會有這種現象，並非完全不正常，因為在學習初期的確需要記憶及背誦，才能熟悉一些重要的基本規則或知識。但是如果這種現象一直持續，形成光靠記憶而不理解或思考，則學習就容易流於固著了。Feng 等人（2017）的教學，正是針對有此問題的孩童而設計。他們用互動式語言的方式，採圖片提示，教孩子回答分類的問題，例如：有哪些水果是紅色的？（聚斂式多重控制），孩子必須提供至少三個不同的正確答案（擴散式多重控制）。在這特別設計的教學之下，孩子開始學會提供多重答案，並思考新的答案，而非侷限於同樣的答案，造成機械性且缺乏彈性的模式。

以上介紹的是早期療育經常會用到的基本訓練課程，此外還有一些不同的語言操作課程〔如沉浸式教學法（verbal immersion）、閱讀、寫作〕或是較進階式的課程〔如進階式命名（naming）、基本命名和要求互換（mand-tact transfer）的多重範例教學、同儕組合後效關聯（peer yoked contingency）〕，還有更多仍在研究階段的教學法，希望在未來能讓特殊教育或語言訓練有更多更好的方法，來幫助孩童的學習。

（七）建立隨機命名能力的教學方法

隨機命名（BiN）為語言能力發展的基礎，此能力的習得過程，以多重範例的經驗為主。因此，Greer、Stolfi、Chavez-Brown 與 Rivera-Valdes（2005）發展出多重範例教學法（MEI），讓原本不具備隨機命名能力的孩子，能夠透過此教學法而習得此重要能力。多重範例教學法的文獻，詳情請參考 LaFrance 與 Tarbox（2020）。

多重範例教學法，是模擬孩子和其照顧者在日常生活中的互動而發展出來的。在教學程序上，將和命名相關的聽者（指認、配對）和說者（純粹命名、非純粹命名）反應互相交錯進行教學，而讓學習者從中獲得視覺（在配對、指認、命名時看到物品）、聽覺（在配對、指認時聽到物品的名稱）等多重範例的經驗。比方說，目標行為是鯨魚、海豚、海獅、海豹、海象，多重範例教學法就會隨機呈現這五種動物的聽者（配對、指認）和說者（純粹命名、非純粹命名），直到學習者達到精熟標準為止。順序為隨機呈現，可以是指出海象（呈現三張圖片）、將海豚和海豚放在一起、這是什麼（呈現一張海獅圖片）、呈現一張鯨魚圖片讓學習者命名……。這種教學方式，除了隨機更換反應種類外，每一個目標行為也要有三至五張不同的圖片（如五張不同鯨魚的圖片）。研究證實，這種教學方法能成功的運用在一般孩子和發展遲緩孩子的身上，將原本沒有隨機命名的能力帶出來，奠定孩子學習語言的基礎。

至於如何測試孩子是否有具備隨機命名的能力，Greer 與 Ross（2008）有詳細說明。首先，選取五個孩子不認識的物品，最好是平常不容易見到的物品，也可以是孩子不熟悉的符號標誌（如國旗、貨幣、希臘字母等）。確認孩子都不認識這些目標物後，就進行配對教學，直到孩子達標。在進行配對教學時，指導語為：把（物品名稱）和（物品名稱）放在一起。達標之後過兩個小時，分別測試此五種目標行為的純粹命名、非純粹命名，最後測試指認。先進行配對教學的目的，是要讓孩子聽到目標物品的名稱，之後測試時，先測說者行為、再測聽者行為，是為了要避免孩子測試前再次聽到物品名稱而影響測試結果。

六、社會情緒教學

鳳華、孫文菊、周婉琪、蔡馨惠（2019）結合社會情緒發展理論與語言行為分析的教學法，設計了一系列針對自閉症兒童在社會情緒方面的教學課程，相當具有成效。許多自閉症兒童在表達情緒及了解他人情緒方面，都有遭遇困難與挑戰而產生情緒困擾，以及面臨人際互動的問題。一般家長或老師若是沒有受過訓練，對這些問題不知所措，不知從何著手解決，很多時候只好無奈的放棄，將之歸咎於「自閉症」這個診斷。許多有社會情緒困擾的自閉症孩子，在智力和認知上通常沒有太大的問題，和一般孩子差不多，所以這些孩子並不會被分到特殊教育的班上，和有智力及學習障礙的孩子一起學習。將他們安排在普通班級，雖說是符合當今融合教育的趨勢，但是只是將他們和大家融入在一起，社會互動並不會「自然而然」就產生，仍然需要透過系統化的有效教學。否則自閉症的孩子在人群中仍然感到孤單，與人格格不入，久而久之就形成情緒困擾或問題行為了。

鳳華等人（2019）所提出的課程包含一系列的情緒命名、情緒因果關係、情緒調控及問題解決，課程內容詳盡介紹有關情緒方面的教學課程，其中包含基礎的課程，例如：眼神偵測、分享式注意力、學習觀察他人的眼神和臉部表情、學習判斷他人的意圖等。進階課程則包含觀察他人臉部表情以及周遭發生的情境，判斷造成情緒的原因和由來，並進而進展到了解自己的情緒和其產生原因，並在有情緒時能夠運用此技能來表達自己的情緒，讓旁人可以理解，而不需要因為感到挫折，以問題行為的方式（攻擊、漫罵）來表達。此外，書中亦採用自我對話的方式協助個體學會情緒調控，管理自己的情緒，並進而學習問題解決的技能。關於社會情緒教學，可以參考 Feng、Lo、Tsai 與 Cartledge（2008）以及 Lee 等人（2019）的文獻。

七、語言行為的教學方式

語言行為的教學，可以結構式的方法或在自然情境（Schreibman et al., 2015）進行教學。結構式教學，有固定的三期後效關聯，教學內容由教學者決定，所以教學者的主導性比較高，通常會在比較嚴謹的環境，像是治療中心或是在特定的訓練教室裡進行教學，教學者也多為受過訓練的治療師。相對於結構式教學，自然情境教學是在自然的環境中運用行為教學策略進行教學，像是在一般的教室、家裡或社區中。通常會配合學生的興趣，並且將教學目標鑲嵌在日常活動中進行，所以學生的主導性較高。更重要的是，學生反應的後效增強是自然的增強（如和同學的互動），而非和學生反應無關的增強物（如代幣）。自然情境教學雖然沒有固定的三期後效關聯，但會透過環境的安排，在進行日常活動當中，隨時掌握自然發生的前置事件，進而讓學生表現出目標行為，並且靈活運用行為教學策略，像是動機操作、各種輔助、連鎖反應、塑造及增強等。教學者通常是一般的老師、同班同學、家長或兄弟姊妹。

一般人容易有個印象，就是語言行為的教學一定要用結構式的方式來進行，但這是一個錯誤的觀念。此兩種教學方式各有其優點和缺點，兩者同時進行可以相輔相成。更重要的是，必須根據學生的學習狀況及目標行為來決定。一般來說，結構式教學可以快速建立基礎的目標行為，自然情境教學則對於目標行為的類化有較好的效果。對自閉症兒童來說，社會溝通技能相關的語言行為是重點課程，目標行為的類化十分重要，在設計課程時，可以考慮以自然情境教學的方式來進行教學。

第五節　結語

Skinner（1957）的《語言行為》一書在剛出版時雖然沒有得到正面的回應，也沒有引起學術界的注意，但是近幾十年來，因為愈來愈多的實證研究發現，其科學式分析方法的確解決了許多傳統語言學結構分析法所無法解決的問題。像是幼兒早期語言的學習，和其環境中的三期後效關聯有直接因果關係，根本不需要去推論個體內部的心智結構。特別是在早期療育的語言訓練課程方面，其系統化且精細的分析，對於有溝通和學習障礙的孩子確實有非常大的幫助。因為大部分有學習障礙的孩子，都會在語言溝通和學習上有某種程度的困難，並非像一般孩子，只需透過自然發生的後效關聯，甚至不需要後效關聯（如觀察學習等），就能輕易習得基本技能。這些看起來似乎是天生的（或是隨著年齡成長的）而非習得的基本語言技能，其實並非自然發生的，也不表示有發展障礙的學生就無法學會。如果運用傳統語言學和認知理論的結構分析，那這些學習問題豈不是無解？抑或是必須企圖改變個體頭腦內部和心智組織結構，才能夠學習？其實，這些學習問題是可以透過操作制約及行為分析的方法，找到學習困難的癥結點，進行個別化教學，而非歸咎於內在或天生的學習障礙，就妄下結論認為這些孩子都不可能學會。語言行為的方法，讓許多原本不會說話，也被認為是「不可能」學會的孩子，透過有效的教學，不僅學會講話更學會其他相關技能，也和一般孩子一樣，能夠不斷的學習和持續的進步。

CHAPTER 10

應用行為分析取向的其他教學策略

鍾儀潔

本章學習目標

1. 能舉例說明應用行為分析取向的教學策略。
2. 能描述單一嘗試教學法（DTT）的源起、定義和教學組成要素，並舉一個實際的例子。
3. 能描述結構式教學法（TEACCH）的源起、定義和教學組成要素，並舉一個實際的例子。
4. 能描述核心反應教學法／訓練（PRT）的源起、定義和教學組成要素，並舉一個實際的例子。
5. 能描述圖片兌換溝通系統（PECS）的源起、定義和教學組成要素，並舉一個實際的例子。
6. 能舉列說明在應用行為分析中與提升社會技巧有關的教學策略。
7. 能分析比較本章節所提及之各種教學法間的異同。

第一節　緒論

ABA 取向的教學策略有很多，除了本書其他章節所提到的教學策略外，筆者在本章會先較詳細的介紹四種運用較為廣泛的教學策略。此四種教學策略依序為：(1)單一嘗試教學法；(2)結構式教學法；(3)核心反應教學法／訓練；(4)圖片兌換溝通系統。最後，為呼應 2019 年開始施行的「十二年國民基本教育」身心障礙相關之特殊需求領域課程中的「社會技巧」課程，會大略介紹在 ABA 中與社會技巧有關的教學策略。

第二節　單一嘗試教學法

一、內涵

關於單一嘗試教學法（discrete trial teaching，簡稱 DTT）的內涵，筆者分別就其源起、定義和教學組成要素加以論述。

（一）源起

單一嘗試教學法的歷史，可以從 Lovaas 模式（Lovaas model）開始談起。此模式是 O. I. Lovaas 在加州大學洛杉磯分校（UCLA）擔任心理學教授時所發展出來的，它是一種透過應用行為分析之科學原理與技術，對自閉症兒童和發展遲緩之兒童，進行早期行為介入的教學模式。Lovaas 模式雖然包含了：(1)一對一的訓練；(2)反覆的練習；(3)單一嘗試教學法，但此模式在單一嘗試教學法的著墨最深，也累積最多的實證基礎。

單一嘗試教學法將教學過程，分解成以三期後效關聯為單位的教學型態（Eldevik et al., 2013），此教學法在早期主要運用在自閉症類群障礙者的身上，因為成效顯著而受到重視，之後便擴大使用在其他發展性障礙者的身上（Downs & Downs, 2013）。以單一嘗試教學法介入的行為很多元，包括問題行為、動作技能、模仿能力、溝通技巧（Smith, 2001）、區辨能力（Boyle & Lutzker, 2005）、語言（Kurt, 2011; Tsiouri, Simmons, & Paul, 2012）、學科技能（Hall, Hustyi, Hammond, Hirt, & Reiss, 2014）等。可見不論是在個體的障別，或是介入的行為形式上，此教學法的應用範圍甚廣。

（二）定義

單一嘗試教學法在早期的定義是：一種密集式且以教師本位為主的教學方式；它融入應用行為分析的原理原則，透過簡單的指導線索（cue）、提示過程（prompting）、正增強和連續式的形成性評量，在短時間內，快速反覆的進行高結構性的教學，以達成建立行為、塑造行為和提高學習成效的目的（Lerman, Hawkins, Hoffman, & Caccavale, 2013; Ryan & Hemmes, 2005; Smith, 2001）。不過，在晚近漸漸重視個體的學習動機，並試著打破高結構性的傳統方式，使此教學法更能符合個體在自然情境中的學習需求。

（三）教學組成要素

單一嘗試教學法包括五個部分（Smith, 2001, p. 86）：線索（cue）、提示（prompt）、反應（response）、後果（consequence）、嘗試與嘗試間的時距間隔（intertrial interval）。

1. 線索

在應用行為分析的術語中，又可稱為區辨刺激，通常是指教師所呈現的問題、指導語或一個指令，線索的本身要簡短且清楚。

2. 提示

指的是教師給予的反應提示，提示可以和線索同時出現，也可以立即出現在線索之後；另外，老師針對目標行為所給予的提示，要有計畫性的褪除。如果要因應學生在個別能力上的差異，增加介入的成效，建議要以系統性的方式進行提示（Gongola & Sweeney, 2012），針對從未表現過目標行為的學生，提示可能直接以肢體引導的方式進行，而對於有表現過目標行為但目標行為出現情境不穩定的學生，可使用三階段提示系統進行「最少至最多的提示」方式。關於提示的類型、選擇與運用請參考第四章。

3. 反應

指的是學生對線索（即教師的問題）所做出的反應，反應可能是對的或是錯的。

4. 後果

針對學生的反應，教師給予相對應的後果，如果學生的反應是對的，給予增強，如果學生的反應是錯的，教師也要讓學生知道。

5. 嘗試與嘗試間的時距間隔

在後果給予之後，教師應暫停 1 至 5 秒，Lovaas（1987）則建議要有 3 至 5 秒，再呈現下一個線索，以開始進行下一個嘗試。就筆者的經驗，下一個嘗試是要同一個指令或不同的指令，可依據學生的學習能力與學習特質進行調整。表 10-1 為一個單一嘗試教學法之例子。

二、教學應用與發展趨勢

如前所述，單一嘗試教學法曾應用在很多行為上，且為一種實證本位的教學法，但它的高結構性確實在學生行為的類化上造成一些阻力；可喜的是，筆者在文獻回顧時發現，此教學法在近期的發展已開始致力於縮短理論與實務間的差距，期待這樣的發展能讓想使用此教學法的教學者有更多元的應用途徑。

整體來說，單一嘗試教學法近期發展趨勢，可歸納成三個方向加以描述：第一，此教學法不僅是一種教學法，也是一種診斷行為的工具，除了能診斷學習困難（Hall et al., 2014），也具備能搭配功能分析診斷問題行為的功能（Schmidt, Drasgow, Halle, Martin, & Bliss, 2014）。第二，研究漸漸著重在訓練學生的重要他人成為教學的主要執行者，訓練對象包括新進教師（Downs & Downs, 2013）、母親（Ünlü & Vuran, 2012）、祖父母（Devlin, Krenzer, Edwards, 2009），甚至有研究訓練自閉症成人患者，而這些自閉症成人患者在訓練後是有能力對自閉症孩童進行教學的（Lerman et al., 2013）。第三，為了使單一嘗試教學法的訓練更有效率，有些研究者（如 Eldevik et

表 10-1 單一嘗試教學法的教學組成要素與所對應的例子

教學組成要素	例子
線索	教師拍拍手，並同時對學生說：「請跟著我做。」
提示	若教師以三階段提示系統方式進行教學，且決定了由最少至最多的提示依序為口語、示範及肢體提示。則學生在聽到教師的指導語之後，若沒有反應或有其他非目標行為的動作，在第一階段的提示可能是教師的動作不變，但以學生較熟悉的溝通口吻進行口語提示「做一樣的」；如果學生依然沒有反應或有其他非目標行為的動作，第二階段的提示，採用示範的方式，教師示範拍手的動作，動作可能會大一點，並說「像這樣」；如果學生在示範之後還是沒有反應或有其他非目標行為的動作，第三階段的肢體提示則是教師直接帶著學生的手做拍手的動作
反應	1. 反應正確：學生有拍手 2. 沒反應或反應不正確：學生沒反應或有其他非拍手的行為（如雙手緊握）
後果	1. 反應正確：教師說：「很棒，有跟著我做！」學生在沒有提示、口語提示和示範下如果出現拍手的目標行為，可以給予增強，但增強的強度要漸減，如在學生在沒有提示下拍手，教師很開心的說：「很棒，有跟著我做！」在教師口語提示下拍手，教師可以說：「很好。」在教師示範後才拍手，教師只說：「嗯。」如果學生被動的讓老師帶著做拍手的動作，教師可以用「沒反應或反應不正確」的方式處理 2. 沒反應或反應不正確：如果在肢體提示後，學生還是沒有動作，教師可以不給任何回應，或以很溫和的口氣說：「不是喔。」
嘗試與嘗試間的時距間隔	幾秒鐘之後教師可以重複相同的指令，教師拍拍手並對學生說：「請跟著我做。」再次練習拍手的動作。或者教師也可變換不同的動作，如雙手高舉過頭並說：「跟著我做。」

al., 2013）開始運用電腦教學，Pollard、Higbee、Akers與Brodhead（2014）更發展出互動式的電腦教學方式，以此來訓練一般大學生，使他們能對自閉症學生進行單一嘗試教學法，研究結果發現，平均每個人只要花兩個小時左右，就能習得如何執行此教學法，且類化的效果也毫不遜色。

以下筆者提供幾個實例來說明單一嘗試教學法目前的運用情況。

Devlin等人（2009）協同學校的專業人士，以及有創傷性腦損傷的男孩之祖父母，以單一嘗試教學法，對這位男孩進行 12 週之跨情境的訓練，結果顯示，學生在專注力、模仿能力、語言理解能力和自理能力上都明顯的提升。

Tsiouri等人（2012）使用單一嘗試教學法，配合以動作模仿帶動聲音模仿的訓練方式，讓幾乎沒有語言或完全沒有語言能力的自閉症兒童，發出許多具有功能性的字詞，參與該研究的兒童一共有五位，而其中的三位成效良好，因此單一嘗試教學法讓他們的語言發展能邁入嶄新的里程碑。

Hall等人（2014）使用單一嘗試教學法，來診斷學生的學習困難，這些學生患有 X 染色體脆折症（Fragile X syndrome），他們的年齡介於 10 歲至 23 歲之間，在數學推理上皆有類似的學習困難；研究顯示，使用單一嘗試教學法可分析出學生在分數、餅狀圖和小數的配對上的學習困難，Hall等人以單一嘗試教學法為診斷學習困難工具，並發現有X染色體脆折症的學生，在配對分數至相對應的餅狀圖時，他們的學習速度有明顯落後於對照組之情況。因此Hall等人建議單一嘗試教學法，除了是種教學法，也可當成一種界定學習困難的診斷工具。

三、小結

雖然單一嘗試教學法早已有一定的實證基礎，運用的層面也很廣泛，但還是有些限制，最常見的限制在於：一旦學生在高結構性的教學情境中習得了某種技能，在自然情境中，可能因為指導者給的線索不夠清楚，或情境有所改變，在類化上出現困難，故無法表現出已習得的技能（Smith, 2001）。

另一個限制和情緒有關，例如：Sigafoos等人（2006）比較：(1)單獨密集的使用單一嘗試教學法；以及(2)將單一嘗試教學法嵌入平時的教學活動中這兩種方式，對於自閉症兒童自傷行為、正確反應和情緒的影響，結果發現，相較而言，在單獨密集的使用單一嘗試教學法的情況下，學生除了出現較多的自傷行為，以及較少的正確反應外，情緒也較低落，故Sigafoos等人建議：對於有逃避課業要求而出現自傷行為的學生，應將單一嘗試教學法嵌入平時的教學活動中。

綜合以上所述，在使用單一嘗試教學法時，建議教學者可：(1)結合其他結構性較低的教學法；(2)提供學生較多樣化的線索；(3)將行為的類化也列入教學考量；(4)隨時注意學生的情緒表現。

第三節　結構式教學法

一、內涵

自閉症及相關溝通障礙兒童的治療與教育，可以使用結構式教學法（treatment and education of autistic and communication handicapped children，簡稱 TEACCH），其內涵可分源起、定義和教學組成要素加以描述。

（一）源起

結構式教學法源自於美國北卡羅萊納大學（University of North Carolina）的臨床服務和專業訓練方案，此方案開始於 1972 年，創始人為 E. Schopler 博士，目前此教學法的教學原則與策略的運用情況，已遍及歐洲、亞洲、非洲及中東等多個國家（Mesibov & Shea, 2010; Panerai et al., 2009; Schopler, 1994, 2000）。

結構式教學法在發展之初，主要以自閉症類群障礙者為服務對象，並強調家長的參與（Welterlin, Turner-Brown, Harris, Mesibov, & Delmolino, 2012），因此有所謂家庭本位式的 TEACCH 方案（Home TEACCHing Program）；它的特色之一，在於它具有跨不同領域的本質，因此很強調專業和家庭間的互動（D'Elia et al., 2014）。為了因應障礙者的職業需求，在 1989 年更發展出 TEACCH 支持性就業方案（TEACCH-Supported Employment Program）（Keel, Mesibov, & Woods, 1997），讓使用者有更多的選擇。

此教學法考量學習者的優、劣勢，透過結構式和持續的介入、環境的調整，並使用擴大性及替代性溝通（augmentative and alternative communication，簡稱 AAC）來進行教學。

結構式教學法有七大理念：(1)提升個體的環境適應能力；(2)促進家長協作；(3)評估個別化的處遇方式；(4)將教學以結構式方式呈現；(5)提升個體的技能；(6)運用認知和行為的介入；(7)進行通才訓練（generalist training）（Panerai et al., 2009）。而其運作機制有四：(1)將環境和活動建構成易於個體了解的方式；(2)強調個體在視覺上的優勢以補足其在其他技能上的缺陷；(3)善用個體的特殊興趣，以此激發他們的學習能力；(4)協助個體自發性的使用有意義的溝通方式（Mesibov & Shea, 2010）。

綜觀國內外的研究，此教學法的介入對象不限於自閉症類群障礙者，也包括智能障礙、注意力缺陷過動症等，處理的行為涵蓋：不專注的行為、固著行為、問題解決能力、溝通技巧、學科技能和職業技能（陳淑貞，2013）。至於教學的適用情境也不限於學校，其實施場域包括：(1)早期介入方案；(2)居家方案；(3)社會團體、夏令營和其他娛樂方案；(4)個別和團體諮商輔導；(5)一般、牙科和專業治療門診；(6)競爭力、庇護性的就業場所（Mesibov & Shea, 2010）等。可見不論是在對象、行為或情境上，結構式教學法的運用都相當多樣。

（二）定義

結構式教學法強調，不論在時間或空間上，都要以視覺性的方式，進行結構式的教學安排與組織（Orellana, Martínez-Sanchis, & Silvestre, 2014），它是一種透過視覺訊息（visual information），將物理（physical）環境、工作順序（sequences）和工作時間表（schedules）加以結構化的教學法（Mesibov & Shea, 2010）。

（三）教學組成要素

縱觀國內外相關文獻，結構式教學法主要包含四個教學組成要素：(1)物理環境；(2)每日的時間表（daily schedule）；(3)工作系統（work system）；(4)作業組織（task organization），但國內有很多文獻並不將作業組織列為第四個組成要素，反而將視覺訊息視為第四個組成要素。然而，在詳細檢視每個名詞的定義和內容後，筆者建議所謂的結構式教學法，應該包括：(1)物理環境；(2)每日的時間表；(3)工作系統；(4)作業組織四個方面的結構化，而這四個方面的結構化，都要借助視覺訊息來達成（Kurt, & Parsons, 2009; Mesibov & Shea, 2010; Panerai et al., 2009; Schopler, Mesibov, & Hearsey, 1995）。以下先就視覺訊息加以說明，之後再論述 TEACCH 建議要結構化的四個組成要素。

當教學者在給予學生學習任務、工作或活動時，視覺訊息的目的，是讓這些任務（工作或活動）明確、有意義和易於理解；視覺訊息可分成：(1)視覺指示（visual instructions）；(2)視覺組織（visual organization）；(3)視覺清晰度（visual clarity）三個部分（Mesibov, Shea, & Schopler, 2005）。Mavropoulou、Papadopoulou 與 Kakana（2011）說明視覺訊息的三個部分與其相對應的例子，筆者將其整理如表 10-2，方便讀者閱讀。

接下來將逐一說明如何將物理環境、每日的時間表、工作系統和作業組織結構化的方式。

1. 物理環境

物理環境可透過兩種方式結構化，第一是減少環境刺激，例如：讓學生不要面對著門或窗坐；第二個方式是運用環境布置或視覺線索，例如：老師透過課桌椅的擺放方式（環境布置），或是在地上畫一個圈、貼上圖案（視覺的線索），來告知學生哪個區域將會進行什麼活動，而學生應該要站或坐在哪裡（Mesibov & Shea, 2010）。在臺灣有很多幼兒園的老師都用櫃子將教室分成數個學習區域（或學習角、學習站），如科學區、繪畫區、音樂區、遊戲區等，就是使物理環境結構化的其中一種方式。

表 10-2 視覺訊息的三個部分與其相對應的例子

類型	定義	例子
視覺指示	當老師要告知學生，老師要學生對完成任務所需之材料做些什麼時，所用的視覺呈現方式	利用一張照片或圖片作為視覺指示，這張照片中有一個裝有一支牙刷、一條牙膏和一支梳子的保鮮袋，作為任務樣板
視覺組織	老師考量材料的分布和穩固性，在安排完成任務所需之材料時，能以視覺化的方式加以組織	對一個包裝任務而言，可以使用四個小籃子，來分隔和放置保鮮袋、牙刷、牙膏和梳子四樣物件
視覺清晰度	老師能明確標示任務特徵的程度	以分類（sorting）任務為例，老師將每個要分類之物品的圖片（標示）貼在容器的底部，使學生知道哪個物品要放在哪個容器裡

2. 每日的時間表

每日的時間表用來告知學生當天所會發生之活動的順序，時間表能幫助學生順利由上一個活動轉換到下一個活動。如果學生對圖片或文字的理解能力不足，可使用真實的物品，例如：活動是先洗澡後去吃點心，可以用真的毛巾代表要先洗澡，而真的湯匙代表吃點心。時間表要慢慢增加長度，例如：從一天中部分時間的時間表，到全天的時間表，最後到一週的時間表（Mesibov & Shea, 2010）。

3. 工作系統

當學生被指派到某個地點，或被分配到某個指定（也可能是例行性）的活動時，工作系統旨在透過組織過的視覺訊息，告知學生要做些什麼（what to do）；工作系統雖然是 TEACCH 四個組成要素中的其中一個，但也可以獨立成為一種介入策略；它不同於時間表的地方是，時間表是讓學生了解一天中之各種活動將在何時進行（when），以及在哪裡進行（where），而工作系統主要在告知學生要做些什麼（what to do）。工作系統可透過回答四個問題，依循六個步驟來達成（Hume, Plavnick, & Odom, 2012; Odom, Collet-

Klinenberg, Rogers, & Hatton, 2010）。

工作系統要以視覺化的方式讓學生知道下列四個問題的答案：(1)要完成的工作或活動有哪些？(2)在某時間內要完成的工作或活動有多少？或要完成需要多久的時間？(3)工作的進度要如何得知？而活動要怎樣才算結束？(4)當活動結束，下一步是什麼（Mesibov et al., 2005）？

以上四個問題要如何化成可實施的步驟，Hume 與 Reynolds（2010）建議用六個步驟來達成，以下針對這六個步驟加以說明。

(1) 步驟一：選擇活動

教師第一步是要先選定學生有困難的活動，評估的方法是找出學生在哪些活動上會出現不專注、沒有頭緒、焦躁不安或缺乏彈性的情況，先選這些活動來進行工作系統的訓練。

(2) 步驟二：決定工作系統類型

工作系統大致可分成三個類型：由左至右式（left-to-right）、配對式（matching）和條列式（list）的工作系統，其中前兩者的呈現順序都是由左至右，第三個則是由上到下。

這三個類型當中，最基本的就是由左至右式的工作系統。假設老師要學生依序拿剪刀、膠水和筆完成一件美勞作品，完成後到下一個電腦區完成下一個活動，老師可以準備四個籃子，在桌上將它們排成一列，呈現在學生面前，並在事前將剪刀、膠水、筆和滑鼠由左至右置放在這四個籃子中，那麼學生就知道，在這一個勞作區，他要先拿剪刀，然後是膠水，最後是筆來完成美勞作品，完成後看到滑鼠，就知道接下來要到電腦區。

對於在配對能力和順序概念上表現較穩定的學生，可以使用第二種類型的工作系統：配對式的工作系統。在配對式的工作系統中，完成活動所需的材料不直接放在學生面前，延續上述的例子，學生面前由左至右排列的依序是三張圓形的色卡（假設分別是紅、黃和灰色），和一張印有音符的圖卡，另外在學生左邊的架子上各有三個籃子，這三個籃子（紅、黃和灰色）分別放置剪刀、膠水、筆，這三個籃子的顏色因為和學生面前的色卡有對應，學生看到最左方的紅色卡片，就知道要到架上找紅色籃子，並拿取紅色籃子內的剪刀，以此類推，直到完成一個美勞作品，之後學生看到印有音符的圖卡就知道下一步是要去音樂區。

如果學生能看得懂文字，就建議使用條列式的工作系統；在使用條列式的工作系統時，老師可以給學生條列式的清單，上面寫下學生要完成的工作，假設學生一共要完成兩個美術創作活動之後自行進行閱讀活動，這份清單就會由上到下依序寫著：美術創作一、美術創作二，而最後就是閱讀。

(3) 步驟三：決定「工作結束」的視覺訊息

老師可以視學生能力選擇三種方式，讓學生了解什麼是工作已完成，或是結束：第一，老師可以在學生右方的地上放一個大籃子，學生可將完成的作品放入籃中，表示該活動結束。第二種方式是學生要將活動中用過的材料，放回它們原來被放置的地方，以上述的例子，就是將剪刀、膠水和筆，分別放回架上之紅、黃和灰色的籃子。第三種方式是請學生將完成的活動項目，直接用筆在清單上將該活動項目劃掉。

(4) 步驟四：決定「下一步」要做什麼的視覺訊息

同樣的，老師可以視學生能力選擇要用實際物品、圖片，或是文字書寫方式，告知學生下一步要到哪裡進行接下來的活動。

(5) 步驟五：教學生使用工作系統

在這個步驟中，老師可以考慮先對學生進行一對一的教學，當然老師可以使用各種的提示方式，但如果要使提示的褪除更有效率，建議以非口語的方式進行提示，老師站的位置最好是在學生的後方（也就是學生的視線範圍之外），直到學生能獨立使用工作系統為止。

(6) 步驟六：整天使用工作系統

最後一個步驟，是要確定學生是否能在一天之中完全使用整套工作系統，使學生在學校中每個地點都能完成他們被期待完成的工作。當然老師也應隨時記錄學生在每個工作系統中的使用情況。

4. 作業組織

之前有提到，時間表是讓學生了解一天中的各種活動，以及會在什麼時間和哪個地點進行；而工作系統，旨在透過有組織的視覺訊息，告知學生要做些什麼；至於所謂的作業組織，主要著重在使活動的：(1)目標；(2)期待；(3)步驟一目了然。作業組織要很清楚的呈現個別部分和完成目標間的關係（Mesibov et al., 2005; Schopler et al., 1995），換句話說，作業組織與工作系統最大的不同在於，作業組織是在每個單獨的作業（亦或是工作、任務、活動），表明老師對工作的最終期待（例如：給一個美勞成品的樣板供學生參考），並在給學生完成任務之所需材料時，確認學生完全了解他（她）目前手上的材料要如何成為成品的過程，也就是 Schopler 等人（1995）所提到的：學生要了解個別部分和完成目標間的關係。

Mavropoulou 等人（2011）更進一步以一些圖片，來說明作業組織如何仔細的考量視覺訊息，以達成其結構化的方式。其中一個例子是當老師在要求學生將八個形狀色片（二個大半圓形、二個大三角形、四個小三角形）排列組合成一隻小鳥時，若未考量作業組織的要素，可能會將這八個形狀色片，隨機擺放在桌上，然後說：「請用這些色片來排出一隻小鳥。」但如果有考量到作業組織的原則，老師應該提供一個樣板，這個樣板呈現已經用這八個形狀色片排列組合好的小鳥圖樣，如此一來，學生就能很輕易的了解他（她）目前手上的材料要如何成為成品的過程。

二、教學應用與發展趨勢

以教學法的教學組成要素而言，在大部分的研究或實務中，都有使用整套的結構式教學法，也就是說，這些研究或實務在採用結構式教學法時，都有考量視覺訊息（包括視覺指示、視覺組織、視覺清晰度）的安排原則，並將其融入結構式教學法的四個組成要素（物理環境、每日的時間表、工作系統、作業組織）之中，以完成結構化的教學設計。

相較於使用整套結構式教學法，單獨以工作系統為教學策略的實證性研究就比較少一些，但也可算是在研究或實務上投入量次多的研究領域。研究作業組織的文獻就更少了，不過這些研究讓我們更了解作業組織和其他三個教學組成要素間的差異。

若以樣本數而言，在結構式教學法的探討中，漸漸累積一些樣本數目較大的實證資料，例如：Orellana等人（2014）使用TEACCH本位的策略，來訓練 72 位自閉症類群障礙者（包含 38 位兒童和 34 位成人），使他們能配合牙醫師對他們進行定期的口腔檢查。D'Elia 等人（2014）針對 30 位學前自閉症類群障礙兒童（其中 15 位為實驗組，15 位為對照組）進行家庭與課堂情境的 TEACCH 方案。Tsang、Shek 與 Lam（2007）針對 34 位自閉症類群障礙的香港學生（18位為實驗組，16位為控制組），進行密集的TEACCH方案訓練。而上述的研究結果都發現，結構式教學法能成功的應用在自閉症類群障礙者的身上，而且有很好的維持效果。

三、小結

雖然結構式教學法的應用範圍很廣，維持效果佳，但與其他教學法相較之下能否勝出還是個問號。Boyd 等人（2014）曾比較三種方案在 198 位自閉症類群障礙學生之課堂的應用情況。這三種方案中的兩種屬於有特定模式的方案，分別為幼兒及其父母學習歷程與替代方案（Learning Experiences and Alternative Program for Preschoolers and Their Parents，簡稱 LEAP，暫譯為「跳躍」方案），以及 TEACCH；另一種是沒有特定模式的方案，Boyd 等人以高品質特教方案稱之。所謂高品質特教方案，在他們文章中的定義，就是不強調有使用特定理論和概念模式來教學的方案，在該研究中也視為對照組；結果發現，這三個方案都有成效；換句話說，在課堂中有特定模式的方案，似乎並未顯著優於一般未使用特定模式的教育方案。

當然，也有一種可能是其實這三種方案，共同擁有許多的關鍵特徵，而這些特徵，不論是在有特定理論和概念模式的教學法中，或是在無特定理論和概念模式的教學法中，都存在著，因而使方案間的差異不易凸顯出來（Boyd et al., 2014），不過這個論點仍有待未來的研究進行確認。

第四節　核心反應教學法／訓練

一、內涵

關於核心反應教學法／訓練（pivotal response teaching/training，簡稱 PRT）的內涵，筆者分別就其源起、定義、核心領域、教學組成要素加以論述。

（一）源起

核心反應教學法／訓練是在 1970 年代，由美國加州大學聖塔芭芭拉分校（University of California, Santa Barbara）的教育心理學家 R. Koegel 與 L. K. Koegel 兩位博士所發展出來的教學模式。此教學法以應用行為分析的原理為基礎，試圖克服高結構式的教學型態（如單一嘗試教學法），強調在自然情境中實施教學，期能增加學習者的：(1)自主性；(2)學習動機；(3)刺激—反應類化能力，並減少他們對提示的依賴（Genc & Vuran, 2013; Stahmer, Suhrheinrich, Reed, Bolduc, & Schreibman, 2010）。

核心反應教學法／訓練以應用行為分析為基礎，融入語言自然發展過程的理念，主要用以增進自閉症類群障礙者的溝通能力（Koegel, O'Dell, & Koegel, 1987），截至目前文獻的運用對象也有此傾向，比較特別之處是核心反應教學法／訓練目前應用的年齡層，最小曾運用在才 1 歲大的嬰幼兒身上（Steiner, Gengoux, Klin, & Chawarska, 2013）。

以改變的行為而言，核心反應教學法／訓練能增進學習者的社會適應（Ventola et al., 2014）、自發性語言（Koegel, Bradshaw, Ashbaugh, & Koegel, 2014）、學科學習動機（Koegel, Singh, & Koegel, 2010）、遊戲時的互動（Kuhn, Bodkin, Devlin, & Doggett, 2008; Stahmer, 1995）等。

（二）定義

簡而言之，核心反應教學法／訓練是一種：(1)以應用行為分析為基礎；(2)考量一般語言發展過程；(3)旨在增進學習者社會互動能力的自然情境教學法。此教學法一共有五個核心領域（Koegel & Koegel, 2006），分別為：(1)動機（motivation）；(2)對多重線索的反應（responsivity to multiple cues）；(3)自我管理（self-management）；(4)主動性（self-initiations）；(5)同理（empathy）。

（三）核心領域

如上所述，核心反應教學法／訓練一共有動機、對多重線索的反應、自我管理、主動性、同理五個核心領域，但其中的自我管理，有時基於不同的科學取向，而另列為一個獨立的領域，甚至 2009 年美國國家自閉症中心（NAC）所公布的「國家標準報告」（Report of National Standards）中，並沒有將它列為核心反應教學法／訓練的核心領域之一（Genc & Vuran, 2013）。

這五個核心領域在發展的程度上各有不同，但累積相對有較多研究與實證資料的領域為：「動機」、「對多重線索的反應」、「主動性」。至於「同理」，是屬於還在發展中的領域（Kilham & Costley, 2012）。

針對「自我管理」會在本書第十二章做專章的討論，加上其雖然列在核心反應教學法／訓練的領域之一，但其內涵和實施原則並未脫離應用行為分析的範疇，故在此不再贅述；而「同理」因為還在發展中，現有的內涵和實行方式還未建構完整；基於以上的原因，筆者在本章僅針對三項資料較完整的核心領域，配合其各自相對應的教學組成要素（教學實施原則），做較詳細的歸納和描述。

（四）教學組成要素（教學實施原則）

在文獻中，有時會將核心反應教學法／訓練的教學組成要素（教學實施原則）與核心領域分開討論，歸納的項目在數量上也有不同，這些教學組成要素（或教學實施原則）項目的數量，由七個至十個左右不等（Koegel, Koegel, Harrower, & Carter, 1999; Koegel et al., 1987; Stahmer et al., 2010）；Stahmer 等人（2010）更將這些教學組成要素，依教學著重的焦點，分成線索（cue）和反應（response）兩大類。

筆者綜合各種分類方式，將核心反應教學法／訓練的教學組成要素（或教學實施原則）分成十大教學組成要素，並將這十大教學組成要素，依照其所屬的核心領域、類別和相關教學實例說明，整理如表 10-3 所示。

二、教學應用與發展趨勢

核心反應教學法／訓練（PRT）在近來的實證資料上，有不少值得關注之處，包括：(1)核心反應教學法／訓練之可及性與時效性的提升；(2)核心反應教學法／訓練對家長的正面影響；(3)在接受核心反應教學法／訓練後，其在神經醫學上的證據。

就訓練的可及性與時效性而言，筆者綜合文獻發現，不論受訓者的教育程度和專業能力為何，都能在適當的訓練後，正確的執行核心反應教學法／訓練；舉例來說，Robinson（2011）以親自示範加上錄影帶回饋的方式，訓練四位半專業人員執行核心反應教學法／訓練，其中有兩位學歷為高中，兩位為大學，但四位在訓練後都能正確的執行此教學法。其中最令人印象深刻的是，每位受訓者平均只花了 1.5 個小時就完成了訓練，且在一至二個月後再進行探測時發現，訓練的成果依然能維持在一定的水準。再者，近來核心反應教學法／訓練採行的訓練方式，除傳統一對一或是現場示範的訓練方式外，也發展出團體訓練和數位學習方式，例如：Minjarez、Williams、Mercier與 Hardan（2011）以每組八到十個家庭為單位，進行團體訓練，而 Nefdt、Koegel、Singer與Gerber（2010）則以互動式教學光碟為訓練媒材，有 27 位參與者以自學的方式完成了訓練。

表 10-3 核心反應教學法／訓練的教學組成要素、例子，以及相對應的核心領域類別

類別（著重的焦點）	核心領域	教學組成要素（教學實施原則）	實例說明
線索	對多重線索的反應	1. 引起學生的注意（attention）	在呈現教學線索之前要確定學生是專注的，例如：老師放三張圖在桌上，問學生：「哪一個是爸爸？」並確定學生有看著要指認的圖卡
		2. 明確的指導語（clear instruction）	教學者提供的教學線索要明確且符合學生的能力，例如：告訴理解能力沒問題的學生，今天早上會有實習教師來為他們上美術課，請他們現在將美術用品（如水彩和圖畫紙）由書包拿出來，並放在桌上準備上課
		3. 使用 (1)刺激內提示（within-stimulus prompting） 或 (2)制約性區辨（conditional discriminations） 來呈現線索	1. 所謂「刺激內提示」是將教學線索經過處理，放大刺激間的特徵，等學生能正確反應後再褪除提示，例如：老師放兩張人臉部表情的圖片（一張難過、一張開心）在桌上，並問學生：「哪一個圖片中的人是難過的？」而這兩張圖片中，教師先將人的嘴型用色筆圈出，難過時嘴角是下降的，開心時嘴角是上揚的 2. 另一種能提高學生對多重線索有正確反應的方式是制約性區辨，所謂「制約性區辨」是指學生要區辨兩個以上的線索，才能做出正確反應，例如：教師要學生在「學校正門口搭 10 號公車」，學生要能區辨以下三個線索以完成任務：(1)是在學校的「正門」，而非後門或側門；(2)是 10 號，而不是 101 號或其他號碼；(3)是公車，不是小巴士或計程車。而對於認知能力較好的

表 10-3 核心反應教學法／訓練的教學組成要素、例子，以及相對應的核心領域類別（續）

類別 （著重的焦點）	核心 領域	教學組成要素 （教學實施原則）	實例說明
			學生，「制約性區辨」可能是教學者要求學生區辨一連串相關的指令（或線索），並達成任務，以一個包括四個指令的要求為例，教學者請一位學生依序區辨四個線索（教師的指令），學生要先擦黑板、清理板擦、拿抹布、最後擦講臺桌，才算完成工作
	動機	4. 提供選擇（choice）	學生可以依當下的興趣自由選擇學習的媒材（如故事書、蠟筆）或活動（如玩球池或大富翁）
		5. 輪流／主導（take turn/shared control）	學生、同儕與教學者輪流使用媒材，或是輪流進行同一個活動（如大富翁），在一來一往的口語和社會互動中，教學者也扮演示範者（楷模）的角色，示範適當或較複雜的行為（例如：如依大富翁的遊戲規則來進行該遊戲）
		6. 穿插已精熟的工作（intersperse mastered tasks）	在困難的工作（如數學的應用題）要求中，加入學生已精熟的技能（基本的四則運算），或是已在維持階段（maintenance）的工作，使學生能獲得足夠的增強機會，而更有意願挑戰難度較高的工作，這也是一種運用應用行為分析中之行為動能（behavioral momentum）的現象
反應		7. 使用後效增強	增強要針對行為，且要立即給予，例如：在學生完成課堂作業並繳交給老師時，老師面帶微笑的接過作業，並口頭讚美學生：「你在規定的時間很有效率的完成了課堂練習，又主動交來給我，表現得非常好。」

表 10-3 核心反應教學法／訓練的教學組成要素、例子，以及相對應的核心領域類別（續）

類別（著重的焦點）	核心領域	教學組成要素（教學實施原則）	實例說明
		8. 使用自然增強物（natural reinforcers）	針對行為的增強，以自然增強物為主要考量。所謂自然增強物，簡單的說，就是此增強物在一般／非刻意安排的教學情境下，通常也能得到，例如：學生如果能拆開（行為）裝有自己生日禮物的盒子，自然就得到自己心愛的物品（增強物）。又例如：學生如果學會在遇到問題時，打電話（行為）向相關人員求助，通常都會得到幫助（自然增強物）
		9. 增強嘗試行為（reinforcing attempts）	如果學生的行為沒達到預設的標準，但學生很努力的嘗試，也應該給予增強，例如：目標行為是學生能邊唱邊跳《小蘋果》，就算歌詞有唱錯，動作沒有很到位，也要鼓勵的說：「很好，我有看到你很認真的學習如何邊唱邊跳這首歌。」
未歸類	主動性	10. 自發性溝通（initiated communication）	教師以設計情境的方式，引發學生主動溝通的意願，可以先用提示的方式，提示如何開啟一個問句，等學生在提示下能說出問句後，再逐漸褪除提示，讓學生在適當時機，能自發性的以問句的方式開啟與人的對話，例如：老師請他的同事在午餐時間廣播：「請各位同學先暫停用餐……」，這時老師提示學生可以對著鄰近的同學說：「發生什麼事了？」過了1分鐘之後廣播裡傳來了大家最喜愛的歌曲，以及一句話：「謝謝大家能在忙碌的一天中，和我一起放慢生活的步調1分鐘，現在可以繼續在音樂聲中享用你們的營養午餐了！」

核心反應教學法／訓練和結構式教學法其中一個相似之處，在於強調家長的參與。研究發現家長在參與之後，不但能降低教養上的壓力（Minjarez, Mercier, Williams, & Hardan, 2013），同時也全面提升了生活品質（Buckley, Ente, & Ruef, 2014）。因此至少有一定的證據支持，核心反應教學法／訓練對家長而言，確實具有正面的影響力。

核心反應教學法／訓練在晚近也頗值得一提的是：它在神經醫學上的相關研究結果。Voos 等人（2013）的研究發現，泛自閉症的學童在接受四個月的核心反應教學法／訓練之後，在接受社會性刺激時，他們在大腦神經上的反應已和一般兒童沒有兩樣。Ventola 等人（2015）的研究也得到類似的結果，在他們的研究中，有 10 位學前階段的自閉症類群障礙學童，他們在接受核心反應教學法／訓練前，有半數的學生呈現腦神經活化不足的現象，而另一半則有過度活化的情形；但同樣在四個月的教學後，他們的腦神經反應已相當接近一般的兒童。

三、小結

核心反應教學法／訓練和傳統結構性較高的教學法相比，似乎多了許多的優勢，尤其在改善自閉症類群障礙的社會溝通能力上，甚至有超越其他結構性較高之應用行為分析取向教學法的情況（Mohammadzaheri, Koegel, Rezaee, & Rafiee, 2014）；但值得注意的是，目前它在實務上的應用還是有些限制，例如：Suhrheinrich等人（2013）調查 41 位受過核心反應教學法／訓練的老師，在實際運用該教學法時，老師較擅長的教學組成要素分別為：給予學生明確的指導語，以及提供學生選擇；但卻很難掌握和使用「輪流」及「多重線索」兩種教學組成要素。

因此，雖然相關文獻支持：核心反應教學法／訓練在增進溝通能力上的立即效果，但這樣的效果是否能維持，除有賴教學者能隨時檢視自身的執行正確度外，更重要的是，未來若能有多一些屬於長期追蹤之縱貫式的研究，我們便能進一步了解此教學法的長期效果。

第五節　圖片兌換溝通系統

一、內涵

關於圖片兌換溝通系統（picture exchange communication system，簡稱 PECS）教學法的內涵，筆者分別就其源起、定義、教學步驟與教學組成要素加以論述。

（一）源起

圖片兌換溝通系統是於 1985 年由 L. Frost 與 A. Bondy，在德拉瓦州自閉症教學方案（Delaware Autistic Program）中發展而來；一開始以非常年幼的自閉症類群障礙學童為主要對象，旨在培養他們一些重要的技能。當然其應用的對象並不侷限於自閉症類群障礙者，也適用於很多有溝通技能需求的個體（Ganz, Davis, Lund, Goodwyn, & Simpson, 2012），包括視覺障礙、聽覺障礙、唐氏症、對立反抗性疾患（oppositional defiant disorder，簡稱 ODD）、注意力缺陷過動症等（Sulzer-Azaroff, Hoffman, Horton, Bondy, & Frost, 2009）。

（二）定義

圖片兌換溝通系統是一種能促進功能性溝通之視覺式的 AAC（擴大性及替代性溝通）系統，此系統包括六個階段，其主要根據 Skinner 在 1957 年出版之《語言行為》對語言功能的分析，來發展整個訓練流程。訓練之初，由簡單的要求（mand）開始，然後通過一系列類化、區辨圖片、發展簡單句子結構、擴大字彙量、回應他人、評論（commenting）或命名（tacting）的過程，以完成整套教學程序（Bondy, 2012; Ganz et al., 2012）。

（三）六階段教學步驟與教學組成要素

Frost 與 Bondy（2002）在《圖片兌換溝通系統手冊》（*The Picture Exchange Communication System Training Manual*）一書中，將圖片兌換溝通系統分成六個階段，其中第三階段包含 A 和 B 兩個小階段，他們也建議在執行第五階段時，應該同時進行屬性（attributes）訓練。筆者將每個階段的實施內涵與所關注的行為整理說明如下。

1. 階段一：「如何」溝通（PECS I：“How” to Communicate）

此階段目標是學生能在沒有任何的提示之下，獨立將要與溝通夥伴（communication partner）溝通的圖卡（一次一張）交給溝通夥伴，而這位溝通夥伴與學生的距離，在此階段不會超過一個手臂的距離。所謂的「溝通夥伴」一開始主要指的都是訓練者，可能是學生的教師，也可能是學生的家長，但之後會類化到學生的重要他人，如同儕。

在此階段到第四階段的前期，除了溝通夥伴外還要有一個提示者，這位提示者通常坐或站在學生的身後，他要像學生的「影子」一樣，不能和學生有任何的社會性互動，包括不能有眼神的接觸。提示者要注意以下三點：(1)一定要等學生有意圖以圖卡溝通，但沒辦法順利完成遞交動作時，才給予提示；(2)提示的方式一律用肢體提示；(3)阻止或打斷學生任何與溝通無關的行為（例如：玩圖卡）。

至於溝通夥伴，通常坐在學生的對側，中間隔一張桌子，桌子上放著一張圖卡，圖卡上印有圖片和文字，通常文字在圖片的上方，文字寫著該圖片所代表的物品名稱，如旺旺仙貝；圖片的內容也可以是活動，如騎腳踏車，或是人物，如哥哥。溝通夥伴先確定學生知道增強物在自己的手中，當學生將圖卡確實放到溝通夥伴的手上時，溝通夥伴要依序做到下列四點：(1)立即以口頭增強（如「非常好」）；(2)說出圖片的名稱（如可樂果）；(3)給予小單位的增強物（如三分之一的可樂果）以維持學生再次溝通的動機；(4)將圖卡放回原位，以等待學生下一次自主性的圖卡溝通行為。

2. 階段二：距離和持續性（PECS II：Distance and Persistence）

此階段目標是學生能在沒有任何的提示下，獨立找到溝通本，將溝通本封面上的圖卡（目標圖卡），交給在不同空間內的溝通夥伴。

在此階段，圖片已不是放在桌面上，而是以背面貼上黏扣帶方式，固定於溝通本封面上，溝通本通常可以用市售的資料夾來製作。

學生若能獨立在溝通本封面上取下圖卡，給鄰近的溝通夥伴後，溝通夥伴就要漸漸增加自己和學生間的距離，直到學生能在不同空間（如另一個房間）中找到溝通夥伴。

等學生已能拿圖卡給不在視線內的溝通夥伴後，接著要增加學生和溝通本間的距離，直到學生能從目前的所在地點（如客廳），到一個固定放溝通本的地方（如溝通本掛在書房的椅背上），拿到圖卡，並交給在另一個空間（如廚房）內的溝通夥伴為止。

3. 階段三：圖卡區辨（PECS III：Picture Discrimination）

此階段目標是學生能由五張圖卡中找到想要的圖卡。

此階段又可分為兩個小階段：PECS III A 和 PECS III B，PECS III A 是區辨高偏好圖卡與干擾圖卡，PECS III B 是區辨兩個偏好的圖卡。在 PECS III A 階段，先呈現兩張圖卡，一張是想要的（高偏好），一張是不想要的（干擾），若學生碰觸高偏好的圖卡，立即給予社會性增強（如讚美）；如果學生將圖卡交給溝通夥伴，就給相對應的物品；若學生碰觸干擾圖卡，就給相對應的實物，並進行「錯誤糾正」。錯誤糾正的方式（Frost & Bondy, 2002, p. 128）整理如表 10-4 所示。

在 PECS III B 階段，溝通夥伴將兩張圖卡所代表的兩種偏好實物置於圖卡後方，呈現兩張圖卡給學生，學生選其中一張，並拿圖卡給溝通夥伴時，溝通夥伴說：「很好，去拿吧。」如果個案碰觸和他選之圖卡相同的實物，立即給予社會性增強；若學生碰觸非相對應的實物，則進行「錯誤糾正」；錯誤糾正的方式（Frost & Bondy, 2002, p. 139）整理如表 10-5 所示。

在 PECS III A 和 PECS III B 之後，每次多加一張圖卡，直到學生能由五張圖卡中，正確找到想要的圖卡為止，就能進入下一個階段。

表 10-4 PECS III A 階段的錯誤糾正步驟

步驟	老師	學生
	呈現兩張圖卡	
		給不正確的圖卡
	給不正確的圖卡所代表的物品	
		負向反應
展示	輕拍正確的圖卡	
提示	一隻手放在靠近正確圖卡的位置，另一隻手給予手勢提示	
		給正確的圖卡
	讚美（不給物品）	
轉換（多樣化）	「和老師做一樣的」，或是給予其他指令，如「請把筆拿給老師」	
		做老師說的
重複	再次呈現兩張圖卡	
		給正確的圖卡
	給物品並讚美	

4. 階段四：句構（PECS IV：Sentence Structure）

此階段主要目標有：(1)學生能獨立將印有表示「我要」的圖卡，以及印有增強物的兩張圖卡，貼黏在句帶（sentence strip）上，將句帶交給溝通夥伴，並得到想要的增強物；(2)能在圖卡縮小後同樣能完成上述的行為；(3)能平靜應付圖卡交換後，無法馬上得到或甚至得不到增強物情境。另外，此階段附帶目標是學生能使用印有表示「和」的圖卡，同時要求多種增強物，不過此目標有無達成並不影響下一階段的進行。

為了讓訓練單純化，在溝通本封面上的圖卡先不要多，一張「我要」的圖卡置於左上角，兩張增強物的圖卡隨機擺放，依序增強只放增強物圖卡、放「我要」加上「增強物」圖卡、讀句帶上的「我要××」的行為，但最後一個讀句帶的行為，以鼓勵為主但不強迫，如果學生有口語的出現，則可得到數量較多的增強物以及額外的社會性增強，但沒有口語也還是會給相對應

表 10-5 PECS III B 階段的錯誤糾正步驟

步驟	老師	學生
	提供兩張圖卡	
		給其中一張
	「去拿吧」	
		就要拿錯物品
	阻止拿取	
展示	指或輕拍正確的圖卡	
提示	一隻手放在靠近正確圖卡的位置，另一隻手給予手勢提示	
		給正確的圖卡
	讚美（不給物品）	
轉換	「和老師做一樣的」，或是給予其他指令，如「請把筆拿給老師」	
		做老師說的
重複	提供兩張圖卡	
		給正確的圖卡
	「去拿吧」	
		拿正確物品
	給物品和讚美	

的增強物。

等上述的行為已建立，此階段的第二個主要目標是將圖卡慢慢縮小時，學生的表現還是能維持，而其訓練步驟同上，就不再贅述。

此階段的最後，是訓練學生能平靜應付圖卡交換後，無法馬上得到或甚至得不到增強物的情境。溝通夥伴會設計出七種情況（詳見 Frost & Bondy, 2002），例如：增強物已食用完，現在不能馬上給增強物，要學生再完成一小部分的工作等，如果學生有負向情緒，要耐心等待，直到學生恢復平靜為止。

5. 階段五：回應／針對「你想要（做）什麼？」做出回應（PECS V：Responding to "What do you want?"）

此階段主要目標為：當溝通夥伴問「你想要（做）什麼？」學生可以將上方有「我要」以及「增強物」圖卡的句帶，交給聽者（即溝通夥伴）；而附帶目標是：同時進行「屬性」訓練。

針對第一個目標，溝通夥伴問「你想要（做）什麼？」並同時指著「我要」的圖卡，提示學生可以拿「我要」的圖卡，自行完成句帶，並交給聽者；之後，使用 1 至 2 秒延宕提示，學生在溝通夥伴提示之前就「回答」（即自主的拿「我要」圖卡），溝通夥伴就給較多的增強物；最後，溝通夥伴應交錯兩種情況，一是製造機會（即不提問下），讓學生做自發性的要求，另一是在提問下，學生能有「回答」的機會。

所謂「屬性」訓練，是要學生能針對增強物，進行更精確的要求，這些增強物可能有顏色、數量、溫度等不同的屬性，例如：學生可能在句帶上放上三張圖卡，由左至右依序為「我要」、「藍色的」、「外套」，或是「我要」、「六顆」、「巧克力」，亦有可能是「我要」、「溫的」、「開水」。學生要能從沒有區辨（三張圖卡：一張「我要」、一張屬性、一張增強物圖卡），到區辨高以及低偏好不同屬性的圖卡（四張圖卡：一張「我要」圖卡、一張高偏好屬性圖卡、一張低偏好屬性圖卡、一張增強物圖卡），最後區辨兩個以上增強物（五張圖卡：一張「我要」圖卡、二張高偏好屬性圖卡、一張低偏好屬性圖卡、一張增強物圖卡）。

6. 階段六：評論（PECS VI：Commenting）

此階段主要目標為學生要能：(1)以句帶回答一種問題「你看到什麼？」；(2)能針對「你要什麼？」和「你看到什麼？」兩個問題進行區辨，並以句帶正確的回應；(3)能針對「你聽到什麼？」及「這是什麼？」兩個問題進行區辨，並以句帶正確的回應。

在回答第一個評論性問題「你看到什麼？」時，溝通夥伴將「我要」和最偏好的圖卡放入溝通本內頁，只放一張「我看到」的圖卡、三張左右的中度偏好物圖卡，找個有趣的方式，例如：由魔術箱中拿出一物品，問：「你看到什麼？」並提示（用手指著「我看到」的圖卡），如果學生完成句帶，只提供社會性增強（例如：「對，是球耶！」、擁抱等），但不給該中度偏好物，最後將提示褪除。

在區辨兩個問句的部分，只放兩張表示「我要」及「我看到」（或是「我聽到」、「這是」）的圖卡，如果反應正確，給予相對應的回饋，學生若出現不正確之反應後，給予糾正，糾正的程序為：先放回那張不正確的圖卡，指著正確的圖卡，一邊問一邊給提示，轉換到一個短暫不相關的活動後，再重複一次問題。

二、教學應用與發展趨勢

圖片兌換溝通系統目前的發展趨勢除了應用在更多不同障別的個體、不同的目標行為外，筆者發現，和其他的教學法一樣，都在尋找更有效率的訓練方式，不論是在教學者的訓練上，或是以更精簡的流程達成教學的目標；舉例而言，Smith、Hand 與 Dowrick（2014）就以錄影帶自我示範（video self-modeling，簡稱 VSM）的方式，使一直無法以傳統 PECS 訓練習得任何溝通技能的三位學童，快速的達成學習的目標，只有觀看剪輯過並以自己為示範者的錄影帶，他們就能迅速的學習並有良好的類化效果。

圖片兌換溝通系統另一個教學應用，是在第四階段，試圖以各種方式來增加學生用口語溝通的可能性。Greenberg、Tomaino 與 Charlop（2014）結合時間延宕和口語提示，讓學生在使用圖片兌換溝通系統時，有自發性的發音。因為這些相關的研究（Jurgens, Anderson, & Moore, 2009; Tincani, Crozier, & Alazetta, 2006; Travis & Geiger, 2010），也間接破除了人們對擴大性及替代性溝通系統（尤其是圖片兌換溝通系統）的迷思之一：限制口語的發展（Ganz et al., 2014）。

三、小結

在回顧文獻時，筆者發現，針對無口語或低口語能力者，如何選擇最適合的教學策略到目前並沒有一個定論，但在此還是給予一些較近期之比較與分析的資料，供讀者參考。Schreibman與Stahmer（2014）將39位自閉症學童以隨機分派的方式，分別讓他們接受核心反應教學法／訓練以及圖片兌換溝通系統教學，結果發現不論是接受上述哪一種教學，在整體的溝通、口語的表達上都有成效。換句話說，兩種教學法對學童的介入效果，在統計上並沒有顯著的差異，但家長反映圖片兌換溝通系統相對較難執行。

Ganz 等人（2014）探討個體因素對自閉症類群障礙者在使用擴大性及替代性溝通系統上的影響，他們以後設分析的方式，針對圖片兌換溝通系統（PECS）、語音發聲裝置（speech-generating devices，簡稱 SGDs），以及其他以圖片為主的擴大性及替代性溝通（AAC）系統等三種形式進行比較。結果發現，在個體的年齡層上，不論是成人或學童，在使用圖片兌換溝通系統、語音發聲裝置或是其他以圖片為主之擴大性及替代性溝通系統的成效上，並沒顯著的不同，換句話說，在選擇擴大性及替代性溝通系統的類型上，年齡可能不需要是考量的因素之一；然而他們卻發現，語音發聲裝置似乎比較適用在認知功能較沒有問題的個體，而圖片兌換溝通系統則似乎比較適用在認知功能相對較不好的個體。

Hill 與 Flores（2014）比較使用圖片兌換溝通系統或 iPad 對三位學前、兩位國小的自閉症類群障礙者或發展遲緩的學童之溝通能力的成效，他們發現對某些學生而言，在訓練的初期，以低科技的方式，似乎比較合適。

綜合以上所述，圖片兌換溝通系統雖然只歸類為「具前瞻性」的教學法，不像核心反應教學法／訓練，已屬於「實證本位」的教學策略，但還是有和其一較高下的潛力；與高科技的裝置相較，又較適用於溝通訓練的初期，以及相對較適合認知能力受限的個體。

第六節　與社會技巧有關之教學策略概述

在 ABA 的領域中，屬於實證本位的教學策略會有一定的成效，其主要原因在於它們都「組合運用」了 ABA 中各種最基本的原理原則，這些原理原則即是本書之前章節提到的增強、懲罰、刺激控制、動機操作、模仿／示範、塑造、消弱等。在提升自閉症「社會技巧」的能力上，最常使用的原理原則包括提示、示範或／和增強（Watkins, Ledbetter-Cho, O'Reilly, Barnard-Brak, & Garcia-Grau, 2019）。至於最常見的教學策略，則包括：在之前章節已提到的「影像示範教學」；本章所提到的 DTT、PRT、PECS；在之後章節會提到的「功能性溝通訓練」、「自我管理」及「同儕中介／指導教學策略」（peer-mediated instruction）；還有本書較少著墨的「社會故事」（social stories）（Gunning et al., 2019; Watkins et al., 2019）。

為呼應 2019 年十二年國民基本教育身心障礙相關之特殊需求領域課程中的「社會技巧」課程，以下就「同儕中介教學策略」和「社會故事」進行非常簡略的論述（「同儕中介教學策略」較詳盡的介紹請參考本書第十二章）。先介紹同儕中介教學策略的原因在於其實證性高；至於社會故事教學策略，由於文獻中對其成效尚有不一致的看法，歸為「具前瞻性」的教學法，故還需累積其實證基礎（Milne et al., 2020; Smith et al., 2020; Zimmerman, Ledford, Gagnon, & Martin, 2020）。

一、同儕中介教學策略

同儕中介有很多類似的稱呼，如同儕指導（peer tutoring）、同儕協助等，加上它的起源和代表人物在文獻中沒有統一說法，在此就直接簡述其定義、教學要素與教學步驟。

Mahoney（2019）整理相關文獻，並說明「同儕中介」是一種教師訓練特殊需求學生之同儕，以系統化的方式協助提示與增強特殊需求學生之良好學習表現行為或社會技巧的教學策略。其教學組成要素和步驟通常包括：(1)界定特殊需求學生需增進的技能；(2)選擇可能幫助特殊需求學生的同儕（們）；(3)正式進行訓練；(4)調整課室環境，以增進學生與同儕間的互動；(5)確認同儕是否能正確的與特殊需求學生互動；(6)追縱與監控特殊需求學生的進步情況。

不論運用在何種年齡層或情境，同儕中介教學策略是一個實證性很高的教學法（Aldabas, 2020; Athamanah & Cushing, 2019），而未來的研究建議，除了應該納入更多數的研究樣本外，同時也應探討此教學介入結束後的維持和類化效果，以及同儕是否在過程中都能一致並標準化的執行教師訓練其幫忙的任務（Aldabas, 2020; Zagona & Mastergeorge, 2018）。

二、社會故事

社會故事教學法是在 1990 至 1991 年間，由 Carol Gray 所發展出來的教學模式。社會故事是以故事短文的方式呈現，除了描寫學生在出現「非」利社會之行為（prosocial behavior）之特定情境中的歷程，同時也描述在此過程中社會所期待的行為，以及在這情境中可能出現的情境特質，以期在不適當的行為發生前，預先教導好的行為（Gray & Garand, 1993）。

社會故事文本的寫法有很清楚的組成要素，Gray 於 2010 年完成其著作：《社會性技巧訓練手冊》（*The New Social Story Book*），該手冊在國內有中譯本（楊世華譯，2020）。在該書的使用說明中，Gray 列出了十個需遵循的指標，並詳述其內涵及提供相對應的實例。筆者在此僅描述文獻中常提到的幾個注意事項，其他細節不在此贅述，有興趣的讀者可自行研讀該著作。首先，社會故事文本要有能反應欲增進之利社會行為的專屬標題名稱；再者，撰寫者需以一定的比率運用七種句型，包括描述句、觀點句、輔導句—讀者（指示句）、輔導句—讀者團隊（合作句）、輔導句—自我提示（控制句）、肯定句、部分句；上述句型並不是每一種都要出現，但整個故事寫下來後，「描述句＋觀點句＋肯定句」的句型總數，要為輔導句（指示句＋合作句＋控制句）之句型總數的兩倍以上。

社會故事教學法實行的步驟通常包括：(1)界定想改善的行為；(2)撰寫社會故事文本；(3)決定教學的密集度（一開始可能每天都會花一點時間進行一對一的教學）；(4)每次教學會有個開場說明，並詢問學生準備好了嗎；(5)如果學生表示準備好了，就可以開始；(6)老師開始讀文本，並在過程中以問題確認理解；(7)學生回答正確，給予讚美（若學生沒反應或反應錯誤，老師可重讀一次重點段落的內容，再詢問一次，若學生回答正確則給予讚美，若還是沒有正確反應，就直接提供正確答案）；(8)等到在真實情境中學生能表現出期待行為的頻率愈高且愈穩定（例如：連續三或五天都能做到）時，教學的密集度就要慢慢降低，最後褪除（Kurt & Kutlu, 2019）。

目前，社會故事教學法應用的年齡層多在中學以下，運用的場所以學校為大宗，比較少成人及職場部分的研究，也較少有研究證實研究參與者在社會故事教導後，能增進其與同儕和家長的關係；建議未來研究除繼續累積此教學法的實證基礎外，可在上述的議題上以更嚴謹的研究設計進行探究（Ke, Whalon, & Yun, 2018）。

CHAPTER 11

應用行為分析與個別化教育計畫

吳佩芳

本章學習目標

1. 能說出在設定學生行為介入計畫前實行評量的重要性。
2. 能辨認出 IEP 目標中的 ABA 元素。
3. 能設定與 IEP 目標一致的 ABA 行為介入目標。
4. 針對身心障礙學生，能設計包含優勢及興趣的訊息評量。
5. 能將訊息評量的結果有效融入 IEP 目標及行為介入計畫。

第一節 緒論

為了滿足身心障礙學生之學習需求，並能接受適性教育，國內藉由《特殊教育法》要求教師需為每一位特殊教育需求學生擬定個別化教育計畫（Individualized Education Program，簡稱 IEP）。個別化教育計畫旨在根據身心障礙學生之學習特質與需求，提供最適當之個別化教育服務，一方面可作為教學方向的指引，另一方面可作為教學成效評鑑之依據（鈕文英，2013）。在1975年，美國為了確保所有身心障礙學生能接受免費而適性的公立教育，將個別化教育計畫納入《身心障礙兒童教育法案》（Education for Handicapped Children Act，簡稱 EHA，即 P.L. 94-142）中，足見 IEP 對特殊教育需求學生的重要性。

我國自 1997 年修訂《特殊教育法》，將 IEP 納入法定執行項目，至此 IEP 有了法源基礎。依據法令規範，IEP 擬定過程教師必須與家長共同討論，透過團隊討論方式具體了解家長期待、學生現況及需求、擬定目標及確認特教支援服務等，讓家長能與教師達到溝通與共識，以便提供最符合學生需求的教育內容。IEP 目標設定的具體及適當與否，有利於教育的介入。一份針對有行為問題學生所設計且適合其需求的 IEP 是執行有效教學最重要的起步，過程中能保障身心障礙學生接受適當的教育及相關服務之權益，且亦可視 IEP 為確保身心障礙學生教育品質的合約書（林麗英，2001；陳明聰，2000；盧台華、張靖卿，2003）。

應用行為分析（ABA），在過去幾十年來因為有高度的實證研究在背後支持，已然成為學生行為介入的主流策略（Koegel, Koegel, Harrower, & Carter, 1999; Lovaas, 1987; McGee, Almeida, Sulzer-Azaroff, & Feldman, 1992; Pierce & Schreibman, 1995; Weiss, 2005）。然而，即便 ABA 已經被研究證實是有效的教學介入模式，ABA 的教學策略卻沒有適切的運用在特教班或是普通班的教學情境中。在《身心障礙者教育法案》（Individuals with Disabilities Education Act，簡稱 IDEA，即 P.L. 101-476）中要求，當學生的問題行

為影響到其自身或是他人的學習時，IEP 團隊應該要考量適當的策略，包含正向行為介入、行為輔導策略及行政支持，以達到有效解決學生行為問題之目的。

在國內，2012 年 11 月《特殊教育法施行細則》因應《特殊教育法》的頒布而修訂，將個別化教育計畫的十項內容調整為五大項，並在《特殊教育法施行細則》第 7 條中明訂 IEP 應包含下列五項內容：

1. 學生能力現況、家庭狀況及需求評估。
2. 學生所需特殊教育、相關服務及支持策略。
3. 學年與學期教育目標、達成學期教育目標之評量方式、日期及標準。
4. 具情緒與行為問題學生所需之行為功能介入方案及行政支援。
5. 學生之轉銜輔導及服務內容。

由上述內容可知，對教育目標的制定、達成標準及預定完成日期是 IEP 重點項目，此外，對行為問題的著墨上，則是IEP內容新的重點。如果說教師在學生的IEP上面沒有針對行為問題提出有效的介入方式或合適的策略，提供特殊需求學生適性教育（appropriate）之可能性就會受到質疑。IEP 中對行為問題的目標設定，除了要減少問題行為的發生之外，更要能找出原本行為的功能，並教育學生以替代的適應行為達成原有行為的功能。因此，教師應該要發現的是問題行為本身的功能，而非只看到問題行為本身，並從發掘問題的原因中找到正向教育的契機。我國《特殊教育法》（2023）中強調每位學生都有接受適性教育的權利，並且針對情緒與行為問題學生其個別化教育計畫中規範必須呈現行為功能評量及介入方案和行政支援。在此些議題均納入法令規範中的同時，許多普通班教師及特教教師，對於如何正確的設定目標，並將正確有效的策略納入學生的 IEP 當中會感到困難。Leach（2010）發現，許多IEP在執行上有一定程度的困難，起因於對於問題行為處理的流程並沒有使用正確且有效的方式。對於有行為問題的學生，建議應直接觀察學生在環境中的行為，並結合IEP團隊進行行為功能評量，藉以發展出適合的行為介入計畫，透過訂定具體可評量的目標，選擇適合學生的行為介入策略，以便能有效益的改善學生的行為問題。

第二節　IEP 之發展歷史與法令規範

一、IEP 在美國

1971 年，美國家長團體勝訴賓州政府使得身心障礙兒童受教權被正視，從 1965 年美國的《中小學教育法案》（Elementary and Secondary Education Act，簡稱 ESEA）中強調以客觀的評量過程以提升弱勢兒童之教育，在 1970 年代美國開始重視評量兒童的成就並強調教育績效，亦是影響 1975 年 P.L. 94-142 立法將個別化教育計畫納入之重要因素。美國《身心障礙兒童教育法案》首次將 IEP 列入法制項目，這一個法令，同時促使 IEP 在特殊教育中奠定重要地位並貫穿該法精神。

在 IDEA 的修正法案中，同時也對 IEP 主要應該要涵蓋的內容進行強調與說明，其內容如下：(1)它是為每位接受特殊教育兒童所撰擬的書面文書；(2)由教育行政單位與學校代表、教師、各類專業人員、父母或學生本人共同擬定；(3)描述學生目前的教育成就水準；(4)說明將要提供任何明確之教育措施及相關服務措施；(5)說明參與普通教育措施之最大（可能）範圍；(6)說明所擬定提供之長、短期目標；(7)說明有效達成該長、短期目標之可能教學策略；(8)說明計畫有效的實施期限；(9)說明適當而具體客觀的評量標準；(10)說明評量教學成果之時機。

往後的法案，從 1986 年《全體身心障礙兒童教育修正法案》（Education for All Handicapped Children Act Amendments，簡稱 EAHCAA，即 P.L. 99-457），1990 年《身心障礙兒童教育法案》改稱《身心障礙者教育法案》，1997 年 P.L. 105-17 IDEA 的第三次修訂，以及 2004 年 IDEA 修正案中均強調，IEP 對特殊需求學生以及 IEP 與普通教育結合的重要性，教師唯有透過有效的 IEP 目標設定，讓身心障礙學生也能接受普通教育課程並從中獲得有效的學習（王欣宜等人，2016；林素貞，1999）。

二、IEP 在臺灣

在 1984 年，我國頒布《特殊教育法》後，當時法規中雖未出現「個別化教育計畫」字眼，但藉由法規中提及「個別化教學」及「個別化教育之適性教育」，即符合美國《身心障礙者教育法案》中「適性教育」（appropri-atc）之教育精神。1988 年在「啟智學校（班）課程綱要」中提及「個別化教學應依據每一位學習者之個別化教育方案實施」，同年臺北市教育局在特殊教育班評鑑指標中，將IEP列入評鑑項目之一，即可窺見國內專家學者逐漸重視 IEP，更在 1997 年修訂《特殊教育法》時將 IEP 列為法制項目，從此 IEP 有了法定地位（李翠玲，2007；林素貞，1999；張蓓莉、蔡明富，2001）。

在 1998 年《特殊教育法施行細則》中更明確指出，IEP 應包含之內容項目與執行的方式。教育部雖然對IEP沒有一固定的格式，但卻提供教師對IEP 有了一致性的方向與原則。藉由 IEP 即可串起各相關專業間及行政單位之聯繫與共識，使得IEP的書寫成為提供身心障礙學生特殊教育服務之準則（李翠玲，2007）。

為了提升IEP品質、確切實踐適性教育之目的，使IEP與課程及教學策略更有效結合與落實，在IEP撰寫部分，以目前現況看來，如何讓IEP目標更具體、更能夠因應學生在普通班級環境中的特殊教育需求，意即加強其學習成就及功能性表現之描述，是當前臺灣教師在撰寫IEP時應該要更進一步探討的議題。

我國自 1997 年起將 IEP 納入《特殊教育法》中，要求身心障礙學生的教師需針對學生的優勢及需求，撰寫一份可以執行的個別化教育計畫。從過去的研究中發現，教師在執行IEP時面臨許多困難，其中包含對IEP內涵的不了解，以及對問題行為目標的設定有困難。歸納普通班教師參與IEP遭遇的普遍困難有：占據時間多、填寫資料過多、需承擔額外的責任、準備不足、特教背景或訓練不足、沒有身為團隊成員的自覺、IEP 內容無法與教學做結合、缺乏合作經驗和技巧、工作量過大、缺乏相關的支持服務等（湯君穎，2006）。李翠玲（2007）在其研究中亦指出，學前融合班IEP的相關問題包括：普通班教師不確定如何進行特殊生的個別評量並找出優弱勢能力、功能性IEP目標難以融入主題式教學中、只有一次評量的IEP設計難以適用重度障礙學生、人力問題是融合班執行IEP目標的關鍵、融合班IEP目標難以在開學一個月內完成擬定、現行融合班IEP表格對輕度障礙學生適用，對重度及多重障礙學生比較不適用。洪榮照、湯君穎（2010）透過文獻回顧的方式發現，普通班教師雖普遍能接受融合教育的理念，但其意願常因為班級人數過多、學生障礙程度嚴重而受到影響，以及無法有效的將IEP目標結合有效的策略針對學生的需求進行教學介入，也因此許多教師對於在普通班中執行融合教育的可行性仍有疑慮。

在臺灣，ABA的介入策略，常常被誤認為只能用在一對一的教學情境。事實上，ABA 是一種學習理論，其評量方式及教學策略強調是以實證為基礎，可以介入於不同的學習情境當中，在目標的設定上只要能確認目標行為（target behavior）的定義以及行為的標準，便能支持教師選用合適的教學策略，並且能夠有效的執行所訂定的目標以及具體的評量成果。接下來，將針對如何有效的設定以 ABA 為基礎的 IEP 目標做進一步的說明與探討。

第三節　訊息評量

當計畫以 ABA 的策略導入 IEP 目標設定和教學策略之前，評量是一個不能忽略的步驟。本章中所提到的評量為訊息評量（information assessment），此評量主要目的是透過相關訊息的蒐集，協助發展出可以在自然情境下，對學生而言是個別化的且是有意義的 IEP 目標。IEP 團隊應該要清楚的了解，採用 ABA 的評量方式，將目標具體化是撰寫 IEP 的基礎。IEP 若能與 ABA 的評量及目標設定緊密連結，不論對教師執行 IEP 目標或是學生的學習，都應該會有相當大的成效。在訊息評量的過程當中，教師必須要確認運用 ABA 介入策略所要執行的 IEP 目標是適性發展的，且也符合學生目前的學習狀況。Leach（2010）指出，透過了解學生的優勢能力、學生的興趣、學生現階段的能力、學生的行為，以及了解家長及普通班教師認為當前必須要建構的能力，可以有效幫助教師選擇目標行為、選定介入的策略與方法，以及擬定具體可執行且可評量的目標。

一、評量學生的優勢及興趣

在不同階段的 IEP 當中，關於學生的優勢能力、興趣及現況能力的描述，常常只占 IEP 書寫表格的一小部分。教師很常忽略 IEP 中所設定的目標，若要能成功的執行達到預期效果，對學生的現況能力，特別是優勢及興趣方面的著墨，有極大的相關性。透過訊息評量，教師能更深入了解學生的現況及學生的優勢能力，並依此建構要發展的能力以及提升學生的學習動機，成為發展高品質的 IEP 相當重要的一個環節。

（一）訪談

訪談家長／教師或者學生本身，是一種最有效獲取關於學生相關資訊的方法。這樣的方式也可以讓整個IEP團隊在學期的一開始就對學生有更深入的了解，可以進一步設定更貼近學生學習需求的IEP目標。以往教師或家長常會把焦點放在學生需要提升的能力或領域上，比較少去關注學生的優勢能力及興趣，然而新能力的學習，絕對是建構在舊有的經驗和已經習得的能力基礎上，若能透過學生目前現有的優勢能力，並善用學生的興趣來引導學習，學生的學習以及教師的教學一定會更有效率。表 11-1 和表 11-2 為訪談問題範例。

（二）直接測量學生的興趣

如果學生缺乏口語能力來表達自己的喜好及興趣，教師應該要進行偏好物或增強物的測試，以進一步了解學生的喜好和興趣。在 ABA 的策略介入當中，偏好評估及增強物的運用是相當重要的一環，透過偏好評估及增強物的測試，教師可以發現學生的喜好以及可以用來教學的增強物和提升學生學習動機的興趣。系統化的偏好評估可參閱本書第二章。

表 11-1 學生訪談問題範例

1	你覺得做什麼事情會讓你感到快樂？
2	空閒的時間，你最常做些什麼事？
3	在學校，你的好朋友有誰？你為什會覺得他是你的好朋友？
4	你覺得你的優點是什麼？有沒有什麼地方是你覺得你需要改進的？
5	有什麼事是你覺得你可以比別人做得更好的？
6	你最喜歡的玩具或遊戲是什麼？

資料來源：引自 Leach（2010）

表 11-2 教師／家長訪談問題範例

1	能不能跟我分享一下，你覺得你的學生／孩子的優勢能力是什麼？
2	你覺得什麼事情能讓你的學生／孩子感到快樂？
3	你覺得學生／孩子最喜歡的玩具或遊戲是什麼？
4	你覺得學生／孩子表現跟別人不一樣的地方是哪個領域？能否舉例？
5	你覺得空閒的時間，學生／孩子最喜歡和誰在一起？
6	你覺得學生／孩子最喜歡去的地方有哪些？

資料來源：引自 Leach（2010）

二、了解學生現階段的能力表現

在現階段能力表現的部分，教師要進一步了解學生在各個領域當中，包含認知能力、溝通能力、行動能力、情緒、人際關係、感官功能、健康狀況、生活自理能力、國文、數學等能力現況，而不是只針對學生尚未發展出來的能力進行論述（林素貞，2007）。充分了解學生目前具備的能力，是教師是否能夠在IEP當中發展出適性發展目標的關鍵。在這一個部分的評量，教師必須要以系統化方式規劃評估，並確認教師了解學生目前已發展的能力現況。針對不同類別的身心障礙學生，有一些核心領域是一定要評量的。舉例來說，自閉症類群障礙的學生在社會情緒及溝通等兩大領域的評估是必要的，主要原因是社會情緒及溝通是自閉症者的核心缺陷，該類學生會因為溝通或是社會情緒發展的特殊狀況進而影響整體的發展與學習。對於特殊情境或類別的評量，建議可以採非正式的評量工具，藉由處在自然的情境去進行生態評量。這樣的結果，會比使用標準化評估更能夠深入了解學生的現況能力。

三、了解學生的行為問題

當學生在教室內發生行為問題，教師應該要先了解學生行為問題背後的功能（目的），透過直接觀察以及非正式的資料記錄，教師進而能有效的針對問題行為，選擇有效的介入策略與方法，以達到降低問題行為的目的。透過行為的觀察了解學生的行為是相當重要的，因為這攸關了介入方式的選擇及成效。研究顯示，透過直接觀察，以及對學生或是家長和教師的訪談來確認學生行為問題的功能，教師可以藉此發展功能性行為評量（behavior assessment）和行為介入計畫。這一些計畫將會有效解決學生的行為問題（Hanley, Piazza, Fisher, & Maglieri, 2005; Horner, 1994; O'Neill et al., 1997; Scott & Caron, 2005; Sugai et al., 1999）。可參見本書第十八章「行為功能評量」有更詳盡的說明。

四、了解家長及教師認為當前必須要建構的能力

透過正式及非正式的評量，了解學生各面向的能力，並且透過資訊了解對教師及家長來說，哪些能力的建構是最重要的。這一些必須要被建構的能力，將建構在學生已經有的現況能力上，透過鷹架式的教學與學習來協助學生學習新的能力與行為。教師通常可以透過詢問家長：「你的孩子目前有＿＿＿＿＿＿能力，你接下來還希望他發展出＿＿＿＿＿能力來？」特殊教育巡迴輔導老師或是資源班教師也可以用相同的方式詢問普通班教師最想要看到孩子接下來發展出來的能力為何。

第四節　目標行為的選擇

教學目標的設定與選擇，必須要以學生的最大福祉為優先考量，不論美

國或是臺灣的 IEP 亦明文規定，IEP 的目標設定是需要接受公開檢視，並必須獲得家長及重要關係人的認可，也是教育人員績效責任的展現。教師在有限的時間裡，要將學生所有的潛在學習需要一併解決可能會有困難。因此按優先順序排列選擇適切的目標行為，將是教師在教學過程中最重要的課題。教師或實務工作者在選擇目標行為上的核心目標為：改善學生的各項生活適應能力，並提升其生活品質。ABA 所關注的行為是具有社會重要意義的，其主要目標也在於能增加生活適應力及融合自然情境的最大可能。在目標行為的選擇，也有許多的學者提出對選擇目標行為的指導原則建議（Ayllon & Azrin, 1968; Cooper, Heron, & Heward, 2020; Hawkins, 1986; Koegel et al., 1989; Rosales-Ruiz & Baer, 1997），以下分別說明。

一、增加獲得自然情境增強的機會

學習的目標必須要能在自然情境中充分運用，並能獲得重要關係人的理解與增強，例如：沒有口語溝通技能的學生，在學會以替代溝通方式（如手語或圖片）進行需求表達時，環境的重要他人能夠理解並適切回應其需求，該生即在自然情境中獲得增強，亦即滿足他的需求。或是學會打招呼的技能，在平常遇到熟識之人打招呼時，可以獲得他人的回應（亦即獲得自然增強）等都是這樣的實例。Ayllon 與 Azrin（1968）稱之為行為法則的關聯性（relevance of behavior rule），意指目標行為必須要確認可以在個體的自然環境中產生增強時，才會被選定為目標行為。目標在自然情境中能獲得增強，該行為才能在該環境中繼續維持，對個體才能產生長遠的效益。

二、先備技能

從發展的觀點而論，學習應有合理的先後順序，要先學會基礎的才能進入複雜的，前一種學習會成為後一種學習的基礎，例如：情緒辨識（他人在情境下的情緒或是自己在情境下的情緒）是情緒管理的先備技能；分享式注意力是後續社會互動的基礎（鳳華、孫文菊、周婉琪、蔡馨惠，2019）；單一動作模仿是觀察學習的先備技能，單音的複誦能力則是語言學習的基礎等。有先後順序的安排，才能循序漸進的讓學生產生連貫及系統化的學習。

三、行為里程碑

所謂「七坐、八爬」，古人留下的生活智慧即顯示出發展里程碑對兒童發展的重要性。Rosales-Ruiz 與 Baer（1997）指出，依據行為分析的觀點，所謂行為里程碑是它們可以開啟孩子新的視野，以及進入世界新的後效關聯，並因此里程碑的發生而發展出許多新的且重要的行為。舉例來說，原本只能躺著的幼兒，開始能坐立之後，其所看到的世界是與躺著時截然不同的；而爬行則讓幼兒可以自由活動，到達他想要到達的地方或取得想要的物品等，其與世界接觸的經驗或所獲得的後效關聯是完全新的經驗。里程碑不同於先備技能是以其後效關聯來定義，例如：對於嬰兒來說，特定的手臂、頭部、腿和姿勢等動作是構成爬行的先備行為，但爬行是里程碑，因為它使嬰兒有機會接觸新環境、新刺激作為動機與增強的來源（如玩具、父母）（Cooper et al., 2020）。

四、核心行為

核心行為（pivotal behaviors）在行為研究領域，尤其在自閉症患者及發展性障礙人士的相關處遇，已蔚為有價值及具前瞻性的概念。核心行為意指在眾多行為中的關鍵行為，若有效掌握該行為後，會同時造成其他多種未經學習行為的改變（Koegel et al., 1989）。核心行為種類包含動機的引發、主動性、對多重線索的反應、自我管理等。選擇核心行為可以有效縮短教學的時程，並達到事半功倍的效益。

五、融合自然環境的技能

融合自然環境有兩個重點：第一是進入行為（access behaviors）的教導，第二是選擇適齡的學習活動。Hawkins（1986）認為，教導「進入行為」可以增進學生的融合教育，例如：教導學生等待、安靜坐在座位上，或是保持作業的整潔等，可以讓自然情境的重要關係人比較容易接納該生，而達成較佳的融合情境。而教導適齡的學習活動亦可以有效增加與同儕互動的機會，例如：小學生下課時間喜歡跳繩、跳格子，如果該生恰巧為小學生，若能教會該生這些適齡的活動技能，則可以增進該學生與其他同儕互動的機會，進而增加融合的可能。

六、功能等同替代行為

所有的問題行為都有其功能，因此當學生在環境中持續出現行為問題時，看似目標是要降低該問題行為，然而更重要的課題是教導與該問題行為的功能等同的替代行為。替代行為的選擇與教導在本書第十九章有詳盡說明，請讀者參閱。

針對行為問題的目標選擇，Cooper等人（2020）提出以下幾點作為選擇的依據：

1. 哪一個行為可能會讓學生本人或是其他人有危險性？
2. 這一個行為造成困擾或衍生成為問題行為有多久了？
3. 學生使用此行為之替代行為的頻率有多高？
4. 這一個問題行為的調整或改變是否能夠有效的協助學生更獨立、更加融入教室的學習或社區中，或提升學生的社會互動技巧？
5. 這一個行為的改變是否可以提升學生的生活品質？
6. 對於教師、家長或其他學生來說，哪一個行為對他們來說是最困擾的？
7. 改變這一個行為，是否還有其他的優勢會跟著在學生身上提升？
8. 改變這一個行為，是否能夠幫助學生減少來自他人不必要的注意？
9. 這一個目標行為，成功改變的機會高不高？
10. 這一個行為的改變，和原有行為比較起來是否有更好的增強效果？

Darding與Heward（1981）將上述的提問進行排序檢核，使用0至4的李克特氏量表來評定行為的重要性及行為的貢獻度。此量表適用於當目標行為進行優先順序排序的過程中，特教教師、家長或普教教師有一些意見上的不一致時，可以透過客觀的評量方式解決問題。此量表讓所有與學生有關的重要他人共同評比，將行為依上述的十個問題來區分其介入的緊急性或必要性，並成為目標行為優先介入選擇的參照。

第五節　以 ABA 為基礎的目標行為

一、目標行為的定義

教師選定了目標行為之後，緊接著是將目標行為的定義清楚書寫完整。行為定義的撰寫，其主要目的是希望將目標行為以具體化的方式陳述，讓 IEP 團隊的所有專業人員和家長能清楚行為的表徵，以及介入後所期待的表現為何。此外，這樣的作法也可以讓所有在團隊中需要觀察或共同合作的專業人員，能有一致的溝通語言，相互了解也清楚彼此口中的目標行為的真正意涵，同時可以提升觀察紀錄的一致性。即便有一些是個別教師所進行的資料蒐集或行為觀察，行為的定義都必須清楚明確，若觀察者對目標行為的概念沒有輔以具體行為的定義，則觀察結果與實際情況常會產生落差。舉例來說，學生「打人」的行為，所謂「打人」，何種行為才算是打人？碰到他人的手算打人嗎？若是在做運動時碰到他人算打人嗎？另外一些不能直接觀察的字詞，如覺知、理解或推論等，當被確認為是目標行為之際，應該要更進一步以可觀察的方式進行說明，比方說「理解」，可以改為「看完一篇 200 字文章之後，可以回答人、事、時、地、物的 wh 問題」。目標行為若未能以可觀察的方式定義，在後續的介入策略的選擇，以及目標行為的預設標準或後續的行為觀察等都可能產生困擾，或是觀察的行為和真正想要評量的行為產生不一致或不正確的可能。

一旦目標行為清楚的定義後，接下來在策略介入前，教師應該要開始觀察並蒐集介入前的行為資料。介入前的行為觀察資料可以有效幫助教師更進一步了解所使用的行為介入策略是否有成效，同時也可以更進一步了解問題行為的功能。所謂目標的功能或背後的目的，指的是學生做了這個行為後，可以從做這一個行為得到什麼？舉例來說，好的或是不好的注意力的取得、逃離自己不喜歡的作業，或者是自我刺激等。行為發生後的結果都有可能造成行為持續，或者是停止發生。因此觀察行為背後的目的與功能才能夠正確了解所採用的介入方式是否適當。有關行為功能相關的說明，請參看本書其他相關章節。

二、目標行為的撰寫

目標行為是IEP內容的主要成分，同時也讓教師清楚的了解對該名學生的學習期待，並依據其優弱勢設定學生預定要學習的目標，以及評量目標的進步程度。ABA 介入相當重視學生資料的蒐集、針對所設定的目標進行評量，以及將重心擺在對於學生所要學的技能或行為有一個明確的操作定義。因此設定可具體評量且可觀察的短期目標是相當重要的。具體可評量的短期目標可以協助教師找到有效的教學策略，並作為評量的依據，以確認進步的情況。短期目標正如撰寫操作定義一般，可以促進有效的教學及評量的成效。

李翠玲（2007）指出，在撰寫短期目標行為時，須注意以下幾個要點：(1)必須以學生為主體，而非以教師為導向。舉例說明：培養學生看書的習慣（教師導向）；放學時，能主動拿圖畫書起來看（學生導向）；(2)必須是學習的結果，而不是學習活動。舉例說明：「能說出蝴蝶的前身是毛毛蟲」是學習結果，而「安排影片欣賞毛毛蟲的演化過程」則是一種學習活動；(3)必須是清楚可觀察的。舉例說明：「能知道各種形狀邊長的算法」（「知道」是一種模糊的動詞），「能算出各種不同三角形的邊長」（清楚可觀察）；(4)每項目標行為只應包含一個學習結果。舉例說明：能說出喝水的好處以及人為什麼要喝水（兩個學習結果）；能說出多喝水的好處（一個學習結果）。表 11-3 所提供的目標行為範例，可以用來練習判斷與分析是否有符合上述在撰寫短期目標行為時所需注意的要點。

國外學者 Alberto 與 Troutman（2009）針對撰寫短期目標提出了下列四個要點。

表 11-3 學科目標行為範例

科目	目標行為
國文	能說出課文的作者名稱 能說出 80%課文的題旨 能正確朗讀 85%的第六課課文 能正確聽寫第六至八課的生字、生詞 能正確回答課文的相關問題 能做對課外閱讀的選擇題，且有 80%正確率 能清楚的回答老師的問句，5 句中有 4 句正確 能依大綱撰寫 80%段落內容
英文	能指出 10 個老師所唸的單字 能辨識課文中基本常用的 10 個單字 能抄寫 10 個英文句子 能配對 5 個簡單英文句子與中文翻譯 能背誦 3 個以上食物的單字 能以英文介紹自己喜愛的飲食
數學	會辨識最大公因數及其計算法則，5 次中有 4 次正確 能在平面座標上描出各點及畫出一次函數圖形，正確率達 85% 能夠計算循環小數，正確率達 90% 能在 10 分鐘完成 5 題四則運算的題目 能計算習作中有關餘數定理的問題，且正確率達 80%
生物	能說出 3 種生命世界的組成與生物間的互動關係 能說出 5 種生物族群的特徵與族群中生物的互動關係 能說出 2 種生物群集的特徵與群集中生物的互動關係 能說出 5 種生態系統的特徵與臺灣本地生態系的特點 能說出 3 種人類的生活與地球生態的互動關係
歷史	能說出中國朝代之前後順序 在教師引導之下，能清楚敘述出第五課課文主題 能將老師在課堂中指定的選擇題，全數完成 能獨立蒐集 10 個中國歷代皇帝的稱號
體育	能說出 10 個體育老師所示範的動作名稱 能跟著老師做出 5 個自由式的正確姿勢 能做出籃球投籃的基本動作 能與大家合作完成游泳分組競賽 當同學在跑步時，能以行走的方式走操場 5 圈

（一）確認學習者

IEP 強調的是個別化，因此在訂定短期目標的過程中，教師應該要考量學生的學習方式、優勢，以及在學習上可能因為他（她）的特殊需求，因而需要面臨的困難與挑戰。因此在IEP中的現況能力的描述，以及本章中所提到的訊息評量所得之資料，扮演著相當重要的角色，因為這些資訊可以讓教師對學習者有更進一步的了解。現況能力的資料和訊息評量的內容，可以幫助教師確認學生進步的狀況，以及接下來應該要發展的技能和能力。

（二）確定目標行為

教師都期待學生可以習得新的技能，或是看到或聽到學生有好的行為。短期目標的設定務必要具體，因為具體化可以確保在評量的過程當中，所有IEP 團隊的服務提供者，甚至是家長都能清楚了解學生學習的目標以及教師對學生的學習期待。可具體評量及觀察的目標，可以協助教師了解學生已經達到學習的目標和學習期待。如果目標是不清楚且無法觀察的，那麼評量將會很難達成，舉例來說，「提升小方對數量概念的理解」，像這樣的目標，教師很難確切知道學習者的學習狀況，以及何時應該要調整目標以符合學習者的學習需求。

（三）界定可以引發學習及評量的情境

思考如何達到目標，教師應該要從教學策略著手。教師會提供何種材料？教師會提供學生何種環境支持或提示系統？進行這個目標的教學是安排在何種情況下？是小團體教學、一對一的教學或是大團體教學？教師應該要記住在何種情況下教學，就應該在相同的情況下進行評量。在短期目標中，教學的情境應該清楚的說明，這些教學情境是可以隨著學生能力調整及修正的。學習的情境指的是學生表現行為時所處的環境等因素。學習活動本身常容易被視為是描述學習結果的一種條件；而目標行為中所謂的情境是用以評定學習結果的控制因素，說明在何種條件下來評定學習的成果（Gronlund &

Bookhart, 2008）。舉例來說，在小團體活動中，小華能夠從五種不同的顏色中正確指認出三個顏色。下一個階段可以調整成為：在小團體及大團體活動中，小華能夠正確指認出五種不同的顏色。從上述的範例中可以發現，情境從一個增加成為兩個不同的情境。同時描述行為應該是具體可觀察的特徵，表 11-4 則詳列在設定目標行為時，各種領域可以使用的行為動詞，應避免使用諸如：「知道」、「理解」、「掌握」、「欣賞」等涵義較廣的動詞來描述行為。

表 11-4　可具體觀察之動詞範例

設定目標行為時，各領域可以使用的行為動詞	
認知領域	界定、描述、指出、列舉、配對、說出、選出、複製、命名、回憶、轉換、估量、論述、解釋、分辨、預測、辨認、作成摘要、敘述意義、擴展、改寫等
邏輯思考	改變、修改、找出關係、計算、操作、解決、組織、遷移、發展、準備、運用、揭示、演示、細分、區辨、指出、演繹、解說、找出關係、圖示、推論、分辨、列出綱要、選擇、分類、整合、編輯、編寫、創造、設計、提出、計畫、綜合、歸納、改寫等
社會情緒	同意、爭辯、贊成、承擔……職責、迴避、合作、辯護、參加、幫助、提供……幫助、拒絕、分享、主動、專注、發問、選擇、回答、描述、使用、給予、指出、命名、保持等

（四）決定評量的標準

短期目標除了行為描述要具體外，預定達到的標準也必須具體說明，以利教師在評量時能清楚的判斷目標是否有達成。通過標準的設定，可以有不同類型的評量標準。以下針對七種不同類型的評量標準進行說明：

1. 依時間長度：會單腳站立維持五秒、能維持專注力三分鐘。
2. 依次數：能連續拍球五下、能連續往前跳三步。
3. 依距離：能獨立行走平衡木 1 公尺。
4. 依發生頻率：能將書包放進工作櫃，在五次中有四次做到，或是達到

80%（換算成百分比）。

5. 依物件大小（長度、寬度、高度……）：能連續沿著線條剪 10 公分長的直線。
6. 依數量：能指認數字 1 至 3、會拼 8 至 12 片拼圖。
7. 依不同物件：把分開的兩物接合在一起（套接樂高、筆蓋；套疊椅子、碗、盤子等日常物品）。

另外，要達成何種標準才可以確認學生在這一個目標是已經達到習得的情況？對於先備技能或基礎的能力，一般標準會較為嚴格，基本上會制定為 100%，其他較為進階或複雜的技能則可以訂在 80%至 100%之間的正確率。評量的標準要切合實際，是學生可以達成的（若學生無法達成，也需重新檢視是否其較基礎的技能尚未精熟而導致），是符合學生需求的。評量過程可以允許錯誤的發生，但錯誤必須賦予意義，亦即了解錯誤的發生原因，並依此訊息檢討教學調整的必要與否。教師應該要謹記，短期目標應隨著學生的學習情況不斷的調整。舉例來說，在大人的口語提示下，小名可以成功的從 1 數到 10，五次裡面有三次正確。下一個階段可以調整成為：在沒有口語提

表 11-5 目標範例與評量標準

目標範例	目標加上評量的標準
1. 會從吸管喝水或飲料	1. 下課時間，在口語提示的情況下，從吸管喝五口水或飲料
2. 會把切好的食物，用叉子或湯匙餵食自己	2. 在手勢的提示下，早餐或午餐的時間，能將切好的食物用叉子或湯匙自己餵食成功率達 80%
3. 會用刀子切自己的食物	3. 午餐時間，會獨立的用筷子或叉子將食物切開，五次機會中有四次獨立完成
4. 會用刀子塗抹東西	4. 早餐時間，可以在大人的協助下，用刀子塗抹果醬在兩片吐司或麵包上
5. 會以杯子喝水，不會從口中流出來	5. 運動完後，可以獨立的以杯子喝水，並且不會從口中把水流出來成功率達 85%

示的情況下，小名可以成功的從 1 數到 10，五次裡面有四次正確。表 11-5 則提供幾種不同的目標及其評量的標準，當中會因應不同的行為面向而設定有不同的標準形式。

歸納本章所述，短期目標的撰寫應該涵蓋四個面向：(1) 情境（時間、地點）；(2) 什麼人；(3) 做什麼事（行為）；(4) 要做得多好（通過標準）？以下為幾個完整的短期目標範例：(1)在體能遊戲時，能模仿二個穩定性動作（如揮舞手臂、擺手、扭腰、彎曲身體、旋轉、蹲等）；(2)用餐結束後，能清潔桌面及周圍地板，四次中有三次達成；(3)角落活動結束時，能依教具照片將教室玩具放回櫃子裡，五次中有四次達成。若撰寫者能夠依照這四個面向去做短期目標的撰寫，此些目標將能有效協助學生的學習以及老師的教學。

第六節　結語

特殊需求學生在《特殊教育法》的規範下應該要有一份能夠滿足學生教育需求的 IEP。IEP 的目標設定，是提供學生適切服務的主要圭臬，並能保障特殊需求學生的基本受教權。多年來，應用行為分析已被證實為最具實證研究基礎的教學與介入方式；此外，評量及處理問題行為、新的替代行為教導等，也都是源自應用行為分析的學理，其皆證實能有效提升特殊需求學生的學習及其他領域的能力。運用應用行為分析的技巧與策略重點在於目標的設定，以及策略的使用與環境之調整，教師若能夠慎選目標行為，並且將目標行為定義清楚，透過訊息評量所提供之學生的優勢能力及興趣，撰寫具體、含教學情境及評量標準的學習目標，IEP 的執行將會更加落實，並能有效提升特殊需求學生的教育品質以及教師的教學成效。

CHAPTER 12

自我管理

鳳　華

本章學習目標

1. 能說出自我管理的基本概念。
2. 能分辨受後效管理、受規則管理及自我管理的異同。
3. 能說出代幣制度及自我對話與自我管理的關係。
4. 能說出使用自我管理的優點。
5. 能陳述並舉例前事策略的自我管理。
6. 能分析區辨自我監控、自我評鑑等自我管理的不同元素。
7. 能舉例說明自我教導策略。

第一節　緒論

應用行為分析關注個體的重要社會行為，最終目的在協助個體完成獨立自主，發揮其潛能，並能享有高品質的生活。自我管理則是達成此目標的主要技能庫（repertoire）。本章之前所陳述的章節大都是以後效管理的行為為主，本章將從受規則管理的概念切入，再定義自我管理、指出使用自我管理的優點、介紹自我管理各種策略，並提供自我管理的實施原則，使每個個體都能有效的管理自己，達成高品質的生活面貌。

第二節　自我管理的基本概念與優點

一、從後效管理到規則管理

前述三期後效關聯的概念，例如：小孩哭、阿嬤給糖果，增加後續在阿嬤出現時，小孩哭的行為，此種關聯正是一種受後效管理的行為。小孩哭的行為未來出現與否，直接是受控於行為之後的立即後果。然而，生活中尚有許多行為的發生並不是受控於立即後果，其中所涉及的就包含所謂之受規則管理的行為（rule-governed behavior）以及本章所要陳述的自我管理。

Malott 與 Shane（2013）清楚定義受規則管理的行為，其基本概念為：當個體陳述一行為的後效（behavioral contingency），且該行為是受控於該語言的陳述時，稱之為受規則管理的行為。這個概念有幾項重點：第一，若個體的語言陳述中涉及對行為的後效描述，即稱之為規則；第二，若該行為是受控於規則的描述，則稱之為受規則管理的行為；第三，其中的語言陳述之能力是一重點，例如：小名跟自己約定：「如果我每天都認真的寫完規定的練習題，連續三天都有完成，就可以玩電動 20 分鐘」；若小名寫練習題的行為是受控於該語言的陳述，那就是一種受規則管理的行為，因為該語言的陳述涉及「對行為後效的陳述」，玩電動並沒有「直接」增強寫練習題的行為，而是經由語言間接增強該行為。再舉個例子，大華在高速公路上開車，看到超速的警示標誌，就按照規定的速限開車，以避免被照相後受罰。其中，該警示標誌正是一種規則，意含著如果超速要罰 3,000 元，大華為了避免受罰，就依照規定的速限開車。在此例中，大華依照速限開車的行為是受控於語言的陳述，這也是一種受規則管理的行為。

此處還必須提醒的重點是，受規則管理的行為與受後效管理的行為之分別首要的差別是行為與後果的時間差，此外則為是否涉及行為規則的陳述；換句話說，受後效管理的行為，行為與後效的時間差必須是立即的，該行為是直接受控於後效，過程中是沒有受到個體語言的影響。然而，受規則管理的行為，其行為與後效之間的時間差是超過 1 分鐘以上，且個體會以語言的形式描述行為之後效關聯。表 12-1 是綜合上述的討論，簡要呈現兩者的差異。

表 12-1　受後效管理的行為與受規則管理的行為之比較

特性	受後效管理的行為	受規則管理的行為
行為與後果的時間差	立即（少於 1 分鐘）	超過 1 分鐘以上
涉及語言描述	沒有	有
受控刺激源	後果（環境刺激的變化）	規則（語言所描述之行為的後效）
具備語言能力	無須具備	必須具備

此外，受後效管理或受規則管理並不是只針對行為的成果（product）產生影響，也可以對學習歷程中的反應進行後效管理。Kornaki 與 Barnett（1977）的一篇研究報導是個很好的例子，該篇研究是報導改善某一男童足球隊踢球技巧的研究成效。在介入前，該足球隊的表現不佳經常輸球，進行介入後，兒童踢足球的表現有了明顯進展。其介入策略，首先是研究者與教練共同將足球的技能進行序列工作分析，確認重要技能及排序後，列表成計分項目表；執行訓練時，教練對學童示範踢球技巧，由易至難，兒童在練習過程中，教練則提供回饋與增強，亦即對表現好的行為給予正向鼓勵，對沒

有達到標準的行為給予口語糾正回饋。結果顯示，男童足球隊的踢球技巧有十分明顯的進展，例如：四分衛做出好的決定由原本的 20%進展到 65%左右。該篇研究距今四十餘年，雖然是一篇相當早期的研究報告，卻對體育教育確實提供了相當優質的教學示範，其中的有效教學元素包含工作分析、提供好的行為正增強，並對需改善的行為提供回饋，經由密集的後效增強經驗也逐步建立個體受規則管理的能力。Malott 與 Shane（2013）則指出，該篇研究另一個重要貢獻是展現了增強歷程（process）的實證報告，他們認為，有時我們必須是對一歷程中的反應元素給予增強及回饋，而不僅是針對成果而已。另外，他們也強調應該要關注個體，而關注個體不是口說而已，應該要有具體行動，對兒童表現關注的具體行動就是對其表現給予增強及回饋。這篇研究所引發省思的，不僅是對教學者的態度，也同時回應的是學習歷程更甚於學習成果的理念。學習歷程的後效經驗則是形成受規則管理的關鍵程序。

最終，應用行為分析要達成的行為管理層次是自我管理的行為，自我管理中的內涵等同是對自我的期許、目標的設定與內在的自我肯定，或類似於心理學所強調的內控力。以下就針對自我管理的概念做一系列說明。

二、自我管理的基本概念

一般對自我管理（self-management）的認識就是個體能自動自發的為自己設定目標，並依其目標身體力行去完成。生活中從一件小事到長遠生涯目標的設定，都可能運用到自我管理，例如：要完成生活中一件小的行為改變，像是早上起床梳洗後喝一杯溫開水有益身體健康，要能完成此目標，起床梳洗後如何能到廚房拿一杯溫水喝下肚，看似簡單，卻需要幾個步驟逐一完成。第一要在梳洗後，改變原本的習慣動作（如看報紙），而能改變到廚房倒杯溫水，這個過程需要內在語言的引導改變作息，先到廚房倒水及喝水，完成後若能提供自我執行後果的增強後效，效果應該會更好；直到當這個行為變成自動化的反應，就無需內在語言的提醒。由這個例子中可以窺見，自我管理包含有多面向的元素。以下則從行為分析的觀點解析自我管理的內涵，並與認知學理中的後設認知（meta-cognition）做一比對，以釐清基本概念。

（一）行為分析的自我管理

行為學理著重行為與環境的關係，在解釋自我管理概念時，最為接近的概念應是 Skinner 所提到的自我控制。Skinner 早在 1953 年就對自我控制做出概念化的定義，他認為自我控制有兩種反應的現象：「第一種反應，稱為控制的反應（controlling response），……改變了另一反應，稱為被控制的反應（controlled response）其發生的機率……」（p. 231）。簡單回應到上述的例子，個體使用一個反應（自我對話，控制的反應），達成或控制另一個反應（喝溫水，被控制的反應）的發生。換句話說，個體做出一個反應影響了另一個反應的發生，亦即產生自我控制的現象，是行為分析對自我管理的定義。然而，Cooper、Heron與Heward（2007，引自鳳華等人譯，2012）建議使用自我管理而不建議使用自我控制的術語，主要原因為，自我控制有影射「內在控制」的意涵，內在控制較難符合行為分析重視的客觀性及可測量性；此外，為避免混淆自我控制中只強調自我的部分，而可以涵蓋更多其他策略或提示系統的使用，因此該學者們建議以自我管理取代自我控制。

結合 Skinner（1953）以及 Cooper 等人（2007，引自鳳華等人譯，2012）的看法，自我管理可以定義為：個人依據所設定的目標，應用行為改變策略或實施一種有目的的行為反應（控制的反應），以達成另一個行為的改變（被控制的反應），達成當初設定的目標。這個定義強調目標導向，符合應用行為分析所強調的功能取向，相較於 Skinner 自我控制的概念，則更為廣泛，但是依舊以「兩種反應」為基礎。其中「控制的反應」是訓練自我管理的精髓，雖然要達成預設的目標，「被控制的反應」是個必要成果，然而更重要的是訓練個體能產生「控制的反應」，控制的反應就是一種能促進其他行為產生改變的核心技能項目。這個定義可大可小，正如大眾所認知的自我管理，可以是簡單的自我管理活動，例如：以自我對話提醒自己起床梳洗後要喝水、使用自我記錄提醒自己要專心，也可以是對長期的目標計畫，運用特定的反應，促使被控制的反應之發生，逐步往最終的目標邁進。Cooper等人（2007，引自鳳華等人譯，2012）也特別強調，個體所設定的目標行為必須產生預期的改變，才能稱為自我管理，因此本定義亦符合這樣的理念。

（二）後設認知與自我管理

後設認知有時會與自我監控、自我教導或自我對話交替使用，然而必須在此做一釐清。後設認知最早是由Flavell（1979）所提出，Flavell將後設認知定義為一種規則系統（regulatory system），其中包含知識、經驗、目標及策略。後設認知意指個體能覺察並相信自己是認知或思考的主體，透過經驗，個人會儲存可以達成目標的有效策略，並持續運用之。因此，後設認知強調思考的主動性，其中完成任務的策略是在過往經驗中被驗證有效的，同時是被個體覺知的，這些策略也會被個體有意識的運用，以達成其他目標。此定義很明顯的看到後設認知強調一種對「策略」當下的覺知的能力，與自我監控或自我教導的定義重點不同，自我監控強調的是對當下行為表現的覺知，這是要特別澄清之處。

後續有學者將後設認知概念化為自我規則化（self-regulation）的學習歷

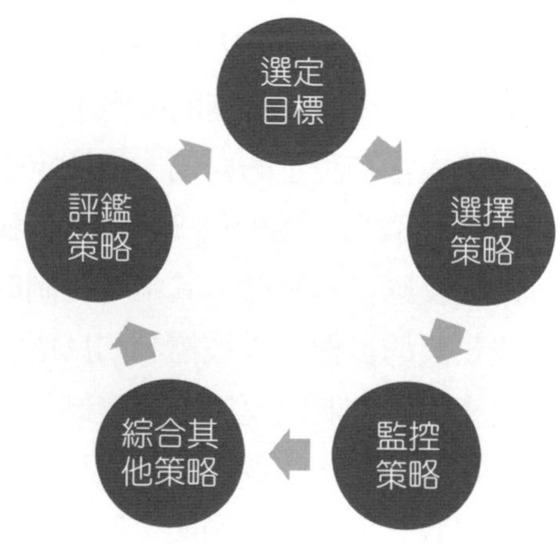

圖 12-1 自我規則化的學習——後設認知概念化圖

程，其中包含目標的選定、選擇策略、監控策略的使用、綜合其他策略，以及評鑑策略的使用等（如圖 12-1 所示），且呈現不斷循環的過程（引自 Dawson, 2008）。此概念化中，選定目標、自我監控及自我評鑑看似被結合在後設認知的概念內，但在內涵的論述，則未能如應用行為分析對自我管理操作型的精確描述；此外，此概念與最初 Flavell 所定義的後設認知已經有所不同。雖然之後在解讀上隨不同時代而有不同的內涵，不可諱言的是，後設認知的概念引發後續許多的相關研究，並發展出各種不同介入方案，如閱讀策略、數學解題策略及問題解決等後設認知教學，對障礙學生的學習幫助很大。本章則是以行為分析自我管理概念為主要的闡釋方向。

三、自我管理的先備技能

（一）代幣制與自我管理

代幣制是一種行為改變系統，已經成功運用在許多的學習及介入情境。然而，代幣制最終的目的是要逐漸脫離對代幣的依賴，而能達到自然增強的目的。其中階層系統是協助進入自然增強的主要推手。學生必須逐步學習能獲取代幣的行為表現愈來愈精緻，或對行為的要求愈來愈多，同時代幣、社會性讚美等外在的增強則須同步減少，使學生能脫離外在增強而進入內在自我增強（Smith & Farrell, 1993），亦等同完成了自我管理中自我執行後果的表現。除了階層系統的使用可以逐步邁向自我管理並引發內在動機外，教師的引導也是重要影響，Scott（1998）建議教師使用代幣制時，應著重學生的工作品質及行為表現並強化之，具體方法是明定工作品質的標準，並讓學生明確知道如何改善其工作品質，讓學生在爭取代幣的同時，也能聚焦在其工作努力及其品質表現，進而能逐漸進展到自我規範及管理的層次（Zimmerman, 2000），當個體努力獲得增強的同時，自我記錄、自我評鑑等控制的反應也逐步發酵。教師應善用代幣制，讓學習困難者或行為問題者能透過外在增強而逐步引發內在「控制的反應」以達成預設的目標，進而產生自我管理的機制，代幣制可以是發展自我管理的前身。

（二）自我對話與自我管理

一般人常使用自我對話（self-talk）或自我內語的方式作為「控制的反應」，用以引發另一個行為的改變，而達到自我管理的目的。Novak 與 Pelaez（2004）指出，一般發展兒童在單獨遊戲的情境中常會出現自我對話的能力，例如：拿著玩偶彼此對話，或是組裝遊戲時會有許多的自言自語等，這種技能是後續發展自我對話及互動式語言的基礎。Greer 與 Ross（2008）在其著作中提出自我對話的概念，對於發展自我管理技術有重要啟示。他們認為自我對話是思考（thinking）的前身，也可用在促進生活的獨立性，例如：依照食譜，一邊唸著，一邊準備食材並依據步驟完成餐點的製作，或是運用在理解數學習題及解決數學問題等；因此，自我對話能力的出現是發展後續高階能力的重要基石，也符合上述自我管理中，常藉由自我對話的方式達成預設的行為改變。但是某些特殊兒童無法順利發展出此種能力，像是自閉症兒童常會出現仿說或自言自語的自我刺激行為，雖然類似於自我對話，但是因為仿說中，個體自己本身不是聽者，而自我對話中自己就是聽者，也就是自己說話給自己聽，並依其內容再做出後續的對話反應，仿說則是讓自閉症兒童停留在自我刺激的狀態，對後續的自我引導、思考或對話能力的發展產生嚴重限制。對於衝動性較高的過動症兒童，研究亦發現此類兒童沒有發展出自我控制力或自我管理能力，也是因為比較缺乏自我對話的技能，因此要能有效協助特殊的個體發展出自我管理的能力，自我對話能力的訓練是重要開端。前述受規則管理的行為中，亦涉及個體對自己的對話。該對話主要是個體會在內在以語言陳述一行為與後效的關聯，而個體的行為則受控於該語言陳述，若能引發個體發展出「受規則管理的行為」，也是促進自我管理能力發展的助力。

認知行為的學者們相信「自我內語」是「自我控制」的基礎，然而對自己有負向內語的個體是引發行為問題的主要來源，例如：攻擊的主要原因就是因為「負向內語」而導致。認知行為的介入就是訓練個體使用「正向內語」來修正影響外顯行為的負向自我認知（Meichenbaum, 1977）。Kendall

（1993）指出，認知行為介入策略結合增強、示範、角色扮演及自我評鑑等方式協助學生發展出正向內語，並讓學生學習使用自我內語去進行問題解決及引導其他的適當行為；放聲思考（think-alouds）就是具體運用的例子，讓學生先從大聲說出來的方式來引導行為，再逐漸轉為內在的自我語言的控制形式。舉例來說，容易產生攻擊行為的學生，可以先練習說出：「我很生氣，但是我可以先平靜下來，再想想發生的事。」再逐步降低音量。如此一來，自我內語可以是行為內化的一種過程，此外也可培養個人自我省察的能力。

綜合上述討論，自我對話或自我內語不論從行為分析或認知行為領域的觀點，都認同是進入自我管理的基礎，因此內語的訓練是進入自我管理，特別是自我教導的重要先備能力。

四、使用自我管理的理由及效益

使用自我管理除了可以讓個體的生活更有效能，也能促進社會的和諧進步，以下分別說明使用自我管理的理由，以及其對學習、對個人及對社會的可能效益。

（一）使用自我管理的理由

生活中處處都需要自我管理，才能讓生活更有效能，例如：媽媽要去超商或市場購物時，常需要羅列清單，除了能有效完成購物之外，也可以避免不必要的花費，購買了不需要的物品。對其他生活面向的影響，例如：時間的自我管理讓時間運用更有效能、學習管理則讓學習能照表操課循序漸進有所進展，或者財務管理讓金錢的花費有節制或投資理財更具有效能等。此外，也可以運用在改善不適當的習慣，戒除惡習（如抽菸、喝酒、吃檳榔）等。

對身心障礙者而言，學習使用自我管理則更具深遠意義。美國認知障礙學會於 2010 年除了重新定義認知障礙的定義外，對於影響認知障礙的重要行為指標——適應行為的內涵也重新做了重大變革，其中之一就是增加自我導向的向度。鳳華、徐享良（2012）的《新修訂中華適應行為量表》中也增加獨立自主之自我指導的向度，當中的自我指導或自我導向即等同本文中的自我管理。自我管理它描述了個人完成獨立自主的歷程，增進身心障礙者生活適應並促進生活品質的提升（Wehmeyer & Schwartz, 1997），以增進生涯成功的可能。

（二）使用自我管理的效益

使用自我管理主要目的是協助個體達成個人的目標，並能逐步完成夢想。主要的效益可分成幾項要點說明。

1. 對學習的效益

自我管理可以促進類化學習的發生。學習效能必須要從兩個要點檢視：(1)行為的持續性；(2)學習是否可以跨不同地點與人物持續發生。Baer與Fowler（1984）認為學生的「自我」是最能展現此種類化學習的主體，換言之，自我管理能力可以有效促進學習的持續性及延展性。

另一個檢視學習效益的重點則是反應類化，反應類化的定義為：學習者在學習某項目標行為後，可以自動產生與該訓練的目標行為功能相當但未經訓練的反應（鳳華等人譯，2012）。而Koegel、Koegel與Parks（1992）亦強調，自我管理是自閉症者的核心技能之一，所謂的核心技能是指一旦個體習得該核心技能後，會自動促進其他未經學習技能的產出。核心技能與反應類化的概念類似，都是促進未經訓練反應的自動發生，反應類化較侷限於產出的新技能是與原目標行為的功能相當，但是核心技能則不受限，促進的技能可以是各式各樣的。自我管理被認為是最具有此種特性的重要技能，一旦學會此技能，可以促進各種未經訓練反應的引發。

自我管理除了可以促進已學會技能的維持外，研究也證實能促進未經學習行為的發生，對學習的效益確實是一重要的技能項目，例如：呂嘉洋（2006）的研究結果顯示，自我管理可以促進一名國中自閉症學生主動提問的能力（詢問老師是否需要幫忙開燈、開窗戶、洗杯子等簡單語句）之外，也發現該學生自動產出許多未經教學的溝通語句，並開始對環境有更多的回應，比如對同學受傷狀況產生回報能力（如「老師，○○○受傷了」），該研究充分顯示自我管理除了增進學生的主動溝通能力的習得，以及跨情境的持續反應外，並出現反應類化及核心反應的現象。可見自我管理對特殊學生的學習效益是相當重要的課題。

2. 對個人的效益

某些行為是外界無法觀察的，因此要達成行為改變則會受限，然而研究顯示自我管理可以用來改變其他人無法觀察的內在隱私行為，如攻擊的想法、強迫性想法和憂鬱的感覺，例如：Kostewicz、Kubina 與 Cooper（2000）的研究顯示，自我管理能有效減少攻擊的想法與感覺，一名具有高頻率攻擊想法和感覺的個體參與此項研究，該名研究對象被訓練由自己記錄每天出現攻擊想法與感覺的次數，介入策略則採用集中訓練及分散訓練方式，集中訓練為採用 1 分鐘速率訓練逐步增加他出現非攻擊想法及感覺的次數；另一種分散方式，是在出現攻擊行為想法時則採用六個 10 秒的非攻擊想法的速率訓練方式，研究顯示兩種策略都能有效減少攻擊想法的出現頻率，但分散式的效果則更為明顯。Clore 與 Gaynor（2006）也採用自我記錄及速率訓練方式增加低自尊大學生的正向自我陳述，並減少負向內語。

一旦個體學會使用自我管理技術，可以運用到各式各樣的行為，例如：學會使用購物清單之後，則可以將此種方式運用在其他行為管理，像是出門的旅遊清單、完成工作任務系列目標的清單等；或是當個體學會觀察並記錄自己的行為以增進專注力，也可將此種記錄方式運用在撰寫論文的進展、撰寫書籍的進展，或教師記錄增強學生的次數等。

另一個優點是自我管理可以將行為控制權由他人轉到自身身上，也較能符合自然情境中的自律要求，自我管理從這個觀點是讓自己獲得真正的自由，不再受控於他人或外在環境（Koegel et al., 1992），而能優遊自得，達到自我掌控或自我管理的境界確實是件美好的事。

3. 對社會的效益

每個人都能有效的自我管理，社會秩序自然和諧，一切都在管控之中。從一粒沙看到世界，每粒沙都美好，世界自然美好。每人隨手撿起垃圾，環境自然乾淨清潔舒適。每個人都對自己有正向的態度，並依照符合最多人利益的準則作為處事的圭臬，社會必定美好而充滿良善。

第三節　環境策略的自我管理

一、使用提示系統

三期後效關聯中很清楚的說明，如果區辨刺激與行為之間尚未建立穩固的連結關係，使用提示系統可以促進兩者之間的連結關係。提示又分為刺激提示及反應提示。為順利引發自我管理中受控制的行為，較常使用反應提示（鳳華等人譯，2012）。反應提示中以視覺提示最為普遍，其中最常見的就是行事曆，在行事曆上記錄當天要完成的事項，可以有效提醒順利達成任務。生活中使用提示的實例比比皆是，例如：要減重需要減少垃圾食物的攝取，那麼就可以在可能會出現垃圾食物的櫥櫃或冰箱外面貼一些警醒文字或圖片作為提示；或是要提醒自己多多讚美學生，可以在書桌或櫃子等顯眼之處貼上提醒鼓勵的文字，這些都是視覺提示的運用。此外，也可以使用其他感官刺激的方式，如聽覺或觸覺，聽覺刺激可以是直接的聲音指示，目前手機常會出現「叮咚」的聲響，可以視為一種聽覺提示，因為除了聲響之外，也會出現語音提醒要進行的事項。

刺激提示雖然文獻較少談及，但在生活中常可以觀察到類似於刺激提示的使用實例。舉例來說，常會忘記帶雨傘，就將雨傘放在醒目的地方，例如：放在門把上，要開門時就會看到該刺激，而引發拿傘的行為；或是要丟垃圾，可將垃圾放在門口，出門時看到垃圾就會想起要丟垃圾等，這些都可以是刺激提示的運用。也有學者將之視為引發後續期待行為的初始反應（鳳華等人譯，2012）。

二、改變前事環境

改變環境雖然也同屬於前事策略的運用，但不同於提示的方式，改變環境是設法將會引發不適當行為的環境刺激移除，或是營造一個特定屬於該行為的前事環境（鳳華等人譯，2012）。改變環境最常見的例子，例如：減少抽菸的行為，要將所有可能會引發抽菸的刺激都從環境中移除，包含香菸本身、香菸的盒子、打火機、菸灰缸等，甚至於廣告傳單上面有香菸照片的都要移除，同理可運用在戒酒或戒賭等的行為。

另外一種改變前事環境的策略，則是可以將一個環境與某特定的行為產生強烈關聯，作為引發該行為的唯一環境，例如：書桌就是用來做功課的，吃東西、玩遊戲、聊天等就必須要使用其他的桌子。營造一個特定的環境就是進行該項特定的事務，可以有效增進其特定行為的效能。同理，也可以運用在失眠的處理，例如：失眠者對床就沒有建立適當的連結關係，失眠者常在床上輾轉難眠，是因為失眠者會習慣躺在床上想事情，沒有將「床」與「入睡」產生連結關係。建議失眠者躺在床上無法成眠時，就要立刻起身到平常會進行思考的地方，如客廳或書房，等到想累了、無法再思考了，再回到床上應該就可以很快入睡，如此的方式可以不需服藥但卻能有效改善失眠的困擾。

第四節　自我管理策略

Koegel 等人（1992）以及 Quinn、Swaggart 與 Myles（1994）累積其實務經驗，為自我管理做了如下的操作型定義：自我管理指包含選定一目標行為，自我觀察並記錄該行為的發生與否（自我監控），以及自我增強等一系列行為。在這個定義中，自我觀察／記錄是控制的反應，而所選定要達成的目標就是被控制的反應。自我管理的過程中，個體扮演著主要的介入角色（Kerr & Nelson, 2002）。自我管理大致包含目標設定、自我監控、自我評鑑與自我增強，可以相互結合或是單獨使用；目前學者已經將自我增強修正為自我執行行為的後果（鳳華等人譯，2012），本文也將採用此建議。此外，自我教導也可視為自我管理的一種，以下分別闡述。

一、自我監控

自我監控（self-monitoring）是自我管理策略中，運用最為廣泛也最具有實證成效的方式。自我監控常和自我記錄（self-recording）交互使用，可以定義為個體對預先設定的目標行為進行區辨、觀察並記錄該行為出現的有無（Nelson & Hayes, 1981; O'Reilly et al., 2002）。定義中自我監控有幾個重點：目標行為的選擇、區辨訓練、觀察行為，以及自我記錄等，以下分別說明。

（一）目標選擇／設定

選擇目標行為是執行自我監控重要的開端，如果是要訓練較為年幼的學生或兒童，應先選擇兒童容易執行，且容易成功的目標行為，初始的成功經驗會讓個體產生自信，自我監控能力的習得也較容易產出。要設定目標行為的量，也要依據學生的狀況而定。建議最好先從一個明確的行為開始，成功完成該行為的改變後，再逐步增加其他的目標行為。如果有些行為是反應群組，也要確定學生都已經了解哪些反應是代表他要記錄的行為，例如：專心上課，可能要包含眼神有注視黑板、教材等。

Cooper等人（2007，引自鳳華等人譯，2012）建議目標行為的選擇，應該要選擇能朝自我管理的目標，產生最直接可以觀察或是直接影響目標行為的反應為主，例如：如果要減輕體重或進行節食計畫，目標行為的選擇可以記錄每餐吃了哪些食物，其卡路里為多少，或是吃一口食物之後延宕多久時間再吃下一口等行為測量面向；或是如果要增加專注行為則建議選擇記錄每天完成習題的正確量或完成的作業量等，一方面讓個體記錄行為要具體明確清楚，更重要的是該目標行為的選擇會直接影響目標行為的進展。

自我管理強調個體的自主性與主動性，因此應鼓勵個體參與目標行為的選擇，研究顯示個體參與目標行為的選擇，可以增加個體執行自我監控的動機及成功率（Koegel et al., 1992）。個體參與目標選擇的同時，讓學生有機會檢視自己的行為，增加對自我行為的覺察力，此時自我管理的運用已經展開。但如果個體受限於障礙的因素無法參與目標行為的選擇，學者建議可以採用功能評量或功能分析的方式，選擇與該問題最具等同功能的正向行為作為監控的目標（Koegel et al., 1992）。

（二）區辨訓練與增強正確記錄

學生在正式進行自我記錄之前，大都需要先經過區辨訓練。特別是認知功能較弱的族群，辨識訓練可以有效幫助參與的個體分辨出行為出現與否，或是確認要觀察記錄的具體行為。呂嘉洋（2006）以及林秀奇、鳳華（2010）的研究皆顯示，對伴隨認知障礙的自閉症者進行區辨訓練是執行自我記錄的必要階段。林秀奇、鳳華（2010）的研究是針對一位成人自閉症者實施自我監控訓練，並檢視對該參與者在職場社會技巧的成效。該研究選擇三個監控的目標行為：(1)擦完車子要說「謝謝光臨」；(2)沒有車子時要在定位點待車；(3)能依序完成擦車的步驟等。為使該名研究對象能夠自行獨立在洗車場中進行自我監控／記錄，研究參與者在自然情境執行自我記錄前，都會先在該研究對象家中進行區辨訓練約一小時，先確認該研究參與者可以區辨在擦車完畢時有無說出謝謝光臨（目標行為一），或有無就定位待車（目標行為二）；程序是研究者事先錄製職場中的正例與反例，讓該名研究參與者區辨何謂正確的反應及不正確的反應，並學習記錄反應發生的與否。學會區辨及記錄之後，再進行一致性的檢核訓練，研究者和參與者分別記錄並比對兩者資料的一致性，同時搭配後效增強。結果顯示，該名成人自閉症者進入正式職場後，其自我記錄行為的正確度與適當行為的表現相當一致，且立刻呈現高的正確反應率，研究結果顯示三種目標行為都呈現相當一致的高正確反應率，社會效度亦展現重要他人對此研究的高度滿意。呂嘉洋（2006）的研究也有類似的發現。研究建議區辨訓練是進入自然情境中執行自我記錄的重要元素，也能有效提升目標行為的出現率。

正確記錄對某些個案而言是重要的課題。正確記錄除顯示個案對行為的判斷正確與否外，也顯示個案是否能誠實面對沒有出現好行為的事實。有些個案會為了要獲取增強後效而做不實的紀錄，如此的狀況可能會建立學生不誠實的不當行為。研究建議可以透過老師和學生彼此核對的方式，從每次記錄之後都進行核對，逐步減少核對的次數，到最後褪除核對而能達成高正確率的記錄行為（Rhode, Morgan, & Young, 1983; Salend, Whittaker, Raab, & Giek, 1991）。核對過程若與教師的紀錄一致，可以提供額外的增強以強化正確記錄的行為（Drabman, Spitalnik, & O'Leary, 1973）。

（三）自我記錄

要讓自我監控容易成功，記錄的方式必須要化繁為簡，愈是簡單容易實施，參與者愈能有意願參與，成功的機會才會增加。大多數自我記錄所使用的記錄表都是很簡單容易的，例如：在笑臉上畫圈，直接在空格上畫＋號或－號，用蓋章、貼貼紙的方式，或是更為簡便的方式如手腕記錄器或計時器等，都是很方便使用的記錄方式。或是可以搭配卡通圖像的方式，除了增加記錄的動機外，也是很好的視覺提示系統（Daly & Ranalli, 2003），如圖12-2 至圖 12-4 所示。

我是＿＿＿＿＿＿＿＿

我有做到安靜坐在座位，則劃記「＋」，沒有做到則劃記「－」。

＋	＋	－			

圖 12-2 自我記錄表範例一

我是＿＿＿＿＿＿＿

我有準時起床，就可以貼上一個愛心貼紙。

我集滿六個貼紙，媽媽會讀一本我喜歡的故事書。

♡ ♡ ♡ ♡ ♡ ♡

圖 12-3 自我記錄表範例二

我是＿＿＿＿＿，日期：＿＿月＿＿日

我有專心，就在笑臉上畫圈，

如果我沒有專心，就在哭臉上畫圈。

圖 12-4 自我記錄表範例三

額外的線索或提示對實施自我記錄者通常也很有幫助。運用聽覺、視覺或觸覺刺激作為自我監控的額外線索或提示，常會讓記錄的效果提高，特別是在自然情境中老師或學生都有既定的工作要進行，若能有個額外提示提醒何時要做紀錄，通常會有正向的影響。以預錄的信號或聲響作為聽覺提示，已廣泛的應用在教室中，例如：在 Glynn、Thomas 與 Shee（1973）對二年級學生的研究中，在 30 分鐘課堂裡，預先錄製的 10 個「嗶」響，以隨機的時距出現，如果學生聽到「嗶」聲響時，他們就要評估自己當下的學習表現是否有專注，如果學生認為有出現專注的行為，則在方格中的一格做記號。

自我監控對學習者而言都是新的行為技能項目，因此初始訓練階段通常會結合增強計畫表作為增強後效。增強物的選擇建議由學生決定，或依照增強物選樣的方式決定，以增加自我監控的效果；此外，淡化增強計畫表是一必要的程序，讓學生可以逐步減少對增強物的依賴，並逐步由自我執行行為後果的方式取代代幣增強的形式。當自我監控內化為個體的自然反應時，自動增強的正向語言（例如：「我做到了」、「我表現得不錯」）也同時產生，將能有效維持與類化自我監控的使用。

（四）自我監控的實務考量

研究發現自我監控已經成功的運用在不同的教育情境，例如：增進障礙學生的專注行為、學業表現、完成作業行為、社交技巧，也能減少不適應行為，如咬手指、教室干擾行為或攻擊行為等（鳳華等人譯，2012）。為能有效達成目標，實務操作面有幾點考量：第一，如何增進個體使用自我管理的獨立性；第二，因應學生的能力、需求及要達成的目標以選擇適當自我監控的目標行為；第三，結合其他策略增加成功機會。

1. 增加個體獨立使用自我記錄

增進個體獨立使用自我管理的能力可以從以下幾點著手：(1)逐步增加自我記錄訓練的時間長度，可以先從 5 分鐘，再慢慢增加為 10 分鐘、20 分鐘等，當中也逐步減少提示的程度，並能達到自然情境中所需的時間長度；(2)逐步淡化增強計畫表反應量以兌換增強物的要求，例如：呂嘉洋（2006）的研究在抽離式的訓練情境，就是先從 1：1 的增強比率，逐步增加到 6：1（六個反應兌換一個增強）的增強比率後，再進入自然情境中使用自我記錄監控目標行為；(3)在自然情境逐步撤除訓練者，有時訓練者的出現對個體也可能是一種提示作用，為增進個體獨立使用自我記錄的能力，逐步減少訓練者的出現也是一必要程序。

2. 因應個體個別化的需求選擇適當記錄的目標

目標行為如何因應個體的特殊需求做適當的選擇，也是有效完成自我管理的重要關鍵。Harris、Friedlander、Saddler、Frizzelle 與 Graham（2005）的研究顯示，教導注意力缺陷過動症的學生自我監控專注行為（例如：閱讀時眼睛有看著書本、聽講時眼睛有看著老師或黑板）和自我監控學業表現（例如：記錄完成作業量或正確的拼字量），兩者都能有效增進其專注力和拼字表現，然而六名學生中，有四名學生使用自我監控注意力時的表現，優於自我監控學習表現的情境。相對於學習障礙學生，有研究顯示學生使用自我監控學習表現的成效比監控注意力的效果要更好些（Harris, 1986; Harris, Graham, Reid, McElroy, & Hamby, 1994），這些研究建議或許自我監控的目標行為可以優先選擇與個體直接有關的需求，例如：注意力缺陷者的主要需求為增進專注力，而學習障礙學生的主要挑戰是在學習表現，若直接監控與該特殊個體直接有關的重要行為，會產生更好的成效。

3. 結合其他策略提供成功機會

為讓自我管理更為有效，對外公布要改變的行為（例如：要減重、要完成一篇報告等）可以有機會提升自我管理的實施成效。當個體與他人分享想要達成的目標時，他也同時對未來是否達成這個目標安排了一個潛在的後果——他人的肯定讚美或鼓勵回饋（鳳華等人譯，2012）。此外，若能有同伴一起執行，彼此提醒也會增加成功的機會。

二、自我評鑑

自我評鑑（self-evaluation）意指個體會將其表現和預設的標準做一比對，並經由比對的程序，提升其行為表現（Rhode et al., 1983; Salend et al., 1991）。自我評鑑有很多形式，可以是簡單的將自己的答案與正確答案的範本進行結果的核對（Alberto & Troutman, 2007），或是記錄自己在閱讀、數學或作文等方面完成的正確度與生產量，並與預設的生產量進行比對（Shimabukuro, Prater, Jenkins, & Edelen-Smith, 1999），或是以評定量表的方式評鑑自己在課堂中的行為表現，以增進適當行為的表現（Rhode et al., 1983; Salend et al., 1991）。

Drabman等人（1973）的研究是早期將自我評鑑單獨作為自變項的研究之一。該研究中，研究者教導學生依據行為評定量表評鑑自己的行為，並將其評量結果與教師評量的結果做一比對，隨著比對的正確以及行為的進展，學生與老師評量結果核對的頻率逐步褪除，最後則由學生完全負責評鑑自己的行為。Rhode等人（1983）參考上述的研究方式，將自我評鑑運用在六名情緒行為障礙學生身上，以檢視該策略對問題行為在普通班級的改變成效。介入程序分為三個階段：第一階段為資源班代幣制，第二階段為資源班自我評鑑期，第三階段為普通班自我評鑑期；普通班的介入期是用以檢驗自我評鑑從資源班類化到一般教室情境的效果。自我評鑑使用的評定量表如表12-2所示，共分為六個等級，並加上每個等級的行為描述。第二階段的資源班自我評鑑又細分五個階段，從每15分鐘每位學生和老師核對評量結果，逐步減少為每天只有半數學生與老師核對、每天兩位學生與老師核對，再逐步成為兩、三天才和老師核對一次，到最後完全撤除核對。自我評鑑的時間也從

表12-2 Rhode等人研究中的六點評分表範例

5	非常好	完全遵守教室規則，工作正確度100%
4	很好	一、兩次違規（離座或講話），其餘時間遵守教室規則，工作正確度達90%
3	普通	未能全程遵守教室規則，約80%的時間遵守，但沒有嚴重違規
2	差	有攻擊行為的產生，其餘時間遵守教室規則，工作正確度60%至80%
1	很差	出現高頻率的違規行為，工作正確度0%至60%
0	完全不能接受	完全沒有遵守教室規則，沒有執行工作或正確度0%

資料來源：Rhode等人（1983）

15分鐘增加到30分鐘，評鑑會搭配第一階段的代幣制度給予獎勵。第三階段進入到普通班情境，學生會在特定的學習情境被要求每30分鐘自我評鑑一次，普通班教師則會進行意外的核對（兩、三天實施一次核對），如果評鑑結果和老師一致，則會獲得額外的獎勵；之後則逐步拉長評鑑的時間到60分鐘，並逐步減少代幣的量，到兩天兌換一次代幣，之後撤除代幣改為社會增強，並開始撤除評量表的使用，而只以口述的方式進行自我評鑑，並逐步減少口述式自我評鑑，最後完全撤除。該研究相當完整的描述自我評鑑的實施程序，包含代幣制度、核對的運用及褪除程序，提供相當完整的自我評鑑範例，最終是完全撤除所有的介入，讓學生以內化的自我評鑑方式隨時監控自己的行為。

有些研究將自我評鑑與自我監控看成是一個包裹式的策略，或將自我監控包含自我評鑑。比如Farrell與McDougall（2008）使用一包裹式的介入，包含自我監控、自我繪圖及自我評鑑所設定的標準，用以增進五名高中身心障礙學生數學學習的表現。其中自我監控是採用震動呼叫器（MotivAider），讓學生依震動呼叫器的震動提示進行行為監控，3分鐘的時間劃分為四個震動時距，前三個震動呼叫出現時，學生需要圈選他所正在進行的題目，並核對他是否有進展到老師預先設定好的題目（有顏色做標記），這部分是讓學生可以監控他答題的速度是超前、一致或落後於預設的標準。第四個震動出現時，則學生須停下筆，如果在第四次的震動出現前，學生已經做到預設的題數，則可以檢查之前做的題目正確與否，這部分就是指自我評鑑所設定的標準是否有達成。最初開始的標準設定是依據基線期間，學生所表現的最高題數量稍低的題數作為設定標準，正確率則設在95%，完成題數的標準會隨進展逐步增加；自我繪圖則是讓學生採用線性圖記錄他本人上一次的學習表現。研究結果顯示，透過自我監控、自我繪圖、自我設定標準和自我評鑑的方式，學生在3分鐘內的數學完成率及正確度都有效提升。研究結果也發現，自我管理的包裹式介入可以讓學生學會有效能的自我管理自己的學業，且不再依賴老師的監控。此研究中也可以看到，預設的顏色標記可以讓學生對自己的算術速度有清楚的視覺提示及比對的資料，該研究中後續的答案核對亦同樣提供學生立即的回饋而能產生「自我修正」的效果，其自我修正能力產出也在拼字訓練的研究中得到類似的驗證效果（Morton, Heward, & Alber, 1998）。此種「自我修正」的能力正是自我評鑑能力養成中附帶引發的重要技能，對於高效能的學習者，「自我修正」為重要學習策略，也是幫助自我提升的重要能力。

三、自我執行行為的後果

自我管理的元素一般都包含自我增強，然而自我增強有時會和自動增強或自發性增強混淆，自我管理中所搭配的增強，比較類似於後效增強的概念，是在某一特定行為之後，環境增加刺激或給予刺激，造成該目標行為的持續增加，例如：我安靜的閱讀完一篇文章，就可以得到 3 分鐘的遊戲時間，這 3 分鐘的遊戲時間是在閱讀之後所產生的，不是因為自我而導致的增強；或是個體為了避免一不愉悅的刺激，增加目標行為未來的發生頻率（例如：如果我沒有完成跑步三圈的目標，我就要給媽媽 50 元，為了避免失去 50 元，就會認真達成跑三圈的目標行為）。因此 Cooper 等人（2007，引自鳳華等人譯，2012）建議，應該將自我增強修正為自我執行行為的後果（self-administered consequences），類比於二期後效關聯的概念，這個說法擴充了以往誤以為自我管理的後效只有使用增強的既定印象。自我執行行為的後果除了可以執行正、負增強外，還可以執行懲罰的後果，主要目的是能協助個體更容易達成行為改變的目標，例如：出現咬指甲的行為之後，要投 5 元到箱子裡，此種後果會降低未來咬指甲的行為頻率，這就是類似於負懲罰的後效。

許多自我管理的研究都融入了正、負增強的使用，其中部分的研究讓參與者可以自己決定要獲得的增強物類型或獲得增強物的比率，研究對象可以依據自我評量的結果，獲得自己決定的代幣、點數，或自由時間的分鐘數（Ballard & Glynn, 1975; Koegel et al., 1992）。值得一提的是，其中的自我決定和自我執行行為的後果應做一區辨，增強物的決定可以是由成人或學生自己決定，是目標行為之前發生的，而自我執行行為的後果是在目標行為發生之後，因此兩者明顯是在不同的時段呈現。其所代表的意義也不盡相同，自我決定代表個體有自主表達的空間，自我執行行為的後果則是對目標行為產生後效增強的作用，主要是影響目標行為未來的出現頻率。

四、自我教導

自我教導（self-instruction）是指個體透過自我對話，影響了其他行為的發生與否，此處的自我對話就是「控制的反應」，而其他行為就是被控制的反應。自我對話也可以看成是引發預設行為目標的反應提示，通常是引發一系列的連鎖反應或系列的行為（鳳華等人譯，2012）。Malott 與 Shane（2013）則認為，在自我教導策略中，個體的自我對話也是屬於受規則管理的行為，當中的規則是引導個體達成目標之重要指引。最早發展出系統化的自我教導教學步驟首推 Meichenbaum 與 Goodman（1971）的研究，該研究的主要目的是針對過動／衝動的學生透過五階段教學步驟，協助他們學習使用自我控制的技術以增進專注行為並減少錯誤，二位學者所發展的五階段訓練模式是後續其他研究的重要參考典範。依據 Meichenbaum 與 Goodman 的看法，他們認為兒童社會化的過程是經由大人指導，而後再以簡化的方式轉化為指導自己行為的內語，其學習的歷程是由外在的示範逐步進展到兒童的內在世界，類似鷹架的概念。因此，Meichenbaum 與 Goodman 依據鷹架的概念所發展的教學步驟如下：

1. 階段一：口語＋示範。成人以大聲說話的方式，示範如何執行工作。
2. 階段二：外顯＋外在提示。學生在成人口頭提示下，執行該工作。
3. 階段三：外顯的自我指導。學生以大聲說出執行步驟的方式引導自己執行工作。
4. 階段四：褪除外顯的自我指導。學生在以微動雙唇的方式對自己小聲說出執行步驟，並同時執行工作。
5. 階段五：內隱的自我指導。學生以內隱口語引導（默唸）的方式執行工作。

至於自我教導中引導任務的教學內容為何，一般而言可依據教學的目標來制訂。Meichenbaum（1977）則建議應該至少要有五種內容，其中包含：(1)定義問題；(2)集中注意與反應引導；(3)自我增強；(4)自我評估；(5)錯誤發生時修正方式的選擇。張美華、簡瑞良（2010）的研究就是參照上述自我教導的五階段教學程序執行訓練；引導任務的教學內容則參照Meichenbaum（1977）的五種內容綱要，並依據研究目的編製成其特有的自我教導的引導任務內容（參閱表 12-3）。該研究主要目的是探討自我教導結合自我監控策略對學習障礙學生口語干擾行為的成效。以三名具有口語干擾的學習障礙學生為研究對象，在實施自我教導及自我監控策略後，三名學生都能習得自我引導的內語，且口語干擾的不適當行為也呈現明顯下降的成效。

表 12-3 自我教導引導任務之內容（以上課不發出怪聲為例）

自我教導內容	指導語
定義問題	上課了，我不能隨便發出怪聲，要仔細聽老師的指示。
集中注意與反應引導	我要專心上課，不隨便發出怪聲。
自我增強	我上課沒有隨便發出怪聲，很好！
自我評量因應技巧	成功時——我上課沒有隨便發出怪聲，今天我表現很棒！
錯誤改正選擇	失敗時——我上課有隨便發出怪聲，沒關係，我下次會更好！

資料來源：引自張美華、簡瑞良（2010，頁 127）

自我教導策略已經廣泛的運用在增進專注行為、學業行為、社會互動行為及情緒管理（如生氣控制）等，例如：Lochman、Boxmeyer、Powell、Barry 與 Pardini（2010）將自我教導策略運用在生氣控制的訓練課程中，生氣控制訓練的課程包含：(1)覺察情緒的來源，覺察環境的事件與情緒的關係，討論思考可以如何影響情緒；(2)生氣情緒控制，教學生當強烈情緒出現時，學習使用自我對話以緩和情緒並使用放鬆訓練轉移注意。教學程序為：教學者示範如何使用自我對話的方式減緩情緒，搭配自我教導的步驟讓學生能逐步內化自我對話的語言及放鬆訓練。其他後續的課程則包含觀點取替、從他人觀點思考問題、覺察生氣的生理特徵、問題解決的可能方案及其後果。最後再次由教學者示範問題解決的步驟，並再次結合自我教導策略的運用。問題解決步驟包含：(1)發生什麼問題？(2)我的感覺為何？(3)我有哪些選擇？(4)接著會有何後果？(5)我決定如何做？鳳華、孫文菊、周婉琪、蔡馨惠（2019）對情緒管理的課程亦採用類似的程序，包含情緒的覺察與因果關係的辨識、情緒的表達、情緒調控、問題解決。當中情緒調控也同樣搭配自我對話以減緩負向的自我內語，並學習以生理調控（如深呼吸）或以轉移注意力的方式〔如算減法（100 減 7，持續減 7 一直到情緒緩和）〕轉換情緒。

Graham、Harris 與 Troia（1998）將自我教導的概念運用在寫作技巧的提升，他們提供學生一個簡單的口令：「想一想、做計畫、開始寫」，每個口令下有些簡單的說明，做計畫的部分則以 TREE 作為引導——T：主題句為何（topic sentence），R：理由有哪些（reasons），E：檢視理由（examine reasons），E：結語（ending）。他們以簡單容易記誦的口令方式讓學生在寫作時有一個清楚的構思方向，引導他們能順利完成困難的寫作挑戰。在進行國文寫作時常用的起、承、轉、合，也是類似於以口語指令方式進行寫作的自我教導，古今中外的概念其實是殊途同歸的。請參閱圖 12-5。

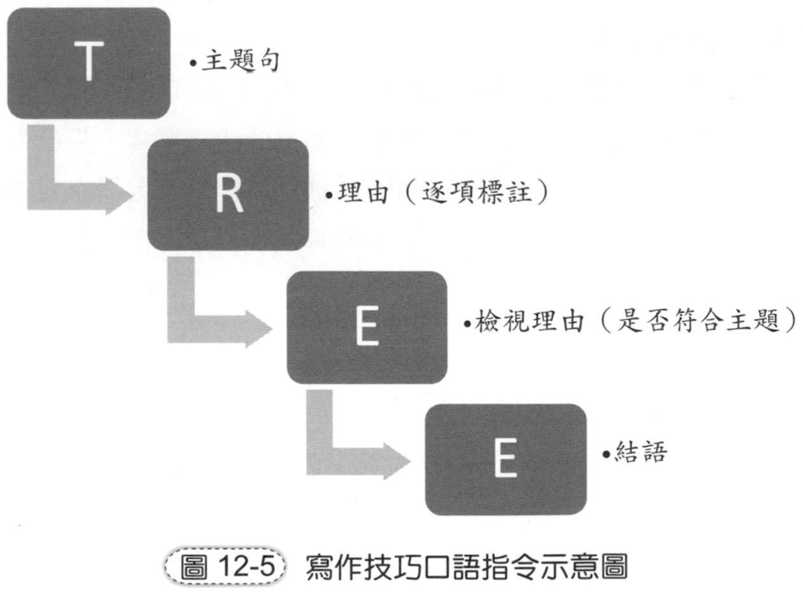

圖 12-5 寫作技巧口語指令示意圖

自我教導的運用，可以彈性穿插在各種課程中，讓學習者學習正向自我對話、自我教導處理情緒及管理情緒、自我教導表現出適當的教室行為，也能運用在自我教導寫作或數學解題的思考方向，可謂是自我能力提升的重要媒介。

第五節　結語

自我管理是教育的最終目標行為，個人若具有自我管理的技能，可以讓自己的生活更有效能，也可以增進學習表現，更能促進社會的美好。應用行為分析將自我管理明確定義為：個體本身使用一個行為（控制的反應）或環境的前事控制，去完成另一個行為（被控制的反應）的改變，此種解析的方式讓自我管理具體化，使實務工作者容易操作執行，並能以系統化的方式訓練養成此技能。必須再次重申，自我管理主要培養的能力為「控制的反應」，該反應可以是藉由環境引發，或是由自我記錄、自我評鑑或自我教導的方式執行。一旦學會自我管理中的「控制的反應」的技能，個人對生活的大小事物就能有一掌控的機制，生活的各個面向都在自我的掌控中，這是所有成功者必備的機制或能力。

自我管理是人生學習的必要功課，學習自我管理可以從小事務開始著手，主要目的是讓學習者在初始學習階段能有高的成功機會，避免太過複雜的程序或太過困難的目標而讓學習者卻步；成功的經驗是促進自我效能的增長及建立自信心的主要推手。最後，自我管理訓練正是符合「大處著眼，小處著手」的最佳範例。

CHAPTER 13

其他行為介入模式

鳳　華

本章學習目標

1. 能說出代幣制的定義及其使用準則。
2. 能說出維持與遷移的定義。
3. 能說出維持與遷移課程的訓練方式程序及實施準則。
4. 能說出團體後效的三種類型及其定義並進行比較。
5. 能說出團體後效的執行程序及準則。
6. 能說出同儕中介的定義及重要概念。
7. 能說出同儕中介的執行程序。

第一節 緒論

應用行為分析的介入模式近幾十年來蓬勃發展，特別對障礙者的教學或行為介入模式影響深遠。本章挑選具代表性的幾種行為介入或教學訓練做介紹，其中包含代幣制、維持與遷移、團體後效及同儕中介。每種介入模式會依特性詳細說明定義、內涵及使用準則，讓實務工作者能學以致用，確實遵守每個模式的實施原理，讓學生真正受益。

第二節 代幣制

代幣制是一種行為改變系統，最早是由 Ayllon 與 Azrin（1968）於該書中闡述，理論基礎是操作制約，該策略最初是運用在慢性精神病患的族群。Ayllon 與 Azrin 將代幣制看成是一種動機策略，開始帶動了後續多元的研究，並將代幣制運用在其他精神病患、少年犯罪者、認知障礙、其他身心障礙者等多元的對象，使用的場域也從醫院、矯治學校等限制性的場域轉而廣泛運用在學校教育、復健中心、社區及商業行為中（Kazdin, 1982）。代幣制也堪稱是近四十多年來應用行為分析領域所發展最為重要的行為改變技術之一（Matson & Boisjoli, 2009），其運作已經充斥在一般民眾生活的許多層面，如超商或賣場的集點活動、電動遊戲的累計點數、工作的計點制等，都是代幣制的同義詞。以下就依序說明定義、設計代幣制及其優點和實施考量。

一、定義

二期後效關聯闡述了行為的後果定律，並清楚定義行為與環境的互動關係，其中正增強是指行為之後環境的刺激增加或給予刺激，並增加未來行為出現的頻率。代幣制即是從其概念延伸而成的實務操作系統，換句話說，代幣制就是用來增加行為出現頻率或是強化行為的後效，代幣不同於實際的增強物，它是一種象徵，增強物不會在行為之後立即呈現，而是在特定時段才能兌換增強物。Allyon 與 Azrin（1965）最初在設計代幣時，就特別指出，為了解決個體在行為之後與獲得增強物之間會有時間差，所以用代幣來解決這個問題。代幣制包含幾個重要元素：目標行為、代幣及後援增強物（back-up reinforcers）；代幣本身是個象徵的代表，沒有固定的價值，其價值主要取決於後援增強物的內容（鳳華等人譯，2012）。代幣是類化制約增強物的代表，曾經和原級增強物或制約增強物配對而產生其價值，比較不會受到飽足的影響。代幣制是改變目標的一種策略，主要關注的重點是在於目標行為是否因著代幣制的介入，而達到預期改變的標準。

二、發展與運用

（一）復健醫療系統

最早進行代幣制的研究首推 Allyon 與 Azrin（1965），該研究當初是為了解決精神醫療院所中人力短缺的問題，他們希望可以為該醫院建立一種服務模式，讓非專業人員在面對大量精神病患者的長時間照顧需求時，亦能提供有效服務。該研究共進行了六個小型研究，這六個小型研究對後續之目標行為的選擇、後援增強物的設計與兌換方式，以及執行的程序建立重要基礎。以下摘要重點說明。

有關目標行為的選擇，該研究表列出各種類型的工作任務，其中包含準備餐點、服務生、銷售物品、清潔工作、個人衛生助理、休閒活動助理等大項，每大項下再細分工作任務、人力需求、時間長度、獲取點數（如表 13-1 所示）。該研究顯示，代幣制的實施讓院內的病患也開始願意嘗試不喜歡的工作任務，讓病患可以有多元任務的選擇，建立工作與酬勞間的關聯，並能有效執行該任務。有關後援增強物的設計，研究者起初發現院內病患的增強物偏好並不明顯，因此以類似自由操作的方式觀察病患的行為表現（例如：平常自由時間時都做些什麼事情、想做什麼事情等），作為安排增強物的依據。該研究將增強物分為六大類：第一類是個人選擇權，其中包含可以自由選擇房間、選擇用餐的小組、選擇個人置物櫃、選擇個人椅子、選擇隔板

表 13-1 工作任務、人力需求、估作時間長度與獲取點數（部分範例）

工作任務	人力需求	時間長度	獲取點數
1. 準備餐點			
1-1 廚房雜物（整理餐具等）	3	10 分鐘	1
1-2 運送冰塊	1	10 分鐘	2
2. 服務生			
2-1 清理餐桌	6	10 分鐘	2
2-2 清洗餐具	3	10 分鐘	2

資料來源：Allyon 與 Azrin（1965）

等；第二類是離院活動（例如：從院區內散步到出城的小旅遊）；第三類是延長與工作人員的交談互動時間；第四類是額外的敬拜宗教禮儀時間；第五類是休閒活動的選擇（如看電影、聽音樂等）；最後一類則是兌換各種物品。每個選項都列有兌換的點數（如表 13-2 所示）。從該後援增強物的設計所獲得的重要啟示為：先進行自然觀察，再決定增強物的類型，而增強物不僅限於實際物品的兌換，更重要的是將選擇的概念融入。目前社福機構正在推動的自立生活運動，強調自我選擇與自我決策，該研究則早在五十年前就已經建立促進自我選擇力的模式，是值得參考省思的。

表 13-2 後援增強物及兌換點數（部分範例）

後援增強物選項	兌換點數
1. 個人選擇權	
1-1 房間選擇-房間 2	每日 4 點
1-2 房間選擇-房間 3	每日 8 點
2. 離院活動	
2-1 院區內散步 20 分鐘	每次 2 點
2-2 出城小旅遊	每次 100 點

資料來源：Allyon 與 Azrin（1965）

（二）特殊教育

將代幣制運用於特殊教育的最早研究為Birnbrauer、Wolf、Kidder與Tague（1965），該研究對象為 17 名認知障礙的學生，主要目的是要增進學生在學業技能的表現。該研究採用 ABAB 倒返設計，為驗證代幣制對增進學業表現及減少問題行為的成效。該研究的目標行為是完成工作的項目、作業任務的錯誤率、破壞行為。自變項是正確的學習行為之後會立即給予口頭增強及代幣，代幣可以在每節課之後進行兌換，兌換物品包含各類零食、小玩具及學用品，另外針對不適當的行為則搭配隔離策略。研究結果顯示，代幣制能增進這些受試者學業的進展，同時也能降低不適當行為的出現率。O'Leary 與 Becker（1967）將代幣制運用在一個適應轉銜班級中，受試對象是有嚴重行為問題的 8 名三年級學生，代幣制的運用是由導師對 8 位學生進行評定量表的評量，依據評量結果學生可以兌換後援增強物，如糖果或小裝飾品等。研究結果顯示，當執行代幣制之後，偏差行為立刻大幅下降，其他觀察資料則顯示學生增加適當的行為，該適當行為並產生情境類化的效果；此外，該研究的代幣制亦包含逐步褪除的程序，結果顯示延遲到四天兌換一次增強物的時制，依舊能維持低頻率的偏差行為。Jones 與 Kazdin（1975）以及 Nay 與 Legum（1976）則進一步證實，代幣制對服從行為及利社會行為具有類化及維持效果。上述的研究結果明顯的為後續代幣制的執行建立幾項重要的特點，包含：(1)目標行為的選擇可以涵蓋學業的學習或適應行為表現；(2)後援增強物的選擇與兌換標準的建立基準；(3)逐步褪除兌換的時距，建立延宕增強的執行程序；(4)搭配其他策略的效果。

（三）其他領域

代幣制在其他領域上，還包含增進工作安全及降低意外傷害（Fox, Hopkins, & Anger, 1987），或運用於成人監獄（Milan & McKee, 1976），或青少年行為矯治（Hobbs & Holt, 1976）。其執行程序和上述的研究皆類似，先設定要改善的行為目標，選定後援增強物的清單，並設定兌換的標準等。研究結果皆顯示有良好的成效。

三、設計代幣制

設計代幣制一般須包含幾個重要元素：選定目標行為、設計代幣、安排後援增強物、制定兌換增強物的代幣數量、兌換的時間及地點（鳳華等人譯，2012；Miltenberger, 2008）。階層系統的使用在設計代幣制時也會一併思考，以下分別說明。

（一）選定目標行為

目標行為的設定必須謹遵個別化的概念。可以是針對單一學生單一目標、單一學生多重目標；如果針對小組或團體，則需要考量該目標是否是該小組或團體的共同需求，例如：完成指定的工作量或是增加閱讀行為，是共通的目標，然而建議計點的方式還是依據不同學生的起點行為及能力表現而設計，才能回歸個別化的教育理念。一般設定目標行為的原則為：目標行為的描述要具體、可測量的，並明確說明達成的標準點和可以獲取的代幣量，例如：老師問問題時學生可以主動舉手發言，正確完成拼字練習每 1 頁可得 1 點；代幣制標準的設定要循序漸進，從簡單容易執行的開始，再逐步增加達成的量或難度（Myles, Moran, Ormsbee, & Downing, 1992）。

（二）設計代幣

代幣的設計會依不同的狀況而有不同的考量。如果是個人化的代幣，可以是實體的小物品，如籌碼、貼紙、小卡片等，請參考圖 13-1。也可以是象徵的符號，如打勾畫圈、蓋章、畫個笑臉等，如圖 13-2 所示。代幣的設計建議要簡單、容易攜帶，保管也要能耐久。如果是針對小組或團體設計的代幣，則建議設計大型的圖表讓全班或小組成員都可以清楚的看到，如圖 13-3 所示。也可以採用大拼圖或用特定的增強物作為清楚的視覺提示，例如：在布告欄上貼一張大雞塊的圖案，小組成員每天獲得的代幣貼紙可以直接貼在圖案上，貼紙貼滿雞塊時所有的成員就可以獲得雞塊餐一份。

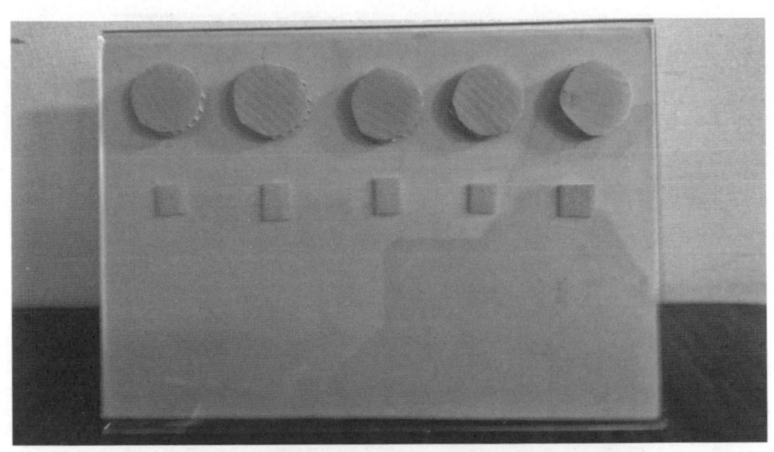

圖 13-1 視覺增強板（搭配實體的代幣）

○○國民小學

集點卡

有準時繳交作業，可以獲得一個笑臉的章

____年____班 姓名：____________

圖 13-2 集點卡範例（蓋章方式）

圖 13-3 小組增強板（有舉手發言，可以得到一個火車節）

（三）安排後援增強物

代幣制要產生效果，必須要先確認參與者的偏好物，後援增強物必須要能反映參與者的偏好，或增加兌換物本身的吸引力（像以戳戳樂的方式兌獎，則可有效增加代幣制的吸引力）。後援增強物可以是原級增強物（如飲料、餅乾糖果或是雞塊披薩等）、實物增強物（如文具用品、小物件等）或是活動增強物（如遊戲時間、自由時間等），也可以搭配自然情境發生的事件或活動，例如：學校情境中幫忙收作業、協助老師操作教具及媒體器材都是自然會發生，也是學生覺得喜歡參與的事物，或可以是特殊的權利，例如：午休可以不用午睡還能選擇做自己想做的事、優先選擇權、中午和喜歡的師長用餐、特殊地方的通行證等。有時教師不用花費額外的經費去購買原級或實物類的後援增強物，反而是這些學校自然情境下所產生的活動或特權更具有吸引力。

（四）制定兌換增強物的代幣數量

代幣制必須要制定兌換增強物的比率。建議於剛開始執行階段，應該維持在低比率或少量代幣就能兌換物品的狀態，之後再逐步增加獲得代幣的標準及兌換比率；或是設計不同等級的兌換級距，少量的點兌換價值低的物品，點數愈多兌換物價值就愈高，亦即兌換物品的價值會隨點數愈高其價值也會隨之提高。因應代幣儲存量增多後，就需要增加或變化後援增強物的種類，並穿插少量的高價值增強物。要增加或變化增強物的類型，可以做定期偏好評估，或請班級同學共同討論要增加的後援增強物的項目。此外，如果要提高後援增強物的價值，也可以對後援增強物加上有效期限（引自 Kazdin, 1982），有效期限是一種動機操作，個體會為了在期限內獲取特定物品而更加努力獲得代幣。百貨公司的週年慶常會搭配集點活動，促進買氣，其策略就完全符合上述的概念，每次活動的兌換物品都不一樣，且有區分兌換級距，點數愈多，可以兌換的物品價值就愈高，且通常百貨公司的集點活動都有期限，因此在特定活動時段也會出現高峰的購買率。

（五）兌換的時間及地點

兌換的時間，在執行的初期階段，應掌握增強初始階段必須要「立即性」的特性，可能可以每節課結束就兌換，再逐步拉長兌換的時間。兌換地點建議要在固定的場所，也可以明確制定開放時間，讓學生能清楚知道在何時何地可以進行兌換。在兌換的地點須明確標示點數與其相對應可以兌換的增強物清單，讓兌換可以順利進展，例如：可以標示 10 點可兌換文具用品如資料夾、原子筆、橡皮擦等；20 點可以兌換老師小幫手一節課、遊戲時間優先選擇權等。

（六）建立階層系統

階層系統（level system）提供一個類似於行為塑造的架構，讓參與者可以依照一系列的階層逐步進展，隨著參與者從一個階層「升」到更高的一個階層，被期待的行為也會逐步提高標準，同時他們也會獲得更多選擇，並逐步邁向自然增強（Rutherford, Quinn, & Mathur, 2004）。Smith 與 Farrell（1993）將此種方法運用在自足式班級的情緒及行為問題學生身上，明顯的增進其學業表現和正向社會行為，並促使這些情緒障礙的學生能順利轉銜到自然情境；在此系統中，學生的表現在最低的層級只能獲得少量的選擇權或基本的權利，隨著階層的提升，對學業表現及社會行為的要求也逐步提高，進階的層級則提供更多的選擇權及特權，他們可以得到更多，也被期待能表現得更為獨立；代幣增強計畫表逐漸被淡化，使得進入高階層的參與者，能在類似自然情境的增強計畫表下持續好的表現。此種階層的作法，是促進學生往自我選擇、自我決定及自我管理的目標逐步邁進的務實作法。

四、實施代幣制的優點與考量

（一）實施代幣制的優點

代幣制相對於其他增強形式，有許多優點：第一，代幣屬於類化制約增強物的一種，類化制約強物是曾經和許多非制約及制約增強物進行配對而產生的價值結果，比較不會受任何動機狀態而影響其增強的效果，可以有效抗拒飽足，代幣也具有此特性，不會因為太多而失去其增強效力；第二，代幣可以作為反應後延遲獲得增強物當中產生空窗期的橋梁，彌補增強須在行為之後立即產生的時間差問題（Allyon & Azrin, 1965）；第三，讓反應後的增強可以在任何時間或地點出現；第四，可以長時間維持行為的表現；第五，可以對不同個體提供同樣的增強，但後援增強物的多樣化則可以依據個別化的偏好而有不同的選項（鳳華等人譯，2012）。

（二）實施代幣制的考量

實施代幣制在實務上有幾個議題需要預先準備，以增加實施成效或減少不必要的爭議。以下則依序介紹代幣制的訓練、撤除代幣制及挑戰行為的處理。

1. 代幣制的訓練

代幣制要有效執行，執行者及參與者都需要接受訓練，訓練內容可包括：(1)預設的目標行為之後要立即提供代幣，以符合正增強的原理；(2)對於哪些行為可以獲得代幣，達到何種標準才能獲得代幣，都需事先討論清楚或進行演練的程序；(3)整個代幣制執行的程序也需要讓雙方都非常熟悉清楚，或是提供清楚的視覺流程圖，讓執行過程沒有爭議（Miltenberger, 2008）。當然，最重要的是需要讓雙方明確體認代幣制是個手段，目標的完成才是重點，才不至於因為過於強調代幣制而忽略了初衷——達成預設的行為目標。

Kazdin（1982）建議，應該要對執行者或機構相關人員進行代幣制的訓練，研究顯示代幣制的訓練對代幣制的實施成效有關鍵性的影響。訓練方式大都採用直接教學、示範、角色扮演等方式，增強受訓者的表現也是促進學習的重要元素。該研究還指出，訓練執行者或相關人員使用代幣制除了能確保代幣制執行的效果之外，也發現這些接受代幣訓練的人員，其行為與態度在接受訓練後有了很大的轉變，包含態度變得更為積極正向，行為模式也轉變為會更加注意學生的好行為，並常會以口語或非口語的方式增強學生好的行為表現，整個社會環境也變得更為積極正向。這是代幣訓練所延展的正向附加效果。

有些認知障礙者如果對於代幣制完全無法理解，則需要進行額外的代幣制的訓練，其執行步驟如下：

(1) 階段一，先以 1：1 實體增強的方式進行教學活動。
(2) 階段二，採用配對的原理，將代幣與實體增強物同時呈現，再給增強物。
(3) 階段三，教學者在學生行為之後，先給一個代幣之後再由學生以代幣兌換增強物，依舊是 1：1 的兌換比率，讓學生熟悉此種程序。
(4) 階段四，結合增強計畫表的固定比率增強計畫表，從 2：1（兩個代幣換一個增強）、3：1（三個代幣才能獲得一個增強），以此類推，逐步增加到 10：1 之後，再開始使用不固定比率增強。對於功能較弱的學生，每次上課前可以加入代幣複習的課程，讓他們對代幣的使用能溫故知新。或是對於較困難的課程也可以先安排代幣複習，以減少抗拒困難課程的出現。

2. 逐步撤除

代幣制是建立行為的一種策略，如果沒有逐步撤除，個體會變成過於依賴增強物而無法適應自然情境（或沒有實施代幣制的情境）。系統化的撤除代幣制的方式，除了可以使用上述的階層系統外，筆者參閱 Cooper、Heron 與Heward（2007；引自鳳華等人譯，2012）、O'Leary與Becker（1967），以及筆者個人實務工作經驗，提出以下指導原則。首先，代幣的給予應隨時搭配社會認可和口語讚美。除了可以增加社會性增強的增強效力，使代幣制撤除後個體依舊能在社會增強下持續維持好的行為；另一方面也需強調個體的行為表現，讓個體不是聚焦於代幣的獲得，而是在行為的表現（例如：配對形狀的課程，老師給的增強為：「你找對了，這兩個都是三角形。」或是動作模仿的課程，增強可以是：「很好，你有跟著老師比讚喔。」）。其次，賺取代幣所需要的反應次數應逐步增加，以逐漸淡化獲得代幣的增強計畫表，讓學習者減少對代幣的依賴。第三，增加兌換物品的代幣數量，或是減少實施代幣的時間長度，從每天上午，慢慢減少到每天一節課，再到兩天實施一次，最後完全褪除，取而代之的是自然環境增強。第四，後援增強物在後期要逐漸轉換為自然情境中常用的獎勵，如獎狀、團體表揚等。第五，結合自我管理，也可以有效能的撤除代幣制，而進入學生自我管理的最好境界。

3. 挑戰行為的處理

執行代幣制時，實務現場常發現學生會出現具挑戰性的問題，例如：遺失代幣、代幣量不足但又想要兌換物品，或是學生拒絕接受代幣制。遺失代幣通常和管理方式有關，年齡較小或是認知功能較弱的個體，建議應由成人保管或是提供固定明顯易見且安全的儲存容器或特定位置，讓學生方便儲存或取用。對於某些代幣量不足但卻想要兌換物品的現象，首先要檢討是否代幣制的積點對學生太過困難，階層系統的設計沒有依照學生的能力水準而太快進入高過於學生能力可及的標準；此外，也可以用同理的方式回應未達標準的學生，讓他們的心情得到認同轉而更加努力去獲取代幣，或是增加學生的參與機會，包含目標的選擇、代幣制的設定或後援增強物的選擇與管理。

比較具有挑戰性的是拒絕代幣制的個體。Kazdin 早在 1982 年分析過往文獻時，就發現某些療養機構或精神機構的病患拒絕代幣制，主要原因是後援增強物的內容原本都是隨時可以取得，但是實施代幣制之後，則必須要以代幣換取原先自由取得的活動或權利。Kazdin特別強調，每個人都有權利不參與任何的介入計畫，如果個體表達要中途退出或不願意參與，則必須要尊重個人的選擇權，或者可安排其他的介入模式。更重要的是執行者必須要重新檢討當初設計的適切性，或需重新調整代幣制的兌換物，特別是在不與原先個體就有的權利的前提下，重新安排後援增強物，或是增加後援增強物的吸引力，都是執行者需要自我省思的面向。

第三節　習得技能的維持與遷移

一、維持與遷移的基本概念

Baer、Wolf與Risley（1968）為應用行為分析下定義的經典論述中，對「行為改變的類化」定義為「行為改變經證實能延續一段時間，或出現在可能的各種不同之情境下，或是擴展延伸到各種相關的行為上時，則可以稱為類化」（p. 96），例如：小明教會媽媽正確使用 LINE 之後，一個月間媽媽都可以獨立使用（維持），即使到國外還是知道要如何使用 LINE（跨情境）；此外，媽媽也不學自通的學會了使用 WeChat 的功能（反應類化）。然而，亦有學者提出「刺激類化」的概念，強調學習者需要學會對類似的刺激做出相同的反應，例如：看到各式各樣的公用電話（可能是顏色不同、外觀不同、插卡式或投幣式）都可以命名為公用電話，這就是一種刺激類化的現象；而當學生在學習過程中產生舉一反三，能夠對未教過但相似概念也做出適當反應，則稱之為「反應類化」。後續學者認為，所謂時間、地點的類化與刺激類化及反應類化非常容易混淆，於是提出了習得技能的遷移（transfer of performance）概念，以區隔兩者的差異（Kazdin, 1975; Malott & Shane, 2013）。以下就依序說明並釐清刺激類化、反應類化及遷移的基本概念。

（一）刺激類化

應用行為分析認為，概念的學習有兩個必要條件：第一是刺激組內的刺激類化；第二是刺激組間的刺激區辨。Cuvo（2000, 2003）對「前事刺激群組」界定為：對一個特定反應享有共同功能效果的刺激群組，所有在前事刺激群組內的刺激，將引起相同的操作型反應。因此，刺激類化的基礎是刺激區辨，在刺激區辨建立後，與該區辨類似的刺激群就會形成刺激類化而引發相同的反應，以學習「黃色」這個概念為例，黃色的刺激群組可以從深黃到淡黃都是屬於相同的刺激群組，可以引發相同反應（如指出黃色）。此外，即使呈現的物品不同，例如：呈現香蕉、芒果、鳳梨等不同物品，也都可以說出這些水果的顏色是黃色，這時黃色的概念就確定應該已經形成。刺激類化在概念學習的過程是很重要的，因此教學者在教學前要詳盡分析目標概念的前事刺激群組，才能使教學材料多元化，此乃概念學習的首要考量。而此處的刺激類化並未涉及到變化不同的情境，因此與遷移的概念就不盡相同。

刺激類化中有所謂刺激過度類化的現象，對於初學者是司空見慣的狀況，例如：兒童只要看到留著長的、白色鬍子的人，都會說是聖誕老公公，或是將所有四條腿的動物都看成是小狗等，這些都是刺激過度類化的結果。

（二）反應類化

如果一個行為的發生可以導致其他類似功能、但未經學習的行為改變，則可以被稱為反應類化，例如：對語義的理解，「送飯來了」的意涵不只是送白飯而已，也同時意味著要一併端菜、盛湯等；「打洗臉水」同時意味著要將毛巾、肥皂等相關物品也一起遞上；學會使用剪刀，也同時會自動引發修剪指甲的能力；學會使用螺絲起子，自動就會使用老虎鉗等，這些都是生活中常見的例子。反應類化所產生的學習現象比較類似於舉一反三的概念，當中也沒有涉及時間或情境的轉換，與習得技能的維持或遷移的概念也不盡相同。

（三）遷移

應用行為分析的挑戰課題之一就是行為在實驗室被建立之後，是否能遷移到其他自然的情境中，因此類化或遷移是行為分析師必須面對的重要課題。此課題最早是由 Baer 等人（1968）所提出，當初定義應用行為分析的重要特徵之一正是類化，他們對類化的定義涵蓋三種面向，當個體的技能在一特定時間、地點被建立後：(1)行為能持續一段時間或維持行為；(2)行為能跨不同情境；(3)延伸出相關功能的行為等。後續學者在探究刺激區辨的概念時，會出現刺激類化及反應類化的議題，為避免與刺激類化及反應類化混淆，於是以習得技能的維持與遷移（maintenance and transfer of performance）作為類化的替代名詞，且遷移所涉及的範疇只有針對Baer等人所提及的前二項，反應類化並不在遷移的定義範疇內，而其主要關注的要點有二：(1)訓練的情境應該要與自然情境相同，這樣習得的技能較容易轉移到自然情境；(2)自然環境必須要讓該習得的技能能有效維持（Kazdin, 1975; Malott & Shane, 2013）。

究竟習得技能的維持與遷移是如何發生的？Malott 與 Shane（2013）認為，應該會涉及到「受規則管理的行為」，此概念在本書第十二章「自我管理」中有論述過。Malott 與 Shane 認為，受規則管理的行為在遷移的過程中會出現在兩個層面：第一個層面是接受介入的個案會因行為介入的過程而產出；另一個層面則涉及自然情境中的重要他人也因著行為介入方案的成功而產出有效的規則。舉例來說，某篇研究報導一名幼兒園兒童有嚴重的哭鬧行為，研究者的介入程序包含：區別性增強適當的行為，及對出現哭鬧行為則實施消弱策略，研究場域先在實驗情境中進行，之後再移到自然情境中執行。結果顯示，該名兒童的哭鬧行為從每次 30 至 35 分鐘的時間降低到零，效果顯著（Patterson & Brodsky, 1966）。Malott 與 Shane 指出，該研究中的個案會產生習得技能的遷移表現，是因為個案在介入的過程中學會了一個規則，就是他會告訴自己：「如果我沒有哭鬧，我就會得到M & M巧克力」；此外，家長也經由這個訓練過程學會了一個規則：「如果小名沒有出現哭鬧行為，就給他 M & M 巧克力」，經由雙方皆習得受規則管理的行為，因而產生習得行為的維持與遷移。

二、習得技能的維持與遷移訓練模式

遷移一般不會自然發生，特別是針對發展障礙、認知困難的學習者，因此習得行為的維持與遷移類化是需要計畫及訓練的。除了教學情境的安排必須要考量與自然情境相符，自然情境中的人物配合與教導也是重要之影響因子。此外，流暢度（fluency）訓練也是展現維持與遷移的重要策略。刺激類化與反應類化雖然不會直接顯示出維持或情境遷移的現象，然而卻也是促進維持與遷移的重要推手。以下列出常見的幾種促進維持與遷移的方式，分述如下。

（一）教導充足的範例

提供多重範例教學，讓學生能從各種範例中理解各種概念的真正意涵，是所有學習的基礎。教導充足的範例（teaching sufficient examples），是指教導學生一組所有可能的刺激及反應範例，然後以類化探測（generalization probe）評量學生對未經訓練的刺激範例的表現，確認學生是否已經對該刺激產生類化能力（鳳華等人譯，2012）。教導充足的範例可分為教導充足的刺激範例及反應範例、廣泛案例分析（general case analysis）教學，以及其他跨情境、人物的類化教學。

1. 教導充足的刺激範例

刺激範例的教學主要運用在概念學習。舉例來說，要教學生辨識「貓的圖片」，可能要準備不同類型的真貓、卡通貓，或是正在運動中的貓之照片來進行多重範例教學；並以探測方式，選取未經教學的刺激範例評量學生的刺激類化能力。如果類化探測的結果顯示學生反應都正確，則可以認定學生已經學會貓的概念，如果反應不正確，表示需要再教更多不同的範例。表 13-3 整理了幾種技能在使用刺激範例教學時的大致安排。其中不同的技能需要發展出不同的刺激範例，一些刺激範例則作為探測之用（不作為教學範

表 13-3　刺激範例教學列舉

技能	刺激範例	探測範例
辨識顏色：紅色 目標：能回答「這是什麼顏色？」	紅色的球 淡紅色的玫瑰花 紅色的草莓 深紅色的櫻桃	紅色的九重葛 淡紅色的手機套
辨識「狗」 目標：能從狗、貓、豬、牛的照片中指認出狗	白色的瑪爾濟斯 土黃色的狼狗 黑色的挪威那 卡通狗	臘腸狗 黑色的土狗
辨識情境相關情緒：高興 目標：能回答「這小孩的心情如何？」	小女孩在吃棒棒糖 小男孩在盪鞦韆 小女孩在溜冰 小男孩在騎腳踏車	小女孩在吃冰淇淋 小男孩在玩積木

例），以確認學生已經發展出該技能的類化能力。其他的刺激範例，例如：加、減法有直式和橫式的呈現方式；或是國語考卷是直寫或橫寫的形式等。此種方式雖然沒有直接顯示行為跨情境的遷移，然而呈現多種刺激材料大都也能展現在自然情境中的刺激範例，例如：辨識狗的圖片與自然情境中的狗是一樣的，遷移的發生就容易產出。因此，教導足夠的刺激範例可以是習得技能維持與遷移的促進因子。

2. 教導充足的反應範例

另一種多重範例教學是教導充足的反應範例。多重範例教學已證實是有效的教學策略，例如：運用在教導視覺障礙伴隨智能障礙年輕人的烹調技能（Trask-Tyler, Grossi, & Heward, 1994）、日常生活技能（Horner, Williams, & Steveley, 1987），以及職業技能（Horner, Eberhard, & Sheehan, 1986）。表 13-4 則以舉例的方式說明教導充足的反應範例。當中的範例包含社交技巧及烹飪技能，中間欄則大致條列出每種技能所需要涵蓋的反應範例，最右欄則是由教學者觀察學生是否可以自發性的出現不同於教學的反應或獨立完成一項未經教學的任務。此外，教導充足的反應範例也可以運用在教導兒童象徵

表 13-4 教導充足的反應範例

教學類別	反應範例	探測（觀察是否自然出現，或沒有教學下可以獨立完成）
社會技巧：打招呼	非語言的打招呼：揮手、點頭 口語方式的打招呼 ：「你好」、「早安」、「吃飽沒」、「今天天氣不錯」等	非語言：微笑 口語：「午安」、「最近好嗎」、「好久不見」
社會技巧：主題式對話	對話主題可以從基本的對談，例如：分享喜歡的美食、電影，或特定收藏品 主題式對話：針對節慶、出遊活動，或是最近發生的新聞事件等	產生未經訓練的多元談話主題
烹飪技能	簡單步驟：煎蛋、炒蛋、炒飯 複雜步驟：炒青菜、滷豬肉、炒蝦	能獨立完成未經訓練的菜單

遊戲，舉例來說，鳳華、孫文菊、周婉琪、蔡馨惠（2019）對象徵遊戲的課程設計，當中就以多重範例的方式制定習得標準，例如：「物品替代」象徵遊戲的習得標準，就是探測未經教學的刺激物，學生能說出至少四種以上的替代物品，比如給學生一個拱型積木（未經教學，新的刺激物），學生需要能將拱型積木假裝成橋、手把、山、屋頂等，才符合習得的標準之一。此種方式雖然沒有直接顯示行為的維持或情境的遷移，然而個體若能自動化的產出未經教學的反應，亦應能促進自然情境中的習得行為之維持與遷移。

3. 廣泛案例分析教學

好的遷移教學必須要能將所有代表自然情境中所有可能的刺激都納入教學活動。Becker 與 Engelmann（1978）指出，教學的目標應該要能夠達成：教導一個廣泛（共通）案例之後，任何相似於該案例刺激群組的反應都可以正確表現。換句話說，廣泛案例分析是指找出核心特質，或是定義所有在自然環境中刺激與反應的變異範疇、選擇教學範例、教導範例，並對沒有教過的範例進行探測，以確認是否出現遷移反應。Horner、Dunlap 與 Koegel（1988）提供實施廣泛案例分析教學的詳盡步驟，其中包含：(1)定義教學的通則；(2)定義在該通則內的所有刺激變異及反應變異；(3)從該通則中選擇範例進行教學及探測；(4)教學的範例必須在該通則的刺激組內具有代表性；(5)探測該刺激組中未經教學的範例。Walters、Holborn 與 Ediger（2007）的研究主要目的為比較單一範例、多重範例教學與廣泛案例分析教學對認知障礙成人遵從指令的成效。三位研究者依據上述的五項步驟，先定義出教導認知障礙成人接受指令的通則，指令由機構的服務人員提供，研究者整理後歸類成五大類型的指令（如表 13-5 所示），再依據不同教學模式進行教學成效之評鑑。單一範例教學就是僅教導單一類別中的單一指令，多重範例教學則是選擇一個類別中的多個指令範例，廣泛案例分析教學則是每次教學都會涵蓋五種類別中的不同指令，每次指令是以隨機方式選取。結果顯示廣泛案例分析教學呈現最好的類化效果。

表 13-5　五大類型指令及指令範例

類型編號	指令類型	自然情境的範例
一	走到……（go to）	• 走到門口 • 走到桌子前
二	碰觸或看（touch or look）	• 碰觸杯子 • 能依指示看到要求看的物品（看黑板）
三	放到……裡面或上面（put in and/or put on）	• 把襪子放到鞋子裡 • 把別針放到盒子裡
四	給我看……（show me）	• 給我看你的成品 • 給我看你的筆
五	把……拿給我／把……放到……（bring me and/or take to）	• 把盤子拿給我 • 把衛生紙丟到垃圾桶

廣泛案例分析教學已經成功的運用在職業技能，例如：教導障礙者超商物品的選擇（Horner, Albin, & Ralph, 1986）、家事技能（Lengyel, Domaracki, & Lyon, 1990）、社區生活技能如過馬路（Horner, Jones, & Williams, 1985）、餐桌的清理（Horner et al., 1986）等。廣泛案例分析教學最常被引用的研究首推 Sprague 與 Horner（1984）使用販賣機的研究，兩位研究者評

鑑廣泛案例分析教學對六名中重度智能障礙高中生使用自動販賣機的效果。研究者先採用單一範例及多重範例教學的方式進行訓練，但是當探測未經教學的社區販賣機時，六名學生的表現不佳；最後研究者採用廣泛案例分析教學，教學程序與多重範例教學一致，不同的是廣泛案例分析教學的三臺機器加上單一範例教學的那一臺，囊括了社區販賣機之全部刺激變異及反應要求。結果顯示在六位學生達到學習標準後，探測他們操作社區其他十臺未訓練之販賣機，其表現有明顯的進步。可見廣泛案例分析教學確實有其重要的影響。

廣泛案例分析也有運用在社會互動及溝通技能的遷移表現上，例如：O'Neill、Faulkner與Horner（2000）使用廣泛案例分析教學教導中重度智能障礙者使用「手指」的方式表達要求。每位學習者的教學範例分別進行個別分析，其中包含不同的地點（教室、遊戲區及餐廳）及要求的情境（要求幫忙打開包裝物、幫忙拿取搆不到的物品或協助整裝等）。這些情境及反應的變異範圍是經過自然情境觀察後，依個別學生所設計安排。經過教學後，學生不但很快習得表達要求的技能，而且在探測新奇的情境中也能表現出表達要求的遷移反應。

4. 其他多重範例

其他形式的多重範例，如跨多種情境、多位教學者、跨多樣的活動形式，例如：教模仿動作，可以請不同的教學者或家長擔任示範者（跨人物），可以在一對一情境、地板活動時間、律動課程時間進行模仿課程（跨情境及活動），安排多元的教學形式，學生比較能將個別課程學習的技能融入自然情境。此外，提供負向範例進行區辨訓練也是另一種常用的多重範例教學。

（二）將教學情境的安排與自然情境相似

教學情境與自然情境愈相似，習得技能的維持與遷移自然也愈容易。其中安排共同刺激是一種有效的策略。安排共同刺激（programming common stimuli）的概念強調要促進維持與遷移，應該將自然情境的主要刺激元素完整呈現於教學情境中（Stokes & Baer, 1977）。此概念與一般戲劇表演的排演、合唱比賽的練習，或是冰上芭蕾舞比賽前演練等，都盡量要安排和真實比賽的情境一致，其中的道理是相當一致的。Ayllon 與 Kelly（1974）的研究提供明確的執行方式。該研究針對一名選擇性緘默症的女孩訓練口語表達，當口語表達在訓練情境中有明顯的進展後，研究者逐步將教室情境中的自然刺激引入，使教學情境與自然情境愈來愈相似，例如：教學情境中逐步增加黑板、課桌椅及安排兒童的出現等，教學者的教學位置也從一對一坐著的形式，改變為類似於教室情境中老師站在講桌面前的上課形式，教學方式也愈來愈趨近於一般老師上課的形式。如此費心的教學情境逐步塑造成與自然情境相似的環境，也是該研究能產生效果的主要因素。聽指令的維持與遷移訓練也可以從一對一到逐步增加其他兒童也在場的情境，讓教學情境更相似於自然情境（Koegel & Rincover, 1974）。其他研究，例如：教學生到速食店點餐的行為，可以在教室中安排類似於速食店的情境，並使用速食店的真實圖片作為教學材料，研究結果顯示此種教學設計可以產生很好的教學成效（van den Pol et al., 1981）。

安排與自然情境相似的另一種方式為寬鬆教學（teach loosely），意指在進行高結構、限制刺激的情境下習得目標行為後，要逐步在教學中隨機變化前事刺激的非關鍵面向（鳳華等人譯，2012），讓學習者能有機會暴露在自然情境下的各種刺激面向。這些刺激面向可能是光線的強弱、音量的高低、溫度的冷熱、人數的多寡、環境位置的調整、環境中物品的增減、人物衣著的變化等（Baer, 1999），都可以是在寬鬆教學中可以考量的刺激面向，但依舊是要因需求而定。

（三）其他維持與遷移訓練

其他維持與遷移訓練的方式如安排與自然後效的直接接觸經驗，是促進類化的另一種策略，例如：Ducharme與Holborn（1997）對五名聽障學前兒童的社交技巧研究顯示，系統化的安排維持與遷移訓練能有效增進社交技巧遷移到自然情境中。研究者指出尚未安排遷移訓練時，在教學情境中習得的技能是無法類化到自然情境中的，直到類化訓練後才出現遷移效果。該研究特別強調學生社交技巧的遷移效果，主要是受惠於安排足夠的刺激範例練習，以及安排與自然後效的接觸經驗，例如：在自然情境中安排遊戲情境、與老師及同儕的互動機會，讓教學情境中習得的技巧能與自然情境中的人物或活動接觸，並直接獲得他們的後效增強。

流暢度訓練也可以有效促進遷移的產生。Alberto 與 Troutman（2006）將學習的反應階層分為習得、流暢、維持與類化。其中習得是強調學習的正確度，而流暢度則強調反應速率。Binder（1996）特別強調流暢度才是真正可以代表學習的指標。Binder 指出，Skinner 自認為他最大的貢獻之一就是發展出反應速率的測量方式。然而，目前教育的目標大都以正確率為主要考量，而忽略真正可以代表學習效果的流暢度。Binder（1996）回顧文獻也發現流暢度的主要成效有三大面向：(1)能有效維持技能或知識的學習效果；(2)能有效抗拒分心狀態；(3)能有效維持與遷移學習效果。簡言之，流暢度可以直接促進技能的維持與遷移。許多的證照或職場要求都以流暢度為認定標準，例如：珠心算檢定標準、打字的速度要求，或甚至銀行員的會計能力等，都強調要有一定水準的流暢度。而達到流暢度也意味著達到或接近於自然情境對該技能的標準，理所當然就比較容易獲得自然環境的後效增強。可見流暢度的訓練是促進遷移的重要指標。

三、促進維持與遷移的訓練準則

維持與遷移是學習技能或知識的最主要目標，如何促進維持與遷移，除了有計畫的安排及訓練外，以下則提供實務工作者促進維持與遷移的幾點準則。

（一）目標選擇的適當性

目標行為選擇的重要指標之一就是要具有功能性，所謂功能性是指在自然情境中對學習者能產生增強的行為，才稱得上具有功能（鳳華等人譯，2012），例如：打招呼就是一個可以自然獲得增強的例子，學會打招呼，在自然情境中可以獲得他人的善意回應，也就是自然存在的後效增強。必要時，實務工作者也需要進行設計式的後效，例如：要改善學生未經許可自行取用他人物品的問題行為，可以直接教導學生適當的詢問他人借用物品的技能，當學生運用在自然情境中時，就需要搭配設計式的後效，也就是要事先和被詢問的人達成共識，當學生詢問時，就要允許該生借用物品，如此才能確保該生的行為可以獲得自然情境中的自然後效（獲得想要借用的物品）。

（二）適切的安排與課程設計

教學前，建議實務工作者要對自然情境中所有可能的刺激變項或所需要的反應進行全方位的評量，並依不同的學習目標設定適當的維持與遷移課程，例如：適應方面的訓練課程建議要採用安排共同刺激的方式以促進維持與遷移；認知課程的學習要以多重範例的方式為主；社會技巧的訓練則應該要搭配多重範例及安排與自然情境中後效增強接觸的機會。流暢度的評量應該視為達成維持與遷移所應具備的必要條件。

（三）教導規則並結合自我管理訓練

前述提及，有效促進其習得技能維持及遷移的重要元素是當個體學會一套規則後，該行為可以受控於該規則，亦即產生「受規則管理的行為」。一旦個體具備受規則管理的行為，行為的維持與其他場域的遷移就可以合理期待。此外，結合自我管理技術亦能有效促進習得技能的維持與遷移。自我管理是所有學習的終極目標，而具備自我管理的個體，也能自然的將所學技能運用在各種不同之情境，並能有所變通。所謂因時制宜、隨機應變，也就能逐步往隨心所欲而不逾矩的境界邁進了。

（四）訓練自然支持者

所有的教學都需要多方面的支持與配合，其中人力的支持是重要關鍵。Wolf（1978）所提出的社會效度，其中之一是教學程序的適切性；他建議教學程序是否能被自然環境的重要關係人所認同並持續使用，是評量介入效果的佐證之一，也是社會效度指標之一。換言之，若能獲得重要關係人的認同，並且能共同參與教學，或是在自然情境中採用與教學情境中相同的教學程序，類化到自然情境的可能性必然可以預期。此外，教導大眾能以適當的接納態度面對正在學習的身心障礙者也是必要的課題，讓學生在初始運用所學的技能時，不會有負面的回饋，而能有正向接納的態度，如此學生所學習的新技能在自然情境中才能有機會萌芽並結出高效能的成果。

第四節　團體後效

一、定義

團體後效（group contingency）意指行為發生之後所產生的後效，取決於團體的行為表現；團體中的個別成員獲得增強與否，主要是取決於團體中某一位成員的行為、團體中部分成員的行為，或團體中每一位成員的行為。團體後效不僅用於學校或其他醫療院所的團體，也可以運用在家庭，家庭也是一個團體，可以將所有家庭視為團體的單位或是以孩子作為團體單位，成效也頗為顯著（Hayes, 1976; Kazdin, 2001）。團體後效的興起是因為早期的行為介入技術都是以個人為主軸，而個別化的增強系統在團體中常難以實施，若從經濟效益做考量，個別化的增強系統通常花費較高，團體後效會比較經濟實惠；若以團體為增強單位，相較於在團體中對每位個人實施個別增強，團體後效會更容易執行（Herman & Tramontana, 1971），因此適用於團體的團體後效因應而生。Litow與Pumroy（1975）建議，團體後效更精確的說法應該稱為團體取向後效（group-oriented contingency），他們將團體後效分為三種形式：依賴型團體後效（dependent group contingency）、獨立型團體後效（independent group contingency）、互賴型團體後效（interdependent group contingency），後續學者大都參酌他們的分類及實施程序。

二、團體後效的類型與執行程序

（一）依賴型團體後效

依賴型團體後效是指增強後效是對全體成員，然而團體是否能獲得增強則是基於其中某一位成員或某一小群成員的表現而定（Litow & Pumroy, 1975）。也就是一名成員或是一小群成員的表現會決定整個團體成員是否可以獲得增強。舉幾個生活實例說明之，例如：小華如果在上國語課時，都有舉手並獲得老師許可後再發言，該節國語課就可以提早 5 分鐘讓學生自由活動；或是小明如果每天都有按時交數學作業，全班就可以在週五班會課時去打躲避球 20 分鐘。Kerr 與 Nelson（2002）宣稱此種團體後效類似於塑造一個英雄的程序，因為團體的獲利與該個體的行為表現息息相關，也因而促進了同儕間的友善互動關係，同儕也會為了要讓大家有機會獲得該項增強，常會去主動提示該生或協助該生完成任務，成為行為的促進者。

Montgomery、McLaughlin 與 Griffin（2008）的研究對依賴型團體後效提供一相當好的執行範例。該研究的研究對象是就讀於自足式特教班情緒及行為問題的國中生，介入方式是採用依賴型團體後效，目的是要降低學生在課堂中隨意講話不當行為的頻率。由於該自足式班級的學生普遍都有隨意講話的不當行為，因此該研究中所有的學生都是目標學生，其執行方式是每次上課前會從學生的名冊中抽一名目標學生，如果那節課被抽到的目標學生隨意講話的次數少於兩次，全班同學就可以在該節課結束時，全都獲得原級的增強物。這個研究的主要優勢在於這種方式於班級中執行十分簡便，容易執行；此外，針對隨機抽取目標學生的依賴型團體後效的操作方式，也提供了很具說服力的實證結果。這種方式也可以避免特定學生可能會被標記的負面效應。

（二）獨立型團體後效

獨立型團體後效是指對團體所有成員同時實施一種後效增強系統，只有達到預設標準的成員才可獲得增強（Litow & Pumroy, 1975）。換句話說，個別成員的行為表現決定自己本身是否可以獲得後效增強，例如：老師對全班實施一種後效增強系統，只要完成國語造句 15 題的同學就可以在下課前 5 分鐘獲得自由遊戲時間並自行選擇活動；沒有達到預設標準的學生（完成造句 15 題）就無法獲得後效增強。

獨立型團體後效的主要優點是對全體成員實施同一種目標行為、同一個標準以及同一套增強後效，因此相較於個別化增強系統的作法，獨立型團體後效對班級的管理者而言會比較容易實施。然而，卻也延伸出一些相對的挑戰議題：第一，因為是同一套標準，對某些較為弱勢的學生可能會受限於個人的限制而無法達到預設的標準，就無法獲得增強後效，對這些弱勢學生的教育平等權是受到質疑的，也可能會引發情緒或行為問題；第二，對全體成員實施同一種增強後效也可能會產生缺乏動機，例如：某些學生對此增強後效較沒有興趣，這些學生完成該目標行為的動機自然就會減弱；第三，如果是採用老祖母法則，以高偏好活動作為低偏好行為的後效，如果活動地點不同，老師要同時兼顧得到增強者及未得到增強者的行為管理，就可能會面臨分身乏術的窘境（Skinner, Cashwell, & Dunn, 1996）。建議實務工作者要執行獨立型團體後效時，需要先謹慎考量這些議題，並做事先的防範才能達到預期的效果。

（三）互賴型團體後效

互賴型團體後效是指對團體所有成員同時實施一種後效增強系統，只有該群體的所有成員達預設標準才可獲得增強；互賴型團體後效的標準通常會採用三種形式：全體成員都要達到一定的標準、達到團體的平均數（高標、低標或一般平均數）、單一隨機抽取的表現水準（Litow & Pumroy, 1975），例如：全班學生都完成 15 題的國語造句，全班就可以在下課前 5 分鐘獲得自由遊戲時間。雖然上述的三種標準可以提供多元的選擇方式，但依舊容易引起爭議，例如：達到標準的學生會因為其他學生沒有達到標準而無法獲得增強，這些學生會認為是那些未達標準的同學連累他們，可能會因而產生學生間的衝突。解決的方式可以充分採用隨機後效的方式進行。

互賴型團體後效的元素包含學生、目標行為、預設標準和後效增強，善用隨機的概念可以有效減緩互賴型團體後效可能會延伸的問題，以下則參考 Skinner 等人（1996）的建議說明採用「隨機」的實施方式。老師在學期初準備四個抽籤筒：增強物、目標行為及標準、後效、學生（請參見圖 13-4）。增強物的筒內可以放置寫著各種不同增強物或具增強性活動的字條，當中的增強物可以是立即獲得的（實際物品、活動或額外休息時間），也有些是需要一些延宕時間才能獲得的（如校外教學）。目標行為及標準可以是：上課專心聽講、準時到校、聽寫考試達 80%正確率等；後效的籤筒則決定是全體同學、小組，或個別的學生，若是個別的學生，則要到學生的籤筒裡抽出特定的學生，例如：王老師的執行步驟為：(1)先抽取目標行為的籤筒，抽到的目標是完成 15 題的國語造句；(2)再抽後效的籤筒，結果是個別的同學，因此老師再從個別的同學名單中抽到王小明，結果王小明有完成 15 題的國語造句；(3)再抽增強物的籤筒，結果是週五班會課打躲避球 15 分鐘，也就是全班同學週五班會課可以全體一起去打躲避球。如果學生沒有達到標準，就不需要再去抽取增強物，這也可以避免學生可能會從原本的期待而轉為失落的問題。

籤桶一	籤桶二和三	籤桶四
• 操作型目標行為 • 達成目標的標準設定	• 籤桶二：後效：針對全班或個人 • 籤桶三：學生號碼或名字（籤桶二若抽到個人，則再抽籤桶三）	• 增強物 • 事先進行全班增強物調查

圖 13-4　隨機方式執行互賴型團體後效

（四）三種團體後效的比較

表 13-6 呈現三種團體後效的比較。可清楚看到三種後效的目標形式（特定目標、共同目標）、決定獲得增強者（特定學生、個別學生或全體學生），以及獲得後效的團體成員。

表 13-6　三種團體後效比較一覽表

	目標	決定獲得增強者	獲得後效的團體成員
依賴型團體後效	特定目標	特定學生	特定學生達成目標全部成員獲得增強
獨立型團體後效	共同目標	個別學生	達到標準的個人才能獲得增強
互賴型團體後效	共同目標	全體學生	全部學生都達成目標才能獲得增強

三、團體後效的優點與實施考量

團體後效在累積多年的研究後，已經被列入實證本位的介入方式（Maggin, Johnson, Chafouleas, Ruberto, & Berggren , 2012），可以運用在不同類型的目標行為，例如：增加專注行為、數學學習行為、語文學習行為，或者減少不專注行為、離座行為、干擾行為及攻擊行為，也可以用在不同的教學情境及不同的族群。團體後效的主要特色是對於不適當行為的處遇採用正向行為的介入模式、特別關注學生好的社會行為，以及可同時關注眾多學生的行為。

使用程序有幾點考量：第一，慎選適當的團體後效，如果團體後效的目標是改善個人或某些成員的行為，依賴型團體後效較為合適；如果實務工作者要協助團體的每個成員都能達到特定標準，可以考慮獨立型或互賴型團體後效。第二，搭配其他策略，例如：結合區別性增強低頻率行為可用來減少問題行為，而結合區別性增強高頻率行為則可以用來增加適當行為的更高階層表現（鳳華等人譯，2012）。第三，為促進團體後效的效益，教學者可以事先直接教導學生合作行為，團體後效的執行則可以促進合作行為的自然表現（Skinner et al., 1996）。第四，善加使用隨機的概念，依賴型團體後效可以採隨機抽取目標學生或是隨機抽取增強物的方式，以減少飽足或標記的問題；而互賴型團體後效也建議，其中目標行為、學生及增強物等都可以採隨機的方式，以減少特定學生無法達成目標使其他同儕無法獲得增強的窘境，或延伸潛在衝突。最後，逐步撤除團體後效的實施始能回到自然增強的學習狀態。

第五節　同儕中介（指導）

一、同儕中介定義

同儕中介（peer mediated）亦可稱做同儕指導（peer tutoring）、同儕教學（peer teaching）或同儕教育（peer education）；係指在專業人員的監督、系統化的計畫下，運用年齡相近、跨年齡、身分角色相似或不同的同儕作為資源，進行有結構的相互幫助，達到促進學習的目的（Cochran, Feng, Cartledge, Hamilton, 1993; Utley, Mortweet, & Greenwood, 1997）。同儕中介有兩個角色，教學者被稱為同儕小老師（tutor），接受教學者被稱為同儕受教者（tutee）。同儕小老師不是要取代教師的角色，只是在正式教學計畫之外的補充設計，教師仍處於主要規劃的位置，例如：執行同儕中介方案前必須對教學者及受教者的能力有充分的掌握，詳細規劃與設計實施程序，對於同儕小老師及受教者做適當的配對，並隨時監控教學程序及評量教學成效，必要時教師可以做提示性的介入。同儕中介可分為下列幾種類型：(1)異質同儕中介，指同年齡的高成就學生教低成就學生；(2)同年齡同儕中介，指同年齡水準相當的同儕相互教導；(3)跨年齡同儕中介，指由高年級學生教導低年級學生；(4)反向角色同儕中介，指障礙學生教導普通學生（Cochran et al., 1993; Utley et al., 1997）。

同儕中介是個相當值得推廣的介入方式，主要原因是它採用同儕影響的自然過程促進障礙學生的學習，特別在融合環境中能促進各種行為的成長與進步，其中包含：(1)學生在獨立學習的情境中可以增加反應的機會並及時獲得回饋，增加專注於課業的行為（Greenwood, Carta, & Kamps, 1990）；(2)增進各種學業的學習、社會技巧的學習（Davenport, Arnold, & Lassman, 2004; Hughes, 1995）；(3)在人際互動上的類化效果相較於由成人教導的類化效果要更大（Duan & O'Brien, 1998）。特別值得一提的是，反向角色同儕中介的策略除了可有效增進身心障礙學生的學業技能、溝通技巧與社會互動外，並能增加身障生的自信心。此外，研究也發現同儕及教師提升接納度和增加對身障生的正向態度，能有效促進成功的融合教育（Bond & Castagnera, 2006; Custer & Osguthorpe, 1983; Top & Osguthorpe, 1987）。總之，同儕中介是一種讓學習者可以互相幫助的教學方式，並達成從做中學的教育理念。

二、執行程序

同儕中介已經行之有年，執行程序也大致有一系統化的流程與內涵，以下就針對執行方案前、小老師訓練階段及執行階段做簡要的說明。

（一）執行方案前

1. 診斷與評量

教師應在方案執行前篩選出可能的同儕小老師及受教者，並能詳細診斷雙方學生的優弱勢能力，以建立教學目標。盡量以小老師的優勢能力作為教學活動設計的考量，並搭配適當的學習者，例如：張月菱（2010）以身心障礙學生作為同儕小老師，選擇英文作為教學的項目，即為該生的優勢能力，而受教者的英文則是需要加強的部分。教師也需要診斷評量同儕受教者的能力水準和需要加強的地方，並訂出明確的教學目標。

2. 配對搭檔

同儕小老師及受教者的配對可有不同的安排及考量，如果是同年齡同儕中介方式，可以考慮選擇同一性別，較能形成友伴關係；若以身心障礙學生為小老師，則同儕受教者的性格特質最好是情緒穩定者為佳（張月菱，2010；Stenhoff & Lignugaris, 2007），且其年級差距最好跨兩個年段以上，有利同儕小老師掌握教學流程的進行（Cochran et al., 1993）。

（二）小老師訓練階段

1. 訓練課程的設計

訓練課程分為教學材料及教學方式兩大部分。教師要依據受教者的學習目標設計適當的教材，教材的難度必須是小老師可以勝任的水準，或可以邀請小老師共同準備及設計教材。小老師學習如何系統化的教學方式是同儕中介的核心要項，教師必須安排明確的指導方法、教學流程、教學步驟，圖13-5 則呈現大致的教學流程。為增加學習的趣味性，可將教學內容融入遊戲活動，例如：玩抽字賓果、字卡大富翁等，除了增加學習練習的機會外，也可增進同儕小老師與受教者的社會互動。而必要的教具或評量工具也需要一併設計完善。如果時間許可，建議可以設計讓同儕小老師容易實施的簡易評量，讓教學與評量同步。

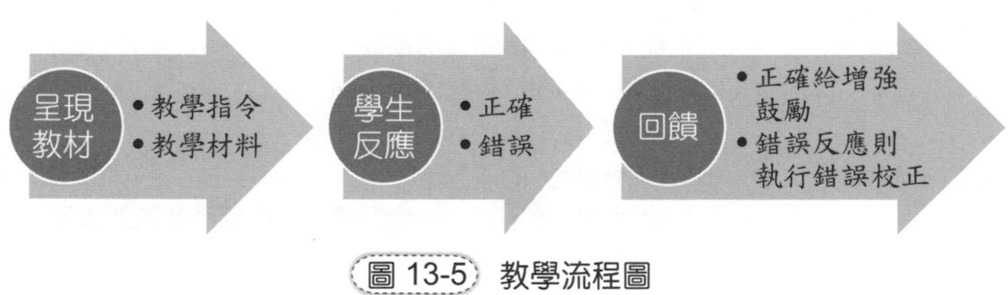

圖 13-5　教學流程圖

2. 小老師訓練

同儕小老師訓練建議要包含下列幾項要素：(1)建立同儕小老師對於同儕個別教學有正確的期待；(2)建立結構化的同儕中介教學模式；(3)小老師必須要精熟「呈現教材」的方式，以及給予「增強」的時機；(4)當受教者出現錯誤時，同儕小老師應熟練「錯誤校正」的教學技巧；(5)訓練方式可採用示範、提示、演練、角色扮演、錄影帶示範、錄影帶回饋及腦力激盪等方式進行建立模式；(6)讓同儕小老師練習監控行為表現的策略；(7)練習問題解決的方式；(8)小老師也需學習適時的讚美對方、必要時提供協助，以及合作學習的方式；(9)學習評量的技巧與記錄方式（張月菱，2010；馮世軒、鳳華，2005；Cochran et al., 1993; Stenhoff & Lignugaris, 2007）。表 13-7 則呈現出訓練課程可以涵蓋的主題及內容。

表 13-7　訓練課程之主題及內容

訓練主題	內容
認識小老師	1. 能了解同儕個別教學方案 2. 能明白小老師的任務 3. 了解獎勵制度
教學技巧／提示策略	1. 能熟悉教材的內容 2. 認識提示系統與執行方式 3. 能分辨何時需要提供協助 4. 能正確執行教學流程 5. 學習使用正向的語言
認識他人及自己的特質	1. 發掘每個人的獨特之處 2. 能發現自己的特質與優缺點 3. 能正向的看待自己的優缺點 4. 練習對自己及他人正向的語言
學習如何讚美	1. 能發現他人的優點 2. 能適時讚美別人，包含各種讚美的用語及臉部表情
認識情緒與情緒管理	1. 能探索自我情緒 2. 能辨識他人情緒與想法 3. 學習處理情緒的態度與方法
責任	1. 能知道當小老師的責任 2. 能適時的對他人提供協助 3. 熟悉遊戲活動及適當的遊戲語言

（三）執行階段

執行階段首先要安排時間和地點，一般是由教師協調小老師及受教者適配的時間及地點，以進行同儕個別教學，建議要安排固定的時間及地點，並事先取得家長同意。教學時間不建議安排在放學之後的時段。執行程序包含準備階段（教材、教具等的準備）、教學階段（按教學程序執行教學）、遊戲複習階段、評量（學習後的評量）、結束，其詳細內容可參閱圖 13-6 的執行流程圖；搭配表 13-8 的小老師自我檢核表，始能系統化的執行整個教學方案。每次完成一個教學單元，教師應獎勵同儕小老師及同儕受教者，始能持續其學習動機，完成後續進度。教師可以事先與小老師和受教者共同約定獎勵的標準，對達成不同的目標給予不同獎勵。最後小老師進行評量時，建議教師應要能監控及評估整個程序，並於必要時進行介入。同時教師也需要觀察每次教學活動中小老師的表現及受教者的學習反應，並於結束時提供相關回饋與建議。必要時進行教學程序的修正，使同儕教學可以有效能的進行。

三、結合其他策略之運用

同儕中介可以和其他策略結合，能達到加乘的效果。以下介紹兩種結合的模式，提供實務工作者參考：第一種是結合團體後效；第二種是結合上課前／放學前的報到程序（check-in/check-out，簡稱 CICO）。

（一）同儕中介結合團體後效

同儕中介與互賴型團體後效的結合運用，可以有效增進低成就學生的學習表現。互賴型團體後效是針對同一群學生實施一種後效增強，必須要全部的學生都達成預設的目標後，才能獲得增強。互賴型團體後效主要目的是增進團體間的合作行為，加上同儕中介的策略，能有系統的協助團體成員互相幫助以達成目標。Pigott、Fantuzzo 與 Clement（1986）的研究是以三組（每組四名學生）分別就讀在不同班級的低成就學生為研究對象，每組學生都賦

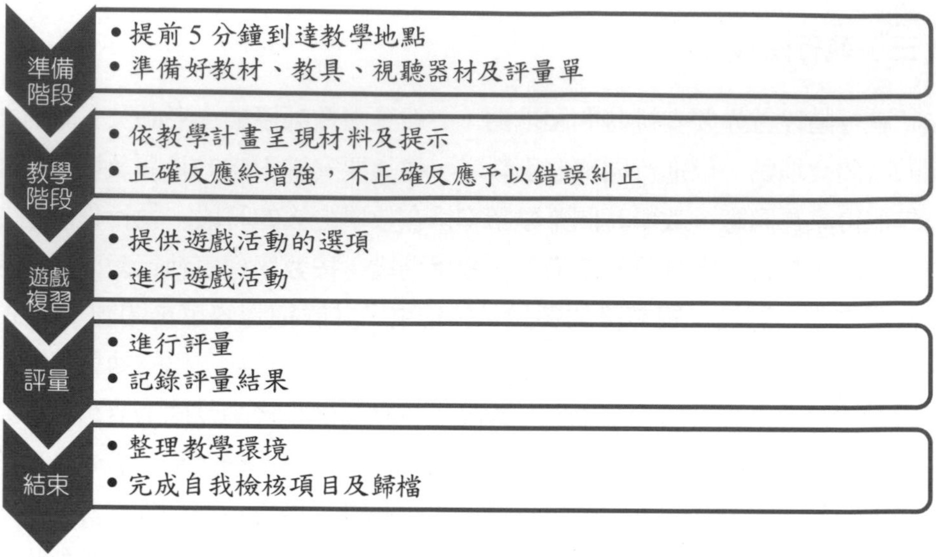

準備階段
- 提前5分鐘到達教學地點
- 準備好教材、教具、視聽器材及評量單

教學階段
- 依教學計畫呈現材料及提示
- 正確反應給增強，不正確反應予以錯誤糾正

遊戲複習
- 提供遊戲活動的選項
- 進行遊戲活動

評量
- 進行評量
- 記錄評量結果

結束
- 整理教學環境
- 完成自我檢核項目及歸檔

圖 13-6 小老師教學流程圖

表 13-8 小老師執行教學程序自我檢核表（參考範例）

評量項目	評量標準	備註
1. 準備好教材、教具與評量單	有做到　待改進	
2. 有和同學寒暄問好	有做到　待改進	
3. 教學程序有依照步驟執行	有做到　待改進	
4. 同學回答正確，有給增強讚美	有做到　待改進	
5. 同學回答錯誤，有進行錯誤糾正	有做到　待改進	
6. 讓同學選擇要玩的遊戲	有做到　待改進	
7. 遊戲中同學表現好時，有給予鼓勵讚美	有做到　待改進	
8. 評量時，沒有給回饋	有做到　待改進	
9. 確實記錄同學的評量結果	有做到　待改進	
10. 有跟自己說自己的表現很不錯	有做到　待改進	

予特定的任務（教學者、記錄者、評量者及增強者）。每天由同班的四名同儕自己設定要達成的學習目標，「教學者」要負責宣達今天的目標以及告知成員要使用何種策略來解題，「記錄者」就是記錄每位學生正確回答的題數，「評量者」則個別評鑑每位學生作答的正確與否，「增強者」則依據評量的記錄結果，確定團體成員都達到目標時，才能獲得增強（互賴型團體後效）。研究結果顯示，三組成員在數學的學習表現都有明顯的進展，特別是他們的進步已經達到班上其他同儕的成就表現，幾乎是不相上下。結合同儕中介與互賴型團體後效，確實可有效增進學業表現及減少問題行為（Wolfe, Fantuzzo, & Wolfe, 1986）。

（二）同儕中介結合 CICO

上課前／放學前的報到程序（CICO）的作法是學生一到學校後，立即和固定的輔導教師見面，以簡短的時間完成下列幾項工作：(1)領取每日進步卡；(2)討論先前對行為的期待；(3)設定今天要達成的標準。學生在課堂中會於特定時間點得到老師的回饋，老師以五點量表的方式評量學生在課堂的表現，以學校的行為準則為評量基礎。放學後離開學校前也要和輔導老師會面，討論今天的表現，決定今天進步卡的評量是否有達到今天所設定的目標，並提供必要的增強回饋，學生也會將進步卡的評量結果帶回家中讓家長過目（Crone, Hawken, & Horner, 2010; Dart et al., 2015）。通常 CICO 的組成是由學校的相關專業人員，包含特教老師、普通班教師、輔導教師或其他相關教師等人員，定期開會評鑑參加 CICO 學生的進展，以決定是否需要持續、修正或結案。然而，由於需要大量教師人力的參與，很多時候在推動上難免會有捉襟見肘的窘境，如果能結合同儕中介，特別是使用跨年段的同儕輔導方式，應該可以有效降低人力需求的問題。目前結合同儕中介的研究尚在萌芽階段，不過已經有研究顯示對於外顯性問題行為的學生能有效改善其問題行為（Dart, 2013），並增進行為問題學生的社交技巧（Collins, 2013）。Dart 等人（2015）的研究則是訓練兩名五年級學生執行 CICO，透過專業人員的督導以確保執行的正確度，來協助三名一、二年級內向退縮的學生有效改善其退縮問題行為。退縮的孩子通常對成人會有較多的恐懼與排斥，而採用大哥哥大姊姊的方式，除可以有效減緩每天會面時的焦慮感之外，同儕也比較會使用他們熟悉的語言相互溝通，這也是採用同儕中介輔導的額外優點。

第六節　結語

學習是需要計畫安排的。如何讓低動機的學習者或屢經挫敗的學習者能開始願意學習，並進而能享受學習的喜悅與成就，代幣制度可以是一個起點。先營造出一個支持與鼓勵的環境，學生的學習動機自然提升，再讓學生經由學習逐步完成目標而有成就感，開始能自我肯定，並漸次從學習對自我負責、自我規劃進而自我實現，這正是應用行為分析對學習的基本理念。

維持與遷移則是教育的另一個重要目標，遷移不會自然發生，有待教學者先行的評量與設計，當學生無法在自然情境中表現出已經學會的技能，教學者必須重新檢討教學設計的適當性與完整度，並重新安排適當的維持與遷移教學模式，使學生能在自然情境中真正發揮其所學，從而獲得真正的自我肯定。

團體後效與同儕中介對於小組教學或大班級教學型態，提供一具體可行的環境支持方案，特別對融合於普通班的身心障礙學生最為適用。教學者若能善加使用這兩種策略，必能形塑一個積極正向、同儕彼此鼓勵和相互支持的環境。友善支持的正向環境，正是邁向適性教育的基石。

CHAPTER 14 行為觀察與測量

羅雅芬、羅雅瑜

本章學習目標

1. 能說明行為觀察與測量的目的。
2. 能說明行為分析各類觀察法及其用途。
3. 能陳述行為的測量面向與應用。
4. 能說明並應用各類行為測量的方法。
5. 能解釋研究者間一致性評估行為測量的意義、重要性及計算方法。

第一節　緒論

在應用行為分析領域裡，個人的行為是行為分析師研究興趣的焦點，因為行為通常提供了豐富且重要的資訊，協助分析師決定接下來應對的介入方式，以期促成有意義的行為改變。在決定下一步計畫如何執行之前，首先必須決定目標是哪一項行為、如何定義行為，以及如何評量行為。因此，針對操作下所定義的行為而進行之直接觀察與評量，將成為應用行為分析的基礎。首先，讓我們看以下的幾個例子：

例一：廣告公司的企劃部期限即將逼近，儘管壓力很大，陳經理發現每到下午 2：00 部門員工的工作效率降低至一半，而且出錯的機率極高。兩個禮拜之後，陳經理決定對部門的工作時間進行一些調整。

例二：學校為獎勵學生的讀書風氣，決定舉辦「累積點數換獎品」的活動。凡是看完書的小朋友，都可以上網做該本書的閱讀測驗，答題之後電腦會自動累積點數。幾個學期下來，老師發現，當有小說改編的電影上映後幾週內，學生的讀書點數似乎出現成長。

例三：小宇喜歡跟著爸媽參加各式的家庭聚會，而且每次都玩得很盡興。然而，小宇的媽媽發現，聚會後的當晚小宇就很容易做夢，不但睡眠品質很糟，甚至隔天早上容易有起床氣。

例四：美國西岸某市的少棒小聯盟「天使」隊的麥金塔教練請家長錄下主隊和客隊的每場比賽，在反覆觀看錄影檔案之後，分析主客隊各選手的優缺點，以決定未來賽事中選手的棒次、守備位置和戰略。

從以上案例中，我們不難發現，當「問題」產生後，「評量」便成為一個必要的步驟。評量可以增進我們對現行系統的了解，找出問題的根源，以期改善現況。評量需透過行為觀察與測量來執行，比如在例一中，廣告公司的陳經理可以根據員工工作效率或犯錯次數來決定他們的去留，但是若不找出效率低落或犯錯的「原因」，就算請了一批新人進來，同樣的情況可能再度發生。因此，找出造成結果的「原因」就顯得格外重要。

再檢視例二，老師不僅可以從學生閱讀測驗的分數來了解他們對課外讀物的理解程度，更重要的是能從學生的讀書點數及他們完成閱讀測驗行為的關係中，來評量學生們對於累積點數換獎品的活動之行為反應，以理解學生分數背後的「動機」或「原因」。而以例三而言，小宇的媽媽透過觀察，可發現家庭聚會與小宇當晚睡眠品質，或隔日起床時的心情有很大的關係（結果與變項之間的關聯性），也可經由觀察，分析影響睡眠品質或起床心情的因素種類。同樣的，在例四中，透過反覆觀看紀錄影片，麥金塔教練可以觀察各隊球員場上的表現和個人身心特質，這些透過觀察所蒐集到的資料，著重於內容而非僅限於數據，可利於教練發展出一套相對應的戰略。

這些例子皆說明了應用行為分析人員如何以觀察與測量來找出問題所在，並以測量結果來決定如何解決問題的重要性。Cooper、Heron與Heward（2020）提到，行為分析師可透過評量並以精確、始終如一和可驗證的方式來描述某種現象。另外，針對個人行為與環境變數之間的因果關係，行為分析師也可透過評量以下定論。因此，本章首先描述行為分析最常見的觀察法及其用途。接著，我們將介紹應用行為分析領域中行為與評量方式的各類可測量的面向及測量行為方法。最後，我們將討論與解釋研究者間一致性評估之相關細節，以確保觀察結果的可信度。

第二節　直接觀察

「觀察」在很多領域中扮演著相當關鍵的角色。透過觀察所蒐集到的資料，能讓研究及臨床人員探索現象、描述變項內容與變項之間的關係，並分析可能影響結果的外在因素。在行為評量中，評估行為通常牽涉直接觀察，以決定某些行為是否有改變的必要（Cooper et al., 2020）。

一、ABC 記錄

在直接觀察中，最基本的連續觀察法為 ABC 記錄（ABC recording）或稱軼事觀察（anecdotal observing）。A 指的是前事狀態，B 代表目標行為，C 則指行為後果。進行 ABC 記錄時，觀察者需清楚的描述短暫連續的行為事件以及前事狀態和行為後果，以作為分析目標行為及與環境變項有關的依據。ABC 記錄有助於在分析行為時較容易找出在自然環境發生的當下行為之前因後果。因為ABC記錄需要觀察者全心專注並如實的記錄被觀察者（或個案）所說或所做的每件事，以及發生在個案行為前、後的環境事件或反應，因此 ABC 記錄較不適用於授課中、責任無法暫時轉移的教師來使用，此觀察法需要有受過觀察法訓練的人員從旁協助記錄。

ABC 記錄所蒐集的資料重點是要能完整的展現個體的行為型態及該個案與環境互動的真實樣貌，因此觀察時間每次至少持續 20 至 30 分鐘，並持續觀察多天，以便提供個體行為最正確的圖像。ABC 記錄中若能同時記錄個案每次行為事件的持續長度，或是每次行為事件開始與結束的時間，對行為分析與解釋也很有幫助。另外，所有紀錄必須只著眼在實際上看到或聽到的行為，而非行為的詮釋。Cooper等人（2020）也提醒我們，持續性的ABC記錄是一種比較突兀的記錄方法，因此很容易產生所謂的「反應化」（reactivity）現象，反應化是指被觀察者覺察到觀察者的存在及目的，因而對行為造成不同以往表現的效應。此種現象常發生在觀察初期，類似於「人來瘋」的現象，或者是多了一位外來者，兒童或學生常會表現出異於往常的行為表現。為了減低反應化效應，行為分析師應該使用愈自然的評量方法愈好，並以多次觀察來評斷反應化效應的可能性。在Lo（2003）的研究中，她以ABC記錄記載了四位普通班及特教班國小生在上課中的行為，以作為行為功能評量（functional assessment）的一個評量方式。圖 14-1 提供 Lo 的 ABC 記錄範例。在此範例中，我們可以看出實驗者對個案學生每次行為事件開始與結束的時間，以及前事、行為、後果都分別做紀錄，當後果事件直接變成下一行為的前事時，以一個 ✓ 做標記，便不需重複文字，而也能讓事件關係更

學　生：學生一　　日　　期：1/13/2003　　情境：普通班（閱讀／寫作）

觀察者：實驗者　　開始時間：10：15 A.M.　　結束時間：11：05 A.M.

時間	前事（A）	行為（B）	後果（C）
10：15（在地毯）	老師為全班進行閱讀活動	點書上的圖片，評論圖片	老師說：「好。」
	老師為全班講解學生作業	趴在地毯	老師叫他坐起來
	✓	繼續趴在地毯	老師叫他那一排的學生回到座位
	✓	回到座位	老師叫其他排學生回座位
10：18（在座位）	閱讀讀物及作業；旁邊同學將書翻頁	跟旁邊同學說：「你翻錯頁了。」	老師說：「噓……」
10：20	老師跟一學生討論作業	大力敲打桌面	老師走過去幫他
10：23	作業	學生說：「寫完了。」	老師走近並問他什麼應該是他需要做的下一件事
	✓	拿出圖書館圖書閱讀	老師檢查學生們的作業
	旁邊同學跟他講話	跟旁邊同學講話	老師忽視不理；1 分鐘後過去看他有沒有問題
10：29	圖書館圖書；老師跟另一學生討論作業	站起來並走向在教室另一角落的一位同學	那位同學與他聊天；老師忽視不理
10：31-10：42（廁所）	老師提醒全班用洗手間的規則	遵守規則	老師與同學忽視不理
10：45（寫作時間）	老師問全班問題	舉手發言	老師給予回饋
10：49	老師教學並為全班做示範	與隔壁同學聊天	隔壁同學回應他
	老師教學並為全班做示範	用舌頭製造聲音	老師與同學忽視不理
10：58	老師造了一個句子並請每位學生寫下他們的句子	寫下他的句子	老師說：「很棒，第二排的學生都很認真寫作。」
	老師跟一學生討論作業	轉過身和兩位同學講話	兩位同學回他的話

圖 14-1　ABC 記錄範例

資料來源：摘錄自 Lo（2003, p. 303）

加明確。

因為 ABC 記錄所蒐集的資料是以事實描述為主，它無法直接提供行為發生次數的資料，然而這種資料對於應用行為分析員對行為的前因後果及行為功能評量有極大的幫助，也因此ABC記錄常是臨床上很必要的評量方式。

除了 ABC 記錄外，行為散布圖、檢核表和評量表是其他三種行為觀察中常用的工具，以下一一做介紹。

二、行為散布圖

行為散布圖（scatterplots）源發於 Touchette、MacDonald 與 Langer（1985）的研究，是一種透過直接觀察所完成的行為評估方式，運用上是以散點圖格，在具體的時間間隔內記錄問題行為發生的程度高低（例如：零次、一至三次、一至四次問題行為）。它可以揭示行為的整體模式，表示問題行為和環境特性，如時間、情境、活動，或與他人互動之間的關係（例如：語言挑逗只發生在團體活動與特定同學的互動中）。雖然散布圖也需透過直接觀察法來完成，它與 ABC 記錄相較而言，較具有機動性，一般老師也能在每一觀察時段結束後，再以行為觀察的結果做紀錄。在應用散布圖時，行為記錄次數不是絕對的，而是著重在發生次數與特定的環境特性上程度多寡的差異比較，觀察者可以使用標記的方式進行紀錄。紀錄方式相對簡單便利，例如：在 Lo（2003）的研究中，她指導四位老師觀察目標學生五天，並在每一個 30 分鐘的時距，記錄學生行為問題出現的頻率比較，若沒有行為問題，老師便將記錄小格區留白；若觀察到少數問題行為，以一斜線（／）記錄；若有多數問題行為次數，則將時距小格區塗黑。圖 14-2 顯示其中一位特教老師觀察與記錄學生A之行為結果。此範例說明連續五天的觀察中，學生 A 的行為問題最常發生於資源班語言藝術課，且最集中於上午 11：00 至下午 12：30 之間。這資料可以幫助老師及行為分析師聚焦行為發生的時間點，並依此資訊進行分析與介入。此外，雖然圖 14-2 並無顯示，散布圖若能持續觀察兩週以上，也可以顯示行為在一週當中是否有固定的發生時間（例如：學生每週一的行為出現頻率特別高），並依此資料了解學生

學　　生：學生 A　　　　　觀察者：學生 A 的班導師

目標行為：不專心的行為（延遲開始所分配的作業或分心）、破壞性行為（重擊桌面或發出不適當的聲音）

開始日期：1/6/2003（星期一）　□沒行為問題　▨很少行為問題　■頻繁出現

時段	課程／活動	一	二	三	四	五	一	二	三	四	五
8：30-9：00 AM	早餐（N/A）										
9：00-9：30 AM	普通班數學課（N/A）										
9：30-10：00 AM	普通班數學課（N/A）										
10：00-10：30 AM	資源班語言藝術課（寫作閱讀活動）										
10：30-11：00 AM	資源班語言藝術課（寫作閱讀活動）										
11：00-11：30 AM	資源班語言藝術課（寫作閱讀活動）										
11：30-12：00 PM	資源班語言藝術課（寫作閱讀活動）										
12：00-12：30 PM	資源班數學課										
12：30-1：00 PM	午餐（N/A）										
1：00-1：30 PM	午間休息（N/A）										
1：30-2：00 PM	社會或科學課（與其他四年級生一起上課）；週一藝術課；週二音樂課										
2：00-2：30 PM											
2：30-3：00 PM											
3：00-3：30 PM	下課										

註：（N/A）是指老師沒有跟學生在一起，因此未進行觀察。

圖 14-2　行為散布圖範例

資料來源：摘錄自 Lo（2003, p. 311）

發生行為問題的特定型態。

三、檢核表

檢核表（checklist）本身是根據研究主題所列出一系列相關特質或行為的清單，研究者針對清單上的項目，在觀察判斷之後一一以打勾（✓）勾選列出的特質或行為是否出現，其他未出現在清單上的行為一律不予考慮或處理。發展檢核表項目之前，首先要確認研究主題，並自問想從中得到什麼樣的資訊。研究主題決定之後，項目可由文獻或已完成的陳述式觀察結果中發展，這是因為文獻記載了與主題相關的定義，或已廣為使用的測量表，而陳述式觀察記錄了十分豐富的例證，這些都可以當作參考，發展出檢核表的項目清單。這種種步驟，皆有助於確認研究之效度。另外，整理檢核表項目時，最好能依其邏輯順序排列（例如：簡單到困難、初級到高級等），此排序有助於研究者對於檢核表的理解度。最後，檢核表的項目應以肯定句方式表達，因為研究者較容易判定肯定句表達方式，而否定句的模糊空間較大，不容易準確判斷，例如：「他人說話時眼睛注視著對方」，只要一觀察即可以勾選，而「他人說話時眼睛沒有注視著對方」則必須等待觀察期間完全結束才能判定。

圖 14-3 為方老師在為期一星期觀察小翔的社會技巧後所完成的檢核表範例。從檢核表中，我們可看出小翔在第一至三項的表現很穩定或逐漸發展，但是第四至六項則需要加強。由此範例可知，檢核表的完成不需耗費很多時間，所有項目都已經明確列在表格中，只要註記出現與否即可，是個很容易上手的觀察表格。雖然研究者必須使用其知識判斷，但由於記錄的結果是很明確的二分法（即出現或未出現），判斷的難度並不高，也因此如果有兩位或以上的研究者欲針對同一對象進行評估，他們所完成的表格還可以進一步相互比較，計算出觀察者間一致性是否達到理想的 80%標準（觀察者間一致性將稍後介紹並討論）。

一般而言，檢核表有下列優缺點。在優點方面，檢核表所列項目十分明確，不但觀察前可知、使用方便，且耗時短，就算是初學者也能立刻使用，

社會技巧檢核表					
項目	星期一	星期二	星期三	星期四	星期五
1. 他人說話時眼睛注視著對方			✓	✓	✓
2. 專心聆聽他人說話	✓	✓	✓	✓	✓
3. 表現對他人談話之興趣	✓	✓	✓		✓
4. 他人詢問時會禮貌回應					✓
5. 主動問問題				✓	
6. 主動開啟話題					

圖 14-3 檢核表之簡例

不需經過冗長的訓練。另外，研究者不但可以在觀察進行中或之後完成檢核表，也可以一次完成多項觀察。觀察結果對於個別學生的課程設計有很大的參考價值。在缺點方面，由於其封閉性的本質，當研究者觀察到與主題可能相關的活動或行為時，因為沒有事先列入檢核表，研究者無法將之記錄整理，有錯失寶貴資訊之虞。另外，勾選項目所能提供的資訊很簡略，研究者事後無法從記錄事件來了解行為發生的原因或來龍去脈，發生的強度與頻率也無從得知。

四、評量表

評量表（rating scale）包含一組行為特徵或活動，研究者必須判斷並圈選這些行為特徵或活動表現程度的內容或等級。評量表項目的組成方式和檢核表一樣，需事前確認研究主題、由文獻或已完成的陳述式觀察結果中找出與研究主題相關的項目、依邏輯順序排列項目，並以肯定句方式表達。評量表和檢核表不同點在於，因為可以評估程度高低，評量表裡的項目可以肯定或否定句的形式出現。若需要排列數字時，最好數字的意義代表往右遞增、往左遞減強度或程度。

值得注意的是，評量表關鍵處在於能否客觀公正評量觀察對象的行為，因此首要任務便是確認每個項目定義明確，研究者不需要猜測每個項目的意思。雖然研究者也能在觀察中完成評量表，但因為需藉由多方查證來研判行為的程度，觀察後完成評量表將更為理想，以免有過於倉促草率的疑慮。因為使用的困難度不高，研究者或臨床人員使用評量表時在同一時間可以觀察和評估多種行為。

大致上而言，評量表有三種：強迫選項評量表、李克特氏量表、圖表型評量表。使用強迫選項評量表（如圖 14-4）時，研究者必須先了解評量表上有哪些形容的選項，經過觀察之後，勾選能夠形容現況的選項。如圖 14-5，李克特量表因為指定數字之故，已經將評量表上的選項量化，量化之後代表可以計算出平均分數，進行簡易的統計分析。圖表型評量表（如圖 14-6）的優勢在於沒有數字過於明確的定義，只要在數線上，研究者可以自由移動標記以表達他們判斷之後的評分結果（標記甚至可以放在兩層級之間），評分上更有彈性，且因有其視覺輔助的具體意義，評量的難度並不高。

整體來說，在優點方面，各類評量表和檢核表一樣，都是操作容易且不耗時的表格，也因此使用前不太需要特殊或耗時的訓練。也因為操作容易，研究者可以在同一時間內完成對多人的評估，效率極高。另外，因其量化的特質，評量表使得一些挑戰性較高的特質（如羞怯）變得較容易分析評估。在缺點方面，和檢核表一樣，評量表本身也是封閉性的，也就是說，研究者僅能就表上所列出的行為進行觀察和評估，無法將觀察到與主題可能相關的行為也一併記錄下來。而行為發生的前後因果，也是評量表無法包含的寶貴資訊，僅能利用所得評分，得到分析之後的數據。

雖然觀察能讓研究者在自然的情境下蒐集觀察對象的行為資料，一窺事件的全貌，但就現實面而言，研究者或臨床人員皆無法 24 小時全程觀察、記錄、蒐集資料，更不可能掌握百分之百的資料，因此取樣便成了一個兼顧精確掌握資料和有效運用時間與經費的折衷方式。取樣的目的在有系統的蒐集資料，以期所選取的樣本仍可以忠實反映行為和事件大致的樣貌。對應用行為分析人員來說，取樣是直接觀察中必備的角色，行為分析人員通常會透

觀察對象：小翔　日期：2020年5月12日9：45　場合：□室內　□戶外（操場）

圈選一項符合觀察對象行為的形容：

- 當不熟悉的人給予過多關注時，感到難為情而走開。
- 當不熟悉的人給予過多關注時，感到難為情且保持沉默。
- 當不熟悉的人給予過多關注時，感到難為情但願意打招呼。
- 當不熟悉的人給予過多關注時，感到難為情但可簡短對談。
- 當不熟悉的人給予過多關注時，感到自在並打招呼和開啟話題。

圖 14-4　強迫選項評量表之簡例

觀察對象：小翔　日期：2020年5月12日9：45　場合：□室內　□戶外（操場）

圈選符合觀察對象行為的程度：
1 = 從不，2 = 偶爾，3 = 經常，4 = 總是

1. 他人詢問時會禮貌回應。	1	2	3	4
2. 當不熟悉的人給予過多關注時，感到難為情且保持沉默。	1	2	3	4
3. 遇到冷場時，會想辦法找出對方有興趣的話題對話。	1	2	3	4

圖 14-5　李克特氏量表之簡例

觀察對象：小翔　日期：2020年5月12日9：45　場合：□室內　□戶外（操場）

依據下列形容情況標示或註記程度：

	從不	偶爾	經常	總是
1. 他人說話時眼睛注視著對方。				
2. 專心聆聽他人說話。				
3. 表現對他人談話之興趣。				
4. 他人詢問時會禮貌回應。				
5. 沮喪時能清楚表達感受。				
6. 適當與他人協商或妥協。				

圖 14-6　圖表型評量表之簡例

過與服務對象先前互動的經驗，或是從服務對象之家人、老師、同伴，或服務對象生活中的重要他人做訪談以取得訊息，來決定行為取樣、事件取樣，又或是時間取樣的依據，以達到最具代表性且最精準的資料蒐集。接下來我們將著重在應用行為分析領域中最常用的行為觀察測量面向，以及直接觀察法中測量行為的方法進行討論。這些討論都以取樣的涵意為根據。

第三節　行為的測量面向

如之前提到的，測量能幫助行為分析師比較觀察對象在某個環境情況下與其他不同情況下所表現出的行為變化，並能藉由客觀的資料來解釋行為的變化，無論在學理上或臨床上，都能促進今日社會科學探索的成果（Cooper et al., 2020）。Johnston 與 Pennypacker（1993）提到，在應用行為分析的行為測量中，行為本身具備了三種可用來作為分析基礎的特性：一是重複性（repeatability），代表行為在時間的過往中是重複且可計數的；二是時間範圍（temporal extent），代表行為的發生會持續一段時間，因此研究者可考慮行為持續期間長短之因素；三是時間軌跡（temporal locus），表示行為發生的某個時間點與其他事件或其他行為實例之間的關係。根據這三項特性出發，行為有以下六個常見的測量面向，這些面向可作為幫助研究者決定應用行為分析中該使用何種評量方式的條件。

一、計次

計次（count）指的是簡單的行為發生次數的計算，例如：碗盤清洗的次數、學童認出的字母數量、一篇論文的總字數、小翔表現出適當社會行為的次數，或在健身上所花費的時間。Park、Collins 與 Lo（2020）使用計次方式來測量三位輕度至中度智能障礙的中學生，在進行正確投籃時所需的步驟總數（總共為八道步驟），以及針對打籃球的好處、打籃球時所需用到的大肌肉與精細動作技巧等相關問題之正確口語回覆的次數。另外，Peirce Starling、Lo 與 Rivera（2015）在科學課程結束之後，出了 10 道科學試題測試

12 名中學生，並使用計次來測量每位學生答對的題數。

計次代表的是最簡單、最常用的測量行為面向。不過，有時候計次無法提供目標行為的全貌，例如：小安分別在連續三堂論文寫作課中，正確拼對了 20、40 和 80 個字，這結果似乎代表小安整段期間有著穩定的進步。但是，如果老師注意到小安在三堂寫作課分別花費了 10、20 和 40 分鐘完成寫作時，便發現小安拼對的字數在三堂課期間並沒有進步。因此，當使用計次作為行為的測量時，研究者必須將幾次測量時段中觀察所花的時間設為一致，才能正確的捕捉行為的變化。

二、比率

比率（rate）考量的是計次與觀察時間兩者，指的是行為在每個標準時間單位中發生的次數。尤其當行為發生所需的時間每次都不一樣時，將計次轉變為比率就顯得格外重要，因為透過比率所做的比較才有意義。讓我們再次思考上述小安的例子，因為小安每篇作文完成所需的時間不同，將字數轉換為比率之後得知，小安在這每一堂課都平均每分鐘完成兩個字（20÷10、40÷20、80÷40）。

當目標行為與流暢度（也就是正確度加上速度）有關時，比率也顯得格外有幫助。Musti-Rao、Lo 與 Plati（2015）記下六位閱讀障礙風險很高的學童正確認出的字數，或每分鐘閱讀字數，核算比率來測量正確的目視字數與口語閱讀的流暢度。研究者可以每秒、每分、每時、每日等等累計的次數來顯示比率。

三、持續時間

持續時間（duration）指的是行為出現後持續的時間長短，可以秒、分、小時來代表。無論行為發生的時間過長或過短，只要研究的目的在於決定行為發生的時間長短時，持續時間的測量就成為最有用的測量方式。比方說，行為分析師想了解一位持續 20 分鐘自殘的自閉症學童，或者觀察記錄一位專注於老師的指導僅 40 秒鐘的注意力缺陷過動症學童。在這兩個案例中，行為分析師可測量持續時間，以作為決定是否需要改變行為和評估介入計畫是否有效的依據。在某一項研究中，Kennedy、Jolivette 與 Ramsey（2014）透過註明每個行為的開始與結束的時間，來記錄八位有情緒與行為障礙小學生，在美術課結束前 15 分鐘時展現的個別非適當行為（如干擾、分心）持續之時間。

四、反應延宕

根據 Cooper 等人（2020）的研究，反應延宕（response latency）指的是「測量刺激物實施之際與隨之而來的行為反應之間所需時間」（p. 79）。換言之，反應延宕代表提供行為反應的機會（例如：老師提示，「將數學課本打開，並翻到第 34 頁」）與行為的發生（例如：學生順從老師的指示拿出課本，並翻到第 34 頁）之間所需的時間。測量反應延宕能提供研究者與臨床工作者寶貴的資訊，尤其當他們想縮短或延長受試者在提示之後回應的時間，例如：每次柯老師要全班開始做數學習題，小亨總要削鉛筆、走到垃圾桶，並且問幾個毫不相關的問題。柯老師觀察之後，認為應該發展出一個改變小亨行為的課程計畫，幫助小亨在柯老師提示之後（刺激物的起始），進入狀況寫習作（反應行為的起始）。在此案例中，反應延宕便是最適合柯老師研究小亨行為的面向。

五、百分比

百分比（percentage）是另一種常見的測量行為面向，也代表總共計次或觀察間距之比例。百分比的計算方式是將行為次數或時間總量（持續時間或反應延宕），除以機會總量（無論以次數或時間量代表）。比方說，Wu、Lo、Feng 與 Lo（2010）計算兩名情緒或行為障礙風險高的三年級臺灣學童之專注行為、適當化解衝突技巧，以及合作行為的時間間距的百分比。另一實例為 Feng、Lo、Tsai 與 Cartledge（2008）對一位六年級的高功能自閉症學童在基線期、介入期、維持期與概括期進行了評估測試，以決定他的心智理論和社會技巧的學習成果。每一次評估測試包含六至七題與所教的社會技巧相關的情境，因為每次所給予的機會次數不一致，為能準確掌握受試者在學習成效上的進展，Feng 等人計算此學童回應正確的百分比。雖然百分比易懂易解析，不過當每次觀察期間的機會相等或一致時，報告行為的百分比就非必要了。

六、型態

型態（topography）是應用行為分析中另一種有用、可測量的行為面向，指的是行為的肢體型態。舉一個真實生活的例子，林小姐可記錄自己在做瑜伽時的體態，測量她的肢體型態以了解在數週的影像自我示範中（也就是一個人將自己視為典範，看自己在短篇影帶中成功示範適當的行為）是否改善了姿勢。另一個使用型態來測量的例子，如欲了解小學生是否依照筆畫書寫中文字，研究者可以計算正確筆畫數（如筆畫的大小、長短或位置等）。

第四節　應用行為分析中測量行為的方法

應用行為分析領域中，因為行為面向上的選擇不同，會產生各類測量行為的方法，包括事件記錄、持續時間記錄及反應延宕記錄，以及時間取樣記錄法。

一、事件記錄

事件記錄（event recording）指的是記錄在一個特定的觀察期間行為的發生次數。最常見的測量過程便是使用筆和紙記錄行為發生的次數。通常在北美或歐洲，使用的計數符號（tally marks）是每次行為出現便以一條垂直線條註記，以五次為一單位，滿五次時的代表符號為四直線加上一條從中間橫貫四條線的橫線。在臺灣，事件記錄計數方法正如一般在選舉時投開票所常見到的，使用「正」字作為計數符號。記錄單可以簡單至一頁包含觀察日期、觀察對象、行為清單，以及記錄計數符號的空間（如圖 14-7 的上半部為例），或者是一張包含觀察日期、觀察對象、行為清單，以及當行為發生時供研究者圈選的數字（如圖 14-7 的下半部為例）。

圖 14-8 顯示另一範例，觀察對象有四位學生，而觀察行為是觀察對象

日期：4/10/2020 觀察對象：小芸 情況：介入期 環境：音樂課				
行為	上午 10：00-10：30	上午 10：30-11：00	上午 11：00-11：30	總計
1. 表現尊重態度	𝍸	𝍸 𝍸 /	𝍸 𝍸 𝍸	31
2. 承擔責任	𝍸 𝍸 ///	𝍸 //	𝍸 ////	29
3. 保持安全	𝍸 𝍸 //	////	𝍸	21

日期：5/6/2020 觀察對象：大華 情況：基線期 環境：教室											
行為	觀察時間：上午 8：00-8：40										總計
1. 離開座位	①	②	③	④	⑤	⑥	⑦	⑧	⑨	⑩	14
	⑪	⑫	⑬	⑭	15	16	17	18	19	20	
	21	22	23	24	25	26	27	28	29	30	
2. 未經允許發言	①	②	③	④	⑤	⑥	⑦	⑧	⑨	⑩	19
	⑪	⑫	⑬	⑭	⑮	⑯	⑰	⑱	⑲	20	
	21	22	23	24	25	26	27	28	29	30	

圖 14-7 事件記錄資料蒐集表格之例子

記錄主題：適當社會行為——「注視對方」、「聆聽他人」、「禮貌回應」

觀察時段	上午 10：00			上午 10：10			上午 10：20		
觀察對象	注視對方	聆聽他人	禮貌回應	注視對方	聆聽他人	禮貌回應	注視對方	聆聽他人	禮貌回應
小翔	//	/		𝍸	///		///	//	
之之	///	//	/	///	//	//	//	/	////
小文		//	///	//		//		//	𝍸
大光	/	/	//		//	𝍸	///	///	//

圖 14-8 記錄行為出現次數之範例

在對話中「注視對方」、「聆聽他人」與「禮貌回應」之「適當社會行為」的次數。此例顯示使用計數符號來記錄在一個特定的觀察期間行為的發生次數，是可同時應用在多位觀察對象上。

根據Cooper等人（2020），除了筆和紙之外，其他設備如腕錶計次器、手持電子計次器或口袋型計算機，甚或遮蓋膠布（在貼在手腕或書桌的遮蓋膠布上做計次的註記），以及小物件如硬幣、鈕扣或迴紋針，均可用於事件記錄。

雖然事件記錄是簡單的記錄方式，但只適用於開始和結束都很明確的行為，如此才能將事件之間的發生次數統計清楚。比方說，舉手的行為、數學應用題的完成、閱讀句子、使用草寫體書寫，或踢人，這幾個例子均有明確的開始和結束，因此適合用事件記錄。相反的，專注行為、投入課業、發牢騷、耍賴，或發脾氣等，通常發生的開始與結束界線較為模糊。另外，有些行為持續較久，使用事件記錄未必能適切的捕捉行為的本質，比方說，學童發脾氣將近 15 分鐘，若用事件記錄，充其量也只能註記一次（一個計次符號），無法真正測量行為的本質。

二、持續時間記錄及反應延宕記錄

當研究目的在測量某特定觀察時期內行為發生時間的長短時，持續時間記錄（duration recording）便是一個理想的方法，而反應延宕記錄（latency recording）則適用於，當研究目的在測量刺激物實施開始與隨之而來的行為反應之間所經過的時間。兩者皆針對行為的時間性，且經常需要用到碼錶，例如：郝老師希望在科學實驗課時，小克能減少花在無關緊要的活動中自言自語的時間。郝老師可利用持續時間記錄來測量小克每天自言自語所花的總體時間（以分或秒為單位），以了解小克長期下來行為有無任何變化。若郝老師希望對小克出現自言自語所花的總體時間有所了解，那麼郝老師可以記錄小克每一次出現自言自語所花的時間，再總和整體持續時間（total duration），此兩項資料皆能提供郝老師為小克設計行為改變介入的依據。再以小彥為例，每次王老師允許他到洗手間，他總得花上 11 至 15 分鐘才會回到教室，王老師並不滿意小彥花這麼久的時間在洗手間。為了達成縮短上洗手間時間長度的目標，王老師可利用持續時間記錄來測量小彥整個過程所花的時間。

反應延宕是指，刺激之後，延宕多長的時間反應才出現。最常出現的範例為回應老師的要求。每次王老師提出指令要小明回應，小明總是拖了至少 2 分鐘左右才有回應，王老師覺得這樣的回應速度太慢了，因此若要縮短刺激到反應之間的時間長度，王老師可以採用反應延宕的方式進行記錄。

三、時間取樣

時間取樣（time sampling）記錄的主要目的在於以系統的方式擷取行為發生的樣本，測量在固定時距之內或在特別時間點發生的行為（Cooper et al., 2020）。在應用行為分析之領域中，三種常見時間取樣的方式為：全時距記錄、部分時距記錄、瞬間時間取樣。這幾種記錄方式均將整個觀察的時間平均分配為等間距，以記錄行為的出現或未出現，例如：30 分鐘的觀察時間可分為 180 個等間距的 10 秒鐘，或者 30 個 1 分鐘的等間距。每個時距的持續時間端看蒐集資料的目的與現實考量，因為時間取樣重點在於行為的「取樣」，時距愈短，就愈能正確反映實際狀況。在之前討論過的案例中，180 個 10 秒鐘的觀察時距，會比 30 個 1 分鐘的等間距更能代表 30 分鐘內行為發生的實際狀況。

（一）全時距記錄

Kennedy（2005）認為，如果目標行為的發生可能會持續整個觀察期間，那麼全時距記錄（whole-interval recording）就能記載整件事情的發生。全時距記錄相當適用於持續行為的觀察，專心行為便是一個適合使用全時距記載的好例子，因為主要目標是希望專注行為可以持續整個觀察期間。然而，如果研究者決定使用較大時距，那麼行為的發生很可能被低估。Patrick、Lo、Campbell-Whatley、Flynn 與 Toms（2015）提供了一個使用全時距記錄的範例，用以記載三位有輕微到中度社交障礙、在課堂上表現出具挑戰性行為之特殊小學生的專注行為。在這篇研究報告中，研究者將每日 30 分鐘的觀察時間分為 60 個 30 秒的時距，如果觀察對象在 30 秒期間全程展現專注行為，那麼研究者將記錄下來。接著研究者把顯現專注行為的 30 秒時距的次數，除以 60（時距之總和），再將所得比率乘上 100，便產生了可供圖表與資料分析的百分比。

（二）部分時距記錄

部分時距記錄（partial-interval recording）與全時距記錄不同處在於，如果行為發生於時距內的任何部分，那麼研究者將會把行為記錄下來。因為如此，如果研究者選擇使用較大時距，資料蒐集的結果將會高估實際行為狀況（Kennedy, 2005）。這類的資料蒐集只大略估計行為發生的狀況，並不會記載每個單一事件，因此比較適合行為改變計畫目的在降低出現率的行為，例如：Bunch-Crump 與 Lo（2017）在基線期與介入期的每段 30 分鐘之觀察時間內，以 10 秒鐘的部分時距記錄方式（每段部分時距間有額外 5 秒鐘的記錄時間），測量四位非裔美國小學生的干擾行為；研究者接著將所有觀察時間內干擾行為發生的時距次數，除以觀察時距總段數，再將其商數乘以 100，以計算出干擾行為時距的百分比。

（三）瞬間時間取樣

使用瞬間時間取樣（momentary time sampling）時，研究者只會記錄下時距即將結束時（在此時刻）所發生的行為。瞬間時間取樣最適合用於記錄持續性的行為。Kennedy（2005）表示，瞬間時間取樣的優點在於有效率的運用研究者的時間，因為這種觀察法不需要持續觀察，而且研究者可以同時觀察好幾個對象。由於老師職責不容許他們持續觀察學生，因此這類的資料蒐集對老師而言最適合也最實際。不過，Cooper 等人（2020）解釋，一般而言瞬間時間取樣所取得的資料在時距大於二分鐘時，便很容易高估或低估持續時間記錄的行為表現。當時距不多於一分鐘時，以瞬間時間取樣所取得的資料，便跟持續時間記錄所得到的數據不相上下。

在一項關於觀察六位有特殊需求高中生專注行為的研究中，Williamson、Campbell-Whatley 與 Lo（2009）使用 5 分鐘瞬間時間取樣的記錄方式來測量專注行為。研究人員選擇瞬間時間取樣主要是因為資料蒐集者為該高中資源班老師，且瞬間時間取樣方便、容易使用，加上老師一次需觀察多位學生，因此瞬間時間取樣成為最佳選擇。特別是，老師能夠在 5 分鐘時距結束前，眼光橫掃每一位觀察對象，若表現出專注行為便記註†。每天觀察時程總長為 25 分鐘，而老師利用五個 5 分鐘的時距觀察六位學生。圖 14-9 為三種時間取樣記錄系統的摘要。因為觀察和記錄的結果非常不同，選擇最能正確拿捏行為本質與發生面向的記錄系統方法就特別重要。

記錄方法	決定要素	1	2	3	4	5	6	7	8	9	10
持續記錄	行為出現持續時間										
全時距記錄	行為是否全程出現？	×	×	○	×	×	×	○	×	×	×
部分時距記錄	行為是否出現於時距之內的任何時刻？	○	○	○	○	×	○	○	○	○	○
瞬間時間取樣	行為是否出現於時距結束的片刻？	×	○	○	×	×	○	○	×	×	○

註：灰色長條代表行為以持續時間的形式下記錄行為實際發生情況，×代表行為被記載為「未發生」，○代表行為被記載為「發生」。

圖 14-9 記錄同一行為的三種時間取樣法之比較

第五節　研究者間一致性評估行為測量

由於觀察法常是一人所獨自完成，為了確保觀察結果的信度，學者一般建議質的觀察法應該使用三角驗證法來檢驗紀錄是否確實（Boehm & Weinberg, 1997）。若研究者僅使用一種觀察法記錄一名個案的行為，有時候受限於觀察者的經驗、對所使用觀察法的熟悉度、操作過程的準確度，或甚至是對研究主題定義的了解程度，而影響到記錄結果的可信度。再者，每種觀察法均有其優、缺點，若只使用一種觀察方式難免會顧此失彼。因此，三角驗證法在確保研究信度上，是個很重要的程序。

三角驗證法（triangulation）有幾個不同的形式：第一種形式為一位研究者使用多種觀察法來記錄研究對象的行為，若兩種或多種觀察法的資料都獲得相同的結論，研究者便能確認觀察紀錄的可信度。第二種形式為多位研究者使用相同的觀察法記錄研究對象的行為，再比對彼此之間記錄的結果，以確認是否達到觀察者間一致性；若達成高的一致性，則研究者所達成的結論也比較具說服性。第三種形式基本上為形式一與二的結合，也就是多位研究者使用多種記錄方式，然後再彼此比對紀錄內容是否相符。以上三種驗證方式的交叉比對，會使研究結果更具公信力。

應用行為分析相當重視觀察者間一致性，並將之視為評鑑行為測量品質上的重要指標，目前已經受到研究者的廣泛使用。觀察者間一致性（interobserver agreement，簡稱 IOA）指的是，「兩或多位獨立觀察者在完成測量同一事件之後，彼此間所完成的報告數值相符的程度多寡」（Cooper et al., 2020, p. 111）。在某些文獻中，「觀察者間一致性」常與「施測者間信度」（inter-rater reliability）交互使用，也就是用於確認一項研究中所使用評量之間是否一致的方法（Kennedy, 2005），或是 Kratochwill 等人（2010）所指的「評量者間一致性」（inter-assessor agreement）。

Cooper 等人（2020）以及 Kennedy（2005）研判 IOA 對研究品質之必要性有幾點原因。首先，計算 IOA 對於蒐集資料的新手而言，是一個相當關鍵的程序，因為此程序可以確保測量行為時，新手蒐集的資料與經驗豐富的研究者之間有高度的一致性。第二，計算獨立觀察者之間的IOA，可使研究者確保每位研究人員在蒐集行為資料時，對行為的操作型定義，以及其所掌握的標準或原則都能一致。第三，觀察者偏移（observer drift）是在觀察的過程難免會出現的現象，尤其當觀察者無意中偏離了測量系統的應用方式（包括目標行為的定義），或者是無意的改變了記錄方式。研究過程中使用IOA 可讓研究者也能偵測到觀察者是否出現觀察者偏移的現象。

計算 IOA 時，所有觀察者必須應用相同的測量系統（包括相同的觀察定義、記錄方式、編碼、觀察時間，以及相同的測量工具），但每位觀察者應獨立作業而不受彼此影響（Cooper et al., 2020），例如：Feng 等人（2008）在心智理論與社會技巧訓練的一項研究中，訓練了兩位研究生（一位為特教系主修，另一位為心理系主修）成為 IOA 的觀察員。在訓練階段，研究者向兩位研究生解釋行為技巧的定義、示範正確與錯誤的答案，以及記錄的步驟。接著一位研究者和一位研究生不斷練習行為記錄，直到他們兩位之間達成 80%的一致性為止。接下來，兩位研究生隨機進行 25%至 29%的總體觀察時數，以計算 IOA 的數值。在另一研究中，Park 等人（2020）觀察同儕助教在同步的提示過程中，對四位輕度至中度智能障礙中學生學習投籃與相關內容（精細動作、大肌肉動作，以及對動作本身的相關知識）時的成效。Park 等人先訓練三位無特殊障礙的八年級學生成為同儕助教，以進行介入與擔任主要的記錄者。同儕助教的訓練是二次為期的 30 分鐘課程，目的是在訓練同儕助教學習如何進行每日的同步提示與資料的蒐集，課程包含口語解說、示範、角色扮演和反饋；另外，Park 等人也蒐集了 32%的 IOA 資料，並與同儕助教所蒐集的資料交叉比對。

一般而言，IOA 在各類實驗研究中，大都建議其取樣的比率不得小於總時數的 20%，而較理想的是取樣總時數的 33%（Kennedy, 2005; Kratochwill et al., 2010）。另外，IOA 須達到最低標準 80%（Horner et al., 2005; Kennedy, 2005）。以下為計算觀察者間一致性的方式。

一、總體一致性

總體一致性（total agreement）是指，比較兩位或多位觀察者的總計次、整體持續時間或反應延宕。總體一致性可用百分比來表示兩位觀察者之間的記錄，較低的總計次（整體持續時間或反應延宕）除以較高的總計次（整體持續時間，或反應延宕）之後，再乘以 100。計算公式如下：

$$\frac{\text{較小值（計次、時間）}}{\text{較大值（計次、時間）}} \times 100 = \text{IOA\%}$$

比方說，如果第一位觀察者記錄個案的專注行為達 20 分鐘，第二位觀察者記錄為 21 分鐘 30 秒，那麼 IOA 計算方式為：

$$\frac{\text{20 分（=1,200 秒）}}{\text{21 分 30 秒（=1,290 秒）}} \times 100 = 93.0\%$$

讓我們回顧郝老師與小克的例子，假設郝老師的助教也獨立觀察小克自言自語的行為，並用同樣的方式記錄了小克每次自言自語所花的時間。圖 14-10 顯示郝老師及助教的數據。當我們用總體一致性的方法來計算時，IOA 是 98.0%〔（194÷198）×100〕。若要更準確時，我們應計算每次行為發生，兩位觀察者記錄其持續時間一致性（個別 IOA），再計算平均值。以此例來說，這種算法的 IOA 結果是 91.9%，是比較嚴苛的 IOA 計算方式。

自言自語次數	1	2	3	4	5	6	整體持續時間（秒）
郝老師	15	36	23	9	62	49	194
助教	14	36	26	12	60	50	198
個別 IOA	93.3%	100%	88.5%	75%	96.8%	98%	91.9% 或 98.0%

圖 14-10 運用總體一致性計算出 IOA

二、逐一時距一致性

逐一時距一致性（interval-by-interval agreement）或稱逐一項目、測試、點之一致性。逐一時距一致性很適合用來計算以時間取樣所蒐集的行為資料。此一致性的計算方法比較兩位觀察者在每個時距是否判定為一致。使用逐一時距一致性來計算 IOA 的公式如下：

$$\frac{\text{時距數量（測試、項目、點）之一致性}}{\text{時距（測試、項目、點）總數量}} \times 100 = \text{IOA\%}$$

舉例來說，圖 14-11 顯示兩位觀察者在每個時距內的記錄，記錄一致的時距已圈選起來，總共有七處（無論行為出現與否，只要一致均圈選）。此圖顯示，兩位觀察者在十個時距中有七個時距的記錄相同，因此逐一時距一致性的計算結果為 70%〔（7÷10）×100〕。

時距	1	2	3	4	5	6	7	8	9	10
研究者 1	○	○	×	×	×	○	×	○	○	×
研究者 2	×	×	×	×	×	○	×	○	○	○

圖 14-11　運用逐一時距計算出 IOA

逐一時距一致性的 IOA 計算也可用更保守或更嚴厲的標準來比較兩位觀察者，例如：在八道數學應用題的測試中，老師在改學生答案時，使用逐一項目一致性的方法來計算IOA，較能準確決定觀察者間一致性的程度。圖 14-12 顯示兩位評分者所閱卷的八道題結果，當使用總體一致性來計算時，IOA 為（4÷5）×100＝80%。然而使用逐一項目一致性的方式來計算時，IOA 卻只有 12.5%〔（1÷8）×100〕。在此例中，使用逐一項目一致性提供較為嚴格的計算方式，結果指出觀察者間一致性遠遠低於標準值。因此在此狀況下，選擇一個較為嚴苛的方式來計算IOA，才能避免高估觀察者間一致性。

題數	1	2	3	4	5	6	7	8	正確題數
評分員 1	正確	正確	錯誤	錯誤	正確	正確	正確	錯誤	5
評分員 2	錯誤	錯誤	正確	正確	正確	錯誤	錯誤	正確	4

圖 14-12 逐一比較每個項目所計算的 IOA

第六節　結語

在應用行為分析領域中，測量操作定義明確行為的主要測量方式是直接觀察法。直接與重複的行為測量是資料的重要來源，可供行為分析師檢驗評估行為在某一段時間內的發生與否，並以此結果決定改變行為的必要性和介入的成效。測量行為的基本要求為客觀性、效度、信度和準確度。除此之外，行為測量的品質也因為行為分析師對直接觀察、行為面向、資料記錄的方式，以及確保研究效度和信度的測量法之了解程度而有所不同。當我們能確保行為測量的品質時，我們才能適當的評估學生或受觀察對象的行為。

CHAPTER 15

行為資料圖示與分析

羅雅瑜、羅雅芬

本章學習目標

1. 能說明使用行為資料分析圖表的好處。
2. 能區辨一般常用應用行為分析圖表的類別和使用方式。
3. 能說出適當建構之行為資料圖表的特色。
4. 能陳述視覺分析的目的與要素。
5. 能解讀行為分析圖示資料來決策教學成效。

第一節　緒論

蒐集和分析應用行為資料是應用行為分析者一項很重要的工作。一份適當且謹慎蒐集的行為資料，可讓研究者和臨床工作者將觀察對象一段時期的行為改變量化，並將此作為依據， 決定介入的目標和效果，並在臨床上決策介入實施的下一步為何，而非只憑主觀的感覺或猜測來決定介入課程內容。應用行為分析前提下的行為資料代表的是「一種量化、直接且可重複的評量結果」（Johnston & Pennypacker, 1993, p. 365）。

資料可以用不同的形式呈現，例如：一串數字的原始資料、總結過的資料（最高／低分、平均數、眾數、中間數、標準差），或以圖表形式呈現的資料。其中，以圖表呈現的行為資料，提供了研究者和臨床工作者視覺圖像，讓他們在面對繁瑣和難以詮釋的原始資料時，在第一時間就能一眼大致了解結果。應用行為分析者可利用圖表呈現的資料來顯示、解釋和溝通資料的意義。本章中，我們將探討使用行為資料圖示的優點、一般常用應用行為分析圖表的類別和使用方式、建構行為資料圖表的步驟，以及視覺分析以圖表呈現的行為資料。

第二節　使用行為資料圖示的優點

使用行為資料圖示（graphic display of behavioral data）的主要目的，在於以明確建構的形式來溝通及表達行為治療後的結果，因此讀者可以對資料結果自行判讀，而不需依賴他人（Tufte, 1983）。以圖表展示行為資料有以下幾項優點：第一，以圖表展示的資料能使研究者和臨床工作者以很簡單明確的方式組織整理大量的原始資料，並以視覺的形式協助做出評估，例如：與其報告學生在十天當中的 20 題數學應用題答對幾題：「第一天 4 題、第二天 3 題、第三天 4 題、第四天 2 題、第五天 2 題、第六天 15 題、第七天 14 題、第八天 16 題、第九天 17 題、第十天 17 題」，我們可以如圖 15-1 展

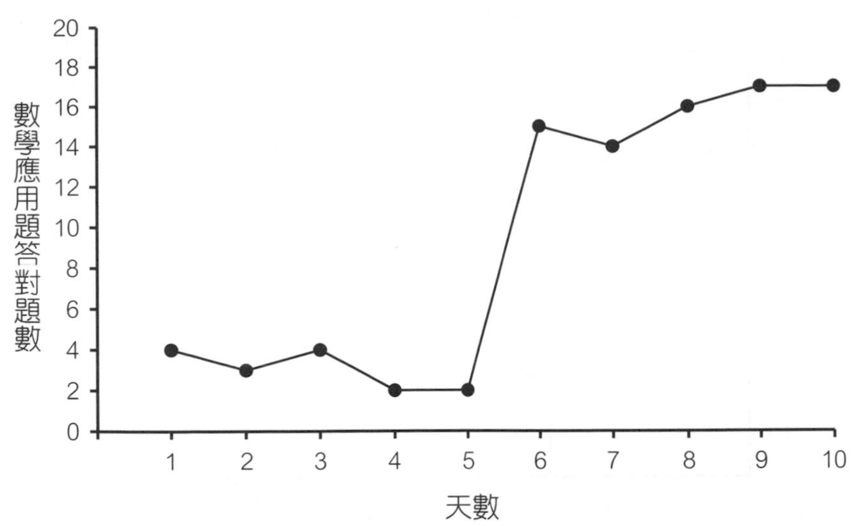

圖 15-1 以圖表顯示學生於十天當中數學應用題的答對題數（總共 20 題）

示出同樣一組的原始數據，根據每日答對題數來整理資料。這種圖表展示方式可讓讀者迅速分析而得出以下結論：此學生在前五天很固定的保持低但穩定的正確題數，而最後五天正確題數增加了很多且保持穩定的狀態。

第二，圖表顯示的資料在關於受試者的行為或表現上，提供了研究者和臨床工作人員立即的回饋，這方面的資訊對於做出及時和延續性的決定都有很大的幫助。Kennedy（2005）認為，圖表資料極富功能性，尤其每個資料數據的蒐集與標繪之後，都能依此進行分析並做出決策。他甚至將這種功能性類比為一場棋局，棋士的下一步如何走都將根據對手的棋步而決定。因此，當研究者規劃介入成效的相關研究時，行為資料以圖表顯示可以容許我們在研究進行當中就當時的結果做出重要的決定，而非等到研究結束做出結論才思考下一步該如何進行。

第三，以圖表顯示的行為資料對研究者和臨床工作人員非常有用，因為所有圖表可以提供相當豐富的訊息。比方在圖 15-2 中，任何人都不需要去細讀任何的文字描述，就可以輕易從圖表中明確指出以下的重要資訊：

- 依變項：不專心的行為（占課堂時間的百分比）。

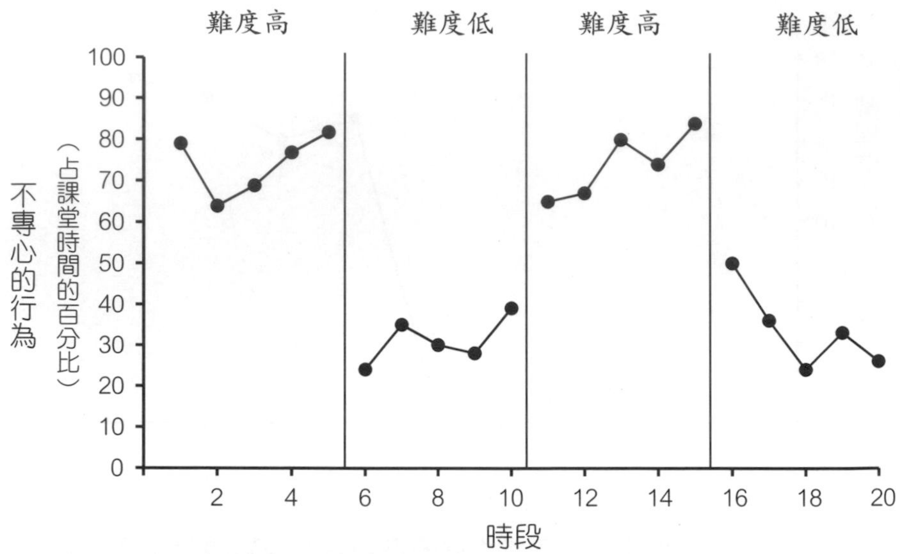

圖 15-2 學生在課程難度高與低情況下，不專心行為的百分比樣本圖表

- 自變項以及實驗情境：課程難度高及課程難度低。
- 每個情境所花時間：每次實驗情境中蒐集五個資料數據，總共有 20 次資料的蒐集。
- 實驗設計：單一受試倒返設計（reversal design）。
- 變項之間的關係：課程難度高時，不專心的行為百分比較高；課程難度低時，不專心的行為百分比較低。

另外，與使用電腦統計軟體分析資料相較之下，學習如何展示資料和透過看圖表來分析資料則簡單得多。更重要的是，對於沒有受過統計或數學相關知識訓練的一般大眾而言（如當事人、家長、行政工作者、老師等），圖表的使用的確明顯易懂許多。

第四，圖表資料的視覺分析，尤其在受試者的行為改變方面，可能產生較保守的結論。Baer（1977）認為，根據視覺分析所決定的治療效果，較能避免第一型錯誤的發生（也就是結論指出治療介入有所成效，但其實並無成效），但卻可能導致第二型錯誤的發生（結論指出治療介入並無成效，但其實有顯著效果）。藉由視覺分析的方法來檢驗資料的趨勢、水準、變化程度、範圍和重疊性（於本章後半段做討論），應用行為分析可協助研究者在注意較弱變項的同時，也能準確辨識影響行為改變的較強變項。

最後，多項研究均顯示自製圖表或以圖表的方式來呈現自身行為表現，能提供受試者行為上的回饋，藉此而能對本身行為提供正向的改變（Hirsch, Ennis, & McDaniel, 2013; Stotz, Itoi, Konrad, & Alber-Morgan, 2008）。因此，自我檢驗並自製圖表本身就是一種很有成效的介入方式。

第三節　應用行為分析常用的圖表

在應用行為分析的領域裡，幾個常用來顯示資料數據的圖表為線性圖、長條圖和累計紀錄，這些都在研究和臨床上很常見。以下我們一一做解釋。

一、線性圖

線性圖（line graph）的基本架構為直角座標系，也就是兩條垂直交叉的線條所組成的二度平面，一條為 x 軸〔水平軸（horizontal axis）或橫座標〕，一條為 y 軸〔垂直軸（vertical axis）或縱座標〕。一個資料點座落於兩軸形成的平面或直線上，均代表著兩個面向之間的特定關係（例如：一個量化後的技巧表現程度與某個時間點）。為了溝通的目的，通常應用行為分析中使用的線性圖均應具備以下幾個基本的要件。

（一）水平軸

水平軸又稱為 x 軸或橫座標，通常代表時間的進程（如節次、日、週等），以及自變項的顯示、撤離，甚或數據。在應用行為分析中，行為分析者通常需要評量受試者之標的行為上的改變，以決定環境中何種因素或介入能影響行為，而一段時間內能否反覆評量行為便成為研究或測量中一個重要的決定要件。大多數情況下，水平軸有著均等的間距，第一個標記為時間的起點，而隨著水平軸往右移動，時間的進行會標記於逐漸增加數值的均等間距。圖 15-3 代表在 30 次的資料蒐集時間裡，小豪回答問題之正確題數。

（二）垂直軸

垂直軸又稱為y軸或縱座標，通常代表標的行為可量化的數值（也就是依變項）。正如同水平軸，垂直軸也以等間距標記，範圍為從 0 到任何行為表現的最大值。量化的數值在垂直軸上也代表著頻率（次數）、比率（每標準時間單位中呈現的次數）、持續時間或反應延宕（以秒、分、小時或天數等所表示的總時間量），或百分比（比例）（Cooper, Heron, & Heward, 2020）。垂直軸的起點在與水平軸相交處的 0 開始（稱做原始點），往上進行的每一點代表著數值的增加。某些情況下，原始點可能代表著負值，因此線性圖任何數值為 0 的資料點較能在圖上清楚辨識。圖 15-3 中的垂直軸代表 10 題中小豪回答正確之題數，可能範圍為 0 到 10，而數值 0 稍微比原始點高一點以供辨識。

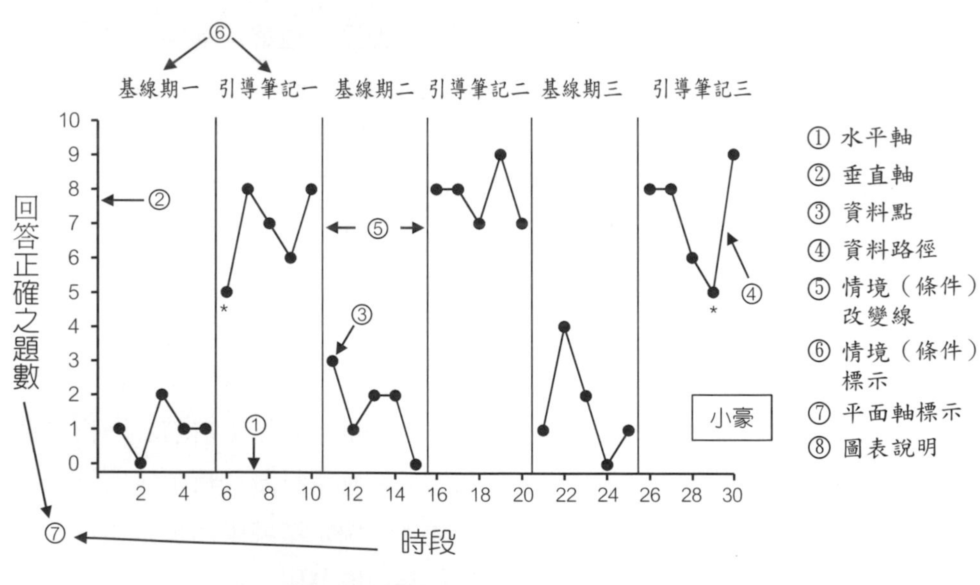

圖 15-3　簡單線性圖的主要基本要件

（三）資料點

資料點（data points）代表在一段觀察期間中所記錄、可以量化的標的行為。資料點在應用行為分析中代表的是，為觀察記錄受試者行為改變之程度所進行的重複評量的結果。圖 15-3 中有 30 個資料點，而代表這些資料點的是黑色的圓點，透過檢驗同一情境下每個獨立的資料點和其他資料點之間的相互關係，以及和其他資料點在兩種情境之間的關係，研究者可找出行為改變的型態為何。以圖 15-3 為例，在第 5 時段（也就是「基線期一」的最後時段），小豪正確答題數為 1 題，而第 6 時段（也就是「引導筆記一」的第一時段），小豪正確答題數為 5 題，此結果代表行為介入後小豪正確答題數增加了 4 題。

（四）資料路徑

資料路徑（data path）指的是在同一情境下連結相繼的點之直線，以顯示出資料的程度與趨勢 。一個資料路徑代表資料蒐集進行中，針對標的行為的實際表現之預測。圖 15-3 中假設第 29 時段的資料點發生於星期一（數值＝5），而第 30 時段的資料點發生於星期三（數值＝9），連結這兩個資料點直線暗示著，如果我們也於星期二蒐集資料，對小豪表現的預測應該落在數值 5 與 9 之間（或正確答題數大約為 7.5 道題）。以此假設為基準，每時間單位內愈多測量和愈頻繁的資料蒐集，研究者對整體的資料路徑就愈有信心。

（五）情境（條件）改變線

情境改變線（condition change lines）指的是從 x 軸垂直畫下，以區隔不同情境的一條線。圖 15-3 中有五條情境改變線，每一條均分隔基線期與引導筆記。情境改變線可為實線（代表主要的情境變化），或是虛線（代表次要的情境變化）。

（六）情境（條件）標示

情境標示（condition labels）指的是用來標示實驗情境之簡短的字或詞。情境標示可註記於圖表稍高的上方，與x軸平行，以標明正在進行中的某個情境。為達到有效溝通的目的，相較於使用一般的標示（如「介入期」），每個情境若能使用較明確的標示註記（如「引導筆記」）將更理想。

（七）平面軸標示

平面軸標示（axis labels）指的是用來標示水平軸和垂直軸簡短的形容詞。水平軸標示通常代表某時間或時段，而垂直軸的標示通常代表可量化的依變項。在圖 15-3 中，「時段」很明顯的是以水平軸代表，而「回答正確之題數」則是參照垂直軸。

（八）圖表說明

圖表說明（figure caption）通常指的是提供讀者有關自變項和依變項、圖表代表意義的一段簡短且明確的文字說明。有時候圖表說明也會包含一些幫助讀者了解圖表的相關資訊〔如「星號標誌（*）表示代課老師兼課」〕。

雖然線性圖可以簡單形式來呈現資料路徑，線性圖有時候也可以呈現出較複雜之行為關係（多條資料路徑可代表兩種以上行為、兩種情境下的同一行為、多位受試者的行為等）。線性圖的複雜程度端看研究的目的和本質為何，比方說 Lo、Cooke 與 Peirce Starling（2011）使用線性圖來代表三位國小學生閱讀兩個不同程度的短文其每分鐘正確的閱讀字數（如圖 15-4 所示），其中一資料路徑（黑色資料點）顯示學生閱讀二年級程度的短文其每分鐘正確的字數，而另一資料路徑（白色資料點）則顯示學生閱讀一年級程度的短文時每分鐘正確的字數。

二、長條圖

長條圖（bar graph）又稱為「直方圖」，也是以直角座標系為根據，且

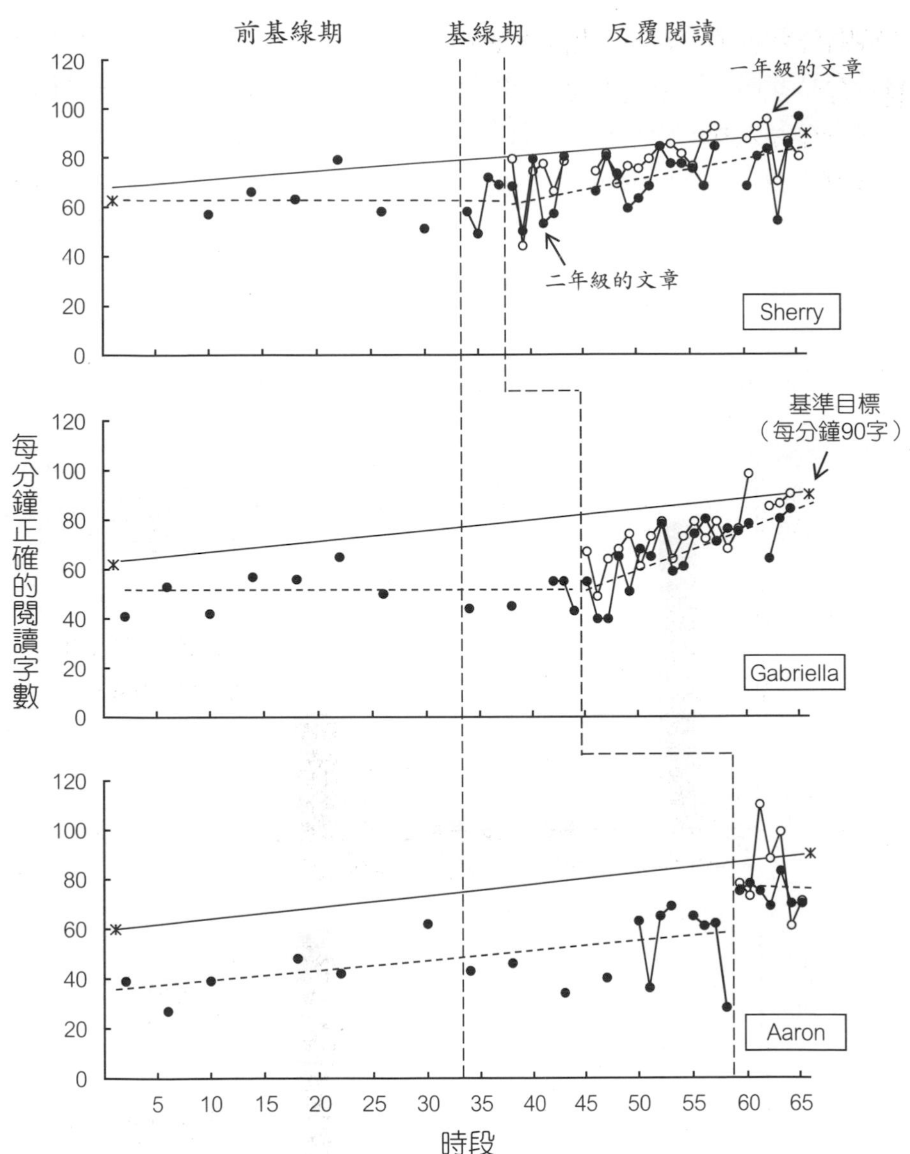

註：1. 三位學生閱讀一、二年級程度的短文其每分鐘正確的閱讀字數。

2. 實線的目標線代表的是每位學生在二年級學年結束前所需達到之閱讀標準程度（每分鐘 90 個正確的字）的軌道趨勢，而虛線的目標線指的是每位學生在前基線期／基線期和介入情境下的實際閱讀程度趨勢。

圖 15-4　分別代表三名學生之雙資料路徑的線性圖

資料來源：Lo 等人（2011, p. 130）

許多特點皆與前述之線性圖相符。長條圖與線性圖兩者之間的相異點在於長條圖沒有代表跨越時間且重複測量的明確資料點。相較之下，長條圖代表的是受試者行為表現的總和摘要，比如某特定情況或情境下的資料比例或百分比。舉例來說，在 Sigafoos 與 Saggers（1995）發表的一篇嘗試本位功能分析之相關報告裡（見第十八章），研究者以長條圖的方式呈現各類測試（如注意力、要求、實際物品，或忽視）在控制和測試情況下標的行為的百分比。測試情境中的百分比最高的嘗試類型則用來當作管制問題行為的「功能」。圖 15-5 顯示使用長條圖之嘗試本位功能分析的模擬資料。

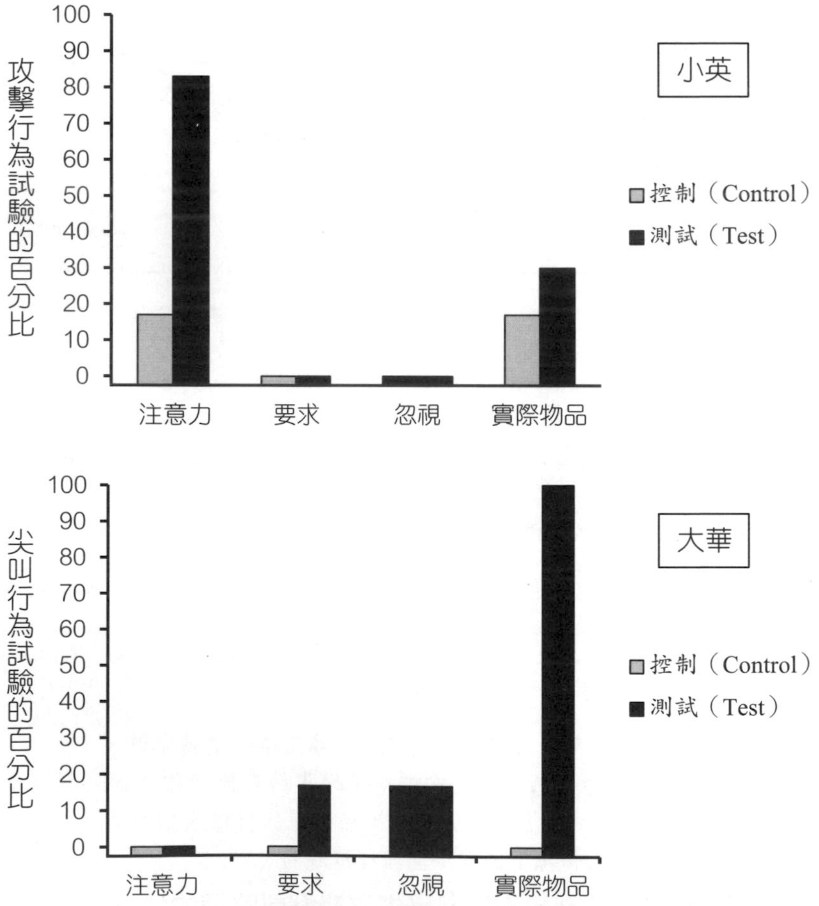

圖 15-5 嘗試本位功能分析的模擬資料長條圖

長條圖也可以和資料點合併使用，以顯示行為型態的不同層面，例如：Lo、Correa與Anderson（2015）針對社交技巧設計了由學生扮演的輔導小老師，加上電腦協助的文化回應教學法，以檢驗此教學法對於拉丁語裔男學生與非拉丁語裔同儕是否有其成效。這篇報告便是利用線性圖結合長條圖的方式，顯示受試者在基線期、介入期與維持期和拉丁語裔與非拉丁語裔同儕互動狀況的雙重資料（如圖 15-6 所示）。

三、累計紀錄

Skinner發展出累計紀錄（cumulative records），一方面記載行為實驗分析的資料，另一方面也顯示受試者行為表現的比率。累計紀錄最常被應用於記載與頻率相關的資料，尤其當每次觀察所記載的回應次數累計於前幾次觀察所得的回應紀錄中。這類型的圖因為有累計的特性，不但能幫助研究者了解任何期間內的回應總數（如第 10 時段），也能檢驗整體和局部比率。根據 Cooper 等人（2020）的定義，整體比率指的是橫跨某段期間的平均比率（如第 1 至第 40 時段），而局部比率指的是比整體期間短的某個期間的回應比率（如第 1 至第 40 時段中的最末四個時段）。當研究者檢驗累計紀錄裡的資料時，應該著眼於找出資料路徑的斜率，當坡度愈陡，比率就愈高。計算整體比率的方式是將標的期間的回應總數，除以直角座標系裡水平軸的觀察時段總數。圖 15-7 顯示，拉丁語裔學生Doug在單獨回應和團體回應兩種情境下所產生之正確辨識英文字母的累計次數。團體回應情境下，Doug的回應比率為 4.46（58 ÷ 13），而單獨回應情境下，Doug 的回應比率為 2.31（30 ÷ 13）。圖中顯示團體回應情境的斜率較陡，這也說明Doug在團體回應情境中的回應比率較高。

累計紀錄最適用於觀察期間可能出現的回應頻率過低的狀況（如限於一和四之間的次數），在此情況下，若使用非累計的線性圖，將很難察覺受試者的行為改變或回應型態。另外，當研究重點在於展現出任何時間點之內達成某項目標或某個基準點的回應總數，或當累積之回應很重要時，累計紀錄便成了最佳選擇，例如：老師想了解學生在一學年下來所學習的成語總數，

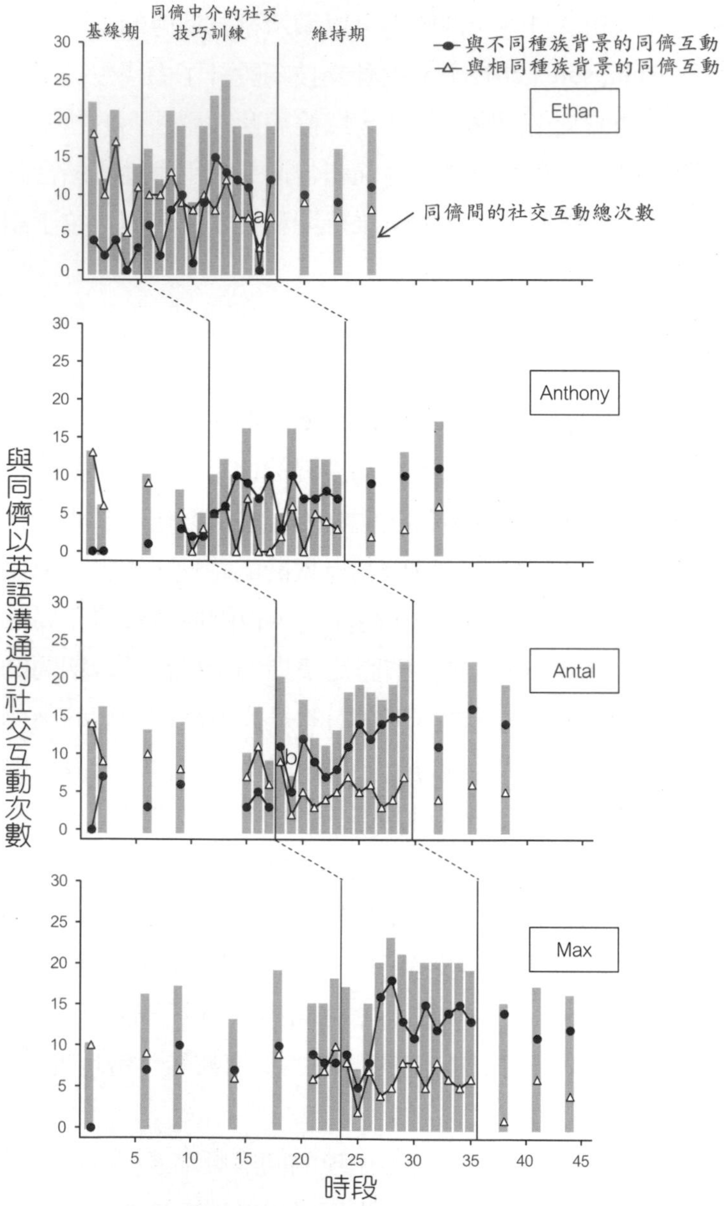

基線期 同儕中介的社交技巧訓練 維持期

與不同種族背景的同儕互動
與相同種族背景的同儕互動

Ethan
同儕間的社交互動總次數
Anthony
Antal
Max

與同儕以英語溝通的社交互動次數

時段

註：1. 輔導小老師在 20 分鐘期間與非拉丁語裔（黑點）和拉丁語裔（白點）同儕互動之百分比。

2. 灰色長條圖代表與拉丁語裔和非拉丁語裔同儕口語互動的總次數。a 代表 Ethan 只有 7 分鐘的參與時段；b 代表 Antal 只有 12 分鐘的參與時段。

圖 15-6 結合長條圖與資料點以展現受試者兩種回應方式和整體回應型態

資料來源：Lo 等人（2015, p. 22）

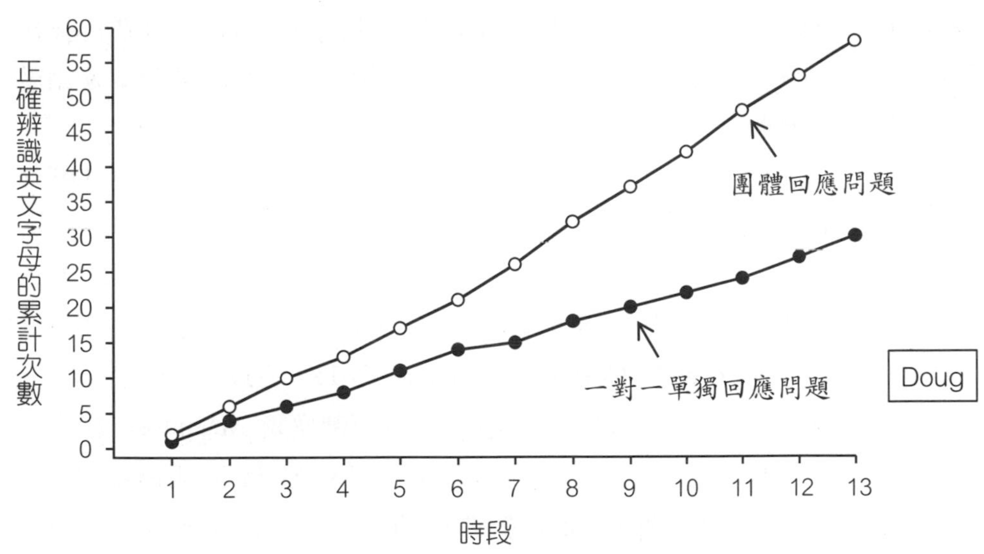

圖 15-7 拉丁語裔學生 Doug 在單獨回應和團體回應中正確辨識英文字母次數之累計紀錄

資料來源：Lo、Bass、Spooner 與 Anderson（2012）

累計的成語次數便成為學生自我評估，或向家長報告學生學習狀態的最佳依據。不過，累計紀錄圖示對於想觀察某個時間點的單獨回應次數，或是辨認漸進式行為改變的研究人員而言，困難度相對較高。

第四節　建構線性圖

建立有專業品質等級且避免誤解的圖表是一項很重要的技巧，這是因為資料的解析正確與否和圖表是否正確與合宜有很大的關係。在集思廣益或發展行為分析之研究企劃的階段，雖然手繪圖表或許有些幫助，但以電腦製作圖表發表研究結果已為時勢所趨。在行為分析領域中，建構圖表最常用的電腦軟體為微軟的 Excel。過去，因應各種新舊版本微軟 Excel 所建構出的單一受試研究行為分析所需的線性圖，許多學者已經提供了英文版的操作說明，例如：Lo 與 Konrad（2007）針對單項與雙項資料路徑的單一受試研究線性圖，為 PC 使用者研發了以微軟 Excel 2003 版為主的 115 道步驟的操作說明。Dixon 等人（2009）以及 Lo 與 Peirce Starling（2009）接著更使用微軟 Excel 2007 年版，為 PC 使用者更新了單一受試研究線性圖的操作內容。Vanselow 與 Bourret（2012）向臨床工作者介紹了使用 PC 專用的微軟 Office 2007 和 Office 2010，建構單一受試研究線性圖網上互動教學單元。Barton 與 Reichow（2012）提供步驟分析給 PC 專用的微軟 Office 2007 和 Office 2010 使用者，以及 Mac 專用的 2008 和 2011 版 Office 使用者，以幫助他們建構線性圖。之後，Deochand、Costello 與 Fuqua（2015）更以這些作者之前的著作為基礎，為微軟 Excel 2013 版的使用者（可轉換成 Macintosh 操作平臺），研發出另類的製圖方法。近期，Chok（2018）更為 PC 用戶提供了如何運用微軟 Excel 2016 版繪製功能分析數據圖的步驟說明。我們依據這些來源和其他文獻（Cooper et al., 2020; Journal of Applied Behavior Analysis [JABA], 2000），接下來將描述建構線性圖的通則。

一、雙軸的刻度與標記

線性圖的基本架構就是包含 x 軸和 y 軸的直角座標平面。一般而言，最理想的垂直軸與水平軸長度比例為 2：3（Cooper et al., 2020）。在某些情況下，同一個平面上可能會有好幾組軸線在彼此的上下排列著（如圖 15-4 和圖 15-8 所示），或是水平軸上有大量的資料點，此時水平軸的長度可能增加，讓資料點更容易辨識，而不會太過擁擠。

（一）水平軸的刻度與標記

當建構 x 軸時，軸上應當有等距離的標線代表每個時間單位或回應機會（如時段、節次、測試、日），以 0 作為起點（最小值）。為能容易讀取，標線必須視總數多寡，以 1、2、5、10 或 20 的倍數編號註記，這樣數字列才不會擁擠而雜亂，但並非每個標線都必須載明數字。當同一個平面上有多組直角座標或數組軸線，而這些軸線組的水平軸有相同間距時，標線只需要註記於最下方那組軸線的水平軸上（如圖 15-8 的物件 12）。就技術上而言，

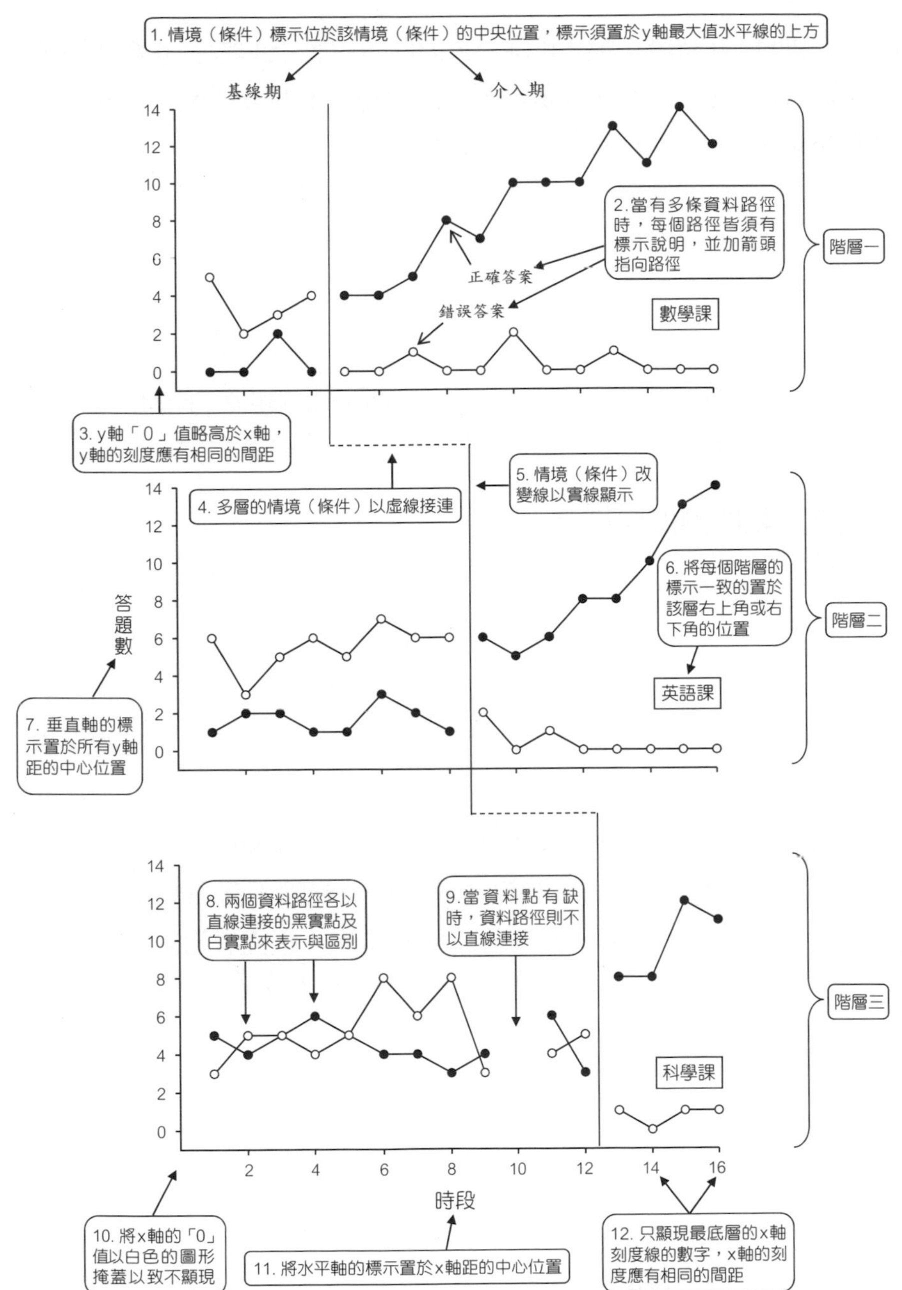

註：雙重資料路徑於多重基線期情境之範例。此範例乃依照《應用行為分析期刊》（JABA, 2000）之說明，以符合該期刊之單一受試研究手稿的規定。

圖 15-8 建構線性圖表的規範

資料來源：Lo 與 Konrad（2007, p. 185）

並沒有所謂的「0 時段」或「0 日」，因此水平軸上的數字 0 需要隱藏，而在微軟 Excel 中唯一的方式，是畫出一個白色方形將 0 隱藏（或掩蓋）起來（如圖 15-8 的物件 10）。

根據我們以往的經驗，當在 Excel 填寫表格製作線性圖時，相較於折線圖，XY 散布圖會是個比較理想的選擇。XY 散布圖的使用可以讓每個資料點和每個標線對齊，而非座落於兩個標線之間。另外，x 軸下方居中略低於軸線應標明一個簡要標籤，以提供水平軸的標識。同樣的，當有數組軸線在彼此的上下排列著，一個標籤註記於最下方那組軸線的水平軸就已足夠（見圖 15-8 的物件 11）。

（二）垂直軸的刻度與標記

上述針對水平軸的通則，基本上也適用於y軸，包括等距且容易辨識的標線，標線之間必須有合適的距離（如 1、2、5、10 或 20 的倍數編號註記），以及如果所有軸組裡的y軸單位都相同的話（如數字、百分比），可用一簡短標記形容即可（見圖 15-8 的物件 7）。一般刻畫垂直軸的作法是以 0 為起點，沿著 y 軸往上數字逐漸增加，以容納資料中所有數值。當資料組包含 0 這個數字時，可將 y 軸的 0 稍微移至原點（x 軸與 y 軸交會處）的上方，以利讀者方便讀取所有資料點（讓這些資料點不落在水平軸上，見圖 15-8 之物件 3）。在 Excel，為符合這樣的需求，研究者通常需要選擇負值（如－1、－2）作為 y 軸的最小值，如此數字 0 才會稍微高於原點。

二、標畫資料點與繪製資料路徑

（一）標畫資料點

有了電腦軟體如微軟 Excel 的支援，於直角座標平面標畫資料點來代表實際數值的準確度就變得容易許多。不過，當資料表格在 Excel 中設定不正確，或者當為繪製圖表而資料組的選取不正確時，定位上的錯誤就很容易產生。為解決這樣的問題，前述有關繪製圖表的文獻或教學單元有詳細的資訊。即使運用電腦軟體於圖表的繪製，謹慎檢驗是否每個資料點均座落於水平和垂直軸線上所代表的數值是很重要的步驟。

線性圖的資料點應使用明顯的符號來標記，如此資料路徑（連接所有資料點之間的直線）中的每個資料點才能清楚辨識。當只有一組資料時，一般的作法是使用黑色的點來代表資料點。但是當資料有兩組或以上時，每一組資料就必須使用不同的黑或白色的幾何符號來區分（如圖 15-8 之物件 8）。符號的選取應該以清楚區隔組與組之間，以及容易辨識每個資料點的數值為原則。

（二）繪製資料路徑

一般而言，線性圖的每個資料路徑均是透過連接資料點的直線所代表。線條需稍微粗黑但不能太過，以免掩蓋資料點的清晰度。當有兩組或以上的資料路徑時，最好能包含標記箭頭，以說明符號所代表的資料組別（如圖 15-8 之物件 2），或者使用圖例分辨每個資料路徑。

以直線繪製資料路徑時，請依照以下要點將每個資料點保持獨立，或者不連接每個資料點：

1. 屬於不同情境的資料點必須分開處理，不可全部連接在一起，這是因為研究者通常需要檢視不同實驗情境下的資料組（例如：基線期的資料相對於介入期的資料）。
2. 無論是未蒐集、遺失，或無法取得（如學生缺席），當資料點不完整時，維持其不連接的狀態（見圖 15-8 之物件 9）。
3. 當水平軸的時間不連續時（如寒假期間），資料點因橫跨時間的斷層不應加以連接。

三、辨識實驗情境與層級

（一）繪製情境（條件）改變線

在線性圖中，情境改變線是由水平軸往上畫的線條，用以指出實驗情境的改變。情境改變線座落於情境改變之前，最後一個資料點之後（位於水平軸上兩個標記之間）。通常情境改變線以實線代表，來顯示情境的主要變化（見圖 15-8 之物件 5）。情境改變線的長度可以和 y 軸等高，不過當有好幾組（層）直角座標平面在彼此的上下排列著，且皆處於相同的情境時，情境改變線的高度可稍微增加，用虛線連接上下層的情境改變線，以方便讀者循線觀察情境的前後順序與時間點（見圖 15-8 之物件 4）。

（二）標記情境

情境（條件）標示位於所屬情境中垂直軸的最大數值緊鄰的上方中央，理想狀況下，情境標記需簡短但具描述性（例如：「同儕輔導」會比「介入期」更為理想），讀者可以因此辨識出情境的本質。當相同的實驗情境皆發生於多組或多層的直角座標平面時，將情境標記於最上層的上方（見圖 15-8 之物件 1）。

（三）標記層級

當兩個或兩個以上的層級橫跨地點、行為或受試者，代表基線期與介入期情境之應用時，應以標記來區別層級之間的不同。一般而言，標記出現於每個層級中一致且不會遮掩到資料點的位置（見圖 15-8 之物件 6）。

四、書寫圖表標題

每個圖表均有一個專屬標題置於下方，標題提供有關圖表之簡潔但完整的敘述。如果有特定的圖表特徵，或者特殊圖表符號出現，標題中應提出說明。

第五節　依據圖表所示解釋行為資料

在應用行為分析中，解釋圖表所呈現的行為資料的主要方式，是透過系統性的視覺比較與分析情境內和情境間的行為反應，此被稱為「視覺分析」

（visual analysis）（Parsonson & Baer, 1978）。視覺分析的目的在於回答行為改變是否有意義，以及行為改變在程度上是否能歸因於介入（Cooper et al., 2020）。根據 Horner 等人（2005）的說法，視覺分析最主要的工作是解釋受試者在基線期與介入期情境內與情境間，其表現的水準、趨勢與變動性。

一、情境內的視覺分析

檢驗情境內的圖示資料通常是用來決定資料之程度、趨勢和變動性，此檢驗過程的目的是為了要分析某特定情境中的行為型態。

「水準」（level）指的是回應某情境的一組資料之平均值，其回應的量化之平均值可形容為高度、中度或低度。為了協助視覺分析過程，透過計算情境內所有資料的平均分數而畫出代表此數值的水平線稱為平均線（請參考圖 15-9 的水平虛線）。分析每個情境中的資料，可以提供研究者在比較相鄰兩情境之間是否有任何變化的指標，例如：在圖 15-9 中，當課程難度高

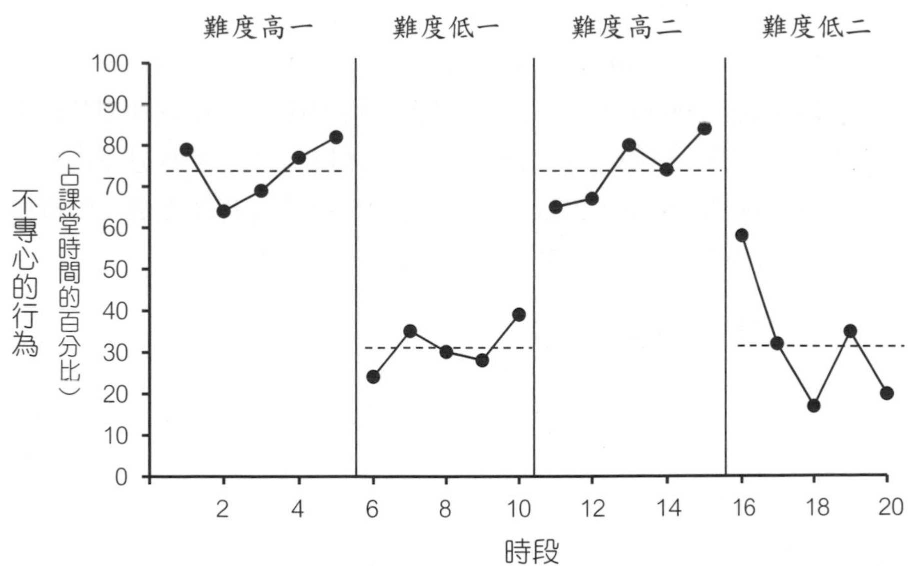

圖 15-9 假設性資料顯示一位學生在課程難度高及難度低兩情境下的不專心行為數據與情境資料平均線

時，不專心行為的百分比平均值各為 74.2 和 74.0。當課程難度低時，不專心行為的百分比平均值各為 31.2 和 32.4。結果顯示從課程難度高一到課程難度低一，行為反應的水準明顯下降。而從難度低一到難度高二，行為反應水準明顯升高。最後，從難度高二到難度低二時，行為反應的水準明顯下降。

「趨勢」（trend）指的是在情境中所有資料之間可畫出的最適直線。趨勢可能增加或升高、減少或降低，或者無趨勢可言。Kennedy（2005）建議，當研究者描述趨勢時，必須先比較情境中資料點斜線傾斜度（資料往上傾斜或往下傾斜）和強度（資料高、中、低度的升高或下降程度），例如：在先前圖 15-4 討論中，Lo 等人（2011）在其研究報告圖表顯示三位小學生每分鐘正確的閱讀字數，針對每位學生的兩道虛線代表著前基線期／基線期與介入情境的趨勢線。以 Sherry 為例，她的前基線期／基線期的趨勢線是平的（或無趨勢），而她在反覆閱讀情境中的資料透露出緩慢、低強度的成長趨勢。以 Gabriella 為例，她在前基線期／基線期的趨勢線是平的（或無趨勢），而她在反覆閱讀情境中的資料透露出中強度的成長趨勢。

「變動性」（variability）牽涉情境中的哪個個別資料點偏離主要趨勢或平均值（Kennedy, 2005）。換言之，變動性顯示出資料點如何在趨勢或平均值的直線之外波動。變動性低代表的是資料點相當貼近趨勢線且少波動，而變動性高表示資料點偏離趨勢線，例如：圖 15-10 中課程難度低一的資料之變動性低，但課程難度低二的資料有較高的變動性。

二、情境之間的視覺分析

一旦每個情境中資料的水準、趨勢和變動性受到檢驗，研究者便可開始進行情境之間的視覺分析，判斷情境的引進或抽離之後：(1)即時成效與改變的強度；(2)兩相鄰階段資料的交疊；與(3)相同情境中跨各階段的行為模式的一致性（Horner et al., 2005）。關於這三個視覺分析的角度，以下 Kratochwill 等人（2010）提供了十分完整的解釋。

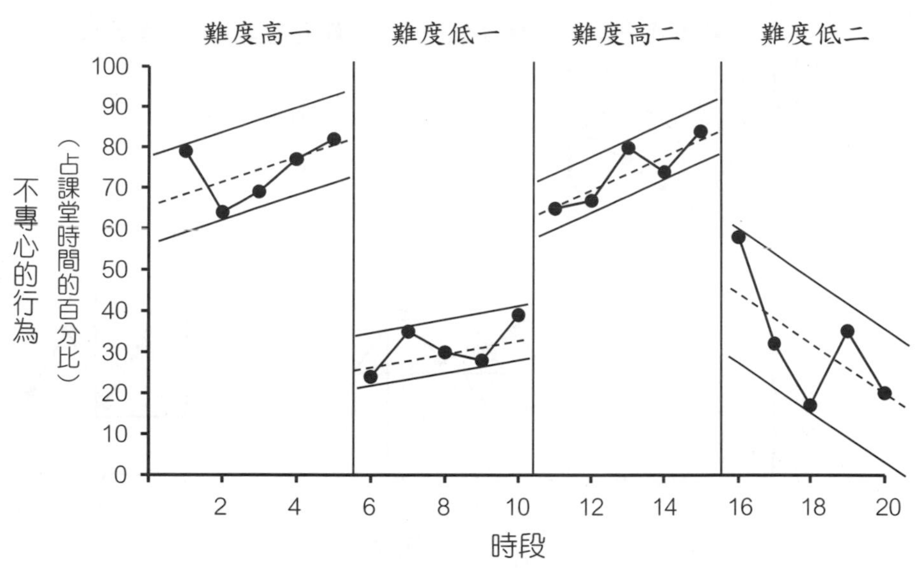

圖 15-10 假設性資料顯示每個情境下資料的變動性

（一）即時成效

即時成效（immediacy of effects）指的是一個階段的最末三個資料點和下個階段的最初三個資料點相較時，呈現出立即且明顯的行為改變之多寡。在圖 15-11 中，被圈起來的資料點使用了相同的幾何形狀以便利研究者比較之後決定其即時成效。在三項比較之中，資料在程度上有明顯的變化（增加或減少），此改變愈立即，透過情境操作以達到改變行為的證據就愈能令人信服。比方說，學生的不專心行為從課程難度高一到難度低一的改變最為明顯，也就是說課程難度低的引進導致學生不專心行為比例快速降低。

某情境中蒐集資料的比例和之前情境下資料比例重疊的情況稱為「交疊」（overlap）。資料點的交疊比例愈低，介入的成效就愈顯著。如圖 15-12，資料點在相鄰的兩情境並無交疊之處（難度高一 vs. 難度低一；難度低一 vs. 難度高二；難度高二 vs. 難度低二），這表示此時引進或操作介入，極可能是對行為表現產生效果之原因。

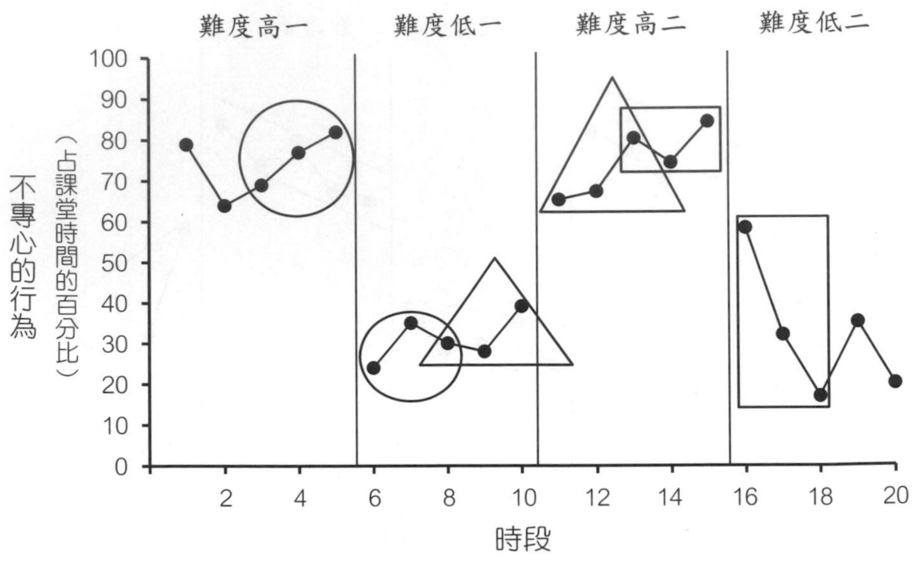

圖 15-11　假設性資料顯示資料的即時成效

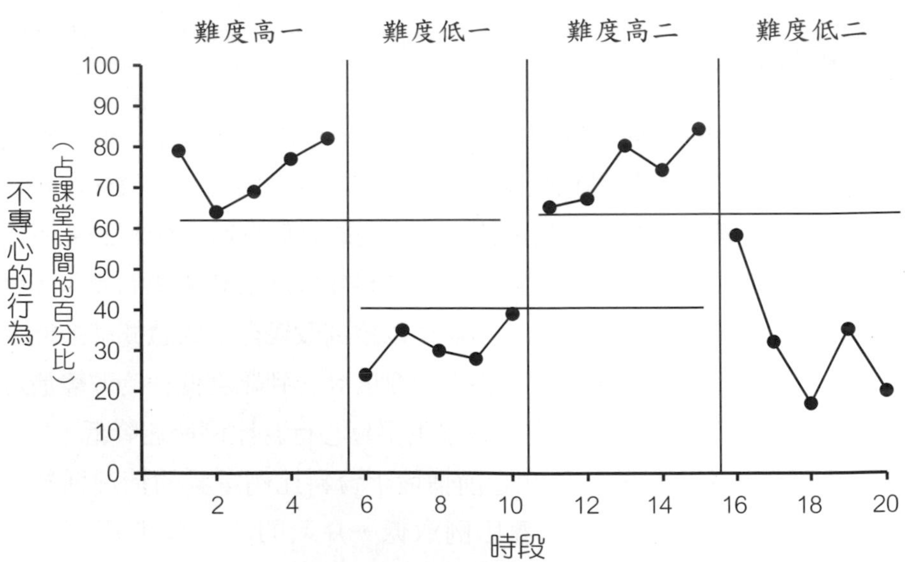

圖 15-12　假設性資料顯示兩相鄰情境之間資料的交疊程度

（二）跨階段性行為資料模式的一致性

跨階段性行為資料模式的一致性（consistency of patterns）指的是同一情境下所有階段（如所有高難度階段、 所有低難度階段）中的哪些資料是相類似的。如果所有階段的行為資料型態都維持相似，那麼這代表有明確的證據顯示情境造成行為的改變。從先前的例子裡，我們可以看見難度高一和難度高二的資料型態十分一致，而難度低一和難度低二的資料型態的穩定度相對較低。

三、決定介入之成效（將圖表資料解讀運用在教學成效之檢驗）

正如上述例證，以圖表呈現資料的視覺分析，最主要目的在於判定是否任何有意義的行為改變是因為介入的操作。雖然其中很重要的一個步驟是檢驗資料來判定實驗情境的水準、趨勢和變動性，或甚至是成效的立即性與資料交疊、情境之間的穩定性，但是檢驗資料本身是不足以用來決定介入是否真有其成效的。Horner等人（2005）的看法是，以根據圖表呈現單一受試研究的資料來進行實驗控制（experiment control）與論證，研究者必須積極操作自變項（介入），且需證明至少三個時間點之內的三個有效成果。如圖15-13，當課程難度較低時，資料一再顯示學生不專心行為比例較低，且學生不專心行為的比例持續偏低只在課程難度較低時發生。當教導學生較高難度的課程時，學生的不專心心行為維持較高比例，且倒退回難度高二的原本的程度。圖中箭頭指出在三個不同的時間點有三次成效證明，這也有力的佐證課程難度低會造成學生不專心行為的正向改變。藉由情境內和情境之間的視覺分析資料，應用行為分析人員可判斷介入是否有效引導出學生或受試者正面的行為改變。

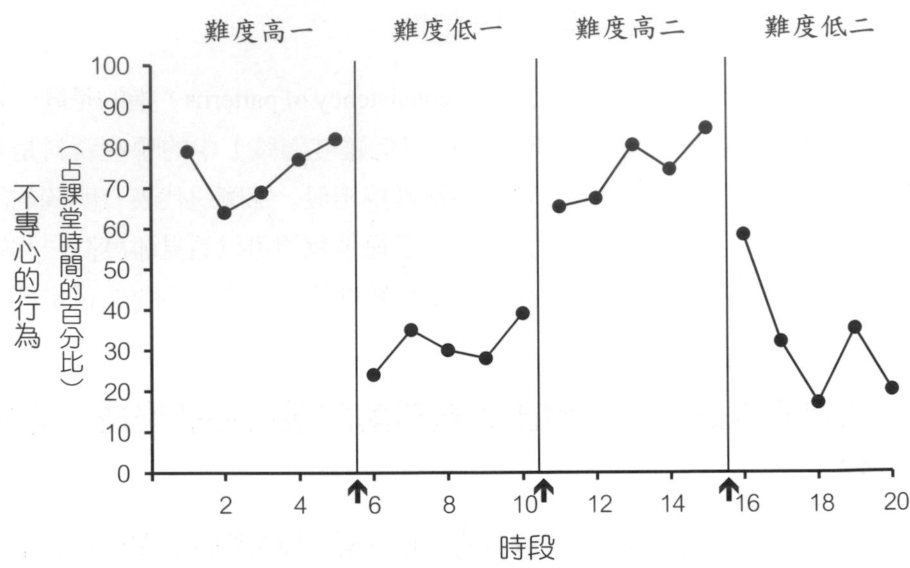

圖 15-13 三個時間點所展現之三次介入成效證明之例

第六節　結語

對應用行為分析師而言，最主要的兩大任務是以圖表方式呈現和分析行為資料，以利判定介入成效多寡。圖表方式呈現的資料提供行為分析師連續的視覺反饋，這能幫助他們在面對介入成效時，及時做出適切的判斷和決定。事實上，與其他領域相較之下，圖表資料正是應用行為分析領域獨特之處。臨床上（教室、家中、社區），也因為圖表資料機能性高的特質，第一線的工作者常從製作圖表和評估行為資料中獲得許多寶貴資訊。尤其是以製作圖表方式評估行為資料，使臨床工作者扮演著積極的角色，隨時觀察受試者（學生、當事人）如何因應一項教學策略或介入的引進或抽離而表現有所改變。也因此臨床工作人員能夠根據所觀察到的結果做出反應，修正、終止或持續進行介入，而避免了錯失有效行動的時機。

製作行為資料圖表和進行視覺分析之相關知識與技巧，不僅便於研究人員進行研究和臨床工作，也使我們了解刊登於專業期刊的大多數實證文獻如何闡述應用行為分析，這是因為行為分析使用圖表方式呈現資料，以溝通一種或多種介入的成效。這套知識和技巧對於即將成為行為分析師的你我都有相當大的實用性和助益。

CHAPTER 16

科學、實務與行為分析研究法

鳳　華

本章學習目標

1. 能說出應用科學、實務與行為分析研究法之關係。
2. 能分辨單一受試研究法和實驗研究法的差異。
3. 能說出單一受試研究法與目前實證本位的關係。
4. 能說出單一受試研究法的重要元素。
5. 能說出研究的內外在效度及其威脅。

第一節　緒論

應用行為分析的主要目的在改善消費者的社會重要行為，以增進生活品質為依歸。為達成此目標，應用行為分析摒除偽科學的形式或以個人主觀認定的方式，強調實事求是，並以資料數據為基礎，詳細記錄行為的改變。因此，仔細篩選和系統化的行為測量是應用行為分析學門的基礎。本章則從科學與實務談起，強調實證本位的重要，說明行為分析與科學、實務的關聯，並闡述行為分析研究法如何肩負起結合科學與實務，詳細說明其符合實證本位要求的研究學理之基礎與重要元素，最後則對研究的內在效度的展現及內在效度的可能威脅進行細部闡述。

第二節　科學、實務與實證本位

一、科學與實務

科學，源自拉丁文「scientia」，意為「知識」（advance knowledge），亦即產生新知識的過程。簡言之，科學是指經由系統化的方式探究問題，達成對研究現象的全面了解，進而產生預測及控制，而其中探究的方式——科學方法，是以系統化觀察自然（社會）現象、獲取新知識或者修正與整合先前已得的知識，所使用的一整套技術，必須建立於可觀察、可度量、可驗證的資料上。科學的研究可粗分為基礎研究及應用研究，Ledford 與 Gast（2018）更明確的闡述應用研究是實務本位的實證（practice-based evidence，簡稱 PBE），其主要目的是以解決真實世界（real-world）的問題為主，研究場域是在應用情境中的；相較於基礎研究，基礎研究通常涉及純知識、理論性的研究，用以取得新知識，或者闡述概念及概念之間的關係、驗證假設與理論，有效促進知識，對於實務可能無立即的運用效果。組間比較實驗研究則是應用科學領域中，用以測量變項之間的因果關係最常見之研究方式，至少安排有兩組或兩組以上的研究對象，即實驗組及對照組。實驗組通常是接受介入變項的組別，對照組則可能是沒有接受任何介入或是採用另一種介入方式的組別；為了讓兩組受試對象的特性是一致的，不致於因研究對象的差異而產生介入效果的干擾，研究對象會採隨機分配的方式，讓兩組的研究對象因為隨機分配而自然平衡了可能的潛在差異。此外，實驗研究的依變項是以前、後測的結果評量（outcome measures）作為資料比對的主要來源，統計分析會因為人數限制而產生誤差，因此每組人數至少要有 15 人以上。執行組間比較的研究時，人數的要求及個案來源的不易，是研究者常需面對的困境，而特殊教育或復健領域的每位個案常具有高度的獨特性，因此隨機分配雖然可以排除掉部分的混淆變項來源，然而極端個案卻是特殊族群中常見的議題。表 16-1 則依據 Gersten 等人（2005）對組間比較實驗設計品質指標的整理，可以清楚看到組間實驗研究的重要特點，除了上述的幾項重點外，該研究必須要實驗介入的學理基礎，並依據該學理發展相應的介入程序。要找到一群有共同需求且介入方式相似的研究對象，對研究者則是另一重大考驗。

本書的第一章開宗明義闡述了應用行為分析是一門科學，更具體的說，是一門應用科學。Baer、Wolf 與 Risley（1968）亦在《應用行為分析期刊》（*Journal of Applied Behavior Analysis*）的首發期刊中就將應用行為分析明確定位為應用科學的學門，強調應用行為分析是依據實證本位（evidence-based）的研究方式探討變項之間的因果關係，期能以科學的方法發現環境與個人之功能（因果）關係，促進個人的福祉及科學領域新知識的發現。行為分析學門由於研究重點是有機體的行為，與實務重點相近，並依其學理的獨特性與行為的實驗分析之洗禮，將其哲學理論進行驗證，並進而推廣到實務現場，發展一嶄新的單一受試研究法（single-subject research design），開創了不同於以往的實驗研究方法，並有效解決上述組間比較實驗研究所面臨的挑戰：首先，單一受試研究法不需要兩組（每組至少 15 名受試者）的實驗對象，單一受試研究強調受試者本身就是自身的對照；第二，由於不需要對照組，人數的要求自然可以有效減緩，研究報告建議研究的適當參與人數為三

表 16-1 組間比較實驗研究及準實驗研究的品質指標

研究基礎（學理）的概念化
研究參與者的品質指標 1.是否有足夠資料決定參與者確實展現障礙或學習困難？ 2.取樣程序是否達成等組的參與者？ 3.介入程序是否確保不同組別的介入者是可比較的？
介入程序的指標及對照組的描述 1.介入程序是否詳細描述？ 2.介入程序是否能確保執行程序的忠實度？ 3.對照組是否接受自然情境下的服務？
結果評量的品質指標 1.是否採用多重測量以顯示介入效果及類化表現？ 2.介入效果資料的取得時間點是否恰當？
資料分析的品質指標 1.資料分析技術是否有切中研究的核心議題？ 2.研究報告是否包含推論統計及效果大小的資料？
期待的品質指標 1. 是否有報導介入樣本流失率？樣本若出現嚴重流失，是否是跨樣本的現象？是否低於 30%？ 2. 結果評量的測量工具是否有提供內部一致性、重測信度或觀察者間一致性的資料？評分者是否採雙盲制？對受評者的熟悉度是否相當？ 3. 結果評量除了立即的效果外，是否也包含後續的維持效果？ 4. 測量是否提供效標相關效度或建構效度？ 5. 介入忠實度資料除了應包含執行程序外，是否還有執行的品質監控？ 6. 是否應同時報導對照組的教學程序？ 7. 是否以清楚、前後呼應一致的方式呈現結果？

資料來源：Gersten 等人（2005）

至五名受試者；第三，相較於組間比較的比對資料是以前、後測之結果為主，其主要挑戰是於介入期間，個別受試者的行為變化無法有效提供適切資料，而單一受試研究因為強調長時間的觀察並記錄依變項的變化，並期待在不同的時間點、情境或教學者，觀察依變項的變化，因此可提供個別個體參與實驗過程中的進展，以有效解決實驗研究所面臨的困境。

二、實證本位的發展趨勢

教育重建運動是近年來教育的新趨勢，當中就強調教師需有能力並會採用有效能的教材和教學策略（Lerman, Vorndran, & Addison, 2004）。美國於 2001 年通過的《不讓任一孩子落後法案》（No Child Left Behind，簡稱 NCLB）中，解釋所謂「有效能的實務」必須是建立在科學本位的研究（scientifically-based research，簡稱 SBR）或實證本位的研究（evidence-based research）。首先，所謂的實務對教育而言就是教學現場，有效能的實務則著重於透過研究方式，協助實務工作者找出有效的教學方式，以促進學生的學習成效。前述的應用研究正符合此項需求，依據 Ledford 與 Gast（2018）的整理，認為應用研究與實務工作現場有雷同之處，例如：都會在實務中發現分析問題、發展解決策略，並系統化的執行介入策略、持續記錄並分析介入的效果；兩者也都強調在執行時能符合倫理與責任；而兩者的主要不同在於應用研究須遵循研究之既定程序及標準，也須檢視研究的目標與當下的實務目標是否相符、執行實驗程序是否影響實務現場的日常作息，以及是否獲得必要的支持。然而，兩者若能彼此合作，例如：由實務現場提供研究主題，而研究則提供處理實務現場問題的實證方法，除了能拉近研究與實務的距離，亦能呼應「有效能的實務」之真正意涵。而在應用研究中，又以單一受試研究法特別強調個別化、系統化及有效性，因此單一受試研究法著實又拉近與「有效能的實務」之距離。

此外，Simpson、LaCava 與 Graner（2004）指出，實證本位的定義必須符合下列幾個要點：通過同儕審查、符合實證研究的特定標準、介入實施程序必須要有程序忠實度（procedural fidelity）的資料、持續累積正向的效果。NCLB 也強調，所謂實證本位的教學實務必須要有嚴謹的實驗設計，包含信、效度的證據，以及實驗組、控制組的比較。而完善建立的實證本位研究必須符合下列的條件：(1)二個完善的組間比較實驗（符合隨機分配）研究報告，且須由不同的研究者所執行；(2)五個完善的單一受試實驗設計報告，須由三個不同的研究者所執行，並累積至少有 20 個受試者（Ledford & Gast,

2018）。目前，對特殊兒童教學法的實證研究最常被使用的為單一受試實驗設計，該實驗方法可以透過個體內在比較的方式，同樣達到實驗內在效度的標準（Horner, Carr, Halle, Odom, & Wolery, 2005）。該研究法可以有效克服特殊兒童變異大、樣本數少、不易取得符合隨機分配的要求，為特殊教育提供另一種替代的實驗設計模式。

Simpson（2005）則針對應符合實證本位的教育實務提出三個重要提問，第一，該教學實務的效益與預期效果是否有符合學生的需求？第二，此教學實務的可能風險為何？第三，採用何種最有效的方法評鑑該教學方法或教學取向？教育的重點是學生的成長，因此教學設計應以學生需求為首要考量，研究報告中的研究對象是否與目前服務的學生特質及能力相仿，是需要考慮的重點。評鑑介入方案的有效與否，除了以實驗設計及系統化的測量程序可以確保結果的有效與否，社會效度所強調重要他人對教學目標及教學程序的認同及滿意度（Wolf, 1978），亦可反映該教學介入的適切性。此外，每個取向及策略的可能限制以及對學生及其周遭環境可能的風險，都是在選擇介入策略時亦須同時考量的部分。評鑑教學的方式則應包含學生學習成果如何呈現、評估者是否具有適當的教育訓練及專業、評估報告會定期向誰報告、評鑑的頻率為何等議題。

目前對特殊學生的教學方法如雨後春筍般湧現，如此多元的教學策略同時也意味著沒有單一種教學法可以適用所有身心障礙者的需求，如何因應學生的需要選擇適合的教學策略是重要挑戰，更重要的則是教學者必須要具備該教學取向的專業素養，並需依據文獻報告所發展的教學程序與技術，以系統化、嚴謹的方式確實執行（Cook & Schirmer, 2003; Lang & Fox, 2003; Wong et al., 2014）。行為分析研究法正能符合這樣的趨勢發展，對個別化教育服務的效益能提供可行的實證研究方法學，以下就介紹行為分析研究法的特性及重要元素，之後再介紹研究的內在效度及其威脅。

第三節　行為分析研究法的特性及重要元素

一、行為分析研究法的基本特性

行為分析研究法，或稱為單一受試研究法（以下以「單一受試研究法」稱之），其主要功能為了解有機體行為與環境的功能關係，並據此發展出有效的介入策略，以促進有機體的生活品質。行為分析研究法與組間比較實驗研究最大的不同，在於實驗研究是以控制組的設計達到實驗的內在效度，而單一受試研究法是以受試者本身作為內在效度的控制，持續測量個體本身在不同情境／條件的變化驗證介入效果。對於依變項的測量，實驗研究大都是採介入前、後的兩個測量資料並進行組間平均數變化的差異比較，而單一受試研究法的依變項則必須持續觀察一段時間，以基線期和處理期（等同介入期）作為依變項在自變項介入前與介入後的對照，雖然類似於控制組與實驗組的比較概念，但是持續測量是該研究法的主要核心，主要正是回應Skinner（1953）的經典理念：「行為……是極為複雜。因為它是一個過程，而不是一件物品，不容易被固定下來觀察。行為是改變的，流動的」（p. 15）。最後，單一受試研究法強調臨床顯著的改變而非統計上的顯著性，視覺分析可以有效的展現行為改變的程度。

二、單一受試研究法之重要元素

單一受試研究法主要目的在於建立變項間的因果或功能關係。單一受試研究法採用受試者內的比較方式控制其內在效度，並透過系統化的複製研究以建立外在效度（external validity）。單一受試研究法相較於其他的研究法，有其特定的重要元素（鳳華等人譯，2012；Gast, 2010; Horner et al., 2005; Ledford & Gast, 2018），以下則針對每個元素進行詳細說明。

（一）研究參與者

單一受試研究法是因應個別化的需求而產生的實驗方式。該研究法分析行為改變的實驗邏輯或推理的基礎是以該受試者作為自身的控制。換句話說，實驗過程中會重複測量每位受試者的行為，包含研究的每個階段（例如：自變項的存在與不存在）。每個研究階段受試者行為的測量資料，可用以提供讀者用以比較實驗變項呈現或撤除階段成效的基礎。

單一受試研究法要求對於受試者的篩選程序都要提供詳盡的描述（Horner et al., 2005）。因此，對受試對象的描述須包含障別、診斷依據、能力的優弱勢及該生之需求，並須說明其需求及介入策略的關係。Wolery 與 Ezell（1993）也強調，對於基線階段影響受試者行為的各種情境必須要進行精確的說明，使未來其他研究能依此種資訊選擇符合類似的行為，才能產生同樣的實驗效果，也增加個案類化的外在效度。行為反應是個體與情境互動關係的產物，需要進行系統化的觀察並訴諸文字，依據 Kahng、Iwata 與 Lewine（2002）的研究報告顯示，自 1994 年之後，對具有自傷行為的研究參與者在實施介入前，都會先執行功能分析，以實驗操弄的方式確認行為問題的功能，確認其問題行為之功能後，再搭配前事的環境調整及替代行為的教導，使介入確實能符合個案的需求，而不是依據研究者個人的主觀判斷。此外詳細描述個案的能力及需求，也可讓後續要進行複製研究時可以依樣選擇適當的研究對象。而此處所彰顯的正是人本主義所提倡的需求理論，完全依據服務對象的需求設計適切的介入方案，也相當符合特殊教育個別化教育計畫的教育理念。

（二）實驗的情境或環境變項

為使實驗介入的自變項確實是造成依變項改變的唯一因子，其他環境中的可能干擾變項（extraneous variable）必須能適切控制，才能建立有效的功能關係。其中介入情境需盡量維持一致或常態是重點。實驗的情境必須仔細描述，包含地點、環境的擺設、人物及物理環境（如照明、溫度）等，實驗者必須要盡可能維持實驗過程中環境變項的一致性，避免因為環境干擾變項的影響，而無法有效一致的執行自變項。

（三）自變項

自變項亦可稱為介入變項，意指實驗者操弄環境中特定的刺激面向試圖發現是否會影響受試者的行為，稱之為自變項。自變項是單一受試研究法的靈魂元素，自變項的描述必須要符合操作型定義，始能有效的解釋實驗效果，並增加未來實驗複製的可能。特別是介入程序的詳盡描述（Cooper, Heron, & Heward, 2007，引自鳳華等人譯，2012；Horner et al., 2005; Kazdin, 2011），例如：需清楚的交代執行程序及步驟，包含指導語；每個介入元素的執行方式也需詳細說明，例如：實驗的自變項是採用非後效增強（NCR）的介入方式，就必須清楚描述是以固定時距 2 分鐘，以耳掛式計時器方式提醒研究者，時距一到就提供增強，實施時間為每天上午 9：00 到 10：00 的課程等。如果介入策略涉及教材的使用，材料亦應具體說明，例如：使用 3 公分乘以 2 公分的真實圖卡。如果是使用坊間的商用教材，須註明出版社及作者；若是自製教材，須提供教材範本，讓讀者有參考依據。此外，亦應說明執行頻率與時間長度，例如：早自修前 20 分鐘，每週三次。為確保執行程序的準確並確保受試者的受益權，也應交代執行者或研究者的背景及與執行程序的相關訓練，以及和受試者的關係等。

為確保實驗結果是自變項所產生的唯一影響因子，避免受到不一致的實施自變項所產生的干擾，介入程序的詳細描述為一把關策略。介入程序忠實度一詞指的是自變項依照原先計畫實施的程度（鳳華等人譯，2012），一般計算方式為：介入程序忠實度比率＝（正確執行程序的步驟數÷步驟總數）×100%。為能確保自變項介入的一致程度，目前研究報告都必須檢附教學程序忠實度的資料。

（四）依變項及測量系統

依變項又稱為目標行為，亦即是接受自變項的處理後個體的行為產生變化之結果稱之。應用行為分析實驗中的目標行為，必須以操作型定義並選擇適當量化方式（如頻率、時間長度）測量該目標行為。單一受試研究法要求研究者必須對依變項進行操作型定義，使評量具有一致性，效果才能真正彰顯。依變項的評鑑指標如下：第一，要能選擇適合的測量向度（如重複性、時間範圍或時間軌跡，詳見本書第十四章），以精確測量出研究者想要評量的具體反應，例如：撞頭的定義是以計次方式計算，撞頭的操作型定義為個體將頭撞向牆壁、桌椅或地板；或是哭鬧的行為以持續時間測量等。第二，依變項的選擇需考慮社會重要性，Cooper 等人（2007，引自鳳華等人譯，2012）提出十項選擇依變項的指標：(1)在介入結束後，此行為是否可能在個案的自然環境中產生增強作用？(2)此行為是否為一個更複雜和功能性技能的必要先備技能？(3)此行為是否能增進受試者在環境中習得或利用其他重要行為？(4)改變此行為能否使他人以較合宜且支持的態度與個案互動？(5)此行為是否為核心行為或行為里程碑？(6)此行為是否符合該受試對象年齡的適宜行為？(7)若原先的目的是要減低或消除該行為，是否有試圖教導替代原功能的適應行為？(8)這是說說而已還是實際所關注的行為？(9)若目標本身非一特定行為（例如：減重 20 磅是結果而非行為），此行為是否有助於達成目標？

此外，應用行為分析強調行為是個體與環境互動所產生的事件或語言，因此為確實了解該行為與環境的動態關係，以了解該變項在不同環境中的持續變化，重複評量是必要的元素，包含跨階段及階段內的持續測量，使能進行階段內及階段間的比較。透過觀察者間一致性（IOA）可以檢測依變項測量結果的正確度及可信度，通常IOA必須要達 80%以上才具有可信度（IOA 的計算方式可參見本書第十四章）。

（五）基線期

基線期是單一受試研究法實驗控制的基礎，稱之為基線邏輯（baseline logic），主要功能是作為介入後的對照資料。因此介入前基線資料必須要展現穩定狀態，如果基線期表現出不穩定，研究者必須重新確認自變項是否為唯一的影響變項。

（六）實驗控制（內在效度）

當系統性的操弄某個體環境的某些面向（自變項）後，同時控制環境的干擾變項，並確實產生可預測的行為改變（依變項），那就達成所謂的實驗控制。實驗確定環境的操弄對於行為的效果，並展示出這些效果可以以可靠的方式產生，就構成了應用行為分析當中的分析（analysis）；應用行為分析以基線邏輯所展現的預測、驗證及複製作為分析實驗控制的主要立論，亦即當一個可靠的功能關係將行為和環境的某些特定面向的關係釐清後，以具有說服力的方式呈現出來，就算完成一個有效的行為分析（鳳華等人譯，2012）。依據 Ledford 與 Gast（2018）指出，實驗研究要展現實驗控制，就是研究者必須能有效控制內在效度的威脅。有關內在效度的威脅，將在本章第四節中有仔細的探究。

（七）外在效度

研究的發現或成果是否能在不同的時間或地點，或者對不同的個體呈現其相同的發現或成效，是外在效度主要關注重點。應用行為分析對外在效度是以類化的程度來進行評量，是著重個體在不同的情境、時間、人物下研究所展現的效果可以延展的持續程度。不同於團體比較研究，團體實驗研究在樣本的選擇上必須要確保能代表母群，因此結果可以順勢推論到母群，然而卻無法將結果推論到個人，對於個體而言的運用及價值就相對很少。

為了也能產生類似於團體實驗法的類化效果，應用行為分析採用系統化複製的方式來增加其外在效度，包含對不同個體、在不同的地區或國家系統化複製相似的實驗，並延伸研究的重要軌跡，當獨立的研究群在不同的國家或地理位置上報導相同的研究發現，這個網絡的結果就是形成一個具有科學整合及技術價值的知識體。這種集合式的努力加速並提升介入的精緻化及嚴謹度，對於證據本位的發展與精進是有其必要性的（鳳華等人譯，2012；Horner et al., 2005; Peters & Heron, 1993），也是形成知識體的重要基石。

（八）視覺分析

單一受試研究法使用系統化的檢驗方式解釋圖形展示之資料，稱為「視覺分析」（visual analysis），主要是協助研究者確認行為的改變是否可歸因於自變項，以及其歸因的程度為何。視覺分析的主要特點是以資料為本位的動態過程，著重於分析形成性評量，透過圖表展現，可一目了然，且對讀者完全透明化的分析及解釋特定情境（condition）的資料，主要方式是透過檢視資料的變動性、水準、趨勢及交疊率，以確認依變項的進展以及依變項與自變項間的功能關係（本書第十四章有詳細說明）。

（九）社會效度

Wolf（1978）是最早提出單一受試研究法需考量社會效度的重要學者，Wolf 指出目標行為的社會意義、介入程序的適切性，以及結果的社會重要性是主要反映社會效度的三大指標。首先社會效度強調依變項的選擇應具有社會重要性，可參酌 Cooper 等人（2007，引自鳳華等人譯，2012）的十項指標（參見前文依變項的內容），或者訪談重要關係人請他們評量目標行為的重要程度。自變項的介入程序則必須要能顯示下列重點：(1)執行程序是可以被接受的；(2)程序是在現有的資源下可以使用的；(3)程序是有效的；(4)實驗結束後能繼續使用此技巧；(5)介入所產生的效果是具有臨床意義及需要的，也是得到社會重要關係人認同的（Horner et al., 2005; Wolf, 1978）。

（十）報導結果

圖示法是單一受試研究法呈現實驗結果的主要方式，研究者要確保能提供讀者正確、完整的圖示結果，讀者才能依圖理解資料的意義。圖示中必須依據縱軸：橫軸為 2：3 的比例呈現；為單一資料點時建議使用實心點，多重資料點時則可運用幾何符號，每個圖內的多重資料點最好不要超過三種；資料路徑是解讀實驗效果的重要訊息，謹記資料路徑僅連結相同情境內的資料點，並須以中斷刻度明確標示不連續的觀察時段；同時必須清楚標示橫軸、縱軸以及各種情境。

三、單一受試研究法的品質指標

依據 Horner 等人（2005）以及上述討論，表 16-2 整理出八項重點（包含研究參與者、研究場域、自變項、依變項、基線期、實驗控制、外在效度及社會效度）用以評鑑單一受試研究法的品質。讀者可用以評鑑已出版刊登的文獻，或者作為研究程序中的自我檢核，始能確實掌控研究品質。

第四節　研究的內在效度及其威脅

一、基本概念

實驗研究的主要目的是建立科學對環境的控制，即實驗者操弄自變項以達成依變項的改變；換言之，就是達成有效的實驗控制。實驗設計正是為了展現有效的實驗控制之重要手段，透過適當的實驗設計有效控制無關變項，使研究者能有信心的報導研究者所操弄之自變項是造成依變項改變的唯一來源，也正是展現實驗的內在效度。內在效度是指，一個研究之研究設計能正確的說明研究結果之程度，以及呈現自變項與依變項的因果關係之程度（Judd, Smith, & Kidder, 1991）。外在效度則是指，一個研究之研究結果能普遍推論到母群或其他相類似情境的程度。應用研究要能展現好的內在效度，除了以資料數據展現自變項對依變項的影響效果之外，還須能展現實驗控制，亦即能說明該研究對內在效度威脅的控制。以下分別說明展現單一受試實驗設計要如何展現適當的自變項與依變項之因果關係，以及其可能面對的內在效度威脅。

二、展現實驗控制

依據 Horner 等人（2005）的看法，單一受試研究實驗控制的展現是當該實驗設計能於實驗的三個時間點展現出實驗之效果，此可藉由A（基線期

表 16-2 單一受試研究法品質指標檢核表

品質指標	檢核
1. 研究參與者	
1-1 對研究參與者的描述提供詳盡且足夠的資料，讓未來其他研究者能選擇具相同特質的參與者（如年齡、性別、障別、診斷依據、能力優弱勢）	0 1 2
1-2 應以可複製的標準，準確描述選擇研究參與者的程序	0 1 2
2. 研究場域	
2-1 圖示或文字描述研究的場域，達可複製的標準	0 1 2
2-2 描述研究場域的物理環境，達可複製的標準	0 1 2
3. 自變項	
3-1 自變項的描述必須要精準且能被複製	0 1 2
3-2 在實驗者的控制下，有系統的操弄自變項	0 1 2
3-3 呈現介入程序忠實度的評量表單及數據（需達 90%以上的忠實度）	0 1 2
4. 依變項	
4-1 對依變項的描述需具有操作型的精準度	0 1 2
4-2 依變項的測量需產生能準確反應該變項的量化數據	0 1 2
4-3 依變項的測量必須是有效且準確的，並可以被複製	0 1 2
4-4 長時間重複測量依變項	0 1 2
4-5 每個依變項資料的蒐集應具有信度，或達觀察者間一致性的最低標準（80%）	0 1 2
5. 基線期	
5-1 在未介入前對依變項重複評量，並建立一反應模式，可用來作為預測未來的反應模式	0 1 2
5-2 基線期的描述必須要精確且可被複製	0 1 2
6. 實驗控制	
6-1 實驗設計提供預測、驗證與複製的效果	0 1 2
6-2 實驗設計可控制對內在效度所產生的一般威脅	0 1 2
7. 外在效度	
7-1 實驗結果可以對不同的受試者、情境或材料產生複製效果	0 1 2
8. 社會效度	
8-1 依變項是具社會重要意義的	0 1 2
8-2 自變項的執行是實務且經濟實惠的	0 1 2
8-3 透過由其他介入者在特定的物理及社會情境延長自變項的介入，也可以建立社會效度	0 1 2
總分	

一）—B（處理期一）—A（基線期二）—B（處理期二）的實驗設計為例來說明此概念。如果在基線期一及處理期一兩者的對照下，可以明顯看到依變項出現及其改變，這是第一個時間點所呈現的效果（A1-B1）；當再度回到基線期二時，又出現退回到基線一的狀態，這是第二個時間點所呈現的效果（B1-A2）；當再度進入處理期二時，依變項再度展現進步的改變，這是第三個時間點所呈現的效果（A2-B2）。圖 16-1 則呈現此實驗控制的概念，也是實驗設計的基本理念之一，此概念也已經被 WWC（What Works Clearinghouse）於其正式的文件中詳實紀載（Kratochwill et al., 2010）。

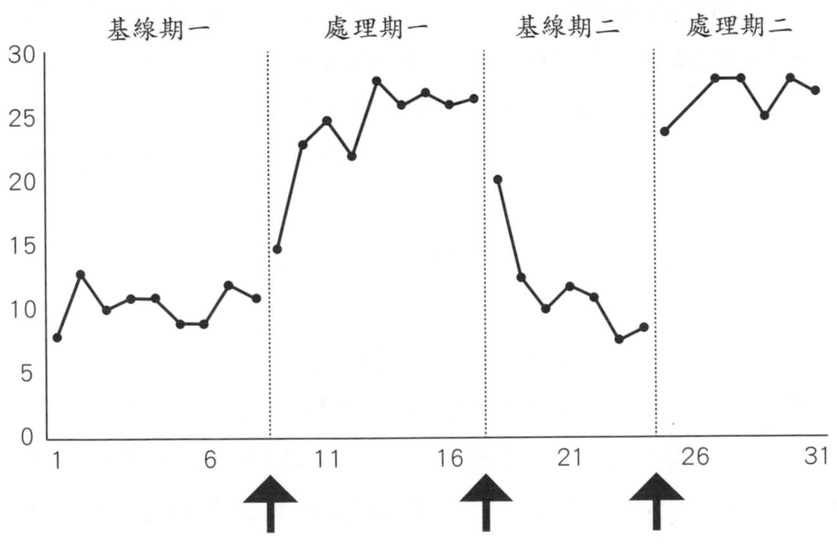

圖 16-1　三個時間點實驗的效果展示示意圖

資料來源：取材自 Horner 等人（2005, p. 169）

此外，為能展現實驗控制及以客觀資料展現實驗的效果，基線期的蒐集及其所延展的基線邏輯，亦是單一受試研究設計的重要基礎。

應用行為分析的主要目的在探究並發現「行為—環境」之間的關係，尤其著重行為與環境變項的功能關係。主要方式是持續評量研究對象在不同環境變項下行為的變化。最常用來評估特定變項對行為效果的方法，就是在沒有處理變項時以及加入該處理變項之後，持續測量行為的變化。在處理變項尚未介入或不存在時所蒐集的測量資料稱之為「基線」（baseline），可將此資料與特定變項介入後的行為改變做一比較，作為該變項介入前、後的比對，以達到實驗控制的效果。

基線期的測量是單一受試實驗設計中最為核心的元素，亦即受試者提供其自身資料的對照，也正是單一受試實驗所強調的——受試者是本身的實驗控制。此外，研究者所測量具代表且穩定的基線資料，讓研究者能正確解釋實驗的效果（Smith, 2012）。而以基線期作為比較及推論的邏輯是單一受試研究法的基礎，稱之為「基線邏輯」（鳳華等人譯，2012；Sidman, 1960/1988）。此種概念類似於實驗研究必須安排控制組與實驗組以達到有效的實驗控制，不同之處在於實驗研究是針對一群人進行探究，而單一受試研究則是以個體本身行為介入前、後的資料做比對。此外，可以作為實驗控制的基線階段，不一定是沒有實施教學或介入，只是沒有介入要探究的特定變項。

為使實驗控制是有效的，基線需處於穩定狀態，穩定狀態反應（steady state responding）意指一個反應的型態，重複暴露在一個特定的狀態，持續測量該反應皆呈現極小的變化，稱之為達到穩定的反應型態（Johnston & Pennypacker, 1993）。此種穩定狀態反應提供行為分析中一個強而有力的實驗推理基礎，稱之為基線邏輯，其中包含三個主要元素——預測、驗證和複製——當中的每個元素對於一整體的單一受試實驗方式提供檢驗符合實驗效度的程度（鳳華等人譯，2012）。而基線期資料點要累積到多少的量並沒有一定之說法，而是要依據依變項的特性及資料蒐集的實際狀況而定。以學習命名為例，若受試者在30個物品命名的表現連續三次都是0%的正確度，很明顯的就可以預測接下來之測量會有類似的結果；然而，若是基線期所蒐集的資料呈現大的變動走勢，研究者就需要再持續蒐集資料點，直到基線是達到穩定的狀態。

單一受試研究的基本模型就是至少要有兩個實驗條件：基線期及處理期，亦即A-B設計，其他所有的實驗設計可以看成是這個基本模型的延伸或精緻化的結果（Gast, 2010）。預測意指當基線資料處於穩定狀態，研究者可以有信心的推測如果在同樣的情境下持續蒐集基線資料，應該會呈現類似於該穩定狀態的走勢（鳳華等人譯，2012）。圖 16-2 中的基線期一和處理期則呈現預測的基本概念。預測可以由兩個面向來展現：第一個面向是預測原本基線資料的走勢；第二個面向是指如果自變項是行為的控制因子，介入後就會造成依變項的改變，而出現不同於基線預測資料的走勢。

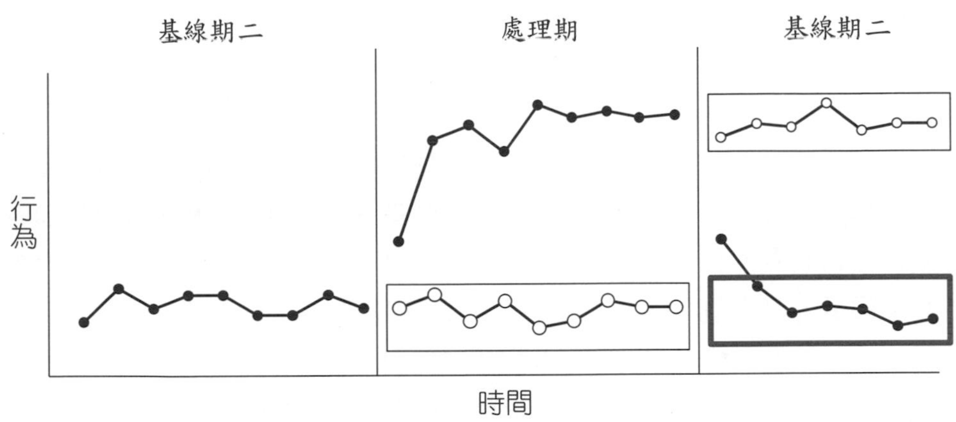

註：實心圓點代表真實資料點，空心圓點代表預測資料點。

圖 16-2 基線邏輯的兩個要素：預測與驗證

資料來源：鳳華等人譯（2012, p. 172）

在確認基線呈穩定狀態後，隨即進行自變項的介入，若自變項的資料走勢確實不同於基線的資料及其所預測的資料時，就可以確認上述的兩個預測：第一，如果自變項沒有實施，則依變項會維持原先的穩定狀態，不過這僅是推論的結果；第二，自變項介入後確實造成依變項的改變（即對照介入之後的資料以及預測的基線而獲得確認），此改變可以部分確認自變項是依變項的控制因子。

在預測階段，雖然自變項介入之後，確實產生依變項的改變，然而亦有可能是其他變項造成的改變，為了證實這個改變是由自變項所造成而非其他干擾變項，就必須透過再次操弄情境產生真實的資料，以驗證對原始基線之預測，亦即撤除自變項後，如果能再度展現與原始基線的反應水準，就可達成驗證（verification）的效果，此驗證是針對於上述預測的第一個面向的確認，亦即若自變項沒有實施，依變項會維持原始基線的表現，藉以提高自變項與依變項間的功能關係（鳳華等人譯，2012；Gast, 2010）。圖 16-2 中的處理期與基線期二則清楚展示驗證的概念。在基線期二中，實心的資料點所呈現的狀態與先前預測的基線反應狀態十分接近，因此驗證了對原始基線的預測（處理期一的空心資料點）。通常實驗進展到這個階段，已經完成了初步實驗控制的要求，然而要能完整展現實驗控制的效果，複製則是另一個關鍵要素（Ledford & Gast, 2018）。

複製表示重複操弄先前研究中的自變項以獲得相似的結果（鳳華等人譯，2012）。研究中的複製可以達成兩個重要目的：第一，藉由複製先前觀察到的行為改變，減少此種改變是來自於其他干擾變項的疑慮；第二，複製的結果顯示，自變項的再次介入可以再次展現行為的改變並達到先前介入的水準，有效增加自變項對依變項改變效果的可信度。

圖 16-3 也同時呈現複製的概念（鳳華等人譯，2012）。在基線期二出現穩定狀態反應後，自變項再次呈現，第二次處理所獲得的資料（在虛線框裡面的資料點）在某個程度上與處理期一的水準類似，即產生複製。如此，第二次處理期的複製效果可以提供自變項與依變項之間的功能關係一個強而有力的證據。目前研究法領域普遍認同此種實驗設計（A-B-A-B）具有高度

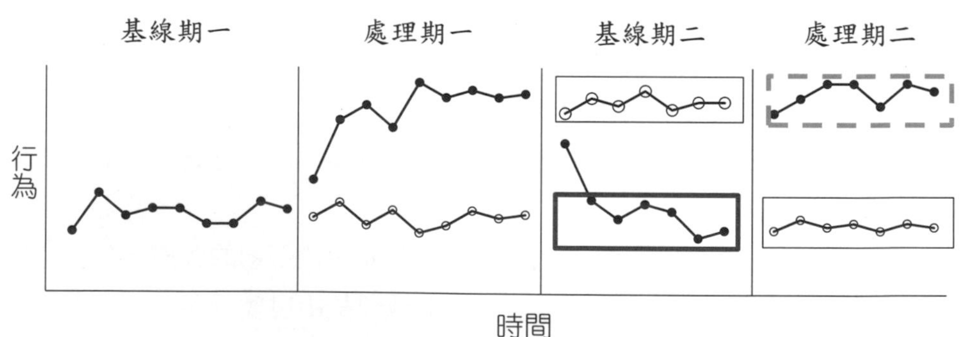

註：實心圓點代表真實資料點，空心圓點代表預測資料點。

圖 16-3 基線邏輯的第三個要素：複製

資料來源：鳳華等人譯（2012, p. 173）

的內在效度，特別相較於實驗研究法，複製一般不會在同一個實驗中出現，因此實驗研究法的內在效度反而不如單一受試研究法來得更具說服力。

三、內在效度威脅

研究要能展現好的內在效度，除了以上述的實驗設計之資料數據展現自變項對依變項的影響效果之外，另外一個能展現適當的實驗控制方式，就是要能說明研究對內在效度威脅的控制程度。以下分項介紹各種內在效度威脅及可能的控制方式（Cooper, Heron, & Heward, 2007; Ledford & Gast, 2018）。

（一）歷史事件

歷史事件的威脅是指，在實驗進行的歷程中出現與研究設計無關的經驗、活動或事件，並對研究結果造成影響，例如：實驗設計是執行代幣系統以改善行為，在實驗過程中，家長自行在家中實施懲罰策略，因而干擾了代幣系統對依變項影響的程度。

（二）成熟

成熟的威脅是指，行為的改變是起因於時間演變而成，受試者是因為自然成長或發展所產生的效應，而不是由自變項所造成的改變。如果實驗設計能展現三個時間點的實驗效果，或是能展現基線邏輯的三要素（預測、驗證與複製），則可以有效控制「成熟」此變項對內在效度的威脅。

（三）練習效應

受試者若需要重複對相同的測驗做反應時，就容易產生練習效應。在基線期或探測階段，若受試者會因為長時間暴露在測驗程序中而產生行為自動進展的現象，則需要再拉長基線探測的時間，以確保達到穩定階段。當然，也應確認在基線期的測驗過程中，實驗者不給任何行為增強、不做錯誤糾正、也不給提示等。如果在探測過程中，受試者的行為持續產生進展，則應重新考量該行為介入的必要性。

（四）測量系統的品質

行為分析研究需大量仰賴測量系統，以蒐集依變項的資料，行為觀察是主要蒐集資料的方式，其中的行為觀察之最大威脅就是人為因素（Cooper et al., 2007）。降低人為因素影響最直接的方式，首先是研究者應清楚定義目標行為，再者是觀察者應接受嚴謹的訓練，並善用錄影資料，透過觀察者間一致性，以確保資料的可信度，建議應該要達到 90%的一致性為佳。

（五）受試選樣的議題

研究者在挑選個案時，應盡量招募符合研究要求的受試者，避免刻意排除某些樣本。若樣本量過多無法負荷時，則應採取隨機選樣的方式，避免個人偏見影響選樣程序。此外，若於實驗過程中出現樣本的流失，研究者則須說明流失的原因，也需要報導該名受試者在實驗情境中的表現。

（六）介入程序的議題

研究者必須要能依照所規劃的實驗設計並完整的執行介入程序，不一致的執行介入程序會對研究結果造成干擾與混淆。依據 Cooper 等人（2007）的看法，介入程序干擾之一是實驗者的偏見，實驗者通常對介入成果會有所期待，因而影響基線期及介入期執行上的差異化；另一種則稱之為介入偏移（treatment drift），亦即是介入的後期與前期之實施程序出現不一致的狀況。適當的控制方式是針對介入程序進行操作型定義之外，也要進行介入程序的培訓與監控，監控方式則是採用上述第三節中所提到的介入程序忠實度之檢核。

（七）多元素介入的干擾

此種威脅較容易發生在多重處理實驗設計。此威脅是指受試者的行為是受到多於一種既定（planned）處遇的影響，常見的影響有（Ledford & Gast, 2018）：(1)序列效應（sequences effect），指依變項的改變是受控於特定介入順序的影響，例如：ABCBC 的實驗設計，BCBC 是一既定的介入順序，依變項在 C 情境的改變是因為在 B 之後所產生的影響；(2)延續效應（carry-over effect），指鄰近情境段依變項產生殘餘效果的影響，因應方式建議可採用對抗平衡的概念，讓不同受試者接受不同順序的介入，例如：受試者 A 接受 ABCBC 的設計，受試者 B 則接受 ACBCB 的實驗設計模式。

（八）循環變異性

此威脅指資料的變動性是呈現一種循環可預測的狀態，特別是當資料蒐集的時間點都一樣長，有可能剛好是搭配了一自然的循環樣態，例如：五天上班五天在家，可能是因為在家與否影響了實驗效果，而不是實驗本身的效果。建議階段間的資料長度要不等量，以避免循環變異性（cyclical variability）的產生。

（九）霍桑效應

霍桑效應（Hawthorne effect）或可稱之為反應化效應，是泛指當受試者因為覺知他們是被觀察的對象時，而出現異於自然情境下的行為表現，進而影響研究結果。霍桑效應較容易出現於使用干擾性或侵入性高的測量程序，因應方式是盡量採用低度干擾的方式進行行為觀察，例如：觀察者的位置是不被受試者覺察的，或是採用單面鏡等方式；或是持續蒐集資料，直到資料穩定後再進行介入。

第五節　結語

工欲善其事，必先利其器。本章對實務工作者提供一符合科學及實務需求的研究方法——單一受試研究法，並針對該研究方法的重要元素及展現內在效度的方式提供多元思考，期能對研究人員提供另一種研究方法的思維，開展不同面向的實驗風貌。

CHAPTER 17

應用行為分析之實驗設計

鳳　華

本章學習目標

1. 能完整描述單一受試研究法的實驗設計各種類型。（倒返設計、多基線實驗設計、多重處理設計、逐變標準設計）
2. 能比較不同實驗設計的特點及適用情境。
3. 能講述單一受試研究對人類服務的貢獻。

第一節　緒論

本章將延續上一章的內容，依序介紹單一受試實驗設計的各種類型。不同類型的實驗設計能協助研究者回答不同的研究問題，其中主要是協助研究者能以科學實驗的方式展現自變項與依變項的功能關係（如 ABAB 及多基線實驗設計），對於實務工作者更感興趣的議題，例如：想要比較不同介入的效果等，單一受試研究法亦提供多元的實驗設計（如多重處理設計、交替處理設計及調整型交替處理設計）。另外，從行為分析本身的學理所特別研發之逐變標準設計，也是另一種展現實驗控制的設計模式，以下分別敘述之。

第二節　A-B-A-B 倒返設計

倒返實驗設計是單一受試研究法最早的基本模式，後續則因應各種需求延伸出各式各樣的研究設計，研究者可以依據不同的研究目的選擇適當之實驗設計，以下介紹幾種重要的實驗設計之基本概念及其實務的運用。

一、A-B-A-B 倒返實驗設計的基本概念

A-B-A-B設計是最早發展的實驗設計，具有相當高的研究內在效度，對驗證自變項與行為之間的關係，在單一受試研究法的實驗設計中是最具實證說服力的（鳳華等人譯，2012；Gast, 2010）。該實驗設計的主要優勢是針對同一位研究對象、同一個行為，直接複製原先介入的效果，完全符合基線邏輯中預測、驗證及複製的三大實證研究要素，也符合三個時間點實驗的效果展示（Ledford & Gast, 2018）。該研究方法主要基本的作法是在特定環境下反覆測量行為，至少要產出三個時間點的變化階段：第一個時間點為初始的基線期（自變項未介入）之後進入第一次介入期（自變項引入）的時間點；第二個時間點則是由介入期一改變成基線期二，藉由自變項的撤除，返

回基線期的狀態；第三個時間點則是由基線期二再度進入第二次介入期（Horner, Carr, Halle, Odom, & Wolery, 2005）。第十六章的圖 16-3 也可以看成是 A-B-A-B 的基本原型圖。

茲以 Carnine（1976）的研究為範例做說明。該研究目的是比較兩種教師呈現教學材料速度對不專心、回答問題及參與課程的成效。教師呈現材料的速度分為「低速」及「快速」兩種方式，低速呈現定義為在學生反應之後，老師會在心中默數 5 秒鐘，再呈現下一個教學材料；而快速呈現則定義為，在學生反應之後立即呈現下一個教學材料。教師呈現材料的方式是依據 DISTAR 教材的設計執行，兩種不同教學速度的教學情境中，教師也都會依據預錄的耳機提示聲（90 秒固定時距）對目標學生的適當反應（例如：正確回答問題或有參與課程），提供一般性的社會讚美。依變項則是三種目標行為，第一個目標行為是「不專心」，操作型定義為離座、脫口失言、隨意與其他學生交談、不理會老師的教學等。第二個目標行為「參與課程」定義為：在教師呈現教材之後 1 秒鐘之內有回答老師的提問則稱之，同時觀察者記錄學生的反應為正確或不正確（第三個目標行為）。結果如圖 17-1，顯示一位低成就伴隨有行為問題的一年級學生，在快速呈現的處理期中，三種目標行為的表現明顯好於低速呈現的教學。換句話說，不專心行為在快速呈現期間明顯低於低速教學期，而參與度及回答正確率在快速呈現階段的表現都明顯高於低速呈現的表現。研究者提出結論建議教學者可以善用快速呈現教材搭配後效增強的策略，能有效減少學生的不專注行為並增加參與度及反應正確率。這篇研究除了展現 A-B-A-B 實驗設計的研究範例外，也顯示基線期不等同沒有介入，這個研究的基線期是「低速呈現」，相較於處理期是「快速呈現」。因此再次重申，基線期不等同無介入，會因情況而定。

二、A-B-A-B 設計的變形設計

有許多 A-B-A-B 設計的延伸或變化，如 A-B-A 設計、A-B-A-B-A-B 重複的倒返設計、B-A-B 設計、多重處理倒返設計。以下僅針對 B-A-B 控制技術做簡介，多重處理設計則於稍後的節次中再做補述。

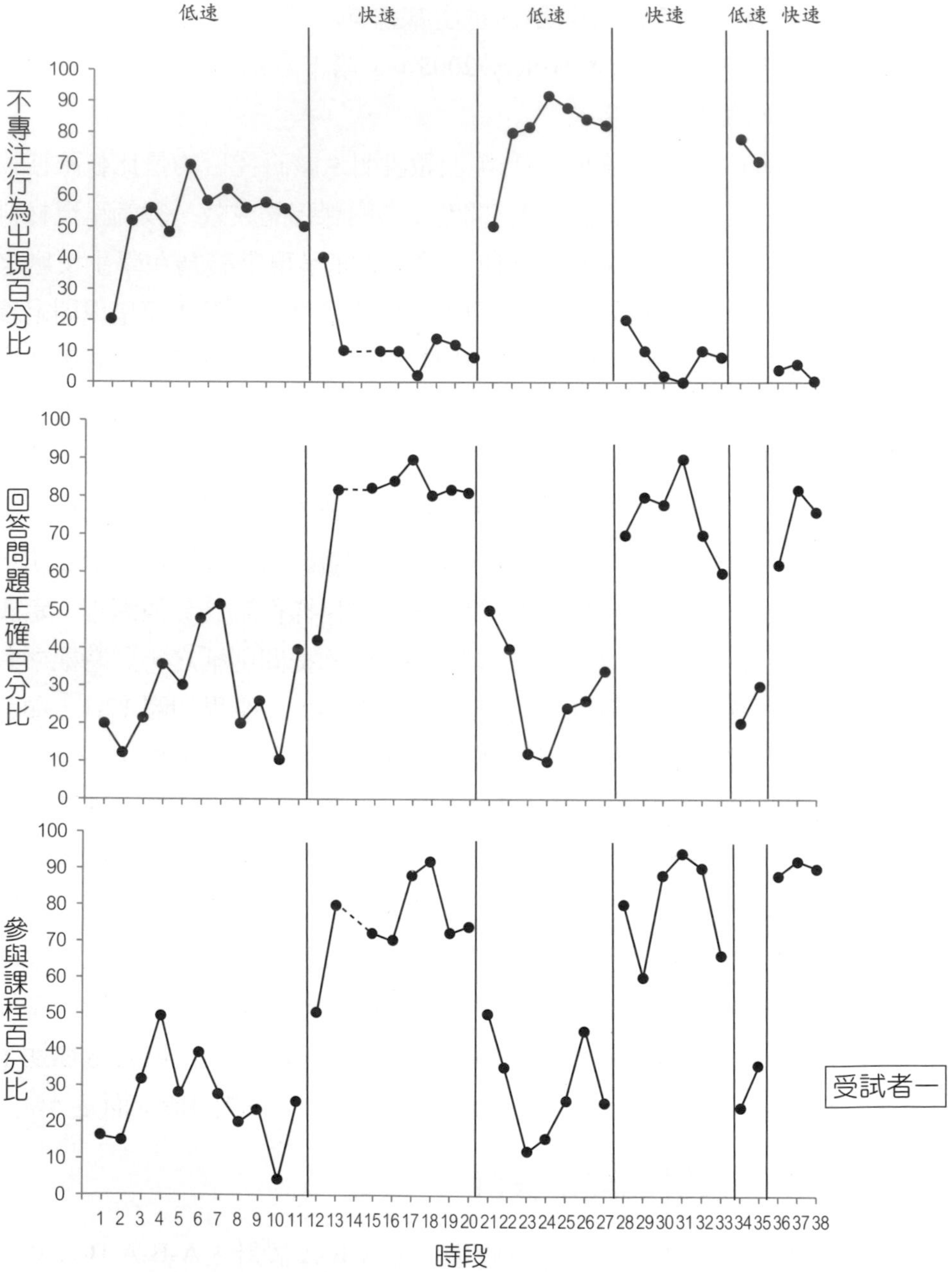

圖 17-1 受試者一在兩種教學速度呈現下，三種目標行為的反應變化圖

資料來源：取自 Carnine（1976, p. 204）

B-A-B 設計不同於 A-B-A-B 設計，實驗設計並未從基線期開始而是直接實施自變項。當反應於處理期達到穩定後（B），撤除自變項。如果於自變項不存在的情況下（A 的條件）行為轉為惡化，自變項則再次引入，期望重現第一次處理期的反應水準，用以驗證初始處理期所得資料路徑的預測（鳳華等人譯，2012）。雖然介入的結束點是處於處理階段，符合實務倫理，然而從實證的效度而言則不如 A-B-A-B 設計來得嚴謹完整，因為實驗前並未先行觀察在沒有自變項的介入下之行為反應，因而無法驗證初始基線資料的預測。不過針對實務工作卻是較為簡便可行的實驗設計，特別是面臨有嚴重攻擊或傷害他人（或個體本身）的緊急狀態，基線期資料的蒐集會產生研究倫理議題（以個體最大福祉為最優先考量），介入必須要立即實施，此時B-A-B設計就是個適合的研究方式。此外，尚有其他可能的適用狀況，例如：當實驗介入本來就已經存在，但是為確認其實施的效果，則可以採用此種方式；另一種狀況則是因應時間上的限制，需要在短時間內看到成效時亦可以採用。

舉例來說，Pace與Troyer（2000）的研究是針對一名 9 歲 5 個月大的智能障礙女童以多重維他命的方式改善她異食症的範例，該研究即採用B-A-B設計。當時因為家長對醫師報告他們發現該女童已經有持續三週沒有發現異食症的問題，這是持續六年間異食症問題的過程中，發現能表現出沒有異食症的最長紀錄，該父母報告說這段期間除了固定服用鐵劑外，還額外有使用多重維他命，實驗者為驗證使用維他命的效果，因此必須採用B-A-B設計。因為介入變項已經持續實施一段時間，結果顯示在持續使用鐵劑的狀態下，使用維他命及撤除維他命使用的不同階段確實顯示出使用維他命的實驗效果，亦即在 10 分鐘的實驗觀察期中在服用鐵劑和維他命以及獨自一人或有成人在場的情形下，呈現較少或未出現任何異食的行為，而撤除維他命後則明顯出現較多異食的問題（請參閱圖 17-2）。此研究提供醫療院所相關簡易的實驗操弄方式，以科學的方式驗證醫療行為的效果。然須提醒的是，本篇研究只是單獨的實驗報告，有關維他命治療異食症的效果尚未建立為實證本位的介入策略，還需要累積更多的研究成果！

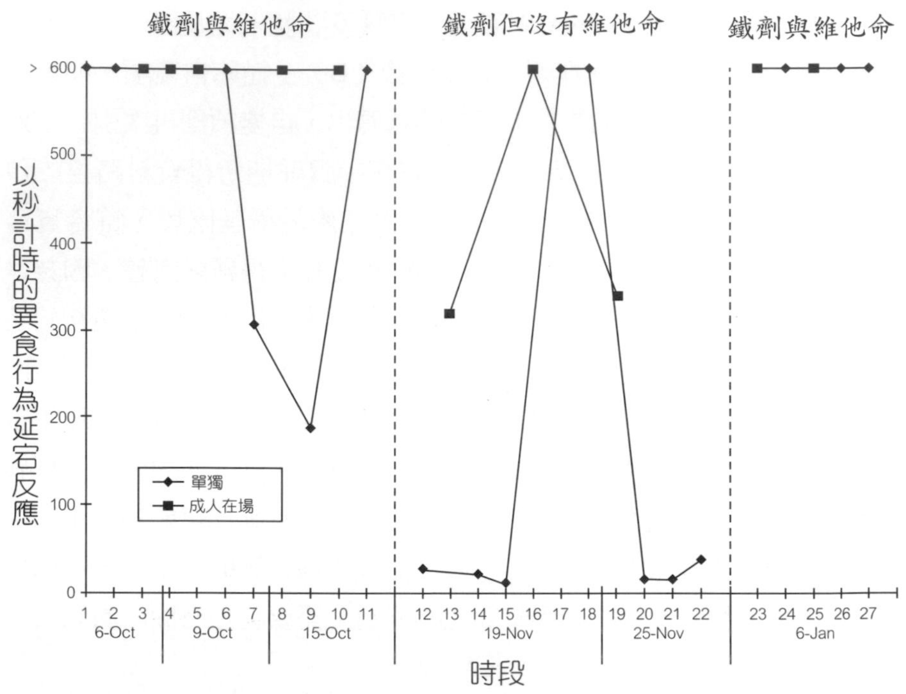

圖 17-2 在獨處或有成人在場的異食行為延宕反應

三、使用 A-B-A-B 設計的考量

A-B-A-B設計是一強而有力的實驗設計，能有力的證明自變項與依變項的功能關係。在實務上也能因應特殊狀況而有所修正，亦可以對多元的介入方式進行比較，相當有彈性。然而此種實驗設計的主要限制是有些變項介入後，依變項就很難再撤除到原始的基線狀態，是所謂的不可逆性（irreversibility）。Sidman（1960/1988）對行為的不可逆性定義為：即使實驗的條件與之前的階段相同，但是該行為無法再回復到先前階段所觀察到的反應水準。舉例來說，依變項的目標是要增進社會互動、口語表達需求的能力，或是要增加學業的學習表現等，一旦個體暴露在介入條件下，就會產生學習的效果，一旦學會，該行為就會產生不可逆的問題，然而此現象在實務上卻是希望見到的。為解決此種困境，其他實驗設計因應而生，多基線實驗設計就

是重要的替代研究設計。

A-B-A-B設計近年來受到相當關注的倫理議題，是該設計需要透過撤除自變項以達成實驗控制的效果，然而對於已經看到進步的行為變化卻要將其效果撤除，社會大眾對這樣的作法確實會有所疑慮，也是研究倫理要面對的挑戰。此外，對於嚴重行為問題的部分，因為撤除自變項會再度讓受試者暴露在具潛在危險的情境中，則是另一個受爭議的倫理議題。目前的學者普遍認同，針對嚴重行為的介入實驗，為了達成實驗控制的需要可以只進行簡短的倒返，一次的倒返資料若已經呈現明顯的差異，就不需要讓受試者持續暴露在潛在危險的情境中；如果評估確實不適合進行倒返，可以考慮採用其他設計，以避免讓受試者的權益受到損傷。

第三節　多基線實驗設計

一、基本概念

多基線實驗設計是 A-B-A-B 設計的延展，主要是因應 A-B-A-B 設計常會遭遇目標行為有不可逆的現象或是目標行為已經達到改變，在倫理考量下不適合撤除時，多基線實驗設計因應而生。其基本架構與 A-B-A-B 設計一致，只是多基線是由多個 A-B 的架構組合而成，多個 A-B 的基線資料都在同一個時間點蒐集，然而不同階層的B階段則在不同的時間點進行介入，原型圖請參閱圖 17-3。多基線實驗設計基本類型有跨行為多基線、跨受試多基線及跨情境多基線三種基本的設計形式，而多試探及延宕基線則為多基線實驗設計的變形。以下分別詳述。

多基線的邏輯還是維持基線邏輯的規章：預測、驗證及複製。在預測資料結果確認的部分，第一層級A-B中的處理期可以藉由自變項的介入來進行結果的確認，若自變項的走勢確實不同於之前的基線穩定資料，就可以確認兩個預測：第一，如果自變項沒有改變，則依變項會維持原先的穩定狀態；第二，自變項介入後確實造成依變項的改變，此改變可以比對處理之後的資

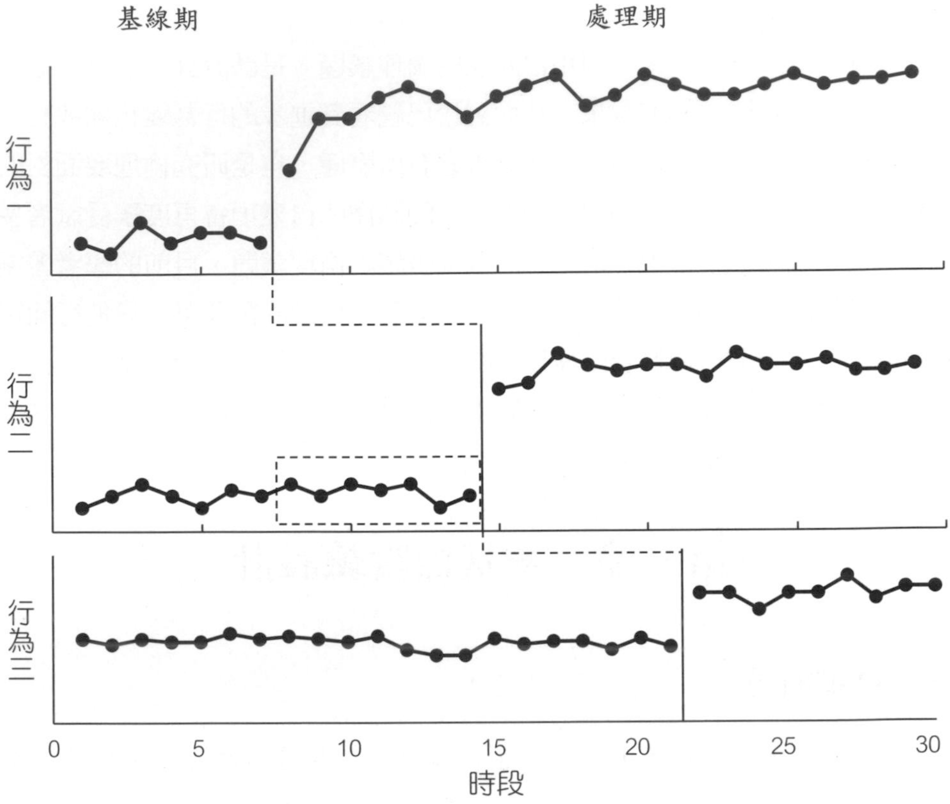

基線期 處理期

行為一

行為二

行為三

0 5 10 15 20 25 30

時段

圖 17-3 多基線實驗設計原型圖示

料以及基線的預測資料做對照而獲得確認（Cooper, Heron, & Heward, 2007）。這階段與 A-B-A-B 設計的預測階段是一致的邏輯概念。不同於 A-B-A-B設計的則是驗證與複製，多基線設計是透過第二個層級A-B中，基線與上一個階層的介入重疊之處，作為驗證基礎，亦即如果自變項就是處理期的主要變項，當它撤除後會造成行為的改變並回到基線的水準，驗證了對原始基線的預測。不過，多基線設計的部分並沒有真正撤除原先的介入，而是由第二個層級的基線資料代表第一層級的基線資料，因此相較於A-B-A-B設計的直接撤除與比較，多基線設計是以間接方式取得類似的驗證結果。多基線設計的複製則是在第二層級的基線出現穩定狀態反應後，自變項再次呈現，第二層級 A-B 中處理期所獲得的資料在某個程度上與上一層級 A-B 中處理期的水準類似，顯示自變項的再次介入可以再次展現行為的改變並達到先前介入的水準，有效增加自變項對依變項改變效果的可信度，也同時降低此種改變是來自於其他干擾變項的疑慮。此設計亦可符合三個時間點實驗的效果展示，但必須要有三個階層才能達成此要求；換句話說，每一個階層的A-B就是一個時間點的效果展示，因此需要有三個階層的A-B，才能有三個時間點實驗的效果展示（Ledford & Gast, 2018）。

二、基本類型介紹

（一）跨行為多基線設計

跨行為多基線設計（multiple baseline across behaviors design）是對同一名受試者同時測量兩種或兩種以上的行為，但行為介入的時間點會事先安排先後順序，兩個行為的基線會同時蒐集，但會先選擇一個行為先行介入自變項，當行為表現出與研究預期的進展時，則再進行第二種行為的介入。若超過兩種以上的行為，執行方式則以此類推。茲舉 Wu、Lo、Feng 與 Lo（2010）的研究說明此研究的概念。該研究主要目的在探討問題行為兒童接受社交技巧訓練的教學後，其社會技巧是否有所增進。研究對象以臺灣中部某國小三年級有問題行為的兩名學生為實驗教學對象，兩名受試者的問題行為包括上課不專心、常與同儕發生肢體及語言衝突、常出現不合作行為而受到同學排斥等。研究方式採單一受試實驗設計模式中跨行為多基線設計，自變項為社會技巧訓練配合增強系統，依變項之目標行為為：專注行為、處理衝突行為和合作行為，總共進行 18 個教學單元。每個目標行為先後進行基線期、處理期、維持期及追蹤期的實驗處理。研究結果發現，社會技巧訓練對於增進受試兒童之社會技巧（專注行為、處理衝突行為、合作行為），具有立即的教學效果及長期維持效果，圖 17-4 呈現其中一名研究對象的學習進展圖；該研究教學目標、活動安排及成效亦得到受試者本人、老師、家長的認同。

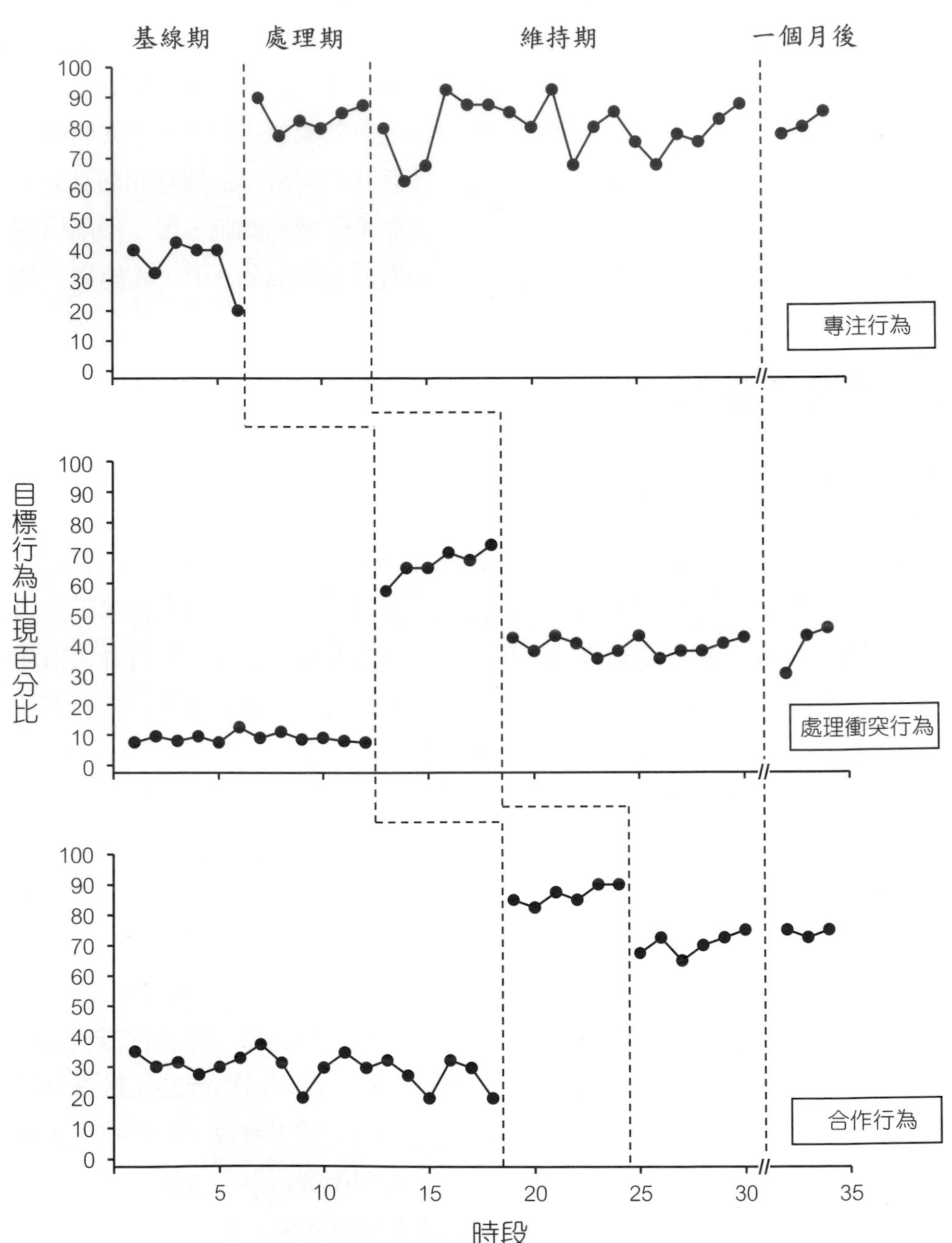

圖 17-4 跨行為多基線設計之圖表範例

資料來源：取材自 Wu 等人（2010）

（二）跨受試多基線設計

跨受試多基線設計（multiple baseline across subjects design）是針對多名受試者同時測量一種相同的行為，但是行為介入的時間點會有先後的設計，兩個或多個受試者的基線會同時蒐集，但會先選擇一個受試者先行介入自變項，當行為表現出與研究預期的進展時，則再進行第二位受試者的介入。若超過兩位以上的受試者，執行方式則以此類推。

（三）跨情境多基線設計

跨情境多基線設計（multiple baseline across settings design）是對一名受試者同時在不同情境下測量一種相同的行為，但是行為介入的時間點會有先後的設計，受試者在多個情境的基線會同時蒐集，但會先選擇一個情境先行介入自變項，當行為表現出與研究預期的進展時，則再進行第二個情境的介入。若超過兩種以上的情境時，執行方式則以此類推。茲以表 17-1 進行三種基線設計的比較，讀者可以清楚看到三個不同的設計彼此間的差異。

表 17-1 三種基本多基線設計的比較一覽表

類型	目標行為	受試者	情境
跨行為	多個目標行為	一個受試者	一個情境
跨受試	一個目標行為	多個受試者	一個情境
跨情境	一個目標行為	一個受試者	多個情境

三、多基線設計的變形——多試探設計

多試探設計（multiple probe design）為多基線設計的變形。此概念最早由 Horner 與 Baer 提出，是分析自變項和依變項（特別是連續接近目標或工作序列步驟逐步完成）兩者之間關係的方法（1978，引自鳳華等人譯，2012）。多試探設計採用間斷的方式測量資料，減少持續蒐集資料的繁複，同樣可以有效提供介入期行為是否改變的判斷依據。後續研究者也將此概念

用於解決多基線設計中可能面臨的挑戰，例如：必須持續蒐集基線資料讓受試者持續暴露在沒有介入的情形下，有研究倫理議題疑慮；此外，延長基線期也可能會造成測量的反應化，或者在未介入的情況下，反覆對學生進行測量可能會引起反感、無趣、厭煩，或其他不被期待的反應發生時，多試探技術則是解決此問題的替代方案。

茲舉鍾佳蓁、鳳華（2005）的研究作為多試探設計的說明。該研究的研究對象為一名學齡前自閉症兒童，以核心反應訓練模式進行象徵遊戲的教學，觀察單一象徵遊戲行為、連貫式象徵遊戲行為、自發性象徵遊戲行為之變化情形，如圖 17-5 及圖 17-6 所示。研究設計採跨行為多試探設計，對三種單一象徵遊戲行為（物品替代假裝、賦予屬性與無中生有）及連貫式象徵遊戲行為（物品替代與物品替代、替代與賦予屬性、替代與無中生有）進行跨行為介入成效的評量。結果顯示，核心反應訓練能增進自閉症兒童三種「單一的」、「連貫式」象徵遊戲行為及「自發性」象徵遊戲（如圖 17-7 所示），受試者在評估階段的自發性表現頻率相當低。在教學介入後，受試者接受引導式連貫性象徵遊戲的訓練之後，其自發性的象徵遊戲行為雖呈現不穩定的狀態，但自介入第二十次實驗觀察（為實驗開始介入第十四次）後，整體的曲線走勢開始有明顯上升的趨勢。此外，該名自閉症兒童遊戲的層次提升，產生許多主動性創意點子，也減少對特定物品玩法的固著現象，同時也發現主動的遊戲語言與社會互動獲得提升，特別在與他人情感的聯繫上也有明顯的進展。

四、實施多基線設計的考量

多基線設計有多項優點，特別是此種實驗設計可以解決 A-B-A-B 設計無法倒返的問題，並很受實務工作者喜愛，因為該項實驗設計可以讓研究者同時完成多元的實驗目標，例如：可以在同一研究中介入三個以上的個案，或是對同一受試對象進行三種以上的目標行為的介入，或是對同一個受試、同一個行為，觀察他在不同情境的行為變化。讓研究者可以事半功倍，同時完成多項使命。

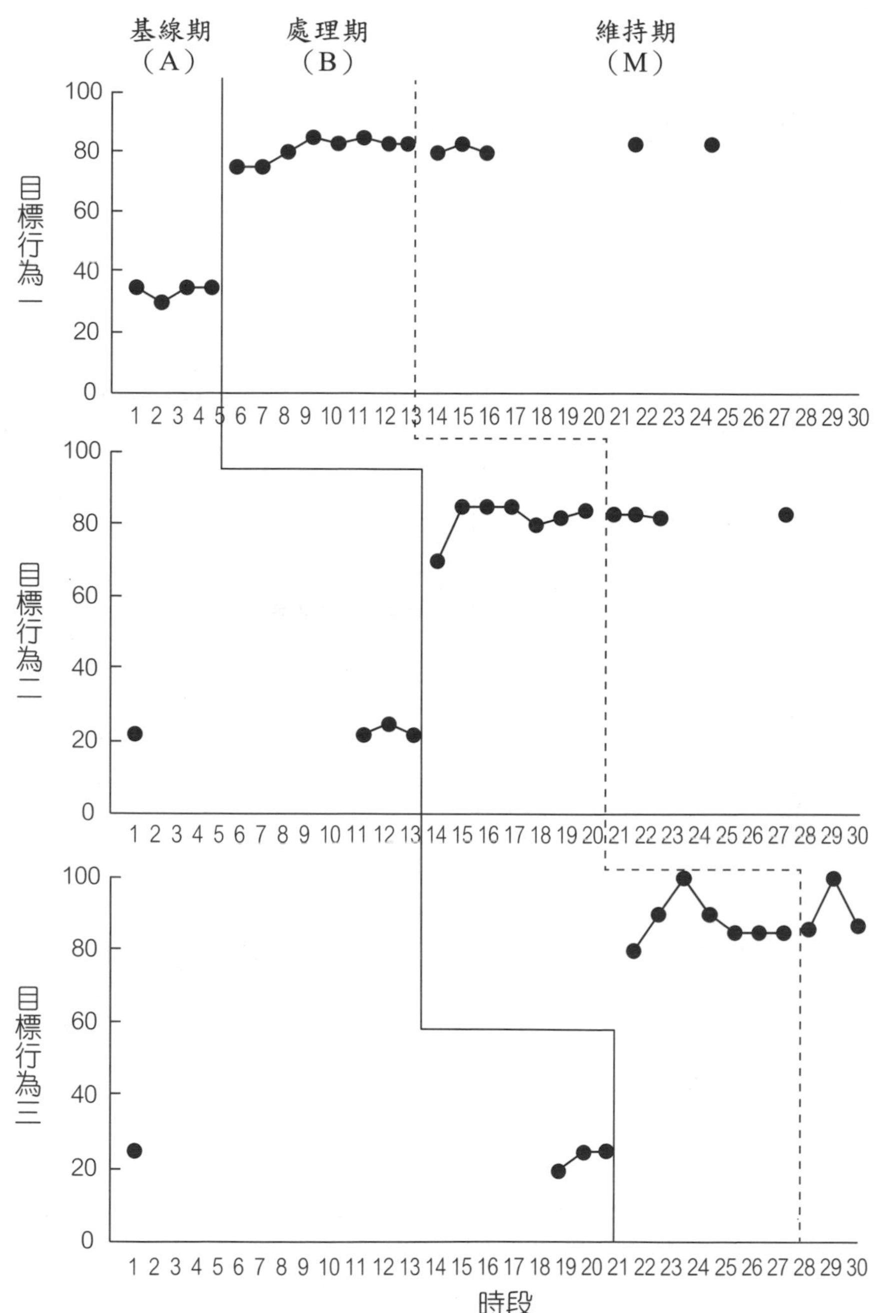

圖 17-5 多試探設計之範例：跨三種單一象徵遊戲

資料來源：取自鍾佳蓁、鳳華（2005）

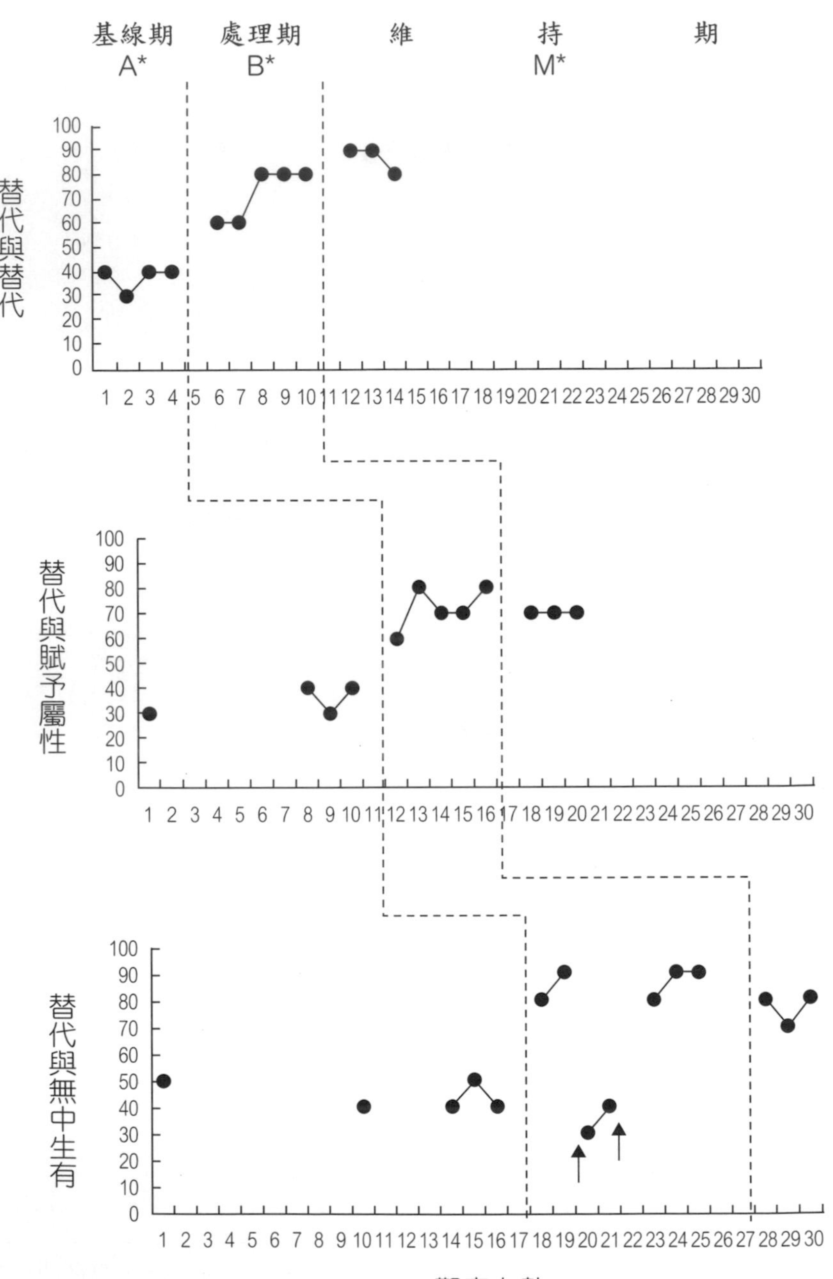

註：連貫式象徵遊戲之第 1 次觀察為本實驗的第 15 次觀察，每次為 10 分鐘。
圖中替代與無中生有之箭頭係受試者當日身體不適之資料點。

圖 17-6 受試者在連貫性象徵遊戲行為百分比曲線圖

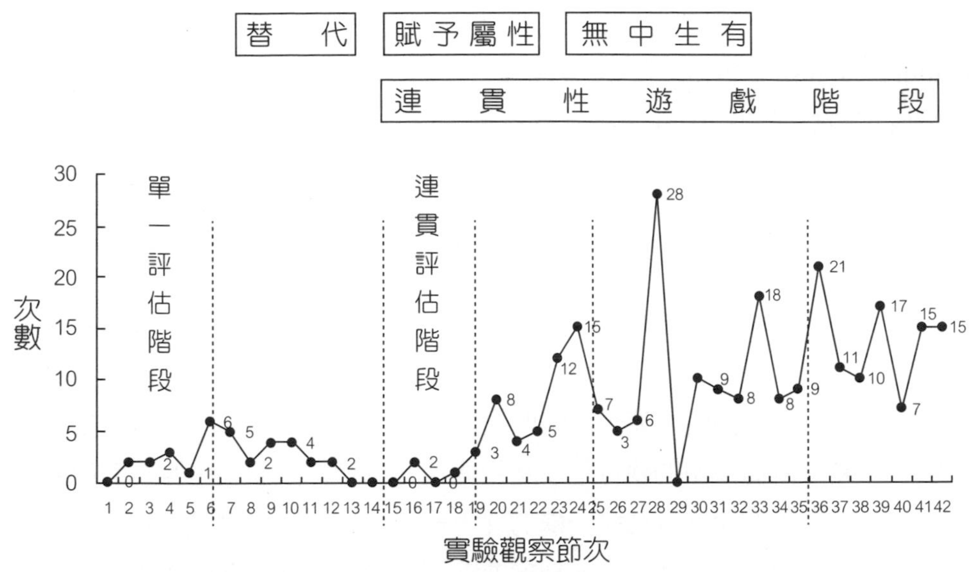

圖 17-7　實驗期間自發性象徵遊戲行為表現次數曲線圖

然而，多基線實驗設計也面臨諸多挑戰，首先，跨行為多基線設計必須要能確認所選擇的目標行為必須是功能相似但彼此獨立的，這看似簡單卻隱藏矛盾，因為如果功能相似，那麼介入第一個行為之後，第二個行為理應也會有所改變，然而在跨行為多基線設計卻不能容忍這樣的改變，因為會產生所謂的共變效應，在實驗設計上就無法完成對基線預測的驗證。此外，多基線設計潛藏倫理議題，因為第二層之後的行為必須要在基線中維持一段等待期，此種措施是為符合實驗設計的規範，但卻會落入拖延介入時程，影響受試者之最大利益的倫理議題。

第四節　比較處理設計

一、基本概念

實務工作者常會面臨的課題是：如何能有效並快速的找出對學生或服務

使用者最適當之介入模式，而比較處理設計正是協助此種方式的實驗設計。Ledford 與 Gast（2018）提到，比較研究設計可區分為多重處理倒返設計、交替處理設計（alternating treatments design）、調整型交替處理設計（adapted alternating treatments design）、並行處理設計。目前發表於期刊的論文大都隸屬於前三種，並行處理設計較為少見，因此本書僅介紹前三者的實驗設計。

Ledford與Gast（2018）指出，比較設計的運用可區分為以下幾種類型。首先是比較具競爭性的介入策略，此種比較研究是對於兩種已經建立實證本位的介入策略，想知道「哪一個策略更勝於另一個介入策略」，因此在進行實驗設計時，兩種策略的執行程序及依變項的測量都必須要仿照先前研究的執行程序，為了要能展現更勝一籌的介入策略，依變項的測量方式建議要採多元測量，例如：可同時測量達到標準的嘗試數、達到標準的錯誤量／正確百分比，以及維持及類化的程度。另外，也可以用於比較新的介入以建立新的介入取向。第三種類型的比較設計是用於精緻化原有的介入，此種比較設計的重點不是針對兩個策略的比較，而是對相同介入的變異形式之效果比較，其適用範圍可以是參數型研究（指自變項不同範圍的值所產生的不同效果）、元素分析（指自變項具有一特定的元素，對於增加或降低特定研究參與者行為的效果為何），或是教學程序的變異形式等；另一種比較的類型是用於了解情境變項對依變項的影響，該研究是針對兩種以上的策略在不同之情境下的效果，例如：比較個別後效及團體後效於不同座位安排（排排坐／團體形式）對於學生回饋的頻率效果；最後一種比較設計，則是將大眾認可但未經實證的策略與實證本位之介入相比較。

二、多重處理倒返設計

（一）基本概念

多重處理設計（multiple treatments design）是使用倒返設計的原理，進行兩種或以上的實驗介入（條件），與基線和（或）彼此間之比較的實驗設計，而其最早發展的型態是 B-C-B-C 設計，典型的研究問題是：介入 B 的效果是否優於介入 C（Ledford & Gast, 2018）？此種比較就屬於上述「比較具競爭性的介入策略」的比較設計類型，或是用於比較新的介入以建立新的介入取向。

一般而言，多重處理設計是事先規劃好要確認兩種或以上的實驗介入之比較，但也有一些研究報告是依據對資料的持續評估後，才進行實驗設計變動的決定。通常這樣的更動是事先預訂的自變項之介入對依變項沒有達到預期的進展，因而必須延伸出新的自變項，此時則形同兩個自變項間的比較。由此也可反映出單一受試研究法是嚴謹同時也是具有彈性的，亦可窺見該研究法對依變項連續觀察的堅持確實有其必要性及重要意涵。

（二）多重處理倒返設計的特點

在多重處理倒返設計中，雖然介入策略必須是兩種以上，但只需要一個依變項，換句話說，兩種策略可於不同的時段介入相同的依變項，用以比較哪一種策略對該依變項的效果較佳。該依變項的目標可以是上升或下降的（例如：降低上課干擾行為、增加課堂參與行為等），但為了能達成「倒返」的設計，目標行為必須是可逆性的（Ledford & Gast, 2018）。

至於多重處理設計是否需要基線期，並無特別的要求。上述最早發展的多重處理倒返設計的形式B-C-B-C，就是沒有基線期資料，該設計只單純比較兩種策略對目標行為的效果。不過若於介入前能先有基線期的資料，即可協助研究者確認介入的必要，亦可作為後續類化的比對資訊。

多重處理倒返設計可以有多種形式，然而A-B-C-B-C是最基本符合實驗內在效度要求的形式，因為該設計可達成三個展示效果：亦即從 B 至 C、C 至B，以及第二次的B 至 C。若從基線邏輯的概念解讀，亦能符合預測、驗證及複製的三要素，亦即每一階段的穩定反應提供了預測的資料，而下一階段自變項的撤除，是為了確認先前條件下觀察到的行為水準，而再次的介入並展現先前介入的效果，則達成複製的要素。而A-B-C、A-B-A-C兩種設計因無法呈現三個展示效果，故難以控制成熟／歷史事件對內在效度的威脅，因此是較為薄弱的比較設計。

（三）多重處理倒返設計的內在效度威脅

多重處理設計的內在效度主要威脅為序列效應。為了降低多個實驗處理依序介入所產生的序列效應，或是連續介入二個以上的處理，故產生第二項處理效果是第一項處理效果的延續效應，在進行第一項處理後立即倒返，再執行第二項介入，就可以有效處理此問題（許天威，2003；鳳華等人譯，2012）。舉例來說，要比較 DRO 和 NCR 的處理效果，研究者可採用 A-B-C-B 的方式，假若第一項的介入是 DRO 策略（B），緊接著執行 NCR 策略（C），很有可能 NCR 策略對行為的處理效果是來自 DRO 處理效果的延續效應，而不是NCR本身所產生的效果。為了避免此種序列效應或延續效應，在每次執行介入期之後，若能倒返到基線期，則第二個介入策略就可以和基線期做一比較，這樣才能看出第二個介入對行為改變的單獨貢獻，例如：採用 A-B-A-C-A-C 設計，也才能確認這兩種策略對行為改變的貢獻是哪一種較多。

三、交替處理設計

（一）基本概念

交替處理設計一詞首先由 Barlow 與 Hayes（1979）提出，其主要特點為快速交替兩種或兩種以上不同的處理（即自變項），同時測量它們對目標行為（即依變項）的影響，經由比較目標行為在不同介入期間的差異表現，以顯示較佳的處理方式。Ledford 與 Gast（2018）則依據依變項的可逆性與否，將交替處理分為以下兩種類型：一是交替處理設計；另一個是調整型交替處理設計。交替處理設計的依變項必須是可逆性，而調整型交替處理設計則是用於不可逆的依變項行為。不可逆的行為是指該行為若經過介入之後產生改變，即使撤除介入，行為仍會維持已經改變的狀態，而不會再返回原先尚未接受介入前的狀態。調整型交替處理設計的基本概念及特點會在下一節詳細討論。

（二）交替處理設計的特點

交替處理設計的特點為能快速交替兩種或更多不同的處理（或介入策略），同時測量它們對目標行為（即依變項）的影響（Barlow & Hayes, 1979）。由於是兩個或兩個以上的自變項介入同一個依變項，交替處理設計需協助參與者區辨情境，以避免延續效應的影響。此外，交替處理設計中的多個自變項是以對抗平衡之形式在實驗情境中呈現，用以避免產生序列效應。不同於倒返實驗設計的自變項只有一種，不需要考慮實施的先後順序，交替處理設計第一個要面對的挑戰是要如何決定哪一個變項要先實施。一般解決的方式會以隨機方式（例如：投擲錢幣方式）決定變項實施的先後次序。實施的時間點可以是：(1)不同介入隔天實施；(2)不同介入在同一天的不同時段；(3)在同一時段的前後實施。兩種介入被視為一組介入單位，每次要執行的介入單位都需要以隨機方式決定介入的先後順序（鳳華等人譯，2012）。

交替處理設計可以依階段（phase）分為三種形式：第一種是單一階段交替處理，兩種或兩種以上處理的比較中，包含有或沒有「無處理條件」的情況；第二種是二階段交替處理，第一階段是基線期，第二階段是不同介入的處理比較，其中處理期可以同時比較多種的介入策略，當中也可以包含有或沒有「無處理條件」；第三種是三階段交替處理，其中第一階段為基線期，第二階段為處理期，第三階段則只實施最有效的處理階段（Barlow & Hayes, 1979; Gast, 2010）。

1. 單一階段：有或沒有「無處理條件」交替處理設計

最經濟實惠的交替實驗處理為單純比較不同的兩種以上策略，不包含「無處理條件」。此種設計最適合運用在比較不同教學策略的效果。Belfiore、Skinner 與 Ferkis（1995）的研究提供很好的範例。該研究比較交錯練習和集中練習對學習困難學生認讀單字的學習成效，「交錯練習」的策略是每個單字有五次的練習嘗試機會，但是每個單字練習完一次，就會換下一個單字；「集中練習」則是每個單字一樣有五次練習機會，不同於交錯練習，集中練習的實施方式是每個單字會連續練習五次。結果顯示交錯練習的策略明顯優於集中練習的方式。

單一階段有加入「無條件處理」的交替處理設計，可讓研究者比較在有介入及沒有介入處理下的反應差異，提供寶貴的訊息。然而，加入「無條件處理」不等同基線期的意涵，基線期的資料必須是要在引入處理期之前所蒐集的資料，因此「無處理條件」無法代表介入前的反應水準。

2. 二階段（含基線期）：有或沒有「無處理條件」交替處理設計

二階段交替處理設計，意指在引入處理期之前，先蒐集基線資料，直到呈現穩定的反應狀態，才會進入處理期階段。部分研究會於處理期間持續蒐集基線資料，作為「無處理條件」與其他介入處理效果的比對依據。Marchese、Carr、LeBlanc、Rosati 與 Conroy（2012）比較兩種不同教學策略對命名學習的成效。研究設計採用二階段交替處理設計並結合跨受試多基線之多重設計，在引入兩種策略介入前，研究者先蒐集基線期資料，之後以隨機方式呈現不同的教學策略。兩種介入策略實施方式分述如下：第一種是傳統的方式，教學前事包含目標刺激物及老師提問：「這是什麼？」並採用 3 秒鐘延宕提示，若學生出現正確反應則提供事先選好的增強物，如果沒有出現正確反應，則提供複誦提示，回答正確與否都會結束此目標物的教學嘗試。第二種策略唯一不同的是教學者沒有提問：「這是什麼？」只提供目標刺激物，其他教學程序則與第一種教學策略一樣，如延宕 3 秒提示及錯誤反應時給複誦提示。結果顯示六名受試者中，有四名在沒有老師提問的策略下學習反應較好，另外兩名則在有老師的提問下學習反應較佳。圖 17-8 呈現其中二名學生的學習表現，可以作為二階段處理的視覺範例。

3. 三階段交替處理設計：加入最佳處理階段

目前最常使用的是三階段交替處理設計，包含基線期、之後為不同處理的交替對照，以及僅執行最有效處理的最後階段（鳳華等人譯，2012）。實驗者如果要比較非後效增強（NCR）與區別性增強零反應（DRO）其他行為兩種策略對 A 生在教室的干擾行為（如敲桌子、踢椅子等），實施方式可以

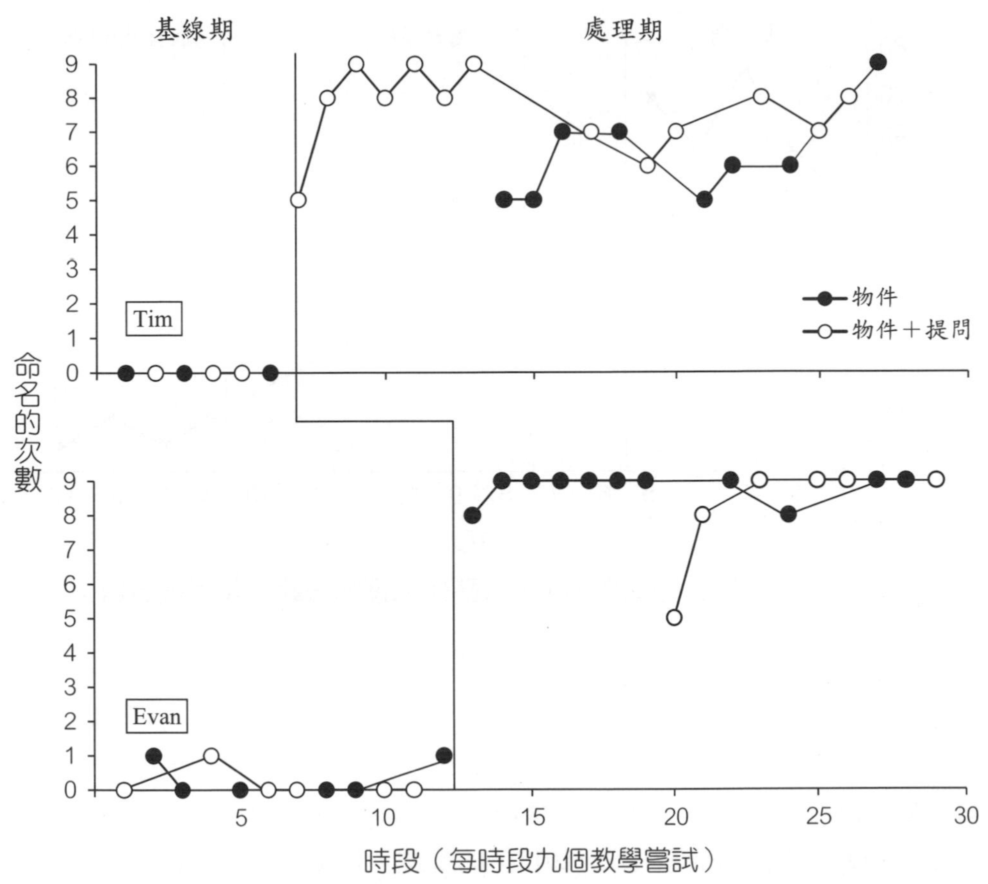

圖 17-8 二階段交替處理設計沒有包含「無處理條件」

資料來源：取自 Marchese 等人（2012, p. 544）

針對最容易出現干擾行為的課堂，採用隔堂課介入不同的策略，兩堂課作為介入單位，每次介入單位都要以隨機方式決定介入的先後。圖 17-9 顯示，NCR 相較於 DRO 有較佳的效果，因此第三階段只單獨實施 NCR 策略。

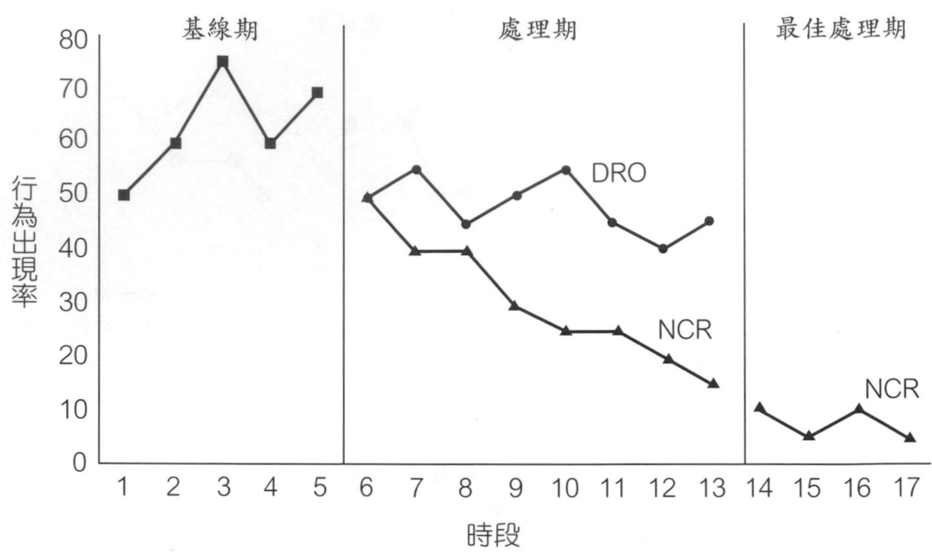

圖 17-9　三階段交替處理設計加入最佳處理階段範例（假設資料）

（三）實施交替處理設計的考量

交替處理設計相當適用於比較兩種或更多的自變項對依變項的效果。交替處理設計有許多優點，綜合 Ulman 與 Sulzer-Azaroff（1975）以及 Cooper 等人（2007，引自鳳華等人譯，2012）的論述，其優點包含：第一，不需要撤除處理，因此可以減少倫理的疑慮；第二，對於多重處理設計比較會引起關注的序列效應，也可以藉由其隨機快速的變換自變項而解決此問題；第三，對於臨床上有迫切需要介入的案例，可以不需要經過基線資料而得到立即的介入。

在交替處理設計使用上的限制，其中多重處理干擾（multiple treatment interference）（Barlow & Hayes, 1979），依舊受到學者的關注，多重處理干擾是指研究參與者在實驗過程，目標行為所產生的效果，受到同一研究中其他處理干擾的現象，換言之，目標行為的效果有可能不是單一策略所造成的結果，交替處理設計在這部分確實較難排除可能的干擾。為減少多重處理的干擾，一次實驗的介入策略最好不要超過四個（鳳華等人譯，2012），對研究對象才不至於產生過多的負荷；或使用加入最佳處理階段的設計，以降低多重處理干擾的影響。亦可採用拉長不同介入之間的間隔時間，降低多重處理的彼此干擾，以隔天交替介入策略為最佳。交替處理設計的另一個威脅則是介入程序忠實度，因為要快速交替多個介入策略，執行者是否能依據不同的處理時段精準的執行不同之介入，是需要留意的；其因應方式是對執行者嚴格訓練，並隨時監控執行程序，必要時可以再提供訓練。最後，交替處理設計的依變項行為必須是可逆的，對於不可逆的行為，則須採用調整型交替處理設計（Ledford & Gast, 2018）。

四、調整型交替處理設計

（一）基本概念

調整型交替處理設計的主要功能是用於不可逆行為之教學策略效益的比較（Sindelar, Rosenberg, & Wilson, 1985），而此設計正是解決上述交替處理設計的限制。此外，依據 Ledford 與 Gast（2018）的看法，調整型交替處理設計的目的，除了要確認哪種策略較為有效之外，介入過程還必須要能促進新行為的習得，因此此種設計不同於交替處理設計，會對依變項會有預設標準值。而此種設計之主要目的是比較兩種策略的效益；展現效益必須是其中一個策略在行為的某一個面向是優於另一個介入策略，而其行為所展現的面向可以是（Wolery, Ault, & Doyle, 1992）：速度、維持及類化的程度、學習的廣度、獲得未經訓練之刺激間的關聯（如刺激等同）、對後續學習的影響等（引自 Ledford & Gast, 2018）。表 17-2 則摘要了兩種不同設計的目標及依變項的差異。

表 17-2 兩種不同比較處理設計的目標及依變項的差異

設計類型	設計主要目標	依變項特性	依變項預設值	依變項數量
交替處理設計	比較不同策略的效果	可逆	無	一個
調整型交替處理設計	比較不同策略的效果＋效益	不可逆	有預設達成標準	兩個或兩個以上

資料來源：作者自行整理

（二）調整型交替處理設計的特點

誠如上述所言，調整型交替處理設計主要是用於不可逆行為的教學策略效益之比較，不同於交替處理設計的依變項是一個可逆行為，不同的自變項實施於相同的依變項，而調整型交替處理設計的依變項，則是需選取兩種或兩種以上不可逆的行為，將不同的自變項實施於不同的依變項；調整型交替處理設計的依變項（行為）可以是單一反應的組合（命名五張圖卡）或連鎖行為（鋪床、洗衣）；由於不同的自變項必須實施在不同的依變項，為使二個依變項的特性是相當的，不會因為依變項本身的難度或複雜度不同而造成介入效果之差異，故選擇適當的依變項即是研究者的重要功課之一。在依變項的選擇上，可以有下列考量：首先，必須先確認該目標行為是不存在於受試者的「技能庫」之中；此外，所選取兩種以上的目標行為必須要是彼此獨立，亦即習得一個行為不會影響另一個學習的表現；最重要的是，選取標準是所選取的行為組／連鎖的兩種以上之行為必須是同等難度（Ledford & Gast, 2018）。如何選擇同等難度的行為，則是執行調整型交替處理設計時的主要挑戰，其中最常使用的有以下幾種方式：(1)使用實驗評鑑；(2)從常模的資料庫中選取行為；(3)執行邏輯分析；(4)評鑑受試者在相關行為的表現，或是結合上述的策略。

茲舉一研究範例說明調整型交替處理設計的特點。Cihak、Alberto、Taber-Doughty與Gama（2006）的研究是針對六名 11 歲認知障礙學生，比較在小組教學下，圖片提示策略與影帶提示策略對認知障礙學生社區生活技能之成效。其自變項是圖片提示與影帶提示兩種既定介入策略，而依變項則是兩種社區生活技能：到ATM提款20元及使用信用卡買兩樣物品。該兩個依變項皆是屬於連鎖行為，研究者要確認困難度等同的方式：一是採用邏輯分析，例如：兩個行為皆包含12個技能步驟、需要使用類似的動作反應等；另外，採用基線資料的測試，亦符合實驗評鑑的方式。因此，該實驗設計是包含基線期及追蹤期的調整型交替處理設計。而該研究為確認兩種策略所產生的學習效益，依變項資料的蒐集則包含多元資料：行為正確百分比、錯誤率及達到標準的嘗試數。結果顯示，兩種教學提示對目標行為能產生同等效益，當中有部分個別差異。圖17-10則是摘錄該研究的部分結果，以供讀者參考。

第五節　逐變標準設計

一、基本概念

逐變標準設計（changing criterion design）的原理是指自變項的實驗效果是經由目標行為在處理期逐漸達到既定的合格標準而形成的（鳳華等人譯，2012；Cowan, Hennessey, Vierstra, & Rumrill, 2004; Hartmann & Hall, 1976）。換言之，逐變標準設計是以逐步（漸進）的方式評鑑介入對單一目標的成效，可用於增加或減少目標行為，相關的運用如系統減敏感訓練（systematic desensitization）、流暢度訓練、增加行為發生率（如增加中文打字量），或降低行為發生率（如抽菸量）等。在此種研究中，處理期會被細分為多個不同層級標準的階段，每個階段代表一個新的預先設定的行為標準，目標行為必須要達成合格標準才能進入下一個標準階段，並依此作為自變項與依變項是否具有功能關係的依據。Hartmann與Hall（1976）對逐變標準設計提出了相當完整的說明：(1)基線必須要呈現穩定狀態才能開始進行處理階段；(2)目標行為達到預設的標準階段線，就可以進入下一個階段的標準線；(3)前一階段則可以視為下一階段的基線，當每個階段穩定時，就可形成對未

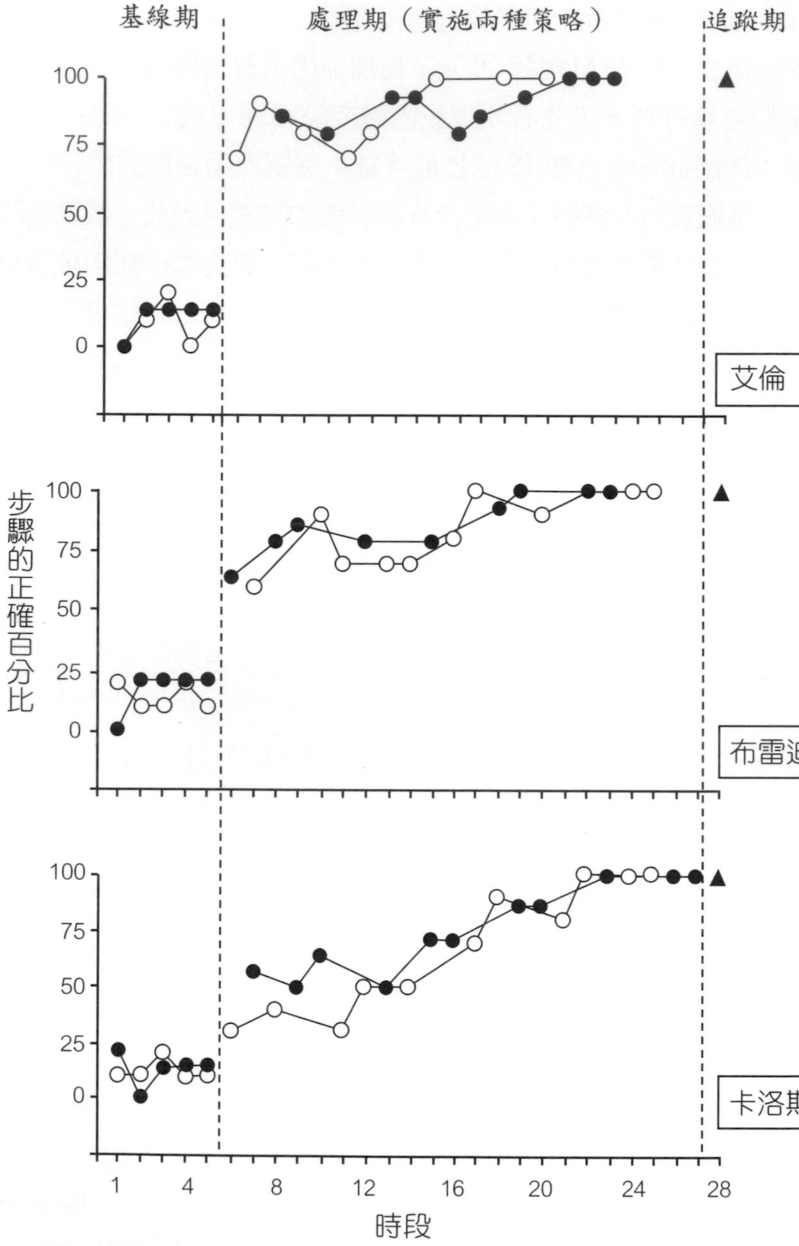

基線期
處理期（實施兩種策略）
追蹤期
步驟的正確百分比
100
75
50
25
0
艾倫
布雷迪
卡洛斯
1
4
8
12
16
20
24
28
時段

註：實心圓點：圖片提示；空心圓點：影帶提示；實心三角形：二週後追蹤期。

圖 17-10 圖片提示（用於購買兩樣物品）與影帶提示（到 ATM 提款 20 元）對認知障礙學生兩種社區生活技能之成效

資料來源：Cihak 等人（2006）

來反應的預測；(4)對預測資料的驗證，逐變標準設計可以藉由階段長度來達成預測的自我驗證，或是由倒返到前一個階段的標準方式達到對預測的驗證效果；(5)每次標準改變，行為的水準也系統化的改變，就達成複製的效果；(6)至少要有四次以上標準改變的重複實驗才能達成實驗控制的效果。

二、實施逐變標準設計的考量

逐變標準設計的優點是不需要撤除自變項，免除A-B-A-B設計的問題，而也無須如多基線設計需跨不同行為、受試或情境以符合實驗控制的要求。此外，此研究設計運用由易到難循序漸進的原則逐步邁向較高的標準，對實務工作者是較為具體可行的實驗設計。

在研究設計上，則需要考量幾個挑戰議題：第一，逐變標準設計中的前一個階段可以是下一個階段的基線，所以每個階段的資料點必須要有足夠的長度，以展現反應的穩定特質；此外，每個階段的長度也應該要呈現長度不一之狀態，當目標行為在各階段期間都能依著標準的改變而改變，並且能呈現長度不一的狀態，則該行為的改變是由其他干擾變項（如成熟、練習效應）所造成影響的可能性將減少，亦即可以更確認自變項是行為改變的主要來源，以展現實驗的內在效度（鳳華等人譯，2012）。第二個挑戰議題是如何適當的設定階段間之幅度改變，亦即研究者要如何決定下一個階段的標準設定。Kazdin（1982）認為如果把幅度定得太大，可能會讓此階段的反應產生較大之變動性，因此合理的設定方式可參考幾種方式：第一是依據基線期資料的平均數作為第一個過渡階段的設定標準；第二是設定標準為基線期平均數加上該平均數的二分之一，或是選擇基線的最高水準資料點作為其第一個過渡階段的標準等（許天威，2003；Alberto & Troutman, 2006）。

逐變標準設計的限制是目標行為必須是個體已經具備的技能項目，較不適用於新行為建立的研究設計。此種研究比較適用於型態內行為塑造的情境，研究目的是期望依變項能「逐步增加」，例如：增加精神病患者大聲朗讀的頁數（Skinner, Skinner, & Armstrong, 2000）；或「逐步減少」，例如：減少糖尿病患者使用每日的血糖檢測貼片（Allen & Evans, 2001）。逐變標準設計亦適合運用在逐步改變單一目標行為，例如：反應速率、反應發生率（如社交互動）、持續時間或延宕時間，實務上則可以運用在逐步增加撰寫書籍的頁數、增加每分鐘命名的速率、逐步增加工作量、加長工作時間長度，以及增加生產速率；或是逐步減少每日抽菸的量、減量多糖飲料，以及行為問題發生率的降低等。

第六節　單一受試研究對人類服務的啟示

單一受試研究的基礎是尊重個別化的需求，依據該特殊需求設計出適切的介入方案，其最終的目的是以提升個人重要社會行為，協助個體達成獨立自主，並有效提升個人的生活品質。此種研究方式特別適用於變異性大的族群，對於不同類型的議題提供多元而彈性的研究設計。團體的組間比較研究中可能會遭遇的困難，例如：無法觀察到研究對象的個別化表現，特別是可能有無反應者或行為表現惡化的研究對象，單一受試研究則可以同時偵測出反應者與無反應者，並對無反應或表現惡化的對象進行分析，以找出更有效的介入方式。

現今人類服務的專業倫理職責之一就是績效責任，如何以客觀具體的測量方式展現身心障礙者的介入成效，或依據持續的觀察資料作為客觀的決策依據，單一受試研究則呼應此績效責任的要求。該研究取向提供務實的方法學，讓實務工作者以經濟實惠的方式驗證教育及行為介入的效益，並將理論、實務與實驗充分結合，以理論引導實務、以實驗設計驗證理論、以資料顯示介入成效，讓實務不再是經驗法則，而能充分展現科學的實證精神。

CHAPTER 18

行為功能評量

鳳　華

本章學習目標

1. 能說出行為功能的基礎與基本假設。
2. 能區辨行為功能的各種類別，並舉例說明。
3. 能說出間接行為功能評量的種類並實際操作運用。
4. 能說出描述型行為功能評量的方式並實際運用。
5. 能說出功能分析的操作方式及變通式的執行方式。
6. 能說出不同評量方式的優缺點。
7. 能陳述行為功能評量之倫理議題。

第一節　緒論

行為問題一般分類方式會以外顯性（例如：攻擊或破壞物品、攻擊他人、違規等）或內隱性（例如：焦慮、退縮、害羞、逃避等）的方式進行分類。然而，此種分類的方式只能顯示症狀，無法讓教育工作者直接了解其背後的原因；或是一些學理嘗試以成熟因素或心理特質的方式來解讀此症狀，則可能會陷入循環式的論證而無法真正切入改善行為的重點，例如：因為發展遲滯或不成熟而容易有攻擊行為，而有攻擊行為是因為發展遲滯所影響，兩者互為因果；或是因為有焦慮的特質而有社會退縮的議題，反過來說，則是會有社會退縮是因為焦慮症所致，也是兩者互為因果，這就容易陷入循環式的論證，如此的解釋也難以讓實務工作者看到行為的本質與功能，也無從進行介入輔導。

應用行為分析原理強調行為是個體與環境互動的結果。行為在環境中持續發生，是受到環境增強後效的影響。透過系統化的觀察，可以讓環境中特定的事件和行為產生關聯並形成假設，用以了解個體行為背後的功能（或動機）。「行為功能評量」（functional behavioral assessment，簡稱 FBA），意指以多元方式蒐集環境與行為關係的相關資料、分析資料、提出功能假設與驗證，並依據該假設設計適切的正向行為介入方案（鳳華，1999；O'Neill et al., 1997）。本章將逐一介紹行為功能概述、行為功能評量與介入及預防概念、執行行為功能評量的各種方式，最後則揭示行為功能評量的實施考量與倫理議題。

第二節　行為功能概述

一、行為功能的基礎與假設

行為原理強調不論是適當或不適當的行為，都是透過與環境互動而產生的結果。換句話說，行為的發生是與環境產生增強作用（參閱本書第二章），亦即行為是受到「獲得」（正增強），或是「逃避」（負增強）的後效增強而持續發生（鳳華等人譯，2012）。對於不適當行為，可以透過行為功能評量的方式了解其背後的增強來源及增強類型，類似於對該行為進行增強物評量的概念。

行為分析的相關文獻認為「功能」有兩種意涵：第一種意涵傳達行為對環境的效果，或是個體的行為表現在環境中的目的；第二種意涵則強調兩種變項間的關係，特別是指環境刺激的呈現與否和特定行為之間的關係（Hanley, Iwata, & McCord, 2003）。兩者皆強調個體行為在環境中的運作。

基於上述基礎，對行為功能有三個重要的假設，即行為是有功能（目的）的、行為是可以預測的、行為是可以改變的。以下分別說明三個假設。

（一）行為是有功能（目的）的

個體做任何事都是有理由的。行為的功能也許是要得到心中所想的事物，或是引起長輩、同儕的注意，更或是逃離某個嫌惡的情境或人、事、物。行為所產生的行為後果影響著這個行為未來的發生頻率。學生行為問題的發生常是因為在過往的學習經驗中，發現使用問題行為來達到他想要的結果，比用適當的行為更有效率，因而建立了該行為問題。表 18-1 就是簡單的例子，顯示小明透過發脾氣或說髒話達成環境的要求停止，其功能就是達到逃避寫作業的目的；而小華則是經由哭鬧達到獲得糖果的目的。

表 18-1　行為的 ABC 記錄及其可能達到的功能

EO/A（前事）	B（行為）	C（後果）	功能
老師要求做一份困難的作業	小明發脾氣／說髒話	老師停止要求	逃避作業（負增強）
想吃糖，看到糖果成人 A 在場	小華哭鬧	成人給糖果	獲得糖果（正增強）

（二）行為是可以預測的

人的行為並非憑空發生，行為是與環境互動的結果，類似的環境因素可以預測類似行為的出現，例如：小明遇到困難的作業就發脾氣的行為，因為可以達到逃避作業（或逃避要求）的功能，因此未來在類似的情境下，小明可能就會為了逃避困難的作業而再度發脾氣。

（三）行為是可以改變的

行為的功能評量將焦點從處理兒童本身的徵狀，轉變到行為與環境互動的功能關係，藉以設計有效的環境調整或替代行為的教導。行為介入有兩個主要的目標，即減少行為問題和增加適當行為。要達到這個目標，通常需要從環境調整著手，此時可教導替代行為以獲得原來的功能，以及消弱行為問題。

1. 善用動機策略，使行為問題和之前獲得的增強物不再產生關聯。在行為問題發生之前，即滿足該個體的需求（功能），讓個體不再需要使用先前不適當的行為以獲得他要的功能，換句話說，讓個體原本處於建立操作（匱乏；有需求的狀態），透過環境安排讓個體在問題行為出現前獲得飽足而產生消除操作的狀態，其問題行為因動機狀態（消除操作）而自然下降。
2. 使問題行為沒有效率。提供個體替代行為以獲取原有的功能，以代替不適當的行為。
3. 使問題行為無效。當個體表現出不適當的行為時，以消弱策略不再提供該個體想要的增強後果。

總結上述的概念，即各種行為的產生（包含偏差行為）都是有原因的，經由系統化的評量，可以預測該行為與環境的互動關係，對於不適當的行為則可依行為功能評量進行有效的行為功能的確認，並設計有效介入方案，以改善其不適當行為。

二、行為功能分類

行為所產生的功能可從正、負增強（即獲得或逃避）、自動增強、多重因素來解釋。圖 18-1 以階層圖概念顯示行為功能的主要類別及各類別下的小類別。以下則就各種功能的類型做一說明（鳳華，1999；Cipani & Schock, 2011; O'Neill et al., 1997）。

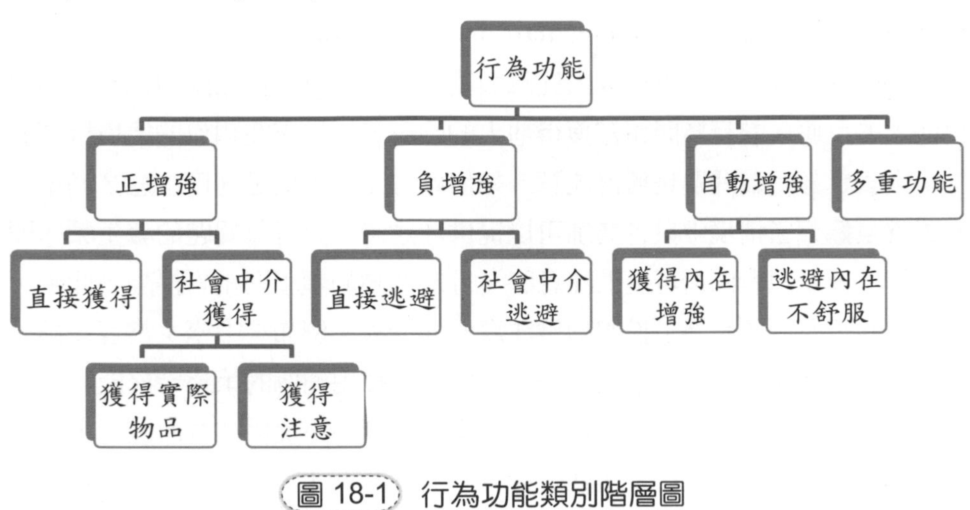

圖 18-1 行為功能類別階層圖

（一）正增強：獲得

1. 直接獲得（direct access）實際物品

此功能分類下，通常會出現該行為是因為個體有機會接近增強物，而個體使用自己的方式（通常是不被社會接受的方式）獲得實體的增強物，例如：個體在地上撿食零食，或到垃圾桶找他喜歡的物品等。確認行為是獲取實際物品時，需考量幾個議題：(1)行為問題與想獲得物品之間的直接相關性為何？頻率多少？(2)比起適當行為，該問題行為是否更能得到想獲得的物品？(3)是否該行為出現在特定的場所（Cipani & Schock, 2011）。

2. 社會中介獲得實際物品（social mediate access-tangible objects）

該類型的行為表現模式大致上為：個體有機會接近增強物但卻無法獲

得，個體出現行為問題一段時間或是達到一強度後，經由其他人（通常是成人）獲得該物品，產生後效增強的結果，例如：看到糖果想吃糖，就賴在地上哭鬧，直到成人提供糖果；或是和父母親出外逛街，看到喜歡的玩具，透過發脾氣獲取該玩具等。此種不經意的增強效果，可能只要一次的經驗，就足以讓該行為問題在未來相似環境下增加發生的可能性。這也足以說明行為問題常和其過去的增強歷史有關。

3. 社會中介獲得注意（social mediate access-attention）

獲得注意又可分為獲得成人注意與獲得同儕注意。行為問題相當容易引起他人的反應。該行為問題在獲得他人的回應後，未來在類似的情境持續發生，則表示該行為問題是獲得注意。如何區分是成人或是同儕注意？簡單的方式就是觀察當情境中只有老師可以提供注意時，該行為問題的發生頻率即刻下降；或是只有同儕可提供注意時，行為問題的頻率則相對提高，此時可以確定該行為問題是為了獲取同儕注意而非成人，例如：中學生常會以扮鬼臉、扮小丑的方式贏得同學的笑聲，即使教師採用消弱的策略希望能終止其獲得成人注意，然而若行為出現頻率並未因為老師不提供注意而減少，反而持續增加，該行為問題很明顯就是獲得同儕注意。通常要獲得成人注意的情境，大都是注意提供較少時，例如：成人在忙著其他事務，而個體亦缺乏適當表達需求的技能時較容易發生。

4. 區辨社會中介議題

此分類中容易混淆的部分是較難清楚區分是獲得成人的注意或是社會中介獲得實際物品，區辨的操作方式為操弄下面兩種情境並做紀錄：(1)行為之後，只單純給注意或讚美；(2)行為之後，提供一偏好物品，再比較在這兩種情境下行為出現頻率，若要避免再次增強不適當的問題行為，可以採用好的行為來進行探測，也可以獲得類似的效果（Cipani & Schock, 2011）。

（二）負增強：逃避

1. 直接逃避

個體亦可經由出現一行為後，因逃避環境的嫌惡刺激而習得該行為，通常此種行為是受負增強所維持。直接逃避（direct escape）可以分為：(1)直接逃避社會情境；(2)直接逃避長時間的工作任務；(3)直接逃避困難的任務。直接逃避社會情境，例如：個體身處於吵雜的社會情境（如小組討論時間），個體自行離開教室，移除不舒服的社會情境。直接逃避長時間的工作任務則通常是個體執行某工作或任務之後一段時間才發生問題行為，問題行為之後即可逃避該工作任務，例如：進行掃地工作一段時間後，離開該情境移除長時間的工作；而直接逃避困難的任務，例如：在自行工作或寫作業單的情境下，將作業單收起來或是坐在位子上發呆隨意塗鴉等，皆可以直接逃避困難的工作或任務。

2. 社會中介逃避

社會中介逃避（social mediate escape）一樣分為：(1)逃避不愉快的社會情境；(2)逃避長時間的工作；(3)逃避困難的要求或工作任務。不同於直接逃避，社會中介逃避中移除環境的嫌惡刺激是透過他人而完成，例如：要逃避吵雜的環境，小明尖叫後，老師將小明帶離開教室情境，小明以後只要想逃避吵雜的環境就會尖叫，這就是一種社會中介逃避不愉快的社會情境。社會中介逃避長時間的工作，則是個體在執行工作任務一段時間後，發生行為問題後，因他人的反應而中止該工作任務，例如：掃地一段時間，小華尖叫後，老師將他帶離開掃地的情境，就是一種社會中介逃避長時間工作的範例。而逃避困難的要求或工作任務的典型例子為：老師下指令或任務之後，小明無法完成該指令或任務，就以抓人或咬人的方式讓老師終止要求（社會中介），此種現象在類似情境下持續發生，小明以抓人或咬人方式成功的逃避困難的任務。

（三）自動增強

1. 自動正增強

某些行為的持續發生是基於行為本身就可以產生增強作用，與環境的刺激變化沒有關聯時，可能是基於自動正增強（automatic reinforcement）的效果，例如：搖晃身體、轉圈圈等，個體從事該行為時本身就有增強的效果。

2. 自動負增強

此種不適當的行為是源自於學生內在不舒服的狀態，當個體執行某些行為時可以緩減內在不舒服，例如：牙疼拍打臉部，或是抓自己皮膚以減緩皮膚過敏的不舒服感覺。

（四）多重功能

個體的行為與環境互動下所展現的功能多於一種，例如：孩子丟東西可以中止寫作業，也會讓老師趨近個體以處理該行為問題，當中個體的行為可以避免做作業（負增強），也可以獲得老師的注意（正增強）。

第三節　行為功能評量與介入及預防概念

一、行為功能評量與介入

評量之後，更重要的是依據評量結果設計有效能的介入計畫。行為功能介入計畫（behavioral intervention plan），或稱正向行為支持計畫，是依據行為功能評量的結果，確認行為與環境刺激的因果關係，結合尊重、正常化、預防和教育等處理原則，針對行為問題的功能擬定個別化、正向積極、包裹式的策略，除著重環境的調整外，也協助個體發展適當的行為以取代不當的行為表現（Crone & Horner, 2003）。

（一）前事策略

正向行為支持計畫強調環境的調整，特別重視事前環境的預防與調整。事出必有因，評量者需能清楚區辨引發行為的立即前事刺激，透過移除或減少可能的引發刺激源，就可以減少行為問題的發生頻率。舉例來說，被要求困難的作業是引發丟東西的立即環境刺激因子，正向行為支持計畫會建議改變要求（提供選項）或是降低作業的難度，經由移除前事刺激源，則可以有效減少行為問題的出現。前事策略的詳細內容可參閱本書第十九章。

（二）後果策略

行為功能評量主要目的在確認辨識增強物的來源，若能適切的安排行為之後的環境後果，終止該增強物來源即可以有效減少問題行為。舉例來說，小明每次哭鬧之後就會有糖果，評量結果發現小明哭鬧行為的增強物是糖果，後果策略的執行就是小明在哭鬧行為發生之後，環境不再提供糖果給小明，終止小明使用不當的哭鬧行為獲得他想要的增強物（糖果）的因果，以達成減少哭鬧行為的目的。

（三）教導替代行為及行為訓練

每個行為背後都有其目的及功能，然而看似不適當的行為對個體卻是有意義及功能的，因為該不適當的行為可以幫他獲取他想要的。因此，基於人本的理念，正向行為支持計畫善用行為功能評量的結果，以確認該行為要獲取的增強物之後，計畫中必會包含積極的教導個體使用適當的行為以獲取該增強物，協助個體發展適當的技能庫（repertoire）以取代不適當的行為反應。舉例來說，評量結果確認個體的哭鬧行為是要獲得糖果，教導替代行為就是教該個體以簡單易懂的溝通方式獲取糖果，不需要再以哭鬧的方式獲得糖果，行為問題降低，功能溝通能力增加，正符合教育的基本理念。行為問題太多，表示具有功能的行為太少，比如說，打人的行為問題除了可以從背後功能來解讀（如獲得特定的物品）之外，也可以從個體有功能的行為太少來理解，例如：個體可能對物品有固著性，對其他物品或玩具缺乏遊戲興趣或欠缺物品功能遊戲技巧等，如果是對其他物品缺少興趣，可以用興趣拓展的方式讓學生能多元接受各種不同的物品，或是教導各種物品的功能遊戲玩法等。這部分則回歸到教育的重要，找到替代行為及行為訓練的方向，並引發其學習興趣，亦可以有效減少行為問題的出現（請參閱表 18-2）。

二、行為功能評量與動機策略

行為功能評量不僅是為了解個體行為問題背後的功能，同時也要協助實

表 18-2 挑戰行為的教學

挑戰行為	挑戰行為太多	功能行為太少	教學考量
攻擊行為	打人、丟東西、咬人等	溝通技能少 固著於特定物品 遊戲技巧太少 對物品照顧能力欠缺	功能溝通訓練 對多元物品的興趣拓展 遊戲技巧教學 照顧環境、收拾整理物品的技能養成
干擾行為	隨意拿取他人物品、未經許可於課堂講話、不當碰觸他人	經許可借用或取得物品技能不足 經許可舉手發言能力不足 與人互動技能欠缺	社會技巧教學：借用物品技能、禮貌行為、舉手發言行為、開啟對話及維持對話的交談技能、適當的人際肢體互動等

務工作者能有效解決個案的行為問題，而不只是暫時性的壓抑該行為問題的出現率。從動機觀點而言，功能的另一層意涵是指個體正處於一種動機狀態，如果要有效減緩因為該動機狀態而引發的行為問題，最好的方式是在環境中事先滿足個體的動機，一旦動機狀態飽足，隨即產生消除操作之狀態，消除操作的效果之一就是與該動機有關的行為發生頻率會下降，個體不需要藉由行為問題獲得他想要的增強。因此了解功能，從動機下手是近年來比較建議的介入策略。表 18-3 及表 18-4 的範例可以簡要說明如何以動機操作方式減少行為問題的發生率。

表 18-3 中所顯示的是當確認維持該行為問題是正增強物（注意或實際物品），相對應的前事策略可以依其需要增加個體所想要的正增強物（注意或實際物品）。表 18-4 的範例是如果該行為問題是為逃避或避免環境中的嫌惡刺激（負增強物），前事策略的安排就可以因應其嫌惡的強度，例如：減少難度或分量。

表 18-3 改變動機操作以減少行為問題：以正增強為例

維持行為問題的增強物（正增強）	前事策略
成人的注意	增加成人提供注意的頻率或時間長度
實際物品（玩具、食物或特定物品）	在一天中增加獲取食物的次數或時段

表 18-4 改變動機操作以減少行為問題：以負增強為例

維持行為問題的增強物（負增強）	前事策略
呈現大量的功課	減量呈現、分段呈現
呈現困難的功課	改變難度、簡單困難交錯呈現

第四節　執行行為功能評量

一、建立基線資料

（一）確認實施行為功能評量的必要性

行為功能評量是十分耗時及耗費人力的，在開始實施行為功能評量之前，需要先確認實施評量的必要性，確實、客觀及正確的基線資料可以協助實務工作者決定是否需要進行功能評量。依據中華民國特殊教育學會（2014）提出的特殊需求學生情緒與行為問題處理架構圖，當中建議具長期及干擾性的行為需要啟動次級預防，並實施簡易版的功能評量，而具有危險性的長期行為問題則需要啟動三級預防並實施完整版的功能評量。需有實證資料顯示該行為的出現頻率、強度或時間長度已經影響個體及他人的有效學習與適應，或嚴重影響個人的安全等。

（二）蒐集資料方式

先確認要觀察的行為，可以詢問幾個問題以確認明確的行為問題為何：(1)請受訪者提供實例說明（對抗的當下發生了什麼事），描述情境；(2)這個事件哪一個部分最能代表他的行為問題；(3)是否有其他的例子（Cipani & Schock, 2011）。確認要觀察的行為之後，可以依據其行為的面向（頻率、時間長度或時間軌跡等），選擇適合的測量方式，例如：事件記錄、計時（如持續時間記錄、反應延宕記錄）或時間取樣記錄法（如部分時距記錄、全時距記錄及瞬間時間取樣）等方式進行直接觀察以獲得客觀的實證數據（詳細內容可參閱本書第十四章）。觀察時段可以選擇行為最容易發生或具代表性的時間（鳳華等人譯，2012）。

二、實施行為功能評量

行為功能評量一般可分為間接行為功能評量、描述型行為功能評量、實驗操弄的功能分析三大類型。不同評量方式各有其優缺點，目前實務界大多以前兩者作為主要實施方式，功能分析因為牽涉到實驗操弄的程序，雖然是最能展現行為與環境的功能關係，然而因為需要事前的安排及抽離實際情境，變項操弄亦涉及實施者的專業訓練，在實務上有其限制。以下分別說明。

（一）間接行為功能評量

間接行為功能評量（indirect functional behavioral assessment）主要是透過訪談重要關係人，或使用評定量表或檢核表方式進行行為問題功能資料的蒐集，當中不涉及直接觀察行為，是透過重要關係人的描述，以取得行為問題的相關資料。以下簡介兩種常用的方式。

1. 行為訪談

行為訪談（behavioral interviews）的目的是藉由訪問與個體熟悉的重要關係人（如家長、主要照顧者或老師）或當事人，以獲得關於問題行為、行為發生前的環境前事變項，以及行為之後環境的反應等詳盡客觀的資料。此外，個體的偏好物、目前的溝通能力及其他技能水準、例行生活作息表，也是在訪談中可以蒐集的資料（鳳華，1999；鳳華等人譯，2012）。

前事變項的資料是指行為發生前的環境相關變項及立即觸發因子，環境變項可以包含時間（when）、地點（where）、人物（who），以及正在進行的活動及情境，因此觀察者必須仔細的記錄下可能的肇因為何（Nelson, Roberts, & Smith, 1998; O'Neill et al., 1997）。行為後果的資料則包含行為之後環境的立即反應或是處理該行為的詳細步驟等資料（例如：行為之後教師趨近學生、終止作業要求、帶離開環境等）。

蒐集資料時可以請受訪者多舉出實際發生的例子，並詳盡描述事件發生的始末及當下現場的真實反應，避免加入個人主觀的價值判斷或以籠統方式表述該行為，例如：「他就是不聽話」中，「不聽話」就是一主觀籠統的陳述方式，訪談者應適時引導受訪者說出實際發生不聽話的狀況，像是訪談者可以繼續這個話題：「可以請老師／家長舉一個這孩子不聽話的例子嗎？」此種問話可以讓描述者自然被引導到客觀描述的方向。此外蒐集行為問題較少發生或沒有發生的情境，也可以提供實務工作者重要資訊，以作為未來介入計畫的參考資訊。Iwata、Dorsey、Slifer、Bauman 與 Richman（1982/1994）則針對臨床訪談提出重要元素及主要蒐集的資料，首先是訪談的重要元素應包含整體訪談的風格，此處則涉及訪談者個人的晤談技巧與人格特質。一般訪談者需要能具備基本的溝通技巧，例如：專業禮貌行為、傾聽（含適當的面部表情、坐姿）、初層次同理、提問問題、回應問題等；而蒐集的資料亦包含將問題行為操作化（含頻率、時間長度等）、了解行為問題的事件或前因（人、事、時、地、物），以及行為當下的後果，也同時要了解個案的優弱勢及偏好物，並依據資料形成初步行為的功能假設。本章附錄為作者自編的行為功能訪談表，是將上述的資訊做一整理後的訪談表，可以幫助評量者聚焦在與行為問題有關的前事及後果，並依據資訊做出一行為問題的功能假設。

2. 評定量表

行為功能評量較常使用的評定量表為：動機行為評量表及環境調查表。評定量表是以李克特氏計分方式（四點或五點量表），請受訪者評估在特定的狀況下個體出現該行為的程度（如從不、很少、經常、總是）。國內目前較普遍使用的動機行為評量表可參閱林惠芬（2000）所編製的量表，國外的動機行為評量表，例如：Questions About Behavioral Function（簡稱QABF）（Paclawskyj, Matson, Rush, Smalls, & Vollmer, 2001），該量表採用李克特氏五點量表（X不適用、0從不、1很少、2有時、3經常），共計25道題目，填答者逐項回答與目標行為有關的題項並給予評分，評量後的分數則可歸類為以下不同的功能：注意、逃避、非社會性的、生理、實體物品等，加總最高分的功能項目則可解讀為目標行為的潛在增強來源。另外，在網路上經常可看到的是Functional Analysis Screening Tool（簡稱FAST）（Iwata, Deleon, & Roscoe, 2013），該量表的特性是將量表分為三大部分：第一部分是會先了解受訪者與個案的一般資訊，例如：與個案的關係、認識個案的時間、與個案互動的頻率（是否每天都有機會互動），以及互動的情境；第二部分則是對行為問題做一初步的資訊蒐集，其中包含行為問題的出現頻率、持續時間長度、強度等，較容易或不容易出現的場域，以及行為問題出現前後的環境刺激變化為何，此部分則類似於訪談過程中的資料蒐集；第三部分才是評量表項目，共計16個題項，回答方式有三個選項：「是」、「不是」、「不適用」，評量後的分數則可歸類為以下不同的功能：社會注意、社會逃避、自動增強（感覺刺激）、自動增強（疼痛削減），用以了解可能的行為功能。環境調查表則可以參閱鈕文英（2016）所發展的評量工具。

3. 間接行為功能評量的優缺點

間接評量的方式可以讓評量者以快速且十分經濟的方式獲取相關的資訊，協助評量者建立初步的行為功能假設，對未來的進一步驗證及觀察提供實用的資訊。然而，由於訪談過程或填答評量表時，需借重受訪者的回憶能力，且受訪者在陳述的過程中無可避免的會出現主觀意識之判讀，如何確保受訪者在陳述的過程，沒有遺漏重要資訊或線索，或者是否能以客觀正確的方式描述或評定行為發生的狀況，確實是需要慎重評估的。相關研究顯示目前實證資料尚未能強力支持評定量表的可信度（鳳華等人譯，2012），而Hanley（2012）整理文獻後，提出封閉式的評定量表之信度一般是較低的，特別是此種封閉式的評定量表需要兩名以上的重要關係人共同評定。然而，因為不同的兩名評量者是在不同之情境下與個案互動，因此評量結果常會出現不一致的行為功能，故Hanley建議評量者應盡量選擇高效能的功能分析，而少用封閉式的動機行為評量表。簡言之，評量者應以保守的方式檢視這兩種間接行為功能評量的資料，亦可視本評量階段為初步評量階段的選項。

（二）描述型行為功能評量

描述型行為功能評量強調在自然情境中對受觀察者的行為進行直接觀察，經常使用的記錄方式有ABC記錄／軼事觀察（ABC recording or anecdotal observing）、行為散布圖。以下分別說明（亦可參閱第十四章）。

1. ABC 記錄

依據行為分析對行為的定義是：個體與環境互動所產生的事件或語言（鳳華等人譯，2012），ABC 記錄就是依據此定義，在自然情境下，觀察個體與環境（包含行為之前與行為之後的環境刺激或變化）互動的所有訊息。紀錄中亦須標明時間及地點，使紀錄的資料更為完備。表 18-5 則呈現一生活中的觀察記錄範例，其中包含有時間、地點、觀察者、受觀察者，以及前事、行為及行為之後的環境變化（或簡稱後果）。觀察者可以依據連續觀察的資料解讀行為與環境互動的關係，並依據該資料初步判斷產生的功能。表 18-5 的範例很明顯的是小明在出現行為問題之後，獲得了成人的注意（成人對他的回應），從這幾次的紀錄中會發現，小明想要獲得成人的注意，就會出現行為問題以獲取他想要的增強（成人的注意）。

軼事觀察可以提供自然環境下，行為問題與環境互動的豐富面貌。要能客觀準確的獲得正確的資訊，建議留意以下要點：

(1) 用客觀的語言記下受觀察者所說的或所做的任何事。

(2) 只記錄看到或聽到的行為，而不是對行為的詮釋，例如：小明跟在

表 18-5 ABC 記錄範例

兒童姓名：小明　　　　日　　期：＿＿＿＿
觀 察 者：＿＿＿＿　　觀察時間：＿＿＿＿
觀察地點：＿＿＿＿

時間	前事	兒童行為	後果
6：45	家人收拾晚餐碗盤	小明跟在媽媽後面	媽媽說：「小明別煩我。」
6：51	爸爸在擦拭飯桌	小明拉扯爸爸的衣角且開始哭鬧	爸爸說：「小明乖，不哭。」
6：55	爸爸將小明帶到客廳，給他玩具	小明坐在地上玩積木	獨自一人 爸媽在說話
7：00	爸爸回到廚房幫忙媽媽洗碗盤	小明拿著積木並爬到爸爸的腳邊	爸爸對小明說：「別哭。」
7：05	〃	小明拿積木拍打爸爸的腳	
7：09	〃	小明大哭	媽媽說：「別哭，這樣才是乖小孩。」

媽媽的後面，觀察者解讀成小明是個跟屁蟲，就是對行為不適當的詮釋。

(3) 記錄每個反應及在其反應之前與之後的環境事件，例如：環境中出現的語言或當下其他人的行為反應。

Cipani與Schock（2011）指出，描述的資料可能會產生兩點疑慮：第一是前事變項資料若僅是依據 ABC 記錄，可能是不夠完整的，因為前事刺激應該要包含區辨刺激及動機變項，ABC 記錄的觀察資料可以提供詳細的區辨刺激的訊息，但是動機變項則較難從直接描述的ABC記錄中獲取，例如：餓的動機，可能是早上出門前匆忙下無法吃完早餐，而該生在上午 10：00 飢餓難挨時才出現行為問題，此種資料是不會出現在ABC記錄裡的。因此，建議要從訪談中獲取可能影響個體動機的相關資訊。第二個疑慮是在 ABC 記錄的觀察下，觀察者容易將行為問題都歸因於獲取社會注意而忽略其真正的功能。因此，觀察者需要具備區辨社會注意的功能和其他行為功能的技術。

此外，在ABC記錄中，要謹記記錄ABC的資料除了要計算目標行為和該特定後效共同出現的發生機率外，也同時要觀察其他行為和該後效的發生機率，當目標行為與該後效同時出現的機率高於其他行為時，則可以更確認行為問題和該後效的緊密連結關係（Martens, DiGennaro, Reed, Szczech, & Rosenthal, 2008）。或是採用制約機率的方式來確認其功能的可靠度。制約機率是用以了解行為問題在特定情境下出現的可能性，其計算方式要計算兩個資料，一是先計算該行為問題在一特定的觀察時段（例如：上午 10：00 到 11：00）所有出現的次數（作為分母），二是計算假設功能下該行為問題的出現次數（作為分子），兩者相除之後，其機率愈接近 1，則行為是該功能的可靠性就愈高（Neef & Peterson, 2007），例如：某生的行為問題是丟東西，丟東西在一小時的觀察總次數是八次，而移除困難工作後丟東西的出現次數是六次，相除之後的機率為 0.75，該機率愈接近 1，愈能肯定行為是受該功能（逃避困難的工作）所維持。

2. 行為散布圖

行為散布圖是一種記錄目標行為在不同時段所發生的頻率，並可以用來比較這些時段間目標行為出現的多寡分布。實務工作者可將一天分成固定的時段，記錄該時段出現行為與否的紀錄程序，持續記錄一段時間後，可依據行為在不同時段出現的頻率，比較分析行為在不同時段的出現狀況，是否有其固定的反應模式或規律，依此來了解行為與環境的互動關係（引自 Neef & Peterson, 2007）。舉例來說，教學者想要知道A生遺尿的問題，將一天從上午 8：00 到下午 4：00 以 30 分鐘為一個時段，記錄該目標行為有否出現，蒐集一週的資料後，針對資料出現的時段找出特定模式，例如：通常出現在上午 10：00 至 11：00 間（和同儕一起做律動活動時），以及下午 2：00（午睡之後）及 4：00 左右（回家之前），再依據所展現的模式進行必要的安排措施，例如：預防措施可以安排律動活動前要先進行如廁，午睡前要進行如廁，回家之前的前一個活動要進行如廁等，始能有效減少遺尿的行為問題。

（三）功能分析

1. 基本概念

Skinner（1953）將功能分析（functional analysis）用於解釋行為和環境所展現出的因果關係。之後學者就將之運用於系統化的實驗操弄，以展現自變項與依變項的因果關係或功能關係。行為問題的持續發生表示和環境存在有一定的功能關係，而要如何透過實驗操弄的方式，系統化的檢視行為與環境的關係，功能分析應運而生。其中最具代表的實施程序是由 Iwata 等人（1982/1994）所提出的執行程序，且被公認是功能分析的典範（Mace, 1994）。功能分析涉及操弄前事與後果，並依此找出維持行為問題的功能，依據此分析可提供個別化的行為介入方案，包含消除行為問題動機的前事策略、區別性增強替代行為、消弱等（Carr, Coriaty, & Dozier, 2000; Iwata et al., 1994）。

功能分析的執行程序是刻意安排的，主要是希望能找出問題行為的單獨效果。此種評估方式又被稱為類比的（analog），因為它是以系統化方式呈現事先設計好的前事與後果，與在自然常規中所發生的前事與後果相似，但不是在自然情境中實行。因此又稱之為實驗室情境操弄下所獲的資料，與真實自然的情境依舊有些不同。

2. 操作程序

功能分析一般包含四個情境，分別為三個測試條件：獲得注意、逃脫、獨處，以及一個控制條件，條件的安排及設計說明如表 18-6 所示，此部分主要是參考Iwata等人（1982/1994）的典型設計，並參酌Thomason-Sassi、Iwata、Neidert 與 Roscoe（2011）的研究補充部分資訊。一般在控制條件（遊戲）中，問題行為的發生率應該是四種條件中最低的，因為個體在此條件裡能隨意獲得各式玩具及社會注意，並且不會對個體有任何的任務要求（如表 18-6 所示）。若評估者假設該個體行為問題的功能有可能是要獲得實際物品，則可以增加該測試條件。每一個測試條件會有一個前事安排，即動機操作（MO），以及安排行為問題出現後的環境反應，並依此確認對問

表 18-6 典型功能分析之控制和測試情境的動機操作與增強後效關聯

情境	前事安排（動機操作）	行為問題的後果
遊戲 （控制情境）	提供至少六至八樣個體喜愛的物品或玩具，建議以 30 秒的時距提供社會注意，過程中不給予個體任何任務要求	行為問題出現後，行為問題被忽略或中性的轉移
提供注意 （功能：獲得注意）	提供四至六樣物品，成人與個體共同處在一個空間，但成人告訴個體他有事要忙，過程中成人不提供注意，或只專注於他自己的事物	行為問題之後，成人給予注意，例如：提供中性斥責或安撫的口語注意語句（例如：「不可以喔」、「這樣會受傷喔」）
要求 （功能：逃脫）	先確認對個體困難的工作任務，於評量階段，呈現工作任務，成人持續以三步驟的提示程序來要求個體完成任務（例如：1.「你要××」；2.示範要求的工作；3.肢體協助完成工作）。如果有依照要求完成任務，給予口語讚美	行為問題之後，成人移走工作材料給予休息，每次約 30 秒
獨處 （功能：自動增強）	不提供任何的環境刺激（即沒有作業材料和遊戲材料）或互動機會，個體獨自在該空間或成人與該個體至少相距 2.5 公尺的距離	行為問題被忽略或中性的轉移

題行為增強的潛在來源。最早由 Iwata 等人所設計的功能分析，每個條件須執行 15 分鐘，然而後續 Wallace 與 Iwata（1999）研究則顯示，每個條件執行時間在 5 分鐘或 10 分鐘，與 15 分鐘所得的行為功能是一樣有效的。為避免冗長的執行時間，Northup 等人（1991）發展出簡短版的功能分析（brief functional analysis）版本，簡短版的程序只需包含 3 個測試情境及一個控制情境之單一系列測試，每個條件約 5 分鐘，觀察期間評估者需記錄每個情境行為問題的發生頻率，依據行為發生頻率的高低辨識造成行為問題的條件，以確認行為的功能，過程中會搭配複製具顯著功能的條件，以確認其功能，

之後會實施「介入探測」，透過介入探測，也會再次驗證行為背後的功能，此種方式大約只需 90 分鐘的測試時間即可確認行為功能，實屬經濟美惠，特別適用於諮商式服務或外展式服務形式的專業人員，例如：如圖 18-2 所示，實驗操弄下行為問題出現率最高的是注意條件，因為每個條件都只有執行一次，為確認注意條件與行為問題的功能關係，採用複製的方式確認，確認後則緊跟著執行行為受注意維持的介入策略（替代溝通訓練或前事 NCR 策略），很明顯的介入之後行為立即獲得改善，介入的成果也再次驗證行為問題的功能就是獲取注意（Iwata & Dozier, 2008; Northup et al., 1991）。

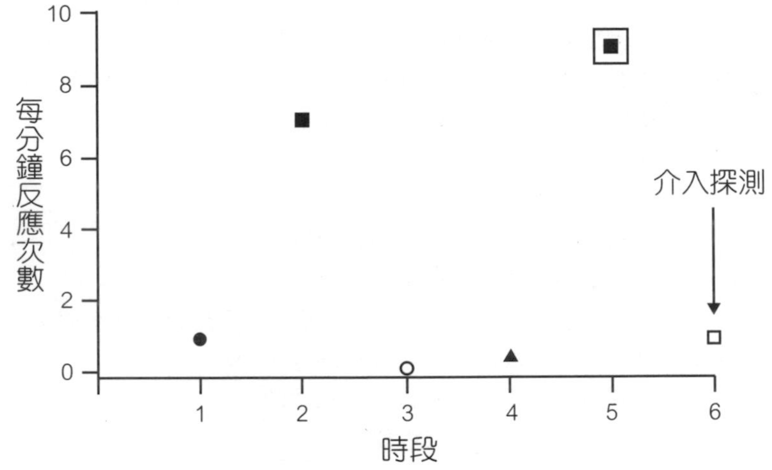

註：實心圓形：獨處條件；實心正方形：注意條件；空心圓形：控制條件；實心三角形：要求；空心正方形：介入探測。

圖 18-2　簡短版功能分析示意圖

資料來源：Iwata 與 Dozier（2008, p. 5）

另外，Iwata 與 Dozier（2008）亦指出，為因應時間有限，亦可採用單一功能測試的方式進行。如果經由訪談及直接觀察的資料可明顯假設問題行為的特定功能，那就只要進行該假設的功能條件與控制條件的實驗操作即可。

若是該行為問題有嚴重危及個案本人或其他人時，則容易產生倫理議題。Iwata 與 Dozier（2008）建議可以採取下列兩種方式：一種是前兆行為功能分析；另一種是延宕時間方式進行功能分析。前兆行為功能分析的方式主要是由 Smith 與 Churchill（2002）所提出，該研究發現學生出現嚴重自傷或傷人行為之前，通常會有前兆行為，而前兆行為的問題強度通常會低於原本的嚴重問題行為，因此若選用前兆行為作為功能分析，則可避免學生及評量人員處在潛在危險的狀況；該研究也證實，前兆行為的功能確實與原本的嚴重行為問題是一致的，且在進行前兆功能分析的情境下，也發現行為問題本身的發生率也同時下降，因此建議可以採用前兆行為功能分析以避免潛在的風險。Thomason-Sassi 等人（2011）則採用延宕時間的方式，記錄測試條件下第一個行為問題出現的延宕時間長度，並於第一個行為問題出現後隨即結束該測試條件。該研究群採用延宕時間而非記錄出現的頻率，結果顯示記錄延宕時間的意義可等同記錄行為的出現頻率，其中最具有特點的地方，也就是記錄延宕時間長度的意涵為：延宕時間愈短，表示在該條件情境下，行為問題愈容易出現（參閱圖 18-3），等同高頻率的概念，這樣可以讓每個情

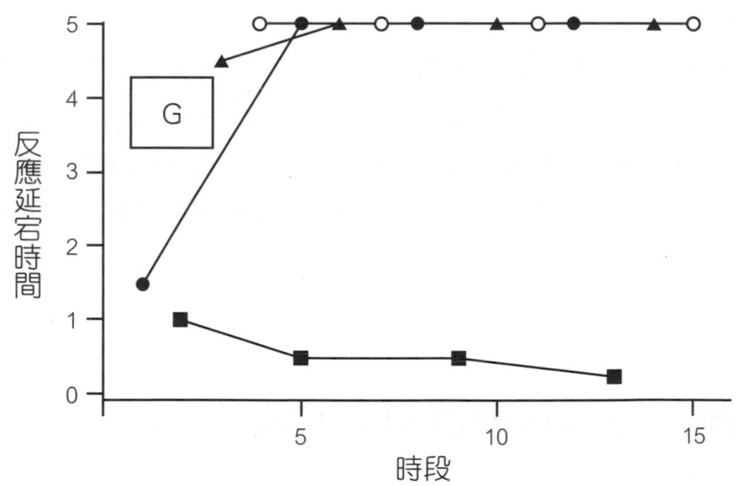

註：圖中顯示行為問題的功能是獲得注意，延宕時間愈短，表示行為問題與該條件的功能關係愈大。

圖 18-3 延宕時間功能分析示意圖

資料來源：Iwata 與 Dozier（2008, p. 5）

境最多只出現一次行為問題，減少原本記錄次數所產生的倫理限制（Thomason-Sassi et al., 2011）。

3. 學校內操作實務之考量

功能分析一般是在設計式的情境中實施，對於學校內的操作有其限制與困難。其中主要面臨的挑戰是學校自然情境與實驗操弄的情境畢竟還是不同，因此要提供相對的介入服務時，有時無法完全依據實驗室功能分析的資料來實施介入策略。為解決此問題，Sigafoos與Saggers（1995）設計一種在教室內的嘗試本位功能分析，主要是將功能分析的系列試探嘗試嵌入日常的教室活動過程中。每一次的試探約1分鐘，其中包含動機操作及行為問題之後的後果安排。試探階段出現行為問題之後會有預先安排的增強後效，該試探也隨即結束，緊接著的1分鐘則會持續提供試探情境中的後效增強，例如：在課堂進行中，配合教師的活動安排，會有1分鐘要求學生完成工作的情境，若於當中出現行為問題，則會移除要求，並於下一分鐘不再給予要求。此種方式比較能符合教學現場的安排。Bloom、Iwata、Fritz、Roscoe與Carreau（2011）的後續研究，則確認此種嘗試本位功能分析所蒐集的資料之正確度和抽離式功能分析的結果大致上一致，但仍然有少數不一致的結果。雖然該研究大致上支持這樣的操作方式，但運用此種嘗試本位的操作方式時，需要考量的重點有以下幾點：(1) 在不同的課堂情境，其課堂的活動或狀況是十分多變的，如何適切的嵌入課堂中要謹慎安排；(2) 注意情境及獲得物品的試探情境可以安排在下課時間進行；(3) 對於可能要終止原本就已經在進行的介入策略也需要能取得班級教師的認同。最後，需要有專業的人員在現場，協助確認執行程序的一致性與標準化。

第五節　行為功能評量之實施考量與倫理議題

一、行為功能評量的實施考量

行為功能評量是否一定要執行功能分析，這是實務工作者常會出現的兩難議題，Hanley（2012）則針對此議題提出一些看法。首先，Hanley認為功能分析相較於描述型行為功能評量及間接行為功能評量，是更具有實證本位的評量方式，因此他強烈建議實務工作者應該要優先考慮使用功能分析執行行為功能的評量。他對於實務工作者可能會面臨的幾點挑戰議題，一一做了回應，以下則摘錄幾項國內的實務工作者可能也會面臨之挑戰做摘要介紹。第一，一般人對功能分析的印象是耗時費力，且困難度高。針對這個議題，Hanley則提出反駁，他認為行為功能訪談及描述型行為功能評量其實相對而言更為耗時，因為要執行縝密的 ABC 記錄，至少要累積八個時段的紀錄資料，且須跨不同的時間日期，因此相較於簡短版的功能分析，可於 90 分鐘內即完成測試（Iwata & Dozier, 2008），描述型行為功能評量反而需耗費更多的時間與人力，而功能分析則可以更為快速的建立行為問題與特定功能之因果關係，並能更快速且更有把握的提供標靶介入方案。另外，有關執行具高度困難或複雜度高的議題，Iwata 等人（2000）的研究則顯示，可在嚴謹訓練的課程規劃下，於兩個小時內完成心理系大學生的功能分析之執行能力，後續Moore等人（2002）也展現了類似的成效。另外一個主要議題，則是部分實務工作者認為執行功能分析等同讓學生暴露在不當的增強環境，雖然透過實驗設計可以協助確認行為的功能，但是此種讓學生暴露在潛在具危險的測試條件，可能會很難說服學生的家長或重要他人。Hanley（2012）則舉了一個類比的狀態來回應這個挑戰議題，他指出在醫療診察的過程中常會出現類似的狀況，例如：要確認高度過敏的患者是對哪一些物質產生過敏，檢驗過程會對患者注入各種不同的引發物質，藉此觀察是哪些特定的物質會引發患者的過敏反應，並從而對症下藥；這種對過敏原的測試方式，與功能分析的測試條件類似，讓個案經歷短暫的測試條件，用以確認行為的功能，才能更精準的依測試結果設計有效的介入方案。

二、行為功能評量的倫理議題

倫理實務的三個基本提問包括：(1)什麼是正確該做的事？(2)什麼是值得做的？(3)何謂一個好的實務工作者（鳳華等人譯，2012）？執行行為功能評量的專業人員亦應隨時將這三個提問牢記於心。應用行為分析對其自身的專業規範，已經建構五大倫理議題，其中個人福祉是首要考量，因此任何評量的決策都必須是以維護學生福祉為最高考量（維護學生尊嚴、身心健康和人身安全，以及倡導學生接受最有效治療的權利）；第二，實施任何行為評量或介入，需確實保護個案隱私，並確認獲得當事人或監護人的同意書。此兩項可以適當回應第一個提問——正確該做的事。

應用行為分析倫理亦揭示行為分析專業人員在實施評量或介入時，必須選擇有實證研究支持的評量方式，執行過程中，確保所實施的程序是有實證支持的。行為分析專業人員應優先使用已被科學證實有效的評量和介入，對於缺少科學實證的介入則應該要採用科學的方法去評估尚未被證實的介入策略。在服務程序上，所有評量和行為改變程序，都應遵守最少侵入性的原則，並將所有執行內容（含充分描述執行的程序、可能的效益及風險），以學生或監護人能理解的語言方式充分告知，並取得同意。所有計畫都應持續蒐集數據資料、定期評估成效，並依據資料變化做必要的介入調整。這部分則回應了上述的第二個問題——確認做的事是有價值的、值得做的。

第三，應用行為分析強調應確保評量人員的專業能力。評量人員必須要具備行為分析的專業基礎，並曾在督導下進行實務訓練，持續的督導制度是專業服務必要的元素，評量人員亦應持續參與相關專業訓練或研討會議，以提升個人行為分析專業知能的成長。此議題回應了上述第三個問題——何謂一個好的實務工作者。

提供專業服務，為有行為問題的學生提供高品質的服務，達成適性教育的目標，以人性關懷為每位獨特的生命創造價值，要能達成此使命，必須建基於專業本位與自律。

第六節　結語

行為功能評量強調行為是個體與環境互動的產物，行為對每一位個體都是有意義的，即使是行為問題，對個體本身亦具有重要意義及價值。因此要協助個體減少不適當的行為，必須先以個體的需求為首要考量，了解個體表現出該行為的需求或背後功能，才能真正對症下藥，依其需求解決問題，而不是單純的壓制其行為問題的出現。本章主要提供讀者理解行為功能評量的理論基礎與基本假設，跳脫症狀的描述而以行為功能為主要論點，詳盡說明可能的行為功能類別，並介紹不同的評量方式，期望評量者能依其需要選擇適當的、符合實證本位的方式蒐集可靠的資訊，並依此行為功能評量結果設計適切的前事策略、替代行為教導及後果策略。期盼對於情緒行為障礙的學生能從心出發，從其需求著手，以期建立以愛為基礎、以專業為本位的高品質服務。

附錄 行為功能訪談表

學生姓名：＿＿＿＿＿＿＿＿＿＿ 評估者：＿＿＿＿＿＿＿＿＿＿

學校：＿＿＿＿ 性別：□男 □女 訪談時間：＿＿＿＿＿＿

年段：□高中職 □國中 □國小 □幼兒園或學前

評量的目標行為：＿＿＿＿＿＿＿＿＿＿＿＿＿＿＿＿＿＿＿＿

＿＿＿＿＿＿＿＿＿＿＿＿＿＿＿＿＿＿＿＿＿＿＿＿＿＿＿＿

資料蒐集方式（請在空格處打∨）：

1. ＿＿ 訪問相關人員（家長、教師、教保員、主要照顧者）
2. ＿＿ 直接觀察

行為描述：＿＿＿＿＿＿＿＿＿＿＿＿＿＿＿＿＿＿＿＿＿＿

行為出現頻率／強度／時間長度：

＿＿＿＿＿＿＿＿＿＿＿＿＿＿＿＿＿＿＿＿＿＿＿＿＿＿＿＿

訪談重點

壹、可能的生理需求

缺乏睡眠、身體疼痛、基本生理需求（食物、水）、服用藥物等

貳、行為前的環境因子

一、時間	列出可能出現行為問題的時間點
二、地點	1. 學校（本班教室、資源教室、遊戲場、其他） 2. 住家或宿舍（客廳、房間、其他） 3. 社區（公園／公眾場合） 4. 其他
三、活動型態	1. 學業／工作活動（大團體、小團體、個別） 2. 休閒活動（團體，如遊戲／個人，如看電視） 3. 用餐時間 4. 其他（打掃工作、家事工作、職業訓練）
四、物理環境	1. 溫度（太熱、太冷） 2. 光線（太強、太暗） 3. 吵雜程度 4. 其他

參、行為功能

一、立即前事		
1		給予指令／要求較難的工作（社會中介逃避）
2		干擾或移走他正在從事的喜歡活動（社會中介獲得實際物品）
3		例行活動有所變更時（直接逃避）
4		要求某樣物品但沒有得到（被拒絕）（社會中介獲得實際物品）
5		受到責備時（社會中介逃避）
6		沒人理會他時（社會中介獲得注意）
7		無人在現場，直接獲取物品（直接獲得）
8		長時間工作、無人監督下（直接逃避）
9		長時間工作、在有成人監督下（社會中介逃避）
10		無（獨自一人時）
		其他
二、立即後果		
1		教師趨近該生，阻擋反應（社會中介獲得注意）
2		成人中斷其要求或活動（社會中介逃避）
3		給予物品（食物或用品）（社會中介獲得實際物品）
4		重新引導到其他活動（注意＋逃避）
5		直接獲得物品 （直接獲得）
6		移開到其他環境（社會中介逃避）
7		環境沒有反應（自動增強）
8		同儕反應（社會中介獲得注意——同儕）

行為功能小結

將上述有打勾的項目劃記到下面相對應的欄位

直接獲得	注意（成人+同儕）	社會中介獲得實際物品	社會中介逃避	直接逃避	自動增強

ABC 功能關係草擬小結

在何種情境下（整理壹、貳）	立即前事（參之一）	行為	行為後果及功能（參之二）+功能小結

肆、最不易引發該問題行為的情境

一、時間	列出最不會出現行為問題的時間點
二、地點	1. 學校（本班教室、資源教室、遊戲場、其他） 2. 住家或宿舍（客廳、房間、其他） 3. 社區（公園／公眾場合） 4.其他
三、活動型態	1. 學業／工作活動（大團體、小團體、個別） 2. 休閒活動（團體，如遊戲／個人，如看電視） 3. 用餐時間 4. 其他（打掃工作、家事工作、職業訓練）
四、物理環境	1. 溫度（太熱、太冷） 2. 光線（太強、太暗） 3. 吵雜程度 4. 其他

伍、比較容易或不易引發之情境（可作為上述 ABC 功能關係草擬表之修正）

	容易引發	不易引發
活動		
時間		
地點環境		
人		

陸、表現的優勢及可能的增強環境（透過不易引發的情境去思考可能的優勢與增強）

1. 優勢能力：
2. 可能的增強環境：

柒、該生的基本能力（再度檢視學生的基本能力，對上述ABC功能關係表和功能做最後之詮釋）

溝通型態與能力：__________

該生的情緒表現：__________

該生的認知功能（注意力、接受指令）：__________

在何種情境下，會產生適當的行為反應，其優勢表現為何？__________

____

捌、小結：提出一個可以驗證的解釋（可參考以下語句示範）

在……情形下，個體表現出……行為，環境對其行為的反應為……

可以判斷該生的行為是獲得（社會正增強、正增強——物品、負增強——逃避、自動增強）

生理／環境因子	立即前事	行為	後果

CHAPTER 19

前事介入與正向行為支持

吳雅萍

本章學習目標

1. 了解正向行為支持的定義。
2. 了解正向行為支持的發展過程。
3. 認識正向行為支持計畫三大要素的策略擬定原則。
4. 了解前事介入在正向行為支持之重要性。
5. 了解對應行為功能的前事介入策略與實證性。

第一節　正向行為支持的定義

正向行為支持（positive behavior support，簡稱PBS）的概念與應用，於1997年正式納入美國的《身心障礙者教育法案修正案》（Individuals with Disabilities Education Act Amendments, IDEA Amendments，簡稱 IDEA 1997），在 IDEA 1997 使用的是「行為支持計畫」（Behavior Support Plans，簡稱 BSPs）一詞，這個名詞和規定一直延續到現在的 IDEA 2004。臺灣也在 2012 年的《特殊教育法施行細則》第 9 條規定，學校必須為有情緒與行為問題學生在個別化教育計畫中發展和執行「行為功能介入方案」，雖然中美使用的專有名詞不同，但所指的概念是一致的，意即要為特殊教育學生的情緒與行為問題發展一套正向行為支持計畫。

正向行為支持是什麼？Carr 等人（2002）彙整各家學者的觀點，提出「正向行為支持是一種應用科學（applied science），使用教育的方法來擴展一個人行為技能項目，也使用系統化改變的方法來重新設計個體的生活環境，首要目標是為了提升個體的生活品質，再者為了降低他（她）的行為問題」（p. 4）。因此，正向行為支持的策略，包含可以提升和擴展個體正向行為的所有教育方法，Bambara（2005）也認為正向行為支持是一種問題解決的方法，用以了解行為問題背後的原因，並設計出廣泛性的介入方案，此方案需符合行為問題的功能假設，且適配在個案獨特的社交、環境和文化的情境。

很多學者（如鈕文英，2016；Baer, Wolf, & Risley, 1968; Bambara, 2005; Carr et al., 2002）皆提到正向行為支持源自於應用行為分析，意指正向行為支持使用了應用行為分析的特色——精準的測量和系統性的科學方法，來學習良好行為與改善行為問題。Bambara（2005）更具體指出應用行為分析對正向行為支持至少有三點貢獻：第一，正向行為支持提供一個概念性架構，來了解人類行為和學習；第二，在特殊教育和正向行為支持領域，應用行為分析貢獻了有效的教學和行為管理介入；第三，應用行為分析負責將「功能分析」的原則和方法，與行為功能的概念介紹至正向行為支持。綜合上述，正向行為支持是運用應用行為分析的原理原則，並提供理論性架構和實證性的策略，用以了解、改變行為問題，以及培養正向的行為。

第二節　正向行為支持的發展過程

正向行為支持可以全面性了解個案的行為問題，且能進行廣泛性的介入，因此有系統的發展正向行為支持是很重要的工作。雖然執行正向行為支持是動態的過程，但是學者們仍致力於將正向行為支持的過程予以步驟化（如 Bambara, 2005; Janney & Snell, 2000）。本節介紹 Bambara（2005）提出發展正向行為支持的五個步驟，這五個步驟可以有效被執行在跨障別、跨情境、跨學科領域以及跨問題行為。以下說明五個步驟的內容和作法。

一、步驟一：優先選擇和定義行為問題

發展正向行為支持的首要步驟，便是決定個案的問題，以及討論是否有必要發展行為支持計畫。並非所有的特殊學生都需要發展正向行為支持，如同在我國《特殊教育法》針對個別化教育計畫的規定，具有情緒行為問題的學生才需要發展行為功能介入方案。再者，也並非全部有行為問題的學生都需要發展正向行為支持，因為有些學生的行為問題，透過學校或教室一般性的管教和輔導方法，便可獲得改善，因此正向行為支持應是為那些在一般性管教或輔導無效的個案，才需要發展個別化的支持方案。

關於行為問題介入的優先性，許多學者們曾提出各種原則和分類方式（如 Bambara, 2005; Evans & Meyer, 1985; Hiene-man, Childs, & Sergay, 2006; Janney & Snell, 2000; Meyer & Evans, 1989），雖然描述行為問題的名詞和分類方式有所差異，但主要共識為只要危及個案或重要他人的生命、健康的行為問題皆需要優先處理。本文介紹 Bambara（2005）修正自 Janney 與 Snell（2000）的分類後，將行為問題介入的優先性分為三類：第一優先為傷害的行為（destructive behaviors）；第二優先為破壞的行為（disruptive behaviors）；第三優先為分心的行為（distracting behaviors）。表 19-1 列出判斷這些行為問題的方法。正向行為支持的團隊成員之間，必須先對行為問題的選擇和界定有了清楚的共識，接下來才能往下一個步驟繼續發展。

表 19-1 行為問題介入的優先性原則

第一優先：傷害的行為 • 該行為是否對個案或其他人有傷害性，威脅健康或生命？ 第二優先：破壞的行為 • 該行為是否干擾個案或其他學生的學習？ • 該行為是否干擾或阻礙社交關係？ • 該行為是否會阻礙個案參與日常學校、居家或社區活動？ • 該行為是否以危險或干擾的方式損毀物品（例如：撕破衣服、撕毀書本）？ • 該行為若未經有效介入，很有可能會惡化成傷害行為？ 第三優先：分心的行為 • 該行為是否妨礙個案的社交接受度？ • 該行為是否會造成個案有負面的形象？ • 該行為是否會損毀（非破壞）物品？ • 該行為若被忽略，是否有可能惡化為破壞行為？

資料來源：Bambara（2005）

二、步驟二：實施行為功能評量

行為評量亦稱為「行為功能評量」，這個步驟的目的是為了釐清行為問題的功能，以利下一步驟可以產生行為功能假設。具體而言，功能評量是為了解行為問題的發生原因，且了解行為問題如何被維持的一種過程。和過去的醫療介入模式或傳統的行為改變技術不同，功能評量並非要診斷個案有什麼「問題」，而是要了解環境和個體行為間互動的關係，以找出影響行為問題的前因後果。因此，以功能為主的介入方案（或稱正向行為支持），並非只有改變行為，相對的，更強調須先調整環境中的人、事、物。

在前一章已詳細說明行為功能評量的具體方法以及推薦的工具，本章不再贅述，下列僅介紹行為功能評量應蒐集的資訊來源類型。

實施行為功能評量的首要之事為蒐集資訊，而蒐集資訊的來源建議分為兩種，包括廣泛性資訊（如個案的醫療史、健康史、教育史、家庭／社區／學校的環境背景、學業表現、興趣、專長、增強物等），以及特定性資訊（針對行為問題出現的特定情境而蒐集的資訊）。廣泛性資訊的蒐集過程有點像蒐集個別化教育計畫（IEP）的能力現況與家庭現況，因此如果介入團隊可以參考詳細的IEP，也能幫助團隊快速了解個案；若無，則可以使用學者們建議的「個案的系統性檔案」（systems profile）（Schoenwald, Brown, & Henggler, 2001），裡面針對個案的各種生態進行調查，並強調各種生態下的優弱勢訊息之蒐集。至於特定性資訊的蒐集，則可以透過訪談和直接觀察，相對應的工具和使用方法請參見第十八章。

三、步驟三：發展行為問題的功能假設

透過上一步驟的行為功能評量，可以了解行為問題的遠因（生態事件）、近因（前事）、個案本身的能力狀況、行為問題發生後的後果處理，以及行為問題的功能。這些資訊將形成假設的陳述，意指正向行為支持團隊要以精確性且摘要式的語句來陳述行為問題的功能假設。舉例來說，「當老師發下小考考卷時，小明會撕毀考卷，老師便讓他罰站，小明的行為問題是為了逃避考試」、「獨立寫作業的時間，當老師指導其他同學時，小華便開始哭泣、吐口水，老師走回來提供關注和指導後，便停止哭泣，小華的行為問題是為了重新再獲得老師的協助」、「當小英聞到老師身體與頭髮的味道時，會以不禮貌的方式趨近老師身體（例如：抓老師的頭髮、緊靠在老師身邊等），老師生氣尖叫，她便生氣離開，老師如果不生氣，她聞完味道後，會安靜離開，小英的行為問題是為了獲得味道刺激」、「大雄通常在早上6：00 就已經吃完早餐，當第三節上課時（約 10：00），大雄會離座、分心、未經同意就喝同學抽屜裡的飲料或吃老師桌上的餅乾，第四節便可以安靜上課，大雄的行為問題是為了獲得食物」、「當小蓮正值生理期間，會出

現自我傷害行為（包括摳額頭、打肚子、咬手等），生理期結束，自我傷害行為會減少，小蓮的行為問題是為了逃避生理的不舒服」。由上述可知，假設的內容要能描述行為的四大要素，即環境事件、前事事件、具體行為描述、維持的後果（環境的反應與行為功能），並且參照廣泛性資訊的蒐集，了解個案的優弱勢，接下來才能設計出有效的正向行為支持計畫。

最後提醒讀者，有些學者（Dunlap & Kern, 1993）提出在發展假設與實施介入之間，建議可以先測試假設的正確性，意指透過實驗設計來操作功能分析。測試假設的好處可以確保介入策略的有效性，以及評估變項影響的效力，但是即使有這些優點，對於實務現場而言，教師很難有機會去執行這些精準的實驗控制，因此學者們也認同這並非是必要的程序。如此，介入本身就扮演著驗證假設的角色，當介入出現無效，假設也要隨之調整。

四、步驟四：發展正向行為支持計畫

正向行為支持計畫（positive behavior support plan）是一種廣泛性、多元素、包裹式的介入計畫，強調預防、教學以及促進長期的成效，因此正向行為支持計畫通常包括四個要素（環境事件策略、前事預防策略、行為教導策略、後果策略），也有人將環境事件策略和立即前事策略合併為前事策略。關於正向行為支持的前事策略、後果策略和教導替代行為之涵義可參見第十八章，下文僅介紹正向行為支持計畫三大要素之目的與策略擬定原則。且由於本章強調前事介入策略的重要性，下一節將詳細說明前事介入的各種策略和實證。

（一）前事介入策略

1. 目的

前事事件意指發生在行為之前的事件，可以分為遙遠前事與立即前事。遙遠前事是指非直接影響行為問題的環境事件（非前因），但是卻會影響行為問題出現的可能性（遠因）。立即前事則是指立即的環境事件，也就是說，它會立即引發行為問題。因此，不管是遙遠前事和立即前事的控制與調整，皆能有效預防行為問題。

2. 策略擬定原則

遙遠前事和立即前事的策略擬定皆與動機操作的概念有關，因此擬定前事策略的原則，是透過建立操作和消除操作，來影響環境刺激物的價值與作為增強物的效力，進而改變行為。下列彙整學者們的建議（如 Bambara, 2005; Gardner, Cole, Davidson, & Karan, 1986; Horner, Vaughn, Day, & Ard, 1996; Kern & Clemens, 2007; Luiselli, 2006），本文將前事介入策略擬定的原則彙整為七大方向：

(1) 減少不良環境事件出現的可能性，意指若環境事件可以被控制，應先被控制，例如：因睡眠時間不足而出現行為問題，就先確保個案有機會獲得充足的睡眠，以減少不良環境事件所造成的影響。

(2) 抵消環境事件所帶來的負向影響，意指如果環境事件出現了，仍可以在前事刺激出現前，導入偏好活動，使環境事件的負向影響得以相抵，例如：下課時間個案在操場與人吵架（環境事件），進教室上課後，老師進行課堂要求（前事刺激），容易引發個案逃避要求的行為問題，建議可在課堂要求之前，先讓他有情緒紓解的活動或機會（導入活動），再給予課堂要求。

(3) 不呈現行為問題的前事刺激，意指直接改變活動，例如：因個案怕狗，媽媽已嘗試避開會經過野狗可能出現的路線，但出門搭校車的路線偶爾還是會遇到野狗（環境事件）；到學校後第一節是個案不喜愛的羽球課（前事刺激），容易引發個案尖叫、打頭的逃避行為，建議可將羽球運動直接改為個案較偏好的溜滑板車運動（不呈現嫌惡的前事刺激），讓行為問題出現的可能性降至最低。

(4) 為替代行為增加提示，意指使用事先校正或事先提醒來補充前事刺激，例如：教師在課堂上發下作業單（已經呈現前事刺激），在個案出現行為問題之前，補充一些指導語：「如果你不會做，就舉手要求老師幫忙」或「如果你累了，就按電子語音溝通板要求休息」（為替代行為增加提示）。這個策略也是為了新教導的替代行為，提供練習的機會，因此還可以再提供區別性增強替代行為（DRA）或區別性增強不相容行為（DRI）的方式，來增強替代行為（可參見第八章）。

(5) 提升最終目標行為的增強價值，意指藉由行為動能原理，促進目標行為的增強價值，也預防行為問題的出現，例如：教師在課堂發下困難的作業（環境事件），建議先給予簡單的要求：「跟著老師做，摸摸頭」、「舉起右手」，個案完成簡單要求後，教師立即給予讚美（簡單要求容易做到，容易獲得增強），接著再要求困難作業，以連帶促進願意寫困難作業的目標行為，相對的也能預防逃避寫作業的行為問題。

(6) 直接改變前事事件的特性（透過降低、調整或弱化的方式），例如：調整作業的難易、新舊、動靜等性質。

(7) 弱化維持行為問題的增強效力，例如：因應行為問題的功能，提供各種非後效增強（noncontingent reinforcement，簡稱 NCR）等（例如：針對想要獲得實物的功能，建議可以固定時間提供獲得實物的機會）。

（二）行為教導策略

1. 目的

行為教導策略（teaching strategies）的目的是為了提升正向的、社會上可接受的行為。正向行為支持計畫中要教導的行為，包括現階段的替代性行為、最終想要的目標行為，唯有讓個案培養出正向的行為，才能真正根除行為問題。

2. 策略擬定原則

行為教導策略是直接要教導個案的策略，這部分的策略通常都是為了補足個案不足或缺陷之處，下列彙整學者們的建議（Bambara, 2005; Dunlap & Kern, 1993; Feldman, Condillac, Tough, Hunt, & Griffiths, 2002; Gardner, Cole, Berry, & Nowinski, 1983; Griffiths, Feldman, & Tough, 1997; Janney & Snell,

2000; Killu, 2008; Lindsay, Fee, Michie, & Heap, 1994; Maag, 2006; Smith & Sugai, 2000），本文將行為教導策略擬定的原則彙整為四大方向：

(1) 教導功能等值（functional equivalence）的替代性技巧，意指教導個案使用替代性方式，也能達到與行為問題相同的功能。常見的方法便是使用功能溝通訓練（FCT），教導個案使用替代性或擴大性的溝通方式來表達需求。

(2) 當出現替代性行為時，應提供正增強，但此種增強要與想要行為的增強效力有所區別。增強物的效力評估，需依據個案的增強物調查結果，增強物的選用除了符合個案的偏好外，還須兼顧適齡、社會上可接受的、健康的、容易使用的原則，才能有助於改善個案與照顧者的生活品質。增強的形式，除了正增強，還有負增強同樣都可以提升好行為，負增強是指不給（撤除）個案嫌惡的刺激，這種作法最適合用在逃避的行為功能，例如：當做完 5 分鐘的掃地工作，剩下的 15 分鐘就可以獲得休息。但要提醒的是，負增強一定要配合正增強，才不會出現負作用，久而久之，個案只願意配合最低標準，反而沒有機會培養更好的行為。

(3) 教導應對與忍耐的技巧，意指當有些情境是無法避免或改變的，就必須要教導個案學會應對與忍耐的技能，以幫助適應環境（例如：需要排隊、課業壓力等）。這些技能通常與自我控制、情緒管理、問題解決等有關，包括：教導自我監控、自我管理、漸進式情緒放鬆訓練、想像訓練、系統減敏感訓練、獨立問題解決等。

(4) 教導與自動正負增強有關的功能等值行為，例如：教導適當的行為來逃避自動負增強的來源；或教導其他社會性可接受的行為，來滿足自動正增強的來源。

(5) 全面性提升社交能力、溝通能力、學業能力的教導。Killu（2008）認為許多不適當行為是技能（skill）缺陷所致，非表現（performance）不足之結果。他更提出尤其是教室中的學業技能缺乏，容易阻礙教室裡的表現，且這些行為問題就是伴隨那些技能的缺陷。因此，在正向行為支持計畫中，提升適當行為和降低行為問題一樣重要，且有必要將需要的技能列入個案的個別化教育計畫目標，以求全面性提升個案的能力。

（三）後果策略

1. 目的

後果策略之主要目的在降低問題行為的出現頻率。一般而言，在執行介入期間，治療人員雖然依據個體問題行為的功能，妥善安排前事調整及替代行為的教導等策略，但個體依舊可能會出現原本的問題行為，後果策略即是因應此種狀況所安排。亦有學者認為，後果策略還包含增強替代行為及被期待的行為。不過，依據 Cooper 等人（2007）的歸類，替代行為的功能溝通訓練是屬於前事策略，因此本文將著重點放於問題行為出現時的處理策略。

2. 策略擬定原則

後果策略意指用以回應行為出現後的策略，雖然正向行為支持計畫已針對環境事件和前事事件進行調整，替代性技巧也正在教導，若再加上後果策略將有助於提升個案的良好行為和降低行為問題。即使後果策略只能執行在行為問題出現後，仍需使用有效且具教育性的方法來改變行為問題出現後的反應。下列彙整學者們的建議（Bambara, 2005; Kern, 2005; Maag, 2001; Payne, Mancil, & Landers, 2005; Taylor & Miller, 1997），將後果策略擬定的原則分為三個方向：

(1) 當出現想要行為時，應提供強而有力的正增強。

(2) 當出現輕微行為問題時，可以重新引導（提醒）至替代性行為，或區別性增強低頻率行為（DRL）。若行為規則已建立（如個人或團體的行為契約），當個案出現輕微行為問題時，只要使用重新引導或提醒，便可以順利被導入替代性行為，一旦替代性行為被成功誘發，再立即提供增強，就能避免嚴重行為問題的出現，且繼續產生好行為。區別性增強低頻率行為意指當行為問題降至設定的頻率後，才可獲得增強，這種策略也可以用在行為契約內。要注意的是，低頻率的標準必須先測量行為問題的基線，才能設定符合個案能力的低頻率標準。

(3) 當出現嚴重行為問題時，應謹守倫理原則，謹慎使用負向後果。正向行為支持計畫的後果策略，即使運用輕微的負向後果（如消弱、活動隔離、反應代價等），也須兼顧適齡的、尊重的且符合個案的認知理解能力，務必謹守倫理原則，亦即不能侵犯個案的身體、生活與學習等權益。

最後，還有一種規劃稱作危機處理（crisis management），這並非正向行為支持計畫的一部分，其目的也並非用以提升好行為或降低行為問題。因為儘管介入如何努力，有些個案有可能會出現自傷、傷人、嚴重破壞或嚴重干擾的行為，這種案例應該還要發展危機處理計畫。危機處理計畫的目的是為了保護個案或其他人，以及避免行為問題繼續擴大，因而需要訂定特定的步驟來遵循（類似 SOP 標準作業程序），讓突發的傷害降至最低。

五、步驟五：介入、評量和調整

如同上述所言，如果介入前未經功能分析的實驗證實，則介入方案也扮演著測試假設的角色，因此介入後，團隊合作是必要的。團隊成員透過蒐集資料、討論與持續評量以監控成效，若有必要，也須立即性調整介入方案。既然持續評量介入成效是必要的，那麼正向行為支持計畫的成功或有效要如何判定？Bambara（2005）認為，介入的有效性可以取決於團隊對進步的滿意程度，因為有可能要完全根除有嚴重行為問題個案的行為問題是困難的，因此在情境裡仍需要為個案持續調整，以及持續教導新的技能，如此才能讓行為問題持續降低，正向行為穩定提升。最後，要提醒讀者，正向行為支持計畫的目的不僅是降低行為問題，個案的正向行為提升也是重要的目標，唯有透過持續提升個案的各項能力，才有可能達到根除行為問題的目標。

第三節　前事介入在正向行為支持計畫之重要性與實證策略

一、前事介入的重要性

Kern與Clarke（2005）曾提出環境改善和前事介入的優點與重要性，包括：(1)可以預防行為問題，降低傷害／危害個案的可能性；(2)產生的效應不僅對個案本身有幫助，長期被個案行為問題干擾的其他人也會有助益；(3)可以快速的降低行為問題出現的頻率；(4)可以校正環境中的問題，藉以導正那些對個案不合理或不友善的相關問題。由上述可以得知，前事介入的重要性是建立在預防性的觀點，一旦前事被預防了，反而可以把介入焦點通通集中在教導良好行為；再者前事介入還可以因應行為問題的急迫性，先選擇使用環境事件策略和前事策略，以快速降低行為問題，接著再教導替代性的技巧，以解決個案的立即性需求，並持續教導想要行為，以滿足個案長期性的需求。

二、對應行為功能的前事介入策略與實證

過去學者們曾依據行為的功能，來彙整前事介入的實證策略，例如：Kern 與 Clarke（2005）依據四個行為問題的功能（注意、實物、逃避、感官）；Miltenberger（2006）特別針對逃避功能；Koegel 與 Koegel（2006）則是在家庭作業問題運用核心反應訓練，其內容包含許多前事介入策略等。然而，過去文獻使用的行為功能分類為傳統的四種行為功能（注意、實物、逃避、感官），而近年行為功能的文獻已進一步分析階層。因此，本章為了聯貫第十八章行為功能評量的內容，將依據第十八章的行為功能類別階層，依序呈現對應行為功能的前事介入策略，詳見表 19-2。

表 19-2 對應行為問題功能的前事介入策略

行為功能		前事介入策略
正增強	直接獲得實際物品	非後效增強 • 非後效取得相抗衡的刺激物（與自我刺激有關） • 非後效取得偏好物
		增加反應的費力程度
		介入包裹式策略，並增強替代行為
	社會中介獲得實際物品	非後效增強 • 非後效取得實物增強 • 非後效增強結合警示預告的訊號
		功能溝通訓練
		非後效增強結合功能溝通訓練
	社會中介獲得注意	非後效增強 • 提供成人的注意 • 提供同儕的注意
		提供偏好的活動
負增強	直接逃避與 社會中介逃避	與不舒服的社會情境有關 • 改變立即前事事件所造成的影響——增加可預測性、調整要求的時機、提供非後效增強 • 改變遠端生態事件所造成的影響——重新規劃活動、設法改善生理／心理的狀態
		與長時間或困難的工作任務有關 • 增強參與學習的意圖 • 在活動中增加個案的偏好／興趣，為活動提供有價值的成果 • 提供選擇 • 使用行為動能／工作穿插 • 調整工作的特性 • 使用有效的指導程序
自動增強	獲得內在增強與逃避內在不舒服	提供替代性的自動正增強來源
		豐富化環境
		教導嫌惡刺激的應對方法
多重增強	多重功能	針對每種功能各自設計介入策略
		結合推論性建立操作與前事，同時處理多重功能 • 功能溝通訓練結合連鎖規劃 • 同時提供對應不同功能的非後效增強

（一）正增強：「直接獲得實際物品」功能介入策略

若個案經常缺乏社會互動，又有機會接近增強物，導致個案直接使用自己的方式（不透過其他人）獲取實際的增強物，但往往以非社會上可接受的行為來取得增強物（如異食症），此時這種行為即受直接獲得實際物品功能所維持。下列介紹幾種關於直接獲得實際物品的前事介入策略。

1. 非後效增強（取得相抗衡的刺激物或偏好物）

非後效增強（NCR）一直是有效的前事介入策略，Iwata 與 Kahng（2005）就曾提出 NCR 更甚於其他策略的優點，例如：比起消弱，較不會有反應爆衝（response bursting）的現象；比起 DRA、DRO，能更快速抑制行為問題且較容易執行。Carr（1996）認為，NCR 最廣泛被接受的定義為 Vollmer、Iwata、Zarcone、Smith 與 Mazaleski（1993）提出的：「是一種獨立於學習者的行為或以時間為主給予已知增強屬性的刺激。」具體言之，就是提供增強刺激不與個案的目標行為相關（即後效獨立），而提供增強刺激的時間可以運用固定時間計畫表（fixed-time schedule，簡稱 FT）或不固定時間計畫表（variable-time schedule，簡稱 VT）。

當 NCR 介入在處理直接獲得實際物品功能的行為問題時，具體作法為不因個案是否達到目標行為，可以運用FT（例如：FT-10 秒，意指固定每 10 秒就提供增強物品）或 VT（例如：VT-10 秒，意指可以是 8 秒、9 秒、10 秒、12 秒等平均 10 秒為時距提供增強物品）。雖然多數的 NCR 研究常使用 FT，然而從研究實證也顯示，不管是 FT 或 VT 皆能有效降低行為問題，只是初期的增強時距應該要密集（Van Camp, Lerman, Kelley, Contrucci, & Vorndran, 2000）。

對應直接獲得實際物品的功能，又可以分為兩種情形來考量前事介入策略，一為與自我刺激行為有關，一為與取得實際偏好物有關。

與自我刺激行為有關的非後效獲得實物之策略，又稱為非後效取得相抗衡的刺激物（noncontingent access to competing stimuli，簡稱 NCS），常見的例子就是異食症的介入研究。過去針對異食症的介入，常使用過度矯正和處罰（Foxx & Martin, 1975），Piazza 等人（1998）最早提出異食症的行為功能分析，研究中的二位個案涉及自動增強，但依據 Cipani 與 Schock（2011）的行為功能分類，可歸類為直接獲得實際物品的增強功能。研究者依據行為功能設計介入方案，先進行增強物評估，以界定異食症的對抗刺激物（例如：對抗口語刺激的軟糖、餅乾等），並讓個案非後效取得對抗刺激的刺激物。後續研究也使用類似的方法（Rapp, Dozier, & Carr, 2001），但研究結果顯示，非後效取得增強物的時間比例須很密集（10 秒的固定時距），且反應中斷（response interruption）也有成效，但是都無法完全將異食頻率降至零。

另一種是單純想要直接取得物品，有效的前事策略也可以使用非後效取得實物，建議先豐富化個案的環境，並提高對實物的可及性（accessibility），亦即讓個案可以直接且容易取得想要的實際物品，以預防行為問題。

2. 增加反應的費力程度

除了使用 NCR 外，還可以思考讓從事行為問題變得更難、更費力，亦即讓異食的增強效果降低，久而久之，個案就失去從事異食的動機。研究也證實，逐漸增加反應費力（response-effort），能有效降低異食症行為（如 Carter, 2009; Piazza, Roane, Kenney, Boney, & Abt, 2002），這意指延長個案取得異食物品和取得增強物品的距離。比如說，Carter（2009）介入一名乘坐輪椅的極重度智能障礙者的異食症問題，研究者先進行增強物評估程序（Piazza, Fisher, Hagopian, Bowman, & Toole, 1996），界定優於異食物品（不能吃的物品）的高偏好增強物（如巧克力、餅乾、咖啡、蘇打餅和低熱量蘇打汽水），再教導個案將異食物品交到治療師手上，就可以兌換高偏好增強物。研究者延長兌換的距離來逐漸增加反應費力的程度，延長距離設定為 1 公尺、2 公尺、2.74 公尺、3.35 公尺、3.66 公尺和 5.18 公尺，此外，在 3.66 公尺階段，還讓治療師在個案的視線之外，且在 5.18 公尺階段，個案還要進入其他房間才能找到治療師來兌換。研究結果顯示異食兌換（pica exchange）可以增加反應費力，有效降低異食問題。

3. 介入包裹式策略，並增強替代行為

近期的研究也提出，前事介入可應用包裹式策略，包括：非後效取得相抗衡的刺激物（NCS）、反應中斷、重新引導（redirection）、區別性增強替代行為（DRA），例如：Hagopian、González、Rivet、Triggs 與 Clark（2011）曾介入兩位異食症者，兩位異食症者的功能分析結果為自動增強（依據 Cipani 與 Schock 的行為功能分類，可歸類為直接獲得實際物品的增強功能），因此介入程序先進行對抗刺激物的評估（competing stimulus assessment），找出可以功能對抗的物品（如麥克風、圖書、DVD等），又進行下一階段的 NCS 結合反應中斷、重新引導與區別性增強替代行為（增強個案丟棄異食物品的行為），最後一階段是將替代行為介入在真實情境（學校、社區）中，研究成果顯示包裹式策略有很好的實證。由此可見，近來的研究證實若單純使用 NCS 和反應中斷，雖可以降低異食症，但是進一步利用重新引導與教導替代性的行為（例如：丟棄垃圾），並增強新的替代行為，才能使異食症的頻率降至零且獲得類化。

（二）正增強：「社會中介獲得實際物品」功能介入策略

當個案有機會獲得增強物，但自己無法取得，卻曾透過他人協助而獲得，此時這種行為便受社會中介獲得實際物品功能所維持。學校常出現的狀況，有可能是被迫放棄或中斷偏好的活動或物品，或者常以行為問題要求成人給予增強物等。下列介紹此行為功能相對應的前事策略與實證。

1. 非後效增強（取得實物）

Kahng、Iwata、Thompson 與 Hanley（2000）曾介入三位有自傷和攻擊行為的兒童，其中一位的行為問題是受想要食物的功能所維持（另兩位是想要注意功能），研究者使用固定時間計畫表（FT）來給予增強物，並再淡化增強（schedule thining，亦即拉長增強時距），結果證實非後效取得實物增強能有效降低行為問題。

2. 非後效增強結合警示預告的訊號

若個案的行為問題是因偏好活動或實物被中斷或停止，而想要重新再取回活動或實物，過去實務現場常使用警示預告（warning 或 advance notice）的策略，慢慢提供活動將結束或物品將收回的預警訊息（例如：「再過 5 分鐘，玩具就要收起來了」），然而研究卻顯示單純只有警示預告是無效的，例如：Wilder、Chen、Atwell、Pritchard 與 Weinstein（2006）曾針對兩名正常幼兒的發脾氣行為問題，功能分析顯示其中一名幼兒的行為問題因偏好活動終止所致，而想要重新獲得偏好活動（另一名的發脾氣行為因被告知要執行某項工作，為逃避該工作所致）。研究者比較兩種策略，一為警示預告介入策略，針對社會中介獲得實際物品功能的個案，其介入程序為介入者口頭預告因轉銜活動即將來臨，需結束正在進行的活動（例如：口語預警「即將要關掉影片」）；另一策略為 DRO 加消弱，研究者使用漸進提示系統（口語、手勢、肢體提示）來逐步協助個案關掉影片，以及當轉銜活動時都沒有發脾氣，便可以獲得讚美或偏好物（DRO）；此外，兩名個案發脾氣後還是會持續進行轉銜活動（消弱）。研究結果顯示，單純只有警示預告的成效無法降低兩位個案的發脾氣行為問題，但DRO加消弱可以有效降低行為問題。

但如果將警示預告加入NCR，則更可提高介入成效，例如：Mace、Shapiro 與 Mace（1998）曾介入一名自閉症兒童，其自傷行為的功能為取得實物和逃避工作，該研究比較消弱和 NCR 有無結合警示預告對嫌惡刺激（例如：工作要求、增強物被拿走）的成效，結果顯示加入警示預告後，更可以警告嫌惡刺激的來臨，因此有效降低個案的自傷行為。Gouboth、Wilder 與 Boo-her（2007）也曾比較NCR與NCR結合事先提供警示預告（例如：「我將要拿走玩具，當計時器響了，我再還給你」，接著計時器設定 30 秒，並且讓個案看得到計時器），研究結果顯示，NCR 結合警示預告比單純只有 NCR 更可以降低行為問題。

3. 功能溝通訓練

功能溝通訓練（functional communication training，簡稱 FCT）的成效最早由 Carr 與 Durand（1985）提出後，已被大量的研究證實其有效性〔詳見 Mancil（2006）以及 Olive、Lang 與 Davis（2008）的文獻分析〕，也遍布在教導各種行為問題的功能。每個行為問題都是個體的一種溝通型態，但是不為社會所接受，因此透過教導，個體可以使用適當的溝通方式對成人表達想要實物的需求。過去常見的 FCT 是教導單一功能的溝通訓練，但後來的研究也證實為了解決多元的行為功能，多元的 FCT 是必要的介入（Kahng, Hendrickson, & Vu, 2000）。

4. 非後效增強結合功能溝通訓練

非後效增強結合功能溝通訓練也是有效的策略組合，例如：Marcus 與 Vollmer（1996）曾介入三位兒童的偏差行為（自傷、攻擊、發脾氣），其主要功能是獲得實物，研究者結合 NCR 策略及區別性增強替代溝通行為（學生要說「玩具」，才能獲得玩具），有效降低三位兒童的偏差行為。

（三）正增強：「社會中介獲得注意」功能介入策略

若個案的行為問題是受到社會注意所維持，則前事介入的安排就必須在行為問題發生之前，確保對個案提供足夠的注意，以避免個案使用行為問題來尋求注意。因此，對應社會中介獲得注意功能的前事介入，大多使用非後效取得注意增強的策略，只是提供注意的來源和方式，要因應行為問題發生的情境脈絡而有所不同，下列介紹幾種關於注意功能的前事介入策略。

1. 非後效取得注意增強

非後效取得注意增強意指不因個案的表現是否有達到目標，而定期或不定期提供個案想要的注意，研究證實這種前事介入可以有效降低行為問題（Kahng, Iwata et al., 2000）。下列依據提供注意的來源和方式，介紹對應的前事策略。

(1) 非後效提供成人的注意

教室中受到注意功能維持的行為問題，經常是與成人（如老師、教師助理）有關。非後效提供成人的注意在實務上應給予定期的注意，所謂「定期」，意指要事先評估個案行為問題的間距時間，再依據間距時間的平均值定時提供成人注意。而成人提供注意的方式，可以透過教學空間之規劃，例如：將個案座位安排靠近教師（教師助理），或教師上課時就定期在教室巡視行間，方便教師固定提供注意，以滿足個體需求。但也要避免提供過多或不必要的注意。如何拿捏提供適當的注意，Bambara與Kern（2005）認為要求教職人員提供頻繁的注意，可能會加重其負擔，也可能會讓個案太習慣於持續性的注意，久了便容易不耐等待，這些都是未經謹慎安排的不良後果，最後也會造成個案無法適應正常的教室生活。因此，事前的評量與系統性的規劃是執行成效有否的關鍵。

(2) 非後效提供同儕的注意

若個案的行為問題是受同儕注意所維持，有可能是當同儕不在個案身邊，或在個案身邊，個案使用行為問題以尋求同儕注意。若要安排同儕給予注意也應經過仔細規劃，切勿急於處理個案的行為問題，而倉促的讓個案擁有過多的同儕注意，這樣反而會讓個案習得以不適當的行為獲得注意。Bambara與Kern（2005）建議老師要多加運用適當且自然的方式，讓學生可以自然獲得同儕注意，例如：將個案與同儕配對為同組成員、運用同儕小老師和善用合作學習等，這些方法都可以讓個案自然的接受同儕注意。而要讓個案學習以適當方法吸引同儕注意，則可以在行為教導策略發展與社交主動有關的教學活動。

2. 提供偏好的活動

雖然教師可以運用非後效注意增強策略來降低行為問題，但是當教師有重要工作，或被其他事情占據時間，又無法給予個案頻繁的注意時，教師可以提供個案高偏好的活動（如電腦遊戲），讓個案可以先從事獨立的活動，讓教師完成重要工作。Bambara與Kern（2005）也認為，有時候高偏好的活動足以與個案的注意需求相抗衡。

（四）負增強：「直接逃避」功能與「社會中介逃避」功能介入策略

直接逃避功能是指，個案直接逃避環境中的嫌惡刺激（如社會情境、長時間的工作任務、困難的工作任務），以便移除不舒服的環境嫌惡刺激。在學校的情境可能是，未經教師允許自行離開擁擠的空間或吵鬧的活動，或者工作一段時間後便自行放棄工作，或者老師要求寫作業時，直接不寫或破壞作業單，或者上課時呈現發呆、不專心或玩弄物品以逃避課程。

社會中介逃避功能，則是指個案須仰賴他人，才能成功逃避嫌惡刺激（如社會情境、長時間的工作任務、困難的工作任務），在學校情境，個案會先展現行為問題（尖叫、攻擊、干擾等），教師無法忍受，因此教師帶著個案或允許個案逃避嫌惡刺激。

不管是受直接逃避或社會中介逃避所維持的行為問題，皆令教師感到困擾，通常這些行為問題的前事事件可能與不舒服的社會情境、長時間或困難的工作任務有關，下面分別介紹有關的前事介入策略。

1. 與不舒服的社會情境有關

若環境（或社會情境）本身就是嫌惡刺激，個案接近或身處這個環境，便容易產生直接逃避或社會中介逃避的行為問題。不管是近端環境事件直接引發的影響，或是遠端生態環境事件的延宕效應，若能在行為問題發生前，透過改變環境事件造成的影響，皆能有效預防逃避功能的行為問題。下面介紹改變立即前事事件和改變遠端生態事件的前事介入策略與實證。

(1) 改變立即前事事件

改變立即前事事件可分為幾種方式：增加可預測性、調整要求的時機、提供非後效增強。增加可預測性，意指藉由提高近端事件的可預測性，以避免個案逃避近端事件，舉例來說，運用一些系統性教學和多表徵線索（例如：提供視覺圖表、聽覺方式等）（Flannery & Horner, 1994）；或者加上清楚明確的轉換活動步驟（例如：站起來、走到門口、等同學，然後走到操場）（Clarke, Worcester, Dunlap, Murray, & Bradley-Klug, 2002）。調整要求的時機，意指教師避免在高增強活動中提出要求，改為高增強活動結束後才提出要求，比較容易降低行為問題（Fritz, DeLeon, & Lazarchick, 2004）。提供非後效增強（NCR），意指若因環境嫌惡，引發逃避，則提供非後效逃避（noncontingent escape），即固定一段時間，提供休息的機會（如 Kodak, Miltenberger, & Romaniuk, 2003; Vollmer, Marcus, & Ringdahl, 1995）；或因頻繁的要求個案完成工作，也能透過給予非後效注意，降低逃避工作的行為問題（Call, Wacker, Ringdahl, & Boelter 2005; Kennedy, 1994）。

(2) **改變遠端生態事件所造成的影響**

改變遠端生態事件可包含重新規劃活動、設法改善生理／心理的狀態。當日常活動或已計畫的活動被更動（延遲或取消）後，可以重新規劃活動或直接調整作息活動，以抵消日常活動被改變的影響。另一種與個案的生理／心理有關的遠端事件（例如：情緒不佳、睡眠不足或生理不舒服），可以先設法改善個案的心情或生理狀態，以降低行為問題，例如：先提供讓個案心情變好的活動（如社交關注、笑話或幽默的互動、自由時間、點心、散步等），再正式進入課程（Carr, Smith, Giacin, Whelan, & Pancari, 2003）；也可以調整教師教學指令的語氣，使其不具威脅性，為教學環境創造愉悅的氣氛（Kern & Clarke, 2005）；若與月經的疼痛感有關，可介入多元素的前事策略，包括非藥物的醫療處遇來緩解疼痛（例如：熱敷袋、躺床休息、飲食改變），還結合其他的前事策略（例如：非後效增強、提供選擇、穿插技巧、改變要求的時機、教導功能性溝通技巧來要求休息或協助）（Carr et al., 2003）。

2. 與長時間或困難的工作任務有關

在學校情境中，與逃避行為問題有關的前事事件多與長時間或困難工作有關，亦即個案工作一段時間後或遇到困難後，便引發逃避工作與學習的行為問題。下列先介紹對應低興趣工作任務的前事策略與實證，接著再介紹對應困難工作任務的前事策略與實證。

(1) **增強參與學習的意圖**

增強參與學習的意圖意指在學習（例如：寫作業和上課）之前，教師可以事先增強個案的參與意圖，但此意圖必須是合理的、具目標性和清楚的，例如：先增強他願意在困難作業上把名字先寫上；或在獨立寫困難字之前，先增強他願意寫描寫的字；或在寫困難數學題之前，先增強他願意把數學作業拿出來等（Koegel & Koegel, 2006）。

(2) **在活動中增加個案的偏好／興趣，為活動提供有價值的成果**

學者曾提出在活動中增加個案的偏好／興趣，例如：為喜愛的卡通人物寫出正確的注音符號，或使用偏好食物為數數材料，計數正確後，便可獲得自然的直接增強物（Koegel & Koegel, 2006）。這個策略亦有很好的研究實證（如 Dunlap, Foster-Johnson, Clarke, Kern, & Childs, 1995; Dunlap et al., 1993），不僅降低行為問題，更促進參與課程和作業的良好行為。

還可以將工作任務直接導向有功能性或有價值的成果，例如：原本對語文書寫作業感到嫌惡，設計具功能性的活動來替代原本的課程（作業）要求，研究者曾經將手抄寫字母的作業調整為書寫一封信給老師，要求老師讀故事給小學生聽；或改為幫相片註解，抄寫作業完成後，相本製作也完成；或對數學應用題感到嫌惡，則將應用題的內容調整為個案喜愛的烘烤蛋糕（教導如何測量）和實用的閱讀公車時間表（教導如何預估時間和搭乘）（Dunlap, Kern-Dunlap, Clarke, & Robbins, 1991）；或者原本引發逃避的職業訓練工作（組裝原子筆），調整為組裝三明治，完成後，讓個案可以分送給同學，以滿足社交的興趣與互動的價值（Dunlap et al., 1995）。

(3) 提供選擇

學者們已透過文獻回顧（Kern et al., 1998）與後設分析研究（Shogren, Faggella-Luby, Bae, & Wehmeyer, 2004），證實提供選擇不僅能降低逃避的行為問題，也提升工作完成度。事先提供選擇的作法有很多種：最常見的是事先提供一些相等分量或相等難度的任務清單以供選擇（Dunlap et al., 1994; Dyer, Dunlap, & Winterling, 1990; Powell & Nelson, 1997; Romaniuk et al., 2002; Romaniuk & Miltenberger, 2001）；提供選擇的選項也可以是為身障生調整的替代性作業（Stenhoff, Davey, & Lignugaris/Kraft, 2008）；選擇完成工作的順序（Kern, Mantegna, Vorndran, Bailin, & Hilt, 2001）；選擇工作的材料、完成工作的地點和完成工作的時間（Bambara, Koger, Katzer, & Davenport, 1995）；先降低要求的頻率或困難度，再依個案的教學需要，逐漸增加到可接受的程度，能有效降低行為問題（Kennedy, 1994; Weeks & Gaylord-Ross, 1981）；或讓個案選擇要一起完成工作的人等。還有研究嘗試全班性的選擇介入方案，教師在自足式特教班提供全班性和個別性的選擇機會，同樣有很好的成效（Kern, Bambara, & Fogt, 2002）。

(4) **使用行為動能／工作穿插**

行為動能（behavior momentum），意指在低機率（low-probability，簡稱low-*p*）的要求之前，先使用高機率（high-probability，簡稱high-*p*）的要求，會連帶的帶動完成low-*p*的意願，以降低逃避工作的行為問題。Mace等人（1988）曾具體界定high-*p*為個案順從指令的機率高於80%者（十次中有八次會順從），而 low-*p* 則是低於 40%者（十次中有四次或少於四次會順從）。最常見的行為動能策略有：在困難要求之前先提供簡易要求（Belfiore, Basile, & Lee, 2008; Davis, Brady, Hamilton, McEvoy, & Williams, 1994; Davis, Brady, Williams, & Hamilton, 1992; Lee, Belfiore, Scheeler, Hua, & Smith, 2004; Mace & Belfiore, 1990; Mace et al., 1988; Wehby & Hollahan, 2000）；在困難作業之間，穿插簡單的作業（Horner, Day, Sprague, O'Brien, & Heathfield, 1991; Kennedy, Itkonen, & Lindquist, 1995; Logan & Skinner, 1998）；結合行為動能與簡單工作穿插，亦即先執行簡單的工作，接著在指導期間，穿插簡單工作在三個困難工作之後，或當個案有抗拒的徵兆前（例如：出現抱怨聲音等），插入簡單工作（Horner et al., 1991）；在增強活動中穿插要求，意指讓個案先完成偏好活動，再給予要求，較容易完成非偏好的要求（Carr & Carlson, 1993; Kemp & Carr, 1995）。雖然行為動能策略具成效，但別忘了當個案完成困難工作或非偏好活動後，也要針對其順從性給予增強，才能延續困難工作或非偏好活動的順從性。

(5) **調整工作的特性**

若行為問題的功能與工作特性有關，則建議調整困難或長時間的工作特性，例如：調整工作的分量（長度），亦即分段給予作業要求，每完成一部分後，再接著給予第二部分的作業，以此類推，最後完成所有的分量（Dunlap et al., 1991; Kern & Clarke, 2005）；調整工作的形式（材料），常見的作法就是改變紙筆作業的形式，可以將數學紙筆計算改為電腦操作（Ervin et al., 2000）、書寫作文改為錄音機錄下口說的故事，或打字完成作文（Kern, Childs, Dunlap, Clarke, & Falk, 1994），也有結合做選擇的技巧，允許個案選擇彩色筆或蠟筆替代紙筆作業（Moes, 1998）；直接調整工作的難度，但

Kern與Clarke（2005）建議先考量個案學習失敗的歷史，再來決定個案所能容忍的困難程度和範圍。

(6) 使用有效的指導程序

若工作內容是必要的，不調整困難度，也可以直接在教學過程中融入有效的指導程序，以提升工作完成度，例如：調整教學（要求）的節奏，意指加快教學嘗試（trials）的節奏，而非教師說話的速度（Dunlap, Dyer, & Koegel, 1983; West & Sloane, 1986），因快速的呈現教學要求，較有機會獲得高比例的增強（Miltenberger, 2006）；使用簡短和清楚的指令（指導），並允許有時間處理教師指導的訊息（Koegel, Tran, Mossman, & Koegel, 2006），研究也顯示單一、清楚、直接的指令（例如：「做這個」），相對於間接指令（例如：「我們是不是不應該做這個」），更能提升順從行為（Roberts, McMahon, Forehand, & Humphreys, 1978; Schaffer & Crook, 1980）；使用功能溝通訓練（FCT）獲得直接協助，研究顯示可以使用電子語音溝通設備錄製請求協助的語句（例如：「請幫忙」、「老師我不會」）（Carr & Durand, 1985），或者 FCT 結合事先提醒來引導個案可以做的事（例如：「如果不會寫，就按電子溝通板」）。

（五）自動增強：「自動正增強（獲得內在增強）」功能與「自動負增強（逃避內在不舒服）」功能介入策略

如果行為問題的功能與自動增強有關，意指行為本身就有增強效用，通常這些行為會呈現與感官有關（如自我傷害、自我刺激等），依據行為所引發的效果，可以分為自動正增強和自動負增強的效果。對應自動增強的前事介入，介紹下列三種策略。

1. 提供替代性的自動正增強來源

幫助個案發展功能等值的替代行為，以適當方式獲取正增強，且降低行為問題，例如：行為問題與視覺刺激有關，可以提供高視覺刺激的電腦遊戲或玩具，以替代挖眼的行為問題（Kern & Clarke, 2005）；與聽覺刺激有關，可提供收音機或隨身聽；或者安排每天跑步運動，以替代個案揮手和搖晃身體的自我刺激行為（Kern, Koegel, Dyer, Blew, & Fenton, 1982）；或者提供自製的咀嚼棒，以替代任意咬東西的行為問題（Luiselli, 1994）。

2. 豐富化環境

以自我刺激行為獲得自動正增強，經常與貧乏的環境刺激有關，因此使用符合個案興趣、偏好、刺激性的活動或物品來充實環境，使環境充滿高偏好刺激，也是一種有效的前事策略。

3. 教導嫌惡刺激的應對方法

因頭痛、牙痛、焦慮、壓力等生理不舒服，以各種行為問題（如自我傷害、自我刺激）來逃避嫌惡刺激，此為自動負增強功能。前事介入可以讓個案以適當的行為來降低或終止嫌惡刺激，包括教導自我管理技巧以利正常服藥、運動訓練、放鬆訓練或認知行為治療（cognitive-behavior therapy，簡稱CBT）等，接著再運用重新引導或重新提醒的前事策略，以導向與自動增強有關的正向行為。

（六）多重增強介入策略

與多元複雜的環境互動下，個案展現的行為問題，可能會呈現一種以上的功能，亦即受到多重功能所維持。目前已有許多研究顯示，行為問題受到多重功能維持的多樣性（如 Love, Carr, & LeBlanc, 2009; O'Reilly et al., 2010; Reese, Richman, Zarcone, & Zarcone, 2003）。下面介紹對應多重增強功能的有效策略和實證。

1. 針對每種功能各自設計介入策略

研究顯示多重功能的行為問題，可針對每個功能各自介入處理（Braithwaite & Richdale, 2000; Day, Horner, & O'Neill, 1994; Neidert, Iwata, & Dozier, 2005; Sigafoos & Meikle, 1996），例如：Day 等人（1994）介入受多重功能（逃避困難工作和想要實物）所維持的自傷和攻擊行為，針對不同功能的介入策略，包括教導手語表示「想要」（want）以滿足想要實物功能；教導簡單口語說「離開」（go）和使用圖卡表示「幫忙」（help）、「休息」（break），以對應逃避功能。

2. 結合推論性建立操作與前事，同時處理多重功能

近年研究不再各自處理各自的功能，改為結合假定性建立操作（combined putative EOs）與前事（這些 EO 和前事都導致行為的多重功能），嘗試同時處理多重功能的行為問題（Bachmeyer et al., 2009; Call et al., 2005; Falcomata & Gainey, 2014; Falcomata, Muething, Gainey, Hoffman, & Fragale, 2013; Falcomata, White, Muething, & Fragale, 2012; Rispoli, Ganz, Neely, & Goodwyn, 2013）。下面詳細介紹兩種策略的應用。

(1) 功能溝通訓練結合連鎖規劃

Falcomata等人（2012）使用功能溝通訓練（FCT）結合連鎖規劃（chained schedule）的程序，改善一位自閉症男童受多重功能維持的行為問題（包括逃避不喜愛的活動、想要獲得高偏好的休閒活動，以及想要獲得注意的功能）。在第一個 FCT 結合連鎖規劃階段，針對逃避不喜愛的活動、想要獲得高偏好的休閒活動，以及想要獲得注意的三種功能，教導個案提出口語要求，只要個案說出要求的目標行為，治療師就會立即移除數學作業，提供高偏好活動，且給予 30 秒的注意。在第二個 FCT 結合連鎖規劃階段，加入工作要求（20 題數學題），亦即治療師呈現數學作業單，但教導個案必須要完成所有的數學問題，才可以提出要求。研究結果顯示既可有效降低多重功能的行為問題，又可完成數學作業。相似的方法在 Falcomata 等人（2013）的研究再度被證實其有效性。

(2) 同時提供對應不同功能的非後效增強

近年研究也證實，同時提供不同功能的非後效增強之有效性（如Ingvarsson, Kahng, & Hausman, 2008; Rispoli et al., 2013），例如：同時執行不同形式的 NCR（口頭說：「好的，你可以不用做了」，並移除工作材料，又同時給予想要的偏好食物），可以有效同時處理受逃避和想要食物維持的多重功能（Ingvarsson et al., 2008）。Falcomata 與 Gainey（2014）證實比起單獨提供非後效注意增強（NCR/AT）（不固定時距平均 15 秒給予注意），同時提供非後效注意增強和非後效偏好活動增強（NCR/TA + AT）（不固定時距平均 15 秒，同時給予偏好玩具與注意），更能有效降低多重功能（逃避非偏好活動、獲得注意、取得偏好活動）的行為問題。

第四節　結語

本章介紹正向行為支持的定義、五個步驟的發展過程、擬定三大要素策略（前事介入策略、行為教導策略、後果策略）之目的與原則，且強調前事介入在正向行為支持之重要性，最後彙整行為功能對應的前事介入策略與實證研究。

前事介入策略可以預防和快速降低行為問題，雖然預防性策略多為介入者對個案的處遇，但近期研究也將替代行為的教導（如FCT、功能等值的行為）用以處理前事事件，並結合提醒和提示，讓個案有機會展現正在學習的替代行為，也有助於替代性行為和新行為的養成。最後提醒讀者，當個案一直身處挫折、困擾或不友善的生態環境或前事事件，他們亦無機會展現良好的新技巧或替代技巧，因此前事介入策略更彰顯事半功倍的價值。本章依據行為問題的功能，彙整對應的前事介入策略與實證研究，以利讀者參考使用，也再次強調行為功能本位的實證策略，才能確保有效處理行為問題與提升正向行為。

CHAPTER 20

正向行為支持

陳佩玉

本章學習目標

1.能描述正向行為支持的定義與內涵。

2.能區辨應用行為分析與正向行為支持的異同。

3.能說出全校性正向行為支持各層級內涵、執行原則與策略。

4.能說明全校性正向行為支持與行為功能評量的關係。

第一節　緒論

部分實務工作者可能將行為改變技術、應用行為分析與正向行為支持視為本質與內涵相似，僅是名稱隨著年代轉變的三個專有名詞，例如：國內多數教師便經常將「正向行為支持」（PBS）與應用行為分析領域學者所發展之「行為功能評量」（FBA）和「行為支持方案」（behavior support plan）（亦即行為功能介入方案）視為同義詞。將此三個名詞視為同義詞的理解方式，可能使實務工作者在評估或教導個案時，過度依賴過去所學的理論與教導行為的慣性，而忽略了應用行為分析與正向行為支持在教學實務中所倡導的觀點，進而影響實務工作者介入的範疇、焦點，以及使用的策略。因此，本章將先描述正向行為支持的定義、說明應用行為分析與正向行為支持的關係，再具體陳述正向行為支持在學校場域應用時所採取的架構（framework）、意涵、執行原則，以及使用的具體策略，尤其是全校性正向行為支持與行為功能評量和介入方案之間的關係，使讀者對正向行為支持能夠有更全面的了解。

第二節　正向行為支持的定義、特徵與要素

一、正向行為支持的發展與定義

正向行為支持的發展（請參見圖 20-1），從 1980 年代隨著去機構化與正常化等思潮開始萌芽，至 1990 年代 Horner 等學者倡導以正向的介入策略取代使用非嫌惡刺激，以處理身心障礙者的行為問題而正式提出「正向行為支持」（PBS）的概念；Walker 等人更於 1996 年提出將醫療體系、公共衛生系統的三級預防架構應用於學校場域因而提出「全校性正向行為支持」（school-wide positive behavior support，簡稱 SWPBS）的架構，以強調多層級介入與預防的重要性（洪儷瑜、鳳華、何美慧、張蓓莉、翁素珍，2018；

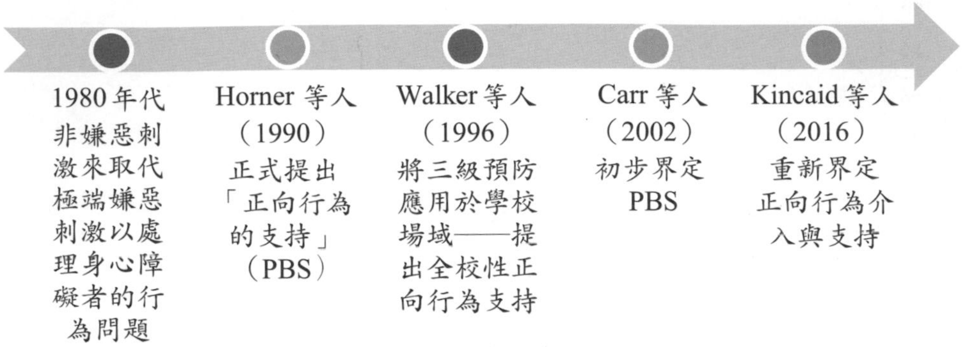

1980 年代	Horner 等人（1990）	Walker 等人（1996）	Carr 等人（2002）	Kincaid 等人（2016）
非嫌惡刺激來取代極端嫌惡刺激以處理身心障礙者的行為問題	正式提出「正向行為的支持」（PBS）	將三級預防應用於學校場域——提出全校性正向行為支持	初步界定 PBS	重新界定正向行為介入與支持

圖 20-1 正向行為支持（PBS）的發展

陳佩玉、蔡淑妃，2017；Sugai & Simonsen, 2012）。這段時間可視為正向行為支持發展的初期。在此近二十年間，正向行為支持尚未有明確且一致的定義，而其理論依據、適用的對象、應用場域等亦未有明確的定論。故此，Carr 等人（2002）彙整正向行為支持領域學者與實務工作者之共識，將正向行為支持定義為：「一門應用的科學，旨在教導個體擴展其行為技能庫（behavior repertoire），藉由修正有問題的情境而非僅著眼於個體的行為問題提供個體支持，從系統的觀點重組個體的環境，進而提升個體的生活品質和減少行為問題的發生。」由前述定義可知，此時期的正向行為支持強調藉由教導個體正向行為和減少行為問題以提升生活品質。整體而言，此時期的正向行為支持在介入對象方面仍著重於個體，但已開始融入系統的觀點。

自 2000 年初至今，正向行為支持領域進入蓬勃發展的階段，國內外皆有大量的研究實證，和以正向行為理念為基礎的實務工作在學校、班級、個人等層級快速的發展、累積。陳佩玉、蔡淑妃（2017）分析 2008 年至 2017 年間在正向行為支持國際學術年會發表的論文主題，發現歷年來有近 60%至 80%的論文主題聚焦於全校或班級系統的介入與成果，僅有 10%至 20%的主題探討身心障礙學生個別的行為問題處理與介入成效（請參見圖 20-2）。

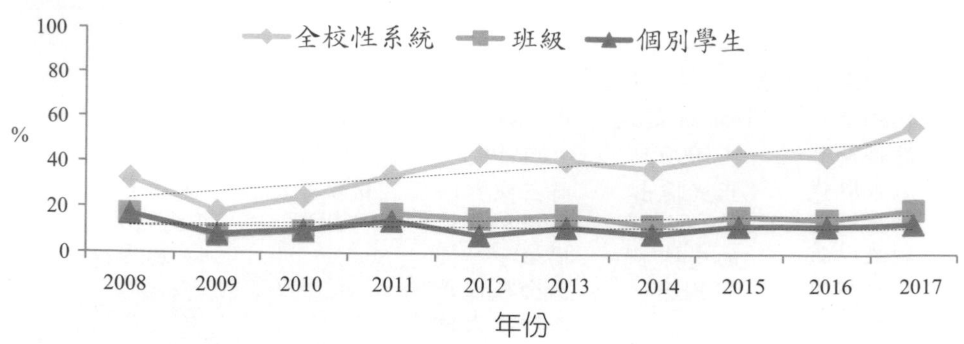

圖 20-2 2008 年至 2017 年正向行為支持學會國際研討會報告主題趨勢分析

資料來源：陳佩玉、蔡淑妃（2017）

此數據顯示國際間正向行為支持的研究及實務工作多從系統觀點切入進行介入，而正向行為支持領域的學者亦察覺部分研究人員與實務工作者，似乎將正向行為支持與全校性正向行為支持視為同義詞，然而此認知與 2002 年 Carr 等人所界定的正向行為支持定義有明顯的差異（陳佩玉、蔡淑妃，2017）。因此，正向行為支持學會（Association of Positive Behavior Support，簡稱 APBS）於 2014 年再度召集專家學者與實務工作者重新討論正向行為支持的定義。

Kincaid 等人（2016）彙整專家學者及 APBS 會員的看法，將正向行為支持的定義調整為：「一種提供行為支持的方式，是持續使用實證本位的評量和介入，並依據數據資料做決定的過程，以建立個體社會性與其他具功能性的能力和創造支持性的情境，進而預防行為問題發生。正向行為支持使用的策略會考量個體的尊嚴與整體的幸福感（well-being），其策略主要來自行為、教育、社會科學領域，以及其他具有實證根據的程序。正向行為支持可在多層級的架構中針對個別學生實施，亦可在如家庭、教室、學校、社區及機構等較大的系統實施。」此次修正的定義中更明確的界定了正向行為支持的應用場域、特徵及要素。正向行為支持的特徵與要素茲說明如後。

二、正向行為支持的特徵與要素

從新修訂的定義可發現，正向行為支持雖仍重視提升個體功能性能力和促進其生活品質，但在計畫與實際介入的過程中所考慮的範疇與介入觀點，已明確的融入可能影響個體適應之各層級系統（亦即生態）。APBS 即以 Kincaid 等人（2016）所彙整之定義、歷年研究和實務工作趨勢為基礎，於 2020 年提出正向行為支持的核心特徵，包括：

1. **著重改變個體全面的生活模式與生活品質**：意指藉由教導個體正向行為、拓展其行為技能庫，和減少行為問題，以達到改變個體生活模式和提升生活品質的目的（Carr et al., 2002; Koegel, Koegel, & Dunlap, 1996; Warren et al., 2003）。
2. **強調系統的改變與多元素的介入**：採用多層級的支持系統（multi-tiered support system），針對個別學生所處的系統（如小組、班級、學校、家庭、社區或機構等）提供連續、支持性的介入，並以多元的策略調整環境中可能影響正向及行為問題的前事及後果刺激，以及依介入層級教導系統中相關人員及個體正向行為，以維持個體因介入產生的行為改變（Lewis, McIntosh, Simonsen, Mitchell, & Hatton, 2017）。
3. **採取預防觀點進行介入**：多層級的介入架構是以預防觀點規劃各層級的介入策略。其中，初級介入的目的在預防問題發生；次級介入的目的為預防問題惡化；三級介入的目的在預防問題復發（洪儷瑜等人，2018）。
4. **抱持開放與多元理論的觀點**：正向行為支持以應用行為分析（ABA）、正常化／融合（normalization/inclusion）、個人中心計畫（person-centered planning）為基礎，並結合生態系統理論（ecological systems theory）、資源整合（resource reallocation）、系統改變理論（system change theory）等多種理論模式（Carr et al., 2002）。
5. **以開放的態度看待不同的科學觀點**：正向行為支持領域的學者與實務工作者在規劃介入策略時，除了運用依據行為原則所發展的策略外，亦融合了以教育、社會科學、生物醫學等觀點所發展且已證實有效的策略（Kincaid et al., 2016）。

6. **重視社會效度與生態效度，並強調相關人員的參與**：執行預防性介入前，正向行為支持重視由自然情境中的人員組成核心團隊及執行團隊，依據個體及系統的期待和資源，討論各層級的介入目標與介入的程序，使相關人員得以充分參與決策及執行的歷程，進而提升執行過程中的精準度與維持介入的成效（Crone, Hawken, & Horner, 2015）。
7. **採終身的觀點進行介入**：正向行為支持適用的場域含括家庭、學校、社區、機構，其介入對象則包括學前幼兒到成人。

除了前述特徵外，美國國家正向行為介入與支持技術支援中心（National Technical Assistance Center on Positive Behavioral Interventions and Supports）亦提出，欲成功執行正向行為支持以增進適當行為及減少行為問題，達成提升生活品質的目的，介入人員應整合系統、資料、實務及成果等四個要素（請參見圖 20-3）。以下僅以學校場域為例說明各個要素的意涵（Positive Behavioral Interventions and Supports [PBIS], 2020）。

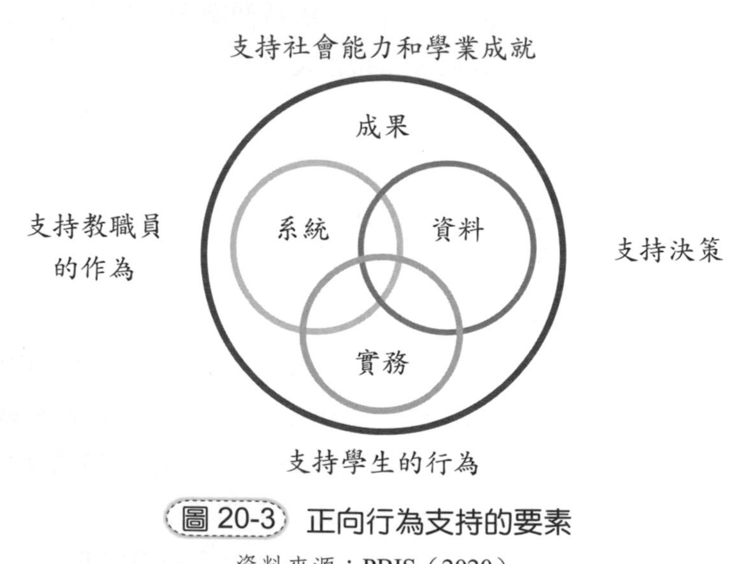

圖 20-3　正向行為支持的要素

資料來源：PBIS（2020）

1. **系統**：無論是執行學校、小組或個人層級的介入前，由學校行政人員及教師代表所組成的核心團隊應思考需要提供教職員何種資源與協助，以支持教職員正確且持續執行實證本位的策略，並有效的使用資料以達成預期的成果。
2. **資料**：學校應每天蒐集多元的學生資料，並思考需蒐集哪些資料以協助核心團隊有效的選擇、監控和評估各層級的介入成果、策略執行狀況、系統提供的支持之成效。
3. **實務**：介入團隊應依據各層級的學生需求，針對所欲達成的成果選擇並執行實證本位的介入與策略。
4. **成果**：執行介入前，學生、學校成員及家人共同設定重要目標，再藉由蒐集多元的資料、提供系統支持、落實實務策略，以提升學生包括社會技能、學業表現、生活知能等正向行為，和減少行為問題 。

第三節　正向行為支持與應用行為分析的關係

從正向行為支持不同階段的定義可發現，應用行為分析在正向行為支持發展的歷程中扮演非常重要的角色。比較 Carr 等人（2002）所提出的正向行為支持定義與應用行為分析的特徵可發現兩者有許多共通點，例如：是一門應用科學、旨在教導／拓展個體的行為技能庫，以及在提供個體支持的同時修正有問題的情境等面向，正向行為支持的概念與作法皆與應用行為分析相呼應。Dunlap（2006）認為，正向行為支持除了承襲應用行為分析所發展的策略、執行程序、資料蒐集與分析、研究方法外，亦延續了應用行為分析領域以問題解決的模式與觀點來思考人類的行為。尤其是在教導／拓展個體的行為技能庫或減少個體行為問題時，正向行為支持使用了大量應用行為分析發展的概念或策略（例如：正增強、刺激控制、行為功能評量，以及多元素的行為介入方案，包括操弄前事與行為後效等）（Dunlap, 2006）。整體而言，此兩個領域重視個體的介入程序和依據資料檢視介入成效的理念與特殊教育工作本質相似。此外，應用行為分析重視以前事介入策略達到鼓勵正向行為與預防行為問題出現的目的，而正向行為支持重視以多層級的介入，依據學生需求循序漸進的教導及增強所有學生、部分學生和個別學生正向行為，以達到預防行為問題出現、惡化與復發的目的。此兩個領域以預防性的策略進行介入的理念與作法，皆值得實務工作者學習，以更有效率的增進個案正向行為與減少行為問題。

正向行為支持與應用行為分析的具體不同處，或許可用「從尊重個體到改變系統」來概括。在融合教育的潮流下，正向行為支持領域學者認為若僅考量個體的教導與行為改變，而未同時介入個體所處的生態系統以提供持續性的支持，則個體介入的維持與類化成果可能受到限制。從 Kincaid 等人（2016）所彙整的定義可知，正向行為支持雖與應用行為分析領域一樣，仍重視以有效的介入策略教導個體行為與提升其生活品質，但除了應用行為分析所發展的行為原則及介入策略之外，正向行為支持亦融合了生態系統理論與系統改變理論等理論，強調介入團隊應在系統（亦即個體所處的生態環境）中以多層級的概念及方法，依據個體不同需求程度，從預防的角度提供連續性的支持。除了正向行為支持領域外，以多層級介入提供連續性支持的概念亦被應用於學習障礙〔亦即介入反應模式（response to intervention，簡稱RTI）〕與學校輔導系統（如WISER）等。在正向行為支持領域中，專家學者亦將多層級介入的概念依其應用的場域（如全校、班級，或學前階段）而提出不同的介入模式，例如：全校性正向行為支持（SWPBS）、班級層級功能本位介入小組方案（class-wide function-related intervention teams）、金字塔模式（pyramid model）等。不同的介入模式亦依其介入場域及對象，將個案需求劃分為三至五個不等的層級提供不同程度的支持，無論各模式將個案需求劃分為幾個層級，多層級介入大致可以三角形來說明其介入的架構。

以三級介入架構為例，圖 20-4 中的三角形區分為三個區塊，分別代表為初級、次級與三級。三角形中的三個區塊加總即代表介入場域中的所有個案，例如：以全校為單位進行多層級介入時，三角形內各區塊加總即代表校內「所有」學生；若以班級為單位進行多層級介入，即代表班上所有學生。

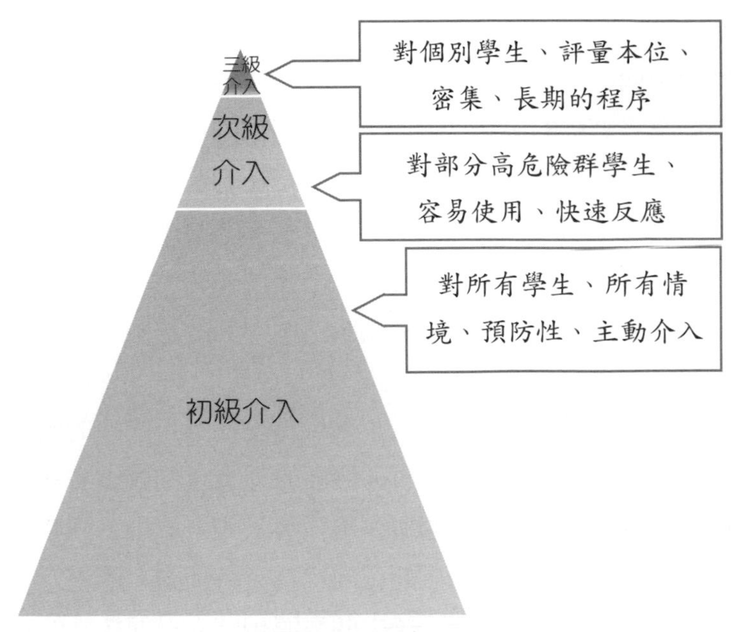

圖 20-4 正向行為支持多層級介入架構

資料來源：PBIS（2020）

以多層級介入架構而論，三角形內各個區塊的個案皆應接受初級介入，亦即實證本位的教學介入策略，並在執行介入的過程中評量個案的反應，再依個案資料判斷介入的成效並決定哪些個案應接受更為密集的介入。前述使用實證本位的介入策略，與蒐集並分析個案資料以作為調整介入的依據，即融合了應用行為分析領域的理念與作法。Walker 等人（1996）認為，確實執行初級介入將能預防介入場域中 80%至 90%個案出現適應困難，對於確實執行初級介入後仍出現適應困難的 10%至 20%個案，介入團隊應以初級介入為基礎增加更為密集的次級介入，以預防個案的適應困難惡化；而經初級與次級介入後仍持續出現適應困難的約 5%個案，介入團隊應提供長期、密集且個別化的介入，以預防嚴重的適應困難再度復發。由此可知，多層級介入強調介入團隊應提供連續性的支持，亦即從初級、次級到三級的介入是累進的支持，而不是前一層級介入無效就停止該層級的介入並轉由下一個層級提供支持。

以特殊教育個案而言，雖然大部分學生所展現的適應困難程度在三角形中可能是屬於第三層級的個案，因此應以個別化的策略進行介入，但正向行為支持多年的研究結果顯示，若介入團隊能夠在初級與次級落實實證本位的預防工作，則需要第三層級介入的個案比例和其適應困難的嚴重程度會顯著的下降。相對的，如果介入團隊僅著眼於嚴重個案的處理而忽視初級與次級的預防工作，則需要第三層級介入的個案比例與其適應困難的嚴重程度皆可能增加。

綜上所述，應用行為分析可視為正向行為支持不可或缺的發展脈絡與基礎。正向行為支持欲將應用行為分析所發展的理念（例如：實證本位介入策略、重視資料的蒐集與分析等）應用在不同層級的系統中，同時教導個體與改變系統中的相關人員的行為，因此正向行為支持需融入應用行為分析之外的理論與介入策略，以提供生態系統中個案與相關人員連續性的支持，以達成改變系統以支持個案行為改變的目的。

第四節　正向行為支持的多層級介入架構——全校性正向行為支持

正向行為支持所採用的多層級介入架構，多年來國內外學者依其應用的場域與對象而提出不同的介入模式，以下僅以最廣為應用的「全校性正向行為支持」為例，先說明各層級的內涵、執行原則與介入策略在學校場域的應用，再說明其研究現況。

一、全校性正向行為支持的內涵、執行原則與介入策略

（一）初級介入

全校性正向行為支持的初級介入，意指針對校內「所有」學生（包括一般學生、高危險群學生、特殊教育學生）執行以下策略。

1.訂定三至五個正向的行為期待（亦即校規）

由學校正向行為支持核心團隊（包括校長、行政人員代表、教師代表及職員代表等）討論學校教職員對全校學生共同的行為期待，並將行為期待轉換為三至五項正向的行為規範，例如：尊重他人、安全、負責等。再由校內團隊討論各個行為規範在校內不同情境的具體行為表現，並將各情境符合規範的行為表現彙整於表格中，列印成海報張貼於校內各情境（如教室、廁所、遊戲場、走廊等），以提供學生具體的視覺提示。

2.跨情境教導行為期待並在各情境重複練習

確認所有學生在各個情境應表現的具體正向行為後，校內教師與職員將分工在各個情境，以明確的正反例和角色扮演教導所有學生，使學生能夠了解行為的期待和在各情境中應有的行為表現，藉由全校教職員使用共同的行為規範、在訓練過程中提供多元的範例、在自然情境中練習等策略，促進學生跨情境與跨對象類化其正向行為表現。

3.持續並跨情境增強學生表現的正向行為

學校核心團隊除了訂定正向的行為期待與定義學生跨情境具體的行為表現外，亦須討論適用全校學生的增強系統，以提升學生的正向行為表現。在執行初級介入時，全體教師、行政人員與職員若在各情境看到學生表現符合行為期待的表現，便會提供個別學生一張小獎卡（意即代幣），在全校通用的獎卡上除了標示學生和給予獎卡的教師姓名之外，亦會從獎卡所列的各行為規範中勾選學生表現的具體正向行為和地點。依據各校所擬定的不同增強制度，學生可累積個人獎卡以兌換不同價值的增強物，抑或將每週獲得的獎卡投入抽獎箱中，期待每週一次的抽獎結果。多數學校團隊所提供的增強物，以社會性或活動性增強為主（例如：朝會時公開表揚、校慶或全校活動時安排特別座位、協助學校廣播與其他平時只有教師才能做的工作等）；若學校欲提供物質性增強，則以學生平時無法輕易取得的物品（如學校或其他有紀念價值之用品）為主。綜言之，除了以系統化的增強制度提升全校學生的正向行為表現外，學校在安排增強物時更應考量動機操作對增強物價值的影響，這些行為介入原則的應用皆與應用行為分析使用的策略一致。

學校核心團隊在執行初級介入後，會定期且依多元資料分析全校學生行為表現（例如：分析學生獎卡上正向行為表現類型與地點、學生行為問題轉介的頻率、學校教職員的調查問卷等），決定初級介入是否需調整，以及是否有學生除了初級介入之外還需要更密集的介入（亦即次級介入）。

（二）次級介入

若校內部分學生接受初級介入後仍有明顯的適應困難（約 10%至 20%的學生），則學校核心團隊可進一步討論在初級介入的基礎上，應額外提供學生何種次級介入策略。PBIS 提出全校性正向行為支持的次級介入應具備以下特徵：

1. 學校應持續提供次級的支持：學生在學年間若經評估需次級介入，即可隨時開始。
2. 學校可快速提供次級支持：學校團隊評估確認學生需要接受次級介入後，多數學生應在二至三天內開始接受次級支持的介入及資源。
3. 次級支持的介入策略應符合現有的班級活動，且班級教師可容易、省時的執行。
4. 執行次級支持策略所需的介入技巧，對教師而言是容易學習且與實證本位的介入原則一致。
5. 次級介入應呼應全校性正向行為支持初級介入所蘊含的實務與行為期待。
6. 學校所有成員都應知道次級介入的資源，負責執行次級介入的人員應了解其角色與執行程序。
7. 學校通常針對需要次級支持的學生提供相似的介入，但可為部分個別學生微調介入策略以提升成效。
8. 在以簡易的行為功能評量了解學生的需求後，次級介入使用的支持策略可發揮最大成效。因此學校團隊在選擇介入策略前，應使用可容易取得的既有資料以了解學生需求。

具體而言，在全校性正向行為支持的次級介入層級，學校核心團隊會先依據平時對學生的了解討論學生的適應困難可能屬於技能獲得缺陷抑或技能表現缺陷。若團隊判斷學生的適應困難可能是技能獲得缺陷，則可提供社會技巧訓練小團體或補救教學資源，以重新教導並練習正向的行為表現。若學生的適應困難可能是技能表現缺陷，則可教導學生執行自我管理（請見第十二章）搭配行為契約和增強制度，或執行上課前／放學前的簽到／簽退方案（CICO，請見第十二章），以提升學生正向行為表現。執行次級介入後，核心團隊仍須依據多元的學生行為資料討論次級介入的策略及執行頻率是否需調整，以及是否有學生需要再增加個別化的介入（亦即三級介入）。

（三）三級介入

在學校執行初級與次級介入後，若仍有學生（約 1%至 5%）持續表現適應困難，則學校團隊應針對個別學生評量造成其適應困難的原因，亦即執行行為的功能評量，再依評量結果擬定介入方案，亦即行為功能介入方案（請見第十八章）。

因考量學校團隊的時間及資源，Crone 等人（2015）建議團隊成員採取間接評量的方式，先訪談與處理學生行為問題有關的相關人員，若不同受訪對象對學生行為問題功能的假設一致，且團隊成員對於依據訪談歸納的評量結果正確性有信心，則可依據訪談結果擬定個別化的行為功能介入方案。若訪談對象所提供的訊息有明顯差異以至於對學生行為問題的功能沒有共識，抑或學校團隊對於訪談所歸納之評量結果不具信心，Crone 等人建議學校團隊就訪談訊息不一致處進行討論，再以直接觀察蒐集影響學生行為問題的前事、行為和後果資料（亦即 ABC 記錄），再依觀察資料判斷學生行為問題的功能。若學校團隊能依據直接觀察的結果明確的歸納學生的行為功能，則可依據觀察的結果擬定後續的行為功能介入方案；若因學生的行為問題過於複雜，使學校團隊在執行訪談和觀察後仍無法釐清學生行為問題的功能，則建議尋求校外專業人員（如臺北市東區特教資源中心情緒行為支援教師、教育部國民及學前教育署特殊教育輔導團高中分團，或大專校院應用行為分析專業人員等）協助檢視行為功能評量和介入方案的適切性，或以功能分析更深入且完整的評量學生行為問題的功能。

整體而言，全校性正向行為支持的第三級層級介入直接使用了應用行為分析所發展的評量和介入概念與方法，僅依學校人員和資源的適用性建議調整執行的程序，此調整即反應了正向行為支持學者強調社會效度和生態中相關人員參與的特徵。

二、全校性正向行為支持多層級介入架構的研究現況

在全校性正向行為支持的多層級介入架構中（如圖 20-5 所示），2008 年至 2017 年國際研討會的主題分析結果顯示有 20%至 60%的研討會論文聚焦於初級介入，且此議題所占比例有逐年增加的趨勢（陳佩玉、蔡淑妃，2017）。然而，若學校僅在走廊、操場、廁所等公共區域執行初級介入，而未能將介入策略與程序落實在班級層級中，則其整體介入成效將受限（Reinke, Hermann, & Stormont, 2013）。

因此，近十年來正向行為支持領域學者陸續倡導應藉由提升教師班級經營的知能、執行有效的班級經營策略，以將初級介入的策略落實在班級情境中，包括設定與校規一致的正向的班級規則、明確教導正向行為表現、增強學生在教室內表現的正向行為，以及使用消弱、提示正向行為、讚美其他學

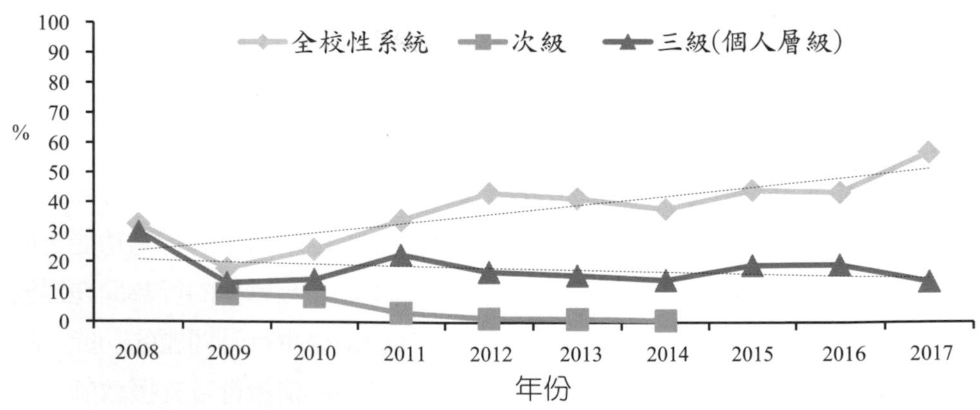

圖 20-5　全校性正向行為支持各層級介入之論文發表分布趨勢

資料來源：陳佩玉、蔡淑妃（2017）

生的正向表現等方式來處理學生的違規行為（Simonsen, Fairbanks, Briesch, Myers, & Sugai, 2008; Wills et al., 2010）。目前已有多篇研究證實綜合前述策略的班級層級的介入方案（Wills et al., 2010），以及使用具體的讚美（Behavior Specific Praise）此策略，亦即教師在讚美時明確描述學生的正向行為（例如：「能安靜的完成練習題，很好！」），對提升學生課堂參與和減少干擾行為有顯著成效（Rispoli et al., 2017）。

而對於接受全校及班級層級介入後仍持續表現行為問題的學生，部分學者進一步檢視以CICO或自我管理提供學生額外支持的介入成效。以下僅以Bunch-Crump 與 Lo（2017）的研究為例，說明學校如何在初級介入的基礎上，分析學生需求進而執行次級和三級介入。前述二位研究人員與某國小合作，在學校執行全校性的初級介入後，以多元的資料（包括教師提名、觀察學生行為問題的頻率和嚴重程度、學生對老師班級介入策略的反應，以及學生因行為問題被轉介到學務處的頻率等）找出四位仍有行為問題因而需要次級甚或三級介入的學生。執行次級介入（亦即 CICO）前，學校副校長在研究人員的協助下，負責訓練CICO的引導者（包括學校特殊教育教師和閱讀教師）、學生、教師和家長如何執行 CICO，包括說明：(1)CICO 的定義；(2)執行步驟；(3)引導者和學生、教師、家長建立正向互動的重要性；(4)執行程序；(5)如何使用每日進步卡和決定增強物；(6)訂定每日行為目標資料蒐集的程序等。介入的過程中，由CICO的引導者負責執行學生每日的報到程序，並為學生設定每日目標。參與研究的四位學生，其每日行為目標皆設定為可於教室中遵守與學校一致的行為規則且達成率須達 80%，若學生達成每日目標即可獲得獎勵（例如：糖果、貼紙，或跳支勝利舞等）。除了換取每日的獎勵外，學生每日的行為達成率亦可轉換為點數，進而累計以換取長期的增強物（例如：與校長共進午餐或一起看球賽等）。

在執行 CICO 十天後，有三位學生的行為問題相較於介入前降低超過20%，但有一名學生的行為問題減少幅度未達 20%，因此研究人員與學校團隊決定為學生執行三級介入。由研究人員為學生執行簡易的行為功能評量，以訪談與檢核表等間接評量和直接觀察等方法了解該位學生的行為功能，再依據行為功能擬定介入方案。該位學生的介入方案以個別化的自我管理策略為主，包括使用應用軟體每 3 分鐘自我監控課堂的參與行為，並執行自我增強。該位學生接受三級介入時，全校及班級的初級介入以及 CICO 的次級介入仍持續進行。

在執行自我管理方案前，該位學生接受約 30 分鐘的訓練，學習辨識遵守及違反班級規則的具體行為表現、監控和記錄自己的行為、操作應用程式。此外，由於學生的行為功能是為了獲取教師的注意，因此研究人員亦訓練學生如何以適當的行為獲取老師的注意（例如：舉手等待老師的回應）。除了訓練學生外，研究人員亦提供教師訓練，使班級教師了解學生執行的自我管理程序、應用程式，以及使用區別性增強替代行為和不相容行為以提升學生使用正向行為獲取教師注意的表現。在初級、次級與三級介入的支持下，該位學生在課堂上的干擾行為持續減少，顯示提供連續性支持對減少該位學生行為問題具有成效。

第五節　結語：正向行為支持在臺灣的發展現況與展望

目前，臺灣的正向行為支持發展仍以個別學生的行為介入為主，而在介入時雖然亦強調預防的觀點，但在預防策略的選擇上多以調整與個體行為相關的立即前事為主，對於生態調整則相對較少著墨（陳佩玉、蔡欣玶、林沛霖，2015）。近幾年，臺灣陸續有數篇研究（胡倫茹，2018；陳郁忻，2019；張芸瑄，2018；Wu et al., 2019）將正向行為支持中多層級介入的理念應用於班級層級，以檢視班級中的初級和次級介入對學生課堂參與和干擾行為的成效。相較於針對個別學生的行為評量與介入，前述研究已將正向行為支持的理念擴展到班級系統中，然而因為這些研究多採單一個案研究或行動研究法檢視介入成效，因此班級層級正向行為支持的整體介入成效及社會效度仍需後續研究加以檢視。

本文所介紹的全校性正向行為支持，除了美國之外，已有多個國家（如日本、韓國、新加坡、荷蘭、比利時、澳洲、紐西蘭等）在學校系統中執行此多層級的介入架構，但臺灣目前仍尚未有學校正式採用全校性正向行為支持此介入模式並檢視其介入成效。整體而言，臺灣在從系統的角度規劃與執行正向行為支持此面向而言，仍處於起步階段。期待未來能夠透過普通教育與特殊教育的合作提升個別學生在融合情境的適應，並藉由輔導系統和特教系統的合作，落實全校性正向行為支持各層級介入的策略，提供學生連續性的支持進而提升全校學生（包括特殊教育學生）的學習、社會和行為適應。

CHAPTER 21

反應型制約

鳳　華

本章學習目標

1. 能說出反應型制約的定義並舉一實例說明。
2. 能區分非制約刺激、中性刺激、制約刺激、非制約反應、制約反應，並舉生活實例說明。
3. 能定義高階制約並舉例說明。
4. 能說明反應型制約原理與情緒經驗的關聯。
5. 能解釋何謂反制約並舉例說明之。
6. 能說出複合刺激的可能現象並舉例說明。
7. 能描述系統減敏感訓練的概念與程序。

第一節　緒論

前面的章節所講述的內容大都是建立在操作制約基礎上，本章節將介紹另一種制約模式，稱之為反應型制約。反應型制約與操作制約最大的差異在於反應型制約強調前事刺激誘發反應的關聯，而操作制約則強調行為之後刺激變化對未來行為的發生率的影響效果。人類經由歷史演進的過程，會發展出對環境中的特定刺激產生自然反應，或反射反應，例如：小砂石趨近眼睛（刺激）使人立即合上眼睛（反應）；胡椒粉末（刺激）使人打噴嚏（反應）等；許多行為是人類為適應環境所擁有的先天本能，不需後天學習。後續學者發現此種與生俱有的行為也能經配對過程產生新的「刺激—反應」的連結，亦即反應型制約，本章即從此觀點出發，依序介紹反應型制約的基本概念、消弱程序、高階制約，以及其在實務和生活中的運用。此外，亦將介紹反應型制約與人類情緒經驗的關聯，最後再與操作制約進行概念的區分，並說明兩者對人類語言發展的影響。

第二節　反應型制約的基本概念

一、基本概念

反應型發展制約的學習基礎必須建立在一既有的非制約反射（unconditioned reflexes）上，該非制約反射反應是經由歷史演化，未經學習而與生俱來的。反應型制約（respondent conditioning）是指原本對個體是不會誘發反應的中性刺激（neutral stimulus，簡稱NS），與非制約反射配對後，該中性刺激也能產生與原刺激相同的誘發特性，這種刺激配對學習的過程就叫做反應型制約。此現象是由俄國生理學家 Ivan Pavlov 在研究狗的消化實驗中，無意發現原本對狗是中性刺激的鈴聲，經由與能誘發反射反應的刺激（肉末）配對後，單獨出現鈴聲也能誘發出流口水的反應，這無意間的發現卻成為反應型制約的基模，或稱為古典制約。Pavlov 在其實驗的過程中，他實驗室的狗對鈴聲會出現流口水的反應，原因是緊接著鈴聲（刺激一）後肉末（刺激二）會出現，二種刺激持續配對出現後，原本狗只對肉末有流口水的反應，也對鈴聲有了相同的反應。原本的刺激（肉末），稱為非制約刺激（unconditioned stimulus，簡稱 US）；被誘發產生的反應稱為非制約反應（unconditioned responsc，簡稱 UR）。中性刺激經配對制約後，獲取原本非制約刺激的誘發特性後，原本的中性刺激（NS）於此時就稱為制約刺激（conditioned stimulus，簡稱 CS）；被誘發產生的反應稱為制約反應（conditioned response，簡稱 CR）。茲以圖 21-1 呈現其定義（Malott & Shane, 2013）。

非制約刺激（US）：未經配對學習經驗，能自動誘發出非制約反應者。
非制約反應（UR）：未經學習的反應，該反應是受非制約刺激所誘發的。
中性刺激（NS）：未經學習，也未能引出個體特定反應者。
制約刺激（CS）：經由過往與非制約刺激配對的經驗，因而獲得誘發的特質。
制約反應（CR）：經由學習，該反應受控於一特定制約刺激所誘發。

基本配對程序	經典範例
非制約刺激（US）→非制約反應（UR） 中性刺激（NS）→無反應	肉末（US）→流口水（UR） 鈴聲（NS）→無反應
中性刺激（NS） + →非制約反應（UR） 非制約刺激（US）	鈴聲（NS） + →流口水（UR） 肉末（US）
中性刺激（NS） 制約刺激（CS）→制約反應（CR）	鈴聲（NS） 鈴聲（CS）→流口水（CR）

圖 21-1 反應型制約配對制約程序與範例

圖 21-1 展現了反應型制約的學習程序，左邊的流程所呈現的是基本配對程序，右邊則搭配 Pavlov 的經典範例。反應型制約的配對程序必須要先有一反射反應作為先備條件，即非制約刺激自動誘發非制約反應，當中性刺激與非制約刺激配對後，後續該刺激單獨出現時若能引發非制約反應，則原本的中性刺激就必須更名為制約刺激，而原本的非制約反應就需更名為制約反應。而配對的時機，一般是採前向制約的方式，亦即先呈現中性刺激，隨後出現非制約刺激（後續會說明影響配對效果的因素）。制約的概念則顯示此「刺激—反應」間的連結是經由配對學習而產生。本書中大多數的章節是以操作制約為主軸，表 21-1 則整理本章所講述的反應型制約與操作制約兩者間的差異；其中反應型制約中，原本的中性刺激配對非制約刺激後獲得誘發特性，反應則是受控於行為之前的刺激，可簡稱為 S-R 概念；操作制約的行為是行為之後隨即出現環境刺激變化，該刺激變化具有增強或懲罰特性，對未來行為的發生率產生影響效果，具增強的後效刺激增加未來行為發生率，具懲罰的後效刺激減少未來行為發生率，可簡稱為 R-S。

表 21-1　反應型制約及操作制約之差異比較

比較面向	反應型制約	操作制約
刺激特性	中性刺激配對非制約刺激後獲得誘發特性	行為之後的環境刺激具增強或懲罰特質
對行為的效果	獲取非制約刺激的特性能誘發反應	對未來行為產生影響效果（增加或減少）
刺激與行為關聯	行為受控於前事刺激（S-R）	行為受後果影響（R-S）

在日常生活中，受反應型制約所產生的行為隨處可見，例如：臺灣在 70 年代時期，冰淇淋通常是由販賣者推騎著推車到處販售，並隨時發出叭佈聲，小孩子一聽到叭佈聲，就會知道冰淇淋來了，這個生活的例子與 Pavlov 的例子十分相似，其基本的反射反應是冰淇淋產生唾液，叭佈聲和冰淇淋配對。因此之後聽到叭佈聲也會產生唾液，繼而產生後續的購買行為。下圖可展現其概念。

冰淇淋（US）→ 分泌唾液（UR）
叭噗聲（NS）→ 無反應
叭噗聲（NS）+ 冰淇淋（US）→ 分泌唾液（UR）
叭噗聲（CS）→ 分泌唾液（CR）

其他生活的例子，像是看到雞排標誌就會引發吞口水或分泌唾液的反應，也可以是透過配對學習的程序來解讀。

雞排（US）→ 分泌唾液（UR）
雞排標誌（NS）→ 無反應
雞排標誌（NS）+ 雞排（US）→ 分泌唾液（UR）
雞排標誌（CS）→ 分泌唾液（CR）

電視中食物的廣告也可以採用反應型制約的方式來解讀，例如：在一個泡麵廣告裡，有個人張著嘴流口水、直盯著菜色豐富的泡麵（非制約刺激），熱煙從泡麵中散發出來，這時看廣告的觀眾也開始產生唾液（非制約反應）。最後螢幕特寫泡麵上的○○品牌標誌。尚未見過 ○○品牌標誌的觀眾，看到○○品牌標誌（中性刺激），並沒有特別反應（中性反應）。若個體多次看過該廣告後，很容易在其他地方看到○○品牌標誌（制約刺激），就開始流口水（制約反應）。之後，○○品牌就很容易再用其他原本中性的食品讓人流口水，而引起購買動機了。

豐富菜色的泡麵廣告（US）→ 分泌唾液（UR）
泡麵品牌（NS）→ 無反應
泡麵品牌（NS）+ 泡麵廣告（US）→ 分泌唾液（UR）
泡麵品牌（CS）→ 分泌唾液（CR）

閱讀到這裡，可以稍加停頓，想想下面的兩種狀況，並請試著以上述的公式來分析：

1. 看到閃電就掩耳。
2. 看到 M 品牌的化妝品就有好的感覺。

二、高階反應型制約

中性刺激配對後，成為制約刺激並具備誘發反應的能力後，也可再次配對其他中性刺激建立新的反應型制約，此種二次制約的過程，稱為高階制約（higher order conditioning）（Malott & Shane, 2013）或是次級制約（secondary conditioning）（Cooper, Heron, & Heward, 2007）。其制約的程序可由下列圖示顯示。其中制約後的制約刺激會引發制約反應，新的中性刺激與之配對後，會產生新的制約刺激（CS2）與制約反應的連結關係。

制約刺激（CS）→ 制約反應（CR）
中性刺激（NS）→ 無反應
中性刺激（NS）+ 制約刺激（CS）→ 制約反應（CR）
制約刺激二（CS2）→ 制約反應（CR）

我們可以再從 Pavlov 經典的範例來說明高階制約的程序，下圖可以明顯看到原本的中性刺激鈴聲經配對後，具備誘發特質，而產生制約刺激（鈴聲）與制約反應（流口水）的連結關係。新的中性刺激「燈光」與「鈴聲」配對後，燈光亦具備誘發制約反應的特質，因而產生新的反應型制約反應，亦即燈光與流口水的連結關係。

鈴聲（CS）→ 流口水（CR）
燈光（NS）→ 無反應
燈光（NS）+ 鈴聲（CS）→ 流口水（CR）
燈光二（CS2）→ 流口水（CR）

三、反應型制約的消弱現象

制約刺激若沒有持續和原來的非制約刺激配對，該制約刺激的誘發特質會逐漸消弱，若已經無法再誘發產生制約反應，則產生消弱的現象，例如：鈴聲若經常性沒有再跟肉末配對，那流口水的反應就不會再出現，這就是產生消弱的現象。同理，叭噗聲很久沒有再跟冰淇淋配對，那吞口水想吃冰淇淋的反應就不會再出現，也就是產生消弱現象。

操作制約中也有提及消弱的概念，兩種制約程序雖然都提及消弱，但兩者的內涵是相當不同。操作制約中的消弱又分為正增強消弱及負增強消弱，茲將兩者與反應型制約的消弱做一比對。反應型制約的消弱涉及制約刺激不再與原始非制約刺激配對，因而喪失原有的誘發特質，亦即該刺激的出現不會再出現誘發制約反應。而操作制約中，正增強的消弱是指行為之後，不再呈現個體偏好的刺激，而導致未來行為發生率的下降；負增強的消弱指的是行為之後，環境刺激沒有出現移除的現象，因而降低未來行為的發生率。兩種制約的消弱中，同樣都出現行為的下降的現象，然這兩種制約行為發生率下降的原因是不同的，反應型制約是因為不再出現刺激配對，而操作制約則是不再呈現具增強的刺激物或是移除一嫌惡刺激。

四、影響反應型制約效果的因素

依據 Martin 與 Pear（2009）的看法，影響反應型制約效果的因素，有下列幾項：第一，制約刺激與非制約刺激配對的次數愈多，制約刺激誘發制約反應的力道就愈強；第二，通常制約刺激（CS）要在非制約刺激（US）的 0.5 秒之前出現，制約的效力才會顯著，若是配對刺激的時間差超過 0.5 秒或是 CS 是在 US 之後才出現，那制約的效力就會大減；第三，每次 CS 出現就會搭配 US 出現，這樣的效果會最好，如果 US 出現的時候，CS 則是偶爾才出現，那配對的效果就會減弱；第四，當 CS 或 US 其一或二者的強度都很強烈時，配對的效果也會更快速或更穩固。「一朝被蛇咬，十年怕繩索」，就是很好的例子，其中被咬受傷（US）是很強烈的刺激物，因此蛇或繩子（類化刺激物）與害怕情緒的連結則是快速且強烈的。

如果同時有兩個中性刺激（又稱之為複合刺激）與非制約刺激配對，可能只有一個能誘發出制約反應，另一個刺激則無法誘發制約反應，此種現象稱之為遮蔽（overshadowed）（Malott & Shane, 2013），可能的例子就是烏雲和閃電可以看成是複合刺激，每次都會在雷聲前出現（配對），但是閃電似乎比較能誘發掩耳反應或害怕反應（雷聲所引發的非制約反應），但烏雲則不太會誘發，這現象就可以稱之為烏雲被閃電給遮蔽了。另一種情形是先將一個中性刺激與非制約刺激配對，中性刺激成功制約成為制約刺激後，再與另一個中性刺激合併成為複合刺激，在後續的配對過程中，此複合刺激會和非制約刺激同時出現，然而後來的刺激卻依無法具備誘發的特質，此種狀況就被稱之為受到阻礙（blocking）（Malott & Shane, 2013）。就拿古典制約經典的例子來說，原本的中性刺激鈴聲已經被制約成制約刺激後，後續的配對程序則是鈴聲和燈光同時出現，但是燈光就是無法產生誘發制約刺激的特質，這就是燈光被鈴聲所阻礙。或是舉前面的例子，雞排的標誌已經成為制約刺激後，外加燈光成為複合刺激，繼續和實體雞排配對，但是燈光卻無法產生誘發的特質，這也是一種受到阻礙的例子。

然而，複合刺激也可能同時都具有誘發反應的特質，Malott 與 Shane（2013）則運用此概念來解釋濫用藥物致死的議題。坊間最常見的毒品是海洛因、古柯鹼及安非他命等，這些藥物對個體正是非制約刺激，該刺激會誘發生理的興奮狀態，同時也會出現消減的對立反應，因此吸食毒品的人會有不斷需要增加使用藥量的問題，因為當藥物產生對立的消減反應時，個體會想要再次獲得興奮狀態而需要再度吸食毒品，對毒品的需求量因而不斷提升。此外，與毒品同時出現的環境刺激大都是複合刺激，如針筒、吸食毒品的房間等，都會因為和毒品同時出現而呈現複合刺激，並因配對程序而都能產生誘發制約反應的效果。因而若單獨處在吸食毒品的房間，會出現興奮感消減的制約反應。換句話說，就是身體已經準備好要吸食毒品的狀態，或誘發想要吸食毒品的生理需求，如果這個個體在相同的房間吸食毒品，不會有危險性，因為個體的身體同時已經產生消減毒品的準備，但如果吸毒者到不同的房間吸食同等大分量的毒品，就可能出現過度使用藥物而致死的現象。此種狀態的另一個說法就是所謂的對藥物的耐受力，因為新的房間沒有和毒品配對過，所以新房間不會自動誘發出身體的準備狀態，來接受這大量的毒品或消減其毒性，因此在新房間雖然是使用相同的藥量，但是因為身體沒有準備要處理這大量的毒性而致死。Siegel、Hinson、Krank 與 McCully

（1982）對老鼠所進行的實驗可以清楚的闡述這個現象，該研究共分為實驗組一、實驗組二和控制組。實驗組一、實驗組二的老鼠每兩天注射一次海洛因，控制組則是注射葡萄糖。經過一段時間後，在一次的實驗中，實驗組一、實驗組二及控制組皆給予兩倍的藥量，實驗組一的老鼠在平常的房間中接受注射，實驗組二的老鼠則換到另一個房間中注射，由於控制組的老鼠之前都沒有被注射過藥物，因此兩倍的高劑量使控制組中所有的老鼠都身亡，實驗組二的老鼠因為換了注射的地點，因此其身體沒有預先準備好要接受藥物注射，且是平常的兩倍的量，大半的老鼠也因而身亡，只有實驗組一的老鼠因為在原地點接受藥物注射，雖然藥量是平常的兩倍，但是大部分都存活了下來。這現象確實脫離不了反應型制約的配對效果，但也同時闡述了個體對藥物耐受力的議題。

五、反應型制約與操作制約之異同

反應型制約與操作制約有部分概念容易讓人混淆，本段落將依序說明。其中一個是配對的結果。Malott 與 Shane（2013）清楚的指出，在反應型制約中，中性刺激與非制約刺激配對後，會承襲原來非制約刺激的特質，也就是具備誘發非制約反應的特性；而操作制約中的配對，是將中性刺激與增強物配對，讓中性刺激具有增強物的特性。兩種制約的相同之處：第一，兩者都有配對程序，即中性刺激都在功能刺激之前配對出現；第二，兩種制約的配對結果是中性刺激都獲取功能刺激的特性。然而，不同之處在於反應型制約中的制約刺激獲得的特性是誘發制約反應的特性，而操作制約的制約刺激是一種習得的增強物（learned reinforcer），增強物的特性是增加未來行為的發生率。因此，從結果來區分兩種制約中配對的異同，應該顯而易見。

另一個容易混淆的概念是制約刺激（CS）和區辨刺激（S^D）的異同。容易混淆的原因是因為兩種刺激都會引發反應，因此初學者會誤以為兩者的刺激的功能是相同的。然而，兩者引發反應的學習史是不同的，反應型制約的制約刺激是經由配對而來，但是操作制約的區辨刺激是受過往增強的經驗而產生。這就需要讀者回顧一下刺激控制的章節，當中有清楚的闡述區辨刺激產出的過程，簡單來說，區辨刺激要能獲得引發行為的控制關係，需要連結過去增強經驗。英文的教科書中會以兩個不同的引發的動詞做區分，反應型制約會採用 elicit，本書譯為誘發，而操作制約中的區辨刺激引發反應的動詞是 evoke，本書譯為喚起，在於提醒個體當區辨刺激存在時，增強物也具有可及性。期盼這些說明能讓大家對兩者的區分有更清晰的概念。

那可能讀者要問，兩者是完全獨立分開的學習論嗎？人類的行為較於其他有機體，是相當複雜的。Martin與Pear（2009）也指出，人類有很多的行為其實是兩者相互結合所產生的結果，特別像是思考，或是內隱事件，如情緒等，都必須涉及兩種制約的程序才能清楚解讀。舉個例子來說，要理解金針花海，通常是以影像的方式，結合金針花的樣貌並將之與海的概念連結，而形成金針花海的概念，其中需涉及反應型制約和操作制約，其中反應型制約可以回憶一下本章前面曾提到的「制約的感覺」而產生吾嚮往之的期待感覺，對金針花或海的概念學習則涉及到操作制約中的區辨訓練，因此兩者對語言行為的交互影響，而交織出人類豐富的語詞認知與感受力。

第三節　反應型制約與情緒經驗

一、發展史與基本概念

Waston 於 1920 年代延伸了 Pavlov 的配對原理，進行了一項著名的實驗，他聲稱情緒是可以經由制約而成的（引自 Malott & Shane, 2013）。Watson 的方式也是採用配對的方式，將一位名叫小亞伯特的嬰兒經由配對的方式，對小白鼠產生害怕的情緒，所配對的非制約刺激是鐵棒發出的大聲響（Malott & Shane, 2013）。下圖可以展現其配對反應。

大聲響（US）→ 哭、害怕（UR）
小白鼠（NS）→ 出現手接近小白鼠
（手幾乎碰到）小白鼠（NS）+鐵棒大聲響（US）→ 害怕（UR）
小白鼠（CS）→ 害怕（CR）

後續，Waston還想了解此種制約的反應是否會類化到其他小動物。他們先呈現一隻兔子，小亞伯特很快的遠離那隻兔子，當實驗者將兔子與小亞伯特近距離接觸，小亞伯特出現了遮臉、爬離該地並且哭了起來的反應。不過，實驗者呈現小狗時小亞伯特則沒有出現類似的反應，但是在小狗身上加上絨毛後，小亞伯特又出現害怕的反應。很明顯的，配對制約之後，小亞伯特對有絨毛的物件會產生害怕的反應，這現象就被稱之為刺激類化（Malott & Shane, 2013）。這個實驗確實證實了情緒經驗是可以被配對制約而成，不過如果以現在的研究倫理標準來看，這個實驗應該是很難通過倫理審查的，因為這個經驗很可能會讓小亞伯特害怕所有絨毛物品，此種經驗還可能跟隨著這個小孩一輩子，這是令人沮喪的，因為小孩都喜歡絨毛玩具，這明顯剝奪了這孩子玩絨毛物品或與絨毛動物良性互動的機會。

不過，這研究確實也提供實務工作者一扇窗，讓他們可以重新解讀恐懼或害怕情緒的緣由，這個研究證實個體的恐懼或害怕的情緒反應大都是學習來的，因此要協助這些患有恐懼症的患者，可以使用反應型制約（刺激配對學習）的架構解析其發生原因，當然，也可以採用消弱、反制約或系統減敏感等的方式來改善。當時 Waston 等人確實有準備要協助小亞伯特消弱此害怕連結，但是小亞伯特在接受害怕制約的實驗後，就離開醫院，也因此後續的改善方案就沒有機會實施。消弱的程序已在本章前面的段落說明過，以下則介紹反制約及系統減敏感訓練。

（一）反制約

反制約（counter-conditioning）涉及將一個不期待的刺激一反應的連結轉變成一期待的反應，其制約程序是透過將原來的制約刺激與正向的活動配對用以抵消原刺激所誘發的不期待的反應。回到小亞伯特的例子，如果治療師要協助小亞伯特改善看到小白鼠及其他絨毛動物的反應，採用反制約的程序就是要將原本的小白鼠與正向活動配對，讓小白鼠的出現不再引發原先害怕的反應，取而代之的是由正向活動所引發的正向情緒反應。茲以下圖說明。

小白鼠（CS）→ 害怕（CR）
小白鼠（CS）+ 呈現一個小孩和小白鼠高興的互動 → 不再害怕
抵消原則：呈現一個小孩和小白鼠高興的互動，抵消了原先小白鼠所誘發的害怕情緒

（二）系統減敏感訓練

系統減敏感（systematic desensitization）最早是由 Wolpe（1958）所發展的策略，後續被廣泛運用於降低恐懼或焦慮症的患者身上；該策略早期發展階段相當強調在執行減敏的過程中，接受減敏的個體需要先學會完全放鬆，因為只有在完全放鬆的情境下才能執行減敏的訓練（Malott & Shane, 2013; Wolpe, 1990）。系統減敏感的主要程序是依據害怕的程度建立層次：從最不易引發恐懼的情境到最能引發恐懼的情境。簡單來說，系統減敏感的實施方式是以一種反應（通常是肌肉放鬆）替代原先不適切的行為（如害怕或焦慮）。個案在放鬆的狀況下，想像最不害怕到最害怕的情境，如果在想像低度恐懼或害怕的情境，若還能維持放鬆的狀況，則可以再進一步想像下個一層級的害怕情境，以此類推。當時，Wolpe（1990）認為要讓受輔導者實際經驗恐懼的情境是有困難的，所以他首創以想像的方式去經驗焦慮的情境，因為可以依自己的意願去想像。個人經由重複不斷的想像令人焦慮的情境，也會逐漸弱化焦慮被喚起的強度，經由漸增具威脅性的想像過程，個人也逐漸擺脫具威脅性的情境，甚而可以將焦慮感降到零。圖 21-2 可以清楚展現焦慮感或其他恐懼、害怕的情緒是如何透過系統減敏感的方式逐漸降低焦慮的程序。當A階段的焦慮已經從 1 降到 0，進入B階段時，受輔者也只需要處理 2 到 1 程度的焦慮感，而不再是 2 到 0 的強度了，換句話說，B階段要處理的焦慮強度事實上就是等同於 A 階段的焦慮程度，而 C、D、E 階段也是一樣的道理，隨著前一階段逐步消減焦慮感，每個階段需要處理的焦慮已經同步降低至與A階段一樣的低強度，因此受輔者每個階段都是在可以承受的範圍內接受減敏感訓練，自然能順利完成達成零焦慮感。

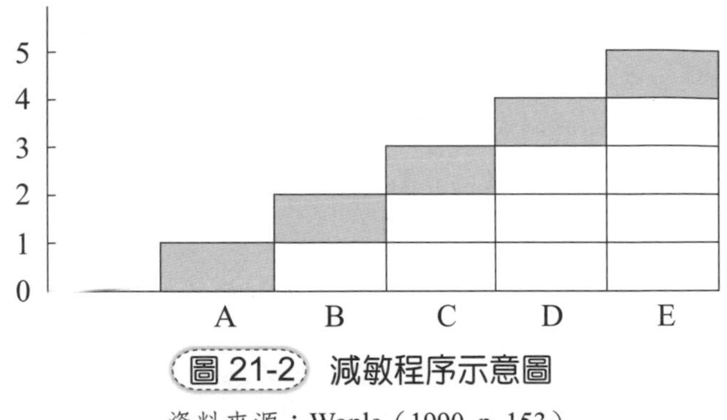

圖 21-2 減敏程序示意圖

資料來源：Wople（1990, p. 153）

舉例來說，對蛇的恐懼如果已嚴重影響個體的一般生活適應力，那就需要執行系統減敏感訓練。首先治療師要先訓練個體肌肉放鬆技巧，在放鬆的狀況下，治療師可以先讓個體看照片，照片中的蛇則幾乎是小到看不到，如果呈現該照片時，個體依舊能維持放鬆的狀態，那就可以嘗試含有稍大蛇影像的照片，並確認個體是否依舊能處於放鬆的狀態，如果依舊能維持放鬆狀態，則可以再加大蛇的影像，最終的目標是當個體看到真實的蛇，也能保持放鬆狀態。

本章附錄有摘要 Wople（1990）書中有關系統減敏感訓練技術的程序，有興趣的讀者可以參閱。

二、實務應用

上述情緒經驗的配對法則，可以運用在理解人類對特定的文字產生的情緒反應，亦可運用於從小建立閱讀習慣或是應用於營造正向的教學或治療情境；也可運用在認知學習中的記憶術，以下分別說明。

印刷體文字對一般人而言，應該是屬於中性刺激，但是為何當人們看到糞便、髒亂等印刷體的字眼時，可能就會出現不舒服的情緒反應，這也可以從配對法則來解讀。原本印刷體文字對個體是中性刺激，但是在實際生活中看到堆積的垃圾，臭氣沖天，嗅覺經驗亦屬於自動化反應，這個經驗會同時連結聽到「垃圾」的聲音、而引發反應型行為，在經過高階（次級）配對後，看到印刷體字也會產生嗅覺上不舒服的感覺，看到字也等同聞到臭味。或是教學中老師可能會呈現許多顯示髒亂的照片或讓學生看到實際髒亂的情景，髒亂的情境或照片通常會自動誘發不舒服的情緒反應，兩者配對後，文字本身就具有誘發的特質，進而單獨呈現印書體文字時，個體也會出現不舒服的感覺。

原級配對

看到髒亂的垃圾（US）→ 嗅覺／視覺不舒服的感覺（UR）
聲音（垃圾）（NS）→ 無反應
聲音（垃圾）（NS）+ 看到髒亂的垃圾（US）→ 嗅覺／視覺不舒服的感覺（UR）
聲音（垃圾）（CS）→ 嗅覺／視覺不舒服的感覺（CR）

高階（次級）配對

（CS）（NS）（CR）
聲音（垃圾）+文字（垃圾）→ 嗅覺／視覺不舒服的感覺
文字（垃圾）（CS2）→ 嗅覺／視覺不舒服的感覺（CR）

人類對文字的正、負向感覺，都是可以經由配對的過程產生的。Martin與Pear（2009）描述我們對物品栩栩如生的想像配對文字之後，看到文字則會自動出現對該物品的想像，此現象應該也適用 Pavlov 的古典制約來做解析；或可以使用制約的看到（conditioned seeing）、制約的感覺（conditioned sensing）來解讀，其他感官的經驗亦可以適用，如制約的聽到（conditioned hearing）、制約的嗅覺感（conditioned smelling）等。當兒童在閱讀故事書時，看到文字的描述等同看到栩栩如生的情節，而且能深刻的感受該故事中主角的各種感官經驗及情緒狀態，這也可以是「制約的感覺」的實例。

在實務工作中，亦可善用配對法則建立正向的治療關係。治療師對兒童原本是中性刺激，但是將治療師與兒童喜歡的增強物配對，兒童對增強物會產生愉悅的心情，治療師在配對後會獲得增強物的誘發特質，之後單獨看到治療師，兒童也可以產生愉悅的心情。

兒童個人化的增強物（US）→ 愉悅的心情（UR）
治療師（NS）→ 無反應
治療師（NS）＋增強物（US）→ 愉悅的心情（UR）
治療師（CS）→ 愉悅的心情（CR）

培養閱讀習慣或也可以善用配對法則。嬰幼兒對母親的喜愛是出自天性，看到媽媽就會笑，心情愉快。若能善加利用這樣的連結，將書本（中性刺激）和媽媽配對，如此書本配對成能誘發愉快心情的制約刺激。在這裡也要提醒的是，配對之初始階段，最好是故事書出現時就和媽媽一起出現，這樣配對的效果才會顯著。

反應型制約或也可以應用於解析認知中的記憶現象。先看看下面的範例，請先看淺灰色框的那一排物件，先遮住下面的物件，看3秒之後，再接著看深灰色的那排物件，之後請遮住淺灰色及深灰色兩個物件，再回答問題。

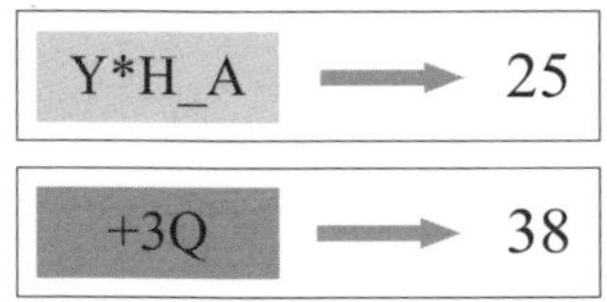

回答問題一：如果只呈現淺灰色的 [淺灰色框] 會讓你聯想到什麼數字？

回答問題二：同樣的如果呈現 [深灰色框] 會讓你聯想到什麼數字？

如果能先回答淺灰色框的對應數字，再次單獨呈現「Y*H_A」，應該會讓你很容易就聯想到正確的數字「25」。

這過程也類似於反應型制約的概念，顏色可以產生直觀反應，很容易讓人有深刻的印象，很快可以和25數字產生連結，所以先將複雜的符號遮蔽，只單獨呈現淺灰色，之後再呈現符號，會讓人比較容易聯想其對應的數字。這跟記憶術的概念有些類似，為增進記憶，人們可以透過聯想有趣的熟悉的事物來學習生澀的新事物，或透過位置地點協助聯想，也是類似的概念。

第四節　結語

反應型制約對解析人類行為的模式提供了另一扇窗。如何善用反應型制約的原則理解人的行為，特別是情緒反應，是值得更多行為分析人員的投注。此外，對於過度使用藥物或濫用藥物的個體，反應型制約亦提供一清晰的法則進行探究。反應型制約與操作制約兩者的相互結合用以解讀人類複雜的行為樣貌，亦是值得持續深究的課題。

附錄 系統減敏感訓練

（資料來源：Wolpe, 1990）

目的：針對個人被無法掌控的情境所誘發的恐懼害怕，與果斷訓練不同。

治療前必須先執行評估，以確認治療需求並作為評鑑成效之用。

其中包含三個重要的操作：(1)深層肌肉放鬆訓練；(2)建構焦慮的階層；(3)依階層逐步進展，讓放鬆與引發焦慮的刺激相抗衡。以下依序說明。

1. 肌肉放鬆訓練（共六個課程）

（資料來源：摘錄重點自 Wolpe, 2009, pp. 156-160）

課程一：基本介紹，跟患者說明肌肉放鬆與情緒的關聯，與患者達成承諾練習（每天兩次，每次 10 至 15 分鐘），建議先從手臂放鬆訓練開始，因為容易示範且易於感知。透過用力抓握，讓患者感覺手握椅子的用力緊繃與肩膀肌肉緊繃的感覺不同，治療師在握住患者的手腕，讓患者試著掙脫時，感受二頭肌的力道與緊繃感，之後鬆手後，讓患者自行放鬆手臂，讓患者練習緊繃、放鬆兩者的差異。訓練過程中患者須報告對手臂肌肉的各種感覺。

課程二：頭部的放鬆練習。先練習皺眉與放鬆，從表面的放鬆引導患者去感知內在的放鬆，接著練習眼睛的緊閉與放鬆，以及鼻子和嘴巴的放鬆。

課程三：口腔內的放鬆訓練。先練習咬緊牙齒，再放鬆，嘴唇是否微微分開是個參考指標。之後可以練習舌頭的放鬆。

課程四：脖子和肩膀的放鬆。脖子向前傾，讓脖子感覺放鬆，剛開始會覺得這動作有壓力，多做幾次之後，就會有放鬆的感覺。

課程五：背部、腹部及胸部的放鬆。要經驗背部的放鬆，需先將背往後傾，直到無法再往後的狀態，當回復原來的姿勢就可以經驗到放鬆；腹部則類似背部的作法；胸部的放鬆則會借重吸氣與呼氣的過程，用力吸氣是一種緊繃的狀態，而呼氣就呈現一種自然放鬆的狀態。

課程六：腿部和腳的放鬆。腳底往前伸腳趾頭往前壓，或小腿彎曲伸直等，都可以經驗到緊繃之後放鬆的感覺。

2. 建構焦慮的階層

（資料來源：摘錄重點自 Wolpe, 2009, pp. 160-163 ＋本章作者闡述）

建構焦慮階層前，需先蒐集患者的焦慮來源，並依其口述的焦慮進行主題分類，有些焦慮的刺激源很單純（例如：特定的物件，像是蜘蛛、蛇等），但也很多是複雜的、多主題的，那麼治療師需要進行完整的評估並重新歸類找出最主要的刺激類型。Wople 所採用的評估來源，包含患者的生長史、填寫 Willoughby 問卷及害怕調查表（參考原書的附錄），依據量表結果對特定焦慮情境的探測。一旦所有可能的刺激情境都被掌握，治療師會將資料重新歸類，例如：Wople 舉一真實案例作為範例說明，茲舉其中三項刺激物的歸類為例：

高海拔、遊樂場的乘車騎馬、陡峭的軌道，被歸類為「懼高症」。

昏厥、往後倒退、注射、服藥，被歸類為「疾病及相關症狀」。

婚姻關係、死亡、意外、火災、害怕未知、失去意識，被歸類為「基本真實的害怕」。

Wople 認為，其中「基本真實的害怕」應該是其他神經性質害怕（懼高、疾病症狀）的主因，若能從主因先介入，其他延伸出的害怕情境就可以自然減緩。其中害怕未知和死亡息息相關，而失去意識則意味著，如果他的意識清醒，就可以避免其他神經性的害怕狀態。因此，可以從這樣的線索確認害怕的主因以及應該要減敏的主軸。而與神經性質相關的描述大多是情境式的描述，較無法區分階層，而從中歸納出可操作的項目，就是「失去意識」及「疾病的相關症狀」（如昏厥、往後倒退等），其階層如下所示：

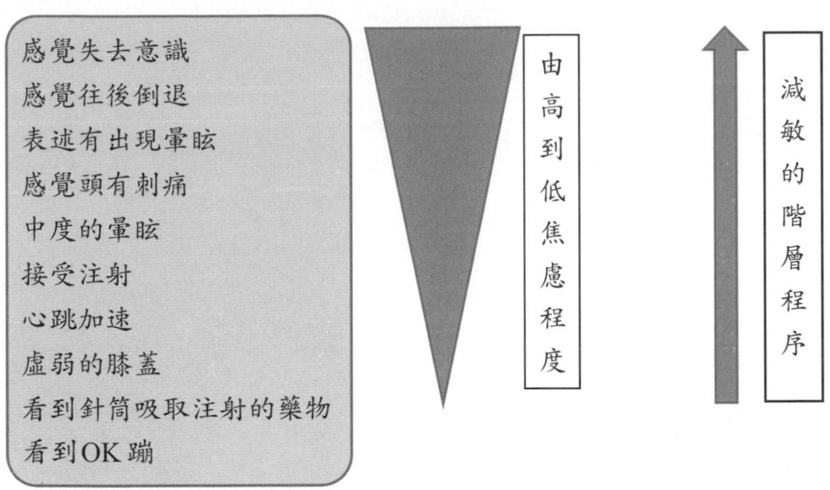

3. 依焦慮階層由低往高逐步進展，讓放鬆與引發焦慮的刺激相抗衡

完成上述兩個操作後，先讓患者處於完全、深度放鬆的狀態，並確認患者視覺想像的能力，之後才依焦慮階層由低往高逐步進展，讓深度放鬆能對抗焦慮。

CHAPTER 22 行為分析師的倫理標準

蔡馨惠

本章學習目標

1. 能正確描述行為分析師的倫理標準。
2. 能舉例說明各個倫理標準。
3. 能將各個倫理標準運用在實務工作中所遇到的案例，並尋求最佳解決方法。

第一節　緒論

「專業」一詞最早源自拉丁字 profiter，主要意涵在對公眾宣稱其職務是致力於增進人類生命的延續與靈命的成長，早在 1600 年代專業的代表是神職人員及醫師。當時的專業代表了個人向眾人宣示將全心全意投身於服務人類的職務，其理念是超越知識與技能的。延展至今，各種服務人群的專業林立、良莠不一，如何能回應到最初的專業初衷與全人投身的服務理念，維持高的服務品質，專業倫理規範的建置是重要歷程。經由專業倫理規範的制定，期望能召集有共同理念的專業人員，除延續當時對人服務的使命之外，主要目的在建立一套專業人員共同遵守的專業規範，以彌補法律及道德未及之處。

在各行各業中，其實都有一些規矩，有的是不成文的行規，有的則是有明文規定。尤其是在有執照、證照的專業，都會有特定且明文規定的專業倫理。這些專業倫理是由執照公會或證照委員會所規範，主要目的是為了保障他們所服務的對象，能夠接受到最佳品質的服務，同時也維護該專業人員應有的專業態度和服務品質，並同時能展現其在社會公眾的專業形象。因此，專業倫理準則都是以服務對象的最佳福祉為出發點的。

所有與人類服務有關的專業，包含諮商輔導、心理治療、社工服務，或應用行為分析服務等，常面臨的情形是這些求助者基本上都是處於弱勢地位，尤其身心障礙者更是弱勢中的弱勢。如何讓這些弱勢者在接受專業服務時，能受到平等的對待並維護其最高權益，專業倫理的規範是一個重要起點。

應用行為分析專業領域的發展，其重要里程碑之一是國際行為分析師認證委員會（The Behavior Analyst Certification Board，簡稱 BACB）於 1998 年正式成立，開始制定認證標準並頒授國際行為分析師證照（Board Certified Behavior Analyst，簡稱 BCBA）。此委員會成立的目的，是順應時勢所趨，主要的推動動力是應用行為分析這個專業，近二十多年來，被運用在治療發展障礙、精神疾患及自閉症患者之成效顯著，然而因其專業知能相當細膩豐富，必須接受過完整而深入專業訓練的人員才能進行有效的治療。坊間常會發現許多沒有受過此專業訓練的人，以營利為目的，不顧其服務對象的福祉，不僅給家長錯誤的知識和觀念，提供品質不良的服務，導致個案權益受損，並嚴重影響應用行為分析的專業形象。因此，國際行為分析師認證委員會（BACB）的成立，不但制定國際認證制度，嚴格規定行為分析師的訓練課程及合格標準，同時也頒布其專業倫理規範，以保持行為分析師的專業態度及服務水準，確保服務的品質。

第二節　專業倫理規範的重要性

為什麼行為分析這個專業必須要有其獨立的專業倫理？根據 Bailey 與 Burch（2016）的看法有以下四個主要原因。

首先，建立專業倫理是發展行為分析成為一門專業最重要的步驟。有了專業倫理，接受行為分析專業服務的個案，才具有基本的保障，若是服務對象或重要他人對其提供服務的專業人士有倫理及品質上之疑慮，亦有申訴的管道，可以向認證委員會提出申訴。社會上一些大眾認可的行業，都有其專業倫理規範，像是醫師、律師等行業。

第二，近十多年來，隨著臨床及教育單位對行為分析師的需求大增，加上社會大眾對於這個專業仍不熟悉，行為分析的專業倫理顯得更加重要。因為行為分析雖然和心理治療、教育及特殊教育等方面有相關，但行為分析師的訓練過程和所要求的技能，與心理治療師、諮商師或教師相當的不同。也就是說，它的專業性是獨立於其他相關行業，因此專門的倫理規範是絕對必要的。舉例來說，行為分析這個專業，是以行為科學的實證研究為基礎，因此行為分析師的治療或教學，都必須採用經過研究證實有效的方法，而不是想當然耳，隨便採用自己認為可能會有效的方法。還有，治療或教學都必須蒐集資料並研判教學效果，但其他的專業就不見得會要求用科學驗證的方法或是蒐集數據資料，並用資料分析決定治療或教學效果。

第三，由於市場大量的需求，許多訓練課程及大學也紛紛設立人才培訓課程，應用行為分析師日漸增加，不論是在資源豐富的大都市或是資源不足的偏遠地區，都漸漸有行為分析師的足跡。特別是在資源不足的偏遠地區，經常會面臨經濟困境或專業人員不足而導致倫理問題的產生。比方說，有些個案找不到適合的治療師，行為分析師可能會被迫要從事不是其專業領域的工作（像是有自殺傾向的憂鬱症個案），這時該如何抉擇？因為若接受了個案，行為分析師並沒有專業知識或經驗去提供有效的治療；但若不接，個案又找不到更好的治療師，這時倫理的考量就相當重要。或是在偏遠的學校，行為分析師受聘為特教教師，但卻被迫要做其他的外務（像是心理輔導或自殺防治等）。或是當其他同事對於特殊學生有錯誤的想法，認為保育重於教育，這時行為分析師該怎麼做？

最後，專業倫理的規範可以增加專業人員對倫理問題的敏感度。有時候在一個專業領域，或是與其他不同專業的人士一起工作，經常會有一些似是而非的作法，若是一個專業人員沒有倫理的規範，常常會隨波逐流，認為反正大家都這樣做，應該就是對的，或是應該不會有問題。然而，一旦有了倫理規範，就可以幫助專業人員仔細衡量是否該跟隨別人或沿襲長年下來的作法，或是應要依據專業倫理而有不同的思考與決策。舉例來說，有的個案或個案家長在逢年過節的時候會有送禮的習慣，每個同事都會收禮，這樣做似乎是正常的。而且如果不收禮的話，有的個案或個案家長還會很生氣，認為你瞧不起他，像這種兩難的局面，行為分析師應該如何面對及處理？

在各種工作崗位上，倫理的問題是每時每刻都會遇到的，也是每個專業人員隨時隨地都要面對思考的議題。實際的狀況雖然都可以和基本原則相符，但面臨模稜兩可、兩難或無法可考的情形下，專業人員要如何下決定，常是書本上找不到答案的。因此，專業倫理的思考和訓練是絕對必要的，專業人員平常就要養成思考倫理問題的習慣，衡量細節以及各種不同決定或處理方式可能導致的後果。否則到了要做決定的時候，就容易猶豫不決或無法做出最佳的決定，而導致後續的問題層出不窮。

應用行為分析目前在國內外都算是一門新興的行業，所以國際行為分析師認證委員會（BACB）當初在制定倫理規範的時候，參考了不少其他職業認證委員會的倫理規範，特別是以美國心理學會（American Psychological Association [APA], 2010）制定的《心理學家專業倫理》為基礎，並因應應用行為分析的特點進行修改。行為分析師這個行業，和其他相關的服務專業，像是臨床心理師、諮商心理師、社會工作師或醫護人員等，大部分的專業倫理都是相同或類似的，例如：對個案負責、個人資訊保密、必須誠信、不得欺騙、不得提供不實訊息、不得形成多重關係和剝削關係等，都是一般提供個案服務的專業人員應該要遵守的原則。行為分析這個專業的主要特點是因其依據行為科學之實證研究為基礎，所以其提供的服務都必須是經過研究證實有效的方法，這點在其他專業的部分則不一定適用。在行為分析的專業倫理發展過程中，有幾份重要的歷史文件，主要的文件稱為《行為分析師之倫理準則》（BACB, 2020）。另外還有國際行為分析學會（Association of Behavior Analysis International，簡稱 ABAI）成立的工作小組，出版了兩篇關於服務對象的保障：其一是服務對象有接受有效的行為治療的權利（Van Houten et al., 1988），以及學生有接受有效教育的權利（Barrett et al., 1991）；另外一份重要的文件則是國際行為分析師認證委員會（BACB）頒布行為分析師認證考試所必須具備的基本專業知識，其中倫理規範占了很重要的部分。換句話說，如果沒有倫理的知識，是不能成為一名行為分析師的。

第三節　行為分析師專業倫理準則

國際行為分析師認證委員會（BACB）於 2020 年頒訂公布《行為分析師之倫理準則》（Ethics Code for Behavior Analysts），並將於 2022 年 1 月起正式生效。此準則是由之前的《行為分析師專業倫理》（Professional and Compliance Code for Behavior Analysts）重新統整而成，包括：前言（Introduction）、詞彙定義（Glossary）、倫理標準（Ethics Standards）等三個部分。前言闡明倫理準則的範疇、四個核心原則及倫理準則的應用。詞彙定義的部分，總共定義了 22 個此倫理標準的關鍵詞彙，在前言之後和倫理標準之前，目的在於讓讀者在解讀倫理標準之前，對常用的關鍵詞彙有所理解，以免誤解倫理準則的含義。倫理標準則分為六大部分：專業人員之責任、實踐工作之責任、對個案及權益相關人之責任、對受其督導者及受訓者之責任、公開聲明之責任，以及研究之責任。詳細的各項倫理條例以及其相關最新消息請參照 BACB 官網 https://www.bacb.com/。

在倫理準則的前言部分，闡述了倫理準則涵蓋的範疇，包含所有和行為分析此專業相關的服務、諮詢、活動及研究等，所有認證的行為分析師（BCBA）及副行為分析師（Board Certified Assistant Behavior Analyst，簡稱 BCaBA）都必須遵守此倫理準則。而此倫理準則以四個核心原則為架構：

1. 核心原則一：造福他人

行為分析師應將他人利益最大化，而且不造成傷害。以個案的安康及權益為優先考量，並保障和個案權益相關人的安康及權益。行為分析師在提供服務時，必須同時考慮短期及長期的影響。主動積極分辨及解決可能影響其專業服務的品質，或對身心健康及利益衝突產生負面影響的因素，例如：個人原因、經濟因素、機構政策、宗教及文化等，皆可能造成利益衝突、誤用職權或對其專業服務之不良影響。同時，以尊重的態度，和其他相關專業人士合作，共同為個案服務，使其利益最大化。

2. 核心原則二：以關懷、維持尊嚴及尊重的態度對待他人

行為分析師應以平等方式對待他人，不因其年齡、身心障礙、風俗民情、性別認同、移民地位、婚姻關係、原國籍、種族、宗教、性取向、社經地位等而有所區別。尊重他人隱私及保密的權利，根據個別能力積極推進自我決定權，尊重個人決定，並提供個案及其權益相關人完整的專業服務資訊，讓他們參與決定的過程，選擇適合自己的專業服務。

3. 核心原則三：正直誠信

行為分析師應以正直誠信待人，不欺騙及誤導他人，並盡忠職守、承擔責任。對受其督導者及受訓者負責，若發現錯誤應立即更正，積極創造專業的環境，並以尊重的態度教育他人專業倫理的標準和處理不符合專業倫理行為的運作單位。

4. 核心原則四：確保自我的專業能力

行為分析師應恪守個人專業的範疇，努力增進專業知識，時常評估並遵守能力界限。同時應該對當下盛行之偽科學治療方法有所了解，以確保個案不受傷害。對不同的文化族群亦應進行了解，以提供適合的專業服務。

在倫理準則的應用部分，行為分析師必須具備倫理準則的知識，並對倫理準則的執行程序有所了解。在處理自我或他人專業不當行為時，必須記錄其行為及處理措施，並保留完整的資料檔案。同時，行為分析師也應遵循所在地之法律及相關的執照法令規定，如遇到任何違法行為，必須立即向相關法律單位匯報並協助調查處理，同時以保障個案的利益為優先。

對於倫理問題的研判及決定過程，需全方位考量來解決問題，同時建立、保存相關的文件檔案，並遵循保密原則。關於倫理問題的考量和如何做決定，建議的步驟如下：定義倫理問題及其對所有相關人員潛在的風險和傷害，辨別所有相關人員，蒐集並追蹤相關文件資料，考慮自我背景及可能存在的偏見，判辨此問題相關的倫理核心原則及準則，諮詢相關的資訊（如研究、決定模式、同事等），以個案最佳利益為優先來制定可行的解決方案，衡量評估可行的解決方案對個案及相關人員可能產生的影響，選擇最佳解決方案，和相關人員合作執行解決方案並建檔保存相關文件資料，最後則是評估結果並確保問題得以解決。

以下以倫理標準的六個部分為架構，舉一些常見的案例或情況進行論述。

一、倫理標準第一部分：專業人員之責任

1.01 真誠

行為分析師應以真誠的態度，安排環境以促進他人真實和誠實的行為。行為分析師不會造成導致他人從事詐欺、非法或不道德行為的情境。行為分析師對相關機構單位及人員提供真實正確的資訊，如發現所提供的資訊有誤，應立即更正。

1.02 遵循法律及專業的規定

行為分析師應遵從其職業團體相關機構（例如：BACB、執照公會）之法律規定。

論述：行為分析師需確保向相關的機構、單位或法律部門提供正確的訊息，例如：必須向 BACB 提供正確的相關訊息，包括認證所須提供的學歷、修課、督導的內容及時數等資料。

參加認證考試，也必須遵循考場的規定，不得有作弊行為。現在的專業認證考試，大部分都是在考試中心舉辦，考生可以選擇個人方便的時間而非統一的時間考試。在電腦考試前，通常會要求考生簽署保密協議，不得洩露考試內容及考題。很多準備考試的人，會喜歡向剛考過試的考生詢問考題；或是考完試的考生將記得的考題和同學分享、或賣給補習班或考試公司，這些作法都是不合乎倫理規範的，而且等同作弊。因為認證委員會是不公開這些考題的，而且可能會重複使用，如果洩題了，對其他的考生是不公平的。

另外，在取得認證後，若是本身有違反倫理的申訴或之前犯罪的紀錄，除了必須遵守相關法規單位的規定外，也必須如實向BACB以及本身的工作單位匯報。如果向BACB或其工作單位隱藏違反倫理申訴或犯罪紀錄，也是不合乎倫理的，等同於說謊、提供不實訊息。

1.03 承擔責任

行為分析師應執行工作承諾，並承擔自身的行為及所提供之專業服務的責任。如有錯誤發生，或工作承諾無法執行時，行為分析師應以個案利益為第一優先，權益相關人的利益為第二優先，採取合適的行動來解決問題。

1.04 界定專業角色

行為分析師只能在和相關人員以文書方式，明確界定其專業的角色後提供其服務。

1.05 能力的界限

行為分析師只在他們能力範圍所及以內提供服務、教學及進行研究，也就是說必須符合他們所受之教育、訓練及受督導之經驗。行為分析師在對新領域（如新族群、技術、行為）提供服務、教學或進行研究時，只有在先經歷適當的研究、訓練、督導，或諮詢過擅長那些領域的人士之後才進行。或者，他們要將個案轉介給合適的專業人員。

1.06 維持專業能力

行為分析師應積極參與專業發展的培訓活動，以維持並精進其專業能力。專業培訓活動包括：閱讀相關研究文獻、參加學術講座和研討會、參加工作坊和其他培訓的活動、修習課程、接受專業訓練、專家諮詢、督導，或專家協助指導，還要獲取或維持適當的專業資格。

論述：行為分析專業和其他專業最重要的分水嶺，就是行為分析是以行為科學研究的基本學習原理為基礎，並經過科學實驗證實，所發展出來的介入策略。因此，在專業領域的知識及介入策略的選擇，都必須在行為科學的研究為專業基礎上進行。能力界限這個問題是在實際工作中經常遇到的問題，尤其是在專業人員不足的狀況下，專業人員經常會被要求必須接受不符合自己專業能力的個案或任務。在一般的狀況下，如果這種情況發生，可以透過正常的轉介程序，將個案轉給合適的專業人員。但有時狀況並不允許轉介，像是人員從缺、地區偏遠、經費不足等因素，但又不能棄個案不顧，尤其有時候個案又是因緊急原因而亟需處理，常會造成在倫理上兩難的局面。專業倫理的標準是行為分析師如果在這種情況下接受個案，必須要同時做適當的研究、研讀相關文獻資料、參加訓練課程，並且在有專家的諮詢或督導之下，才能提供服務。

1.07 響應多元文化

行為分析師應積極獲取和多元文化相關的專業訓練和知識，並評估自身的偏見和處理具備多元文化需求之個案的能力（如年齡、身心障礙、風俗民情、性別認同、移民地位、婚姻關係、國籍、種族、宗教、性取向、社經地位等）。行為分析師也必須評估受其督導或訓練者的偏見和處理具備多元文化需求之個案的能力。

1.08 零歧視

行為分析師不歧視任何人，並以平等包容的態度對待。不因為他人的年齡、身心障礙、風俗民情、性別認同、移民地位、婚姻關係、原國籍、種族、宗教、性取向、社經地位等，而有不平等的態度或歧視行為。

1.09 零騷擾

行為分析師不對任何人進行騷擾性或侮辱性的行為。

1.10 對自身偏見及障礙的自覺

行為分析師應保持對自身偏見及障礙的自覺，例如：身心障礙、法律、財務、婚姻關係方面的挑戰，對其提供有效專業服務的干擾，並採取適當的措施解決干擾，以確保其專業服務不受到影響，同時保持其採取的措施和結果的紀錄。

論述：根據行為分析的專業倫理，是不容許對個案有任何形式的歧視。當服務的對象不屬於大多數的主流時，行為分析師必須詳細了解個案的狀況，並且和個案共同討論，以便對治療方案內容或執行方式做出適當的調整，以制定適合個案的服務。比方說，個案如果有特別的飲食習慣（像是吃素、不吃某些食物等）、特定的衣著方式，或是宗教儀式等，行為分析師都必須尊重並支持，而非嗤之以鼻，或者一味要求個案及其家人配合大多數人的方式。

有時候，如果行為分析師因為個人因素，評估之後確認自己無法配合個案時，就必須提供個案適當的轉介。舉個例子，如果行為分析師因個人信念，無法對同性夫婦的孩子以公正客觀的態度提供專業服務，這時千萬不要勉強接下個案，而是要轉介個案給其他合適的行為分析師，以確保個案接受到最佳的服務。還有，行為分析師也需要隨時自我省察，了解自己的偏見及障礙，並採取適當的行動解決問題，以確保個人的挑戰不影響其專業服務，例如：個人或家裡的財務危機、法律官司、婚姻問題、疾病住院等。

1.11 多重關係

由於多重關係可能造成利益衝突的有害影響，行為分析師要避免多重關係，包括對個案及同事的專業、個人和家庭的關係。行為分析師必須持續關注多重關係的發展，並對相關人員保持溝通。如果行為分析師發現，由於不可預見的因素，多重關係出現了，必須尋求解決方案。如果問題無法立即解決，行為分析師要根據倫理準則，設法避免利益衝突，並擬定解決多重關係的方案，同時保持其採取的措施和結果的紀錄。

1.12 接受或贈予禮物

因為接受或贈予禮物會構成多重關係及利益衝突，行為分析師不接受或給予個案權益相關人、被督導者、員工等任何超過10美元，或等值之禮物。行為分析師在一開始就跟個案及其權益相關人說明此原則。如果贈予禮物並不頻繁，而是表達感謝，並且對接受者不造成金錢上的利益，此禮物是可以接受的。但如果持續接受或贈予禮物，而形成了對方收費的來源，則違反了倫理準則。

1.13 威迫、剝削的關係

行為分析師不濫用職權或其公權力來威脅或剝削其下屬。

1.14 戀愛及性關係

行為分析師不和個案、權益相關人、受其督導及訓練的人談戀愛或發生性關係，因為此種關係極可能會造成利益衝突並對客觀的判斷能力造成影響。在和個案、權益相關人、受其督導及訓練的人終止專業關係的兩年內，不得與其談戀愛或有性關係。行為分析師在與其談戀愛或性關係終止的六個月內，不得督導或訓練對方。

1.15 對要求的回應

行為分析師應適當地回應服務對象及其權益相關人或機構單位所提出的要求，並且遵循BACB、雇用機構或相關組織的要求（例如：提供證辭、良民證明等）。

1.16 自我匯報重要訊息

行為分析師應遵守規定，向相關單位（例如：BACB、執照公會、資助項目的機構）匯報工作的相關訊息。

論述：多重關係是最常見的倫理問題之一，也就是專業人員和個案除了專業的關係之外，又形成了別的關係，導致界線不明、關係混淆，問題也就會層出不窮！像是很多人常的「亦師亦友」之情況，其實並不理想。因為專業的治療師和個案是專業的關係，必須遵守專業規範和服務付費；如果是朋友關係，則講求禮尚往來、互相幫助的交往方式。倘若專業和朋友關係不明，雙方的往來方式也就容易造成無謂的衝突和誤解，導致日後雙方都不歡而散。比方說，個案想邀請治療師參加他的生日派對，讓治療師可以和其家人、朋友認識，但治療師若出席此社交場合，就等於和個案多了一層朋友的關係，雙方可能都會因此在互動上不知不覺出現一些變化，造成影響治療師的工作情緒並影響專業判斷，且可能導致服務品質下降的狀況。或是雙方對彼此有不同的期望，而導致出現不合理的要求，徒增不必要的困擾。因此，多重關係是一定要避免的，除非治療師和個案的專業關係已經結束，而且確定以後不會再有專業上的往來，那就不受專業倫理的限制。一般來說，即使專業關係結束，仍然建議避免形成多重關係，因為未來說不定個案或他的親人還是有機會需要專業人員的服務，若成為了朋友，就無法再回到專業的關係了。

服務付費的方式，一般是制定雙方同意的金錢付費標準。行為分析的專業倫理規範，雖然沒有禁止以物易物的付費方式，但有明確規定此種付費方式，只允許在少數特定的狀況下才能使用，並且雙方要簽訂書面協議，以保障雙方權益。關於接受或贈予禮物方面，只要禮物的市場價值低於美金 10 元（約臺幣 300 元），則是合乎倫理規定的。但需要注意的是，收受禮物只能偶爾為之，千萬不能形成一種固定的模式而頻頻收受禮物，而成為了服務收費的一部分。

行為分析師也不能和其服務的人員或權益相關人談戀愛或發生性關係，這不僅形成了多重關係，也會導致行為分析師的專業判斷受到影響，並且會造成利益衝突。比如說，行為分析師如果與個案的家長談戀愛，那對其個案所提供的服務，是以個案的利益為主，還是其家長的利益為主？對個案的收費要依據專業標準，還是對家人朋友的標準？因為個人對不同角色關係的認知和作法不同，雙方對這些問題的判斷和處理方式都不同，這些都會造成雙方的矛盾與困擾，所以是不允許的。第 1.14 條明文規定，在終止專業關係的兩年內都不允許和服務對象談戀愛或發生性關係；還有，行為分析師如果結束現有的戀愛或性關係，必須在確認關係結束的六個月以後，才能對其提供專業服務。

另外要注意的是，行為分析師絕對不能運用自己的職權來占便宜、威脅或剝削下屬，例如：利用公職和其他公司接觸，但卻挪為私人用途；指使自己的下屬做非分內的工作甚至是自己的私事、要求下屬和自己談戀愛或發生性關係等。關於威脅或剝削，要特別注意的是，不一定是要上級主管強迫或威脅下屬去做非工作分內的事，而是只要上級主管利用自己的職位提出要求，而使下屬因為礙於是上下級的工作關係，而不好意思拒絕，或是利用下屬對上級主管的好感來要求，某種程度上都算威脅或剝削，也是對職權不當的運用。

二、倫理標準第二部分：實踐工作之責任

2.01 提供有效的治療

行為分析師在提供服務時應以個案的權利和需求為優先。其所提供的服務，必須符合行為主義的原理原則，基於科學證據，使所有的個案、權益相關人、受其督導及訓練者不受到傷害，並將其預計目標最大化。行為分析師若要執行和行為分析無關的服務項目，必須受過專業的教育、正式的訓練，以及具備資歷證明，才可以提供相關的服務。

2.02 及時性

行為分析師必須及時提供服務並及時完成其相關的行政事宜。

2.03 保護機密資訊

行為分析師應採取合適的措施保障個案、權益相關人、受其督導或訓練的人，以及研究受試者的機密訊息；避免發生意外或不小心洩漏機密訊息；並遵循相關單位對機密訊息的規定，如法律規定、機構政策等。機密訊息的範疇包括所提供的服務（即時服務、電訊服務、錄影資料等）、文件和數據資料，以及口頭、文書和電子郵件通訊等紀錄。

2.04 公布機密訊息

行為分析師只在以下情況下公布個案、權益相關人、受其督導及訓練者，或研究受試者的機密訊息：(1)取得其知情同意；(2)試圖保護個案或其他人免於傷害；(3)試圖解決合約事宜；(4)試圖避免可能造成對他人身體、心理或財務的傷害；(5)遵從法律或法院的命令。當第三方授權行為分析師討論機密訊息時，行為分析師只公布和其溝通目的相關之關鍵訊息。

論述：一般而言，在一開始接觸服務對象時，就必須和服務對象解釋行為分析師對保護個人資料機密的責任，以及可能揭露個人資訊的情況，並取得個案同意。這裡所列的幾種狀況，是可以不需要經過個案同意的，像是分析師若被法官要求必須以個案治療師身分出庭作證，而且在特定狀況下法律要求治療師必須透露。一般常見的狀況像是行為分析師要訓練其他相關人員（直接療育師）、對個案進行治療、向專家諮詢個案治療方法，或是保險公司要求提供相關資料以做為給付服務的依據等，都可以合法的透露個案相關的訊息而不須經過個案的同意，唯一要注意的是只須透露最低程度的資訊而非全盤公開。

2.05 文件的保護及保存

行為分析師應知曉並遵循相關單位的規定保存、傳送、保留，以及銷毀和其專業活動相關之實體及電子文書證件，例如：BACB規則、法律規定、合約，以及項目資助單位的要求。保存證件的電子版或取得總結數據（如報告、圖表）後，必須遵從相關規定才能銷毀原始的實體證件。如果行為分析師離開服務的單位，仍然需對其原來的服務單位盡其保護、保留文件之責任。

2.06 正確匯報服務及其帳單

行為分析師應正確地分辨其服務項目，並根據規定提供報告、帳單、收費項目、還款單及收據等所需之相關訊息。不得在授權行為分析服務項目的合約中，匯報或收取非行為分析的服務項目之費用。如果發現匯報錯誤的收費訊息，必須通知所有相關單位或人員（如機構組織、執照公會、項目資助單位），並且及時改正錯誤，以及記錄所採取的行動及最終結果。

2.07 費用

行為分析師在收取費用及公布費用的訊息時，必須遵守相關法律規定，不得謊報費用。如果行為分析師沒有直接收費，則必須向相關負責單位或人員溝通清楚相關的要求，並採取措施解決錯誤或衝突，同時記錄所採取之措施及最終結果。

2.08 溝通其服務

行為分析師在和個案、權益相關人、受其督導及訓練者，以及研究受試者溝通時，必須要用他們能夠理解的語言。在提供服務之前，要清楚地說明服務的範疇，並告知在何種情況下終止服務。行為分析師在執行評估及行為改變治療方案前，必須說明其執行的程序。在取得服務對象評估及治療結果後，向相關人員解釋結果。行為分析師依據服務對象及相關人員的要求，提供其正確、最新的資歷證件，並說明其專業能力的領域。

論述：行為分析這個專業的特點之一，就是其所提供的服務必須符合科學研究的原則並隨時更新其新發現，不能因為個人喜好或完全照抄過去的經驗，或是用人云亦云的民間療法，來對個案進行治療。因此，行為分析師只能用其專業認證的身分來提供和應用行為相關的服務。在申報行為服務時，不可以隨意申報其他的服務項目。比方說，有時候保險給予的服務項目有金錢額度的上限，如果超額就不付費，所以必須將行為分析的服務，挪到非行為分析的服務項目，以獲取服務的費用。這種行為不僅不符合倫理的專業標準，同時也是不符合法律的造假行為。

行為分析有許多科學研究的專業術語，有些專業術語甚至和一般生活常用字相同（如懲罰），造成一般人容易混淆並且產生誤解的狀況。因此，在提供服務時，必須用個案能夠理解的文字用語，並以淺顯易懂的方式，清楚的解釋評估結果、數據的涵義、問題行為處理的方式，以及個別化治療或教學方案的內容。千萬不能只是把數據資料報告給個案或家長，讓他們自己去解讀，而沒有解釋說明或讓他們問問題的機會，這是非常沒有倫理，也不專業的作法。

2.09 個案及權益相關人的參與

行為分析師應適當地安排個案及權益相關人參與其服務，包括選擇目標、評估及介入的方案，並持續觀察進展的狀況。

2.10 和同僚合作

行為分析師應以個案及其權益相關人的最佳利益為基礎，和自身及其他專業的同僚合作。在解決衝突時，行為分析師盡可能和同僚達成共識，並且以個案最佳利益為優先，同時記錄並保存所採取的措施和其結果的文件。

論述：行為分析師若和同儕因專業見解不同而造成衝突，或是觀察到同儕有違反倫理的行為，一般情況是必須先尋求非正式管道先行試圖解決問題，而非馬上稟報認證委員會請求調查。除非所觀察到的行為是犯罪行為（如虐待、性侵害兒童的行為），則須立即報警以及通知相關單位，並直接呈報認證委員會，以保障個案安全。在一般的情況下，行為分析師可以私底下和其同儕溝通所觀察到不合倫理的狀況，確定該名同儕是否明知故犯，並勸導其改進，若同儕屢勸不聽，則必須告知其會將該不當行為呈報工作主管及行為分析認證單位。這是每個行為分析師的責任和義務，而非多管閒事，絕對不可因為怕事怕麻煩或怕得罪人，而姑息縱容其不當的行為。

2.11 取得知情同意

行為分析師有責任知曉並遵從取得個案、權益相關人及研究受試者的知情同意（informed consent）之相關規定，如在執行評估及行為治療方案前，或是要公布機密訊息或文件前。行為分析師有責任解釋、取得、再次取得並保存所需的知情同意書，並在適當的狀況時，取得未成年個案的同意（assent）。

2.12 考量醫護需求

行為分析師應儘其所能確保個案的醫護需求得到評估並適當處理，因為其所提供的行為治療可能受個案醫藥或生理因素的影響。行為分析師應保存其個案轉介專業醫護人員的資料並持續追蹤。

論述：第 2.11 條的知情同意（informed consent），是指接受服務或參與研究的人，都要對他們所接受的服務或研究，和他們相關的責任和權利，有相當程度的了解，例如：服務或研究的內容、程序、對個人隱私保護的措施、所需時間、可能產生的風險和利益、支付或收取的費用、需要盡的責任、中途退出的權利，以及選擇不透露保護個人訊息的權利。consent 通常指的是同意並會遵守規定，也有法律效力，所以通常成人的知情同意是指 consent。assent 通常是指考慮過後的當下同意，因此用於未成年孩童的同意。

行為分析師經常會和醫護人員合作，因為接受行為分析的個案，他們的行為或學習能力，有時候和醫護需求有關，也會受到生理狀況的影響。如果行為分析師觀察到個案可能有醫護需求，必須確保接受專業醫療人員的診斷和治療。比方說，個案的問題行為，可能是因為視力不好看不清楚、過敏反應、牙痛、肚子痛，或是青少女經痛等因素而引起的，這時先不要急著制定、執行行為改變計畫，而是要讓個案去診斷、治療其生理疾病，才是根本解決之道。

2.13 選擇、設計及執行評估

行為分析師應選擇、設計和行為原理原則一致的評估測驗及行為改變方案。這些評估及介入方案都必須有科學根據，並符合個案及其權益相關人各方面的個別需求、情境及資源。行為分析師選擇、設計及執行評估測驗的重點，是要使個案及其權益相關人的利益最大化及風險最小化，同時撰寫執行程序及其結果的總結報告。

2.14 選擇、設計及執行行為改變介入方案

行為分析師選擇、設計及執行行為改變介入方案，應依據：(1)行為學習之原理原則；(2)科學證據；(3)評估結果；(4)優先使用正強化的介入程序；(5)最適合個案及其權益相關人各方面個別的需求、情境及資源。行為分析師也要考慮相關因素，例如：風險、利益、副作用、個案及其權益相關人的喜好、執行效率、成本效益等因素，從而設計並執行行為改變介入方案，使治療的結果能夠在自然的情境中維持，同時撰寫行為介入程序的總結報告（如行為治療計畫）。

2.15 行為改變介入方案風險最小化

行為分析師選擇、設計及執行行為改變介入方案（包括對後效處置的程序選擇）之重點，要放在減少對個案及權益相關人可能造成的傷害風險。如果要建議使用高限制性的程序，或是基於懲罰原理的程序，則必須要有紀錄顯示其他較不侵入式的程序已經使用過，但卻不能達到預期的效果；或者是行為介入團隊人員判定其他較不侵入式的程序，會給個案帶來比高限制或懲罰的介入程序更大之風險。行為分析師如果建議使用高限制性或基於懲罰原理的程序，必須遵從所需的審核程序，例如：人權審查委員會。行為分析師必須持續評量並保持記錄高限制性或懲罰程序的實施效果，如果結果顯示此程序無效，必須及時修改或停止此程序。

論述：在同樣有效的治療或介入的情況下，最少限制的程序是首選，這也是選擇治療最重要的倫理原則之一。所謂最少限制是指對個案的環境改變程度減至最低的意思。以下舉例說明：戴頭盔和運用 DRO 都可降低個案自傷行為的次數和強度，雖然戴頭盔較省事（DRO 較需要人力及精神），但由於戴頭盔對個案限制很大，除非有資料顯示有其必要性，否則基於個案利益及倫理考量，DRO 是相對最少限制的治療選擇。但是，若假設個案自傷行為的功能是為了取得喜好的增強物，也許個案環境中的正增強物不足而造成問題行為，此時可以使用DRO或功能溝通訓練。因為DRO只是在「沒有問題行為」時給予增強，並沒有教導個案學習任何有用的技能，若是個案在一個增強物不足的情況下，就可能又恢復了問題行為。然而，功能溝通訓練（口語或圖片兌換系統）是教導個案要求的技能，個案可以隨時向第三者提出要求，以達到目的。相較之下，功能溝通訓練比 DRO 對個案更好，因為溝通訓練所教導的技能，使個案在不同的環境中，都能透過合理的方式，對他人進行要求而達到其目的，不僅減少問題行為發生的機率，也增加了個案在其他不同環境的獨立性。也就是說，溝通訓練比 DRO 更能讓個案在一個更少限制的環境下，和其他人相處，而不需要將個案和一般社區民眾隔離。

國際行為分析學會（ABAI）在 2010 年發表了一篇有關限制個案行動自由及隔離的立場聲明（Statement on Restraint and Seclusion），其中對於問題行為的處理方案，特別是嚴重的問題行為處理，以及相關的執行程式和問題，有清楚的指導原則及說明，詳情請見https://reurl.cc/N67LGp。在這個聲明中，包括選擇有效治療程序的指導原則，應盡量避免嫌惡、限制行動或隔離的程序。但若是評估有其必要性，必須遵循最少限制程序決定的原則，個案或其監護人有選擇的權利。對於知情同意書需告知的事項及簽署過程，限制個案行動及隔離措施的實施，包括緊急情況時的處理方法，以及持續記錄及觀察等，都有相關的說明和處理的原則。

嫌惡介入和懲罰策略通常不是最先使用的方法，但有許多有效的問題介入方法的確是必須透過這樣的方式，才是最佳的解決問題之道。嫌惡介入和懲罰策略的實施，如同上述，必須要先使用其他增強的策略，並且有資料數據顯示這些增強策略都沒有效果，或是有時候問題行為會對個案生命造成威脅，僅是達到改善或減少都不足以減緩對個案的生命威脅，必須馬上降低到零（如異食症的個案亂吞食東西，只須發生一次就會致死）時才能考慮使用。為保護個案的最佳利益，這時嫌惡介入或懲罰策略是必須運用的最佳選擇，而且是合乎倫理的最佳選擇。通常在一個健全的機構中，都會有倫理或人權委員會，來審核是否此計畫有適當的環境和受過訓練的人員執行、提出修正建議或通過行為改變方案，以保護個案權益以及使行為分析師有效監督並執行其計畫。很多時候，在選擇有效行為介入程序時，行為分析師還必須與相關醫護人員密切合作，取得醫生診斷及專業建議（例如：個案問題行為發生的次數或強度，不得超過某標準，否則必須馬上制止；或是介入所採用的方法，不得超過某個次數及強度，否則個案身體無法承受等），才可有效並安全的實施行為改變方案。有時候，行為問題表面看來似乎不嚴重，像是小孩玩排泄物、輕微的自我刺激一些重複性的行為，這些都可能有生理或身體其他隱藏的病痛或其他原因，而不只是需要行為治療，還必須事先尋求醫生診斷或確認處理程序是適當的。這些倫理審查及醫療診斷程序雖然複雜也耗時，但都是必要的，不僅保護個案更是保護專業人員，所以不可省略，也不容輕忽。這些個案行為改變計畫的制定與處理，必須要有足夠知識、訓練和經驗的專業人員（如博士級行為分析師），或在其督導下才可進行。

關於介入風險，還有一點需要特別注意：因為有時候行為分析師在介入的過程中，必須使用一些增強物及動機操作來達到治療效果，常常一時疏忽而超出了應有的界限，反而對個案造成傷害。最常見的例子就是用甜食或一些不營養的零食來作為增強物，一定要控制數量，否則對個案易造成身體健康的傷害。此外，在安排動機操作時，千萬要注意絕對不可以讓個案太餓或太渴，一般不建議用正餐來安排動機操作，個案若累了，可以讓他休息，另外安排治療時間，絕不可強迫。

2.16 在執行行為改變介入方案之前寫下來

行為分析師在執行行為改變介入方案之前，要將其目標及操作程序、計畫完成的時間表，以及審核的行程都寫下來，還要向個案（如果適當的話）及其權益相關人解釋有效地執行此介入方案所需要的環境條件。如果介入方案有修改或換了新的介入方案，行為分析師也要解釋清楚並適當地取得知情同意。

2.17 蒐集及使用數據

行為分析師應積極地確保適當的選擇及修正蒐集數據的程序，製圖、總結及使用數據來決定其服務是否要繼續、修改或終止服務。

2.18 持續評量行為改變介入方案

行為分析師應持續地監督並評量行為改變介入方案。如果數據顯示此介入方案未能達到預期效果，行為分析師應主動評估整體情況並採取矯正行動。如果行為分析師擔心個案同時接受其他治療會對其行為介入產生不良的影響，他就必須採取適當的措施來審核並和其他專業人員處理此問題。

2.19 處理干涉到提供服務的狀況

行為分析師應積極地分辨並關注環境中是否存在干擾或阻止提供服務的狀況，例如：其他人的行為，或是對個案危險的物品、員工或擾亂。如果有此狀況，行為分析師要消除或減少這些因素，分辨有效的修正程序，或者考慮獲取、建議其他專業人員的協助。行為分析師亦應保存這些情況、採取的措施及最終結果的文件檔案。

論述：在選擇有效的治療方案時，必須以科學研究為依據，並且根據個案需要，向個案或其監護人分析可能治療方案的效果及潛在風險，並和個案或其監護人討論並決定適合的治療方案。另外，治療所需要而對個案或監護人的相關要求，都要事先讓其知情，才能執行。在執行過程中，如果有任何的情況發生而對原訂計畫造成影響，都必須即時和個案或其監護人溝通與討論。

在行為分析的實務工作中，要進行個別化的課程設計和行為改變計畫時，評量是絕對不可缺少的步驟。在做一些重要的決定時，像是一開始制定個別教案、擬定行為改變方案、定期的重新評估、轉介，或是結案時，都必須以評量結果來做為依據。因為有了評估結果，才能明確清楚的制定目標行為以及選擇相關教學或療育的策略，所以行為技能的評估是教學或療育課程設計的指導方針。行為分析採用的評估和心理學或一般教育所用的評估工具及評估用途，是完全不同的。心理學裡常見的評估，很多是用來作為臨床診斷的用途，像是智力測驗、人格測驗等；教育方面的評估除了診斷學習障礙的智力測驗外，還包括了學習成就測驗等，主要目的是評量個別學生和其他同學齡學生相互比較的程度，或評估教學是否達到預期的目標。而行為分析的評估，則以了解個體各方面的技能及其所達到的程度為主，不和其他個體做比較，也不用來歸類、診斷學習障礙和心智能力。行為分析常用的行為評估，可簡略分為學習技能評估和問題行為功能評估兩種。學習技能評估主要是用來做為課程設計的依據、定期評估學生技能習得的進展，以及轉介服務的推薦或建議的依據。問題行為功能評估，則是用來決定問題行為的功能之依據，以擬定行為改變計畫的策略。這些評估都需要學生家長的同意，特別是問題行為功能評估，若是要進行實驗性的功能分析，更必須事先取得家長同意。尤其更須注意其問題行為是否會造成個案身體健康的傷害及危險性，在進行評估之前，要和醫生或護理人員合作，制定測量終止的標準和相關預防措施，以及選擇適當的功能評估方式，並決定其實施時間的長短。

三、倫理標準第三部分：對個案及權益相關人之責任

3.01 對個案之責任（參照 1.03、2.01）

行為分析師應以個案的最佳利益為主，採取措施以保障個案的權利、最大的好處，以及不受傷害。行為分析師需知曉並遵守相關法令規定，依法匯報。

3.02 識別權益相關人

行為分析師在提供其服務時需識別權益相關人。有時候會有多個權益相關人的狀況，（如父母或監護人、老師、校長等），行為分析師需要識別每個權益相關人相對的義務，並在開始建立專業關係時，保存和其溝通他們之義務的文件。

3.03 接收個案（參照 1.05、1.06）

行為分析師只在個人專業能力範圍內和現有的資源內接收個案，例如：時

間、督導個案數量、職員人數等。如果行為分析師受到指示而必須接收超出其專業能力界限或現有資源的個案，就要採取措施和各個相關人員部門討論問題的解決方法，並且將這些措施、狀況及最終結果都記錄存檔。

3.04 服務協議書（參照 1.04）

行為分析師在開始提供服務之前，需確保自已和個案及其權益相關人有簽署服務同意書。同意書上包括各相關人員或單位的責任、行為分析服務的範疇、行為分析師的倫理規範的義務、申訴抱怨的程序和管道，例如：BACB、執照公會、項目資助者等。這些訊息都必須按照各單位的要求及時在合約裡更新，更新後的合約必須給個案及權益相關人審核並簽署。

3.05 財務協議書（參照 1.04、2.07）

行為分析師在開始提供服務前，需和個案、權益相關人及項目資助者簽訂各方都同意之支付費用方式。如果財務狀況有所改變，各方相關人員都必須重新審核協議書內容。若提供無償或易貨的服務，則必須制定特定的協議書，並遵循倫理準則的規範。

3.06 諮詢其他專業人員（參照 1.05、2.04、2.10、2.11、2.12）

行為分析師應諮詢適合的專業人員，並以個案的最大利益為主，取得適當的知情同意，並符合相關單位的法令規定（如法律規定、合約協議、工作或資助單位的政策規定），轉介適合個案的其他服務。

3.07 第三方協議之服務（參照 1.04、1.11、2.04、2.07）

如果行為分析師在第三方的要求下提供服務並與第三方簽署合作協議（如學校、政府機關單位），在提供服務之前，必須釐清各方的關係並評估可能的利益衝突。必須確保協議合約中包括：(1)各方之責任；(2)行為分析服務的範疇；(3)取得的資料訊息如何處理運用；(4)行為分析師遵循的倫理義務；(5)任何關於保密的限制。行為分析師有責任在必要時修改協議書之內容，並和各方相關單位及人員共同審核協議內容。

3.08 提供與第三方協議之服務時，對個案之責任（參照1.05、1.11、2.01）

行為分析師對個案的照護及安康於其他人之上。如第三方要求行為分析師提供和其所建議之服務不相容，超出其專業能力範圍，或是會導致多重關係時，行為分析師必須以個案的利益為主來解決這些衝突。如果衝突無法解決，行為分析師就要去接受培訓或諮詢專家，提供適當的轉銜並終止服務，或是轉介個案給其他的行為分析師，同時並保存所採取的措施、情況及最終結果的文件資料。

3.09 提供與第三方協議之服務時，和權益相關人之溝通（參照 2.04、2.08、2.09、2.11）

當行為分析師因應第三方要求而提供服務，其服務對象未成年而無法定的決定權時，行為分析師要確保個案的父母或監護人知曉此服務的緣由、服務的範疇，以及他們取得所有服務的文件資料之權利。不論是何方要求提供服務，行為分析師都要知曉並遵循知情同意之所有規定。

論述：在行為分析此專業中，第三方介入的服務，最常見的是學校委託行為分析師對學生提供治療。由於學生未成年，通常都必須取得父母或監護人的同意，並且要向父母澄清行為分析師的角色及服務。關於保密的限制，則須和家長解釋並取得同意，才能將學生資料公布給相關人士（如老師）或單位（如教務處）。若有受第三方委託，而非直接由個案或其家長委託的情況，和家長或個案事先溝通清楚是非常重要的。雖然付費者是第三方，但行為分析師仍有責任保密個案的個人資料，而不能因為是第三方付費，就不經過個案或家長同意而對個案進行治療，並將其資料直接提供給第三方。這種情況，個案或家長雖非委託人，不付費給行為分析師，但基於保密個案個人資料的必要性，行為分析師一定要三方知情、情況透明，並且取得個案或家長同意的情況下，才能向第三方透露個案資料，以確保個案權益。

3.10 保密之限制（參照1.02、2.03、2.04）

行為分析師在提供服務之前，須告知個案及其權益相關人有關保密的限制及何時機密訊息必須公布。

3.11 保存專業活動的文件（參照 1.04、2.03、2.05、2.06、2.10）

行為分析師應建檔並保存其參加提升專業能力的培訓活動之詳細資料，以確保其承擔責任的能力並符合相關規定，如法律規定、項目資助者或單位之策略等。這些文件必須妥善保存，以便在需要時能及時溝通或轉移服務。

3.12 提倡適當的服務（參照 1.04、1.05、2.01、2.08）

行為分析師應教育並向個案及權益相關人倡導循證實踐的評估和行為改變介入程序，並依照個案的目標及需求，提倡適合個案之行為服務和督導的數量及程度，以符合個案需求並達到目標。

3.13 轉介（參照 1.05、1.11、2.01、2.04、2.10）

行為分析師應根據個案及權益相關人的需求來提供轉介，並盡可能提供多個服務者供其參考。行為分析師需將自己和提供轉介的服務者之關係，以及可能收到的轉介費用或饋贈，對個案及權益相關人開誠布公。

論述：上述的轉介是指行為分析師和其他的治療師互相介紹個案之意。一般來說，互相介紹或推薦治療師給個案是沒有問題的，在其他的專業，像是商業的往來中，互相提供介紹費是正常的商業活動，雖然行為分析師的專業倫理沒有禁止收取介紹費或任何與介紹個案有關的饋贈，但有明文規定需將自己和提供轉介的服務者之關係，以及可能收到的轉介費用或饋贈，對個案及權益相關人開誠布公。這個規定是為了確保互相推薦服務，是基於個案需要和治療師的專業能力為考量，而避免因治療師個人或其他誘因而做出不適當的判斷，介紹不必要的服務給個案。在轉介時，最好提供多個治療師或機構，以供個案選擇。

3.14 促進持續的服務（參照 1.03、2.02、2.05、2.08、2.10）

行為分析師應以個案的最佳利益為主，避免服務中斷或受阻，並且在提前知曉之服務中斷（如搬遷、暫時離開）或意外之服務中斷（如疾病、資金中斷、父母要求、緊急狀況）時，適時地努力保持持續的服務。同時，確保服務協議或合約中，包括服務中斷的標準計畫和流程。當服務中斷時，行為分析師應和所有相關單位及人員溝通其所採取持續服務之措施，並保留採取其措施時的情況及最終結果之文件。

3.15 適當地終止服務（參照 1.03、2.02、2.05、2.10、2.19）

行為分析師應將終止服務的情況寫在服務協議書中。考量終止服務的情況有：(1)個案已達成所有行為改變的目標；(2)接受服務已對個案沒有好處；(3)行為分析師、受其督導及訓練者有可能處於受到傷害的情況，並且此情況無法合理地改善；(4)個案及／或權益相關人要求服務中止；(5)行為分析師已盡力處理問題，但權益相關人仍然不遵守行為改變介入方案的程序，或(6)服務的資助終止。行為分析師應提供個案及權益相關人一份關於終止服務的書面計畫，告知其終止服務的計畫，並在解除服務的過程中，審核此計畫，並保存所有採取措施之文件。

3.16 適當地提供轉銜服務（參照 1.03、2.02、2.05、2.10）

行為分析師應在服務協議書中要寫下提供個案轉銜服務的情況，包括轉介給其他行為分析師或其他機構的情況，並且要儘量協助成功的轉銜，提供詳細的書面報告，包括轉銜的預訂日期、活動以及負責的人員等，還要持續審核轉銜的計畫。在轉銜的過程中，行為分析師應盡可能和相關專業人員合作並採取合適的措施，以減少對個案的服務中斷。

論述：如果必須中斷或終止服務，就要有適當的理由，行為分析師不能夠無故放棄個案、停止對個案的服務。如果因為個案的經費來源有時間及數量的限制，而必須終止服務，則必須盡可能在限期內，和個案達成協議及共識，並且在服務終止前，為個案提供適當的轉銜服務，盡量避免服務中斷對個案造成不良的影響。

四、倫理標準第四部分：對受其督導者及訓練者之責任

4.01 遵從督導的規定（參照 1.02）

行為分析師應知曉並遵從督導的相關規定，例如：BACB、執照公會、資助單位或機構組織等，包括對督導的結構和形式方面的規定（如面對面、線上、個別、群體）。

4.02 督導的能力（參照 1.05、1.06）

行為分析師在督導或訓練他人時必須在其專業能力的範圍之內，且必須具備如何有效督導的知識與技能，也要透過專業培訓持續評估並改善其督導的能力。

4.03 督導工作量（參照 1.02、1.05、2.10）

行為分析師應知曉並遵從相關機構的規定，例如：BACB、執照公會、資助者或機構組織的規定，只接收能使其有效進行督導或訓練的人數。在決定是否增加督導或訓練者時，持續評估並考慮其相關因素（例如：現有的個案量、現有的督導或訓練的人數、時間，以及資源）。如果行為分析師判定自己督導或訓練的人數已達其有效督導的上限，要保存自我評估的文件並和雇主及相關單位或人員溝通清楚。

論述：以上幾點都是在實務工作中常常會遇到的問題。在人力資源不足的狀況下，專業人員常會被雇主要求去接收非專業領域的個案，或是被迫接下過多的個案，而導致服務品質下降，甚至對個案造成不良的影響。理想上的作法是適當轉介個案給直接相關的專業人員，但若現實狀況不允許，或是基於緊急短暫需求，行為分析師必須要求專業人員提供督導，同時自己也要進修或研讀相關文獻資料，以協助個案；若是個案過多，則必須要求副行為分析師（BCaBA）或受過相關訓練的人員協助，以確保服務品質。這些都必須和雇主溝通清楚，千萬不可一人承擔，而且告知雇主必須盡快轉介個案。有時候，不是雇主的關係，而是有些專業人員為了賺錢，接下太多個案，這是十

分不妥當且違反倫理的作法，因為這並非第一優先考量個案的最佳利益。國際行為分析師認證委員會（BACB）特別在自閉症個案的實踐指導原則中，建議的個案數量是：每個行為分析師在沒有副行為分析師的協助下，若是每個個案療育時間每週為 10 至 25 小時，則可接受 10 至 15 個個案；若是有一位副行為分析師的協助，則可接受 16 至 24 個個案。若是每個個案療育時間每週為 30 至 40 小時，但沒有副行為分析師的協助，則只能接 6 至 12 個個案；若是有一位副行為分析師的協助，則可接受 12 至 16 個個案（BACB, 2014）。當然，如果有嚴重行為問題的個案，則數量必須降低，以確保服務品質。以上只是建議，還必須根據實際工作環境及其他條件做調整，例如：督導人員的工作經驗及現有的工作量、可以執行督導的人數、可以協助的副行為分析師人數、受督導或訓練者本身的工作量和工作時數，以及工作地點（醫院、診所、學校、個案家中）的要求和限制等因素。

4.04 督導之職責承擔（參照 1.03）

行為分析師必須承擔其督導工作之責任，並對受其督導或訓練者的專業行為活動負責，例如：被督導者的個案服務、督導、訓練、研究，以及公開聲明等。

4.05 保存督導文件（參照 1.01、1.02、1.04、2.03、2.05、3.11）

行為分析師應根據相關單位之規定（例如：BACB、執照公會、資助者或工作單位等），來建檔、更新、保存或銷毀受其督導或訓練者之相關文件，同時並遵守保密之規定。行為分析師必須確保自己所有的文件，以及受其督導或訓練者的文件都完整無誤，如果需要轉介受其督導或訓練者時可有效地轉介。行為分析師督導的文件，除非有相關法令規定要保存更久，否則這些文件至少要保存七年。同時，也需要告知受其督導或訓練者遵循相關法律規定，並保存督導相關文件至少七年。

4.06 提供督導及訓練（參照 1.02、1.13、2.01）

行為分析師應遵守相關單位的規定來提供督導及訓練，例如：BACB、執照公會、資助單位、機構組織的規定。行為分析師應以循證實踐的方法，基於正強化之原理原則，並根據受其督導或訓練者的個別狀況和需求，來設計並執行督導或訓練的方案。

4.07 包含及處理多元化（1.05、1.06、1.07、1.10）

行為分析師在提供督導和訓練時，應積極包含並處理和多元性之相關議題，例如：年齡、身心障礙、風俗民情、性別認同、移民地位、婚姻關係、國籍、種族、宗教、性取向、社經地位等。

4.08 表現績效之監控及反饋（參照 2.02、2.05、2.17、2.18）

行為分析師在提供督導及訓練時，需持續執行循證實踐之數據蒐集及績效監控，如觀察、結構式評量表等，並保存相關文件。同時，對受其督導或訓練者提供正式或非正式的表揚和反饋，以改善其表現，並保存所提供之相關文件。如果有績效不佳的問題，行為分析師應根據此問題，制定、溝通、執行及評量改善績效的計畫，且此計畫要清楚列出執行程序。

論述：行為分析師在督導或訓練的工作中，必須根據其服務對象的需求，在督導及培訓中，適當地加入多元化的訓練，以增加受其督導或訓練者對多元化議題的知識，以提高他們對多元化的了解和敏感度，進而提升服務的品質，並促進對少數族群的社會中和多數族群的平等、平權和融合。

行為分析師的督導也必須以行為分析系統化的方式來進行。一開始時，就必須明確清楚告知受督導者預期達到的目標和標準是什麼，受督導者所完成的工作項目也須詳細記錄。若是受督導者沒有達到預期標準，行為分析師必須提供必要的訓練，而非繼續讓未達標準的狀況持續下去，這不僅失去督導的目的，也使得個案接受的服務受到影響。如果行為分析師提供了訓練管道，但受督導者仍舊沒有改善、沒有達到目標，這時行為分析師必須將紀錄資料呈現給受督導者，使其了解，兩者達到共識，並決定是否要停止督導關係。若是兩者未能達成共識，則可請求第三者（通常可以是組織機構負責人）來進行協調。這時，督導的紀錄就更顯得重要。

4.09 委派任務（參照 1.03）

行為分析師委派任務給受其督導或訓練者時，必須確認他們有能力完成委派的任務，而且此任務必須符合相關之規定，例如：BACB、執照公會、資助單位，以及公司組織的規定。

4.10 評估督導和訓練的效果（參照 1.03、2.17、2.18）

行為分析師應積極並持續運用個案和其他人，對受其督導或訓練者表現的意見反饋，來評估自己的督導措施，並且根據反饋，及時對自己的督導及訓練的措施做調整，同時也保存其自我評估的文件。

4.11 促進持續的督導（參照 1.03、2.02、3.14）

行為分析師應盡可能減少督導中斷或阻礙，並應及時處理計畫中的中斷（如暫時缺席）或非預期的中斷（如疾病、緊急事件），以使督導能夠繼續進行。在中斷或阻礙發生時，必須和相關單位人員溝通其採取持續督導的措施。

4.12 適當地終止督導（參照 1.03、2.02、3.15）

當行為分析師決定要終止督導或與督導相關的服務時，不論是任何理由，都要和相關單位人員制定終止督導的計畫，以儘量減低對受其督導或訓練者的負面影響，並且要保存所採取的措施、情況及最終結果的相關文件。

論述：行為分析師必須對受其督導及訓練者的專業行為負責。在委派任務時，務必確保上述受過相關培訓，能在行為分析師的督導下完成任務。同時，行為分析師亦要蒐集個案及其權益相關人對受其督導及訓練者的意見反饋，用以評估自己督導的成效。如果受其督導或訓練者表現不佳，必須依據其需求而調整督導的內容和方式，以對受其督導或訓練者，以及他們所服務的個案負責。對督導的對象，和對個案的服務一樣，必須保持持續不中斷的督導，以示負責，尤其是因各種原因導致意外中斷，必須適時和相關單位人員溝通，商討處理問題的方法而解決問題。比如說，因工作單位經費不足臨時決定遣散員工，而使受其督導及訓練者失去工作，導致失去個案而無法繼續進行行為分析的服務。這時，行為分析師可提供適當協助，如指派其他符合BACB規定的任務，或根據受其督導及訓練者的狀況調整任務，如受其督導及訓練者對個案提供自願性的服務等。但無論做了什麼調整，都要符合BACB及相關法律單位的規定，行為分析師也必須對受其督導及訓練者的專業行為負責，同時也要注意保存督導計畫調整的相關文件。

五、倫理標準第五部分：公開聲明之責任

5.01 保護個案、權益相關人、受其督導或訓練者的權利（參照1.04、3.01）

行為分析師應在所有的公開聲明中，採取適當的措施保護個案、權益相關人、受其督導或訓練者的權利，並以個案的權利為優先。

5.02 公開聲明中的保密（參照2.03、2.04、3.10）

行為分析師在所有的公開聲明中，都要保護其個案、受其督導或訓練者的機密訊息，除非取得准許或同意，否則不能公布機密訊息。並且要採取保護措施，預防因意外或不小心，而揭露機密訊息或可辨識個人的資料。

5.03 行為分析師之公開聲明（參照1.01、1.02）

當行為分析師提出的公開聲明，是有關於自身專業活動，或與其所屬單位人員相關的專業活動時，都必須採取合理的預防措施，以確保公開聲明是真實且沒有誤導或誇大的情況，這些情況包括其述說、傳達、建議或省略的內容。而且公開聲明必須基本研究和行為原理的理念。同時，行為分析師不在公開的平臺提供對其個案特定的建議。

5.04 他人之公開聲明（參照1.03）

行為分析師要對倡導其專業活動或產品的所有公開聲明負責，無論是誰創作或發表此公開聲明。行為分析師必須盡力做到避免他人（例如：雇主、行銷人員、個案、權益相關人）發表關於自己的專業活動及產品之虛假不實的言論。如發現此類言論，行為分析師必須盡力去修正，並保存所採取的措施、狀況及最終結果的相關文件。

論述：行為分析師在媒體或公開場合演講，向一般民眾推廣行為分析時，必須傳遞正確的訊息，不得散布關於行為分析的不實訊息或誇大其治療效果。比方說，如果行為分析師說行為分析的方法可以使自閉症痊癒，這個不僅是誇大療效，而且還會誤導社會大眾對行為分析的了解。因此，行為分析師必須秉持專業，對言論負責，提供社會大眾正確的專業訊息。

如果是他人而非行為分析師本人，例如：所服務的單位公開發表對行為分析不實的言論而誤導大眾，行為分析師必須和其服務單位溝通，清楚告知此言論是不正確的，並同時和服務單位商討對策以及時更正並解決此問題，如發表公開的更正聲明、提供正確的訊息，以改正錯誤，減少負面影響。

5.05 知識產權的使用（參照 1.01、1.02、1.03）

行為分析師應知曉並遵守知識產權的法律，使用有註冊商標、版權或他人著作的資料，必須根據規定取得核准。適當的使用具知識產權的資料包括提供資料來源、出處、註冊商標或版權商標。行為分析師即使得知所有權的相關訊息，也不非法取得或揭露這些訊息。

5.06 非行為分析之廣告（參照 1.01、1.02、2.01）

行為分析師不將非行為分析的服務宣傳為行為分析的服務。如果行為分析師本身提供非行為分析的服務，此服務必須和其行為分析的服務及 BACB 證照畫清界線，並附帶以下不承擔責任聲明：「這些介入方式本身並非基於行為分析的原理，也不在 BACB 證照涵蓋範圍。」此不承擔責任聲明要備註在非行為分析介入方法的旁邊。如果行為分析師工作的單位組織違反此倫理標準，則必須盡力補救這種情況，同時保存所採取的措施及最終結果的相關文件。

論述：由於行為分析是一門相對較新的專業，在實務工作中，行為分析師有時會被誤認為可以提供別的治療，或是行為分析師會和其他專業人員在同一機構工作，使有些人產生錯誤的印象或對其服務造成混淆。此時，行為分析師除了必須清楚提供個人資格認證的資訊以避免誤導，還要確保整個機構對外界廣告其所提供的服務之訊息不會造成大眾的混淆。比方說，若是行為分析師仍在進修博士但尚未取得學位，只能對外宣稱其碩士學位，而不能在名片上或口頭上介紹自己為「博士候選人」，因為一般人並不清楚這是什麼意思，會誤導大眾認為此人擁有博士學位。在組織機構方面，有時會強調此機構提供自閉症患者全方位的服務，包括治療、診斷及諮商，除了行為分析的服務之外，還有遊戲治療、感覺統合及音樂治療等其他服務，此時，行為分析的服務就必須分開個別陳述，以防止造成混淆。

5.07 向現有個案徵求證詞來做廣告（參照 1.11、1.13、2.11、3.01、3.10）

因為可能有不當的影響和隱含的強迫，行為分析師不能向現有的個案或權益相關人徵求廣告證詞。但不包括網站上自願的評論，因為行為分析師無法控制這些言論的內容，而且行為分析師也不能分享或運用這些言論。如果行為分析師工作的單位組織違反此倫理標準，則必須盡力補救這種情況，同時保存所採取的措施及最終結果的相關文件。

5.08 使用前個案之證詞做廣告（參照 2.03、2.04、2.11、3.01、3.10）

行為分析師在徵求前個案或權益相關人的廣告證詞時，必須考慮前個案是否會再回來接受其服務。這些證詞必須區分為徵求的或自願的，且要聲明行為分析師和此證詞作者的關係，並且須遵從保護隱私和機密的相關法律。向前個案或權益相關人徵求證詞時，行為分析師須對他們提供清楚完整的訊息，關於這些證詞會刊登在何處，並告知其可能揭露個人隱私訊息的可能性，以及他們可以隨時將他們的證詞撤除。如果行為分析師工作的單位組織違反此倫理標準，則必須盡力補救這種情況，同時保存所採取的措施及最終結果的相關文件。

論述：根據專業準則，行為分析師禁止向個案要求提供推薦證詞拿來廣告。這會對個案造成兩難，因為個案會擔心如果他不提供推薦，其服務會受到不良影響。但若是過去的個案自願提供推薦證詞，則不受此限制。行為分析師不得在特殊或緊急狀況下，親自或透過仲介來推銷他的服務，因為在特殊或危急的時候，所做的決定很容易受到影響而有偏差，對個案是很不公平的。比方說，在小兒科醫院裡，會有父母帶著他們的孩子來做診斷及評量，由於環境和人員對孩子來說很陌生，而在醫院產生嚴重的問題行為無法制止，令父母很著急和不知所措。此時，基於倫理準則，行為分析師不得親自或透過醫生為仲介來向父母推銷他的服務（例如：在這時遞上他的名片）。轉介和廣告都是必須透過正常管道來進行，絕不可在危急時乘虛而入。

5.09 非廣告目的之證詞使用（參照 1.02、2.03、2.04、2.11、3.01、3.10）

行為分析師須根據相關法律規定，來使用前個案、現個案及其權益相關人的證詞。如果行為分析師工作的單位組織違反此倫理標準，則必須盡力補救這種情況，同時保存所採取的措施及最終結果的相關文件。

5.10 社交媒體頻道及網站（參照 1.02、2.03、2.04、2.11、3.01、3.10）

行為分析師應知曉使用社交媒體頻道及網站，對隱私及機密訊息所產生的風險，並且須將個人及專業帳戶分開使用。行為分析師不應在個人的社交媒體帳戶或網頁上刊登個案訊息或圖像。如果要在專業社交媒體帳戶或網頁上刊登個案訊息或圖像，行為分析師要確保每一個刊登內容：(1)在刊登前取得知情同意；(2)包括不承擔責任聲明，註明已取得知情同意，且刊登內容如未經授權允許，不得轉登或重新使用；(3)要減低刊登內容在社交平臺被公布、轉發的機會；(4)盡量避免或對更正刊登內容不當的使用，並保存所採取的措施及最終結果的相關文件。行為分析師須時常監控其社交媒體的帳戶和網頁，以確保刊登訊息的正確性和適當性。

5.11 在公開聲明中使用圖像（參照 1.02、1.03、2.03、2.04、2.11、3.01、3.10）

行為分析師在刊登或公布個案的訊息或圖像前，必須保障個案的機密，取得知情同意，並只公布於計畫中的用途或群體。他們也要在公布的媒體上備註不承擔責任聲明，說明已取得個案之知情同意。如果行為分析師工作的單位組織違反此倫理標準，則必須盡力補救這種情況，同時保存所採取的措施及最終結果的相關文件。

論述：在現代資訊傳播發達爆炸的時代，個案資料的保密必須更加小心的處理，否則在運用電子資訊保存及傳輸的過程中，很容易造成資訊被盜用或不當外洩，對個案造成傷害。比方說，電子資料存檔必須有密碼的授權人士才能經手。透過網路或電子郵件傳送個案資訊，都必須取得個案同意，並且必須有密碼保護。在公開的網頁中，像是臉書或部落格，更是不能透露個案的私人資料及訊息。若要刊登照片或影片，也必須取得個案或其監護人的同意，並且事先採取相關的保護措施，如加密程式等，以防止刊登的內容被他人不當地下載、截圖或轉發到其他媒體或網站上。

六、倫理標準第六部分：研究之責任

6.01 遵守相關法律規定做研究（參照 1.02）

行為分析師應遵守相關法律規定，以及掌管研究的機構或組織，來計畫並執行研究。

6.02 研究審核（參照 1.02、1.04、3.01）

行為分析師做獨立的研究，或在提供服務的情況下做研究時，都必須經過正式的研究審核委員會審核，並取得許可後才能執行研究。

6.03 在提供服務中做研究（參照 1.02、1.04、2.01、3.01）

行為分析師在提供服務時做研究，必須以個案的服務及福利為優先來安排研究活動。行為分析師必須遵守所有關於提供服務及研究的倫理準則。如果行為分析師以提供專業服務做為參與研究的獎勵，必須要對所有相關人員澄清服務的特質，以及潛在的風險、義務和限制。

論述：行為分析師如果在大學工作，或是和大學教授合作做研究，只要研究需要招募受試者，就必須經過學校的研究倫理審查委員會，才能開始進行研究。每個國家、地區、單位的研究倫理審查委員會，都有不同的名稱，例如：research ethics board、institutional review board、research ethics review committee 等，都是常見的名稱，在臺灣的大學，則統稱為研究倫理審查委員會。如果行為分析師本身在大學念書，而又同時在早期療育機構工作，若要在工作單位招募研究受試者，除了要通過大學的研究倫理審查委員會之審查，還要通過其工作單位的研究倫理委員會之審查，並且遵從兩個研究倫理委員會所要求的最嚴格規定。如果工作單位或所屬機構沒有研究倫理審查委員會，則須知會單位相關的負責人，取得單位的同意，並遵守單位對研究的規定或要求。也就是說，只要和研究相關的單位，例如：大學、一般中小學校、醫院、診所或治療中心，甚至是跨國的研究等，都需要通過每個單位所屬的研究倫理審查委員會之審核，並且遵從各單位對研究最嚴格的規定。

還有要注意的是，如果在服務中做研究，則必須以個案所接受的服務為主。如果研究主題和個案服務沒有直接關係，則必須要在提供服務之外的時間，才能進行研究，千萬不能因為做研究，而耽誤了個案應該接受服務的時間。而且，做研究的時間，也不可以算成是服務的時間，向個案或其保險公司，收取服務的費用。

6.04 研究的知情同意（參照 1.04、2.08、2.11）

行為分析師有責任遵守研究審核委員會的要求，取得可能參與研究的受試者之知情同意（informed consent）或相關之未成年者同意（assent）。當行為分析師知道現在或之前個案、權益相關人、受其督導或訓練者在接受其服務的數據資料，可能會在學術團體中公布，必須在公布這些數據資料前，取得知情同意其使用這些數據資料，並告知他們是否同意公布他們的數據資料而不會影響對他們的服務，且他們有權利隨時要求撤銷同意而不受到任何懲罰。

6.05 研究之保密（參照 2.03、2.04、2.05）

行為分析師應以保護研究受試者的機密為優先，除非有特殊情況，行為分析師在執行研究中，以及公開發表研究結果時，應盡量避免意外或無心之揭露個人機密或可辨識的訊息，如掩蓋或刪除機密及可辨識個人的訊息。

6.06 執行研究的能力（參照 1.04、1.05、1.06、3.01）

行為分析師需在有明確的界定關係下（如碩士論文、博士論文、研究課題），接受研究督導並成功地執行過研究，才能獨立做研究。行為分析師和他們的助理只能從事他們受過適當訓練的研究活動。如果要從事他們未受過訓練的研究活動，則必須取得適當的訓練並證明其能力，或是和具備此項研究專長的專家合作。行為分析師須對其研究課題之所有相關人員的倫理行為負責。

6.07 研究及出版之利益衝突（參照 1.01、1.11、1.13）

行為分析師做研究、出版論文、審核或編輯論文時，須辨識、揭露並處理利益衝突，如個人、財務與機構或服務相關的利益衝突等。

6.08 適當地歸功（參照 1.01、1.11、1.13）

行為分析師應根據每位研究者的貢獻，適當地歸屬功勞，例如：論文作者或在致謝聲明中說明其貢獻。作者及致謝聲明必須正確地反映出每個人在科學或專業上的貢獻，此貢獻和個人的職位無關（例如：教授、學生）。

論述：如果行為分析師要做的研究可能存在利益衝突的情況時，則必須遵守相關的倫理規定，向相關單位揭露此利益衝突，例如：研究倫理審查委員會、參與研究的受試者、發表研究論文的期刊等。這種情況其實經常發生，比方說，行為分析師有時候會自己或和工業界的公司組織合作，生產治療或教學的商業產品，同時又用此產品來做研究，測試其使用效果。這個時候，就有利益衝突的可能性，也就是研究者對於自己研制的商業產品，可能會有版權費，所以希望自己做的商業產品能夠暢銷，而影響到自己的研究態度，在執行研究的過程中產生偏差，或是無法公正判斷研究結果，而導致對研究數據處理、詮釋的誤差等問題。此倫理標準並非禁止研究人員進行可能有利益衝突的研究，但更重要的是，研究者必須遵循研究倫理，辨識並揭露可能的利益衝突，以符合倫理標準。

6.09 抄襲（參考 1.01）

行為分析師不得將其他人的作品或作品的部分內容，當成是自己的作品來發表。如果要重複發表之前刊登過的數據或著作，必須附上適當的備註。

6.10 研究文件及數據之保存（參照 2.03、2.05、3.11、4.05）

行為分析師必須知曉並遵守相關法律規定，例如：BACB、法律，以及研究審查委員會的要求，並遵守規定來保存、傳送、保留及銷毀和研究相關的實體或電子檔的文件。可辨識個人身分的文件和數據資料，要保存所有規定中最長的年限。如要銷毀實體文件，必須保存電子檔，並刪除可辨識個人身分的訊息，或是將資料整理成數據圖表，而且要經過相關單位人員的准許，才能執行。

6.11 數據的使用及正確性（參照 1.01、2.17、5.03）

行為分析師在做研究、發表論文及學術演講中，不得編造數據或偽造結果。行為分析師計畫並執行研究，描述研究程序和結果，以減低研究結果產生誤導或被曲解的可能性。如果發現發表的數據中有錯誤，必須依照出版社的政策來採取更正措施。研究課題的整體數據應盡可能完整地在公眾或學術團體發表出來。如果不可能將完整的數據全部發表，行為分析師必須謹慎處理，並在演講或送審及發表的論文中，說明排除的數據（某個數點、部分或整組數據）為何，以及排除此數據的緣由。

論述：行為分析師在做研究時，包括整個研究的執行到研究發表的所有過程，都必須完全符合研究人員所遵循的原則。研究人員必須熟悉研究倫理，以避免因為無知或輕忽而犯下專業倫理的錯誤。比方說，有些研究人員會將同一組資料在未告知期刊主編的情況下，將內容改寫後投到不同期刊，重複發表成兩篇論文；或是以同樣的數據，分別在中、英文期刊各發表一篇論文，變成了兩篇論文，這個作法是違反研究倫理的。另外，研究者也要注意，不得匯報不實的資料或誤導研究相關的訊息。如果數據資料是個案提供，而非研究直接觀察或蒐集而來的，就必須如實匯報，不能誤導讀者認為是研究者直接觀察蒐集的資料。還有一個常見的錯誤，就是只聽信其他人（如家長、老師）的描述，但卻沒有進一步觀察確認，就直接把這些聽到的訊息，當成正確的資料匯報在研究論文中，這樣也是誤導讀者認為這些資料是研究者直接觀察或蒐集的結果。此外，如果研究者沒有直接觀察或蒐集，也不可以把「推論」的資料，彙報在論文中，誤導讀者是研究者直接觀察或蒐集的。研究者不可以只是聽信非專業人員的描述，必須親自觀察或蒐集數據，因為其他人沒有受過研究訓練，他們的觀察很可能是錯誤的。如果研究者沒有確認資料的正確性，就直接匯報，嚴格來說，這些都是編造數據的行為，並會誤導讀者。這些是很多研究生常犯的錯誤，不但是對研究不負責任的行為，也是違反研究倫理的行為。

第四節　結語

本章綜覽行為分析師的專業倫理準則，對此專業倫理建立基本的認識和了解，算是踏出了專業人員重要且基本的一大步。但是在實務工作中，真實的狀況通常都是很複雜的，牽涉的因素很廣，的確不可能在此全部涵蓋。這些準則的功能，是指出一個方向，供實務工作者依循並思考出最佳解決方案。符合倫理的實務是具挑戰性和充滿不確定性的，這是一項艱鉅的工作，符合倫理的實務必須要有高度的警覺心、強而有力的自我監控並須符合行為原則和方針，而這些原則和方針又往往需要因人而異。專業人員（特別是助人的專業）應當依循比法律要求更高的倫理原則，才能確保其所提供的服務是以個案的福祉和最佳利益為優先，而非個人喜好或受其他原因所影響。本章的主要目標，就是要增加專業人員對倫理議題的敏感度，不斷累積經驗，透過反思與修正，方能不斷精進，做出更好的判斷和選擇更好的解決方式。專業人員也可以藉由執行符合倫理的實務，嚴格遵守應用行為分析所採用的符合科學之方法、原則與程序，協助進行任何一個適當而正確的決策，也為回應當初投身服務人類的初衷，為需要的人提供高品質，以服務對象之最大福祉為考量的服務承諾。

國家圖書館出版品預行編目（CIP）資料

應用行為分析導論／鳳華, 鍾儀潔, 蔡馨惠, 羅雅瑜,
王慧婷, 洪雅惠, 吳雅萍, 吳佩芳, 羅雅芬, 陳佩玉,
田凱倩著. -- 二版. -- 新北市：心理出版社股份有限
公司, 2021. 07
面； 公分. --（障礙教育系列；63168）
ISBN 978-986-0744-18-7（平裝）

1.身心障礙教育 2.行為改變術

529.6 110009826

障礙教育系列 63168

應用行為分析導論（第二版）

作　　者：鳳　華、鍾儀潔、蔡馨惠、羅雅瑜、王慧婷、洪雅惠
吳雅萍、吳佩芳、羅雅芬、陳佩玉、田凱倩
責任編輯：郭佳玲
總 編 輯：林敬堯
發 行 人：洪有義
出 版 者：心理出版社股份有限公司
地　　址：231026 新北市新店區光明街 288 號 7 樓
電　　話：(02) 29150566
傳　　真：(02) 29152928
郵撥帳號：19293172 心理出版社股份有限公司
網　　址：https://www.psy.com.tw
電子信箱：psychoco@ms15.hinet.net
排 版 者：龍虎電腦排版股份有限公司
印 刷 者：龍虎電腦排版股份有限公司
初版一刷：2015 年 11 月
二版一刷：2021 年 7 月
二版二刷：2024 年 2 月
I S B N：978-986-0744-18-7
定　　價：新台幣 600 元